Peter F.
Drucker
on
Management

P. F. ドラッカー経営論

ピーター F. ドラッカー◉著
DIAMOND ハーバード・ビジネス・レビュー編集部◉編訳

ダイヤモンド社

Harvard Business Review
Peter F. Drucker on Management

Japanese translation rights arranged with
Harvard Business School Press in Boston, MA
through The Asano Agency, Inc. in Tokyo.

This compilation includes the following articles;
"Management Must Manage," HBR Mar.-Apr. 1950.
"Population Trends and Management Policy," HBR, May-Jun. 1951.
"Basic Elements of a Free, Dynamic Society — Part I" HBR, Nov.-Dec. 1951.
"Basic Elements of a Free, Dynamic Society — Part II," HBR, Jan.-Feb. 1952.
"Management and the Professional Employee," HBR, May-Jun. 1952
"Integration of People and Planning," HBR, Nov.-Dec. 1955.
"Potentials of Management Science," HBR, Jan.-Feb. 1959.
"Realities of Our World Position," HBR, May-Jun. 1959.
"This Competitive World," HBR, Mar.-Apr. 1961.
"Big Business and the National Purpose," HBR, Mar.-Apr. 1962.
"Twelve Fables of Research Management," HBR, Jan.-Feb. 1963.
"Managing for Business Effectiveness," HBR, May-Jun.1963.
"The Big Power of Little Ideas," HBR, May-Jun. 1964.
"Is Business Letting Young People Down?," HBR, Nov.-Dec. 1965.
"The Effective Decision," HBR, Jan.-Feb. 1967.
"Management's New Role," HBR, Nov.-Dec. 1969.
"What We Can Learn from Japanese Management," HBR, Mar.-Apr. 1971.
"New Templates for Today, Organizations," HBR, Jan.-Feb. 1974.
"Behind Japan, Success," HBR, Jan.-Feb. 1981.
"Our Entrepreneurial Economy," HBR, Jan.-Feb. 1984.
"The Discipline of Innovation," HBR, May-Jun. 1985.
"How to Make People Decisions, " HBR, Jul.-Aug. 1985.
"The Coming of the New Organization," HBR, Jan.-Feb. 1988.
"Management and the World's Work," HBR, Sep.-Oct. 1988.
"What Business Can Learn from Nonprofits," HBR, Jul.-Aug. 1989.
"The Emerging Theory of Manufacturing," HBR, May-Jun. 1990.
"Reckoning with the Pension Fund Revolution," HBR, Mar.-Apr. 1991.
"The New Productivity Challenge," HBR, Nov. -Dec. 1991.
"The New Society of Organizations," HBR Sep.-Oct. 1992.
"The Post-Capitalist Executive: An Interview with Peter F. Drucker," HBR, May-Jun. 1993.
"The Theory of the Business," HBR, Sep.-Oct. 1994.
"The Information Executives Truly Need," HBR, Jan.-Feb. 1995.
Peter F. Drucker, Esther Dyson, Charles Handy, Paul Saffo, Peter M. Senge, "Looking Ahead: Implications of the Present," HBR, Sep.-Oct. 1997.
"Managing Oneself," HBR, Mar.-Apr. 1999.
"They're Not Employees, They're People," HBR, Feb. 2002.
"What Makes an Effective Executive," HBR, June. 2004.
Local Content, DHBR, Nov. 2003.

ドラッカーの動機《モチーフ》と静機《キエチーフ》

二〇〇三年八月、ピーター・フェルディナンド・ドラッカー氏は弊誌とのインタビューのなかで、インドの台頭、オフショアリングの落とし穴、知識労働者の世界的な流動などを指摘し、その慧眼は依然健在で、また近頃の健康についても「かくしゃくとされていた」と聞き及んでおり、安堵していたが、九六歳の誕生日を八日後に控えた、二〇〇五年一一月一一日、カリフォルニア州クレアモントの自宅で亡くなられた。

マギル大学教授のヘンリー・ミンツバーグは、「人はみな、組織に生まれ、組織に死んでいく。にもかかわらず、我々はあまりに組織について無知である」と述べた。ドラッカーの動機《モチーフ》もまさしく「組織」であり、その「マネジメント」にあった。

いわく「マキャベリ以来、西洋に浸透した『政治的あるいは社会的に組織を研究する』というアプローチに反して、私は、組織は権力を扱うものではなく、責任を扱うものであることを一貫して強調してきた。これは四〇年以上、けっして変わらない私の基本姿勢である」。

その傍観の過程において、MBO（目標管理）、ミッション、分権化、プロフェッショナル・マネジャー、知識労働者といった数々の知見を、他者に先駆けて紹介してきた。

ドラッカーの業績を振り返る時、その動機のみならず、その奥底に潜む「静機《キエチーフ》」にも触れなければなるまい。それは「あまねく人間の可能性を追求する」ことであり、そのためには「自由と平等が保証されなければならない」とするものである。

一九三二年、ドイツではナチスが第一党となり、若き才能の一人としてドラッカーはナチス情報局から仕事を依頼されるが、この申し出への回答として、翌三三年、*Friedrich*《フリードリッヒ》 *Julius*《ユリウス》 *Stahl.*《シュタール》 *Konservative*《コンゼルバーティベ》 *Staatslehre*《シェターツルレ》 *und*《ウント》 *Geschichtliche*《ゲシヒトリシェ》 *Entwicklung*《エントビックルング》（「保守政治理論と歴史的展開」）という論考を発表する（これはファシズム批判の書として、すぐさま発禁処分となった）。

その後、『経済人の終わり』に始まる一連の著作において、フレデリック・ウィンスロー・テイラーらが提唱し、一世紀以上経ったいまなお多くの企業に根強く残る科学的管理は、「労働者を半熟練化させてしまった」と批判し、「人間の能力は、単一作業の効率を最大化することではなく、さまざまな作業を無限に組み合わせ、これらを統合することにある」と訴えた。そして「組織は個人に奉仕し」「その強みを生産的にすることが組織の目的である」ことを一貫して説き続けてきた。

また、みずからの経営思想の体系化を試みた『マネジメント』のなかで「企業は社会機関である」と述べて以来、非営利組織に組織とマネジメントの本質を求めた。

「企業には、またいかなる組織体においても、本当の資源は一つしかない。それは人間である」。これがドラッカーの終始変わらぬ信念であり、多くの実務家たちから支持されるゆえんである。

本書はドラッカーが *Harvard Business Review* に寄稿した全論文（およびDHBR独自のインタビュー一本）を、発表順に収めたアンソロジーである。最も古い論文は一九五〇年のものだが、その先見性には驚かされる。ドラッカーが常に社会を見つめ、いち早くその変化に気づいてきたことの証だろう。読者の皆様には、そうしたドラッカーの洞察力を堪能していただければ幸いである。

なお、弊誌では、二〇〇六年二月号にドラッカー氏を偲び、感謝と追悼の意を込めて、各界で活躍する方々にドラッカー論を語っていただいた。次にそれを紹介し、はじめの言葉に代えたい。

二〇〇六年九月

ＤＩＡＭＯＮＤハーバード・ビジネス・レビュー編集部

ドラッカーへの感謝と追悼――❶

拙著『知価革命』に関する質問に感激

私の本棚には、ピーター・ドラッカー先生の〝To Mr. Taichi Sakaiya with great respect〟の文字と署名のついた日本語版『新しい現実』が入っている。ドラッカー先生が一九九三年に来日されて対談した折、私の著書『The Knowledge - Value Revolution』(『知価革命』の英訳版)と交換したものだ。

その際、ドラッカー先生が私の著書を読んでおられて、二、三のご質問があった。質問の内容は知価、とりわけブランド価値の経営に与える影響に関するものだった。真に正鵠を射た質問である。あれから一五年経ったが、ブランド価値の長期継続的な安定策は、いまもまだ発明されていない。テレビ対談前のほんの二〇分ほどの間だったが、印象深い会話だった。私がドラッカー先生と直接話したのはその時だけだが、忘れがたい瞬間である。

ピーター・ドラッカーの名を世界に響かせたのは、大著『マネジメント』によってだろう。この大著は「経営学」というものを、高度な学問として世界に認識させたという意味でも歴史的価値を持っている。特に日本では、高度経済成長のまっ最中であっただけに、反響は大きかった。企業規模の拡大と新技術の導入によって、経営改善を迫られていた経営者はこれに飛びつき、参考にした。

しかし、そこから生まれた日本式経営は、ドラッカー経営学の想定したものとは異なっていた。日本の経営者は、ドラッカー経営学の豊潤な香りを嗅ぎながら、官僚主導と業界協調体制のなかで、終身雇用と集団的意思決定方式による日本式経営をグイ呑みしたのである。

一方、ドラッカー先生は、経営学にとどまらず、社会分析者としても優れた業績を上げられた。日本でもベストセラーとなった『断絶の時代』は、その面での名著である。

私個人として最も印象深いのは、やっぱり『新しい現実』だ。署名入りで手渡されたというだけではなく、私が『知価革命』で指摘した現象を肯定する論証に満ちているからである。

ただこの面でのドラッカー先生の著作は、鋭い現象指摘ほどには、その原因分析と原理構築には成功していないような気がする。もっともそれは、近代工業社会を生き抜き、その経済と経営を研究した学者に共通する新時代への戸惑いというべきだろう。

経済学は、「人間はより多くの物財の獲得を目指す客観的動物（ホモ・エコノミクス）だ」という前提に立つ学問である。ところが、八〇年代からは、「人間はより多くの物財ではなく、より多くの満足を目指す主観的動物ではないか」と思わせる現象が拡まっている。私の言う「知価革命」である。このため、経済学の原理的研究は頓挫し、もっぱら「ゲームの理論」のようなミクロ分野の発展が目立つようになった。

ドラッカー先生がもう二〇歳若かったら、「新しい現実」の原理探求に立ち向かったかもしれない。そう考えると、私にも「『知価革命』の続編を早く書けよ」と促されているような気がする。

作家　堺屋太一

ドラッカーへの感謝と追悼——❷

最も影響を受けた生涯の師

ドラッカー氏の著作との最初の出会いは、私が販売会社の経営を初めて任された二〇歳代後半にまでさかのぼる。当時、その会社の経営がなかなか軌道に乗らず、経営者の孤独と大きな挫折感を味わっていた。

その時に松下幸之助創業者の著作と共に手にしたのがドラッカー氏の『経営者の条件』だった。悩んでいた私は、まずそのタイトルに魅かれ、すがるような思いで読み始めた。内容は非常に示唆に富み、いっきに読み終えたことをいまでも鮮明に覚えている。なかでも、「経営に天才は必要なくやるべきことを習慣化すればよい」という趣旨にとても勇気づけられた。時間を貴重な資源としてとらえ、最も重要なことから始めよ、とのタイム・マネジメントの考え方には啓発されたし、その後の私の仕事の進め方を大きく変えたと思う。

以来、私は、ドラッカー氏に私淑し、主要著作はほぼ読ませていただいてきた。大きな転機のたびに、氏のさまざまな著書と対峙してきた。

特に一九八七年から約一〇年間のアメリカ勤務時代がそうだった。それまで国内営業一筋できた私が四八歳で初めてアメリカに赴任した。英語にも苦労したが、それ以上にさまざまな人種、文化の多様性に富むアメリカ現地法人の経営を預かる者として、ドメスティックな感覚から抜け出し、普遍性を持った経営を自得しなければならなかった。その時も、過去から現在に至る詳細なマネジメント研究を踏まえたうえで「なすべきこと」を非常にシンプルに説く教授の著作から多くを学んだ。

とりわけ、『すでに起こった未来』に代表されるように、現実をしっかりと見つめることで、未来に起こるであろう現象を予言され、経営者としていま何をしなければならぬかを教えていただいたように思う。

ドラッカー氏の真骨頂は、みずから命名された「社会生態学者」としてのものの見方、考え方にあった。個別学問領域にとらわれることなく、広く社会全体を見渡し常に現実を直視したうえでの考察は、時空を超えて普遍的であり、まさに慧眼であった。

そして、マネジメント、組織研究の草分けであり泰斗であられたドラッカー氏が、「社会的組織は存在自体が目的ではない。組織は社会の機関である。外部の環境に対する貢献が目的である。この点で営利・非営利を問わない」と強調されたことは、「『社会の公器』として、事業を通じて社会に貢献する」ことを根幹に置く当社の経営理念と符合しており、より共感を覚えた。

学者といわれる方々のなかで、私が最も大きな影響を受けた方であり、生涯の恩師的存在だった。いつの日にか直接、ご講義を拝聴する機会があることを期待していたが、ついにかなわなかった。

惜しくも亡くなられたが、これからもドラッカー氏の数々の言葉は、私のなかで力強く生き続け、そして私自身が経営者として成長し続けているかを常に問いかけてくると思う。心からの敬服と感謝の気持ちを込めてご冥福をお祈りしたい。

松下電器産業 代表取締役会長　中村邦夫

ドラッカーへの感謝と追悼――❸

人間中心のマネジメント

マネジメントの祖といわれていたピーター・F・ドラッカー氏が亡くなられた。経営学に携わるものとしては、まことに残念な知らせであった。氏は、企業人をはじめ、経営学に関わりを持つ者にとって、まさに象徴的な存在だったといえる。年齢を経ても、なお知的好奇心、探究心を失わず、最後まで現役の研究者として活動されていた。これまで、日本企業の発展に大きな貢献を果たし、日本文化のよき理解者でもあっただけに何とも惜しまれる。

振り返ってみると、彼はまさに知識というものの意義と役割を早くから認識し、その可能性を理解していた研究者であった。四〇年以上前に発刊された『断絶の時代』のなかで、知識が価値を有する社会になることをいち早く指摘しており、また一九九三年の『ポスト資本主義社会』では、我々の社会が知識社会への大きな転換期に入っていることを示すなど、その先見性に驚かされるばかりである。

氏は、社会のさまざまな現象のなかから変化の兆候や本質を感じ取る能力にも優れていた。その洞察力の鋭さを感じさせるのは、何といっても半世紀以上前の一九四六年、ゼネラルモーターズ（GM）の分析に基づいて書かれた『会社という概念』（二〇〇五年、新訳を施し『企業とは何か』と改題して再発行）だろう。本書が上梓された当時、経営の科学性に絶対の自信を持っていたGMは、その内容を受け入れなかった。GMの経営陣は、物理法則のような経営の原理を見つけたと考えており、マネジメントを科学的に行えると信じていたからである。

同書の原著八三年版の「成功を原因とする失敗」のなかで、印象に残っている次のような言葉がある。「マネジメントは神学ではない。臨床的な体系である。マネジメントの値打ちは、医療と同じように、科学性によってではなく患者の回復によって判断しなければならない」。「マネジメントは医学と同じように、基本的に実務であり、科学はその道具にすぎない」。この著作には、企業の経営と組織に関する根幹の考え方が示されており、現在でもなお多くの示唆を与えてくれる。

彼は、常に人間を中心に据えて企業や社会について考えていた。人間を構成単位とする組織は生きており、そして常に変化するものであり、それゆえマネジメントに絶対の真理など存在しないことを熟知していた。

科学的分析によるモデル化や利潤動機に基づく解明だけで、企業の本質をとらえるには限界がある。科学性を志向しながらも、理論だけでは説明できない人間の非合理的特質、たとえば哲学、価値観や倫理観といったものも含めた見方、言わば「アート」の視点を兼ね備えた稀有な研究者がドラッカー氏だった。

あらためて氏の著作を読み直せば、組織とはいかにあるべきか、我々自身が何を考え、何を目指すべきなのか、多くのことが見えてくるだろう。その知識の広がりと深さは、まさに不世出の偉大な知識人であったことを示している。その功績を称え、彼の死を心から悼むものである。

一橋大学大学院 国際企業戦略研究科 教授
カリフォルニア大学バークレー校 ゼロックス知識学 特別名誉教授
野中郁次郎

P.F.ドラッカー　経営論
Harvard Business Review
Peter F. Drucker on Management

❖

目次

第16章 現代組織の新たな枠組み——295

第Ⅳ部 一九八〇年代

第17章 日本の成功の背後にあるもの——319

第V部 一九九〇年代

第Ⅵ部 二〇〇〇年代

第I部 1950年代

1950s

1. 経営者の使命
Management Must Manage

2. 人口動態で未来を読む
Population Trends and Management Policy

3. プロフェッショナルを活かす
Management and the Professional Employee

4. 「経済人」を超えて
Integration of People and Planning

5. 経営科学の罠
Potentials of Management Science

6. 一国繁栄の終焉
Realities of Our World Position

第1章

Management Must Manage

経営者の使命

Management Must Manage
HBR, March-April 1950.
経営者の使命
『DIAMOND ハーバード・ビジネス・レビュー』2003年11月号

マネジメントという職能への無理解

利益や生産性の向上がなぜ必要なのか、その際、いかなる役割が求められるのか――。

このことをアメリカ国民、とりわけ労働者たちが理解し、受け入れない限り、自由企業制度は存続しえない。アメリカ企業の経営者たちも、ここ数年になってようやく気づいたようだ。そして、等しく大切なのは、マネジメントという職能について理解し、これを受け入れることである。しかしこれまで、この職能について、だれもさしたる関心を払うことはなかった。

とはいえ、アメリカの労働者たちが、このマネジメントという職能を頭から拒絶しているわけではない。実際、イギリス労働党のパンフレットが謳う「上司を追い出して、賃上げを！」といったスローガンは、アメリカの労働者にはほとんど見向きもされない。

むしろ、個々の経営者の能力や誠実さには、大きな畏敬の念が寄せられている。にもかかわらず、「経営者は何を行うのか、またなぜ行うのか」については、まったく理解されていないのである。

アメリカ全体を見ても、産業社会にマネジメントという職能が不可欠であると確信している人がほとんどいない。このような理解の欠如は、何も市井の人々に限られたものではなく、ミドル・マネジャーや現場責任者、さらにはそれ以上の職位の人々にも同様に見受けられる。

過去二〇年間、企業内部でもまた経済全体でも、経営者の責任や権限の範囲を狭めようという試み――これらはおおおむね成功を収めてきた――がなされてきたが、その理由は、経営者への強い敵意というよりも、むしろこうした無理解に起因している。

しかし、マネジメントという職能の正当性を擁護することは、大多数の国民の目には、少数の特権グループによる私利私欲の追求を擁護することと同じであるかのように映るのだ。マネジメントへの理解が広く欠如している理由は、二つ考えられる。

●自分が経営陣に属しておらず、またこれらの人々と縁遠い人々、すなわち国民の圧倒的多数は、経営者が何を行い、何を追い求めているのか、想像したり理解したりできる経験に乏しい。

●経営者みずからも、きちんと「経営」できていない。そう、経営者に期待される役割を果たし切れていないのである。その役割とは、マネジメントという言葉をいかに定義するかにかかわらず、経営陣の管理範囲と責任に含まれていることは言うまでもない。経営陣は労使関係をめぐる主導権は労働組合に委ねてしまっているばかりか、経済や社会にまつわる基本政策に関わる責務を拒んでいる。しかし、このような政策は自国経済の将来に大きな影響を及ぼすばかりではない。すべての企業の――その存続とまでは言わないが――成功を左右するものなのである。

このような状況に際して、経営者たる者、一部の分野ではいまより少なく、他の分野ではいま以上にマネジメントを励行すべきである。

家族経営の小企業の時代から、産業文明のシンボルともいえる巨大組織の時代へと変わったが、これが社会や人間の心理に及ぼした影響については諸説紛々である。そしてそういった議論のなかでは、ある重要な事実がまったく指摘されてこなかった。

経験がなければ理解できない

工業化以前の経済では、成人人口の多くが何らかの経営判断を下していたが、その影響度は、家族経営の農場なり、職人の作業場なり、その範囲は限られていた。一方、今日の工業社会にあっては、大多数の人は、どこか別のところで下された決定を実行する。したがって、総じてマネジメントを体験することはない。地域社会以外、すなわち工場やビジネスの現場において、リーダーとして有意の行為を経験する場は確実に狭まっているといえる。

くわえて、アメリカにおける人間関係の研究が十分に示しているように、産業社会の到来によって、地域社会における生活もますます工場を中心としたものに変わりつつある。大工場で働く一般労働者、とりわけ大都市で暮らしている労働者の場合、リーダーシップを発揮したり、意思決定を下したり、権限や責任は何を意味するのかを学んだりする場は、ただ一つ、労働組合に限られる。そして労働組合におけるマネジメント体験とは、もっぱら経営陣や企業と対峙することなのだ。

結果として、経営者が下した意思決定を実行し、それによって生活が左右される人々にとっては、マネジメントという職能自体きわめてあいまいで、かつ理解不能のものになっている。

先日、私はある大手電機メーカーのエンジニアたちと数日を共にした。総勢六〇〇人、全員が全員、高水準の訓練を受け、大変な高給をもらい、最高水準の専門能力を要する仕事に従事するグループだった。ところが、なぜ経営者が存在しなければならないのか、何を実行しているのか、その理由は何か、どのように行動しているのか、これらについて理解している者は皆無だった。そもそも彼らが私と会いたいと申し込んできたのは、マネジメントについて理解できないがゆえに労使関係が損なわれているのではないかと感じたからだった。

実はこの企業、エンジニアに焦点を絞った「コミュニケーション・プログラム」に相当の時間と予算を投じていた。その中身はけっして貧弱ではなかった。ただエンジニアたちには、経営者の言うことを理解しようにも、そのために必要な経験がなかったのである。

マネジメント体験の機会を提供する

したがって必要なのは、企業内でマネジメント体験を得る機会をシステマチックに創出することである。その必要性は十分認識されており、ミドル・マネジャーや現場責任者のレベルでは、さまざまな分権化プログラム、たとえば、いろいろな職種の人たちをマネジメントさせる、あるいは「ジュニア・ボード」といった若手従業員に会社について考えさせるといった取り組みがなされている。これらは、若手幹部社員や現場責任者たちに権限委譲し、自分の裁量の下、実際に権限行使させてみるという試みである。

ただしその対象者というと、明らかにマネジメントという役割を将来担うであろう人々に限られている。肉体労働であれ、事務職であれ、専門職であれ、それ以外の一般社員にまで拡大されることはまずない。

これら機会が与えられていないグループ——彼ら彼女らこそ、政治的にも社会的にも、アメリカの将来を左右する存在なのだが——に、マネジメント体験を与える唯一の方法は、工場内の各職能にまつわるマネジメントを任せることである。ただしそれは、少なくとも財務業績に関わる職能ではなく、コミュニティに関わる職能についてである。

財務業績の責任を負うのはやはり経営陣であり、これを放棄したり委譲したりするわけにはいかない。その一方で、企業内には財務業績とほとんど無縁の職能が何十と存在している。これらの場合、まったくないがしろにされない限り、その巧拙はさしたる問題ではない。しかし、彼らにすれば「工場内のコミュニティにおける社会生活」は切実な問題なのだ。

工場内のコミュニティを司る役割についても、これまで経営者が担ってきた。ただし、経営者には本来そのような責任が課されているわけではなく、むしろたまたまその手に委ねられているだけなのだ。「これも経営者の役割の一つである」という思い込みは、経営者の心情から来たものであり、合理的な判断によるものではない。そこでは、あらゆる種類のトラブルと出費をマネジメントしなければならない。かといって、企業への理解が改善される、社員たちの間で経営者への敬意が醸成されるといったかたちで、労力に見合うような成果が得られるわけでもない。

実際に、多くの企業において、反発や敵意が生じている。経営陣がいくら善意を持って、何事にも寛容な態度で接したとしても、社員のコミュニティ活動を管理すること自体が社員の生活に干渉していると見なされてしまうのだ。

要するに、経営者がこれらの役割を管理することは家父長主義的（本人の意思を無視して命じること）であり、たとえそれが無意識かつ偶然のものであろうと、まがうかたなく悪影響を及ぼしている。

身近な関心事をマネジメントさせる

これらの活動には、工場内のコミュニティにおける余暇活動、スポーツ・チームや趣味のサークル、社員旅行やパーティ、研修活動、社内報、社員食堂、医療厚生、安全性向上プログラム、休暇のスケジュール調整などがある。かなりの程度で勤務シフトの調整も含まれる。福利厚生制度を考えたり、一連の活動資金を提供したりするのは、主として経営陣の役割であるが、これらの活動の運営まで経営陣が担う理由はどこにもない。したがって、財務業績に直接影響を及ぼさない分野、極端な例では余暇活動や趣味の世界などは、完全に社員たちの手に委ね、求められた場合のみ、アドバイスなり支援なりを提供するくらいにとどめることは十分可能だろう。

一方、安全性や勤務シフトの調整といった領域は財務業績に関わるため、管理する余地を多めに確保しておかなければならない。とはいうものの、これらは社員たちが関心を注ぐべき領域でもある。したがって経営陣は、方針や基準を策定する程度にとどめ、制度そのものの運用は社員たちに任せるべきだろう。

私ならば、もっと先まで考える。福利厚生以外にも、財務業績への企業の関心と同じくらい、コミュニティのように社員たちの関心の高い分野が数多く存在する。これらの分野すべてで、少なくとも責任の相当部分を社員に担わせるのだ。その一例に研修がある。また別の例として、従業員提案制度がある。もっともこちらは、一般従業員よりも現場責任者に権限を与えるべきだろう。

いずれにしても、ある特定の分野が含まれるか否かといった問題は重要ではない。主に財務業績よりも工場内のコミュニティの生活に関わる責任は、知らず知らずのまま経営陣が背負い込むのではなく、工場内で働く人々が担うべきなのだ。このような規律が存在して、初めて社員たちは責任と意思決定の本質について理解する。そうでなければ、マネジメントという職能も、経営者の必要性も認識されることはないだろう。

このようなアプローチは、ビジネスに関する経済上の意思決定に社員を、直接もしくは組合を介して参加させることを重視する立場（労働組合の立場からは「共同決定」と称される）とは大きく異なる。共同決定であれ何であれ、また労働組合がマネジメントに参加することのメリットとデメリットを問わず、ビジネスに関する意思決定が、個々の従業員の世界からかけ離れていては無意味である。一方、工場内のコミュニティの生活は日常的な事柄である。「自分の」安全性であり、「自分」の勤務シフトやスケジュールであり、「自分の」研修、「自分の」余暇である。これらであれば、身近に感じられ、また意味も見出しやすい。

以上、大まかに説明してきた施策が狙うところは、最終的に、経営者が下す意思決定を理解しようという意思とその能力を社員に与えることにある。

ただしそこに至るまでには、自分自身にとってまさしく身近であり、しかもわかりやすい領域において、「意思決定とは何か」「責任とは何か」「権限とは何か」について学ぶ必要がある。労働組合が経済上の意思決定に参加するという制度は、「組合志向」であって「社員志向」ではない。この理由だけでも、この制度は大した効果を上げられないだろう。ただし、きわめて規模の小さい企業となると話は別だ。

経営者は本来の役割を果たしていない

こうして見ると、今日の経営者は社内においては、あまりに広範囲をマネジメントしているために、「なぜ経営者が必要であり、いったい何をしているのか」、社員たちが理解しづらいという批判にも一理ある。しかし社外はというと、経営者はあまりにマネジメントしていない。事業の存続とまでは言わないまでも、経済上の成功に影響するような事柄、つまり経営陣の関心事であるべき事柄について、責任や権限を負っていないのである。

このような責任を担わなければ、地域社会から「経営者たちに本来の役割を果たす力が欠ける」証拠であると解釈されてしまうに違いない。だれかがこれらの役割を果たさなければならない以上、地域社会は別の機関に頼らざるをえなくなる。これが必然的に政府の介入を招き、規制によって、経営陣の活動範囲と権限、自由は狭められ、しかも制限されるようになる。このような状況が、すでに労働組合への対応をめぐって如実に表れている。

数週間前、アメリカ中西部のビジネススクールで、ある著名な企業人が自社の労組対策について講演するのを拝聴する機会があった。見たところ、彼の報告は率直なもので、しかも秀逸な内容だった。最初は厳しく対峙し、渋々ながら組合化を認めたものの、最終的には組合の存続ばかりか、それが産業システムにとって必要かつ建設的なものであることを認めるようになった。このように会社の考え方が変化した結果、彼の見解によれば、良好とは言いがたいが、それなりに満足のできる労使関係が築かれ、経営陣と労組幹部の間には尊敬と信頼が交わされることになったという。

彼が話し終えると、一人の学生が立ち上がり、次のように言った。

「私は労働組合に反対する立場で、組合が必要だと思えませんし、言わんや有益な目的を達成しているとも思えません。仮にそのことに納得したにしても、そもそも私には、御社が何らかの労組対策の方針を策定したという結論は理解できません。先のお話ですと、御社は労働組合が次に何を要求してくるのか見当もつかず、何も手を打たないままに待ち、交渉相手として、要求が突きつけられると『ノー』と言い、二年後には無条件で受け入れているように思えます。労働組合を未来永劫彼らを受け入れるのであれば、そして本当に、あなたが最初におっしゃったように、御社のビジネスにとって人件費以上に重要なものがないというのであれば、今後五年間、社員とどのような契約を結びたいのか、どのような種類の要求を満たすべきなのか、さらには事業効率を犠牲にすることなく、これを満たすにはどうすればよいのかといった点について、何らかのお考えを持っているべきかと思います。さもなければ、経営陣には労組対策の方針が何もなく、労使関係の施策も完全に組合に委ねていることになりませんか」

この「恐るべき若者」はすぐさま教授にたしなめられたが、彼が学生たちの思いを代弁していたのは明らかだった。そして、アメリカ国民全体が考えていることでもあったのだ。

先んじて考え、計画する

たとえば、次のような疑問について、少しでも考えたことのある企業はどれくらいあるのだろう。

①今後五～一〇年にわたって、労働組合との関係や社員との契約をどうするのか。
②社員たちは労働組合を通じて、どのような要求を突きつけてくるだろうか。
③どのような要求ならば、抵抗できるのか。
④妥協せざるをえない要求とはどのようなものか。
⑤生産性の向上やコスト削減、生産の拡大、つまり財務業績の改善につながるかたちで、労働組合からの要求を満たす方法はあるか。
⑥少なくとも、ダメージを最小化しながら要求を満足させる方法はあるか。

鉄鋼産業における最近の年金闘争ストの状況は、労使いずれの責任とも言いがたい。ただし確実に言えるのは、鉄鋼メーカーの経営陣は(アメリカ企業全体もそうだが)、もっと早い段階で、アメリカ国民の年齢構成が変化しつつあり、遅かれ早かれ、労働者の高齢化にまつわる問題が火急のものになりうることを予見すべきだったという点である。悲しいかな、大企業のなかで、年配の労働者がその肉体的かつ精神的な力量に見合った生産業務を続けられるようにするという方針を定め、現実的に取り組んでいたのは、私の知る限り、ゼネラルモーターズ（GM）傘下のフリジデア事業部だけである。(注1)

この問題に関する経営陣の言い分は、実質的に「年金は経済的に成立しない」という、きわめて健全なものだ。実際、定年が六五歳あるいは七〇歳と定められたならば、全人口に占める高齢者の比率が増大するにつれ、民間出資であれ国庫出資であれ、いずれ年金制度が崩壊するのは確実である。(注2)ところが、経営者たちは——この問題に関心を抱いていたかどうかはともかく——年金制度が「経済的に健全ではない」という理由から、「何もする必要はない」という結論に達してしまった。結局、労働者の高齢化問題に関して、最も費用がかかり、最も満足度の低い解決策を受け入れることになった。

経営者のこのような行動を理解するのは簡単である。彼らはこれまで労働組合への対応を場当たり的に進めてきた。労働組合が一般化していることは認めても、この事実から論理的に結論を導き出せない人々が大勢いる。労働組合が定着している以上、その対応にも、投資政策や新製品開発といった財務業績上、死活問題となりうる領域同様、施策や計画、予測が必要なのだ。にもかかわらず、いまだに多くの経営者たちが、いま労働組合から顔を背けていれば、じきに問題は消えてしまうかのように振る舞っている。

しかるべき労組対策がなおざりにされた結果、労働組合からの要求を満たすために、財務業績を犠牲にするのが常態化している。しかしこれさえも、おそらく最悪の結果というわけではない。これよりもはるかに決定的なのが、労働組合があらゆる主導権を握り、経営陣はただただ防御あるいは否定する立場、そして最終的には譲歩せざるをえない立場に回ってしまうという場合である。

これまでのところ、労働組合への対応に関して、経営者はその責任を果たしていない。しかし、企業の成功とアメリカ経済の繁栄という点で、いま労使関係以上に重要な領域があるだろうか。すなわち、マネジメントの対象とすべき領域はほかにあるのだろうか。

長期的に見れば、経営陣の権限が損なわれるという意味から、労働組合よりも大きな問題となりうるのが、企業への政府規制である。規制推進派は、企業は私利私欲で行動する存在であり、必ずや公共の福祉と対立すると主張する。実際には、このような主張は、国家による所有を説くマルクス主義の教義以上に、集団主義に拍車をかけるものだ。

経営者が企業への社会的圧力を予測することなく、またこれへの対策も何ら講じないとすると、信頼が損なわれることとなろう。いかなる経済的な制約を受けるのかについて予想し、その予防策を計画することは、明らかに企業の財務業績に関する責任、つまり経営責任の一部にほかならないからだ。それだけではない。何もしないことが、集団主義的な主張を間接的に支持することにもなる。

ここで取り沙汰しているのは、将来生じる圧力のみならず、いま目の前で生じている圧力やニーズについてもである。以下、これらについて述べることとするが、それでもすべてを網羅できているわけではない。

後継者の選抜、教育、育成

具体的な方針がますます必要となっている領域の一つに、経営幹部の人選、そして教育と育成がある。アメリカの経営者はその仕事をきちんとこなしているとはいえ、大企業の経営幹部たちがしかるべき役割をまっとうできているとか、大企業あってのアメリカ経済であるなどと心底思っている者はいない。また、次なる経営幹部の選抜、教育・育成が公共の利益に影響を及ぼすことについても、まず否定するだろう。

実際、ゼネラル・エレクトリック（GE）やスタンダード・オイル、クライスラーといった企業の経営者をだれが務めるのかに、世のなかはあまり関心を示さない。とはいえ、その人選が慎重に、時間的余裕をもって、合理的かつ理解しやすい基準にのっとって進められるのか否かは、現実的な社会的関心事のはずである。

社会全体の幸福が、大企業の成功と密接に関連しているのは明らかである。経営者の力量不足のために大企業の一つでも破綻したりすれば、経済全体が深刻な打撃を被る。幸いにも、この領域の重要性は徐々に理解されつつある。

我々に必要なのは、「後継者が有能であり、十分な審査を経ていること、また企業のマネジメント能力や人材が十分に活用されるのは経営者の責任であること」といった一般的な了解である。それに、後継者の選抜作業が実際にはどのように行われているのか、世間に教えることは少しも悪いことではない。

この領域に直接影響を与える経営上の意思決定について、いまのところ何ら進展は見られない。とりわけ最大にして最もやっかいな問題は、機会均等という伝統的な考え方をいかに守っていくべきかである。アメリカの産業システムがヨーロッパのそれと根本的に異なる点は、社会の最下層からであろうとトップに上り詰めるチャンスが用意されていることだろう。ちなみに、このような伝統のおかげで、人的資源の活用度は飛躍的に向上した。これはおそらく、アメリカの経済的成功と素晴らしさに最も貢献した一つだろう。

この伝統がよく表れているのが、アメリカ産業界における「職長の二つの役割」である。(注3)この存在は「一等曹長」（兵卒の長）と「少尉」（最下層の将校）の二重の役割を担っている。つまり、一般従業員における最高位であり、また経営幹部への第一歩でもある。機会均等というアメリカの伝統的な考え方が脅かされているのは、まさしくこの職長の立場をめぐってなのだ。

過去五〇年間で、技術は大きく進歩し、経営幹部の最下層の者にも高水準のスキルや知識が要求されるようになった。そこでこの職長の地位に変更を施す企業が増大している。その結果、いまや職長といえば、これ以上昇進する機会のない古参下士官（ヨーロッパのそれの常である）であるか、逆に社外や専門性の高い（あるいは技術系の）学校から「幹部候補生」として招かれる存在のどちらかである。こうして一般従業員は、部下を抱える立場に昇進する機会がどんどん奪われている。

現時点では、そのような傾向が見られるというだけの話である。とはいえ、アメリカ国民の間で機会均等という社会的な約束に疑念が生じていることは、大学進学率の大幅な上昇――私に言わせれば、不健全な上昇――として表れている。これは明らかに、「社会の底辺以外の場所を望むなら、その底辺からスタートするわけにはいかない」という考え方を反映している。あと一〇年もすれば、新たに誕生する大量の大卒者たちは、全員が全員、専門職や管理職に就くことはできない、いや大多数がこれらの職にありつけないことを悟るだろう。すると、産業界の社会構造が火急の問題となり、産業界が率先してこれを解決しないとすると、政府の規制に委ねてしまうことになる。

これまでのところ、アメリカの企業経営者たちが、この問題の存在に気づいている兆候は全体としては見られない。GMインスティテュートの一般労働者向け共同エンジニアリング・プログラム、GEの「アプレンティスシップ（徒弟制度）・プログラム」、あるいはその他の企業にも類似のプログラムはあるが、制度というよりも特例にすぎない。

工場の立地と生産の割り当て

「社会における一体感」という名目で企業に突きつけられる要求はもう一つあるが、その性格はまったく異なる。すなわち、工場を複数抱える企業は、工場の立地と各工場への仕事の割り当てに関して、地域社会に与える影響を考慮せよという要求である。これまでは企業の専権事項であり、事業上の都合で決定されるというのが一般的な認識であった。原子力時代における国防上の必要性は脇に置くとして、企業活動が地理的に拡散するにつれて、世論の動向に変化が起きるのはほぼ間違いない。

どの工場の操業を続けるか、どの工場がどれくらいの生産を担うのかは、もはや非人格的な市場原理で決められるものではなくなっている。この決定を下すのは経営陣であり、また経営陣ではない人々なのだ。とりわけ、似たような複数の工場で、同じ市場向けに同じ製品を生産している場合に顕著である。

ひとたび景気が後退すると、どの工場の生産を大幅に削減し、どの工場をフル操業させるかという問題が頭をもたげてくる。このような場合、景気後退が小幅であろうと、工場に依存している地域社会では、きわめて深刻な影響が及びかねない。

経営陣が工場の立地や各工場の生産負荷に関する決定権を握ることに、世論は反旗を翻している。最初に表面化したのは、テクストロンがニューハンプシャー州ナシュアの工場を閉鎖しようとした時だった。その後、報道こそされなかったものの、経営陣による工場の立地や生産の配分に関わる決定を世論が覆した例を、私は少なからず目にした。

その一つが、ニューイングランドのボールベアリング・メーカーの例である。この企業は最近になって、中西部にかなり自動化の進んだ新工場を建設した。そして、旧工場も新工場も、同じ市場向けに同じ製品を製造していた。昨春に市況が悪化すると、同社経営陣は生産を中西部の新工場に集中させることを決めた。すでに巨額の設備投資を行っており、損益分岐点が非常に高かったからだ。

そうなると、新工場で一人を稼働させるには、ニューイングランドの旧工場で二人解雇しなければならない。ところが、ニューイングランドの住民たちは、この工場に依存し切っていた。

このメーカーは世論から猛反発を受け、最終的にはこの決定を覆し、両工場でほぼ同程度の生産量を維持することにした。そして、市況の回復に希望を賭けた。この賭けはたまたま吉と出たが、根底にある問題が未解決のままであるのは明白だった。工場の立地、そして複数の工場にまたがる操業管理という問題が、来るべき深刻な不況の際、最もやっかいな問題になることは必至である。その時までにアメリカ企業の経営陣が、地域社会のニーズに応えるような断固たる方針を策定しておかないと、政府の規制は抗し切れないほど強力なものになる可能性がある。

必要なのは、企業活動の地理的な分散という問題全般について考え直すことである。たとえば、同じ工場による同じ製品の生産というパターンをきっぱり捨て去り、独自の市場をそれぞれに有する製品ラインに区分けしたうえで、各製造拠点に割り当てる必要が出てくるだろう。また、どこに工場を建設するかという方針を策定しなければならなくなるだろう。

操業が不安定な工場を小都市に建設し、これが地域経済の柱となってしまったら、どうなるだろう。アクロン（ファイアストンの本拠地）やフリント（GMの城下町）のように単一産業に依存する都市が社会的に望ましいとはいえず、また不経済であることを、我々は苦い経験を通じて学んできた。小都市が一つの工場に依存するのも同じく、企業にとっても地域社会にとっても望ましくなかろう。

人的資源の維持

もう一つ、社会的な圧力が想定される領域として挙げられるのが、人的資源の維持にまつわる方針である。この領域の圧力については、すでに一つ紹介した。「高齢化する労働者を高い生産性のまま雇用し続ける」方針を求める声だ。

いまならば、これに着手するうえでの必須条件である年功序列と賃金体系の改革について、労働組合の同意を取りつけることはまだ可能である。しかし、年金にまつわる幻想が瓦解するまで経営陣が座視するとなると、まず手遅れとなろう。

より緊急度が高いのは、一般従業員に関する「所得と雇用の予測」をまとめる必要性である。せいぜいあと五年もすれば、労働組合から「年間賃金保証」の要求に直面することになろう。これは事実上、あらゆる労働者に完全雇用を保証することにほかならない。もはや政策に頼っていては好不況の波を防ぎ切れないという認識と共に、この要求は高まってくると思われる。

完全雇用の保証は、ばかげているとは言わないまでも、不可能である。とはいえ、大恐慌を経験したアメリカの労働人口全体が感じている、病的といえるくらいの深い不安にまず対処しなければ、何らかの保証を求める声が上がり、経営陣にはこれを受け入れるよう強い圧力がかかることだろう。恐慌のトラウマを癒す唯一の方法は、所得と雇用の予測を簡単に、しかも具体的に提示し、極端に厳しい状況が訪れても、どのくらいの雇用や所得が期待できるのかを示すことである。

リーダーシップを発揮すべき領域

最後に、産業の流動性を維持するには、経営者にしかできない施策が求められる。企業規模をめぐる厳しい政府の規制から身を守るには、新興企業の誕生や成長、中小企業の繁栄を可能にするような施策を立案する以外に道はない。

なぜなら、巨大企業を批判し続けているのは、巨大企業を脅威に感じている中小企業にほかならないからだ。左翼からというよりも、むしろ右翼からの攻撃なのである。

中小企業を応援するには、財政策がかなり功を奏する。今日のアメリカ社会において、中小企業や新興企業、また完全な独占状態にある勢力にとっても、最大の敵は税制だからである。

一方、ベンチャー・キャピタルのような仕組みも必要である。中流階級の資産を投資に回せるような、すなわち一般大衆が参加できる資本市場が必要だ。また、中小企業の若手経営者に古いオーナー企業を買収する資金を融資し、オーナー兼経営者にさせるといった金融システムも有効だろう。

さらに今後は、大企業とサプライヤーやディーラーなど小規模な関連企業との関係を規制せよという圧力も高まる可能性が考えられる。

公的規制が唯一有効なのは、何かの濫用を防ぐ場合だけである。以上で掲げた各領域はいずれも規制の対象にはそぐわない。ただし、まず経営陣がその本来の責任を引き受けないことには、必ずや懲罰的あるいは制約的な規制が強いられることとなろう。

これらの圧力に、自由企業制度の成功を掲げたキャンペーンで対抗しても——これは経営者の多くが現在採用しているアプローチだが——適当ではないように思われる。というのも、問題はアメリカのシステムの欠陥に起因しているのではなく、それがほとんど信じがたいほどの大成功を収めたことにあるからだ。

経営者の「特権」(prerogative)を振りかざし、このような社会的圧力を押し返そうとするのは、より無益な試みとなるだろう。実際には、経営者の特権なる言葉そのものが、そこに見え隠れする意味と合わせて、経営陣の主張と権威を弱体化させている可能性が高い。

ここで言う特権とは、その定義上、義務や責任を伴わない権利である。辞書では、「神聖に付与された優位」とある。

実際のところ、どのような歴史においても、特権に訴えた支配層はすべて敗北している。経営者がその特権にすがることは、すなわち経営者には何の役割も責任も存在していないことを認めるのと同義である。

いや、むしろ必要なのは、経営者の役割とは何か、その責任とは何かについて、アメリカ国民が正しく理解することである。経営者の権威の根拠となるのは、このような理解以外にはありえない。

また、経営者がリーダーシップを発揮することも不可欠である。アメリカの自由企業制度の将来は、アメリカ企業の経営者たちが、「経営者はまさしく経営しなければならない」というスローガンに忠実であらんとするか否かにかかっている。

【注】

（1）ウィリアム・C・デュラントがGMの社長を務めていた頃、冷蔵庫の製造に乗り出そうとしていたガーディアン・フリジエーターに個人的に投資したもの。一九一九年、フリジデル・コーポレーションとして、GMの傘下に入り、その結果、GMのロゴのついた冷蔵庫が世に出回ることになった。その後七九年、ホワイト・コンソリデーティッド・インダストリー（WCI）が同社を買収。さらに八六年、エレクトロラックスがこのWCIを買収したため、現在フリジデルはエレクトロラックスの傘下にある。

（2）次の論文を参照。Peter F. Drucker, "The Pension Mirage," *Harper's Magazine*, February 1950, Vol.200, No.1197, p31.

（3）foremanはこれまで「職長」という訳語が用いられてきたため、いまではなじみは薄いが、本稿でもこの用語を用いる。なお、本稿が執筆された当時、すなわちオートメーションが導入される以前において（ベルトコンベア方式があったとはいえ）、それでも工場は職人の世界であった。この職長はいわば職人頭であり、工場長から全面的に権限を委ねられた存在であった。

第2章

Population Trends and Management Policy

人口動態で未来を読む

Population Trends and Management Policy
HBR, May-June 1951.
人口動態で未来を読む
『DIAMOND ハーバード・ビジネス・レビュー』2004年8月号

アメリカにおいて今後二五年間、人口動態が企業の存続とまではいかなくとも、企業の成功を左右する重大な要因となる。その影響力は、経済変動でさえ及ばないだろう。

人口動態のインパクト

人口動態について理解しておくことは、アメリカがいままさに迎えようとしている「軍備の時代」において、とりわけ重要である。多くの経営者が現在を一九四二年当時になぞらえたうえで、有事に備えているが、今後予想される人口動態のみならず、過去の人口動態もそのような安易な見方をまったく無意味にしてしまうからだ。

一〇年前のアメリカにおいて、人材はあらゆる資源のなかで最も潤沢であった。これからは最も不足することになる。この事実はおおむね理解されている。

しかし、本当の頭痛の種となるのは、質的な側面、すなわち労働力の全体的規模ではなく、その構成の変容である。この点については、経営者をはじめ、まだ一般にはよく理解されていない。

本論では、まず長期的な状況を考察する。そうしてこそ、初めて短期的な状況が理解できるからだ。アメリカの現在の人口動態は、あらゆる重要な側面、たとえば規模や年齢構成、雇用適性等において、多くの経営者が投資や製品開発、マーケティング、雇用慣行を検討する際、無意識のうちに前提としている状況とは対極にあるといえる。

経営者が考えるべき二つの人口問題

アメリカの人口は、急速に増大しつつある。二〇〇〇年には、少なくとも二億人――今日より五〇〇〇万人多い――を超えると予測されているが、この数字はどう見ても少なすぎる。

過去一〇年間に人口を二〇〇〇万人も増大させた、いわゆる「人口革命」は異常な出来事にすぎず、経済状況がどうであれ、やがて一九三〇年代の出生率と家族構成に戻るという考えがこの見積もりの前提となっている。ところが実際は、どの判断材料もこの前提とは反対の結論を示しており、むしろ長期にわたって早婚化が進み、一家族当たりの人数は微増することを示唆している。

実際、アメリカの人口は、わずか五〇〇〇万人の増加によって二億人にとどまるのではなく、過去において常にそうであったように五〇年ごとに倍増する、つまり二〇〇〇年までに三億に達する可能性のほうが高い。二〇〇〇年までに二億三五〇〇万~二億四〇〇〇万人と予測しても、かなり控えめである。

しかし経営者にすれば、五〇年後の人口が二億人になるか三億人になるかという問題はさほど重要ではない。問題なのは、次の二点である。

①人口が、「減少」とまでは言わないにしても、「停滞」あるいは「成熟」しているという従来の仮説が完全に崩壊している。

②長期予測がどうであれ、今後二〇年間にわたって、アメリカの人口は必ず急増する。

特に六〇年代の一〇年間、人口はすさまじい速さで増加するはずだ。少なくとも二五〇〇万人は増えるだろうが、この数字は過去一〇年間の人口革命がもたらした増加数より五〇〇万人も多い。四〇年代の「ベビーブーム」の時代に生まれた子どもが六〇年までに結婚適齢期に入り、彼ら自身が子どもをもうけ始めるからである。

したがって、六〇年代は子どもの数が激増し、七〇年代に入るまで人口曲線が横ばいになることはないだろう。これは、マーケティングや製品開発、資本投資という点において、それぞれの企業に異なる意味合いをもたらすことになる。

しかし、あらゆる企業に等しく影響を与える問題もある。必然的な問題をいくつか挙げてみよう。

●アメリカ経済は成熟期に入るのではなく、急速に拡大するため、ケインジアン（ケインズ経済学派やその信奉者）たちがいわれもなく心配する「過剰貯蓄」という恒久的な危機は発生しない。それどころか、ケインズ経済学は今後二〇年間にはほとんど通用しなくなる。むしろ、経済全体で資本資源が恒常的に求められるようになる。

●その一つの表れとして、学校や病院、交通機関等の建設をまかなうため、地方税率には常に上昇圧力がかかる。

●また、住宅の供給不足が続き、建築資材や家具、耐久消費財、その他住宅開発に使われる物資への需要が絶えない。実際、住宅建設のペースを落とせば――軍備体制が長く続けば必ずそうなる――住宅産業はアメリカ経済において技術発展やイノベーションに乏しい「後進部門」になってしまう。

●都市から郊外へと人口が移動する現在のパターンは変わらない。むしろ、郊外化はまだ始まったばかりだと考えるのが妥当である。

●現在のところ、郊外に移動しているのは人間だけで、彼らの職場はおしなべて都会にとどまっているが、ここ数年、職場の郊外化という新たな兆しが見られる。ある大手保険会社は先日、ニューヨークを離れてホワイトプレーンズに移転すると発表した。『タイム』誌はニューヨーク州ライに土地を購入し、いずれその地に編集局を移転する計画だ。五〇年、リーバー・ブラザーズがケンブリッジからニューヨークに移転したが、大企業による大都市への事業所移転は、おそらくそれが最後だろう。今後は、特に大企業を中心に郊外への移転を図る企業が増え、住宅や労働力の供給、交通や輸送、都市の不動産価格などに大きな問題を引き起こすのは目に見えている。

人口構成の変化から未来を読む

しかし、経営者個人にとってはるかに重要なのは、地理的かつ年齢的な人口分布である。地理的な分布の予測はおそらく、人口問題のなかで最も難しい作業だろう。しかも、包括的なもので済ませるわけにもいかない。無論、各地域について詳細な調査研究が必要となる。なお地理的な分布は、人口動態において唯一、地域社会の計画によって大きく左右されかねない要素である。水道や輸送交通機関、学校、病院や医療機関などは、人々の移転先に多大な影響を及ぼしている。

これに対して、年齢構成上の変化は予測可能というだけではない。絶対確実である。というのも、これから五〇年後に六五歳になる人々は、すでにこの世に生まれているからである。同様に、一〇～一五年後に就労年齢に達する世代もすでに誕生している。

今後、アメリカの人口の年齢構成には、次のような変化が起こるのではないだろうか。

●三〇年代の出生数が少なかった結果として、五〇年代全体を通じて、労働人口に加わる若者が大幅に不足するだろう。この傾向は五三年頃には底を打つとはいえ、五七年あるいは五八年まではまったく増えそうにない。

●四〇年代生まれのベビーブーマーが成人を迎える六〇年代に入ると、就労年齢に達する若者の数が激増する。

●すでに述べたように、六〇年代にベビーブームが再来する。

●人口動態において不変なのは、高齢者の着実な増加である。これから六五年まで、六五歳に達する人口は毎年増え続ける。それ以降は横ばいになるが、平均寿命が大幅に伸びたことにより、六五歳を超える高齢者がじわじわと増える。また一方、六五歳男性の平均余命は、六五年頃には一八年に達するはずである。これに対して、三〇年前の平均余命は月単位だった。つまるところ、今後三〇～四〇年の間、高齢者の数は急増することになる。

また、人口の伸び幅が小さければ小さいほど、人口全体に占める六五歳以上の割合が大きくなることも見落としてはならない。二〇〇〇年までに人口が二億人を超えなければ、今世紀末にかけて成人人口の五分の一余りが六〇歳以上になる。その一方、今後五〇年間に人口が再び倍増すれば、高齢者人口が成人人口の一二パーセントを大きく超えることはけっしてない。

いずれにせよ、我々が通常の就労年齢と考える年齢を超えた人々が成人人口の大部分を占める状況が待ち受けている。これは人類史上初めてのことである。つまり、高齢者問題に関しては、我々は根本的に新しい問題に直面しているのだ。その原因は、多くの社会学者が考えるように、アメリカが農業国から工業国に移行したからではなく、歴史上初めて、人間が通常「老年」と考えられている年齢より長生きするチャンスを手に入れたからにすぎない。

このような年齢構成の動向は、マーケティングや製品開発、方法論等に明らかに問題を突きつける。たとえば今後二〇年、商品化計画の重点は、経済変動や国際情勢とは関わりなく、一方では幼児を抱えている家庭が必要とする商品に、もう一方では高齢者に必要とされる商品に置かれることになるだろう。

また、住民一〇〇〇人当たりの医師数、あるいは病院のベッド数に関する数字を、一世代前の数字とはもはや比較できないことの意味を考えてほしい。そのような比較を試みても、まったく役に立たないだろう。なぜなら、総人口に占める子どもと老人の割合が大きいほど、医師や病院のベッドへのニーズは共に著しく増大するからである。言うまでもなく、同じことが多くの商品やサービスについても当てはまる。

しかし、アメリカの年齢構成から生じる最大の問題は労働力である。たとえ徴兵制が実施されなくとも、今後一〇年間は至るところで労働力の高齢化が進むだろう。これは特に一般従業員に当てはまる。最近の若者の間では専門教育や知識教育を受ける者の割合が増えているからである。なお、高等教育を受けた人材が過剰供給になるという懸念は、長期的な人口展望に照らせば、どうやら杞憂にすぎない。実際、徴兵制が実施されなかったにもかかわらず、長期にわたって教師やエンジニア、医師などの職種が深刻な人材不足に見舞われた。

それゆえ、我々はまず、仕事のなかで労働集約的な部分を減らすことに力を入れなければならない。資材管理の機械化、力仕事や肉体的な負担が大きい作業の軽減などは、生産性の維持に大いに役立つ。

一例を挙げよう。内輪に見積もった人口統計データを使って、ある大手石炭採掘会社の労働力を予測したところ、従業員の年齢構成が上がりつつある現状では、機械化、特に石炭の積み込みや運搬の機械化を、当初計画より三〇～四〇パーセント以上、スピードアップしなければ、生産性が維持できないことが判明したのである。

と同時に、仕事の技能的要素を増大させれば、利益の面でも生産性の面でも役に立つだろう。しかし、熟練を要しない反復的な作業の効率は年齢と共に上昇することはなく、五〇歳を過ぎると目に見えて低下する。しかし、ほとんどの技能はよほど肉体的に衰えない限り、損なわれることはない。年齢の高い労働力は、スピードの代わりに技能と経験を生かせる度合いが高ければ高いほど、生産的な存在となる。

退職と年金

したがって、経営者が既定の方針を考え直し、おそらく修正しなければならない。そして、それは退職と年金に関する領域である。

この問題に関して、おおかたの経営者や労働組合のアプローチははなはだ非現実的であり、トラブルを引き起こすこと請け合いである。経営者は概して、働き盛りを過ぎた従業員はお払い箱にしなければならないという態度に出る。一方、労働組合側は、年配の従業員に退職手当を要求することで、これに対抗する。しかし、将来は年齢構成という要因を背景に、年配の従業員でも退職しないのが一般的になりそうだ。彼らを引き続き雇用するように社会的な圧力がかかることも考えられる。

いずれにせよ、ごく近いうちに、アメリカの投票人口に占める高齢者の割合は増大し、そのほとんどが退職したがらない。同時に、年配の従業員を活用しなければ事業が回らなくなるかもしれない。労働力の不足から、生産的に働いてもらえるやり方で彼らを引き留めておかなければならないという事態に陥ることは十分考えられる。

ついでながら指摘すると、年齢の高い従業員の生産性に関する大部分の経営者の考え――「年齢」に関する概念とは言わないまでも――は時代遅れである。彼らの考えは、たいていの人が六〇歳あるいは六五歳になった時点で働けなくなった時代を基準にしている。ところが、年齢の高い従業員でも適切に配置すれば、年下の従業員と同じぐらい生産的に働けることは、経験と調査からすでにわかっていることなのだ。

しかし、年配の従業員を活用する必要性が増大しつつあるにもかかわらず、現在の年金契約のほとんどがこのようなニーズに対応できていない。経営者は、大部分の従業員は退職を望んでおり、年金を差し出せば受け取るはずだろうと考えて、年金契約にサインしてきた。年金制度のために手配している標準的な財務手段、たとえば年金引当金などはすべてこの考えに基づいている。

しかし、標準的な年金制度のシナリオに沿ったかたちで従業員が退職しないとなると、経営者は窮地に陥る。適任かどうかはさておき、年配の従業員が引き続きそのポストにとどまり、他のポストの募集やレイオフの際にも、先任権を主張するだろう。もしそうなるのであれば、明らかに再考が必要である。次に挙げる目標に合わせて、既存の年金契約の条項について再交渉しなければならない。

●定年退職は廃止すべきである。また、留任する自由な選択権も与えないほうがよい。従業員がまだ働けるかどうか、経営者が決定権を持たなければならない。もちろんこれは、管理上、難しい問題をもたらす。特に管理職には、客観的な決定を下し、個人的なプレッシャーに耐えるという負担がのしかかる。しかしこの現実は、経営者にとってさらなる課題という程度にすぎず、差し迫った問題は依然残る。

●退職して一、二年経った後でも、肉体的かつ精神的にも問題がなければ、復職を認める制度はとりわけ有益である。たいていの人は六五歳にもなれば、ゆっくり休養する必要がある。それでも一、二年も経つと、現役復帰を望むものだ。そのような人はえてして優秀で、生産性も高い場合が多い。

●人員配置には、特に気を配らなければならない。経営者は、年配の従業員を生産的に活用できる職場を把握するだけではなく、そこで彼らが最大の成果を出せるポストに限定する権利も掌握すべきである。換言すれば、従業員に退職するかどうかの選択権が与えられるならば、そのポストにおける先任権を主張できることはおかしい。また、その先任権に基づいて工場内の別のポストに応募する権利も持つべきではない。

●レイオフの際の先任権については、特例措置を設ける必要がある。退職後に年金をもらえる従業員が職場に残り、子どもを扶養しなければならない従業員がレイオフされるのは、明らかに大変な不公平である。しかし、現在の契約書の書面では、まさにそのような事態が起こってしまう。

●年配の従業員問題に対処するに当たって、労働組合と経営者の密接な協力も欠かせない。労働協約が結ばれている場合、新しいアプローチについて労使交渉が必要になる。しかし、新たな制度を運営するうえで、労働組合が責任を分担することも重要だ。たとえば、生産性を最大限に引き出そうとする人物がどこかに配置されるたびに見境なく苦情を申し立てるのではなく、年配の従業員の配置先を一部のポストに限定することについて労働組合も責任の一端を担うことが望ましい。また、最初の段階から労働組合を巻き込んでおかなければ、早晩抵抗に遭うことは必至である。

軍備計画との関連性

そして何より、人口動態に関する理解が軍備計画には欠かせないという事実を見失ってはならない。ほとんどの企業は、四二年がいつか再現されるだろうという前提に基づいて軍備計画を立てている。

しかし、この前提が最も通用しない領域が、人員計画なのだ。それどころか、今日のアメリカについて間違いなく言えることは、四二年の経験に従えば深刻な問題が生じるということなのである。四二年当時は、就労可能な人々、たとえば失業者やまだ労働市場に出ていなかった人々が世のなかにあふれていた。これに対して、現在は無職の予備労働力がほぼゼロの状態から始めなければならない。この事実はすでに広く知られている。

アメリカの労働力は質的にも変化しており、こちらのほうが量的な変化よりもはるかに重要である。

第一に、今後五、六年の間は、就労年齢あるいは出征年齢に達する若い男女が、第二次世界大戦中よりはるかに少なくなる。第二次大戦中は、徴兵された男性よりも就労年齢に達した男女のほうが多かった。

全体的に見れば、徴兵制度が労働力を枯渇させることはなかった。しかし近年、労働力不足がはなはだしい。一年間に供給される新たな労働力は、全面戦争が勃発した場合に毎年徴兵しなければならない男性の半分にも満たないだろう。

また第二次世界大戦中は、生産活動に携わる予備労働力を若い女性のなかに見出すことができた。しかし今回は、彼女たちの労働力をそう簡単には利用できない。もちろん、労働力を担う若い女性はいまでも存在するが、既婚者の割合が増えており、そのほとんどが幼い子どもを抱えている。

結婚年齢は現在、三〇年代の恐慌時代に比べて五年も低くなっている。しかも、開戦時と戦後に結婚したカップルのほうが戦前のカップルよりも早く子どもをもうけ、子どもの数も多くなる傾向がある。幼い子どもを抱える若い既婚女性は、工場やオフィスでの生産活動に限定的にしか活用できない。彼女たちには、労働時間や交代勤務、託児所などに関して特別な対応が必要だろう。

以上のような数字から、疑う余地のない結論がいくつか導き出される。

●全面戦争が勃発した場合、出征年齢にある若い男性が徴兵を猶予されることはまずない。そこで、徴兵年齢も引き上げる必要がある。それどころか、子どものいない若い女性を徴兵して、非戦闘活動に従事させなければならないかもしれない。

●全面戦争が起こらなくとも、深刻な若年労働力の不足が発生する。

●アメリカの予備労働力となるのは、もはや若い女性ではなく、子どもがある程度成長している中年の女性、つまりまったく違うタイプの労働力である。

●軍需産業でも、予備労働力の雇用に備えなければならなくなる。

某大手メーカーの人員計画

本稿では、どのように対応すべきかについて抽象的に説明するのではなく、軍需産業に属する大手メーカーが実施している人員計画を紹介しようと思う。この計画は、朝鮮戦争直後に始まり、五一年夏に完了する予定である。

●工場とオフィスそれぞれの職務すべてについて、現在の編成のまま、①年配の従業員、②子どもがある程度成長している女性、③子どもが小さい、あるいは子どもがいない若い女性、④身体障害者でカバーできるかどうかの調査が実施された。

●組織と全体的な仕事の配置を調査し、どの仕事を予備労働力に合わせて調整できるか洗い出した。一例を挙げよう。エンジニアリング部門では、エンジニアから製図作業を取り上げ、製図部門を再編することで、不足しつつあるエンジニアという資源を四〇人分節約できることがわかった。現在では製図作業の大部分は、ある程度成長した子どもを持ちながらパートタイムで働く中年女性に任せられるという。彼女たちは製図の仕事に必要な専門技能や訓練経験を持ち合わせていないとはいえ、その仕事ぶりは真摯かつ労を惜しまないもので、細かい仕事を熱心に覚えようとしている。

●監督の問題には特別な注意が払われている。年配の従業員と思春期の子どもを抱える女性を監督するには、若い従業員、特に若い女性の場合とはまったく違うアプローチが必要である。特に問題になりやすいのは、中年の女性である。彼女たちは一五年余りも家庭を守る立場に慣れ切っているため、厳しく監督されることを好まない。また一緒に働くのは、同年代の女性か年上の男性でなければうまくいかない。年下の女性と一緒に働かせると摩擦が起こる。その一方、教会や集会、ＰＴＡなどで集団作業の経験を積んでいるため、同僚と協力してやすやすと物事をまとめる。

●最後にこの企業では、できるだけ多くの従業員に、一つの仕事にとどまらず数種類の仕事をこなす力を身につけさせるために、徹底的な職業訓練プログラムを展開している。

どの部門もその生産性を高めるには、ベテラン従業員がカギとなる。このようなコア人材が存在すれば、経験のない未熟な従業員も同化させられる。しかし、このようなコア人材が存在しなければ、どんなに優れた訓練プログラムでも貧弱な成果しか上げられないだろう。

徴兵や予備役招集の実施、より高い給料に引かれた入隊者の増加によって就労人口が減少し、多くの部門が熟練した人材の不足に悩まされる事態は、ほぼ確実とは言わないが、可能性として大いに考えられる。そのため、できるだけ多くの従業員がさまざまな仕事に応じられるように調整しておくことが肝心となる。

なお、さまざまな仕事を生産的にこなすための経験や技能を習得するには、ほとんどの場合、ほんのわずかな訓練で事足りることがわかった。しかもそのような訓練で、技能も生産性も高く、自分の仕事に満足できる従業員が各所で育っている。

もちろんこれは、現実には大規模かつ複雑な計画をごく大ざっぱに説明したにすぎない。その複雑さは、この企業が二万人の従業員を抱えているからというだけではない。

たとえば、同社は労働組合と現在一二件の労働協約を結んでいる。予備労働者の配置先を、各自が最も適した職務に限定する場合のみならず、若い労働者を再び雇える状況になった時、その雇用の妨げとなる先任権が生じない職務に絞る場合であっても、すべての労働協約について再交渉しなければならない。また、中年女性の雇用を可能にすることは、シフト制を導入することであり、多くの場合、特に製図や会計、時間記録などの仕事では、パートタイム制を導入することでもある。

数カ所の工場がこのプログラムを実行したところ、労働力の備えが四倍にも五倍にも拡大する見込みである。また同社が、混乱の時代を迎えた際、組織の柔軟性が高まり、安定性もロイヤルティも高い労働力が得られるはずだ。

人口問題における国家政策

過去一〇年間におけるアメリカの人口構成の変化は、国家の労働力政策にも深刻な問題を投げかけている。

まず、現在の我々の状況はソ連と正反対に位置している。今後五、六年間、アメリカの若年人口はほとんど増加しない。しかしソ連のそれは、第一次世界大戦後、初めて最大数に達する。というのも、ソ連では一九三〇年代に出生率が大きく上昇すると共に、乳児死亡率が急減したからである。

しかし五、六年経つと、この構図は劇的に変化する。アメリカでは、就労年齢や出征年齢に達する若者人口が急増する。一方のソ連では、第二次世界大戦中に乳児死亡率が急激に上昇し、地方によっては一〇〇パーセント近くに達した。しかも流産率は、特にドイツ軍に蹂躙された地域で六〇パーセント以上に及んだといわれている。

したがってソ連では、若年人口が急落する時期が少なくとも五年は続くと考えられる。終戦以来、真の改善があったかどうかは不明である。ほんの束の間だけ改善したにすぎないと見る向きもある。

言い換えると、人的資源の観点だけからすれば、アメリカの状況は今後数年悪化し続けるが、その後は急速に改善する。これはアメリカの国家計画を左右する一因になっているはずであり、万が一決着をつけなければならないのであれば、その時を早く迎えるよりも、後で迎えたほうが望ましいと考える、大きな理由にもなっている。

人口の変化は、学生の徴兵をめぐる国家政策にも重大な影響を与えるだろう。第二次世界大戦中の徴兵政策においては、緊急の戦力を除けば、学生の徴兵について考慮すべき材料をすべて無視することもできた。短期戦になると予想されただけではなく、徴兵対象となる若者の数が非常に多かったからである。

しかし、今回は非常に少ない。しかも、この有事への準備体制は長引くかもしれない。我々には、若者を専門教育や知識教育から長い間引き離しておく余裕があるだろうか。

さらに重要なのは、職長をどう扱うかという問題である。彼らの多くは徴兵年齢にあるか、予備役に服しているかのどちらかである。言うまでもなく、ベテラン監督者がアメリカの大きな資源であることは明らかだが、彼らは軍隊でいちばん必要とされるタイプの人員でもある。

知識豊富なプロフェッショナル・リーダー、そして現在と未来の生産性の拠り所となるベテラン現場監督者という人的資源の供給に打撃を与えることなく、軍隊のために優秀な若者を確保するにはどうすればよいのだろうか。

これらの問題は、企業方針というよりは国家政策の問題である。とはいえ、経営活動に深い影響を与える問題でもあり、経営者が問題解決の一助を担うことになるかもしれない。

人口動態は、マーケティングや製品開発、投資、人員計画など、経営者の経営計画に最大の課題を突きつけるに違いない。実際、軍備時代における当面の有事についても、また長期的にも、経営者のほとんどが意識さえしていない難問をさまざまに引き起こしているのだ。

第3章

Management and the Professional Employee

プロフェッショナルを活かす

Management and the Professional Employee
HBR, May-June 1952.
プロフェッショナルを活かす
『DIAMOND ハーバード・ビジネス・レビュー』2003年11月号

供給が追いつかない専門職

今日（一九五〇年代）の労働人口のなかで、最も急速に増えているのが専門職である。第二次世界大戦が終わった時、アメリカでは七五の企業が、一〇〇人以上の専門職を抱える大規模な研究所を所有していた。当時、これは「戦時下の超過利潤税の還付金のおかげで拍車がかかった一時的な現象」といわれた。しかし、五年後の一九五〇年、朝鮮戦争が勃発した時、このような大規模研究所を有する企業の数はほぼ二倍に増えていた。

さらに注目すべきは、中小企業も相当数の専門職を雇い始めたことである。私が知る某企業では、第二次世界大戦前には一人しかいなかった設計エンジニアを八人に増やした。そのおかげと言ってよいのだろうが、戦後彼らは大成功を収めることとなった。アメリカには現在、企業内研究所が、科学に関するものだけに限っても約三〇〇〇ある。また、専門職が雇用される領域も確実に広がっている。

ほとんどの経営者と一般従業員にすれば、専門職とはいまだ研究者か、化学者を意味する。しかしここ数年の間に、物理学者が産業界で華々しいデビューを飾ったように、生物学者、地勢学者なども含め、現在企業で働く自然科学者の数は数千人に上る。しかも、経済学者、統計学者、心理学者の数は少なく見積もっても数百人規模に増えており、弁護士については言うまでもない。

しかし、それでも現在のアメリカで最も不足している人材は専門職であり、当面、需要に供給が追いつくことはないだろう。ただし、朝鮮半島の情勢や国防計画の要請ゆえ専門職への需要が急増したことが、慢性的不足の理由ではない。その原因は、政府部門のみならず、産業界でも、専門職への需要が飛躍的に高まっていることにある。しかもタイミングの悪いことに、三〇年代の出生率が低水準だったため、専門教育を受けた学生の数が大きく減少している時期でもある。

そもそもこれらの問題以前に、社会が必要とするあらゆる専門職を輩出する力量が、はたしてアメリカの大学に備わっているのかという疑問もある。最近、医学部の設備不足の問題が大きく報道されたが、これは氷山の一角かもしれない。

このような状況を鑑みれば、産業界は貴重な専門職を厚遇しているに違いないと考えるのも自然といえよう。ところが、専門職の意識調査によると、彼らの士気は何とも低いという。彼らは自分が働く会社についてほとんど何も知らない。彼らの間には「孤立感」という悩みが蔓延している。さらにその仕事の中身を調べたところ、この優秀にして高コストで稀少な人材が、きわめて非効率に働かされていることがわかった。

専門職の行動様式を把握する

専門職がこのような状態に置かれていることについて、そもそも経営陣にその責任はない。あえて非を鳴らすとしたら、経営陣には、問題の本質を見抜くだけの想像力に欠けていたというくらいだろう。問題は、専門職とそれ以外の一般従業員は行動様式そのものが大きく異なるところにある。

専門職ならではの価値基準

専門性の本質的な部分とは、職人気質と仕事の仕上がりへの客観的基準に代表されよう。そして、これらの基準は通常の事業上のそれとは異なる。

営業部長が「技術部はいつまで経っても設計を完成させない」とぼやいているのを聞いたことがあるだろう。もしくは他の経営幹部が、社内の化学者、物理学者、経済学者、心理学者たちについて、次のように話しているのを聞いたことがあるのではないだろうか。

「彼らは完璧を追求する。そのためにいくら時間や費用がかかってもいっさいお構いなしだ。そもそも、その仕事を完璧に遂行する必要があるのかさえ考えない。『あと四週間待ってください。もう少し改良したいところがあるのです』と、万事この調子だ」

とはいえ、このようにぼやく営業部長とて「では、そこそこの仕事で満足する設計エンジニアのほうが望ましいのか」と問われれば、あわてて前言を撤回することだろう。

たしかに「うちに必要なのは技術屋であり、専門家ではない」という企業もあるだろう。つまり、当面の与えられた仕事を素早く、きちんとこなし、それ以上のことは何もしない人材で十分だという考えである。しかしそれでは、本当に優秀な人材を獲得できないばかりか、たとえ獲得できたにしても、すぐに会社を去ってしまうだろう。

そのような企業は、専門職固有の行動様式を束縛してしまい、その最大の強みを活かし切れない。というのも、専門職には客観性や独自の基準があり、経営陣が問題を定義したり、結論を決めたりしても、それを無批判に受け入れることはしないからだ。こうした行動様式は、経営者の行動様式と比べると、共存は不可能に思われるほど異なっている。しかし、専門職が組織に貢献できるのは、まさしくこのような行動様式を備えているからなのだ。

専門職の職癖

もう一つ、専門職の行動様式のなかで難しいところは、彼らには独自の仕事の進め方があることだ。それは、すっかり彼らの体に染みついており、ほとんど人格の一部になっているとさえいえる。

専門職は——研究に携わる以上、当然のことながら——すべての仕事をみずからの手でやらなければ気が済まない性質の人たちである。化学者にしろ、経済学者にしろ、研究者ならば、使用するデータはすべて自分で確かめるように叩き込まれている。実際、大手法律事務所の上席弁護士でありながら、助手が調べた判例を裁判で使用する時には、必ず事前に自分で再確認するという人を私は何人も知っている。

そうとはいえ、彼らを「個人主義者」と見るのは正しくない。というのも、彼らはチームの一員としてもきわめて優秀だからである。ただ概して、専門職たちは、現代の組織、とりわけ大組織と平仄が合わないようだ。「得意の仕事に専念し、それ以外のことは他の従業員に任せてほしい」と言われれば、彼らは喜んでうなずくだろう。というより、それこそまさに彼らが望んでいることなのだ。したがって、こと専門分野に限っては、彼らはそのすべてを掌握しなければ気が済まない。

その典型的な例が、高名な物理学者である私の知人だ。彼は大企業の魅力あるポストを捨てて、中小企業に転じることを決めた。その大企業は大きな研究所を抱え、彼が望むだけの助手をあてがい、高給を支払っていた。

一方、中小企業の研究所は設備もお粗末で、助手はおらず（掃除婦がいただけだった）、給料は大企業と比べてかなり低かった。しかしいままでは、彼はすべてを自分の手で行うようになった。自分で実験の準備をし、みずからメモを取り、さらに多くの実験器具まで自分でまかなうのだ。彼は私に「いまは全部自分でしているよ。もちろん自分のやり方で」と語っていたが、これこそが彼が大企業を捨てるに至った最大の理由なのだ。これは極端な例だが、けっして例外ではない。

自己完結型の論理

最後にもう一つ、彼らの難点について挙げてみたい。すなわち、彼らの論理は自己完結型であり、経営者が当然と考える論理は彼らには通用しないということだ。次の実例を見れば、納得されることだろう。

一九四七年、ある大企業が経済・市場調査部門を新設した。この部署が軌道に乗るまでには数年を要し、五〇年の時点では、費用対効果はほとんど得られていなかった。それでもこの間、会社の業績は順調だったため、この部署のマネジャーや従業員にも相当額の昇給が毎年実施された。

五一年になって、この部署は初めて大きな成果を上げた。部長は成果を上げた従業員を昇給対象者として社長に推薦した。ところが五一年は、会社は業績不振に陥っており、当然社長は「当面、昇給は実施しない」と返答した。この部長はこれに激怒し、早々に退職して大学の教授職に就いた。ちなみに彼の給料は約三分の一に減った。

この専門職は、職業人生のほとんどを大企業で過ごしてきた人で、けっして「象牙の塔」に住む研究者というわけではなかった。では、なぜ彼は会社を去ったのだろうか。

彼から見れば、経営陣の決定は不合理極まりなく、まったく理解できなかったのだ。彼らの部署は間違いなく（と彼は言うだろう）、会社の業績の悪さに左右されず、高い質の仕事をしていた。それなのに、経営陣は彼の仕事に関心も払わなければ、理解すらしていないと、彼は受け止めたのである。

以上のように、問題は専門職特有の行動様式にある。それゆえ、すぐさま簡単に解決できるものではない。しかも、その原因となっているこれら専門職の行動様式は本来望ましいものであり、そのことがさらに事態を複雑にしている。経営陣が着手すべきことは、このような専門職ならではの行動様式を改めさせることではない。むしろ、既存の事業慣行のほうを大幅に変更すべきである。そして、真に達成すべき目的は、これら従業員の専門職ならではの特性を大いに活用する方法を見出すことなのだ。

私自身、専門職についてかなり広範囲に調べたところ、この問題の最も現実的な解決策として、次の結論に至った。企業と専門職の「フリクション・ポイント」（両者間で最も摩擦が起こりそうな箇所）を特定することで、トラブルや非効率を局限化するのだ。ただしその際、このようなフリクション・ポイントに「潤滑油」を差し続けなければならない。もちろん、摩擦を完全になくすことはできないだろうが、いくつか建設的な対策を講じることは可能だ。そうすれば、少なくとも現在多くの企業で見られるような状況は大幅に改善されるだろう。

摩擦の大きい部分に潤滑油を差す

主なフリクション・ポイントがどこにあるのか、これは自社の専門職全員についてよく観察していれば――望ましくは専門職と非専門職の両方を観察することだが――おのずとはっきりするはずだ。

管理プロセス

一般従業員を管理するのと同じ手法で、専門職を管理することは不可能である。特に「監督」という概念は、専門職の性格と真っ向から対立する。いろいろな意味で、専門職を監督することは大きな問題なのだが、経営者が気づいていない問題——専門職に特有の問題が存在していること——の典型例でもある。

監督という言葉とその仕組みは、これまで一般従業員たちに適用されてきた。ただそれだけの理由から、何の考えもなく、専門職にも自動的に用いられている。

しかし専門職は、監督されることを大変嫌う。そもそも彼らを組織化する方法として、監督というやり方は間違っているのだ。同じ職場で働く専門職たちを見てみればわかるが、「上司と部下」というよりも、「先輩と後輩」の関係にある。

されど専門職のグループにも、プロジェクトや事業を監督し、これらの責任を負う人間は必要かもしれない。しかし、専門職たちにすれば、仕事はグループ・プロジェクトであり、責任はそれぞれの持ち場で個人が負うべきものという意識が強い。そこで、専門職グループの上司たる人物は、監督ではなく調整役や指導者という役割を担う。要するに、専門職と管理プロセスの関係を再考すべきである。

概して、専門職として優れている人ほど管理能力は低く、管理業務への関心も薄い。ところが、企業が従業員に与える褒美といえば、一般に管理職への昇進だけである。となると、専門分野で同僚に認められていない人ほど、管理職に就く可能性が高いということになる。いまではかなり多くの企業が、この問題に関心を寄せ始めているが、問題は、彼らが奇跡を待つかのような方法で解決しようと考えていることだ。すなわち、専門職として優秀であり、しかも管理能力に高く、かつ管理業務が好きな人を管理職に登用しようというのである。

そのような人がいないわけではないが、きわめて稀である。幻の「賢者の石」を探すようなもので、時間の無駄である。そんなことよりも、管理能力の有無にかかわらず、専門分野でリーダーを務める人が昇進できる方法を探したほうが賢明である。

たしかに、大人数のグループの場合、上に立つ者には指導力が求められる。しかし、最も大事な条件は、専門職としての名声と業績である。したがって、彼らの処遇を考えるならば、管理業務を犠牲にしなければなるまい。あるいは政府のように、管理業務は「管理補佐役」に任せるという手もある。

なお管理補佐役は、専門職グループ内における権限をいっさい与えられていないが、実際には、本来与えられたもの以上の影響力を行使している例が多い。それは、専門職たちは管理補佐役に管理業務を任せがちであるからだ。

専門性の評価

専門職が管理プロセスになじめないことと、自分の専門性が正当に評価されていないことへの不満は深く関係している。そこで、彼らを評価する機会を社内外に整える必要がある。私が調べた限りでは、企業内の専門職グループには、同僚からの信望がきわめて高い人物が必ず存在する。そして偶然にも、このような人の多くは、企業にとってもきわめて貴重な存在でもある。

ただし、このような人は概して一人で仕事をすることを好み、なかには共同作業はまったくできない人もいた。彼らを管理職に昇格させれば、彼ら自身も、彼らの仕事もぶち壊しになるだろう。とはいえ、権威ある地位へ昇進させることで、彼らの優れた業績を評価しなければ、専門職グループ内に不満が広がっていく。

これは何も目新しい問題ではない。たしかに民間企業が初めて出会う問題かもしれないが、他の組織ではこれまでにも起こっている。たとえば、軍隊やカトリック教会といった組織は、昔からこの問題に取り組んできた。そして、このような人材を確保し、勤務させ続けることに成功している。その方法とは次のようなものだ。

まず、このような人々は管理することよりも、助言することに向いている。そこで、組織の命令系統から切り離し、独立した「名誉職」に据える。これは、彼らの独立性を保証すると同時に、その業績をしかるべく評価したことを意味する。この方法は、ローマのあちこちにある教皇庁立大学やバチカン図書館、また軍隊の士官学校の教員組織で採用されている。

民間企業のなかにも、専門職を「特別顧問」や「研究コンサルタント」として雇っているところがある。これも同様の手法で、専門職に上級職と同等の威信と給与を与えながら、管理業務を負わせないことを目的にしている。こうした手法を採り入れている企業はまだごくわずかだが、今後は多くの企業でこの方法を取らざるをえなくなるかもしれない。

ただしこの方法で解決できるのは、優れた業績を誇るベテラン専門職だけである。しかし実際に、専門職としての評価を求め、大きな不満を抱いているのは、主に若手なのだ。そこで彼らの欲求を満たすには、「社外の名誉」に頼るしかない。

現在、専門職を抱えるほとんどの企業が、このような社外活動を許可している。だが、一歩進んで、積極的に奨励したり、ましてや報酬まで用意したりしている企業となると、ごくわずかである。

しかし、考えてもみてほしい。専門分野で認められることにより、若手従業員は自分の仕事により満足するようになるし、さらには専門分野で優れた業績を収めたいと心から望むようになる。そのような若手が企業にいるおかげで、若く前途有望な専門職がその企業に集まってくるというメリットも期待できよう。有能な専門職が不足している現状を考えれば、これは企業にとって大きな利点である。

専門職の社外活動を奨励する方法として一般的なのは、学会への参加を奨励することだ。これはこれで、たしかに効果がある。とはいえ、これが唯一の方法というわけではない。むしろ若手の専門職にとっては、非常勤の教職に就くことのほうが効果的だろう。一週間に一晩、優れた大学や工業専門学校で教鞭を取れば、自分は専門分野で評価されていると実感できる。そして専門分野で優れた業績を収めたい、少なくとも進歩についていきたいという気持ちを抱くだろう。

この従業員が授業のために仕事を休まなければならないとしても、そのコストは広報活動費と考えればよいではないか。いずれは企業の利益につながるのだから——。しかし実際には、従業員が非常勤の教職に就くことを禁止している企業が、いまだにたくさんある。「給料を払っているのは会社であり、従業員は持てる時間と精力のすべてを会社に捧げるべきだ」というのは、いささかばかげた主張ではないか。

仕事の中身

もう一つの重要なフリクション・ポイントは、企業が専門職に求める仕事の内容である。特に仕事を割り当てる方法をめぐっては、摩擦が起こりがちである。

専門職の数が多い企業の場合、最もやっかいな問題は、前述したように管理プロセスと専門職の職位の問題だろう。一方、専門職の数が少ない企業の場合、彼らの仕事の中身こそ最大の問題である。たとえば、次のような例がそうだ。

私が知っているある小企業では、研究所に一流の化学者が二人必要だった。勤務条件、給与、機会のどれを取り上げても申し分なく、またやりがいのある仕事でもあった。ところが、この企業に長く勤める化学者はこれまで一人もいなかった。最長で九カ月、みな慣れる間もなく辞めていった。その原因は仕事の中身にあった。同社では、工場のどこかで問題が起こると、これに応じて、化学者の仕事を泥縄的に決めていたのである。

化学者たちは、こうした問題は「バグ」であり、いずれも決まったパターンで起こっているため、長期的かつ基礎的な研究計画によって問題の根本を解決すべきであると説いた。

しかし工場幹部たちは――彼らにすれば無理からぬことなのだが――「工場の生産に関わる問題は緊急であり、その場その場で処理してもらう」と主張した。その結果、化学者たちは、自分は「大いなる修理屋」にすぎないと感じるようになった。

このケースの解決は簡単だった。業務担当バイス・プレジデント、生産部長、上級化学者で構成された調査委員会を組織することで、化学者たちも仕事の中身について意見を表明できるようにしたのだ。この委員会が発足すると、相互理解が進み、数カ月後には、当座の業務と長期的な仕事の両方に取り組むために、三人目の化学者を雇うことが決まった。

ただし、このようにスムーズに解決するケースは稀だ。たいていの場合、事態は紛糾し、容易な解決など望むべくもない。専門職といえども、その仕事の内容は、ビジネスの成功に直接貢献するものでなければならない。とりわけ中小企業ではそうである。つまるところ、専門職も企業の一員であることに変わりなく、企業とて、学問や技術の発展に無償で貢献するために彼らを雇っているわけでもない。

しかし同時に、専門職の仕事はその専門分野で評価されるものでなければならない。実際、単なる便利屋として扱われると腹を立てる専門職ほど優れた人材である。企業の論理に服従して技術を提供するだけの人は、早晩ひがみっぽい三流の専門職になり下がり、しまいには役に立たなくなる。

人事管理

これで最後だが、四つ目のフリクション・ポイントは人事管理である。専門職は人事に関して、まったくと言ってよいほど無関心である。むしろ積極的に嫌っているといえるだろう。

専門職に関する研究から、私が断言できることを一つ挙げるならば、「専門職には、従来のあらゆる人事管理の方針、手法、手順を適用してはならない」ということである。報酬体系や雇用慣行、研修プログラムなど、人事の専門家が考案した手法はいずれも、専門職には適さないだろう。そもそも当の人事部にしても、「優れた人事慣行」なるものを提唱しておきながら、自分たちはめったにそれを実行しないではないか。

一般従業員、すなわちブルーカラーやホワイトカラーを対象に作成された人事慣行は、専門職にまずなじまない。むしろ、それが適当か不適当かという問題以前に、そもそも人事慣行を他人から強要されることなど、彼ら専門職にすれば、その地位を真っ向から否定されることに等しい。彼らにとってこれほど不愉快なことはないのだ。逆に、専門職グループ内の人事慣行について、彼ら自身が決められるようにしてやると、専門職としての自分の地位をこのうえなく実感できる。

私は何も、こと人事管理に関して、人事部よりも専門職のほうが優れていると主張しているのではない。それどころか、人事管理を専門職に任せると――とりわけそれがエンジニアか経済学者だった場合――複雑極まりない給与体系を作成すること請け合いである。そして、ささいな点について何週間も議論を続けそうだ。

とはいえ、専門職たちが自分たちの人事について自主運営を求めているのは疑いようのない事実である。会社側は現在、彼らにお仕着せの人事慣行を強いている。彼らの最も大きな不満の種はおそらくこのことだろう。

事業の世界からどんどん離れていく

専門職の仕事の専門性を高めることが重要課題であることは言うまでもない。しかし、これに成功すればするほど悪化していく重大問題が存在する。

つまり、専門職が事業の世界から離れていってしまうのだ。専門職たちは「最も大きな不満は、専門職としてではなく、一従業員として扱われることだ」と述べる。一方の経営陣は「専門職には会社のために働いているという意識がない。会社を自分の研究所か、はたまた実験台だと思っているようだ」とぼやく。

言うまでもないが、専門職にも事業についてある程度理解してもらい、関心を抱いてもらう必要がある。そうでなければ、エンジニアや生物学者、化学者や経済学者たちに、たとえば、締め切りを守らなければならないこと、プロジェクトには取捨選択が必要なこと、専門職の目から見れば申し分ない解決法でも企業のニーズには合致しない場合があることを理解してもらえないだろう。

一方、専門職にしても、事業の一部になることは大切なことである。彼らは自身は経営陣の傘下にあると思っており、この認識はまったく正しい。意識しているかどうかは別にして、彼らも事業とのつながりを強く求めている。企業を理解し、貢献したいと思っているのだ。これは、専門職に限られた特徴であり、たとえば高い技能を有する職人などは、専門職とよく似ているにもかかわらず、この点だけは異なる。ただし、事業にすべてを捧げる専門職は、見たことがない。

彼らは「経営陣が何を考えているのか、さっぱりわからない」という不満をよく漏らす。経営陣と専門職グループとの間の連絡系統が貧弱というわけではない。他の部署と比べると、遜色ないどころか、むしろトップ・マネジメントからミドル・マネジメントへの連絡系統としては充実しているほうである。先のようなコミュニケーション・ギャップは、まさに彼が専門職であるがゆえに起きるものなのだ。高い専門知識を有し、しばしば自分の世界に没頭してしまうという性向ゆえ、たとえ連絡系統がきちんと機能していても、専門職とはなかなか意思疎通が図りにくいのである。

ベテラン専門職を社内業務に参加させる

そこで、よくある対策として、入社したばかりの専門職にさまざまな部署の仕事を経験させ、その後で本来の専門職務に従事させるという方法がある。しかし私は、この方法に疑問である。このような研修を受けたからといって、新入従業員に事業の全体像がつかめるはずもない。仮にその期間中につかめたとしても、やがて忘れてしまうことだろう。

研修中、彼らの頭には、自分が望むところの、またそのために雇われてもいる専門分野の仕事に早く就きたいということしかない。そして、やっと最終目的地に到着する頃には、リサーチ・エンジニアも生物学者も統計学者も、ただ一つのことだけを望むようになる。つまり、「よその部署の非専門職の人たちとは、もう二度とつき合いたくない」ということだ。

そもそも若い専門職というものは、自分の専門分野と関係ないこと、あるいはその範囲を逸脱していることに何の興味も示さない。自分の専門分野で五〜一〇年仕事して、初めて他の部署ではどんなことが行われているのか知りたいと思うようになる。それならば、若手に各部署を回らせるよりも、ベテランをビジネスの現場に触れさせたほうがよいかもしれない。たとえば、長期の経営計画を議論する会議、製品の種類や生産計画などを決める会議に出席させるという手がある。

これは、取り立てて大きな効果は望めそうにないように思えるだろう。実際、ほとんどの企業において、日常業務の意思決定に専門職を関わらせることはない。このような仕組みへと簡単に変更できるような企業でさえ、そうしていない。その理由は「専門職は日常業務について何も知らないから」である。まさしく、だからこそ、彼らは関与すべきなのだ。

ただし彼らに多くを期待してはならない。専門職として優れた人が、何でもこなす多才なビジネスマンに変わることはまずない。実際、ビジネスの才能と興味を持っている人ならば、専門職を長く続けることなく、すでに営業や財務、生産といった方面に移行していることだろう。専門職たちはこれらの方面に縁がない。だから、事業についてできるだけ多くのことを知ってもらう必要があり、そのような機会をわざわざ設けるべきなのだ。

大企業の場合、専門職に事業を直接見聞きしてもらおうにも、対象者はごく一部に限られてしまう。したがって、残りの専門職は会社の「公式発表」によってしか、事業について知ることができない。

幸いなことに、私が調べたところでは、社内報、経営者の訓話、事業報告書などに、いちばん目を通す従業員こそ専門職である。それが長ったらしく、退屈な文書であっても、である。しかし、一般の人でも読みやすい簡易版だったり、イラストや図解で加工されていたりするとひどく嫌がり、オリジナルの文書を要求する。それがどんなに難解で、読みにくくても関係ないようだ。他の従業員よりも熱心に質問し、その回答として率直かつ詳細で長い説明を求める。

ちなみに「複雑な人物とはいかなる人々か」、ぜひとも知りたいと思うならば、アニュアル・リポートのプレゼンテーションを技術部のエンジニアたちに企画させるとよい。ただしこれにはとてつもないリスクが伴う。彼らが減価償却の数値の意味を知れば、「これは『事実』ではなく抽象概念だ」と戦慄して騒ぐことだろう。

もちろん専門職たちが、自社への理解を深め、その組織、方針、方向性、成功について学習したにしても、それだけで企業の目指す目標と専門職ならではの合理性と基準との間に横たわる溝が埋まるわけではない。しかし、このような埋まらない溝があるからこそ、専門職が、企業内で隔離されている、情報を知らされていないなどと感じないように、しかるべく配慮をしなければならないのである。

付加価値業務に専念させ雑務から解放する

以上、専門職を効率的に働かせ、かつ彼らの満足度を高める方法をいくつか紹介してきたが、実は最も重要かつ最も効果的な方法の一つに、これまでのものとは対照的に、きわめて単純なものがある。

その方法とは、「専門職は徹底して専門分野の仕事に没頭させる」というものだ。現在専門職の数は不足し、その給与は高騰している。にもかかわらず、ほとんどの企業がこのことに思いを巡らすことはない。彼らの仕事の範疇から、彼らみずからがやるべき必要のない雑務を取り除いてやれば、効率を大幅に改善できる。たとえば、次のような例がある。

リサーチ・エンジニア、物理学者、化学者を抱える大企業では、効率化を図った結果、八〇人の優秀な研究員を増やしたのに等しい効果を得た。その方法とはとても簡単で、研究員たちの仕事の中身を調べ、事務作業は言うまでもなく、ちょっとした技術さえあればできる作業を、彼らの仕事から排除しただけなのである。彼らの仕事の実に三分の一近くは、高校や大学で科学の授業を受けた経験がある、あるいは図面が描けるといったレベルで十分処理できる仕事だった。ところが以前は、博士号を取得し、さらに一〇〜一五年にわたって高度な独自の研究を続けてきた専門職たちがこれらの作業を処理していたのである。

某大手企業の化学研究所でも似たようなことがあった。ここでも約三分の一の仕事が事務作業など、初心者でもできる仕事で、化学の知識などはほとんど必要なかった。

中小企業の例もある。ある企業ではリサーチ・エンジニアと設計エンジニアを合わせて五人雇っていたが、業務量が増え、さらにリサーチ・エンジニアをあと三人増やさなければならなくなった。ところが、人手不足の現状では、なかなかそうもいかないことがわかり、致し方なく、既存のエンジニアたちの仕事の中身について簡単な調査を実施した。

すると、彼らが研究や設計の仕事に専念すれば、一人も増員する必要がないことがわかった。それまで彼らは、三分の一の時間をメインテナンス、機械の修理、器具の設計に費やしていた。つまり、本当に必要だったのは、一人の腕の立つ熟練工だったのである。こうして、この企業はこの問題を解決した。

専門職を単純な事務作業や雑用から解放することは、事業上有益であるばかりか、専門職組織の士気を高次元に保つうえでの前提条件でもある。いやそれどころか、専門職人材はいまや売り手市場であることを考えれば、事務作業や雑用を彼らに押しつけている企業は、早晩彼らに愛想をつかされることだろう。したがって、専門職を雇っている企業は、例外なく彼らの業務量調査に乗り出さなければならない。しかも早急にである。

静観こそ愚行である

このような専門職の不満や問題のなかには、実は一般従業員にも通じるものもあるかもしれない。特に、現在のように国民の大半が高等教育を受け、企業に雇われて働いている社会にあっては、この可能性が高い。たとえば、監督という概念に反感を覚える従業員は、専門職以外にもいそうである。

いまのように、エグゼクティブの条件として管理能力ばかりが重視され、昇進の前提条件とする風潮はいかがなものか。これが道義的に正しいかどうかだけでなく、賢明なのかどうかさえ、はなはだ疑わしい。専門職にまつわる問題は、これら全般的な問題を浮き彫りにするきっかけにすぎないのかもしれない。

彼ら専門職は、これまで企業に雇われた経験がないため、他の一般従業員たちが当たり前に受け入れてきた事柄にも批判的な目を向ける。それができるのは、彼らに人材として高い流動性が備わっているからであり、しかも稀少価値という強みまで加わっている。彼らに限って言えば、我慢する必要はない。そのうえ彼らは、不満を感じれば、歯に衣を着せぬ性質でもある。これらの問題が他の一般従業員にも通じるものなのかどうかはともかく、専門職に関して未解決の問題があることは紛れもない事実である。この事実だけでも、十分重要な経営課題といえるだろう。

現状から考えると、今後二五年間におけるアメリカ産業界の発展は、専門職の増加とその重要性の増大という特徴が示されるだろう。過去二五年間の発展の特徴が、事務従業員の人数と重要性の増大だったように——。

たとえば「電子頭脳」（コンピュータ）が産業界に導入されれば、新しい専門職の集団がどっと産業界に流入してくることとなろう。しかもその専門分野たるや、記号論理学など、ほとんどの経営者が耳にしたこともないような学問である。これら電子頭脳を活用するには、専門教育や技術訓練を十分に受けた人たちが大量に必要になる。だからこそ私は、それほど急には「電子頭脳革命」が起こらないとも思うわけである。

このような新たな進展を考えないにしても、すでにアメリカ産業界には多数の専門職が存在している。もはやこれだけの数がいるからには、経営陣は企業や経済のために、彼ら専門職をうまく扱い、その能力を効率的に発揮させる策を講じなければならない。それとも我々は、今回もまたしても静観するだけなのだろうか。

かつてブルーカラーに何の手も打たなかった。そして現在、ホワイトカラーの扱いについても、何ら策を講じることなく静観している。また、いつか喉元にナイフを突きつけられるのを待つのだとすれば、それは得策ではない。

第4章

Integration of People and Planning

「経済人」を超えて

Integration of People and Planning
HBR, November-December 1955.
「経済人」を超えて
『DIAMOND ハーバード・ビジネス・レビュー』2003年11月号

「経済人」と「道徳人」の両立

一世代前のアメリカでは、マネジメントは次の二つを柱としていた。

①設定された目的を達成するために、長期計画および体系的な組織を重視すること。
②経営者の社会的および道徳的責任を常に認識すること。それは同時にスキルおよび業績水準の向上を必要とする。

これら二つを同時に実行した場合の効果は、この国のマネジメントに関する理論と実践を一変させるものと考えられてきたが、多くの場合、二つの基本方針は別々に進められてきた。それぞれの方針を実践したのは、人種も言語も異なる人たちで、しかもその目的も違っていた。外部の者がこれら二つの方針をまったくの別物と考えたとしても、それは仕方のないことだった。

二つの基本方針は、どちらも企業経営という共通する活動に関係していることは言うまでもない。また一人の経営者によって同時に実行されるものである。したがって経営者は、九～一〇時までは実務上の意思決定を下す「経済人」として、一〇～一一時までは多様な責任から解放された「道徳人」として行動するわけではないのだ。

思慮深い経営者たちは、現代の経営の柱となるこれら二つを一つの経営課題として統合させる必要性を長い間感じてきた。年を追うごとにその必要性は高まってきている。

人材マネジメント、そして倫理的かつ精神的な基本価値の認識、これらを長期計画に組み込まなければ、経営者に課せられた事業目標の達成は難しくなるだろう。そして企業の社会的あるいは道徳的ニーズを満たすために、合理的かつ体系的な長期事業計画がますます必要になっている。

人材にまつわる変化

企業経営において、父や祖父の時代のやり方、たとえば教科書、特に経済学の教科書にいまでも書かれている方法と比べて、最も驚くべき変化は、おそらく今日の企業が経済活動を営むうえで、かなりの範囲にわたる人材マネジメントの長期計画と目標を設定しなければならないことだろう。このように変化した理由は主に四つある。

①人件費が「変動費」から「固定費」に移行した。
②労働力の構成が急速かつ抜本的に変わり、人材が企業で不足しがちな資本の一つになった。
③経営決断に要する期間が着実に長くなり、これに伴い、経営者を計画的に育成する必要性が生じた。
④オートメーションが進展した。

これら四つの現象は当然、密接に相関しており、それぞれが事業の方向性や実践に関連しながら具体的なかたちで表れている。

人件費の固定費化

賃金の年間保証に関する最近の論争では、二〇年間ほとんど気づかないうちに着実に進展し続けてきたこと、すなわち人件費が「変動費」から「固定費」にだんだんと変わってきたことが注目を集めている。

アメリカの会計慣習では、この事実を依然として受け入れがたいようだが、経理担当者たちが生産高に直接連動するものと考える「直接人件費」は、かなり前から総人件費に占めるその割合が急激に縮小している。「間接賃金」（間接作業や待ち時間に支払われる賃金）あるいは「間接費としての給与」のどちらも、生産高の短期変動の影響を受けにくくなっている。また、今日多くの業界において、これらは総人件費の半分をゆうに上回っており、化学工業や石油産業では総人件費の三分の二までに近づいている。いまや、直接人件費は変動費であることなど、事実というよりもむしろ虚構に近い。

ここ数年、いくつかの大企業や中規模企業では、工場が操業している場合、その生産高にかかわらず、総人件費においてどれくらいの割合を確保しておくべきなのか、これを算定する試みがなされてきた。彼らが出した数字のなかには驚かされるものがあった。

- ある小売店では、店を開けている限り、顧客がまったく訪れないとしても、通常の従業員配置（クリスマスのピーク時を除く）の約七五パーセントが確保されなければならなかった。
- ある自動車エンジン工場（機械化がきわめて進んでいるとはとてもいえない工場）において、その数字は五六パーセントだった。

●ある製薬会社では、その数字が六四パーセントだったが、梱包・出荷部門では四〇パーセント、製造・検査部門では九〇パーセントという差が見られた。

これらの数字の厳密な比較は難しいが、私が言わんとしていることは変わらない。製造の限界コストを見積もる場合、いくら理にかなっていようと、変動人件費という概念は、経営計画や意思決定の根拠として、もはや大した意味を持たないことが明らかに証明されたということである。

さらに、人件費の固定費化を助長する社会的圧力が存在している。数年以内に多くの大企業、特にメーカーは、雇用の安定性を保証するか、あるいは保証した場合と同等の人件費を支払う必要が出てくることは必至である。くわえて、その他の諸手当、とりわけ年金の支払い、生命保険料、医療保険料などにしても、従業員が就業中にあるか否かにかかわらず、かなりの高水準を維持しなければならなくなる可能性が高い。

保障を提供するという論理は、労働については時給計算されるとはいえ、就労にまつわる基盤を永続的に維持することを要求している。その結果、人件費については少なくとも、短期的には変動費と見るよりも、むしろ大部分が固定費と考えたほうが現実的ということになる。

これは、経営判断を下すうえで、経営者はいかなる長期的な意思決定にも、具体的な数値化された資本コスト同様、人件費も等しく考慮すべきことを意味する。

人的資本の不足

ここ一〇年、従業員の構成が急速に変わってきたにもかかわらず、大方の経済学者は依然、「企業は新しい工場を建設し、新たな製品ラインや流通方法の開発を決めてから、必要な人材を採用する」と決めてかかっているようだ。たいていの経営者は、もっといろいろなことを学んできている。

資金や原材料、市場の供給より、むしろ有能な人材の供給が、計画を実現し、目標を達成するための能力を左右するケースが次第に増えつつある。また、必要な人材にしても、ふさわしい人材を外部から雇うよりも、長期間にわたって社内で組織的に育成するケースが多くなっている。

当然この理由は、管理者、専門職、技術者といった職種の全従業員に占める割合が、次第に大きくなってきたためである。マルクスに至る古典経済学者たちは企業の構造について、一方に「資本家」が存在し、他方に熟練未熟練を問わず、大量の労働者がばらばらに存在していると考えていた。実際には周知のとおり、古典的な経済学が言う資本家は完全に姿を消した。そして、古典的な経済学が言う「労働者」も同じ道をたどろうとしている。

企業組織は、第一に、システムと方法論の理論に関する知識を有し、第二に、なすべき仕事とその理由を理解している人々で構成されるようになっている。このような人たちこそ、まさしく新しい種類の資本なのだ。ただし、これらは常に不足しやすく、同時にきわめて失われやすい。何よりも彼らはほとんど内部留保から生み出さなければならない資本である。

学校がそのような人材を育成する一助となることも可能だろう。実際、ここ二〇年で、ビジネススクールとAMP(advanced management program)の数が著しく増加しているのは、注目すべき傾向である。しかし、最新の分析によると、どの企業も自社で人的資本を育成しているようだ。ほかに供給元がないからである。

このような趣旨の発言は、あらゆる経営会議の席で言い尽くされた感がある。しかし、マネジメントに携わる多くの人々にすれば、具体的な結論を導き出すに至ってはいない。

計画を遂行するうえで必要な専門職や技術者の手当てをおろそかにした事業計画、有能な人材を必要な数だけ提供する用意のない経営判断など、これらは不完全にして、不合理、そして不適切なもので、実現可能性に乏しい希望にすぎない。

経営者の育成

多くの企業において、経営者の育成はいまだに贅沢で、特別扱いされている。このような姿勢は、はたして時代の要請に見合ったものなのだろうか。

否、まったく異なる。なぜなら、新しい専門職や技術者に当てはまることは、とりわけ経営者に二倍当てはまるというのが相場だからだ。

ほんの五〇年前、一、二年以上先について、事業上の意思決定が下されることは稀であった。たとえば、三〜五年で採算が取れないと判断された工場などまずなかった。また、二、三年以内に初期投資が回収できないR&Dなど聞いたことがない。

しかし今日、経営者たちはその意思決定の対象が、生産設備、製造プロセス、R&D、営業組織、あるいは広告宣伝のいずれであれ、しかるべき成果が出るまでに一〇〜一五年という時間を要するような意思決定を下すケースが増えている。

ただし、変わっていないことが一つある。統計処理が改良され、その助けを借りているにもかかわらず、いかなる人間もいかなる組織も、未来を約束するのは愚行にほかならないということだ。最も優れた長期予測であろうと、一〇〇パーセント当たる、あるいはほぼ一〇〇パーセント当たる可能性は桁外れに低い。

しかし、未来を予言あるいは約束できないならば、長期を見越した意思決定を合理的で、しかも信頼性の高いものにすることが可能だろうか。実際、このような類の意思決定を避けて通ることはできない。

その意思決定を将来修正する手段を、意思決定プロセスに盛り込むこと以外に、結論はあるだろうか。いやなかろう。言い換えれば、明日我々を救ってくれる人材を今日用意しておかなければならないということだ。さもなければ、会計システムやその他において、「企業の継続性」を当然のものと決めてかかるのは都合がよすぎる。

もちろん、これは経営者の育成に関する唯一の論点でないばかりか、いちばん重要なものとも言いがたい。ただし、他のいかなる論点よりも、次のことを強く訴えている。それは、あらかじめ経営者を組織的に育成することを経営判断に織り込む必要性は、将来要求されるものではなく、現在要求されているということだ。これは、事業の目標や計画とは別途独立して取り組まれるべきではなく、もししかるべき計画が立案されることを望むならば、事業計画のバックボーンと位置づけなければならない。

実際には、ほかの理由がなかろうと、これはこれで経営者の育成を企画するうえで十分な理由となろう。とはいえ、ほかにも次のような説得力あふれる事実が存在している。

●経営者への要求水準は着実に高まっている。未来の経営者は、これまで経験したことのない新しい仕事を担い、しかもうまく対処できなければならない。

●経営者の必要数があまりに急増しており、その結果、素質を備え、マネジメントという仕事をこなす、これら一パーセント程度の人々に何を頼るのかについて見過ごされてきた。また、そのような才能の育成に向けて邁進しなければならない。

●マネジメントという仕事の本質が変わり始めている。かつては一人か二人のスターがいれば十分で、残りは、スキルや知識よりも在職期間の長さが重視される脇役やエキストラのような存在だった。いまでは、各人の役割分担にばらつきがあろうと、チーム全員で優れた業績を上げられる能力を備えていなければならない。

オートメーション

オートメーションは第四のトレンドであるだけでなく、前述した三つのトレンドに棹差すものである。オートメーションは、人件費の固定化を促す、より大きな要因である。オートメーション化をいかに定義するにせよ、ひとたび導入されれば、かなり長期にわたって一定の範囲で生産を維持しなければならなくなるからだ。また、労働のすべてではないにしろ、その大半はもはや直接業務ではなく、間接業務に変わる。つまり、オートメーションは人件費を、まさしく変動費から固定費に転換させるものなのだ。

そのうえオートメーションは、従業員の構成をも大きく変えてしまう。これまでの経験では、オートメーションは労働力や人件費を大幅に削減するのではなく、逆に管理者、専門職および技術者の仕事をいっそう増やす結果となっている。

実際、オートメーションは過去見てきたもののなかでも、最も労働力の水準を向上させるものだ。ただし、オートメーションをきちんと機能させる仕事――それは知識やシステム、または手法を必要とする――は、いまいる従業員が担当しなければならない。しかし、現在これらの人々は、知識もシステムも、手法も必要としない仕事に従事している場合が圧倒的に多い。

オートメーションを導入したからといって仕事が減るわけではないが、オートメーションは本当の意味で、従業員の配置転換を実現させる。この場合、従業員は新しい方法によって新しいことを学ばなければならないばかりか、新しい仕事の準備をしなければならない。さらには、いまとは異なる職場の新しい仕事に備えなければならない、つまり、新しい雇用機会を見つけなければならないことも多くなるということだ。

この関連において、最大の問題児はおそらく現場責任者である。その理由は、これら現場を監督する人々が一般的に古い体質であること、またオートメーションによって監督業務のほとんどが変わってしまう可能性があるということだ。

最後にオートメーションによって、経営判断の時間軸は大きく延びることとなろう。その結果、その経営判断を将来において正しく修正できる経営者を組織的に供給する必要性がクローズアップされる。

そのほかの点でも、オートメーションは経営計画に影響を及ぼす。たとえば、その年その年の事情に合わせるよりも、長期計画に従って労使交渉や労使関係を管理する必要が出てくるものと思われる。なぜなら、この新しい生産方式は、年功序列、教育研修、賃金格差といった労働組合にまつわる既存の考え方を激変させてしまう可能性があるからだ。そこで、いくつかの業界において、解雇や採用の問題を解決することの重要性が高まれば、これらの業界に属する全企業が協働するようになるかもしれない。

オートメーションが一夜にして導入できないのは喜ぶべきことだ。実際、ちょっとした改良を施すといったケースを除いて、五～八年の準備期間が必要であることがわかっている。結果として、ここに移行するうえで必要な人材を用意する時間はまだ十分ある。

このような計画は、技術計画やマーケティング計画以上に体系化を必要とし、きちんと体系化できなければオートメーションは失敗に終わる。まず一般市民や地域社会の反対が予想されること、そしてオートメーションによる生産ラインを稼働させられる熟練従業員が存在していないことが主たる理由である。

従業員への新しい経営責任

企業内の人間社会面に関する責任について語る時、特に次の四つの主な領域について触れることになる。

①組織
②人材開発
③報酬やインセンティブを含めた従業員の動機づけ
④組織の性質、すなわち組織風土、価値観、規範および人間関係

これら四つの領域において、いまだに知らないことはたくさんある。しかし、我々が一つ学んだことは、これら四つの領域について、自分の仕事の範囲外のものであると考えれば、それで終わってしまうということだ。企業の社会的目的と経済的目的は統合されなければならない。

動機づけの問題こそ好例である。動機づけについては、これまで以上に関心が高まっているが、それは従来の指示方法では、簡単に専門職や技術者を命令に従わせたり、監督したりできなくなってきたからだ。動機づけについては未知の部分が多いが、以下のようなことが明らかになっている。

●動機づけは自発的に生まれてくるものではない。やる気を妨げるものがないからといって、自然に生まれてくるものではないのだ。むしろ、それは常にリーダーシップの賜物である。明確な目標を掲げた経営者の行動によって、やる気を起こさせ、それを損なうことなく、より喚起しなければならない。
●やる気を起こさせるうえで必要なのは、課題を具体化し、成長の機会を与え、筋を通し、満足を与えるような、適切な業務計画を立案することである。
●動機づけにおける重要な要因は、適材適所、すなわちその人にふさわしい仕事を与えることだ。ふさわしい業務とは、その人が持てる才能を最大限に発揮し、またその仕事に好感を抱き、最大限の貢献が可能な仕事のことをいう。そのために、ジョブ・ローテーションを終わりなく繰り返す必要性も知られている。
●動機づけには、明確な業務目標が必要である。その際、高い基準を設け、過酷な要求を課すくらいがよい。そして、完璧な仕事を目指すことなく、そこそこの仕事に甘んじることを拒絶する。
●動機づけに関するもう一つの要因は、経営面における高い成果である。すなわち、従業員たちに、仕事、仕事に必要なツール、そして最善を尽くさせるうえで必要な情報や教育をたえず提供することを意味する。
●最後に当然のことながら、動機づけには、正当で合理的な報酬が必要となる。

これらの項目は、どんな経営者も心得ているものだ。実際、みなさんの多くが、さらにさまざまな項目を追加できるはずだろう。私がこれらのリストを示したのは、単に動機づけ要因の一つひとつが、仕事と切っても切れない関係にあることを指摘したいがためである。いずれも、仕事以外からもたらされるものはなく、日々の業務によって与えられなければならない。

前述した残りの三つの領域についても同様のことがいえる。実際、そのなかでも企業の社会性と経済活動や意思決定との関係は、動機づけとの関係以上に密接かもしれない。

これまでについてまとめれば、経営者がその社会的目的を果たすには、宣伝キャンペーンへの投資から次の質問に至るまで、あらゆる経営判断を下さなければならない、ということだ。その質問とは、熟慮を重ねたとはいえ、その行動が、人材の供給、適性判断、育成、組織、動機づけ、心構えに関する目的の実現を促すものなのか、である。これがなされないとすると、経営者は社会的な仕事について語りこそすれ、その実行はかなわないだろう。

もはや経営者は気ままな一市民ではない

数カ月前、ある著名なヨーロッパの哲学者が私を訪ねてきた。カトリックの司祭で、ローマ・カトリック教会の神学研究施設において長く高い地位にいた人物である。彼はアメリカのマネジメントを学ぶために、三、四カ月間アメリカに滞在するそうで、どこに赴き、だれを尋ねればよいか、私にアドバイスを求めてきたのである。

可能な限りの情報を提供した後、私はこう尋ねた。「神父様、いちばんのご関心が美学であるあなたが、なぜアメリカのマネジメントを勉強するために、こんなにも多くの時間を費やされるのですか」

彼は次のように答えた。「アメリカは、約二〇〇年間にわたり新しい思想や制度を生み出してきました。そのどれもが興味深く、なかには刺激的なものもあり、我々はそれらを注意深く研究してきました。それに引き替え、ヨーロッパには手本としたくなるようなものがまったく見つかりませんでした。マネジメントについても、すべての自由主義諸国が——あえて言わせていただくならば、共産圏の国々でさえもが——生存のために学び、自国に応用すべき思想や制度を、アメリカはすでに備えています」

もちろん、この発言には多少の誇張もあろう。それはこの神父が、ヨーロッパの思想家や事業家がマネジメントの理論と実践に計り知れない貢献を果たしてきたことを見過ごしているからにほかならない。しかし基本的に私を訪ねてくれた人物の言ったことは正しい。

アメリカの経営者は、非常に短期間で社会の指導的グループとして、その頭角を現した。しかも、このような立場を望んだわけでもないのに、さまざまな事態が彼らを後押しし、現在の地位がある。しかし、アメリカ企業の経営者がその仕事を望もうが望むまいが、また意識的に気づいていようがいまいが、彼が経営者の仕事に携わっているという事実は変わらない。

その結果、アメリカ企業の経営者は、もはや民間企業を経営する一私人ではなくなった。経営者は、もちろん自社においても、また地域社会や国においても、さらには自由主義諸国という大きな共同体においても、常に公人なのである。

その姿勢や行動、態度や成果、価値観や欠点は個々の事業に反映されるだけでなく、自分自身はもちろんのこと、自由主義社会や自由主義経済の姿勢、行動、態度および成果に、さらには社会と経済の根本となる価値観や信念の実効性や強度にまで反映される。

ここ数年ヨーロッパ（またはアジア）を訪れたアメリカの実業家はみな、それがたとえ気楽な観光旅行であったとしても、自分がもはや一私人として扱われることはなく、いま議論の的となっているシステムおよび制度に関わる一代表として、熱心に観察されることに気づき、かなりの衝撃を受けたはずである。

モラルと業績の良循環を目指して

西欧諸国で誕生した、これまで最も偉大な行政官であり、建国にも関わった経験を有する人物が、行政官の責任とは何かについて簡潔に要約したのは、いまから一七五年前のことである。

「インドのイギリス植民地を永久に統治するために注目しなければならないのは、使用人の能力ではなく、その美徳である」と、ウォレン・ヘースティングズ(インドにおいて大英帝国支配を築いた人物)はそのキャリアの晩節において、このように語った。

いかなる指導的グループも常に、美徳、つまり道徳的価値と業績で判断される。そして、これらの特性に、指導的グループそのもの、そしてこれらのグループが代表する社会のすべてがかかっている。

アメリカの経営者たちもけっして例外ではない。ウォレン・ヘースティングズの言葉を敷衍すれば「この国が、そして、あらゆる自由主義諸国が、みずからの成功のために、場合によっては生き残りのために、これまで以上に注目しているのが、アメリカ企業の経営者の道徳的価値と業績である」ということだ。

経営者が、いかに真摯なスローガンやメッセージを発しようと、また誠意ある発言をしようと、みずからの信条を披瀝しようと、リーダーシップに伴う道徳的な課題から解放されることはない。常に公約と実績が要求されるのだ。現代の経営において、これは特に次のような意味を持つ。

●道徳的な信念は、事業における目的の一部として、組織的かつ長期的に、しかも意図的に具現化されなければならない。

●この信念に従った行動を、事業運営において、経営者の日々の態度や振る舞い、意思決定、および地域社会との関係に、具体的かつ目に見えるかたちで反映させなければならない。

●最後に、道徳的に不適格であること、または道徳上の信念と規範に反することは、技術的または経済的に不適格であるだけでなく、深刻な経営上の失敗であると考えなければならない。

近年、経営者の知的能力と総合的な判断能力への要求がますます高まっていることについて、大きな注目が集まっている。[注1] 一方、経営者の社会的かつ道徳的な能力への要求も同様のペースで、しかも同じ水準に高まるのではないだろうか。[注2]

たしかに、経営者の未来の大半は、このようなさまざまな要求の一つひとつに応える能力にかかっている。それでも、究極の課題とは、個人の知的、社会的、または道徳的能力を伸ばすこと以上に、これらの能力を、長期ビジョンと果敢な想像力に基づく、バランスと体系を備えたマネジメントに統合することである。なぜなら、経営者の業績はさまざまな分野の集大成にほかならないからだ。

【注】

（1）一例としてMelvin L. Hurni "Decision Making in the Age of Automation," HBR, September-October 1955, p.49を参照。

（2）O. A. Ohmann, "Skyhooks, (With Special Implications for Monday through Friday)," HBR, May-June 1955, p.33.を参照。

第5章

Potentials of Management Science

経営科学の罠

Potentials of Management Science
HBR, January-February 1959.
経営科学の罠
『DIAMOND ハーバード・ビジネス・レビュー』2003年11月号

経営科学はこのままではいけない

しばらく前、ある経済団体から「経営科学と事業計画」というテーマで講演を頼まれた。これがきっかけとなって、オペレーションズ・リサーチ（ＯＲ）、統計理論、統計的意思決定論、システム論、サイバネティックス[注1]、データ処理、情報理論、計量経済学、管理会計、会計論など、ここ四、五年に発表された経営科学関係の文献を総ざらいすると共に、経営科学が応用されている企業活動——社内スタッフか社外コンサルタントによるかにかかわらず——についてもつぶさに観察してみた。

その結果、私は経営科学への期待は当然のものだと感じた。たしかにマネジメントには「アート」の部分が残る。経営者や企業の業績は、経営者の才覚や経験、ビジョン、決断、経営スタイルなどに左右される。ただし、それは医学にもいえることである。そして医者と同じく経営者も、マネジメントに関する知識が豊かであり、造詣が深いほど成果を上げられる。しかもこれらの知識が、一つの体系として成立しうることは、これまでの経営科学の歩みからいって明らかである。

ところが同時に、私は経営科学への懸念も持った。たしかに可能性はある。だがその可能性は実現しないかもしれない。我々は、経営者や起業家が必要とする知識やコンセプト、体系の代わりに、テクノクラートが喜ぶような経営手法が詰まった道具箱を開発しているだけなのかもしれないのである。

今日、経営科学の仕事のほとんどが、品質管理や在庫管理、倉庫の立地、物流管理、機器設置、保守管理、注文処理など、すでに開発済みの職能別の手法を精緻化することに終始している。これらのいずれもが、IE（インダストリアル・エンジニアリング）、原価会計、工程分析の延長線上のものであり、製造、マーケティング、財務の部分的な改善に関するものだ。事実、企業組織のマネジメント、たとえば、リスクや意思決定に関する研究にしろ、体系にしろ、そのようなものは存在しない。私の目には、マサチューセッツ工科大学による産業動向プログラム[注2]と、ゼネラル・エレクトリック（GE）によるOR研究の二つしか入らなかった。

残念ながら、今日の経営科学は――文献的にも、実験的にも――原理ではなく手法に、意思決定ではなく手順に、その効果よりもツールとして、全体のパフォーマンスではなく部分の効率に目を奪われている。しかし、もし経営科学に通底する洞察があるとすれば、それは、まさしく企業というものは、共通目的のためにすすんで知識と技能と献身を投ずる人々からなる、一つの高次元のシステムであるという認識である。[注3]

ミサイルの管制システムのように機械的なものであれ、樹木といった生命システムであれ、企業のような社会システムであれ、あらゆるシステムに共通するものこそ「相互依存性」なのである。とはいえ、システムの特定の機能やある部分が改善されたり、効率化されたりしても、必ずしもシステム全体がよくなるわけではない。実際、部分の改善によって、そのシステムそのものに欠陥が生じたり、あるいは破壊されたりする場合すらある。逆に、全体を強化するための最善手が、ある特定の部分の機能低下を招く場合がある。

システムにおいて重要なのは、全体の動きである。それは、システム全体の成長、バランス、調整、統合の結果であって、部分の効率をテクニカルに向上させた結果ではないのである。

もちろん、経営科学においても部分効率への傾斜は有害である。それは、全体の健全性と働きを犠牲にしてまでも、手法の緻密さを追求させかねない。企業は社会的な存在であり、あらゆる部分が変化しうる存在であるだけに、この危険はきわめて大きい。部分の変化は不適合を拡散させ、あるいは全体の機能不全を招く。

危険は理論上だけではない。実例は枚挙に暇がない。在庫管理によって運転資金を削減する一方、マーケティング上のリスクを増大させる。一つの工程を効率化する一方において、工場全体の効率を低下させる。あるいは市場予測において、競争相手は行動しないものと仮定する等々である。

技術的には一流の仕事がなされている。しかしそこに大きな危険がある。試行錯誤や微調整を当然とする従来手法よりも強力であるだけに、誤用と不注意の弊害は大きい。したがって、経営科学が単なる道具箱に堕落することは、これを活用するチャンスを逸することだけではない。すなわち、害悪をもたらすものに姿を変えることはないだろうが、経営科学の潜在能力は損なわれることとなろう。

経営科学は科学とは言いがたい

ここからいくつかの素朴な疑問が浮かんでくる。経営科学が道具箱になることは避けられないのかという疑問だ。そして、これは経営科学の現在の仕事ゆえなのか、その将来の仕事ゆえなのかという疑問であり、さらには経営科学が、我々が必要とする知識や方法論を提供するには何が必要かという疑問である。

実は、これらの疑問に答えるカギは経営科学なるものの起源にある。そして事実、それはまことにユニークなものだった。これまで経営科学を除くあらゆる学問体系が、とにかく対象を定義——それがたとえ雑であろうと——することを出発点としている。そしてその後、コンセプトとツールを考える。

ところが経営科学は、他の学問体系がその目的のために開発したコンセプトとツールを借用することからスタートした。つまり、物理学の世界を究明するために使われた数学的手法のいくつかが、事業活動の世界にも使えるかもしれないということだが、それは勇み足ともいえなくなかった。

その結果、経営科学の仕事の多くが、企業とは何か、マネジメントとは何か、何をするものか、何を必要とするかを考えることなしに進められた。もっぱらこの素晴らしい手法を活用できるのはどこかを考えた。家を建てるどころか、釘を打つことさえ考えずに、もっぱら金槌の使い方に思いを巡らしたのである。おかげで、ＯＲの文献リストには「線形プログラミング：一五五の応用」といった類の論文ばかりが目につき、「ビジネスチャンスのパターンとそれぞれの特徴」のような研究成果は皆無であった。すなわち経営科学の専門家たちに、科学の意味について、大きな誤解があったということである。

科学とは、多くの専門家が考えているような、定量化のことではない。もしそうならば、占星術は科学の女王となる。占星術は科学そのものでないことはもちろん、科学の応用でさえない。占星術は、現象を観察し、一般化して仮定とし、その仮定を観察によって検証する。しかしそれでも占星術は、科学ではなく迷信である。古代の航海上の記憶のヒントにすぎなかった獅子や魚への連想から、星座とその黄道内の動きに意味を与えるということなど、子どもじみた迷信以外の何物でもない。

つまり科学であると言いうるには、一貫した整合的かつ総合的な前提、そして公理の構築に加えて、科学の対象となる世界、すなわち有意なる現象を合理的に定義しなければならない。しかも、この科学の世界に関する定義と基本とすべき公理の構築は、いかに雑なものにとどまろうとも、科学的な手法を適用する前になされなければならない。これがあって、初めて科学的な手法が適用可能となり、大きな力を発揮しうるのだ。

このような考えはけっして新しいものではない。その源は、普遍的な前提と個別体系の前提の峻別として、遠くアリストテレスの『分析論前書』にさかのぼる。(注4) 実に近代科学とその方法論の力の源泉も、この原理が一九世紀に再発

見されたことにある。(注5)

経営科学は出発点に立ち戻らねばならない

ところが経営科学は、このみずからの世界を定義するという仕事をなおざりにしている。これがきちんとなされて、初めて経営科学のこれまでの仕事もようやく意味を持ちうる。少なくとも、本番前の準備と練習にほかならない。

したがって、経営科学が人を誤解させたり、間違った方向に導いたりすることなく、真に世のなかに貢献するには、まずその対象について具体的に定義することである。そしてその基本的な定義の一つとなるものが、企業とは人間からなるシステムであるという洞察である。すなわち、経営科学の専門家は、仮説、意見、目標、ミス（とりわけ経営者による）も現存する事実として扱われなければならないのだ。

経営科学が有意義な仕事を成し遂げるには、まさにそれらのものの研究と分析から始めなければならないのである。そして次になすべきは、基本とすべき前提と公理を確立することである。この作業抜きに経営科学が必要とする方法論を開発することなど望むべくもない。

その第一に位置づけられるものが、あらゆる企業が社会と経済のなかに存在するという公理である。最強の企業さえ社会環境のしもべにすぎず、いつ何時においても退出を命じられうる。そして、最弱のものさえ、社会と経済に順応するにとどまることなく、社会と経済に影響を与え、社会と経済を変えていくという公理である。

つまるところ、企業とは恐ろしく複雑な社会経済的な生態系のなかに生存している存在だということだ。かくして経営科学が公理とすべきものに、さらには次のようなものが含まれる。

- ●企業が生み出すものは、単なる商品やアイデアではなく、人間によって値打ちが決められる価値である。最高の設計の機械といえども、顧客の役に立たなければ鉄くずでしかない。
- ●企業の尺度とは、忌憚なく言えば、金という複雑怪奇なるシンボルであり、高度に抽象的でありながら極度に具体的なシンボルである。
- ●企業活動は、必然的に、現在の資源を不確実にして知りえない未来に投ずることである。すなわち事実ではなく期待に投ずることである。したがって、リスクこそ本質であり、リスクを生み、リスクを負うことが企業の基本的な機能である。しかもそのリスクは、組織の長たる者だけが負うべきものではない。知識をもって貢献すべき者全員が負うべきものである。しかも企業が負うべきリスクは、統計学の確率とは別物である。それは異常な出来事、不可逆の定性的なパターンである。
- ●企業とは、その社内外において常に変化にさらされている。したがって、産業社会におけるチェンジ・エージェントであり、環境変化に応じてみずから進化すると共に、環境に変化をもたらすべく意図してイノベーションを起こす存在である。

これらのいくつかは、経営科学の文献のいくつかでは序文に書かれている。とはいえ、序文を超えて述べられることはほとんどない。経営科学が科学として、企業と企業活動に多少なりとも貢献しうるには、これらの公理をもってみずからの仕事の土台とすることが不可欠である。

もちろん定量化の作業も必要である。しかしそれは、体系としての発展段階としては、かなり後に訪れる作業のはずだ。事実、生物学で定量化が可能になったのはごく最近にすぎない。

くわえて、科学的な手法の開発も必要である。さらには、個々の領域、個々の活動についての仕事も必要であり、緻密な仕事も不可欠である。しかし何をおいても、企業を理解し、企業研究に必要な公理を認識しなければならない。すべてはそこから始まる。したがって、「経営科学において最初に取り組むべきは、正真正銘の学問体系として、この学問そのものに十分な敬意を払う」ことである。

経営科学のリスクとは何か

今日の経営科学に欠けているものを考えるうえで、第二のカギとなるのが、経営科学が目的として挙げる「リスクの局限化」ないしは「リスクの排除」という考えである。企業活動からリスク、すなわち不確実を一掃しようとしたところで無意味である。現在の資源を未来に投ずることには、必然的にリスクが伴う。それどころか、経済の進展とは、より大きなリスクを負える力を備えることと定義できよう。ところが、リスクの局限化やリスクの排除という表現には、リスクを非合理かつ許されざるものとする響きがある。その結果もたらされるものは、最大のリスク、すなわち「硬直化」というリスクである。

経営科学が目的とすべきは、企業が適切なリスクを負うことができるようにすることにほかならない。さらには、より大きなリスクを処理できるようにすることでなければならない。そしてそのために、相反するリスクとそれゆえ相反する期待について理解し、その知識を提供しなければならない。すなわち、望む未来を生み出すために必要な経営資源と努力について明らかにし、ここに資するためにエネルギーを傾けるのだ。また、早期の方向転換を可能にするために結果について測定する。

これらすべてが、言葉の遊びに見えるかもしれない。リスクの局限化という言葉には、すでに十分すぎるほどの企業活動への敵意のごときものがうかがえるだろう。そこには二〇～三〇年前のテクノクラート万能論の残滓がある。それは、事業を専門技術の下に位置づけ、企業活動を責任ある意思決定ではなく機械的な決定論の世界に置く思想である。

これは単なる間違いを超えた悪質さといえる。対象への敬意の欠落を示すものである。そのようなことでは、経営科学はとうてい科学として成り立ちえない。経営科学の専門家は科学者たりえない。経営科学を擁する真面目で善良な人たちが、いかに最高最善の取り組みをなそうとも、実りは期待しえない。したがって、「経営科学においで次になすべきことはみずからの対象に真摯に対峙する」ことである。

経営科学の可能性を信じる

もし我々が、マネジメントも起業家精神も不要であるというならば、経営科学のこのような状況も、さして嘆くに値しないのかもしれない。このことはすでに各所において指摘されていることである。

たとえば、ハーバード・ビジネススクール学長（当時）を務めるスタンレー・F・ティールは、マネジメントが職業であるという考え方を現実のものとするには、「ビジネス上の意思決定に関して、数学的、統計的手法の適用、情報処理機器の進歩、自然科学的手法の応用が必要である」と述べた後、「しかしビジネスにおいては、事実を集めるという行為、事実と事実および個別の事実と全体との関係の把握のほうがはるかに重要である」と述べている。(注6)あるいはGEのORコンサルタントを務めるメルビン・L・ハーニは、生産システムの進歩と意思決定メカニズムの後進性に言及した後、「つまるところ、いまだに必要とされていることが、近代合理主義的なもろもろの手法を一つの体系にまとめ上げ、マネジメント上の諸々の問題に個別に適用できるようにすることなのである」と言っている。(注7)

これ以上、説明する必要はなかろう。何が必要かは、すでに明らかである。それは、今日の複雑で変化の激しい社会的、経済的、技術的環境のなかにあって、企業がリスク・テーキングするための知識の体系化であり、業績評価指標の開発であり、スタッフと専門家に共通のビジョンをもたらす方法である。彼らは、それぞれ知識も、拠って立つ論理も、言葉も異なるが、力を合わせて理にかなった意思決定を下し、効率を上げ、成果を出すであろう。マネジメントに関するビジョンと能力を備えた人々が求められるようになって以来、教え学びうるものが必要となった。教え学びうるものとは、体系として一般化され、概念化されたものだけである。

以上のことは緊急を要する。なぜなら、自由企業体制の未来が、我々の意思決定力の質そのものにかかっているからだ。もし経営科学が、我々のこれらのニーズに応える可能性に乏しいと思われるならば、もはや何も考える必要はない。ただし、経営科学はいまだ黎明期にある。致命的に重要な分野において本当の知識と理解が得られるにはさらに数十年を要するだろう。あるいは永久に得られないかもしれない。事実、これまでの経営科学の仕事は、十分心躍るものであり、価値あるものだ。しかも、そこでは一流の人たちが献身的に働いている。

それでも、経営科学が単なる道具箱に堕するならば、すべては無に帰する。もし経営科学そのものに、そしてその対象に敬意を払わないならば、せっかくのチャンスも失われ、ニーズも満たされないままとなり、約束も反故にされることとなろう。

【注】

（1）
サイバネティックス（cybernetics）とは、一九四八年、アメリカの数学者ノーバート・ウィーナーが提唱した、生物か機械かを問わず、これらがある目的を達成するために実施する情報処理や情報管理に関する方法論および概念。詳しくは『サイバネティックス第二版：動物と機械における制御と通信』（岩波書店）を参照のこと。

（2）
Jay W. Forrester, "Industrial Dynamics: A Major Breakthrough for Decision Making," HBR, July-August 1958, p. 37. を参照。

（3）
Kenneth E. Boulding, "General Systems Theory," *Management Science,* April 1956, p.197.を参照。

（4）
原書タイトルは*Analytica Posteriora*。そして*Analytica Priora*（邦訳『分析論後書』岩波全集）がある。

（5）
近代科学の状況についてはHoward Eves and Carroll V. Newsom, *Foundations and Fundamental Concepts of Mathematics,* Rinehart & Company, Inc., 1958, pp. 29-30. を参照。

（6）
一九五八年九月に開催されたハーバード・ビジネススクールの一五周年記念式典の祝辞より（Dan H. Fenn, Jr.編の*Management's Mission in a New Society,* McGraw-Hill Book Company, Inc., 1959.のなかに収められている）。

（7）
"Decision Making in the Age of Automation," HBR, September-October 1955, p.57.を参照。

第6章

Realities of Our World Position

一国繁栄の終焉

Realities of Our World Position
HBR, May-June 1959.
一国繁栄の終焉
『DIAMOND ハーバード・ビジネス・レビュー』2003年11月号

アメリカ経済繁栄の幻想

アメリカの公共政策や企業方針は、グローバル経済における傲慢な自信過剰を反映している。単純化しすぎているかもしれないが、それらは次の四つにまとめられよう。

①アメリカ経済にとって最も大切なのは自国市場であり、その業績がアメリカのビジネスと国民経済を正確に評価する尺度である。

②アメリカがその生産性においても、技術とマネジメントに関する知識においても他国を凌駕し、優位に立つのは当然の帰結である（人によっては「神から授かりたもうた」とまで言いかねない）。

③いわゆるドル不足は、グローバル経済には不可避な現象である。諸外国は買えるならばいくらでもアメリカ製品を輸入したがるばかりか、アメリカが諸外国から購入したい財よりも、諸外国がアメリカに求める財のほうがはるかに多い。

④要するに、アメリカがグローバル経済を必要としているというより、グローバル経済がアメリカを必要としているのだ。

こうした思い込みは、自然の摂理とまでいかなくとも、ビジネスマンや労働組合幹部、政治家はもとより、一般の人々の間にまで、自明の理として広く浸透している。私が見たところ、このような考えは危険なまでに当然視されているが、このレベルにとどまりそうにない。かつてその世界的な地位にあぐらをかいていた、二〇世紀初頭のイギリスの自己満足——これは第一次世界大戦以来、イギリス人の後悔の種になっているが——にかなり相通じるところがあるのではないか。

先の思い込みのうち、真実といえるのは、せいぜい半分だろう。しかも、その真実味は急速に薄れつつある。

アメリカ経済の「新しい現実」

私は、逆の見方のほうがはるかに真実に近いのではないだろうかと考える。そのほうが、企業や政府の施策や方針を決定する際の拠りどころとしても妥当であり、グローバル経済におけるアメリカの真の地位を測るにも、より信頼できる物差しになるはずだ。ただしいまのところ、このような逆転の発想もその七割程度しか真実ではないかもしれない。とはいえ、一〇〇パーセント真実になるのもそう遠いことではないだろう。ここで簡単にその内容について述べてみたい。まず概観したうえで、裏づけとなる具体的な事実や数字について検討しよう。

①外国市場（つまり輸出入）は急速に、アメリカ経済にとって不可欠の市場になりつつある。

アメリカの生産能力は、いまや多種多様な工業原料の輸入に依存している。それは、国内では生産不可能だったり、あるいは現在の工業化水準を維持するには自給自足では追いつかなかったりするからだ。アメリカ国内の仕事のうち、半分以上が何らかのかたちで輸入に左右されているわけである。

アメリカ経済の発展は、今後どれくらい輸入できるのかで決まってくる。アメリカは、製造や販売の成長率以上の急ピッチで、輸入を拡大する必要に迫られるだろう。実際、現在の輸入原料を国内生産に振り向け、技術を最大限に向上させ、輸入品を代替するためにアメリカ製の原材料を可能な限り導入あるいは改良したとしても、製造や販売の倍のスピードで輸入を伸ばさなければならないことが、調査研究から明らかになっている。

アメリカは、急速に「持たざる国」へと姿を変えつつある。だが、それは貧しさゆえではなく、アメリカが富める国だからなのだ。とはいえ「輸出か死か」という状況にまで陥ることはまずなかろう。ただし「輸出か衰退か」はすでに始まっている。輸入の拡大は言うまでもなく、輸入の維持にはただ一つの方法しかないからだ。すなわち、輸出の維持と拡大である。アメリカ経済の命運は、規模の大小にかかわらず外国市場にかかっている。今後は外国市場におけるパフォーマンスが、アメリカの経済と企業の繁栄、ひいては発展を決定づけることになるだろう。

②生産性と技術や経営上のノウハウにおけるアメリカのリーダーシップは、当然のものではなく、むしろ珍しい。

グローバル経済においてアメリカが指導的立場を得たとはいえ、その歴史はきわめて浅く、たかだか三〇年程度である。しかも、このように指導的立場を獲得できたのは、アメリカが強かったからではなく、諸外国がまだ脆弱だったり、不運に見舞われたりした結果である。たとえば、第二次世界大戦ではアメリカ以外のほぼすべての工業国が荒廃に見舞われた。アメリカの世界的なリーダーシップも、一時的な要因ゆえに成り立っているのであり、それも急速に衰えつつある。

幸いなことに、この状況には明るい側面がないわけでもない。アメリカの地位を最も脅かしているのは、西ヨーロッパと日本である。しかし、これら両者の復興なくして、民主主義社会の存続はありえなかっただろう。こうした経済的発展が継続し、これが民主主義社会の旧工業国を超えて、ブラジルやインドなど他の民主主義国家へも波及していくことが、実のところアメリカの利益にかなっている。

以上のことは、アメリカが従来どおりリーダーシップを当然のごとく行使できなくなることを意味する。他国にも優れた頭脳の持ち主が存在しており、彼らはアメリカにできることはすべて同様に、もしくはそれ以上にうまくこなせると考えなければならないだろう。

③きわめて近い将来、おそらく一〇年も経たないうちに、アメリカの経済政策の中心課題は、輸入代金を支払うに足る、あるいは必要な輸入原料を海外の工場で生産する資金として、外貨を稼ぐことになるかもしれない。

私は、ドル不足は早期に解消するのではないかと考えている。ドル不足は、第二次世界大戦後、疲弊した他国がアメリカからの供給物資に頼らざるをえなかったことが主原因であり、この状況は急速に改善されている。同時に、アメリカの輸入需要は、輸出の伸びよりもはるかに速いスピードで拡大していく可能性が高い。くわえて、西ヨーロッパ諸国の復興が、これまで「逃避資本」の還流先であるドルの魅力を薄れさせつつある。

④グローバル経済におけるアメリカの地位は、重要であると同時に不安定でもある。

今後は、グローバル経済がアメリカを必要とするよりも、アメリカがグローバル経済を必要とするようになるだろう。アメリカは伝統的に自給自足だったため、大多数の人々には受け入れがたいだろうが、まさしくこれが真実なのだ。さらに、高い生活水準のためだけではなく、国防上、高次元の要件をクリアしていくためにも、アメリカにとってグローバル経済はますます必要となるだろう。

世界市場におけるアメリカ経済力の凋落

状況はこのように変わりつつある。この変化を見極めることに、実業界はなかなか本腰を入れようとしないが、すでにその影響はあらゆる分野で表れているようだ。ここで具体的な事実と数字を検討してみよう。

たとえば、アメリカ農産物の輸出は急激に減退している。豊作の年にアメリカが輸出する農産物四五億ドル相当のうち、その半分以上は、何らかのかたちで政府の助成を受けている。すなわち、凍結された「軟貨」（外貨とは交換できない通貨）を担保に買い上げられたり、政府買い上げの余剰農産物として取引されたり、災害救済物資あるいは対外援助プログラムの一環として積み出されるなどである。もしこれを他国がやろうものなら、ダンピングであるとアメリカは非難しそうなことばかりだ。

こうした助成があっても、アメリカが綿やタバコを国外に輸出できるのも、そう長くは続かないだろう。アメリカ政府による価格保護政策の下、特にアフリカなどの新興生産国が急速に市場に参入してきており、わずかに残るグローバル市場を席巻しかねない勢いを見せている。

またアメリカは、南米市場を急速に失いつつある。第二次世界大戦後から朝鮮戦争まで、アメリカは南米市場をほぼ独占していた。しかし、現状はどうだろうか。

●ブラジルでは、一九四六年の一年間に冷蔵庫一万三〇〇〇台と洗濯機一〇〇〇台が販売されたが、すべてアメリカからの輸入品だった。五六年の冷蔵庫の販売台数は一五万台、洗濯機のそれは四万台に増加したが、何とアメリカからの輸入はゼロだった。

●ブラジル以外のラテンアメリカ諸国や、その他の商品の動向もほぼ同様のパターンをたどっている。南米市場は、アメリカの輸出品の実に四分の一を購入している。しかし、消費財分野では現地メーカーがアメリカに取って代わりつつある。産業財（冷蔵庫や洗濯機の生産材料や部品などを含む）についても、外国のライバル――現在は西ヨーロッパと日本だが、近い将来にはソ連圏が加わるかもしれない――が優勢になりつつある。

生産性、または技術や経営の分野でも、アメリカの指導的地位が低下し始めている兆候がはっきり見て取れる。

●アメリカ企業のなかには、西ヨーロッパで研究契約を結ぶところが増えている。ある大手光学機器メーカーは日本で契約を結んだ。

●アメリカ企業は「マーケティング」に力を入れている。ところが、マーケティングのグローバル展開が最も優れていると評価されているのは、オランダのエレクトロニクス・メーカー、フィリップスである。

●出版物の発刊準備や印刷をヨーロッパに移管するアメリカの出版社が増えている。安くできるわけではないが、速く仕上がるからだ。また、品質の信頼性もアメリカに比べてはるかに高い。

●タイプライターとミシンのメーカーは、油断しているうちに設計と製造の分野における主導権を奪われてしまった。ちなみに、これら二つの産業はもともとアメリカで誕生したものだ。ほんの数年前までは世界中で、〈シンガー〉はミシンの、そして〈レミントン〉や〈L・C・スミス〉はタイプライターの代名詞だった。

●ある大手事務機器メーカーは、長年、アメリカ国内で設計した機器を国外で販売してきたが、現在は海外子会社を再編している真っ最中である。

外国発の技術や研究、商品アイデアを利用して、国内で機器を販売するためだ。

●自動車産業における外国メーカーの活躍ぶりは周知の事実である。

最後にもう一点、五八年に発生した金の国外流出に対する反応についても触れておきたい。(注1) アメリカが金を失ったこと自体は大きな問題ではない。流出量は非常に少なく、その後の展開も健全であった。実際、アメリカの輸出強化に一役買ったほどだ。しかし、この小さな動きは、ドルの軟貨への転落とまでは言わなくとも、深刻なドル弱体化の兆候として受け止められている。

これはどう考えても時期尚早な判断だが、他の国々も資本誘致力ではアメリカに引けを取らないことを誇示しているばかりか、ドル高がもはや当然とは受け止められなくなったことを物語っている。いずれにしろ、ドルが当然のごとく強いと思われていた時代は終焉した。

賃金インフレ論に惑わされてはならない

このような不愉快な事実に直面して、我々は「外国の賃金コストがアメリカに比べてはるかに安いから、太刀打ちできない」といったお決まりの説明に正当性を求める。

特に最近では、「賃金インフレ」が取り沙汰されている。インフレによる賃金上昇分が価格に反映された結果、アメリカはグローバル市場から締め出されているというのだ。しかし、これもまた真実のごく一部をとらえているにすぎない。しかも、惰眠を貪る者の言い訳にほかならない。

アメリカと諸外国との賃金率（単位時間当たりの基準賃金）格差は、取り立てて目新しいことではない。しかし、生産単位当たりの賃金コストが、諸外国のそれより高かったことは、これまで一度もない。ずっと低かったのだ。

もちろん例外はある。大規模な設備投資を行う余裕がない、あるいは社員一人ひとりの知識を活用する場のない業種（たとえば衣料製造など）、あるいはパーソナル・サービス分野は特にそうだ。しかし、技術や複雑さ、あるいは規模の点から見て設備投資や知識導入が可能な分野——ここには、製造業や鉱工業のみならず、農業の大部分も含まれる——では、昔からアメリカの賃金コストは十分競争力があった。

実際、アメリカ国内の賃金率は急上昇しており、その上昇率はあまりに急勾配であることは私も認めよう。しかし、民主主義諸国全体の賃金率とアメリカのそれを比べた場合、その格差が広がっているわけではない。さらに、資本や知識を投入できる範囲は急ピッチで拡大している。

その一例は石炭産業である。二〇年前までアメリカは、低賃金と恵まれた地理的条件にもかかわらず、高コスト生産国であった。それがいまでは、民主主義諸国のなかでアメリカは賃金上昇率が最も高いにもかかわらず、生産コストは最も低い。たしかに、価格競争に敗れ、グローバル市場から撤退させられる危険にさらされていることも事実だが、それは賃金インフレが原因なのではなく、より根本的な問題として考えるべきだ。

つまり、グローバル経済におけるアメリカの地位がその繁栄と成長にとって大変重要になっている一方、地位そのものは不安定であり、人材、技術、設備、知識といったさまざまな資源をフル活用しなければならず、これを妨げる要素を許容できる余裕がなくなっているのである。

さらに、公共政策であろうと、労使関係や事業慣行であろうと、グローバル経済におけるアメリカの競争力を弱体化させかねないものは、何であれアメリカの繁栄と安全保障への脅威と見なすべきである。

公共政策によるミスリード

では、アメリカの何がおかしいのだろうか。私が思うに、「国際競争力」を労使協約における主要基準ととらえ、「支払い能力」と同等に重視していることが、そもそも間違いなのだ。

「フェザーベッディング」(労働組合による超過雇用あるいは生産制限の要求)をはじめ、甘くて低い基準、職業訓練や異動の制約など、続々と発生する労働条件に制限を加える労使慣行を大目に見てきた。現在の高い賃金率を生産性の源として、またこれを今後も真剣に維持しようと考えるならば、このような労使慣行すべてを、国家の繁栄への攻撃として見なさなければならない。ジョン・L・ルイスは石炭業界において、このようなアプローチが戦闘的な労働組合主義と共存できることを実証したが、(注2)その効果を押し広げるには、法律の制定と政府による取り締まりが必要になるだろう。

当局の政策もまた、競争力を脅かしかねない。特にアメリカ製の商品やサービスの価格を、最終的には釣り上げるような政策がこれに当てはまる。なお本稿は、政府による保護の是非を論じているわけではない。

私が申し上げたいのは、国民の経済的利益の保護や援助が必要ならば、所得補助といった直接的な手段で価格の維持を図るべきであるということだ。価格維持政策が競争相手を助成すること以外の何物でもないことは、アメリカの農業政策に目を向ければ、火を見るよりも明らかだろう。

同様に、設備機器の買い替えや近代化にブレーキをかけるような財政政策はご法度とすべきだろう。減価償却引当金への税制措置などはもってのほかだ。これは特に、ドイツや日本など最新の設備機器を備えた工業分野での競争相手に比べて、アメリカの設備が旧式化しつつあることを考えると、きわめて重要である。

知識こそグローバル競争力の源泉

政府とは無関係に、経営者たちに責任がある施策についてはどうだろうか。ここでも改善の余地は大きい。たとえば金融について考えてみよう。アメリカには、輸出と対外投資に十分な資金を供給する仕組みが欠けている。日本やドイツ、イギリスなどの競争相手に比べて、情けないほどに立ち遅れているのである。さらに悪いことに、アメリカ産業界は、民主経済下で民間企業が果たすべき仕事でさえも、政府援助、たとえば輸出入銀行などへの依存を強めている。

もう一つ大きな改善機会は生産であり、特に重電機器産業に当てはまる。たとえば、発電機メーカーの競争力は著しく低下しているが、その理由の一つは、大量生産システムでなければ経済的利益が上がらないほどの数量を、ジョブ・ショップ生産方式（いまでいうセル生産方式とほぼ同じ）で処理することにある。これでは、二つのシステムのコストと欠点に目をつぶり、どちらの長所も生かせない。

他分野同様、この分野でも改善のカギとなるのは、具体的なテクニックやノウハウというより、生産という概念をいかに理解するかにある。たしかに、アプローチにおける違いはそれほどはっきりしていない。むしろ私が考えているのは、焦点をどこに当てるかということである。つまり、生産担当者が最重要視している問題は何か、最も実現が近そうなR＆Dのテーマは何か、従業員のどのような能力を伸ばしたいのかといったことである。そこで大事なのは、方法なのかシステムなのか、また手段なのか目的なのかを見極めることにほかならない。

生産の概念に着眼した結果、アメリカは重電機器のグローバル市場で大きな成功を収めた。たとえば機関車製造において、低コストかつ高収益サプライヤーとしてのアメリカの台頭だ。これはかつて他国にはるか先を越されていた産業分野であったが、いまやリーダーの地位を獲得したのである。

アメリカの競争力を考えるうえでの最重要課題は、人材マネジメントであり、知識の活用である。今日アメリカ経済を語る時、忘れてならないのは、労働人口の半分以上が生産ではなく、流通やサービス、事務職、専門職、管理職に携わっており、比較的高水準の教育（高校かそれ以上）を受けていることである。

コスト面から見て、この種の労働者は、その数以上にはるかに重要な意味を担っている。というのも、彼らの給料は他の労働者より高く、短期的な景気後退の間も一つの職場にとどまる傾向が強いからである。

実例を挙げてみよう。ある大手自動車メーカーでは、時給労働者が一般従業員の六七パーセント（一〇年前は軽く八〇パーセントを超えていた）を占めているが、総人件費に占める割合はわずか四七・五パーセントにすぎない。人件費の半分以上は、肉体ではなく頭脳労働に携わる従業員に支払われ、その数は生産労働者よりはるかに少ない。つまり、アメリカの競争力は、流通業、サービス業、そして専門職に就いている人々から、いかに高い生産性を引き出せるかにかかっているのだ。

ところが、この分野における生産性が著しく上昇している、ましてや賃金上昇率と同じ勢いで生産性が向上していると指摘したところで、だれが信じるだろうか。まして、アメリカの経済や企業の重要な資源として、知識をいかに活用すべきかを理解しているといえるだろうか。

いずれにしろ、アメリカ産業界を取り巻く状況は厳しい。グローバル・リーダーシップは、初めからアメリカに備わっているのではなく、努力して獲得すべきものであるという事実を我々は受け入れなければならない。さらに、グローバル経済はアメリカへの依存度を低下させているにもかかわらず、アメリカはグローバル経済への依存度を高めているという事実も受け入れなければならない。

何よりも、競争力の維持と強化という目標を、国策や企業方針の主眼に据えなければならない。これらは、経済の拡大と成長に負けず劣らず重要であり、もちろん完全雇用に優先させるべきである。実際、経済成長と完全雇用の実現は、グローバル競争で成功できるかどうかにかかってくるだろう。

【注】

(1) 一九五八年頃までにアメリカの国際収支の赤字はおよそ四〇億ドルまで膨らみ、これに伴って金準備残高が減少し始めた。

(2) ジョン・L・ルイスは、アメリカ労働総同盟（ＡＦＬ）に反対して、一九三五年に産業別労働組合会議（ＣＩＯ）を組織した。

第II部 1960年代

1960s

7. 自由経済の競争力
This Competitive World

8. 大企業の使命
Big Business and the National Purpose

9. R&Dはなぜマネジメントできないか
Twelve Fables of Research Management

10. 経営者の真の仕事
Managing for Business Effectiveness

11. 小さなアイデアの大きな力
The Big Power of Little Ideas

12. 企業が魅力的であるために
Is Business Letting Young People Down?

13. 意思決定の秘訣
The Effective Decision

14. マネジメントの新たな役割
Management's New Role

第7章

This Competitive World

自由経済の競争力

This Competitive World
HBR, March-April 1961.
自由経済の競争力
『DIAMOND ハーバード・ビジネス・レビュー』2004年6月号

「ドル危機」の真の原因

アメリカが国際経済において不動の地位を誇っているように見えたのは、いまからほんの二年前のことである。当時、財界の権威であるジェフリー・クロウサー卿――『ロンドン・エコノミスト』誌の編集長を引退したばかりである――をして、「ドル不足」を「世界経済学において、将来的にも続くであろう唯一の不変的事実」と言わしめた。前途に潜む危険について、あえて警鐘を鳴らした者も少数ながらいたが、「いたずらに不安をあおっている」と鼻であしらわれた。[注1] しかし今日、ドル不足に代わって「ドル危機」が国際経済の中心問題になっていることに疑いを差し挟む余地などあるだろうか。[注2]

ドル危機の根底にある問題は言うまでもなく、アメリカの貿易収支である。貿易外支出は、絶対的にも相対的にも増加してはいない。例外は短期的な「変動資本」の動きだが、これは国際収支の原因というより、結果にすぎない。真の問題は明らかに、輸入の極端な増加ではなく、輸出の立ち遅れである。いくつか事実を検討してみよう。

●一九五三年以来、輸入量は年率五パーセントで増加している。なお、五三年は第二次世界大戦後の復興がほぼ終わり、朝鮮戦争の影響が落ち着いたという意味で、戦後になって最初の「普通の」年であったといえる。だが、アメリカや他の先進諸国の経験に照らせば、予想したほど急激な増加というわけではない。工業原料と工業資材の輸入量（アメリカの輸入量全体の三分の二を占める）は、ＧＮＰ成長率の一・五～二倍のスピードで増加する傾向を見せてきた。

●対照的に輸出は、GNP同様、緩やかな伸びにとどまっており、五三年から五九年にかけての平均成長率は三・五～四パーセントだった。とはいえ同時期、他の自由世界諸国は年率六～七パーセントの勢いで経済成長を遂げていた。

実のところ、このような数字は輸出の衰退を正しく反映したものではない。というのもこの時期、「貿易条件」はアメリカに有利な方向へと大きく変化していたからである。輸入の三分の二を占める工業原料や工業資材の価格は下落傾向にあった。この傾向はその後、アメリカの貿易収支が急速に悪化した時期に特に顕著となった。それに対し、アメリカからの輸出品の三分の二を占める工業製品の価格は、五九年を通じて強い上昇傾向にあった。おそらく輸出量という点では、五三年よりも五九年のほうが少なかったのではないか。輸出収入が増加したのは、ひとえに製品価格が上昇したためである。

しかし、アメリカの原材料や工業資材の輸入量は増加した。その量は、もし価格が下落せず五三年当時の水準であったとしたら、あるいはその推移が製品価格の上昇に並行する程度だったとしても、アメリカの実際の購入能力を超えるほどだった。

アメリカ産業界は、この課題にどのように反応してきたのだろうか。概して、その対応は非常に素早かったので、六〇年は輸出量が急激に増大した一年となった。明らかに、かなりの数に上る企業が、外国市場における自社製品の競争力を回復する効果的な方法を見出したのだ。(注3)

ただし、本当のところ何が起こっているのか、ほとんどのアメリカの企業家はよく理解していないようだ。彼らは、緊急対策を要する「一時的非常事態」が起こっていると感じ、その対応に相当なエネルギーを費やしている。

永続的な構造変化

世界経済、とりわけ世界経済におけるアメリカの位置づけに根本的な構造変化が起こっていることを、大多数のアメリカの企業家が理解していない。この変化は永続的なものであり、アメリカの政策立案者、そして特に企業家たちに、その基本的な姿勢や方針、概念を一新するように迫っている。我々はこの事実と向き合う必要がある。

アメリカの企業家たちが理解し受容しなければならない、この新しい、しかも永続的な状況とはどのようなものだろうか。以下に、一連の七つの命題を提示したい。

①一九一三年、あるいは少なくとも一九二九年以来、初めて世界経済に「競争」が戻っている。

これはどういうことだろう。第一に、自由世界ではだれでもほしいものをほしいだけ、さまざまな国で多くの供給者から入手し、その対価を支払うことができる。第二に、これら供給者があらゆる市場でビジネスを求めて競争している、ということである。

これは、素晴らしいことだ。ほとんど非現実的ともいえる目標だったとはいえ、これこそアメリカの政策が第二次世界大戦終結以来、目指してきたことにほかならない。我々は荒廃した世界経済の再建のみならず、戦争がもたらした心の痛手や破壊の傷跡を乗り越えて、自由世界諸国に希望と活力を吹き込み、経済成長力をつけることに成功しているといえる。

しかしながら、よいことずくめというわけではない。穏やかならぬ意味合いも含まれている。世界市場では、主要な原材料や製品の「価格体系」がもはや存在しなくなるのだ。わずか二年前まで、世界の価格体系は、アメリカ企業が定めた価格とアメリカにおけるコストや市場の状況を基準に決定されていた。アメリカ以外の国々ではおおむね、アメリカの価格に一定の比率を上乗せして価格を設定していた。たとえば、自動車産業がその典型であり、非アメリカ系の自動車メーカーは、〈シボレー〉や〈フォード〉、〈プリマス〉の価格を基準に、自社製品の価格を決めていた。鉄鋼や石炭、石油、アルミニウムについても、また他の多くの主要製品についても同様である。

しかし、ある決定的な出来事によって、世界市場の価格体系全体が崩壊へと導かれた。五九年、長い歴史と安定性を誇り、不可侵とさえ思われたメキシコ湾岸地区の原油の基準価格が暴落したのである。

今日、アメリカを基準とする世界相場は一つしかない。アルミニウム相場だ。とはいえ、それすらもそう長くは続きそうにはない雲行きである。

この最初の命題はまた、国内市場においても主要な工業製品や原材料の価格がアメリカの状況に準じたものではなくなることを示唆している。アメリカの国内市場を含め、世界の主要市場で価格を決定づけるのは、自由世界のなかで最も効率的な生産者の限界利益の増分である。この価格要因が現在そして将来にわたってどのように働くのか、例を挙げてみたい。

●アメリカの小型車の価格決定プロセスについて見てみよう。国内メーカーが、昨日までの標準車の価格と並行して、〈フォルクスワーゲン〉の価格を意識したのは明らかである。

●五九年の鉄鋼ストライキ後、人件費が大幅に増加したにもかかわらず、アメリカの鉄鋼業界が値上げできない、あるいは値上げに消極的なこともその一例である。さらに、製鋼高が最大生産力の八〇パーセントを大幅に超える状況にならない限り、アメリカの鉄鋼価格の下落が予想される。その理由は単純だ。今日、世界で最も効率的な鉄鋼生産者となっているのは、新たに台頭してきたアメリカの製鉄工場であり、その損益分岐点は六〇年時点の相場で、四〇パーセント以下とまではいかなくとも、五〇パーセントをはるかに下回っているからだ。

②アメリカの国民所得が伸びるかどうか、また伸びるとしたらどれくらい伸びるのか、これを決定づけるのは、輸出を増加させる力である。国民所得の伸びは常に、輸出の伸びより小さい、いやかなり小さい。自国経済ではなく国際経済こそがアメリカの成長と繁栄に限界を与えるものであり、経済業績の決め手となっている。

こうした状況は、近代アメリカにおいて初めての体験である。しかし、農業国の性格が強かった一九〇〇年以前のアメリカでは、ごく当たり前に受け止められていたことでもある。また、他の世界各国、特に西ヨーロッパにおけるアメリカの同盟諸国からすれば、日常的な状況にすぎない。

現在、四〇〇万~五〇〇〇万人の雇用——おそらく製造業で三〇〇万人、流通や輸送、銀行、保険、その他のサービス業で二〇〇万人——が、輸出品の生産と販売に直接依存している。それだけではない。他の工業国と少なくとも同じ輸入条件で、原材料や工業用品を調達できるかどうかに、一五〇〇万人以上の雇用がかかっている。アメリカが成長するにつれて、輸入需要は不釣り合いなまでに増大するだろう。実際に過去一〇年間、そうだったではないか。

我々が忘れがちな事実がもう一つある。輸入のための代金は唯一、輸出によって賄うしかないということである。

アメリカの金保有量が次第に減少し、国内使用と経常収支の清算に最低限必要な準備高に近づいていく。このような状況では、経済成長と健全性のバランスが取れた経済を実現するには、国民生産の伸びよりも速いペースで、少なくとも輸入と同等のペースで輸出を増大させる能力に依存することとなろう。

国内の出来事が経済に及ぼす影響ならば、ある程度はコントロール可能である。しかし、我々がいかに経済統制や財政調整を図ったところで、国際経済には何の効果も及ぼさない。国際経済において必要なのは、実際に成果を上げることなのだ。そして、その実践ぶりが、国内経済の成長範囲を決めることになる。世界市場におけるアメリカのポジションが、アメリカ経済とアメリカ企業の危うさや健全さの指標となるだろう。

③企業家の多くは保護関税を万能薬のように考えているが、実際は事態をよりいっそう悪化させるだけである。

ここで私は、他国との競争で打撃を受けている産業に対する政府補助の賛否を論じようというわけではない。保護関税は一助たりえないと述べるだけである。一助どころか、それらの産業も含めアメリカ全体に害を及ぼすだろう。アメリカ国内で危機に見舞われている産業に何らかの援助が必要であれば、直接助成したほうがはるかに安上がりで効果的であり、まともである。

保護関税がアメリカ経済に害を及ぼすのは、主要な輸出先が「好ましくない輸入品」を送り出している国々にほかならないからだ。たとえアメリカがどんなに援助を注いだとしても、発展途上国がアメリカ製品の主要な輸出先になることはありえない。発展途上国が高度工業国製品の市場になることは無理なのだ。

これらの国々は、代金の支払いに必要な貨幣を保有していないか、そもそもそのような製品を使用する必要性や能力を持ち合わせていない。したがって、アメリカにとっての主要市場、とりわけ主要な成長市場は必然的に先進国ということになる。

ついでに、他の事実も直視しておくべきだろう。六〇年に深刻な不況を回避できたのはおそらく、産業面での競争相手である先進諸国がアメリカからの輸入を格段に増やしたからにすぎない。輸入品に対する障壁を下げたことが、増加につながったのである。

アメリカでは、輸出のおかげで五九年には一五〇万人の雇用が創出された。六〇年に輸出量がいちだんと増えたことにより、さらに五〇万人の雇用が生まれた。八〇〇〇ドル相当の生産品が一人分の雇用に相当すると大ざっぱに仮定した場合、主要産業諸国がアメリカからの輸入を増やしたことで、アメリカ経済にはどのような影響が及んだであろうか。

●対日輸出が四億ドル相当増えただけで、アメリカでは六〇年に五万人分の雇用が新たに生まれた。輸入品のせいで失われた雇用を合計しても、五万人という数字になるとは思えない。

●フランスは、アメリカから綿布や綿・化繊の混紡製品を購入している。以前は一〇〇〇万ドル足らずだった購入量が六〇年に六五〇〇万ドルに増えたことによって、特に深刻な不況にあえいでいたアメリカの繊維業界では新たに八〇〇〇人分の雇用が創出された。

六〇年の動向が証明しているように、アメリカにすれば、競争相手国による自由主義的な低関税政策を通じて得られるもののほうが、彼らの対米輸出のせいで失うものよりはるかに大きい。そして、アメリカ側の高関税政策によって得られるものよりも、相手側の高関税政策によって失うもののほうが、収支面のみならず雇用面でもはるかに大きいのである。

したがって、アメリカの関税政策が国際情勢の現実に即していないと批判することはできるが、関税が低すぎると批判することはできない。批判は、アメリカ製品への関税障壁を下げるためのエサとして、魅力が高まりつつあるアメリカ市場への参入規制をまだ活用できていないという事実に向けられるべきなのだ。その例を挙げよう。

●ヨーロッパの自動車関税がアメリカ並みに低ければ、アメリカ国内で売れる〈フォルクスワーゲン〉一台につき、ヨーロッパではアメリカ製の小型車が二台売れるはずである。ヨーロッパの基準からすれば、アメリカ製の小型車は高級車であるにもかかわらず、その価格はヨーロッパ製の高級車よりはるかに低く設定されている。

換言すると、アメリカが保護貿易主義を選択しても、国内の主要市場の破壊を招くだけにすぎないということだ。ただし、アメリカ国内で他国が享受している待遇を、アメリカが他国で享受できない限り、「保護貿易主義も辞さない」という脅しをかけることで、大きな世界市場が生まれるだろう。

④アメリカ市場向けの生産設備を、他の低賃金地域に移すことも、守りに回ったアプローチであり、しかも危険である。

まず始めに、アメリカ製品の市場拡大を目的とし、アメリカの収入増にもつながるのであれば、国外に工場を建設することは有益だという点を強調しておきたい。工場の建設や拡張によって、効率性の高い事業を支えるだけの規模とキャパシティを備えるまでに成長した他国市場に供給することを目的とする場合も同様だ。実際、そうした状況ならば、アメリカの製造業が工場を建設することで、機械類の供給者や建築家、設計者など、アメリカ人の雇用が創出される。ここで判断すべきなのはただ一つ、その工場の建設がアメリカ経済にとって有益かどうかということだ。

これは、アメリカ製の機器類への輸出需要とは無縁の他国において、その地域の企業に工場建設を委託する場合はともかく、これをアメリカ企業が建設する場合は特にそうだろう。市場が広がっているところには、いずれだれかが工場を建設する。

また、関税や外貨不足から輸入が不可能な地域に工場を建設することに別段問題はない。特に発展途上国は、現地で調達できる原材料を使って小規模な現地市場向けに——たとえ世界市場よりはるかに高い価格であろうと——操業している現地工場が外貨を貯め、アメリカから機器類を輸入できるようになれば、アメリカ企業の顧客になる場合が多い。

私が無分別極まりないと考えるのは、国内市場を中心に事業展開しているアメリカのメーカーに供給する目的で国外工場を建設するというやり方である。これは敗北主義もいいところだ。それどころか、アメリカ国内の購買力を損ない、病弊を悪化させることにもなる。ここで適用すべきは、その工場の建設が結果的にアメリカの競争力の強化につながるかどうかという基準である。強化につながるのであれば、何ら問題はない。

たとえば、部品を国外から供給する場合でも、その部品が完成品の国内外における商品力を高めるならばよい。しかしそうではないのであれば、その決定は即座に、アメリカ経済にとっては言うまでもなく、その企業自体にも賢明な方針ではなくなる。このような動きは結局、アメリカの経済力と競争力の発展を阻害することにつながるのだ。

⑤アメリカの競争力と製品のリーダー的地位を取り戻すこと、そして何より、そのような力を失っていない分野をそのまま維持していく以外、現状を打破する術はない。

ドル危機をもたらした世界の経済発展は、アメリカ企業による積極的な行動を求めているという意味では、本質的に望ましいことである。しかし、我々が難局にうまく対処できなければ、そうも言っていられなくなる。したがって、アメリカでは経済政策も企業方針も、アメリカの競争力を維持することを第一目標に据えなければならない。これは他の国々が、その必要上学んできたことだ。その過程でアメリカはよい教師、よい教科書の役割を果たした。今度は、我々自身が少々学ばなければならない。その一つに労使関係がある。いまや労使共に、支払い能力や政治的力関係に劣らず競争力を維持する能力も重要だという事実を受け入れなければならない。

⑥現在の原材料価格が安すぎるということは考えにくい。しかし、製品価格が適正価格に比べて高すぎる、それも二五パーセントほど割高になっているという可能性は十分ある。

この仮定——蓋然性は高いが、あくまでも仮定である——は、次の事実に依拠している。すなわち、歴史的に見れば、効率的な生産者の利益率に比して、今日の原材料価格がむやみに低いわけではないということである。

このような状況下で、ベネズエラやアラブの石油産出国が最近提案した国際石油カルテルのような価格協定や、このようなカルテルを通じて値上げを図っても、さしたる効き目はない。そうすると、原材料価格に比して製品価格が高すぎるということになる。両者のバランスを取り戻すオーソドックスなやり方は、原料価格やその他のコストを削減することなく製品価格を下げる、つまり物価を引き下げる方法である。言うまでもなく、今日では至るところで値下げが行われている。製紙業から貨車製造に至るまで、多くの産業において「見積もり価格」は実際の価格とはほとんど関係がない、と言ってよい。

現在のアメリカの価格システムを、滑稽ながらも忠実に描写している例を示そう。私の娘がセールスマンにタイプライターの値段を聞いた時、こんなことを言われた。「カタログの三五パーセント引きになります。それ以上は交渉次第です」

原材料価格と製品価格のバランスを取り戻す第二の方法がある。ケインズ主義的な「リフレーション策」である。製品価格は据え置いたまま、原料価格（と賃金）を上げる。過去一二カ月間の鉄鋼価格の動向はこの好例である。

さらにもう一つ、第三の方法がある。これは発展を遂げつつあるダイナミックな経済では、簡単かつ最善の方法である。代替アプローチを使うのだ。詳しく説明しよう。

●小型車は標準モデルと同じ「性能」「交通手段」そして「スタイル」を提供する。しかし、一マイル当たりの総コストを基準にすれば、少なくとも二〇パーセントは安価である。

●ジェット機のエコノミー・クラスは、二〇～三五パーセントは割高なプロペラ機のファースト・クラスに劣らず、快適な交通手段である。

●建築用鋼材の代用品として、プレストレスト・コンクリートの利用が増えている。用途によっては鋼材の性能に劣らないし、はるかに安くて済む。

価格体系や経済に影響を及ぼすことなく、顧客のコストを減らす代替品を開発すれば、アメリカのメーカーは独自のチャンスをものにできよう。ここで、この一〇年間にR＆Dに注いだ莫大な労力と資金が功を奏するはずである。代替品を賢く利用するなら、ＲＯＩの低下を招くことなく、かなりの価格引き下げを実現できるだろう。

一例として、全席エコノミー・クラスのジェット機の一フライトはＲＯＩという点で、全席ファースト・クラスのプロペラ機のそれに引けを取らない。しかも、従業員一人当たりの純利益はプロペラ機のそれよりも大きい。

代替品の利用による低価格化は、企業マネジメントが常に大きな目標として目指すべきことである。その過程においては紛らわしい副次的結果が発生するが、経営者はそれに惑わされてはならない。というのも、大規模な代替化が進めば、昨日の標準品に基づいた物価指数は上昇を続ける一方、実勢の物価は低下していくこともありうるからだ。

⑦アメリカの企業家、特にメーカーは、世界における競争力を尺度として自社の効果と効率について測定すべきだ。

現在、輸出事業を展開しておらず、将来その予定がなくとも、企業家は現地市場も含めてみずからが関わる市場について、次のように自問自答してみるべきである。「私の製品が日本市場で競争力を持つためには、何をしなければならないのか」

私自身がいままでに見てきたケースすべてに当てはまるアドバイスが一つだけある。それは、製品ラインの集中化を図るということである。私の経験に照らし合わせると、「豊富な製品ライン」という月並みなキャッチフレーズが、アメリカの競争力不足の大きな原因になっている。

一般的に、アメリカのメーカーは一〇〇〇種類ほどの製品ラインを提供している。この一〇〇〇種類のうち二〇～三〇種類程度が売上高の五分の四と利益のすべてを生み出している。それでいて、コストに占める割合は五分の二にすぎない。

ひるがえって、残りの九〇〇種類以上が生み出す売上高は全体の五分の一、利益に至っては伝統的な会計手法のせいもあり、さまざまな優遇措置を受けていてもゼロである。それでも、コストの五分の三を使い果たしている。これほどではないにせよ、同様のことがあらゆる社員活動にもいえるだろう。

私の経験則に従えば、競争力を高めるには、売上高の大部分を占める三、四種類の製品または活動に集中することだ。その他の製品については、単なる販促製品と考えて、慎重に配分した金額だけを使うべきである。

競争力の源は足下にある

本論の目的は「こうすればうまくいく」という方法について論じることではない。アメリカの経営者たちに、競争力の原点はアメリカ国内にあるという事実を伝えることにある。

競争力は、インディアナ州ココモの市場をあらゆる参入者相手に競争しなければならない市場として考えるところから始まる。別の言い方をすれば、「大阪で、あるいはデュッセルドルフやボルドーでの競争に太刀打ちしていくには、何をしなければならないだろうか」という、単純ながら決定的な問いを投げかけるところから始まるのである。外国市場で競争する力が製品になければ、外国製品がその製品をココモの市場から駆逐してしまうかもしれない。

自国経済、国際経済を問わず、経済は拡大しつつある。この競争の激しい経済において奏功する戦略はただ一つ、攻勢に転じることだ。アメリカ企業は、価格において、デザインにおいて、イノベーションや設計において、そしてマーケティングにおいて、国際的に先手を打たなければならない。

我々は、基本中の基本として知らぬ者のない事実を受け入れる必要がある。すなわち、守勢に回れば損失を抑える程度の効果しか得られないということ、そして、我々には利益が必要であるということだ。

【注】

（1）ドラッカー自身の論文"Realities of Our World Position," HBR, May-June 1959.（邦訳・本書第六章「一国繁栄の終焉」）も、迫り来る「ドル危機」の脅威に対する警告の先駆けだったのではないだろうか。

（2）一九六〇年第2四半期頃から急激にアメリカの「金」が流出し始め、それまで国際通貨として絶対の信用を誇っていたドルの価値に対する不信をあおり、金価格の問題、各国通貨の問題、国際決済機構の問題に熾烈な論争を呼び起こした。

（3）Raphael Hodgson and Michael Michaelis, "Planning for Profits in World Business," HBR, November-December 1960.を参照。

第8章

Big Business and the National Purpose

大企業の使命

Big Business and the National Purpose
HBR, March-April 1962.
大企業の使命
『DIAMOND ハーバード・ビジネス・レビュー』2003年11月号

アメリカ社会は大企業と経営者に期待している

アメリカ大企業とその経営者たちは、以下に述べる四つの分野において、新たな行動、従来とは異なる産業政策、行動様式の改革などを求める世論の声に直面している。いずれも、以前ならば企業の責任と見なされることはなかった分野である。

このような声が突きつける課題にいかに対応するか。これによって、アメリカ企業が経済の成長と発展を担う存在として公衆に受け入れられるか否かは大きく左右されるだろう。その課題とは、具体的には、次の四分野を中心とするものである。

①大企業は、国際市場におけるアメリカの競争力を維持する、あるいは必要に応じて回復させる役割を果たすことが大きく期待されている。ここで銘記すべきは、アメリカ国内の賃金政策や雇用政策に深く根差している、時代遅れな原理を変更する必要性があり、経営者はこのような改革を実現させる先導者として期待されているという点である。

②大企業は、技術や事業慣行（たとえば流通システムや組織など）を革新するという従来ながらの役割に加えて、産業政策の改革についてもますます期待されている。たとえば、防衛産業や大規模な公益事業における「準自由市場」に関する基本コンセプトや具体策をまとめることは、政府や経済学者ではなく、企業に期待されている役割

なのである。

③大企業のマネジメントは、個々の企業とそこの経営者や株主の専権事項ではなく、公共の利害を考慮したものであることが重視されるようになった。この点から目を背けようとする経営者には、不自由極まりない政府規制が待っている。

④最後に、大企業の経営者たちは、二つの社会的要求、すなわち「企業人であること」と「プロフェッショナル・マネジャーであること」を調和させるような行動規範を強く求められている。(注1)その一つに、たとえば経営者報酬については、これら二つの社会的な期待という観点から再検証される必要がある。

これらの要求は、企業人にすれば「企業への新たな敵意」の高まりのように思えるかもしれない。しかし実際には、これらは敵意とはまったく正反対の立場から生じてきたものだ。すなわち、「アメリカ社会における経済的な役割の大部分を担うにふさわしい存在として大企業を承認するアメリカ世論」、かつこれと等しく「大企業の経営者たちを、アメリカ社会を牽引する指導的グループの一員として、また『プロフェッショナル・マネジャー』として承認する立場」から生まれた要求なのである。

まだ一〇年にもならないが、ある自動車メーカーの社長が国防長官に任命された時、これは政治的な姿勢を強烈に表明するものと見なされた。しかし一年前、また別の自動車会社の社長が国防長官に任命された時、「彼はそれほどの人物だろうか」という疑問が提起されただけだった。

世間は企業や経営者に期待する姿勢を公に表明するようになっており、とりわけ大企業やそのリーダーに向けられた社会的な期待は急速に高まっている。その結果、企業に期待される行動と実際の行動とのギャップに敏感に反応するようになっている。たとえば、ゼネラル・エレクトリック（GE）とウェスチングハウス（WH）による価格操作事件について、いまだに世間の関心が高いのは、国民の道徳心が突如として向上したわけではなく、このような背景があるからにほかならない。

このような期待を初めて具体的に表現したのが、本稿で説明するような「新しい要求」である。したがって、これらの要求は一つの実験として——これらがそもそも意図するところをはるかに超えて——アメリカ企業やアメリカ企業人に向けられる市民の態度、あるいは産業政策に大きな影響を与える可能性は大きい。

国際経済からの要求

現在の、そして将来の国際競争が突きつけるであろう要求を考えれば、過去に依存して形成され、もっぱら伝統として尊重されてきた労使関係は捨て去られなければならない。

これに代わって、経営者と労働者と一般社会が等しく認めるような「新たな慣行」と「新たな理念」が企業から発案され、これが採用されなければならない。具体的に述べてみたい。

●景気に左右されない固定的な賃金システム、つまり時間当たり生産性のみならず、時間当たりコストを増大させるような賃金システムは、もはや高賃金経済における競争とは相容れないものであり、とうてい受け入れがたい。

●自動車や鉄鋼など、一度賃金モデルをパターン化してしまった業種は、現在の経済において全国的な賃金構造を決定する基準としては不十分である。

●賃金交渉における「賃金上昇マイナス価格上昇」という発想は、労使交渉を解決させる根拠としては不十分である。労働者が求める「付加給付」は今後いっそう、コストではなく利益を基準として評価しなければならない。
●職業の流動性を回復すると同時に、これを雇用の権利に関する社会的関心の高まりと調和させなければならない。

アメリカ経済における新しい現実として最も重要なのは、アメリカも他の小国同様、世界市場における競争力を維持するために精一杯の努力を傾けなければならないという点である。その結果、国際競争はますます激化するが、このなかで競争力を損なうことなく、さらには失地を回復していくことが、まさしく大企業の使命であるという考え方はますます強まることだろう。

一人当たり労働コストの低さ、一人当たり労働生産性の高さだけでは、国際競争を戦うには十分とはいえない。ただし、これら二つが失われれば、国家はほとんどまったく競争力を持ちえないだろう。最近の賃金交渉では、アメリカ労働史上、ほぼ初めて産業と企業の競争力に関する懸念が決定的な材料になっている。

たとえば、一九五九年夏、自動車産業における賃金交渉では、他国のライバルと比較した競争力が話題の中心となった。しかし、労働コストの問題は、時給の高低を超えた概念的な問題であり、その金額と同じくらい、事業方針によって左右されることがほとんど認識されていない。それは経営者のみならず、労働組合の委員長に至っては言うまでもない。

労働生産性

今日の経営者や労働者、あるいは世論は、景気と無関係な賃金システムも経済的には無害であると考えている。しかし、過当競争の世界では、生産性の向上は、価格の低下か、あるいは品質やサービスの改善、もしくはその両方といったかたちで、消費者に還元されなければならない。

必要なのは「生産性とは、物理用語ではなく経済用語である」という昔からの真理を再発見することである。言い換えれば、生産性は、一人の人間が何個の製品を生産できるかによってではなく、消費者にどれくらいの価値を提供できるかによって決められるものなのだ。このことがとりわけ顕著になっているのが、国際貿易である。ひとたび国境を越えてしまえば、労働者も経営者も相手から見えたりはしない。単に「アメリカ品質」を備えた「アメリカ製品」が「アメリカ価格」で提供されるだけである。

しかし、第二次世界大戦時の生産競争の後遺症で、今日のアメリカにおける賃金交渉は、生産性を物理的に定義するという誤った考え方に傾倒し切っている。

賃金モデル

もう一つ、アメリカの労使関係に定着しているパターンは、少数の大規模メーカーが設定してしまった「特定の賃金モデル」を受け入れ、そこでの賃金交渉によって経済全体のコスト構造が左右されるという状況である。

このような大量生産業種による賃金モデルの設定は、過去の経済ではうまく機能したかもしれないが、現在の経済ではふさわしくない。今日における賃金モデルの基礎としては、サービス産業、たとえば、教育、建設、行政のそれのほうがふさわしいだろう。いまや労働人口の最大部分を占めているのはサービス産業であり、消費支出に占めるシェアもサービス部門が最大なのである。

競争の激しい世界においては、経済上のニーズに基づいて賃金モデルは決められるべきであって、その逆ではない。

マーシャル・プランが施行されている間、アメリカはこのことをヨーロッパに教え込んだはずだ。しかし現在では、我々がこの教訓を学ばなければならない。

国民経済はいまなお、このように決められた賃金モデルに従って動いているが、本来逆でなければならない。そして今後、グローバル経済という文脈の下、賃金モデルは調整されなければならない。

賃金交渉

現在の労使交渉で見られるのは、「賃金」と「利益」の対立であり、無論経営者は利益を擁護する立場である。しかし、競争の激しい世界において、経営者は、少なくとも一般市民の目からすれば、企業と国の競争優位を守る存在として、また（同じく重要な点だが）消費者（あるいは顧客）の擁護者として認識されている。それゆえに、マネジメントにおける神聖な一つの掟を捨て去らなければならない。つまり、「価格を賃金交渉の場に持ち出すべきではない」という考え方を改めるのだ。

いずれにせよ、この考え方は幻想でしかない。何しろ労使関係の核心には常に価格政策が存在しており、雇用契約には「賃金と価格の取引」が織り込まれていることが多いからだ。経営者が、消費者の擁護者として行動すれば、世論も労働者も、競争力ある価格政策について、労使交渉においてもきわめて重要な問題であると受け入れるようになるだろう。

アメリカ全体であれ、一企業であれ、国内および国外で成長もしくは競争する能力は、絶対的なコスト水準もさることながら、損益分岐点によっても左右される。損益分岐点が上がれば、それだけ柔軟性が失われる。

企業にせよ、産業にせよ、国民経済にせよ、平均コストが高くても、損益分岐点が十分に低く、生産量の増大によって利益が大きく増大するようであれば、競争力を有することは可能である。ジョン・L・ルイスが改革した瀝青炭産業がその一例であり、スイスのほとんどの産業もそうである。

私が研究したアメリカ企業では、付加給付、たとえば年次賞与、退職金、健康保険や年金などのせいで、損益分岐点が本来の水準よりも一〇～一五パーセント上昇していた。付加給付が賃金上昇率を大きく上回るペースで増大していることは周知の事実である。いまや給与総額の約六分の一にまで達している。

さらにアメリカの場合、他国とは異なり、低賃金の代償として付加給付が存在しているのではなく、高賃金のほかに付加給付が支払われている。おそらく付加給付は将来的にも削減されないだろうし、またそうすべきでもない。現実には、付加給付の拡大を求める強い圧力が生じるばかりか、世論もこれを支持するからだ。

しかし、国際競争力を維持しようと思うならば、付加給付をコスト化している現状とすぐさま決別すべきである。雇用契約上、付加給付を継続することは可能だが、企業の利益と無関係に定額の付加給付を毎年支払い続ける必要はない。

たとえば、アメリカのように賃金にプラス・アルファするかたちの年次賞与は、利益に照らしたうえで適切に設定されるべきであり、また業績の悪い年に備えて好業績の年の利益を原資とした基金を設けるべきである。

六一年八月にアメリカン・モーターズが結んだ労使協約は、少なくとも今後の付加給付に関して、そうしたアプローチを目指したものだった。しかし、現在の労使協約に定められている付加給付の多くは、一定の最低給付額の保証を続けながら、利益をその原資に回すという枠組みに従っている。

原資を求める先を変えれば、損益分岐点は大きく変化し、これまでならば赤字になっていた年度のうち五分の三は黒字決算に変わるかもしれない。そうなれば、業績の好不調にかかわらず、株主にすれば安心感が、労働者にすれば付加給付（あるいは失業保険・疾病保険の保障年数）が、年度と共に上昇していくことになる。

職業の流動性

以上の三分野は、ビジネスマンにすれば以前からおなじみのものだったが、「職業の流動性」という要因は目新しいものだ。しかも、その重要性はこれら以上に高いかもしれない。たとえば、職業の流動性が制限されることのほうが、目に見える労働コストの高さよりも、アメリカの競争優位性を脅かすものかもしれないのだ。また、五九年の鉄鋼ストが示しているように、はるかに扱いの難しい分野でもある。

鉄鋼産業では賃金闘争が労使交渉のメインテーマだったが、鉄鋼労働者たちも（また世論も）鉄鋼産業が置かれている状況を理解していた。しかし、労使交渉の場に雇用の定義や雇用制限といった問題が持ち込まれると、労働組合はその脇に就業規則を抱え、一致団結してストライキに踏み切り、これを継続した。

技術の進歩や経済の変化はそのスピードを加速させており、かつてないほどに職業の流動性の高さが求められている。昔ならば何世代もかかっていたような変化が、現在では数カ月とは言わずとも、数年のうちに生じるようになった。ほぼ一夜のうちに、一つの職業が丸ごとなくなってしまっても不思議ではない。

朝鮮戦争当時、大量生産業種では、非熟練労働者がさらに必要であると主張されていた。現在では、エンジニアやコンピュータ・プログラマー、マーケティング・リサーチャーといった専門職の奪い合いである。

一八カ月ほどの間に、我々は半熟練工を大量に必要とする大型航空機の製造から、メカニックや技術者をやはり多数必要とするミサイルの製造へと乗り換えてしまった。その結果、昨日まで最も必要とされる人材だった半熟練労働者が、今日は雇用に向かない存在になってしまった。

わずか一〇年前には、アメリカ企業では外国語のスキルなど、ほとんど不要であった。しかし今日では、海外子会社を経営するために、スペイン語やドイツ語、フランス語を操れる人材を必死になって探している。

もう一つ、航空会社の例を紹介しておこう。〈DC-3型〉機では、航空機関士が搭乗する必要はなかった。エンジンの構造がきわめて単純だったからだ。そして、ジェット機の時代が本格化すると航空機関士はまったく不要となる。ただし、四発プロペラ機にはいまだ航空機関士が必要だ。いずれにしろ航空産業では、この一五年間、航空機関士という職業が栄え、そして衰えていったのだった。

このような変化が、今後ますます数多く起こることだろう。たとえば一〇〜一五年も経つと、たとえば印刷機は、インクではなく、熱や光、化学反応、電子ビーム（すべて今日のオフィスですでに用いられている）を使ったものになっているかもしれない。このような新しいプロセスにどのようなスキルが必要とされるのか、いまの時点では判然としないが、少なくとも植字や石版印刷といった伝統的な技術でないことだけは確実である。

職業の流動性を抑えるような制約が仮になかったとしても、このような急速な変化によって深刻な問題が現実に生じており、まったく新しいアイデアや手法が求められている。単純労働に従事する非熟練工や低学歴労働者には、単純労働に従事しつつも研修や教育を受けさせなければ、当人の人生にとってもアメリカ経済にとっても不幸なことになるだろう。

ただし数年も経てば、きわめて専門性の高い職業、たとえば先の航空機関士や、いま引っ張りだこのコンピュータ科学者も、やはり非熟練工と同じく、転職しようにも簡単には転職できない、脆い立場に立たされているかもしれない。変化の嵐を恐れるあまり、職業の流動性に制限を加えるならば、それだけますます秩序の崩壊は大きくなっていくだろう。一方で、職業の流動性を制約すると、従来どおりのやり方での労働を強いることによって非効率性と低生産性の原因となり、さらには、仕事が枯渇してしまった労働者への就労機会を制限することとなり、最終的には失業率が上昇していく。

だが、柔軟性や流動性、またスキルへの制約は、ここ数年で急速に拡大している。第二次世界大戦前夜のアメリカは、このような制約が最も少ない国だった。しかし今日のアメリカは、年功序列、技能の自主管理、最低要員規定、退職金の保証など、雇用にまつわる規定にあふれた保証社会へと向かっているようだ。

しかしその一方で、技術職や管理職のポストは、高度に専門化もしくは限定化されていく方向に向かいつつある。その原因は、労働組合からの圧力だけではない。むしろこれは、アメリカ社会における二つの大きな構造的変化によるものといえよう。つまり「労働者の中流化」と「株式保有の拡散」である。

昔から、中流階級には何らかの資産的基盤が必要とされていた。そして現代社会においては、「生産資源の独占的な利用」という、資産に関わる伝統的な定義に最も近いのが「職業上の権利」（職業選択の自由など）というものかもしれない。

また、投資としての株式保有（実際には「企業の所有者」というよりも「株式の保有者」である年金基金などの信託機関を通じて投資は行われている）がますます一般化しつつある社会では、職業上の権利は唯一個人に残されたものなのかもしれない。そして、これは社会的な統制にも寄与するものである。

以上述べてきたような制約が社会から強く支持されている根底には、明らかにこうした構造的変化がある。ただし、制約的なルールが純粋かつ必然的に社会的な役割を果たす可能性があるからとはいえ、これらが生産性や競争力、成長に与える経済的な影響は何ら変わらない。実際、企業にすれば、新たなアイデアや方針を通じて、二つの矛盾する要求を調和させるという仕事が生まれるだけである。たとえば、次のような例がある。

●航空会社の幹部は、一〇年前にジェット機を初めて導入した際、航空機関士が不要になることを絶対知っていた。今日の我々にしてみれば、一〇年前に、一万五〇〇〇人規模の乗務員組合において、三〇〇〇人の航空機関士に年功序列に従って優遇措置を与えるという問題が処理できなかったとは考えにくい。

●オートメーションが組立ラインで作業する非熟練工に与えた影響についても、新たな設備の設計を開始する際、企業が人材研修や配置転換を考慮していれば、緩和されたはずである。

変化が差し迫っている二つの分野、すなわち印刷産業や住宅産業においても、いまこそ検討と計画立案に取り組むべきである。伝統的な思考様式や行動様式に安住していると、何とも高い代償を支払わされるおそれがある。経営者、とりわけ大企業経営者が、このような職業上の問題に取り組まない限り、政府が当然のように乗り出してくるだろう。六一年一〇月、ジョン・F・ケネディ大統領が鉄鋼価格の値上げを禁じることに成功した以上、我々は第二次世界大戦後、政府規制が最も身近に迫っている時代に生きている。政府規制とは言うまでもなく、賃金や価格、利益、雇用慣行について制約が課されることを意味している。

産業政策の改革は大企業がリードせよ

政府による規制を避けるには、企業社会が次の二つの点に関して、自主的に行動できるか否かにかかっている。

①現時点において、基本原則があいまい、あるいは不適切な分野における産業政策の策定

②企業として秩序を維持すべき分野における精力的な自主規制

ここで、例をいくつか挙げてみたい。

●防衛産業、大規模な公共事業や公益事業など「準自由市場」における成長および規制に関して、アメリカ企業は依然として無策であり、早急に策定する必要がある。これらの市場が独特なのは、顧客に大きな力があり、価格によって需要が左右されない点である。GEやWHが反トラスト法違反で訴訟の対象になったのは、ここにおける成長や規制に関する方針を持っていなかったためである。

●企業活動やそこから生じる影響が見られる他の分野でも、同じように、企業がみずから革新的な政策を策定するというニーズは非常に重要である。その好例が、製薬産業であり、国際的な石油開発であり、大都市圏に関わる問題である。

●一部の規制機関の役割は、アメリカ経済の構造的変化に合わせて再調整されなければならない。また、規制における根本的な考え方は、企業への行政指導と公衆の保護の双方を果たすものでなければならない。

企業がこのような課題に無関心である場合、その代償はきわめて深刻なものになるだろう。実業界が率先して政策を決めていかなければ、外部から押しつけられることになるのは明らかである。

準自由市場のジレンマ

GEとWHの経営幹部が高価格を維持し、受注をお抱え生産者のすべてに配分するために共謀したとして有罪判決を受けたが、それから五カ月後、司法省反トラスト局は、産業界に望まれる行動についてその見解を示した。

同省は、大企業が価格を不当に低くし、それによって小規模な生産者を市場から締め出すことがないように約束する同意判決を求めた。被告となった両社の経営幹部にすれば「これこそまさに、我々が有罪判決を受けた理由である」と答弁したかもしれない。

有罪判決を受けた幹部は、承知のうえで法律を侮辱したわけであり、弁解の余地はない。とはいえ、発電設備分野には、その需要構造ゆえに「自由競争」とも「独占」とも相容れないパターンが生じているという事実は残る。いや、これはむしろ当たり前のことなのだ。事実、アメリカの産業財市場の四分の一が同様の需要構造になっている。特に顕著なのが防衛産業である。

この種の市場にはいまだ名称もなく、とはいえ準自由市場と呼ぶのもやや無理がある。また、しかるべき政策もなければ、それを説明する経済理論や法律も存在しない。このような市場では、独占あるいは寡占に関する理論とは異なり、そのルールを決めるのは生産者ではない。もちろん顧客である。

競争に関わる一般的な理論によれば、買い手市場は基本的にばらばらに分裂しており、購買力の集中とは無縁であると説明される。しかしながら、準自由市場は少数の限定された強力な買い手によって構成されている。また、需要は価格変動に影響されにくい。つまり、経済学用語で言えば、だいたいにおいて価格弾力性が小さいのである。実例を挙げてみよう。

●防衛産業には顧客は一人しかおらず、その顧客がルールを決めている。この国防総省という顧客は、ミサイルの価格が一〇パーセント下がったからといって発注量を増やしたりはしない。逆にミサイルの価格が上がったからといって爆撃機に戻ることもない。防衛における重要な技術分野を、一社のサプライヤーに依存することは国家としてあまりにも危険すぎる。東部の企業、たとえばラジオ・コーポレーション・オブ・アメリカ（RCA）が新たな技術を開発したならば、さっそく軍はその新しい技術分野で西部のどこかの企業、たとえばヒューズ・エレクトロニクスと契約を結ぼうとするだろう。そして同時に、アメリカの防衛力はベテラン研究者たちの継続的なチームワークに依存している。それゆえ、防衛産業の各企業には、継続性という安定性が要求されるのだ。そして主要メーカーは、国防上のニーズに応えるため、「どれにしようかな、神様の言うとおり」といった国家の遊びにつき合わなければならない。

●電力会社——顧客数という意味では、防衛産業に比べてはるかにたくさん存在している——も、設備メーカーにほとんど同じように行動するよう半ば強制してきた。彼らもやはり価格変動などまったく気にしない。何しろ電力会社間で競争が発生することはないのだ。電力会社にとって本当に重要な価格とは、金の価格、すなわち金利である。設備価格が急落すると、電力料金の基盤が脅かされ、それに伴い電力会社の収益力も危うくなる。電力会社も一社の設備メーカーだけに頼るわけにはいかず、いくつかとつながっている。設備メーカーが約二〇年後にも交換部品を供給してくれるだろうと確信できなければ、どこの電力会社も巨大な蒸気タービンを発注したりしない。したがって、この市場におけるサプライヤーも少数の大企業に限定される。

反トラスト局がGEとWHに提案した同意判決の結論のように、準自由市場における自由競争の性質が独占市場と変わりなく独占的ならば、これまでのような「規制当局による規制」ではうまくいかないという話となろう。国民経済の発展、そして防衛産業の場合は、国家安全保障の発展は、技術面でのイノベーションを刺激するインセンティブをいかに維持し、ニュー・カマーによる競争参加の可能性をいかに保証するかにかかっている。「行政」「規制」「懲罰」といった要素を少しずつ含む現在の政策では、これらの課題は難しい。

軍関係者なり、防衛産業の関係者なり、国防に関わる研究と生産に携わっている者のなかで既存のルールを熱心に支持している人などほとんどいない。ただし、では既存のルールの代替案は何かと問われれば、あいまいなままだ。

だが、価格の固定化も、原価基準法も、競争入札も、再交渉可能な単一企業契約も、いずれも最終的な答えにはならないという点で、多くの見解は一致している。民間の準自由市場では、何らかのルールを策定するにも一貫性がなく、総じて泥縄式である。とはいえ、これらの市場において規律を維持する手段として反トラスト訴訟を用いるのは、イボを切除するのにギロチンを用いるようなものだ。

現状から導かれる唯一の結論は、不思議なサイクルを描いている。つまり、今日のアメリカにおける準自由市場において承認されているらしい公的政策は、企業に一〇年間、実質的には寡占状態で営業させておき、一一年目になると恣意的に選ばれた経営幹部が刑務所送りになるというものだ。

これで公共の利益が満足させられるというのだろうか。私にはそうは思えない。大企業も経営者も、これではとうていやっていけない。彼らに必要なのは、次のような条件を満たした基本原則である。

- ●現実的かつ公正である。
- ●市場の開放性を維持し、イノベーションを促し、かつ既存の研究や生産能力を十二分に活用できる。
- ●生産性の向上やコスト削減がもたらす恩恵が顧客に波及していくと同時に、準自由市場における生産が通常必要とする高い固定料金を伴う長期投資を可能にする。

これら産業内の関係者の多くが、準自由市場に関する産業政策を企業の力だけで立案することは、ずっと以前から不可能ではなかったと認めている。しかし、彼らはそこで足を止めてしまった。

たとえば、防衛産業では二〇年にわたって再調整が図られてきた結果、原価情報はかなり整備されている。しかし、次のような難問を解くには、ソロモン並みの知恵が必要になる。反トラスト局の言葉を借りれば、「原価割れの価格設定」は「不当な価格設定」に当たることは産業界で広く認識されている。しかし、そもそも「原価」とは何か。発電所などの巨大システム全体の原価なのか、それともその一部の原価なのか。

また、交換部品の将来売上げから期待される利益は、一般的な受注当初における「原価割れの価格設定」を正当化できるのか。減価償却費は常に原価に含めなければならないのか。仮に低価格でも受注したほうが生産能力を遊ばせておくより損失が少なくなるにしても、これすら原価割れの価格設定だと言うのか。

以上のような疑問に取り組むことに消極的な理由は、もっぱら議論に巻き込まれることを恐れ、だれも気がつかなければ、このようなやっかいな疑問もいずれは雲散霧消してしまうのではないかと考えているところにある。

この点で、GEとWHの例は、アメリカ企業にとってよい教訓となろう。遅かれ早かれ——たいていにおいて後者である——秘密はばれてしまうものなのだ。

改革という課題をこのように避け続けていると、議論に巻き込まれること以上にダメージが大きい「スキャンダル」を招きかねない。すると政府が、国民経済のニーズとは大きくかけ離れた、企業にとって不利な政策を押しつけるというはめになる。多少なりとも賢明な企業が数年前に解決策を考えておけば、どんなに拙劣な解決策であっても、これよりはましだろう。

他の産業分野に潜む危険

産業政策面の改革が求められているのは準自由市場だけではない。そのような改革の遅れがもたらす危険性は、アメリカ経済の他分野でも表出している。いくつか例を挙げよう。

●いま製薬産業は、将来を予測できなかったために苦しんでいる。抗生物質、ステロイド剤、精神安定剤など、一連の新薬開発は成功を収めたものの、これがあだとなって、たとえば製薬産業の特性や経済構造、医療部門や医療コストに占める製薬業界の役割、医師との関係や医師の治療スキルが変化したという現実を直視しなかった。

●石油会社への世界的な批判も、やはり産業政策に着手するのが遅れたことが原因である。かくも石油会社が批判を浴びるのは、あまりにも大きな成功を収めているからだ。石油開発によって貧困国には資金がもたらされ、現地の従業員が優れたスキルや労働慣行を身につけ、効果的な管理の実例が示される。とはいうものの、これらの要因は、長期的に見れば石油開発を時代遅れのものに見せてしまいがちである。人々への温情主義的な配慮はかえって見向きされなくなる。外国の石油会社は必然的に、これら後進国を支配する少数の権力集団と癒着し始め、政府に準ずるがごとき権限を有するようになるが、石油開発の成功によって経済や社会が変化していくにつれ、このような癒着や権限は人々をいらだたせるもの以外の何物でもない。もちろん、石油の利権を適切に引き継ぐことのできる相手を見つけるのは難しく、昨今のようなナショナリズムの時代においては大きなリスクも伴う。しかし、石油会社は好況期の成功ゆえに、この問題に真っ正面から取り組んでこなかった。ひとたび石油による利益とロイヤリティ収入に陰りが見え始めれば、待っているのは混乱だけである。

●ほかにも、アメリカ企業にとって直接の懸念となる分野が生じつつある。改革が急務とされる分野の一つは、急激に拡大する大都市圏である。大都市の混沌を払拭し、規律をもたらすために、たとえば都市中枢部や郊外の衛星都市のために税源を確保する、地域的な土地利用に関して集権的な計画を策定するといった施策を講じたにしても、何より企業が大きな影響を受けることになろう。この理由だけでも、企業が改革の先頭に立つべきなのだ。

規制機関という発明

アメリカ独自の発明である「規制機関」にまつわる危機を解消するにも、やはり同様に、アメリカ企業による改革が不可欠である。規制機関は、その本来の活動領域では、いまなおうまく機能している。例を二つだけ挙げるならば、保険業界における最低基準の設定、そして地理上の問題から排他的な特権を有する電力業界といった自然独占への制限である。

しかし、一部の規制機関は単なる規制を超えた規制を課している。何と独占を認めてしまっているのだ。テレビ局、パイプライン敷設権、航路などである。また、かつての自然独占から自由競争に移行した分野、たとえば運輸業界のような産業に、いまなお規制をかけている機関もある。

規制機関がきちんと本来の役割を果たす能力に欠けることは先刻承知済みだ。したがって今日の企業人が、現在の規制構造を時代の変化に合わせて調整することを真摯に考え、同時に実効性の高い自己規制の仕組みを提示しない限り、将来的には経営の自由が減少する可能性がある。

規制が正常に機能するか否かはアメリカ企業にとって死活問題である。不条理に働くとすると、企業の実質的な国有化につながりかねない。

大企業と経営者に産業政策の改革を求めるにしても、その負担は相当なものとなろう。ただし、これは旧くて新しい課題である。実際アメリカ企業には、このような政策面の改革を推し進めてきたという実績がある。

一九二〇年代に構想された国際石油会社というコンセプトは、いまなお生産者と消費者の利害、資源保全とエネルギー需要という世界的なニーズ、燃料が過剰な地域と不足している地域といったバランスを調整する最も優れた方法である。

規制機関を発明したのはアメリカ企業ではない。だが、ある大企業（ベル・システム）とそこの経営者（ベルのセオドア・ベイル）が五〇年前、規制を歓迎しないにせよ、何とか折り合いをつけてやっていこうと決意して以来、規制機関という存在が（少なくともその本来の活動領域において）、国有化という解決策に代替するアメリカならではの手段となった。

民間の手によって通信サービスの所有と経営が維持されているのは、先進国のなかでアメリカとカナダだけだが、その理由は偶然でもなければ、国民感情ゆえでもなく、企業による改革があったからなのだ。

また、過去のアメリカ企業が産業政策の改革という大仕事を担った時、その後には必ず成長と利益がもたらされたという点も、おそらく指摘しておくべき点だろう。

社会が突きつける大企業への疑問

公衆が、アメリカ社会の経済システムの中枢機関として大企業を受け入れるようになったがために、人々の間では企業の実力や内部秩序への疑問が広がり出している。

複雑怪奇な大企業において、その舵を担う経営者たちはこれまで、この種の疑問については身内同士で議論してきた。しかし今後は、公衆による監視が強化され、社会的に重要な案件になっていくと予想される。GE／WH事件の余波のなか、企業の内外を問わず、「だれが店を見張るのか」という問題がたえず提起されている。

そして将来的には、次のような疑問が想像される。いずれも重要なものばかりである。

●経営能力は規模や複雑性によって制限されるのか。
●有能なトップ・マネジメントを確保し続ける確実な手段はあるか。
●大企業のトップ・マネジメントは、だれに対してアカウンタビリティ（説明責任）を負うのか。

大規模組織の問題

有能かつ勤勉なベテランCEOであろうと、多数の幹部社員を従えつつも、何年にもわたって社内の主要部門が実は秘密のカルテルを組んでいたにもかかわらず、激しい競争を戦っているなどと思い込む。そんなわけがあるだろうか。しかし、GEとWHの経営者はそう主張している。

司法省反トラスト局は、四年の歳月と途方もないくらいの労力を投入して、この主張に反証しようと試みてきたが、いまのところ成功には至っていない。しかし、大企業の実情に詳しい人々、たとえば経営幹部やコンサルタントは、大規模組織（営利企業に限らない）を運営するうえで、トップ・マネジメントに漏れなく情報を伝達することこそ最もとらえどころのない問題であると、以前から承知している。

トップ・マネジメントに情報を十分活用させるには、情報を所定の書式にまとめ、抽象化しなければならないが、そうすると本質的な意味が失われてしまう。そこでは「予想に反したことは何か」という点しか報告されない。そもそも予測されていないことなど、ここに記されることはない。

ほぼ毎週のように、大企業の「組織変更」や「再編」が報じられている。だからといって、アメリカで見られるアプローチが普遍性に優れているという証拠にはならない。またソ連の産業でも、慢性化した組織変更の弊害が見られるが、無論慰めにもならない。

そしてGEとWHの失敗は、ベテラン経営者たちの直感を証明するものだった。公式な情報伝達手段、つまり事業報告書や監査、調査などでは事足りるわけではないということだ。非公式でもフェース・トゥ・フェースの報告によって補足されなければならない。要するに、トップ・マネジメントは事実のみならず、感触を得る必要があるのだ。

大企業の定義

賢明な経営者たちは、その資質、組織や経営手法の優劣にかかわらず、経営能力は規模や多角化によって制限を受けると考えている。特に多角化はついつい過剰になりがちであるとも考えている。

多角化企業、すなわち異質な事業を規模にかかわらず取り混ぜて、一人の経営者の下に集めた、全体の規模としてはさして大きくない組織よりも、世界規模の巨大石油会社を経営するほうが簡単そうだ。

しかし、このような石油企業でさえ、石油化学産業へと進出すると、やはりマネジメントの限界という問題が生じているようなのだ。現実には、次の二つが考えられよう。

①規模や多角化には適正値があり、それを超えて拡大しようと、これに比例した業績は得られない。たとえば、花屋チェーンの運営と防衛事業を統合した企業に一〇〇ドル投資した場合、それぞれを別個に運営する企業に五〇ドルずつ投資する場合よりも優れた利回りが得られる可能性があるだろうか。

②規模や多角化には上限があり、それを超えて拡大すると、部分の総和よりも全体の業績が下回ってしまう可能性

が高い。国防総省の規模を二倍にした場合、国防長官や統合参謀本部の影響力は二倍になるのだろうか、それとも二分の一になるのだろうか。

ドイツの大手化学グループ、IGファーベンは三つの企業に分割されたが、特許に守られ、全体主義政府の支援を受けていたかつての巨大組織の時と比べて、いまではより活力にあふれ、これら三社を合計した場合、これまで以上の成功を収めているように見えるのは偶然だろうか。日本産業界の活気は、大規模かつ多角化されていた戦前の財閥が解体されたことと、まったく無関係なのだろうか。

規模や多角化の最適値がどこにあるのかという問題は、経営者や株主にすれば重要だが、あくまでも身内の問題である。とはいえ、アメリカ大企業のなかで、この上限を超える企業が出てくると、それはアメリカ経済の活力を損なわせることとなろう。

企業寄りの人々の間でも、「あの企業の利益は国家の利益」と豪語するほど肥大化してしまった企業については、分割したほうがよいと主張する声が高まっている。これらの人々は、企業に経済行動の自由を認めるにしても、このような企業はあまりにも大規模すぎると主張する。また国の将来を、一民間企業の命運に、あるいは経営者グループの判断に委ねるべきではないとも言う。

GEとWHの事件の記憶が時間と共に薄れていくにつれて、この事件が示唆した経営能力の限界という問題についても忘れられてしまうのだろうか。大企業の経営者たちはこれを、おそらくいちばん覚えており、自分たちに課された宿題と考えている。

従来なら一日の仕事が終わった後に話されるくらいだった「一人立ちできるくらいに成長した子会社を、どうやって分離独立させるか」といったテーマも、いまでは真剣に考えられるようになった。

企業の規模そのものが、いかに経営者のエゴを満足させようと、ある子会社が業績の改善に貢献しなくなったならば、その子会社はスピンオフさせたほうがよい。企業規模に制限を設けたほうが、後になって分割を強制されるよりも、精神衛生上、はるかに好ましいはずだ。

後継者の人選とアカウンタビリティ

トップ・マネジメントの後継問題は、現状その重要性はあまり社会的には認識されていない。とはいえ実際には、大企業を経営する能力という点で、深刻かつ長期的な問題に発展する可能性がある。

現代社会のほぼあらゆる人々が、従業員であれ株主であれ、あるいは工場の近隣住民として、サプライヤーや消費者としても、大企業のトップ・マネジメントが有能な人材によって担われ続けるか否かによって大きな影響を受ける。

しかし残念ながら、アメリカ社会における他の機関とは異なり、大企業は現在のリーダーの後継者を選抜するための具体的な手段――それはシステマティックかつ合理的なものでなければならない――を持ち合わせていない。また、このような手続きが整ったからといって、ふさわしい後継者が必ず確保されるわけでもなく、無論しかるべき後継者を見つける方程式を開発した組織も存在しない。

とはいえ、組織的かつ客観的に、そして忍耐強く後継者選びに取り組めば、少なくとも、カバン持ちやイエスマン、あるいは単に顰《ひそ》みに倣うだけの小人物が後継者となる可能性は少なくなるだろう。

そうなれば、最近ある大企業の経営会議の場で社長みずから口にしたような、そして他の企業でもよく聞かれるような不満も収まるだろう。つまり、「次期社長候補を選抜する時よりも、組立ラインの監督を決める時のほうがよほど時間をかけて、熟慮している」といった声はなくなるだろう。

ゼネラルモーターズ（ＧＭ）は、現在のＣＥＯを指名する際、実に慎重な手順を踏んだ。社外取締役で構成された指名委員会が、二年間かけて社長職に求められる条件を検討したのだ。同委員会は検討を進めるにつれて、財務と経営計画の両方に通じた人材が必要であると確信するに至った。委員会は最終的にフレデリック・Ｇ・ドナーを選択した。この瞬間、ＧＭの事業部門で働いた経験のないＣＥＯが誕生したのだった。

ただし、このようなＧＭの手順に倣うにしても、取締役会のなかに、カリスマ経営者ですら一目置くような人間、そして経営陣との利害関係がまったくない人間が必要である。

具体的には、利益の影響を受けず、キャピタル・ゲインも期待することなく、当該企業の成功だけに純粋に関心を抱くような人物、そして権威と道徳心に優れ、物怖じすることなく自分の意見を主張できる人物である。また、ＣＥＯの影響力と独立性を認め、その一方で独裁者に刃向かうことを辞さない人物でなければならない。

このような人材はマネジメントという仕事から一定の距離を置くことで、本領を発揮する時間も確保できるはずだ。しかし現在、このような中立的な人材が取締役会の一角に存在しているという大企業がはたしてあるのだろうか。

今後、取締役会は弱体化していく傾向にある。株式が拡散して保有されると同時に、年金基金や投資信託会社などの信託機関の株式保有が増えていく。その結果、株式会社の純粋な所有者の弱体化が確実に進行していく。

しかしこのような傾向ゆえ、独立性が高く、また尊敬できる人材を取締役に登用することがますます推奨されるのである。これと並行して、トップ・マネジメントは本当のアカウンタビリティを負うことが求められている。

合衆国憲法を起草した「建国の父」たちは、名誉大統領のような身分保証を却下した。現職大統領の権限と影響力を確実に弱めてしまうからである。

いかなる企業の経営者でも、必ずや難局に立たされることはある。そういう時こそ、独立性の高い尊敬の対象となる社外取締役の支援を仰ぐ必要が生じる。どんなに厚顔無恥の乗っ取り屋も、経営陣がそのような支援を受けていれば、株主総会に向けたプロキシー・ファイト（委任状争奪戦）を仕掛けることすらかなわないだろう。

アメリカの世論は、政治的な文脈において拒絶しているもの、つまりだれも制することなく際限なく続く寡頭政治が大企業においても登場してしまうことを受け入れたりはしないだろう。大企業が、中立的かつ効果的にみずからを検証・監督するシステムを構築しなければ、政府から任命された拒否権を持つ「官製取締役」を受け入れるはめとなろう。

トップ・マネジメントがしかるべきアカウンタビリティを果たしていない大企業は、しかるべく経営されているとは言いがたい。大企業はアメリカ経済のメカニズムの中核として機能しており、ここを司る経営者には、自社をきちんと経営し、きちんと統制することが期待されている。

経営者に二重に課された役割

経営者は、どこまで「企業人」で、どこから「プロフェッショナル・マネジャー」なのだろうか。またこれら二つの役割のうち、その経営者の金銭的な報酬を左右するのはどちらなのだろうか。たとえば、ストック・オプションの給付、自社株制度は、プロフェッショナル・マネジャーのためのものなのだろうか。経営者が個人的にサプライヤーや顧客企業に出資することは認められるべきだろうか。

六一年、クライスラーで起きた社長更迭騒動によって、事業上の利害で結ばれた企業同士の怪しげな関係に世間の注目が集まった。この事件では利害関係が隠蔽されていた点が問題になったが、この事件が契機になって湧き上がってきた疑問の数々は、経営者につきまとう「利害の抵触」全般に関連するものだ。

その結果、経営者への追加報酬のなかでも定着している手法、主にストック・オプション関連の報酬制度についても、企業社会において真剣に議論されるべき対象になっている。

もちろんこれまで同様、企業人の一員としてその努力を促すように、適正な報酬が効果的に与えられる必要がある。またそれにとどまらず、今日の経営者は、プロフェッショナル・マネジャーとしての役割を公衆に認めてもらう必要もあるだろう。

適正な報酬と社会的認知の双方を獲得するために、大企業は経営者に課されたこれら二重の役割のみならず、同時に負わされているリスクについて、公衆はどのように認識しているのかを理解しなければならない。

インセンティブと報酬

ヘンリー・フォード二世は、最近発行された『ハーバード・ビジネス・レビュー』のなかで、「ストック・オプションは経営陣の業績を高めるうえで、効果的なインセンティブの一つである」と説得力あふれる擁護論を展開した。(注2)

しかし、企業の内外を問わず、経営者報酬に関する現行の慣習に不快感を抱いている人々は少なくない。彼らにすれば、この主張はストック・オプションを擁護する根拠と同じくらい、それを批判する根拠に聞こえるだろう。つまり「プロフェッショナル・マネジャーである経営者に、なぜ最善を尽くさせるために特別なインセンティブが与えられなければならないのか」という疑問が生じてくるからだ。

弁護士がクライアントのために裁判を勝訴に導いたことを理由に追加報酬を受け取ったとしたら、法曹界でいい顔はされないだろう。手術が成功したからといって余分な報酬を請求する医師などいないだろう。いずれの場合でも、その理由は「プロフェッショナルたる者は、何が何でもクライアントのためにいつも最善を尽くす存在であり、さもなければ、自分自身にも、またその職業にも不誠実である」と考えられるからだ。

ストック・オプションや自社株の付与といったインセンティブは、大企業の経営者がみずから編み出した「プロフェッショナル・マネジャー」というイメージと齟齬を来すものではないのだろうか。

このような表現で疑問が発せられることはないかもしれない。しかし、追加報酬を許容することへの疑問は、そのかなりの部分において、その効果を疑うというよりも、プロフェッショナルとしての倫理に対する問題視である。

ゴア上院議員が率いる小委員会でストック・オプションについて証言した証人のなかで、経済や経営について語った者はほとんどいなかった。彼らが口にしたのは、すべて倫理に関することである。

ニューヨーク証券取引所――この機関は、利益や企業への敵意の原因とはとうてい考えられない存在だが――もストック・オプションの付与に懸念を示し、上場企業の株式に関わる条件として、経営者や幹部社員向けのストック・オプション制度は五年ごとに株主総会に提案し、その承認を得ることを求めている。

それでも、経営者報酬はますます基本部分以外のところが膨らんでいる。アメリカの所得税率が経営者に不公平であり、彼らの前向きな気持ちを害するという点で同意する人々の間でも、ストック・オプションの弊害が懸念されている。実際、キャピタル・ゲインによって追加所得を提供する制度のおかげで、懲罰的な所得税率を切り下げることが、政治的にもいっそう難しくなっていると感じている人――特に弁護士の間でかなり多い――が増えている。

経営者報酬への批判を、無知や羨望から生まれたものだと一蹴するのは簡単だ。また、一流の経営者ならば、何とも気前のよい報酬制度が想定している以上に企業に貢献していると指摘するのも同様である。

その一方、これら追加報酬のせいで、産業全体として、経営者に支払われる給与総額はほとんど増えていないばかりか、コスト総額に至っても変わっていないという指摘がある。また、こうした追加報酬制度があるにもかかわらず、経営者の総所得と比較した購買力は、二五年前に比べれば相対的に低下しているという指摘も、おそらく真実だろう。いずれにしろ、このように指摘するのは簡単であり、危険といえるくらいに自己欺瞞的でもある。というのも、そこでは基本的な問題があいまいにされているからだ。

経営者は本質的に「二重の役割」を担っており、それぞれに別個の報酬がある。つまり、企業人としての報酬と、プロフェッショナル・マネジャーとしての報酬だ。経営者報酬の妥当性について社会がどのように判断するかは、公衆がこれら二重の役割をどれくらい理解しているか、また、経営者が抱えるリスクと社会の他の人々が抱えるリスクとの違いをどれくらい認識しているか次第なのである。

そして、後者のリスクの違いについては、微妙な差と呼べるレベルとは言いがたい。いくつか例を挙げてみたい。

●本当に優秀な経営者の場合、実際のところ「貢献度に応じた報酬」なる概念も実効性に乏しいかもしれない。同じことが、優れた医師はもとより、外科専属の一流の看護師についてもいえるだろう。ただし、そこには大きな違いも存在する。医師ならば、救えるはずだった患者の命を失っても、その仕事を続けられることだろう。勝てるはずだった訴訟に負けた弁護士にも同じことがいえる。だが、もし新製品が失敗に終わったら、自分が考案した製品ではないにもかかわらず、営業担当役員はクビになる可能性がある。このように経営者は、他のプロフェッショナルには無縁である「雇用にまつわるリスク」を抱えている。GMの経営陣はおよそ二〇年前、私にこう言った。「賞与制度のおかげで、当社のマネジャーたちは非常に速いペースで財産を築くことができる。だから、みな早期退職するのをためらうこともなく、我々も彼らを解雇するのをためらわない」。たしかに冷酷かもしれないが現実的でもある。しかし、今日の経営者報酬のほとんどは、むしろ逆の効果を発揮している。勤続年数に応じて支給額を決めているため、経営者個人にとっても企業にとっても不自由になっている。

●弁護士や医師のなかに、高い給料が安定的に得られる現職をなげうって、第二次世界大戦直後の経営不振に陥っていたフォード・モーターに入社するようなリスクを負う者はいないだろう。こうした人々は、彼らが引き受けた損失リスクに見合った利益機会を与えられるだけの資格を有している。大企業の製造部門マネジャーという立場にありながら、小さな破産寸前の同族会社の社長を引き受けた者も、やはり同じように、紛れもなく企業人としてのリスクを負っている。たとえ彼が、プロフェッショナル・マネジャーとしての知識と経験に乏しかったにしても、である。

企業人としての報酬について、もう一つの大切な要素がある。つまり、社会における他分野に比べて、民間企業の現状を鑑みる限り、必然的に金銭がステータス・シンボルになっているという点である。

所得にどれだけの差があろうと、法廷において弁護士は平等である。だが、いかに肩書きが同じであろうと、経営者はもっぱら、自身の個人所得、あるいは所属する企業の法人所得によってランクづけされる。

社長の給料が五万ドルである本当の理由は、現場責任者のそれが八〇〇〇ドルであり、両者の間には多数の職階が存在しているからにほかならない。だが、さまざまな追加報酬やインセンティブ制度の多くは、経営者が果たす役割のうち、こうした明らかに非専門的な要素とは無関係である。

たとえば、標準的なストック・オプション制度、子会社や提携事業、社外事業に参加する制度のほとんどは、企業人としてのリスクを課すことなく、企業人としての利益を提供している、もしくは単に一生懸命頑張ったことに追加報酬を与えるものだ。これらは、プロフェッショナル・マネジャーという役割とはなかなか相容れにくいものといえよう。

大企業人の多くが、大企業社員のイメージと中小企業社員のイメージが世間的に異なることに気づいていない。しかし本当のところは、巧妙に脱税している大企業の経営者が一人いれば、同じく脱税で儲けている中小企業人が何百人もいる。巨額の所得や大量のストック・オプションをもらっている大企業の経営者が一人いれば、同じように資産家となった中小企業オーナーが何十人もいる。

しかし、大企業の法人所得が報道されることはあっても、中小企業人の道徳的姿勢や報酬が話題に上ることはまずない。その理由は、公衆は中小企業人たちを専門家としてではなく、起業家と見ているからだ。そして起業家とは、何よりもまず、適切な水準の利益の機会を伴う、純粋な損失リスクを抱えている存在なのである。

一方、大企業の経営者が受け取る相当額の退職金について、公衆の批判はここに向けられてはいない。あるいはストック・オプション、シアーズ・ローバックで付与されているキャピタル・ゲイン——実質的には通常の年金プランにおける株式投資と同じなのだが——についても、やはり批判的な声は聞こえてこない。

経営者報酬の一部が、企業の業績に従って変動すべきであるという考え方について、ほとんど見解の対立はない。実際、業績が振るわない年には経営者報酬を少なく、業績が高い年には多くしているという事実を、発表方法や言葉遣いによってごまかしたりしなければ、これらの制度も世論の強い支持が得られるだろう。

すると、追加報酬に関する適切な運用法と濫用の間には、両者を区別する大ざっぱなガイドラインが存在しているということになる。ただしその区別とは、どのような報酬が効果的か否かという基準によるものではない。経営者の二重の役割において、それぞれどのように適当であるべきかという基準である。

これらの基準の下、企業人として、またプロフェッショナル・マネジャーとして、これら双方の役割をまっとうするにふさわしい給与や報酬体系を導き出せるのは、実は経営者自身にほかならない。

経営者みずから、これら二重の役割を峻別し、それに合わせて経営者報酬の支給方法を調整しない限り、これら追加報酬のすべてが税金逃れの手段として制限あるいは禁止されてしまいかねない。そればかりか、大企業社員たちへの公衆の視線も厳しくなるだろう。

社会からの期待こそ大企業の針路

以上、大企業と経営者への要求を四つ紹介したが、いずれも検討するにしても実施するにしても、相当な覚悟が求められる問題である。企業の方針や活動における主要分野に関係しているからだ。

ただし実際には、このような要求もあくまでも「たとえば」という話の枕であって、それ自体が重要というわけではなく、外部の力や偶然の力によって目立つようになっただけのことだ。これらは新たな期待の兆候と見ることができる。人々は大企業に次のような期待を寄せている。

●国家の経済成長を企業が支援・維持すること。
●企業が産業政策の改革を推し進め、そのなかで新たな一般原則のニーズを予測し、それを策定すること。
●大企業の機能や構造、アカウンタビリティに関する基本的な問題に前向きに取り組むこと。
●大企業経営者は、その役割、機能、行為に関して、想像力を働かせ、敏感に感じ取り、また勇気をもって取り組むこと。

このような期待から派生する個々の要求は多種多様を極めるだろうが、基本的な部分はおおむね共通している。要するにアメリカの公衆は、アメリカの大企業を、アメリカ経済の中枢として、また、たとえば大学と並んで、自由社会における自立的に意思決定を下す存在として、さらには専門的な能力と責任を備えた指導的グループがその能力とパフォーマンスを発揮する舞台として認めたのである。

さらに、このような期待から生まれる要求はすべて、大企業には、企業組織内の人間関係上にまつわる責任、これが地域社会に及ぼすインパクト、また「九時から五時までの」、つまり通常業務にまつわる責任をきちんと果たしてほしいというものだ。ただしこれらは、日々の事業活動の範囲外にある、いわゆる「企業の社会的責任」、たとえば教育の改善などとはまったく別物である。

このような新しい態度の裏では、アメリカ社会における大企業の役割に関する、さらに新しい概念が発展しつつある。すなわち「大企業は（とはいえ、大企業と中小企業をどのように区別すればよいのか、だれもわかっていないが、ある企業がそのいずれに属するかは一般的には十分はっきりしてはいる）、マンモス大学が『民間』であるのと同じ意味で『民間』である」という意識だ。

大企業は国家によって運営されているわけではなく、自主自立の存在であり、みずからのルールに従って、みずから定めた目標を追求する。その一方で、その行為や慣行、影響力という点では、社会的な資産であり、言わば公器なのだ。

したがって大企業は、民間組織として事業を追求し、経済的な役割を果たしながら、かつ人間的な価値を促し、国益に奉仕することが期待されている。一般的にいわれる「実直さ」とか「潔癖さ」とか（たとえば、最近深刻に議論されているリベートやコールガールといった問題）よりも、むしろこのような社会的期待こそ、大企業における倫理の柱となっているのだ。

【注】

（1） Robert W. Austin, "Code of Conduct for Executives," HBR, September-October 1961, p.53.

（2） "Stock Options Are in the Public Interest," HBR, July-August 1961, p.45.

第9章

Twelve Fables of Research Management

R&Dはなぜマネジメントできないか

Twelve Fables of Research Management
HBR, January-February 1963.
R&Dはなぜマネジメントできないか
『DIAMOND ハーバード・ビジネス・レビュー』2004年3月号

R&Dから経済的成果を生み出すために

株式市場で「宇宙関連株」の人気が沸騰していた一年ほど前（一九六二年）、ある市況リポートは、陳腐化した観のあるＰＥＲ（株価収益率）に代わる新たな投資尺度として「株価研究予算率」(price/research-budget ratio) なるものを提案した。今日では何と無知なことかと思われるが、株価研究予算率という概念の根底にある考え、つまり「研究」とはそれ自体が有意義な業績であり、一応の成果を保証するものであるとする考えは、いまなお健在である。ただ暗黙の了解であるうちならともかく、このようにあからさまに公言されると、その誤謬が目につくようになる。

研究はコストであり、また投資なのだ。絶対確実の成果を上げるどころか、きわめて投機的で、きわめて不確実な取り組みであり、成果を生むには最大限のマネジメント能力を要する。過去一〇年間のアメリカ企業の実績から判断するに、我々が実際に得意としているのは、R&D費を使うことだけである。研究のための支出からいかに成果を引き出すべきか、その方法を我々は学んでいかなければならない。

R&D費はアメリカ経済の「成長部門」になっており、その金額は四年ごとに倍増している。さらに顕著なのは、国の態度の変化である。ある地方が防衛契約の不足に不満を唱えても、以前なら民主党員の選出を増やすようにとの一言で済まされていた。ところが現在では、研究事業にもっと資金を注入せよとアドバイスされるのだ。

しかし、R&D費支出が跳ね上がったからといって、研究活動も増えているだろうか。R&D費支出はわずか一〇年間で四〇億ドルから一五〇億ドルへと膨れ上がっている。残念ながらこの数字の大部分は、非研究活動、とりわけ研究支援費の増大を示しているにすぎない。つまり、事務員や報告書の作成者、大がかりだがほとんど無益な詳細説明、新しい建物、複雑な装置に費やされているのである。

どれほど多くの企業が、最新流行の装置、たとえば極低温室などに何百万ドルもの金を費やしていることか。しかも、このような立派な設備が、商業的価値などの成果を生み出すといった卑しい目的のために本当に使われるのかと、自問自答することもない。

さらに、大規模な宇宙計画のなかには、R&D費一ドル当たり七五セントが「技術資料の文書化」に費やされているものもある。産業界で働く研究者はこの一〇年で倍増している。しかし、肩書きこそ「研究者」でも実際の研究に携わらないスタッフ、つまり研究統括者やコーディネーター、研究支援担当者といった人々は、さらに速いペースで増加している。こうした「調整役」のサポートがあっても、実際に研究に当たる人々もみずから会議への出席や書類作成業務――これらの仕事は研究統括者や研究支援スタッフの存在を正当化しているが――に膨大な時間を費やしているのが実情だ。そのため、ここ一〇年は「研究の爆発的増加」状況にあるにもかかわらず、以前と比べて本来の研究業務に使える時間はむしろ減っているかもしれない。

また、研究成果はどこに表れているのだろうか。アメリカ経済の成長率やアメリカ企業の利益に、はたして巨額のR&D費の投資対効果が目に見えるかたちで反映されているだろうか。

新製品や新製法がすぐにでも続々と登場するという、熱のこもった話を聞かされ続けて、一〇年以上にもなる。ところが、製品や製法が急速な発展を遂げているのは、概してプラスチック産業や製薬、エレクトロニクスなど「研究の爆発的増加」の前からイノベーション志向が強かったごく一部の産業に限られている。事実、トップレベルの研究マネジャーや科学者のなかには、あと一〇年もしないうちにアメリカ企業は価格競争で締め出されてしまうのではないかと危惧する者すらいる。

その懸念が正しいかどうか、私にはわからない。しかし私は、ここ最近の趨勢がそれほど続くはずがないと確信する。研究から得られる利益を改善しない限り、このままR＆D費を投じ続ける余裕はない。

新製品や新製法、画期的な新産業、そして言うまでもなく、大きな利益をもたらしてくれるのは、研究事業である。ここ一〇〇年にわたる歴史を見れば、それは明らかだ。本来ならばR＆D費こそ最も効果的かつ有益な企業支出であるべきだが、実際はそうなっていない。この事実は、多くのアメリカ企業における研究事業の扱い方に何か大きな問題があることを示唆している。

どのように研究事業をマネジメントすれば、望ましい経済的成果が得られるのか、我々はまだ理解できていないのかもしれない。そう考えると納得できそうだ。また、そう考えなければ、R＆Dマネジメントに関する資料は膨大な数に上るにもかかわらず、貧弱な成果しか得られていないという矛盾を説明できないだろう。

この分野の研究に長年携わってきた者として、私自身、知っていることよりも知らないことの多さを痛感させられることが多い。私の失敗の数は成功のそれをはるかに凌ぐ。しかし、我々のように研究に関わる者は「べからず」の類にはかなり精通しているものだ。研究事業にまつわる妄説、つまり研究事業の組織化とマネジメント方法に関する、一見もっともらしいが、誤った思い込みについては、よく心得ているのである。

残念ながら、アメリカ企業のなかには、いまだにこれらの妄説に基づいて行動しているところがきわめて多い。しかも、妄説以外の知識は持ち合わせていないらしい。そのような企業は知らぬうちに、研究から「成果ゼロ」という結果しか得られない仕組みの組織になっている。投入したR＆D費から一〇分の一でも見返りがあれば、幸運と考えなければならない状態なのである。

何の成果も生まない一二の方法

R＆Dマネジメントにまつわる妄説は一二もある。どの妄説も一流の研究者や研究グループの生産力を損なうものであり、経営幹部ならば必ず心得ていなければならない。

①研究プロジェクトが多いほど、得られる研究成果は大きい。

この最初の妄説は、産業界にかなり浸透している。私が知っている企業にも、有能な研究員の数の一〇倍もの研究プロジェクトを進めているところがかなりある。たとえば、五〇人からなる専門的な研究グループ一つに対して、研究プロジェクトは五〇〇件もあるといった具合である。

しかし、プロジェクト数を研究員数よりずっと減らさない限り、「プロジェクト過多症」が蔓延し、身動きが取れなくなってしまうことは想像に難くない。プロジェクト一件に対し研究員五人、いや一〇人程度にするのが妥当であろう。さもなければ、研究陣は何に手をつけるべきか話し合うミーティングを開くだけで手一杯となり、本当の仕事に着手することなど、とてもできない。「研究の真の本質」というきわめて抽象的な趣意書の作成に忙殺され、研究そのものは何もできないのである。

本当に大きな経済的（または科学的）成果が期待できるような研究などに至っては、スタートラインにもたどり着けない。なぜなら、成果を上げる仕事をするには、熟慮と集中、慎重な検討、そして持続的な努力が常に必要だからである。換言すれば、複数の有能な研究者が相当の期間にわたり、フルタイムで専念しなければならないのだ。

②能力と熱意にかけては折り紙つきの、稀少な一流の研究者を有効活用するうえで、その最善の道は、能力で劣る同僚たちの後ろ盾とし、また沈滞したプロジェクトに新たな息吹を吹き込む活力源とすることである。

この妄説は、第一のそれと密接に関連している。研究ミーティングでよく耳にするのは、次のような意見である。「スミスは、担当している仕事をこなすほどの力量はない。ジョーンズを入れて、スミスを助けてやろう。何と言ってもジョーンズはいちばん優秀な奴だから」。しかし、このようなやり方で起用されると、どんなに実力のある者でもほとんど何も達成できないだろう。できることといえば、せいぜい欠点や失敗を繕って、そこそこの出来映えに仕上げることぐらいである。しかし、研究がそこそこの出来では、利益は上がらない。

スミスの手に余る仕事が本当に何よりも優先すべきことならば、スミスを担当から外し、代わりにジョーンズを担当者に据えるべきだ。その場合、スミスを完全に外す。ジョーンズがやっている、あるいはやっているはずの仕事に比べて、スミスの仕事の重要度が低いのであれば、スミスや彼のプロジェクトのことは放っておけばよい。成果を得る最善の方法は、成果を得るためにあらん限りの力を尽くすことである。

③研究者が多いほど大きな結果が得られ、学位は高いほどより理想的な研究者である。

「当社は今後二年間で研究陣を二〇人から六〇人に増員し、そのうち九二パーセントは博士号取得者にする計画である」と発表するような企業は、成果ゼロになること請け合いである。高い学位が証明するのは、その人物が長い間教室に座っていたということだけである。何かを学んできたかどうか、まして学んだことを生かして何かできるかどうかはまだ証明されていない。その人物が、みずから証明してみせなければならないのである。

純然たる統計学的な確率からは、より多くの人間を雇えば、有能な人間もそれだけ多く雇えるはずである。しかし、お目当ての分野の人材が枯渇すれば、有能な人物を見出す確率は激減する。また、学問的な保証がついていない怠惰な人物より、怠惰で無能な博士号取得者のほうが、より組織を疲弊させるかもしれない。

④研究員への要求が少ないほど、成果は大きくなる。

この通説は、第三の妄説で取り上げた高学歴崇拝と大して違いはない。研究は、それなりの成果を生む。しかしそれは、経理やマーケティングなど、どのような仕事でも同じである。研究以外の部門であれば、我々は躊躇することなくその結果について責任を取らせる。ところが研究のこととなると、「当社で働き続けるなら、それに見合うだけの貢献を果たしているのか」と手厳しく問いかけるのには、ためらいがある。

我々は、費用のかさむ学校教育（主に納税者が負担している）を二〇年以上も受けてきた健康で知的な若者に、年収一万八〇〇〇ドルにボーナスとストック・オプションという待遇でのんびりやってもらえさえすれば、R&D費を支払うだけの価値はあるという錯覚に陥っているようだ。

しかし、彼らとて研究職に就いていなければ、その祖父たちと同じようにジャガイモ畑を耕し、額に汗して生活の糧を稼ぐことになっていたかもしれないのである。実のところ、研究者も企業で働く他の人々と同じく、経済的成果への要求が高い時に最も成果を上げる。こう書くと「科学的知識を得る場合にも当てはまるのだろうか」という疑問の声が上がるかもしれない。

それでも、その答えはイエスである。我々の経験上、経済的な業績や企業の経済的ニーズ、新製法、新製品、新市場に焦点を絞らなければ、研究事業から知識、特に基礎的な知識は生まれないといえる。これは、ベル研究所の例を見ても、またベルよりも小規模で新しい企業、たとえばゼロックスやコーニング・グラスワークスの例を見ても、明らかである。逆に、業績を要求して研究に何らかの「足かせ」を課さなければ、研究の経済的生産性だけではなく科学的生産性をも損なってしまう。

この第四の妄説は、自由に「ぶらついている」ことが許される大学の研究者というイメージに由来している。とはいえこのイメージは、経験と実績のあるほんの一握りの上級研究員にしか当てはまらない。その他の研究者は、厳しいスケジュールとまではいわなくとも、定められた目標に従って働いている。また、実際には研究者を「監督」することはできないが、彼らは多分に自律して働かなければならず、いっそう明確な目標が求められる。熱心に働き有意義な成果を上げるよう、会社がより強い姿勢で迫らなければならない。

とはいえ、ペーパーワークを増やすことに賛成しているわけではない。ただ、研究活動ほどむやみに手続きを重ねたがる分野は稀である。このことが次の妄説を導き出すことになる。

⑤研究陣を働かせておくには、書類を山積みにすればよい。

R&Dマネジメントの実効性を高めるうえで、その第一目標は、R&D費をできる限り実際の研究時間に転化させることである。なぜなら、研究は、書物でも装置でも書類でも手続きでもなく、人間だけがなしうるものだからである。そして人間の唯一の財産は知識と時間である。そのどちらも稀少で、しかも失われやすい。研究活動以外の仕事に費やす時間が、使える時間のうちの一定量——おそらく上限は一割——を超えるような研究部門は、R＆D費を浪費しているばかりか、研究者のエネルギーと洞察力を間違った方向に振り向けている。

私はある有名企業で、その愚行の典型例を目撃したことがある。「真に科学的な」人事評価のアンケート用紙が全研究員に配られた。二〇ページに及ぶその用紙には、自分自身と自分の部下、同僚のそれぞれについて記入するようになっていた。多項目から選択する質問も含まれていた。たとえば、次のようなものである。

「あなたは彼のことをどう思っていますか。次のうち一つに印をつけてください。
①毅然としている、②断固としている、③柔軟性に欠ける、④独断的である」
「あなたは彼のことをどう思っていますか。次のうち一つに印をつけてください。
①協力的である、②親切である、③追従的である、④決断力に欠ける」

このようなものに真面目に取り合っていたら、研究以外の仕事にフルタイムで取り組まなければならなくなる。

⑥研究は、独自の科学的な、あるいは専門的な目標を必要とする。

これはおそらく、最もよくある誤解だろう。研究事業は、科学的あるいは専門的知識を利用する。現代企業において、そうではない分野などあろうか。しかし研究事業の目標は、科学的知識でも専門的知識でもなく、経済的成果である。したがって、事業目標が必要となる。研究によって新たな利益の可能性や市場機会が開かれることから、研究目標が事業目標に変化をもたらすことは予想しやすい。

しかし、研究計画の出発点は言うまでもなく企業ニーズであり、企業目標である。研究プロジェクトを選択する際、必ず次のように問うてみるべきだ。「このプロジェクトは、一株当たり何セントの貢献があるだろうか。では、その貢献はいつ果たされるだろうか。また一株当たりのコストは何セントになるだろうか」と。

研究内容のすべてがこの利益構造に収まるわけではないが、これは他の分野の仕事、たとえばきわめて知的かつ有益で、欠くことのできない人事業務にもおおむね当てはまる。

⑦経営陣は、自社独自の研究計画を選択する必要はない。リーダー企業に従えばよい。リーダー企業なら、自分たちが実行していることも把握しているに違いない。

企業はそれぞれ研究テーマを決定しなければならない。事業に照準を合わせた研究目標がない場合は、リーダー企業に従うのが楽な方法のように思える。しかし、それで利益が出るのだろうか。

ベル研究所やゼネラル・エレクトリック、ダウ・ケミカルといったリーダー企業が何をしているか、これらを把握することももちろん必要である。しかし、それはこれらリーダーの後追いを避けるためである。研究の世界では、大勢に従う道を選ぶと、成果を得られないことは自明である。うまくいけば何らかの結果が得られるかもしれないが、業界をリードする企業に遅れること三年で「かろうじて同程度の」製品を開発するのが関の山だろう。

たしかに大勢に従っていれば、従来には見られない独自のもの、つまり未知数のものを提案したことがきっかけで起こりうる、わずらわしい議論を避けることができる。たとえば「今日、製薬会社としては、広範囲にわたるプラスチック事業にも進出しなければならない」という、さももっともらしい主張に異論を唱える人はほとんどいない。しかし、この主張がいかにいい加減かは、アメリカの製薬会社の利益実績がここ数年にわたって不振に陥っているのを見れば、言うまでもなかろう。

⑧ほどほどの向上が見込めるプロジェクトならよしとし、三～五年くらい、ほどほどの時間をかけて推進せよ。

この妄説は、七番目の妄説と同じぐらいありふれたものだ。そして、はるかに危険である。いわゆる「妥協的プロジェクト」は一部の研究者を満足させる。真の研究といえる部分が多少なりとも存在し、真に未知なる部分もいくばくかあり、それゆえやりがいもあるからだ。このようなプロジェクトは、実務関係者、すなわち営業部長や経理部長の受けはまことによい。なぜなら、ほどほどの期間で、そこそこの成果が約束されるからである。

しかし、営業面で手を加える程度の、わずかな努力と想像力で事足りる、つまり安易な「即席プロジェクト」では、小さな成果でも確実に得られるとはいえない。しかも、先行きは不透明でも、万難を排して幸運にも成功に至れば、業界全体の変革と新技術の創出につながる可能性、つまり難関の「長期大型プロジェクト」のような将来性を秘めていることなど、無論ない。妥協的プロジェクトには複雑な利害の絡み合いがつきもので、たとえ利益が出てもすべて相殺されてしまう。

⑨研究が原因で、現状に波風が立つようなことはあってはならない。特に営業部長に迷惑をかけてはならない。

私はこの妄説には、とりわけいらだちを禁じえない。これは噛み砕いて言えば、研究陣は、現在成功している製品ラインに取って代わるような、よりよい新製品を開発する「進歩的な研究」はしてくれるなという意味である。どうやら、新製品の登場によって自社製品が陳腐化するならば、その新製品の開発は同業他社に任せておこうという考えのようだ。ある製品の売れ行きが好調なら、七～一〇年後にその主力製品の座を奪いかねない、とびきり優れた製品の開発が始まることは、営業部門や財務部門の人々には、いまいましいだけなのだろう。

ここに見られる基本的なスタンスは、次のように説明できる。研究員には「防衛的研究」に専念させ、多額の資金を注ぎ込み、同業他社に追随するか、昨日の主力製品の衰退を遅らせればよい。あるいは、現実離れした研究――もちろん「フィージビリティ・スタディ」を超えないことが条件だが――に取りかからせてもよい。しかし、経済的成果を生み出す可能性のある進歩的研究を奨励してはならない。こんな具合である。

研究によって現状に波風を立つことを望まないならば、そもそも研究などやらないほうがましではないだろうか。研究をしなければ、少なくともR＆D費を支出しなくても済む。

⑩研究活動の対象は、明確かつ具体的な市場が存在する製品に限定せよ。

まったく目新しい製品を「市場調査する」ことなど不可能なのは、だれもが知っている、いや知っているはずである。何しろ、製品やサービス、市場というものは、具体的な説明が可能でなければ調査できないのだから。一九三八年の時点における電子計算機の市場調査は、現在における宇宙旅行の市場調査と同じぐらい意味のないものであった。研究対象を市場調査が可能な製品構想に限定してしまうと、本当に新しい製品や製法の芽を完全に摘んでしまうことになる。なぜなら、新規性というものには、統計に加えて判断と勇気が必要だからである。また、現在や過去に関する数字だけではなく、経済的、社会的そして技術的な発展や可能性、変化に対する洞察力も求められる。

⑪―1　生産性が高い研究者に報いるには、マネジャーに昇進させることだ。

これが間違いであることくらい、とうにわかっていると、みなが口を揃えて言うだろうが、多くの企業では散見されるようだ。私はこの考えを、次に説明するもう一つの妄説とも関連づけて考えることが多い。

⑪―2 どのような理由であれ、生産性が高い研究者がマネジャーへの昇進を報酬として望まないのなら、生産性が最も低い研究者にマネジャーをやらせるとよい。

優れた研究者は優れた管理者になれないという自然の法則はない。そうなる可能性が低いというだけである。また、能力の劣る研究者が優れた管理者になれないという自然の法則もない。単にこれも、その可能性が低いだけである。同様に、技術的な想像力をある程度有するビジネス・マネジャーなら、よいR&Dマネジャーになるだろうという法則もない。一般的な命題としては、いちばん可能性が高そうなのは、このケースである。必要とされているのは、人材そのものであって、タイプではない。人が一人ほしい場合、人材そのものを求め、見つめなければならない。

R&Dマネジメントは仕事である。その成否にどれほど多くのものがかかっているのかを考えれば、まさしく重要な仕事である。また、首尾よく完遂されることがどれほど稀であるかを考えれば、まさしく難しい仕事でもある。それがどのような要素から成り立っているのか、我々は本当のところは理解していないのかもしれない。しかし、R&Dマネジメントは「研究」ではないことは確かである。それは「マネジメント」なのだ。

⑫実用化や応用研究に多くの資金を浪費してはならない。

この妄説がその他の妄説と矛盾していることは明らかだが、業界に広く浸透している考え方である。たとえば、実用化は野暮ったいことと見なされている。「手応えのある」「想像力あふれる」「創造性に富んだ」などと評される「真の研究」とは異なり、科学的知識や製造工程、資金、市場、顧客という要素群を、一連の営利活動に統合する任務を負っているにすぎないと考えられているのだ。

実用化は「導入作業」と考えられており、事業上というより技術上の知識や志向が支配的な研究部門においては、蔑まされた存在として従属的な地位に置かれている。この位置づけを見れば、アメリカ産業界――ただしヨーロッパや日本は違う――で研究成果と製品導入のタイムラグが拡大しつつある理由もわかろうというものだ。真に科学的、技術的な業績を遂げても、往々にして経済的成果にはつながらないのは、このタイムラグこそが原因である。

R＆Dをマネジメントする道

これらの妄説を我々の頭から排除したところで、効果的なR＆Dマネジメントや利益の上がる研究成果が保証されるわけではない。研究とは、コストのかかる活動であり、リスクを伴う投資であることに変わりはないだろう。それでも、幻想や妄信にとらわれないことで、我々はとりあえず、研究によって高収益を生み出す可能性を現実のものとするための、困難で過酷で、かつ重要な仕事に着手できよう。例え話に出てくる農夫は、大学院で農学を修めた息子に向かってこう言った。「どうすればいまより二倍もうまく耕せるかわかっている」。R＆Dマネジメントは――おそらく、あらゆる事業のマネジメントについても――いまだこの農夫のレベルにすら至っていない。

我々は、自分の貧弱な知識と同程度の不完全なR＆Dマネジメントなどに――今日きわめて多くのアメリカ企業で横行している――時間や資金を費やし、努力を傾ける必要などないのだ。

第10章

Managing for Business Effectiveness

経営者の真の仕事

Managing for Business Effectiveness
HBR, May-June 1963.
経営者の真の仕事
『DIAMOND ハーバード・ビジネス・レビュー』2004年4月号

経営者の責任とは何か

経営者の第一の務め、そして果てなく続く責任とは何だろうか。
それは、現在使用している資源、あるいは保有している資源から、最善の経済的成果を引き出すために、日々邁進することである。

経営者の仕事と思われていることや経営者みずからが取り組みたいと思っていることはほかにもあろうが、どれも向こう数年間の健全な業績と実り多い成果があればこそ成り立つものだ。

企業の社会的責任や文化活動といった高尚な経営上の使命でさえ、その例外ではない。金銭や地位という経営者自身の報酬もまたしかりである。

その結果、経営幹部たちは、持てる時間のすべてとまでは言わずとも、だれもがその大半を、短期的な業績に関わる諸問題に費やしている。彼らの関心は、コストやプライシング、スケジュール管理や営業活動、品質管理や顧客サービス、購買や教育研修などに向けられている。

さらに、現代の経営者に提供されているツールやテクニックの大部分は、今日明日の業績につながる目の前の事業を管理するためのものである。ビジネス書が一〇〇冊あれば、九〇冊はこれをテーマとしている。社内の報告書や調査にしても、一〇〇件のうち、控えめに見ても九〇件がそうである。

決まり文句を繰り返している余裕はない

これほどにも注目度が高いにもかかわらず、私が知る経営者のうち、マネジメントにおけるみずからの仕事ぶりに大きな手応えを感じている者は稀である。

そのような彼らが知りたいのは、次のようなことである。

マネジメントという職務をまっとうするにはどのような手はずを整えればよいのか、あるいは時間を浪費させるものと重要案件をいかに区別すべきなのか、また効果が期待できることと徒労にすぎないことはどのように線引きすべきか等々――。

経営者の周りには膨大なデータや報告書があふれているにもかかわらず、実際に得られるのは、つかみどころのない一般論ばかりである。だからこそ「私が勤める会社において、業績と成果を本質的に決定づけている要素は何か」という問いに、その答えとして「低コスト」「高い利益率」といった決まり文句が無造作に口にされる。

業績志向のマネジメントは、売り手市場という好況期の間でさえ、たえざる徒労感を生じさせる源となりがちである。また、好況期が去り、市場競争が再び激化すれば、業績志向のマネジメントは多大な混乱やプレッシャー、不安感を引き起こすため、企業の将来はもとより、短期的な成果についてですら正しい決定を下すことはまず無理だろう。(注1)

我々が求めているものは、数々のツールや優れたツールではない。すでに、一経営者は言うまでもなく、一企業として使い切れる数以上のツールが存在している。我々に必要なのは、単純明快な概念である。

●経営者の「職務」とは何か。
●経営者の職務における「主要な問題」は何か。
●この問題の本質を明らかにし、分析するための「原則」は何か。

すなわち、これら三つの問いに答えると同時に、職務を組織化することを容易にし、かつ大局的にして実際的な指針なのだ。

私は本稿で、本格的な「経営経済学」を提議しようとしているのではない。実際、提議するものなどない。また、妙案となるチェックリストや手順といった経営者に役立つ極意を披露するつもりもない。

なぜなら、経営者の職務とは、大変困難かつ過酷であり、リスクの伴う仕事に取り組むことだからである。そして、労力を節約する機械や装置は掃いて捨てるほどあるが、「思考を節約する」装置はもちろんのこと、「仕事を節約する」装置はいまだだれも発明していない。

しかし、私に言わせれば、経済的効果を高めるには、マネジメントという仕事をいかに組み立てるか、しかもそこに方向性と成果を伴うにはどうすればよいのかを考えるべきであり、我々はすでに心得ている。先に挙げた三つの問いへの答えは言うまでもない。とうの昔からわかっていることで、驚くようなことでもない。

経営者の「職務」とは何か

それは、企業の資源と労力を、有意義な経済的成果にあずかる機会に適切に配分することである。このことに何ら目新しさは感じられないが、事実そうである。

しかしながら、私自身の手によるものも含め、企業の資源や労力の配分に関する分析結果のいずれを見ても、明らかに、時間、労力、関心、資金の大部分が、まずは機会ではなく「問題」に向けられる。次に、突出して優れた仕事も、その成果も最小限の効果しか得られないような分野で実施されている。

経営者の職務における「主要な問題」は何か

基本的な問題は、効果と効率をはき違えているために、「正しいことに取り組む」ことと「物事を適正に処理する」ことの区別がつかなくなっている点にある。もともとやるべきではないことをいくら効率的に処理したところで、これほど無益なこともなかろう。

とはいえ、我々に与えられたツール、特に会計やデータといったツールは、効率性を重視している。我々が必要としているのはまず、大きな成果が予想される、有効性の高い分野を特定する方法であり、次に、このように特定した分野に集中する手法なのだ。

この問題の本質を明らかにし、分析するための「原則」は何か

このこともまた、少なくとも一般的命題として、よく知られているところである。

企業体とは、自然現象ではなく社会現象である。社会的環境においては、事象の分布は自然界の「正規分布」には従わない。つまり、釣り鐘型のガウス曲線に従った分布にはならない。社会的環境の下では、数のうえでせいぜい一〇パーセントから二〇パーセントにすぎない事象が、結果の九〇パーセントを引き起こす。その一方で、大多数の事

象が引き起こす結果は全体の一〇パーセントにも満たない。

これは、商取引の世界にも当てはまる。大部分の注文は、数千に上る顧客のなかの、ほんの一握りの顧客によるものだ。生産高の大部分は、商品ラインの数百品目のうち、ほんの一握りのそれが生み出している。このことは、市場や最終的な用途、流通チャネルにも当てはまる。

営業活動においてもしかりである。数百人の営業部員のうち、ほんの数人で新規取引の三分の二以上を獲得する。工場でも同様である。一握りの生産プロセスが総生産量の大部分を担っている。R&Dにも同じことがいえる。重要なイノベーションはすべて、研究所のなかでも数人によって生み出されている。

これはまた、ほぼすべての人事問題にも当てはまる。苦情の大部分を占めているのは常に、特定の場所や従業員たち、たとえば年輩の独身女性や夜勤の清掃作業員などから持ち込まれる、無断欠勤や離職率、提案制度に寄せられる提案であり、そして事故の大部分も同様である。ニューヨーク電話会社の調査が示すように、従業員の疾病に関してすらそうなのだ。

もう一度、売上げとコストの関係を考える

以上、正規分布に関する記述は、企業経営に関して重要な意味を含んだものである。にもかかわらず、その重要性を理解している経営者はあまりにも少ない。その意味するところはまず、成果の九〇パーセントは上位一〇パーセントの事象によって生み出されるが、コストの九〇パーセントは成果をもたらさない残り九〇パーセントの事象が原因

で増加しているということだ。

換言すれば、コストもまた一つの「社会現象」ということになる。数学的に表現すれば、企業にまつわる現象の正規分布曲線は、成果が正の領域に示され、コストが負の領域に示される双曲線を描く。つまり、成果とコストは反比例の関係にあるのだ。

これを普通の表現に戻すと、こうなる。一般に経済的成果は売上げに正比例し、一方コストは処理件数に正比例するのだ。唯一の例外は、最終商品になる原材料や部品の購入費である。関連する例も合わせて挙げよう。

●五万ドル相当の注文を一件獲得するためのコストは、一般に五〇〇ドルの注文を一件獲得するコストとほとんど差がない。つまり、一〇〇倍のコストがかかるということはないのだ。

●売れない新商品も、成功商品も、設計コストは同じぐらいかかる。

●小口注文も大口注文も、事務処理コストは同じである。受注、生産の指図、スケジュール調整、請求書の発行、集金などの作業は変わらない。

●また、小口注文の製造や梱包、運送のコストは、大口注文のそれとあまり変わらない。現代ではいつの時代にもまして、どの製造業界でも、またサービス業界なら例外なく、労務費でさえ固定費とされており、生産高に連動した変動費としては扱われていない。まさしく変動費といえるのは、最終商品に直接使われる原材料と部品の購入費だけである。

さらに、本来、売上げと労力は実質的に何の成果も生み出さない九〇パーセントの活動に集中するという傾向がある。売上げと労力は、成果ではなく活動の数に応じた配分になる。実際、高度な訓練を受けた社員のように、最も高価で最高の生産性を秘めた資源ほど、最悪の配分に陥りやすい。というのも、生産的か否かではなく、「難しい仕事」をこなしているという本人の自尊心が、膨大な業務に追われている状況をさらに助長してしまうからである。

これは、研究によって証明されたことである。つまり、概念としても、また具体的な事象としても証明できるということだ。いくつかの例を引こう。

ある大手エンジニアリング会社は、技術サービス陣の質と評価の高さを誇りにしていた。たしかに高給取りの技術者数百人を擁するテクニカル・サービス・スタッフは一流揃いだった。しかし、彼らの配置状況を分析してみたところ、一生懸命働いてはいても会社への貢献度が低いことが明らかになった。彼らの大半が取り組んでいたのは、彼らの興味をそそる、特に小口顧客に関わる問題であり、解決したとしてもビジネスにつながることはほとんどなかったのだ。

同社の主要取引先は自動車業界で、売上げのほぼ三分の一を占めていた。にもかかわらず、テクニカル・サービス・スタッフのなかで、自動車メーカーのエンジニアリング部門や工場に足を踏み入れたことのある者はほとんどいなかった。

「ゼネラルモーターズやフォード・モーターは、我々など必要としていません。なぜなら、自社スタッフを抱えているのですから」というのが、彼らの言い分だった。

同様に、多くの企業が営業部員の配置を誤っている。「昨日の商品」であるがゆえに、あるいは経営陣がその見栄から是が非でも「成功商品」に変身させようとしている「落ちこぼれ商品」であるがゆえに、これら「なかなか売れない商品」に、最多数かつ最優秀の営業部員を投入している。重要な「明日の商品」に必要な営業努力が傾けられることはほとんどない。

そして、市場で華々しい成功を収めている商品、だからこそ本来ならば総力を挙げて後押しすべき商品は、軽視される傾向にある。「特に努力を傾けなくとも、順調ではないか」と判断してしまうのだ。

大多数の企業では、研究部門や設計スタッフ、マーケティング、さらに宣伝活動までもが、成果ではなく処理件数、生産性ではなく難易度、今日明日の機会ではなく昨日の問題に基づいて配分されてしまうのだ。

不可解な経理

大胆に表現すれば、売上げとコストは必ずしも同じ「金の流れ」のなかにあるわけではない。売上げはもちろん、コストを賄うための資力となる。しかし、売上げを生み出す活動にコストが流れるように、たえず努めぬ限り、コストは自然の成り行きとして「何も創出しない活動」に向かうだろう。

経営者は概してこの事実を理解していない。その大きな原因の一つに、会計データや会計分析を経済データや事業分析と同一視していることが挙げられる。(注2)

経理担当者は、特定の生産単位に実質的にも物理的にも連動しないコストを、あらゆる商品に配賦しなければならない立場にある。このため、いまやコストの大部分——原材料や部品を購入する費用以外のコストの六〇～七〇パーセント——は、いずれにせよ、本当の意味で直接費ではなく、配賦費用とされてしまう。

とはいえ、経理担当者はコスト配分する際、処理件数ではなく出来高に比例して配分するしか術がない。したがって、一件の注文あるいは一つの商品から得た一〇〇万ドルと、一〇〇万件の個別注文あるいは五〇種類の生産プロセスから得た一〇〇万ドルは、コストとして同じに見てしまう。

同様に、経理担当者は商品のコストよりも生産単位当たりのコストに気を取られている。経理担当者の関心は、利益の流れ——言うまでもなく、利益に回転率を乗じたもの——ではなく、利益そのものに注がれている。さらに、コストを分類するに当たって基準にしているのは、コストが関わる活動ではなく、組織的あるいは地理的な場、たとえば製造や工場などや、杓子定規に言えば、法律的な分類、たとえば給与などである。

会計理論や手法に関するこの種の問題についてはすでに研究されており、そのことについては私も十分承知している。というよりも、会計に関する私の理解は、そのような研究やそれに携わる会計の専門家の働きがあってこそ成り立つものである。

ただし、その研究成果がビジネスマンの会計データの利用方法に変化や改善をもたらすのはおろか、既存の会計手法に浸透していくまでには、まだ何年もかかるだろう。

狙いを定めるライフル式アプローチ

我々はなぜ正しい結論を導き出せないのだろうか。その理由も重要だが、より重要な問いがある。すなわち、そもそも正しい結論とはどのようなものなのか、どのような活動方針を立てれば現有の経営資源から経済的成果や業績を最大化できるのかということである。この問題を考えるに当たって、手始めに何らかの指針を示してみよう。

①経済的成果を得るには、最大の売上げをもたらしてくれる、ごく少数の商品や商品ライン、サービス、顧客、市場、流通チャネル、最終用途等に集中し、ここに努力を傾けなければならない。生産高があまりにも少ない商品、

あるいは細分化されているためにコストばかり生じるような商品には、できる限り力を入れないようにしなければならない。
②経済的成果を上げるには、真に大きな業績を上げうる数少ない活動に労力を集中させ、そのほかに費やす作業や労力は最小限に抑え込まなければならない。
③効果的にコストを管理するには、費用対効果の改善が業績や成果に大きな影響を与える数少ない分野、つまり、効率性を多少向上させれば、経済的効果が大きく上昇する分野に仕事や労力を集中させなければならない。
④経営者は、大きな経済的成果につながる機会をもたらす活動に、資源、とりわけ一流の人的資源を配置しなければならない。

許容しがたい浪費

売り手市場が去ったとたん、業績が悪化した企業が非常に多かった。これは何ら不思議ではない。不思議なのはむしろ、その程度の悪化で済んだということである。というのも、国内外を含め、大部分の企業では、先ほど挙げた周知の四原則のいずれにも真っ向から反した経営が実行されているからだ。

現状では、商品は集中するどころか、散らばっている。みなさんは覚えておいでだろうが、昔は「弱体化につながる規格化」を図っているとして、産業界、特にアメリカ産業界がしきりに非難された。それが数年前には「計画的陳腐化」への非難に変わった。どちらの非難も、かけらほどの妥当性もなかった。

大部分の企業は、いかなる「特殊商品」でも供給し、あらゆる種類のニーズを満たすばかりか、そのようなニーズを掘り起こす意欲と能力を持ち合わせていることを誇りにしている。アメリカ大企業は特にその傾向が強い。しかも、みずからの意思で放棄した商品など一つもないと自慢している企業があまりにも多い。

その結果、ほとんどの大企業は数千品目を抱えながら、本当に売れる商品はうち二〇品目にも満たないというはめに陥っている。しかも、これら二〇品目足らずの商品が、売れない九九九品目のコストを賄えるだけの売上げを上げなければならない。

実際、商品が散らばっていることが、グローバル経済におけるアメリカの競争力の根本的問題になっている。コストさえ適切に算定していれば、大部分のアメリカ産業における主力商品は、賃金率と税負担の重さにもかかわらず競争に太刀打ちできるはずだ。

しかし我々は、真のコストを回収できるのはほんの数種類だというのに、膨大な種類の特殊商品に肩入れしており、量産品の競争力を空費している。私が見る限り、少なくとも鉄鋼やアルミ産業がこの状況に直面している。

エレクトロニクス分野において日本のトランジスター・ラジオは、商品を数種類のモデルに集中させるという、ほぼその一点だけで競争優位を保っている。対照的に、アメリカ・メーカーの商品ラインには、似たり寄ったりのモデルが野放図に氾濫している。

アメリカでは、スタッフ活動に関しても同様の無駄が多い。人事研究、先端工学、顧客分析、国際経済、オペレーションズ・リサーチ（OR）、PRなどでも、何でも「少しずつやっておこう」が合い言葉になっているようだ。その結果、スタッフ部門は膨れ上がっており、労力を集中的に注がないためにどの分野も究めることができない。また、その状況を是正するにはどうすればよいのかも把握されていない。

一般的なコスト管理は相変わらず、破壊的とまでは言わなくとも、効き目はないとだれもが知っている方法、つまり一律一五パーセントのコスト削減というやり方である。資源を管理し、労力を一点に集中させるための努力が真剣になされていない。何もかもが、成り行き任せになっているのだ。

ただし、このように批判するのはたやすい。あら探しはだれでもできる。この時点で読者諸氏から「どうすれば経営という仕事をもっとうまくこなせるのか」という問いが発せられるのももっともである。

たとえ私が答えをすべて知っていたとしても——実際は知らないのだが——満足のいく答えを提示するには論文一本ではとても足りない。少なくとも本一冊が必要だろうし、それでもやはり、各社がみずからの状況に最善の方法を自力で見つけなければならない。

さて、最後まで辛抱強く私につき合っていただけるならば、私の経験上、実際のビジネスの現場において、少なくとも最初のアプローチとしてきわめて効果的な一連のステップを——ほんの軽くなぞる程度ではあるが——ご紹介したい。では、具体的に説明しよう。

[第一ステップ] 分析

経営者はこの段階で、さまざまな事実を知っておかなければならない。まず、次の三点について把握しよう。

- ●商品のチャンスと真のコスト
- ●さまざまなスタッフ活動による潜在的貢献
- ●経済的に甚大なコスト・センター

[第二ステップ] 配分

この段階では、予期される成果に応じて、資源を配分しなければならない。そのためには、次の三つを把握する必要がある。

●現在、資源がどのように配分されているか。
●最大のチャンスをもたらす活動を支援するため、将来どのように資源を配分すべきか。
●現状から目指す状態へ到達するにはどのような措置が必要か。

[第三ステップ] 意思決定

経営者はここで、最も痛みを伴う措置を講じなければならない。チャンスと成果をもたらす代わりに、さらに分散を助長するような商品やスタッフ活動、費目について特定しなければならないのである。当然ながら、これらの分野には、生産的な資源は規模や能力を問わず、いっさい投入してはならない。

では、完全に放棄すべきは、いずれだろうか。最小限の努力で維持すべきはどれだろうか。大きなチャンスに変えられるのは何か、また変えるにはどれくらいのコストが必要か。

事実を徹底的に分析する

分析の段階において最初に着手すべきは、商品ラインを冷徹に調査することである。生産高や市場ポジション、市場の見通しなど、各商品について定番の問いをすべて検討する。

しかし、ここで新たな重要な問いが浮かんでくる。その商品は何をもって貢献するのか、その売上げを真のコストと比較した場合はどうかについて考えてみなければならない。この分析において、売上げについて定義するならば、総売上高から原材料と部品の購入費を差し引いた額とすべきである。その際、真のコストを見積もるうえで、最も確実な次の前提に立って考えなければならない。

すなわち、商品の真のコストとは、その商品の売上げに要した業務、たとえば発注、生産工程、顧客サービスなどの件数とその企業における同様の業務件数の比率に応じて、その企業の総コスト——ここでも、原材料や部品の購入費は差し引いておく——を按分した額になるということだ。

このままでは難解なので、具体的な例をご紹介したい。

ある企業の年間売上げが、原材料と部品の購入費を差し引いた後の金額で六八〇〇万ドルになった。原材料と部品を除外した総コストは五六〇〇万ドルだった。商品Aは一年間に一二〇〇万ドルの売上げを計上したが、同社における総業務件数の二四パーセントを必要とした。なお、この場合の業務件数は送り状の数で測定している。したがって、真のコストを算出すると一年当たり一三五〇万ドルとなり、会社への貢献分はマイナスということになる。会計報告上では公式の利益率は約一二パーセントとなっているため、ずいぶん隔たりがある。

ところで、これは「昨日の商品」によくあることである。この手の商品は、主要顧客を失ってしまっているか、あるいは非経済的な努力を払わなければ、商品としてもはや持ちこたえられなくなっているかである。

対照的に商品Bはというと、利益率はわずか三パーセントと、何とも思わしくない数字であるにもかかわらず、純売上げとしてほぼ四〇〇万ドルを計上しており、一商品としては最大の貢献を果たしている。この商品は、五〇ぐらいの少数の大口顧客からまとまった注文を獲得していた。

以上の例からわかるように、この分析では特定期間に一つの商品を見るのではなく、企業の全商品について検討する。このような検討方法自体、珍しいやり方であるため、ほとんど実行されていない。

通常、商品分類ごとの分析が最も重要であり、さまざまな洞察を与えてくれるが、顧客や市場、流通チャネル、最終用途などについても同様に、現在および予測される貢献について分析しなければならない。

スタッフ活動の貢献

この分析において検討すべき問題は、経済データではなく、経営判断を必要とする。私の経験上、有益と考える問いを列挙してみよう。

- 卓越性が経済的成果に大きな影響、それも全社の業績が一変するほどの影響を与えるのは、どの分野だろうか。
- 業績が振るわなければ、経済的成果に重大な影響、あるいは少なくともかなりの影響が及ぶのは、どの分野か。
- 業績がよかろうと悪かろうと、得られる成果がほとんど変わらないのはどの分野か。
- 当該分野で達成された仕事からどのような成果が得られるのか。また、期待された結果や予測していた結果と比較した場合には、どうなのか。
- 現実的にどのような成果が将来、それもどれくらい先の将来まで期待できるのか。

コスト・センター

ここでの目的は、集中的なコスト節減努力が報われる事業分野を浮かび上がらせることにある。具体的な分析方法を説明するよりも、ある全国的な大手消費財メーカーが実施した実際の研究結果について紹介したい（図「消費者が支払う一ドルの行方」を参照）。

便宜上、各コスト・センターについて明確な数字を挙げているが、実際はどれも近似値である。たとえば、実際の研究では総コストは九〇~九四パーセントまでの幅がある。なお、他の数字はここまでの幅はない。

このメーカーが採用している方法で唯一革新的といえる点は、コストを「顧客がその商品に支払うもの」と定義していることである。経済について語る時には、必ずコストについて定義しなければならない。換言すれば、この分析では経済プロセス全体を一連の「コストの流れ」としてとらえており、企業という法的存在で内部発生したコストだけを考えるべきだとする会計専門家の制約など意に介していない。

成果については、この例における重要な結論は言うまでもない。大部分の企業

図 消費者が支払う1ドルの行方

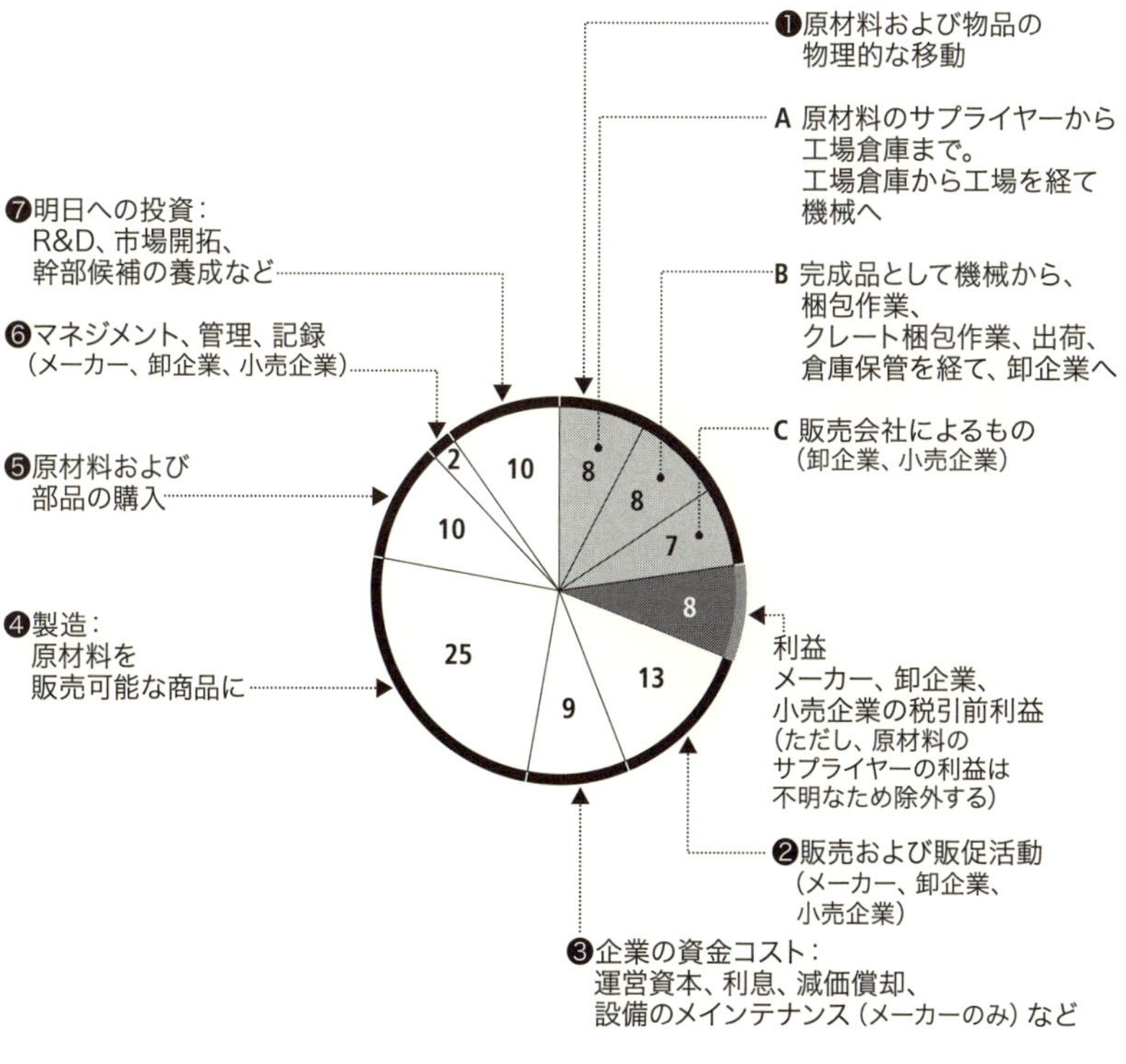

が、コスト管理の努力を傾けるべき分野、すなわち製造分野においては、従来とは抜本的に異なる製法といったブレークスルーが起こらない限り、得られるものはほとんどないということである。

最も高い生産性を秘めたコスト・センターは、特に流通業では、社外に存在しており、通常のありきたりなコスト削減とはまったく別の措置が必要とされている分野、あるいは資金コストのように経営陣が目を向けることすらめったにない分野である。

次の現実的なステップは、資源が現在、商品ラインやスタッフ支援活動、そしてコスト・センターにどのように配分されているかについて分析することである。

当然ながら、この分析は定量的のみならず、定性的な部分にも光を当てなければならない。というのも、数字は次のような質問への答えを自動的に与えてくれるわけではないからだ。

- ●宣伝費や販促費は、適切な商品に投入されているか。
- ●資本設備の配分は、会社への将来の需要に関する現実的な予測に沿ったものか。
- ●予定の配分は、優秀な社員とその活動を支援するものか。
- ●有能な社員を重要な職務に専任で配置しているか。あれこれ仕事を任せすぎて、どの仕事も満足にできない状態になっていないか。

このような問いへの答えは、不愉快な結果になることが多い。さらに、求められる是正策も、目を向けたくない内容になりがちである。このため、配分段階から意思決定へと移行するには、しばしば勇気が必要となる。

商品への資源配分の優先順位

ここでの原則は一つしかない。具体的には、こういうことである。

「チャンスと成果について最大の可能性を秘めた分野にこそ真っ先に、また質的にも量的にも全面的に資源を傾けなければならない。二番目に有望な分野への配分は、後回しにする」

困難かつリスクの高い意思決定を必要とするのは、商品に関する分野だろう。単純明快な判断になることは稀だからである。

たとえば、商品は六つのグループへと分かれていく傾向がある。そのうち二つは貢献の可能性が高く、三つは貢献度が低いか、マイナスになる可能性があり、一つはその中間である。一般的には次のようになる。

①明日の主力商品

新商品、または改良された今日の主力商品。なお、今日の主力商品がそのまま通用することはほとんどない。

②今日の主力商品

過去のイノベーションによる商品。

③劇的な対策

たとえば、用途が限定的で多種にわたる「特殊商品」の顧客が大勢いる場合や、新たな標準的量産品を購入するように仕向けるなどして、純利益に貢献できる商品。これが中間となるカテゴリーである。

④昨日の主力商品

生産高は大きいが、特殊商品や小口注文などに細分化していることが多い。大規模な支援を必要とするため、獲得した利益はもちろん、それ以上に利益を食い尽くしてしまう。それでも、この手の商品には次のカテゴリーに次いで、一流の資源が他のどの商品よりも多く配分されている。よくある例が「防御的研究」である。

⑤落ちこぼれ商品

「昨日の希望の星」で、成功はしなかったものの、完敗には至らなかった商品。常にマイナスの貢献しかしないし、どれほど資源を投入しても成功する可能性はほぼゼロである。ただし、経営者や技術陣の自尊心が絡んでおり、往々にして放棄できない状態になっている。

⑥失敗商品

自然消滅することが多く、現実の問題になることはめったにない。

この順位づけは、意思決定における道筋を示唆している。まず、最初のカテゴリーに必要な資源を供給しなければならない。その量は、必要量よりほんの少し多い程度でよい。

次に、「今日の主力商品」を支援しなければならない。この段階では、いかに人材に恵まれている企業でも、気前よく分配するわけにはいかなくなる。最大の利益貢献を果たす可能性の高い商品のなかでも、改良の見込みが最も高い商品か、改良すれば並々ならぬ貢献を果たしそうな商品のどちらかに限定して、支援を傾けなければならない。

この段階以降では、有益な資源はもはや残っていないのが普通である。最大の規模を誇り、このうえなく優れたマネジメントの下、最高の利益を上げている企業とて例外ではない。

したがって、第三グループ（劇的な対策）でも底辺に近い商品、第四（昨日の主力商品）、第五（落ちこぼれ商品）、第六グループ（失敗商品）の商品は原則として、資源や努力を注がずに生産するか、消滅に任せるかの二者択一となる。たとえば「昨日の主力商品」は、あと数年間は実り多い立派な「金づる」として働いてくれるかもしれない。しかし、さらに多くの利益を期待し、商品の死期が訪れているにもかかわらず、資金を注ぎ込んで人工呼吸を施すのは愚の骨頂である。

また、四、五年かけて懸命な努力のかいもなく、いまだ他の商品に比べて出来が悪く、当初の期待をはるかに下回る「落ちこぼれ商品」は、何があっても放棄すべきだ。「あと少しで成功する」という商品ほど、企業を消耗させるものはない。

これは特に、品質や設計、そして製作にかかるコストと難易度（エンジニアが口にする「品質」は、実際はこれを指している場合が多い）からして、手塩にかけた商品には「成功する資格」があると、社内のだれもが信じて疑わない場合に当てはまる。このことは、最後に残されたいちばん重要なマネジメントの必要条件、すなわち論理的な意思決定を貫く勇気にも深く関係してくる。

経営者は、この商品やあの商品に「最後のチャンスを与えてほしい」という懇願や、経理担当者の「間接費を吸収する」だの、セールス・マネジャーの「一式揃った商品ラインが必要」といった、もっともらしい口実をものともせず、決定を貫かなければならない。もちろん、このような口実すべてが根拠に乏しい下手な言い訳とは限らないが、正当性を証明するのは言い出した本人の責任である。

なお、経営者の勇気に関する手順やチェック・リストについては、私の得意分野だと申し上げたいところだが、あいにく私の知るところではない。

経営者の仕事とは「意思決定」と「実行」である

本稿では、経営者の真の仕事を大まかに描いてきた。本質的にこのような仕事である以上、経営者は組織的に、すなわち実行計画を用意し、分析方法を整え、必要とするツールを理解したうえで、事業の効果性を増大させるという課題に向かって、積極果敢に取り組まなければならない。

また、果たすべき責務は企業ごとに異なるように思えるかもしれないが、常に一つの基本的な真実が存在する。それは、いかなる商品、いかなる活動も、スタートを切った瞬間から陳腐化し始めるということである。

したがって、あらゆる商品、事業、活動について現行のまま継続してよいものかどうか、二、三年ごとに吟味しなければならない。その際、新商品や新規事業、新しい活動に関する計画案を検討する場合と同じく、予算案や予算要求なども揃えたうえで考えてみることだ。

そして、それぞれについて「これにまだ手をつけていなかったとしたら、いまでも着手するだろうか」と問うてみるべきである。答えが「ノー」であれば、次に「どのように、またどれくらいの時間で手を引くべきか」を自問自答しなければならない。

経営者の仕事から最終的に生まれるのは知識と洞察ではなく、「意思決定」と「実行」である。なかでも人的資源の配分に関する意思決定はきわめて重要である。

また、どんなに苦しくとも厳守しなければならない原則が一つある。資源配分、特に高い能力を有する人的資源の配分においては、最も有望な分野のニーズを最大限にまず満たさなければならないということだ。

その結果、真に生産的な資源が尽きてしまい、「あればよい」とか「できればよい」という程度で、必須ではない種々雑多な取り組みへの配分が残らないのであれば、それで結構。そちらへの配分は潔く諦めるべきである。有望な資源を無駄に費やしたり、力量の劣る資源で成果を得ようと試みたりしないほうがはるかによい。

とはいうものの、これには苦渋の意思決定、リスクを伴う決断が要求される。しかし、だからこそ、経営者にはその対価として高額な報酬が支払われるのである。

【注】

(1) これについては、J. Roger Morrison and Richard F. Neuschel, "The Second Squeeze on Profits," HBR, July-August, 1962, p.49. が明らかにしている。同号に掲載のLouis E. Newman and Sidney Brunell, "Different Dollars," p.74. も参照されたい。

(2) 前掲のMorrison and Neuschel論文、およびJohn Dearden, "Profit-Planning Accounting for Small Firms," HBR, March-April 1963, p.66. を参照されたい。

第 11 章

The Big Power of Little Ideas

小さなアイデアの大きな力

The Big Power of Little Ideas
HBR, May-June 1964.
小さなアイデアの大きな力
『DIAMOND ハーバード・ビジネス・レビュー』2004年7月号

未来は小さなアイデアによって形成されていく

長期計画は、大企業のためだけのものだろうか。またこれは、将来を予測し、そこから予見される動向に沿って組織を動かすことだろうか。

多くの経営者たちの行動から判断するに、どちらの問いにもイエスと答えるのではないだろうか。しかしこれは間違っている。いずれも正解はノーなのである。

未来を予知することはできない。未来について唯一確実なのは、それは現在の延長線上に存在するのではなく、現在とは別のものであるということだ。未来はまだ生まれていないばかりか、形成されてもおらず、また確定もしていない。しかし未来は、目的を持った行動によって形成されうる。そして、このような行動の原動力となるのはただ一つ「アイデア」である。それも、異なる経済や技術、あるいは他社が開発した他の市場に関するアイデアである。

アイデアは常に小さく生まれる。これが、長期計画が大企業のためだけのものではないゆえんである。だからこそ、未来をかたちづくるうえで、実は小企業のほうに利があるともいえる。新しいものや従来とは異なるものは、金銭面から判断すれば、概してささいで取るに足らないように見える。そのため、大企業の巨大な既存事業の前では卑小な存在として影が薄くなりやすい。

実際、新たなアイデアが数年後にもたらしうる売上高は、大成功を収めたとしても数百万ドル程度にしかならない。大企業の既存事業がもたらす数億ドルの売上高に比べればあまりにも貧弱に見える。その結果、往々にして無視されてしまう。しかも、新しいものはたいてい、かなりの努力を要するので、大企業より小企業のほうが、未知なる取り組みには意欲的な場合が多い。だからこそ、大企業は通常の活動とは切り離して、長期計画を立案するともいえる。そうしないと、今日の仕事をこなすだけで手一杯となり、それ以上のことにはまったく手が回らなくなってしまうからである。

もちろん、未来を形成せんと順調に歩を進めている企業は、そういつまでも小企業にとどまってはいないだろう。ＩＢＭやゼロックスのように今日、成功を収めている大企業でも、かつては未来がどうあるべきかという構想に基づいて行動する小さな一企業であった。このような構想は、富を創出する可能性と力を備えた起業家的なものでなければならない。順調に業績を伸ばす生産的な事業として具体的に提示され、企業としての行為や活動を通じて実現されなければならないのである。

起業家的な構想の根底にあるのは、常に「経済や市場、知識がどのように変化すれば、当社が望むような方法で、しかも最大の経済的効果を上げうる方法で、事業が可能になるだろうか」という問いである。けっして「未来の社会はどうあるべきか」という問いが中心になってはならない。後者は社会改革者や革命家、あるいは哲学者の問いであり、起業家の問いではない。

起業家的なアプローチは、きわめて限定的で自己本位に見えるため、歴史家には看過されがちである。歴史家は昔から、革新的な起業家が及ぼす影響には見向きもしない。もちろん、偉大な哲学的観念のほうがはるかに深遠な影響力を世のなかに及ぼしてきた。しかしその一方で、そのような観念はほんの一握りにすぎない。また、事業の構想はたしかに限定的かもしれないが、その多くが何らかの影響力を秘めている。結果として、革新的な起業家たちを集団として見れば、歴史家が認識している以上に大きな影響を社会に与えてきた。

これら起業家たちの構想は、社会や知識全体を網羅するような「大きなアイデア」ではなく、たった一つの狭い分野に影響を与えるだけの「小さなアイデア」である。そして、まさにその事実が、起業家の構想の有効性を高めているのだ。

起業家的な構想を抱く人々は、未来の経済や社会について、その他のすべての点では間違っているかもしれない。しかしながら、みずからの事業の限られた関心事についておおむね正しければ、それでかまわないではないか。彼らが成功しなければならないのは、たった一つの小さな特定の進歩についてだけである。歴史の教科書の脚注になるような高尚な哲学的観念の数はきわめて限られている。これに対して、株式市場の上場リストに掲載される起業家的な構想は、小さくとも相当な数に上る。

未来を拓く構想が産業社会を発展させる

ここで歴史をひもときながら、大きな成果に結実した小さなアイデアをいくつか見てみよう。まず、産業全体の発展の礎となった構想について考察し、その後、大企業の出発点となった構想を見てみたい。

商業銀行

世界に最も大きな影響を与えた起業家的イノベーションといえば、一世紀前にフランスの社会哲学者、クロード・アンリ・サン=シモンの理論的命題を「銀行」というかたちに転換させたことである。またサン=シモンは、同じくフランスの経済学者J・B・セイが編み出した「起業家」という概念を出発点として、資本の創造的役割を中心とする哲学システムを構築した。

サン=シモンの考えは、彼の弟子ペレール兄弟が一九世紀半ばパリに設立した銀行、クレディ・モビリエを通じて実現する。クレディ・モビリエは、社会の流動的な資源を管理することで、産業を意図的に発達させようと試みたのである。そしてこの銀行は、フランスをはじめ、オランダやベルギーなど、当時はまだ後進的だったヨーロッパ大陸の国々における銀行制度のひな型となった。やがてこれを手本に、ドイツ、スイス、オーストリア、スカンジナビア、イタリアでも商業銀行が設立され、それぞれの国の産業発展を担っていった。

商業銀行という構想は、南北戦争後のアメリカにも大西洋を越えて渡ってきた。アメリカの産業発展に尽くした銀行家たち——ジェイ・クック、そして大陸横断鉄道の建設に融資したアメリカのクレディ・モビリエから、J・P・モルガンまで——は、意識していたかどうかはともかく、みなペレール兄弟の追随者であった。さらに、近代日本の経済の基礎を築いた銀行家兼産業資本家である財閥もペレール兄弟を模倣していたといえよう。

実際に、ペレール兄弟の最も忠実な弟子は旧ソビエト連邦だった。資本の管理配分による経済の計画化というソ連の考えは、ペレール兄弟から直接採用したものだった。マルクスには、このような考えはなかった。何より、計画化という考えそのものがなかったのだ。ソ連がやったことは、銀行家を国家に置き換えただけにすぎなかった。

実を言えば、オーストリア人のルドルフ・ヒルファディンクも同じ手法を用いている。ウィーンで銀行家として働き始めたヒルファディンクは、後にドイツ民主社会主義の中心的な理論家として活躍した。一九一〇年に上梓された彼の著作『金融資本論』は、レーニンが計画化と産業化に関する概念の源になったと認めているほどである。また、発展途上国における今日の「開発銀行」は例外なく、最初のクレディ・モビリエを踏襲している。ただしここで重要なのは、モビリエが世界中で多大な影響を及ぼしたということではない。ペレール兄弟が事業、すなわち金銭的利益の獲得を目的とする銀行を興したことが重要なのである。

化学工業

近代化学工業がイギリスで進歩したのは、あらゆる点から考えて、当然のことである。一九世紀半ば、繊維工業が高度に発展を遂げていたイギリスは、化学物質の主要市場となっていた。またマイケル・ファラデーやチャールズ・ダーウィンなど、当時の科学分野の第一人者を輩出したのも、この頃のイギリスだった。

事実、近代化学工業は一八五六年、イギリス人パーキンによるアニリン染料の発見をきっかけに始まった。しかし、彼がアニリン染料を発見したほぼ二〇年後（一八七五年頃）には、この新興産業のリーダーシップは明らかにドイツに移っていた。なぜならドイツの起業家たちは、イギリスに欠けていた起業家的なアイデアを提供したのだ。すなわち科学的探究の成果——この場合は有機化学——を、商品化可能な用途にすぐさま転用できたのである。

商社

歴史上、最も強大な非公開企業を所有していたのは、日本の三井家ではないだろうか。三井財閥は第二次世界大戦後に解体されたが、GHQ当局の推定によると、解体される前は世界中で一〇〇万人以上を雇用していたという。その起こりは、三井家の初期の一人が一七世紀半ばに江戸で開店した世界最初の百貨店であった。

三井の事業の根底にあったのは、商人が単なる仲介者ではなく、経済生活の主役として働くという起業家的な考えだった。これは、商品を顧客に「定価」で提供することを意味していた。

また、職人や製造者との取引においても三井は単なる代理人の役割を超えるということでもあった。三井はみずからの利益のために仕入れ、みずから定めた仕様に従った規格品を発注したりもした。もともと、日本の商人は海外貿易の主役として活躍していた。日本の海外貿易は一六五〇年に禁止されたが、三井はすぐに海外貿易の概念を取り入れて、国内の商社事業を築き上げたのである。

大規模流通

起業家的な構想を成功させるうえで必要なのは、壮大な想像力ではなく、すでに起こっている何かを未来において実現させる「組織行動」だけであるといえるかもしれない。一例を挙げれば、経済や市場における新たな動きは、流通機構をはるかに先取りして進んでいくことが多い。ただし、流通機構を組織化することで、このような変化が生かされ、真の成長事業へと発展していくこともある。

たとえば、カナダ人のウィラード・ガーフィールド・ウェストンはある一つのことに気づいた。それは、第二次世界大戦末期のイギリスでは、袋入りのスライス済みのパンに対する需要が主婦たちの間で高まっていたにもかかわらず、主婦が買いたい商品を、買いたい場所で販売する流通機構が整っていないということだ。この小さな発見が出発点となり、数年後には、イギリス有数の食品販売会社が設立された。

今日のアメリカでも、似たようなビジネスチャンスが生まれつつあるかもしれない。現在、手先の技能や腕力ではなく、知識を使って仕事をする高学歴の人々、すなわち「知識労働者」と呼ばれる人々が主役を務める社会経済へと大転換を遂げつつある。その結果として生まれるチャンスが、まさしくそれである。

また、教育そのものが急成長を遂げる一大市場になっているとの見方もできる。しかも、この市場は、学校や大学だけにとどまることなく、さまざまな教育プログラムが実施されている産業や政府、はては軍隊にまで拡大しつつある。したがって、クリップから事務用複写機、大型コンピュータの類に至るまで、知識労働者が生産力を上げるための必需品を提供する事務用品市場も、大きな成長市場になっている。

その半面、事務用品産業も教育産業も真の大規模市場になりつつあるのに、どちらにも大規模流通網が備わっていない。これら二つの市場で販売網を確立できたなら、その企業は明日のシアーズ・ローバックになれる可能性が十分にある。

ディスカウント・チェーン

一九四〇年代後半に出現したディスカウント・チェーンは、それよりほぼ二〇年前にシアーズが編み出したアイデアを応用して発達したものだ。

シアーズは一九三〇年代、商品のデモンストレーションだけを目的として家電製品の見本を店舗に置いた。それをきっかけにアメリカきっての大手家電販売会社へと成長した。その結果、顧客が購入した家電製品は、倉庫から直接配達されるため、梱包や再梱包、出荷にかかるコストは最大二〇パーセントも削減された。シアーズはこのやり方を秘密にしたわけではない。にもかかわらず、シアーズのアイデアを真似たものはほとんどいなかった。だが第二次世界大戦後、シカゴの小さな家電小売店、ソル・ポークがこのアイデアを他のメーカーの商品に応用した。以後同社は、規模も収益力も最大のディスカウント・チェーンを、世界で最初につくり上げたといわれている。

巨大企業へと育った「小さな種」

小さな構想が種となり、やがて巨大な企業に育つことも往々にしてある。いくつか例を挙げてみたい。

IBM

IBMの創始者トーマス・J・ワトソン・シニアは、ビジネス・テクノロジーがやがて発展を遂げるなどとは予測していなかった。ただし彼の頭には、事業の基礎になる統一的な概念として、データ処理という構想があった。IBMは長年、会計帳簿やタイムレコードの管理といった平凡な業務を手がける小企業にすぎなかった。しかし、コンピュータによるデータ処理技術が出現した時には、まったく畑違いの事業から次に飛躍する態勢が整っていたのである。

ワトソンは一九二〇年代に、パンチカード機器の設計や販売、設置という、何の変哲もない小さな事業を立ち上げた。この当時、アメリカのペリー・ブリッジマンやオーストリアのルドルフ・カルナップなどの論理実証主義者たちは、「数量化」や「万能測定法」について議論し、論文を書いていた。彼らは、生まれたてで日夜奮闘しているIBMなどという企業のことを、おそらく耳にしたことはなかったであろう。ましてや、自分たちの考えをその企業と結びつけることなど、一度もなかったに違いない。しかし、第二次世界大戦中に新たな技術が出現した時、実践に移したのはワトソンのIBMであった。彼ら論理実証主義者の哲学的な考えではなかったのである。

シアーズ・ローバック

シアーズを築き上げたリチャード・シアーズ、ジュリアス・ローゼンウォルド、アルバート・ローブ、ロバート・E・ウッド将軍は、社会問題に強い関心を寄せると同時に、鋭い社会的な想像力を備えていた。

その半面、経済改革という考えについては、だれも持ち合わせていなかった。伝統的な階層別市場に対立するものとして「大衆市場」という概念を思い描くようになったのも、一九三〇年をはるかにすぎてからではないだろうか。しかし、これらシアーズの創設者たちはごく初期の頃から、貧しい者も金持ちと同等の購買力を持ちうるという考えを抱いていた。

この考えそのものは取り立てて目新しいわけではなく、社会改革家や経済学者がすでに何十年も前から説いていた。ヨーロッパの協同組合運動もおおむね、同じ発想から生まれている。ただしシアーズは、その発想に基づいて構築された最初のアメリカ企業だった。シアーズはまず、「どうすれば農家の人々は、小売業の顧客になってくれるだろうか」という問いから事業をスタートさせた。そしてその答えは、「都会の住民たちと同じように、信頼できる商品を、しかも安い価格で買うことができると確信してもらわなければならない」という簡単なものだった。ちなみに、一九〇〇年や一九二〇年において、これはかなり大胆なコンセプトだった。

トーマス・ベータ

起業家的な発想も基本的には、他の国、あるいは他の産業での成功事例の模倣にすぎないということもある。たとえば、スロバキアの靴職人トーマス・ベータは、第一次世界大戦後にアメリカから帰国した時、チェコスロバキアやバルカン諸国でもアメリカと同じように、だれもが靴を履けるようになるというアイデアを抱いていた。後にベータは「農家の人々は裸足で歩いている。それは貧しいからではなく、靴がないからだ」と語ったと伝えられている。

この「農業従事者が靴を履く」というビジョンを実現させるうえで必要だったのは、アメリカと同じように、廉価の規格品でありながら、デザインも耐久性も優れた履き物を供給してくれる存在であった。アメリカとの比較に基づいて、ベータは粗末な借り物の小屋で裸一貫から事業を興し、わずか数年後には、ナチス以前のヨーロッパで最大の靴メーカーを築き上げた。彼の会社はヨーロッパでも有数の業績を誇った。

しかし、アメリカの大量生産方式をヨーロッパの消費財に応用するという考えは、一九二〇年代——当時、ヘンリー・フォードと彼の考案した生産ラインがヨーロッパを席巻していた——にはさほど独創的な発想ではなかった。唯一独創的といえたのは、その発想に基づいて行動するという積極性だった。

アイデアを支援するマネジメント

未来を形成するために必要なのは、天賦の才ではなく、努力である。たしかに独創的な想像力があれば、よりユニークなアイデアが湧いてこよう。しかし、想像力に富んだアイデアが大きな成功を収めるかどうかは、けっしてわからない（注）。

独創性は、現在のイノベーションに関する議論では、とりわけ大きな位置を占めている。しかし、問題の核心は独創性ではない。企業をはじめ、いかなる組織においても、実際に利用できる以上のアイデアがあふれている。たとえば、企業を問わず——いまにもつぶれそうな企業も含めて——次のように尋ねてみればよい。「実現さえできれば、我々の事業に最大のチャンスをもたらすのは、経済や社会、あるいは知識におけるどのような要素だろうか」と。経営陣の口からは、さまざまな答えが返ってくることだろう。

我々に足りないものは何か。それはアイデアではない。使えそうな優れたアイデアでさえ、掃いて捨てるほどある。我々に欠けているのは、アイデアを積極的に歓迎するマネジメント体制である。事実、経営者には、商品やプロセスだけではなく、アイデアを引き出そうとする姿勢が足りない。しかも商品やプロセスなどは、アイデアを実現する手段にすぎない。そもそも、具体的な未来の商品やプロセスというものは、想像を超えたものである場合が多い。

たとえば、デュポンが後にナイロンを生むことになった高分子化学に着手した時、最終的に化学繊維が製品になるとは夢にも思っていなかった。デュポンはただ、大きな有機分子の構造を操作する能力——当時はまだ産声を上げたばかりの科学技術だった——の進歩が、何らかの大きな商業的成果につながるという前提に従って行動したにすぎなかった。そして、研究を始めてわずか六、七年後、化学繊維が大きな成果分野として出現したのだった。実際、IBMの経験が示すように、構想を真の成功へと導く具体的な商品やプロセスは、まったく関係のない仕事から誕生し、発展してくることが多い。

とはいえ、特定な分野ではなく、大局的に考える意欲は常に必要である。どのような場合でも、企業やその貢献度、企業がもたらす満足度、企業が対応している市場や経済に即して考えようとする意欲は絶対必要なのだ。そして、このような考え方こそ、起業家的な思考様式なのである。こうした物の見方は、平均的な企業人でも習得できる。

経営者たる者、未来を形成する活動に資源、特に一流の人材を投入する勇気を持たなければならない。この活動を担当する社員の数は少なくてもかまわないが、最も優秀な人材でなければならない。さもなければ、何も生まれてこないだろう。

リスクなき構想は必ず失敗する

未来をかたちづくる起業家的な構想には「実効性」と「現実性」という試金石が求められる。一部の企業がイノベーションに失敗する理由は、革新的な構想に及び腰だからではない。人材も資金も惜しみなく使いながらも、実はどうしようもなくロマンチックな構想に取り組んでいるからである。ある構想が将来成功をもたらす力を秘めているならば、実用に耐えうるかどうか、厳しく検証しなければならない。

まず必要なのは、実効性である。その際には、「この構想に基づいて、実際に行動できるのか」「それとも、単なる机上の空論にすぎないのか」「我々が望むような未来をもたらすためにいますぐできることは何か」を問うてみるべきだろう。

シアーズは、都会から隔絶されたアメリカの農業従事者たちに市場を提供するという構想をもって、すぐさま成果を生み出すことに成功した。それと対照的なのが、高分子化学を構想したデュポンである。同社は小規模の研究を計画し、たった一人の一流の人材による研究を支援するにとどまった。ただしどちらの企業も、すぐに行動を起こしたのである。

とはいえ、研究に資金を投じるだけでは不十分である。投資の対象となる研究は、構想の実現に向けたものでなければならない。デュポンのプロジェクトのように、追求する知識は一般的なものであってもよい。しかし一方で、そこから得られた知識は、実用化されたあかつきには事業に応用できることが十分明らかでなければならない。

また、構想には経済的な有効性が担保されていなければならない。すぐに実用化できる構想ならば、経済的成果を生み出す力を備えている必要があるだろう。実現したいことをすべて実現させるには、ずっと先まで待たなければならないかもしれない。あるいは、永遠に不可能かもしれない。しかし、いますぐ取りかかることができるのであれば、その結果として生まれる商品やプロセス、サービスは、顧客や市場、最終用途を見出すもの、そして利益が出るように販売できるものでなければなるまい。要するにウォンツとニーズを満たさなければならないのだ。

最後に、個人の熱意という点についても吟味が必要だ。「我々は本当にその構想を信頼しているのだろうか」「個人的に関わりたいだけなのだろうか」「そのような仕事に取り組みたいと心から思っているのか」「本当にそのような事業を手がけたいのか」について考えてみなければならない。

未来を形成するには、勇気が欠かせない。努力が必要である。また信念も要求される。その場しのぎの方便に全力を傾けたところで何の役にも立たない。行く手に待ち構える試練に立ち向かうにはまったく不十分である。というのは、未来にまつわる構想に絶対確実なものなど存在しないからである。また、絶対確実である必要もない。失敗するのはきまって、見るからに確実な構想、リスクのない構想、失敗するはずがないと思われるような構想である。

明日の事業の基礎となる構想は、不確実でなければならない。その構想が実現したらどうなるのかを説明することは、現時点では不可能である。未来を形成する構想にはリスクがなければならない。もちろん、成功の可能性は必要だが、等しく失敗の可能性も必要なのだ。不確実性もリスクもなければ、未来をかたちづくるための実用的な構想とはいえないのである。

リスクを背負うことで未来が拓かれる

すべての企業が、未来を形成する構想を見つけ出し、その実現に向けて取り組む必要があるというわけではない。実のところ、未来の事業どころか、現在の事業さえ実効的に経営できていない経営陣は多い。しかし、そのような会社もしばらくの間は何とか生き延びている。特に大企業は、先代の経営者たちの勇気や努力、ビジョンのおかげで、燃え尽きてしまうまでの長い間、これまでの慣性で持ちこたえられるだろう。

とはいえ、遅かれ早かれ、未来は必ず訪れる。未来は必ず現在とは違う。どれほど強力な企業でも、未来に向けて動かなければ、やがて苦境に陥り、卓越性もリーダーシップも失ってしまうことだろう。後に残るのは、大企業特有の間接費だけである。そうなれば、わが身に起こりつつある出来事をコントロールできないばかりか、把握すらできないだろう。

何か新しいことを起こすリスクに果敢に挑戦しなければ、それよりもっと大きなリスクを背負うことになる。すなわち、将来起こることに不意を突かれるというリスクである。このリスクは、どれほど規模が大きく、経済的に豊かな企業であろうと手に余る類のものであり、またどんな小さな企業でも避けられるものでもある。

【注】
Theodore Levitt, "Creativity Is Not Enough," HBR, May-June 1963, p.72.（邦訳「アイデアマンの大罪」『DIAMONDハーバード・ビジネス・レビュー』二〇〇三年七月号）を参照。

第12章

Is Business Letting Young People Down?

企業が魅力的であるために

Is Business Letting Young People Down?
HBR, November-December 1965.
企業が魅力的であるために
『DIAMOND ハーバード・ビジネス・レビュー』2004年2月号

魅力に欠ける企業でのキャリア

大学や大学院に在籍している高学歴の若者たちは、一〇年、いや一五年前に比べると、企業でのキャリアにあまり魅力を感じていないようだ。これは少なくとも、企業の新卒採用担当者や大学の就職部長、学生との関わりが深い教員の間でも一致した見解である。

この現象は予想どおり、「企業への敵意」などといった月並みな表現を呼び起こし、「社会主義者」が大学教員の間で幅を利かせるといった状況を連想させる。しかし、若者は企業にけっして敵対的ではない。あまり興味を抱いていないだけなのだ。企業でのキャリアが大学生にとって最も魅力的だったのは、「ネオ・リベラル派」が大学のキャンパスで影響力を振るっていた一九四〇年代後半から五〇年代初めにかけてだった。

若者は、企業でのキャリアに幻滅している。その幻滅の背景にある本当の理由は、一般に思われているよりはるかに重大で深刻だ。給与の面でも、そして何より機会の面でも、若者の就職先としての企業の優位性は大きく失墜している。

また、企業は知的な期待や知的な主義主張に応えられていない。事実がどうあれ、教養ある若者の目にはそのように映っている。つまるところ、高学歴の若者は、企業の基本的価値観をきわめて物足りないと考えているのだ。

競争力の低下

第二次世界大戦後一〇〜一五年くらいの間、企業、特に大企業の初任給以上の給与を大卒者に支給できる他の雇用主は存在しなかった。企業以外の就職先、特に政府や高等教育機関における給与水準は、底打ち状態からようやく上向き始めたばかりだった。一方、企業の給与はというと、とりわけ新入社員の給与は、組合賃金と密接に連動していたとはいえ、急激に上昇していた。

同時に、企業における雇用機会は、他分野をはるかにしのいでいた。アメリカ企業がおしなべて肉体労働から知識労働へと大いなる転換を遂げたのは、この戦後時代のことである。マーケティングや経理、R&D、人事など、あらゆる分野で、大規模な人員増強が図られた。どの部門も、教育水準の高い人員を大量に求めていたのだ。

また、企業に就職すれば、他のどの分野より恵まれた昇進機会が用意されていた。三〇年代から四〇年代初頭までは、企業での就職口がほとんどなかったため、政府や高等教育機関が就職先として人気を集めていた。その結果、第二次世界大戦直後の数年間は政府や高等教育機関では、三五年前後に大学を卒業した職員が多く、人手には不自由していなかった。しかも彼らはまだ若く、キャリア形成の途上にあった。

対照的に企業では、戦後初期には高年齢化が進んでいた。五〇年前後におけるアメリカの典型的な「若手経営幹部」とは、若くても五〇歳を超えており、大恐慌時代以前のはるか昔から働いている者たちだった。したがって、四〇年代後半から五〇年代にかけて、企業に職を得た野心的な若者たちには速いテンポの昇進が期待できたのである。

現代の産業界では知識労働への移行がほぼ達成されている。実際には知識労働者が過度に増強されてしまった企業も多い。知識労働者の削減をいま始めなければ、事業の成長に見合う以上の増員になることは必至だ。

昇進の制限

さらに、四〇年から五〇年代に卒業した有能な若者を数多く雇用したがゆえに、現在では昇進機会が著しく限られてきている。彼らより以前に就職した世代自体が若く、退職年齢までにはかなりの勤務年数が残っているからである。

これとはきわめて対照的に、政府と高等教育機関ではニュー・ディール世代と第二次世界大戦世代の高年齢化が進むにつれて、その人口構成に空洞化が生じつつある。給与にしても、企業と比較すればまだ低いとはいえ、格差は確実に縮小化へと向かっている。次のケースを見てほしい。

最近、ニューヨークのある大手銀行の上級経営幹部から聞いた話は、やや極端とはいえ、この点を明快に例証している。困ったことに、最も有能な若手社員が六人も退職を願い出たというのだ。

しかも、経営陣から見れば順調極まりない昇進を遂げ、六～八年でバイス・プレジデントにまで上り詰めた者ばかりであった。ところが六人とも、銀行内ではもはやそれ以上の昇進機会はないと感じると上司に話していた。

詳査してみると、彼らはたしかに昇進して役職を手にしていたものの、その職務内容は研修期間終了後に初めて与えられた仕事と大して代わり映えしなかった。しかも、五〇年代初頭に先に雇われていた社員と年齢的にほとんど変わらないというそれだけの理由で、昇進が頭打ち状態になっていた。

特にそのうち一人は、直属の上司自身が三五歳にも達していなかった。事業本部長は三六歳、そして彼の上にいるシニア・バイス・プレジデントでさえも四〇代前半だった。その銀行は、若手経営幹部グループの育成に成功したがゆえに、次世代つまり現在の世代に提供できるポジションがほとんどなくなってしまったのだ。

事実、その六人のうち五人が一年以内に銀行を退職した。民間企業にとどまったのは、ウォールストリートの新興企業に入社した一人だけだった。その他の四人のうち三人はそれぞれ連邦準備銀行、財務省、世界銀行に入り、あとの一人は大きな大学の財務担当責任者になった。

雇用面における企業の競争上の立場は、今後数年でさらに悪化するだろう。高等教育機関や中央政府、地方自治体には、高学歴の若者にあふれんばかりの新たな機会が用意されているからである。

大学教育に関する企業の無知

他と比較すれば、企業には言わば魅力的な提供材料が少なくなったため、せめて「見込み顧客」、すなわち学生にアピールし、「適切な（雇用）市場」での売り込みを図るのではないかと思う向きもあるだろう。しかし、市場は企業が雇用機会の売り込みを目論んでいる場所からずれている。雇用市場は大学の学部課程にはないのである。

頭脳と能力に秀でた若者が企業に熱意を示さないのは、よそに就職先を見つけられるからだ。彼らの大学院への進学率は高くなっている。企業はそれを理解していないがゆえに、大学院を軽視しがちだ。企業は大学院について知らない。また大学院も企業のことをわかっていない。

もちろん、経営やエンジニアリング関係の大学院、あるいは有機化学や薬理学など、一部の科学分野では話は別だ。しかし、大多数の大学院生は、専攻が法律、社会学、文学、経済学、歴史、言語学であれ何であれ、明らかに企業の学卒採用担当者から候補者とは目されていない。

就職し、パートタイムで研究に従事したいと強く願っている大学院生は実に多い。ほとんどの大企業は実際、技術職や専門職、管理職にある若手社員が大学院での研究を継続できるよう後押しする目的で、授業料還付制度を設けている。

しかし、わずかに例外があるとはいえ、そういった授業料還付制度の対象科目は仕事に直結する分野に限られている。経理やマネジメントに関するコースは奨励されるが、言語学や歴史、時には経済学すら、タブー視されてしまう。授業料償還制度の対象をビジネス系の科目に厳しく限定している企業に限って、自己開発をいかに重視しているかを力説する傾向がある。また、どんな知識分野であっても一人の人間の成長に役立つものであり、将来のマネジメントの仕事には現在の経営幹部の守備範囲をまったく超えた分野における知識とスキルが必要になる、そう確信しているとうそぶく。

大学院生の関心を向けさせたいならば、企業は大学院での研究をあまねく奨励するという立場を取らなければならないだろう。つまり、企業が認める教育機関で学位取得コースに在籍してさえいれば、学生は授業料の還付を受けられるようにするのだ。さもなければ学生は、大学院で文化人類学やアメリカ史を専攻すると決めた時点で、企業でのキャリアの可能性は永遠に閉ざされてしまったと感じるかもしれない。実際、彼らは現在そのように感じているのだ。

手応えに欠ける仕事

大学院での研究を奨励するようになれば、企業は若者への接し方が間違っていたと理解するだろう。その間違いとは「研修生」制度であり、高い教育を受けた若者たちに、できる限りつまらない、簡単で退屈な仕事を与えようとする傾向である。例を挙げてみよう。

私の知り合いに、有名大学を数年前に卒業した若者がいる。専攻は、経済史とコンピュータ・プログラミングだった。ある大手通信会社が彼を雇おうと、さんざん手を尽くし、彼にとってこれ以上は望めないほど魅力的な給与を提示した。ちょうど結婚したばかりで収入が必要だった彼には、特に心引かれる金額だった。その会社の人間も、よさそうな人たちだった。ところが彼は、最終的にその仕事を断り、中西部にある中規模の都市で市政担当官のアシスタントとして働き始めた。

彼は私にこう語った。「通信会社に入社してもよかったのです。あの研修生制度さえなければね。最初の半年間にどんな仕事をするのか人事部長に尋ねたところ、『心配しなくてもいい。全部本に書いてある』と言われました。ではその次の半年にどんな仕事をするのか尋ねたところ、今度は『心配しなくても上司が教えてくれるから』と言われたのです。そこで研修期間の二年目には何をするのか尋ねてみました。彼の答えはこうです。『君が何かするだって。何もしなくてよい。よく周りを見て、覚えればよい』」

その若者はさらにこうつけ加えた。「それを聞いて、こう思ったのです。私は中学校など、とうに卒業しているのだ、とね。それとは対照的に、いまの仕事では最初から力を尽くすように言われました。仕事に就いて五カ月目には貧困追放基金に関する市の要請運動に取り組み、私自身でワシントンでのプレゼンテーションを立派にこなしました」

たしかに自信満々で不遜かもしれない。しかし、彼こそ覇気に満ち、有能で「率先して行動する」タイプの若者といえるだろう。どの企業も、このような若者を求めているのに見つからないという。

研修制度の陳腐化

現在の企業内研修制度はひどく時代遅れである。多くの場合、新入社員をどう扱っていいものか考えあぐねている企業の実態を隠蔽するものにすぎない。しかし、正規の研修プログラムが用意されている場合でさえ、その内容はもはや文化的にも心理的にも適切とは言いがたい。

現代の大都市ならば、どの分野であれ、教育を継続する機会はふんだんにある。社内で若者の学校教育を続ける必要はどこにもない。新入社員に知識が足りなければ（また、知識が不十分な分野というものが必ず出てくるものだ）、研修生として働くよりも必要な分野の夜間コースを受講するほうが、社員自身のためにも雇い主のためにもはるかに役立つ。研修生として働いても、真の仕事、真の責任、そして真のやりがいは得られない。

新人エンジニアのためにつくられた、かの「ゼネラル・エレクトリック・テスト・コース」のような研修プログラムでさえ、現代にはそぐわない。若いエンジニアは、社内の研修コースが優れていようとも、大学院のほうがはるかに学ぶものが多いと考えている。その考えは間違っているかもしれない。しかし、彼らはそう確信しているのである。何より研修生という呼び名は、いまや心理的にふさわしくない。なぜなら、入社してくる若者はすでに一六年以上も学校教育を受けてきているという事実を考慮に入れていない。勉学を続けたければ、彼らは仕事で学ぶのではなく、学校で学びたいと思っている。

仕事そのものは、あくまでも仕事としておくべきである。こういった若者たちには「何を学んできたのか、証明してみろ」とけしかけるくらいがよい。彼らは、最も多くのことを成し遂げ、最も熱心に働き、たとえつまずいても最も素早く立ち直ることができる年齢にある。換言すれば、まさに現場に投入されるべき年頃なのだ。

事実、人材獲得競争において企業が今後対抗しなければならない分野では、すでにこれは実践されている。高等教育機関では、若いティーチング・アシスタントに三〇人前後のクラスを任せるが、何をするべきか指示することはめったにない。政府機関、特に地方自治体では、二〇代後半から三〇代前半の職員に責任の重い大きな仕事を与える傾向が強まっている。

ひるがえって、企業はこのうえなく臆病だ。私は「あの新入りに、この仕事は小さすぎる。もっと大きな仕事にしよう」という声を聞いたことがほとんどない。しょっちゅう耳にするのは「あんな若造には、この仕事は重すぎる。もっと軽めな仕事をさせよう」という声だ。マネジメントにおける下位の職務をできるだけ小さく、あえて労を必要としない仕事に抑える企業が多いが、それも若者の不満の種になっている。

私の学生たち――だいたいが二〇代後半で、マネジメントの出世階段を順調に上っている――からほとんど毎週のように聞かされるのは、彼らの仕事がいかに小さく広がりに欠け、限定されているか、そしてそのことが彼らにとってどれほど期待外れで、おもしろくないかということだ。そして、こう不満を漏らすのは、かなりのスピードで出世を遂げている若いやり手マネジャーたちなのである。

不可避な自己変革

高学歴の若者の獲得に後れを取りたくなければ、アメリカ企業は採用方針を変え、大学院に進学する大卒者の半分、いや三分の二にアピールしなければならない。

非常に早い時期に限定的なビジネス専攻を希望する者は別として、勉学を続けたいという者を跳ねつけるのではなく、引きつけるように、大学院教育に対する態度を改める必要がある。さらに何より、新入社員の仕事をもっと刺激的で、満足感を得られるやりがいある仕事にしなければならない。

しかし、企業は現実的になる必要もある。経営陣の年齢構成が妨げとなってスピーディな昇進の機会を提供できないならば、意欲と自主性にあふれる若者を大勢集めようなどとはするべきではない。不満だけが醸成されかねないからだ。

さらに、専門職やマネジャーとして今年から働き始める若者の経験や態度が、五年後の大卒者の企業を見る目や企業からの求人に対する受け止め方を大きく左右することになるだろう。

知的幻滅の数々

四九年から五九年の間に大学を卒業した若者にとって、企業でのキャリアが圧倒的に魅力的だったのは給与と昇進機会のためだけではない。仕事から得られる知的なやりがいも一役買っていた。

マネジメントは第二次世界大戦後、専門的職業とまでは言わなくとも、重要な知的研究分野であり学問領域になった。マネジメントにも知的な敬意が払われるようになったばかりか、突如として知的な流行にもなった。

それでいながら、マネジメントほど経営陣に対する若者の幻滅が著しい分野はない。期待感とその達成感に、若手マネジャーがこれほどの大きなギャップを感じ、困惑している分野はほかにない。この幻滅は若者に限られたことではない。一例を示そう。

それほど昔のことではないが、ある昼食会で、大手経営コンサルティング会社のシニア・パートナーが突然私に向かってこう言った。

「クライアントのなかで、プロフェッショナリズムに徹した経営が実践されている企業、特に経営陣が専門的知識によって経営しているところが一社でもありますか。私はそんな企業を一つとして知りません」

おそらく彼の期待は大きすぎたのだ。たしかに若者は多くを期待しすぎるものだ。とはいえ、私の知る限り、特に大企業に勤める優秀な若者たちは、みな似たようなことを言う。

企業の世界に足を踏み入れたばかりの頃は、マネジメントとは相応に合理的、組織的、合目的的な活動だと信じている。しかし、経験を積むうち、実際にはかなり行き当たりばったりで、でたらめの直感や先入観、個人的見解だと思うようになる。「何が正しいか」というより「だれが正しいか」という問題だと気づくのだ。彼らはたとえば、次のような場面に直面する。

●学校で教えられたように、あるいは会社のマニュアルの指示に従って自分の業務計画を立てる際、上司は「波風を立てないように」と注意する。
●営業地域について分析すると、上司を間接的に批判しようとしたと勘繰られ、非難されることになりかねない。
●DCF（割引キャッシュフロー）法や増分原価を使うべきだと指摘すると、会社は「我々にとってよかったものは、君にとっても十分よいはずだ」と返ってくる。

なるほど書類にも手続きにも抜かりはない。いかにもそれらしい専門用語も用意されている。ただ、系統だったシステムの代わりに書類が、計画の代わりに手続きが、そして思想の代わりに経営用語が使われることが、あまりにも多い。私の友人の一人、急速に頭角を現してきた若手マネジャーもそう言って嘆く。

すでに述べたように、マネジャーとして、いままさに昇進しつつある者が感じる幻滅は、まだ大学や大学院に在籍中の後輩へと伝わっていく。それゆえ、現在の若者世代はわずか数年前の先達に比べ、マネジメントのキャリアに過大な関心を抱かなくなっている。

実践におけるギャップ

この状況は大変興味深い。組織論や経営慣行に関する書籍は、ネズミ算式に増加する一方にある。また、これほど専攻する学生が増えた学問分野もほかにない。大企業のトップ・マネジメントほど、その仕事の理論やシステムについて雄弁で、調子のよい口先だけの主義主張をしきりに唱えたり、合理性について熱く語ってみせたりする人々もいないだろう。

しかし、これほど主義が実践に反映されない学問分野も珍しい。たとえば、マネジメントほど、実務家が知識に寄与することの少ない分野はない。

もちろん、己の学問分野に貢献する弁護士や医師もほんの一握りしかいない。とはいえ、法律においても医学においても、知識を積み上げてきたのは実務家たちだ。法律や医学の偉人たちはみな、技術と知識の進歩を積極的に牽引した実務家であった。

一方、アメリカのトップ・マネジメントが記した著作で、マネジメントという学問に大きな貢献を果たしたものとして、即座に思い浮かぶのはせいぜい次の四冊だ。ヘンリー・S・デニソン（デニソン・マニュファクチャリング）の*Organization Engineering*(注1)、ジェームズ・D・ムーニー、アラン・C・ライリー共著の*Onward Industry*(注2)（二人とも当時、ゼネラルモーターズの経営幹部だった）、チェスター・I・バーナード（ベル電話会社）の『経営者の役割』(注3)、アルフレッド・P・スローン・ジュニアの『GMとともに』(注4)である。

もちろん、これは一つの現象にすぎず、それ自体はあまり重要ではない。しかし、若手マネジャーたちがほぼ例外なく批判する、主義主張と実践の間のギャップを示唆していることは確かである。

高学歴の若者は合理的、合目的的なマネジメントを要求し必要としている。こうした事実が存在しなかったら、このギャップを重要視するのは経営理論家ぐらいのものであったろう。若者は、マネジメントが合理的かつ合目的的に遂行されなければ満足が得られないどころか、自分の仕事上、何の役にも立たないのである。

よくも悪くも、若者は知識を仕事に生かすことを学んできた。彼らは人格形成期を教室で過ごし、概念とそれを応用する技能を習得している。実務経験をスタートさせられるのは、かなり年を取ってからであり、働き始める頃にはだいたい二〇代前半から半ばに差しかかっている。彼らには、学んできたことを生かして仕事するか、さもなければまったくの役立たずになるかのどちらかしかない。

抜本的な改革

当然のことながらマネジメントにおいては——ちょうど、法律や医学など他の専門職においても、このような概念的とはいえない資質が大きな割合を占めているように——技能、手腕、直感、そして何より経験が物を言うことに変わりはない。

しかし、体系的かつ合目的的なマネジメントに関するなけなしの知識をフル活用しなければ、投資額に見合うだけの価値を高学歴の若者から引き出すことはできないばかりか、彼らにそっぽを向かれることになる。

大学を卒業したての若者は、マネジメントとは相応に合理的な活動だと教えられている。たとえビジネススクールに通ったことがなくとも、合理的な組織や体系的な経営者の育成、長期計画といった概念には触れている。マネジャーたる者は事業目的を掲げるべきうんぬんということを耳にしてきたのである。実際、雇用する際、若者に求められているのは、このような知識や感性なのである。

しかし、マネジメントの主義主張を信奉するあまり、マネジャーとはこう行動するものだという書物の言葉どおりに実行しようとする若者はおそらく、さしたる才能もない者のほうが好まれ、いかに優秀であろうと自分は隅に追いやられることに気づく。一般的に凡庸な人物は、やっかいな質問を投げかけてくることも、トップ・マネジメントの言行不一致を白日の下にさらして不興を買うこともない。このように訴える若手マネジャーがあまりにも多い。主義主張とその実践の間に見られるこのギャップが大きな意味を持つのは、何も企業家に限ったことではない。アメリカ経済の生産性と競争力はますます、知識労働者の生産性向上の能力にかかってくる。

知識労働者は、明らかな競争優位として供給できる唯一の資源である。そして知識労働者は、自分自身と自分の仕事、自分の会社が合理的、体系的、目的的に管理されていなければ生産性を発揮できないのである。

若者たちの企業への期待

最後に取り上げる分野、つまり「基本的価値観」こそ最も重要であり、一生の仕事としてのビジネスに従事することから若者の心が離れていることと最も関係が深いかもしれない。しかしまた、語るべきことが最も少ない分野でもある。実態がほとんどつかめないとはいえないまでも、きわめてデリケートな分野なのだ。次の例を見てみよう。

一人の頭脳明晰な大学院生が私にこう言った。「私は、ある大企業で働くことを諦めました。きっかけは、その会社がアラバマにおける人種関係の問題で旗幟鮮明な立場を表明しなかった理由についての、会長の声明文を読んだことでした」

私はこの発言にいくぶん驚いた。彼自身、南部諸州のなかでも特に保守的な深南部出身であり、いわゆる「人種差別廃止論者」とは程遠いことを知っていたからである。

彼は続けて、こう述べた。「驚かれるのはごもっともですが、私があの大企業で、というよりどの大企業でも働く気がなくなったのは、人種関係の問題における立場というよりも、彼らの偽善的態度のせいなのです」

彼だけではない。どんな腐敗事件や倫理的な欠点に関するニュースより、人種問題に対する同社の態度によって、アメリカ企業に幻滅したと私に話す二〇代半ばの若者は多い。これが示唆しているのは、公民権に関する態度が旧世代と新世代で大きく変化したということではない。基本的価値観に関する態度が変化してきているのだ。

その若者、そして彼の同世代の多くを幻滅させているのは何だろうか。彼らが見るに、同社の経営幹部は、平等な雇用の重要性を深く認識していると公言しており、個人的には差別に反対している。

しかし、同社の立場を明らかにすることなく、地域社会の慣習を受け入れた。大学出の若者が衝撃を受けたのは、己の良心に従って行動せずにはいられないという意識が経営幹部たちに見られないことはもちろん、そのように行動する権利があるとすら感じていないことであり、価値観や主義の問題においては地域社会の考え方を受け入れれば事足りるとしている点なのだ。

期待されるリーダーシップ

明らかに若者たちは、社会的もしくは倫理的価値に関して経営陣がリーダーシップを発揮するものだと期待するようになっている。彼らは、企業の社会的責任について聞かされている。それも、企業家自身が語る言葉を耳にすることが多い。そして経営陣、特に企業のトップ・マネジメントは、己が正しいと信ずるところに従ってリーダーシップを発揮し、これに関与し、行動すべきであると確信している。

実際、地域社会の慣習に安易に追随したり、正しい行いをするより適当に切り抜けようとしたりする態度を目のあたりにすれば、その衝撃は深刻だろう。次の例を考えてみてほしい。

最近、三七歳という若さで大企業の財務担当バイス・プレジデントに抜擢されたある幹部社員が、私のもとを訪れた。彼は非常に悩んでいる様子だった。聞くと、南西部に大規模な工業団地を建設する計画を会社が進めているが、大気汚染対策が盛り込まれていないのだという。それどころか、彼の勤める会社は、工場が吐き出す煙の浄化を義務づける市の条例を阻止する運動をしているという。それも適切な汚染防止装置を設置するための費用よりはるかに多額の金を投じてである。

その理由はもちろん、以前建設した工場にも同様の汚染防止装置を設置せざるをえなくなり、巨額の支出を被ることを恐れていたからである。

彼はこう言った。「これは非常に短絡的で馬鹿げています。それは我慢するとしても、防ぐ方法がわかっているのに故意に害をなすということには、とうてい納得できません」

彼は、自分自身は「なすすべがない」状態に陥っていると感じている。しかし、彼は、企業に就職することへの警告として、この件を二人の甥たち――いずれも有名大学の優等卒業生である――に話した。当然の成り行きとして、その話が彼らを通じて友だちやクラスメートの間に広がっていくのは想像にかたくない。

愚直な反応だと失笑を誘うかもしれない。ちなみに彼は、社内の瑣末な政治的駆け引きなどに何の驚きも憤慨も見せない人物である。また、仕事上、税法の抜け穴を会社に有利に操作することにも何の躊躇もない。とはいえ、経営陣がふだん公言している信条に従って行動しないことには納得できないという。彼は経営陣に向けた信頼が裏切られたと思ったのである。

経営陣に価値観への熱意を求めたり、企業トップに倫理的リーダーシップを期待したりすることから、彼は教育水準の高い、現代の若者世代を代表していると私は思う。経営陣の行動への判断基準は厳しいものの、それは企業に敵意を抱いているからではなく、むしろその逆である。企業に非常に多くを期待しているがゆえなのだ。

アメリカ企業が若者世代に望まれる就職先になりたいのであれば、給与や昇進の面における若者の期待だけではなく、企業の価値観と姿勢の面でも若者の期待に十分応えなければならないだろう。

企業が魅力的であるために

「営業職を魅力的な職業だと考える大学生は、二〇人中一人しかいない」と聞いても、私はまったく不安は感じない。総人口の五パーセント以上が、営業職である必要などあるだろうか。企業は雇用面で他分野と競争しなければならない以上、心配無用である。

逆に私は、四〇～五〇年代に企業が就職先として圧倒的な人気を得ていたことのほうが、企業と社会の両者にとって好ましくないと考えている。一つのグループだけが圧倒的に強く、有能な人材を大勢引き寄せるような社会はバランスを欠いている。しかし、社会の主要部門、つまり実業界などが、有能で野心あふれる高学歴の若者を引きつけられない社会もまた、バランスに欠ける。

アメリカ企業は、必要とする若者を引きつける力を維持するために、その採用ならびに雇用慣行を真剣に検討する必要がある。また、専攻分野を問わず、大学院生を採用対象としなければならない。企業が求めるタイプの人物は、大学院に進学するケースが増えているからだ。

また、新入社員に任せる仕事をもっと刺激的で手応えのある仕事、そして努力が報われる仕事に変えなければならない。それも、できる限り小さな仕事ではなく、できる限り大きな仕事を与えることだ。さらに、二〇代の若者を見習い扱いするのをやめ、彼らの実際の姿、つまり昔の世代よりはるかに長い教育期間を経た一人前の大人として扱わなければならない。

アメリカ企業は、自身が説く体系的で合目的的なマネジメントを実践する必要がある。知識労働者を引きつけ、生産的で効果的な仕事をさせるには、その方法しかない。また、我々が認識しなければならないのは、若者たちは自身のプライドのために、経営者は倫理面におけるリーダー、すなわちみずからが説いた価値基準に専心しているリーダーと認められる存在にならなければならないということだ。

そして何より、アメリカ企業はもっと基本的なことを受け入れなければならない。それは、我々がまぎれもなく世代交代の真っただなかにあるということだ。だれもが一度は耳にしているだろうが、我々の社会は急速に若年齢化している。社会の重心はすでに、二〇代後半に移っており、今後も下がる一方である。

やがて我々の社会で多数派を占める高学歴の若者たちが顧客として見せる行動は、彼らの経験や期待と同じく大幅に変化するだろう。この数年間で、このような認識を持ち始めた経営陣は大変多い。このような高学歴の若者は我々の世代とは異なる経験と期待を抱いており、また社員としての期待や行動にも大きく異なることを、我々はいまこそ悟るべきである。

潜在的な社員も一つの市場である。潜在的な雇用主である我々に向けられた彼らの要求を満たしてこそ、初めて我々も社員としての彼らが満たすべき、我々の要求について語ることができるのである。

【注】

（1）McGraw-Hill Book Company, Inc., 1931.

（2）Harper and Brothers, 1931.

（3）*The Functions of the Executive*, Harvard University Press, 1938.（邦訳『［新訳］経営者の役割』ダイヤモンド社）

（4）*My Years with General Motors*, Doubleday & Company, Inc., 1964.（邦訳『新訳 GMとともに』ダイヤモンド社）。同書はキャサリーン・スティーブンスの協力を得、ジョン・マクドナルドが編集したものである。本書の論考については、Harold A. Wolff, "The Great GM Mystery (Keeping Informed)," HBR, September-October 1964, p.164.を参照のこと。

第13章

The Effective Decision

意思決定の秘訣

The Effective Decision
HBR, January-February 1967.
意思決定の秘訣
『P.F.ドラッカー経営論集』(ダイヤモンド社)第13章

意思決定のための六つの手順

意思決定する時には、数を多くしてならない。重要なことに集中し、基本に返って数を絞るべきである。不変のものを見抜き、個々の問題解決についてではなく、戦略的、基本的なことについて考えなければならない。

そのため、意思決定の早さを重視してはならない。あまりに多くの変わりやすい事柄をひねくり回すことは、思考の欠如を表すだけである。何についての意思決定で、何を解決しようとしているかを知るべきである。そして、手段ではなくインパクトを、頭のよさではなく健全さを求めなければならない。

原則に基づくべきものと、それぞれの事情に基づくべきものとの峻別も求められる。重要なのは、正しい妥協と間違った妥協の違いを知ることだ。したがって、その見分け方を知らなければならない。

意思決定において最も時間を取られるのは、意思決定そのものではなく、意思決定を実行に移す段階である。現場の仕事のレベルに下ろさない限り、意思決定とはいえず、せいぜいよき意図で終わる。つまり、意思決定そのものは、高度の概念的な理解に関わるものであるのに対し、その実行のための行動は、それを実行する人々の能力に合わせたものでなくてはならないことを意味する。そして何よりも、意思決定には手順があることを知らなければならない。

意思決定は、手順さえ踏めば自動的にできるというものではない。いかなる意思決定にもリスクが伴うが、踏むべき手順を踏まなければ、適切な意思決定は望むべくもない。ここではその意思決定の手順について述べたい。

①問題の分類：一般的な問題か、例外的な問題か。何か新しい一般的な問題の第一号か。
②問題の明確化：何が問題か。
③目的の明確化：解決策の中身は何でなければならないか。
④妥協策の峻別：受け入れられやすくするための妥協、適応、譲歩は脇に置くとして、あるべき解決策は何か。
⑤実行の担保：解決策の実行を確実にするための方策は何か。
⑥解決策の有効性の検証：どのように実行されたか。解決策は問題を解決したか。

①問題の分類

はじめに、その問題が一般的なもので、より基本的な問題が表面化しただけにすぎないか否かを検討しなければならない。一般的な問題であれば、方針を決定して解決する必要がある。例外的な問題であれば、個別の問題として、それぞれの状況に従って解決する必要がある。

厳密に言えば、あらゆる問題はこれら二つではなく、四つに分類できる。

第一に、基本的な問題が表面化しただけの、一般的な問題である。ほとんどの問題はこれに該当する。たとえば、在庫に関わる問題の多くは、そのつど意思決定を要するものではない。一度基本的な意思決定を行えば、それを適用することで解決できる。製造に関わる問題も同様である。工場では生産管理部は、月に何百という問題を処理している。しかし問題を分析してみれば、そのほとんどがより基本的な問題が表面化したにすぎないことがわかる。

ただし、現場で働いている一人ひとりの生産管理技術者には、そのことはわからない。仮に、毎月何回も蒸気や高熱液体のパイプの継ぎ手を直さなくてはならないとしよう。数カ月かけて、生産管理部全体の仕事を分析してみれば、問題の一般性が明らかになり、温度や圧力が高くなりすぎているため、パイプ網全体を強化する必要があることの表れだとわかるだろう。しかし、こうした分析を行わない限り、いつまでも事態は改善されず、生産管理部はパイプ漏れの手当てに膨大な時間を取られ続けることになる。

第二に、その組織にとっては特別な問題だが、実際には一般的な問題である場合だ。合併の申し入れを受けた会社は、もしそれを受け入れて合併してしまえば、二度と同じ問題に直面することはない。しかし合併の申し入れは、個々の会社、取締役会、経営陣にとっては二度と起こらない問題であっても、常にどこかで起こっている一般的な問題である。したがって、申し入れを受け入れるか否かの検討に当たっては、一般的な原則があるはずだ。そのような一般的な原則を知るには、他の組織の経験に学べばよい。

第三に、真に例外的な問題である。一九六五年一一月にセントローレンス川からワシントンに至る北米大陸の北東部に停電が起こったが、それは当初、真に例外的な事件だと説明された。多くの奇形児をもたらした一九六〇年代初期のサリドマイド禍も、初めは真に例外的な異変として扱われた。いずれも再び起こる確率は、一〇〇〇万分の一、一億分の一であって、座っている椅子がある日突然、原子レベルで分解してしまうのと同じくらい考えられないことだとされた。しかし実際には、真に例外的な問題というのはきわめて稀である。たとえ、それらしきものに出会っても、真に例外的なことか、まだわかっていない新しいことが表面化しただけなのかを考えなければならない。

したがって第四に挙げられるのは、そのような新規の一般的問題が最初に表面化したケースである。今日では北米大陸北東部の停電やサリドマイド禍が、根本的な解決策を見出さない限り、今日の電力技術や薬学では何度でも起こりうる問題だったことが明らかになっている。

第三の真に例外的な特殊なものを除き、あらゆる問題に対して、根本的な解決策、すなわち、問題解決のための原則、方針、制度が必要である。一度正しい原則を得られたなら、同じ一般的な状況から発する問題は、実務的に処理していけばよい。具体的な状況に応じて原則を適用するだけで済む。もちろん真に例外的な問題は、個別に解決すべきで、例外的な問題のために原則をいじってはならない。

問題の性格を見極める

意思決定の成果を上げるためには、直面する問題がこれら四つの分類のいずれであるかを知るために、時間をかけなければならない。間違って分類すると、意思決定も間違ったものとなる。圧倒的に多く見られる間違いは、一般的な問題を特殊な問題の連続としてとらえてしまうことである。その結果、一般的な問題として理解せずに、問題に対する原則を欠いたまま、小手先の策に走ることになる。その結果もたらされるものは、失敗と不毛である。

内政外交を問わず、ケネディ政権の政策のほとんどが失敗に終わったのは、このためである。優れた閣僚を抱えていながら、成功したのはキューバのミサイル危機への対処だけだった。その他については、ほとんど何もできなかった主たる原因は、プラグマティズムと称して、原則や方針を策定せず、あらゆる問題をそのつど解決することにこだわったためである。しかも、当のケネディ政権の閣僚を含め、だれの目にも明らかだったように、六〇年代当時、政策の基礎としていた戦後政策の基本的な前提が、内政外交のいずれにおいても時代遅れになっていた。

同じようによく見られる間違いが、例外的な問題や新規の問題を、昔からの問題、すなわち、古い原則を適用すべき問題として扱ってしまうことである。ニューヨークとオンタリオの国境近くで起こった局地的な停電事故を加速的に拡大し、ついには、北アメリカの北東部全体を停電させてしまったのは、このためである。当初、電力技師、特にニューヨークの技師は、通常の過負荷に対応するための措置を取った。だがその時すでに、それまでの標準的な措置ではなく、新しい措置が必要なことを計器は知らせていた。

これらの間違いに対して、ケネディ政権の唯一の偉大な勝利である、キューバのミサイル危機における勝利は、ケネディ自身が、それを異常で例外的な問題としてとらえたことによるものだ。問題を正しくとらえた瞬間、彼の知性と勇気という二つの資質が見事に発揮されたのである。

②問題の明確化

問題が一般的なのか例外的なのかが明らかになれば、何についての問題か、何が問題か、何が問題解決のカギかを見つけやすくなる。ただし最大の危険は、問題を誤認することではなく、不十分なとらえ方しかしないことにある。

アメリカの自動車業界が、自動車の安全性をめぐって非難されることになったのも、そのためだ。六六年、同業界が議会の攻撃にさらされたのは、問題を十二分に理解していなかったからで、安全性に注意を払ってこなかったからではない。自動車業界は、道路や安全運転を重視してきた。事故の多くは道路や運転のせいで起こっており、自動車業界に限らず、ハイウェイ・パトロールや中学校も、同じ問題意識を持っていた。事実、安全性を考慮した道路では、事故は少なかった。同じように、安全教育を受けた運転者は、事故が少なかった。

しかし、自動車一〇〇〇台当たり、あるいは運転距離一〇〇〇マイル当たりの事故は減少していたものの、個々の事故の悲惨さは大きくなる一方だった。したがって、確率は低くとも、交通法規や安全教育にもかかわらず起こる重大な事故についても、何か手を打つべきだと認識されていてしかるべきだった。このことは、道路の安全性の確保や安全運動の展開と共に、自動車そのものの設計上の配慮が必要であることを意味した。正しく運転すれば安全であるように設計すればよかったものが、正しい運転ではない時も安全であるよう設計しなければならなくなっていた。

問題に対する理解の不足を避ける方法は、一つしかない。それは、観察された事実と常に照合しながら、問題をとらえることである。不整合を見つけた時には、それまでの問題のとらえ方を捨てなくてはならない。

意思決定を行う者は、例外的なことや異常なことが起こっていないかどうか、常に調べたほうがよい。観察されたものが正しく説明されているか、そのすべてが説明されているかを問い続けるのである。また、解決策がもたらすべきものを書き留め、本当にそれが実現されているかどうかを確認する。そして、例外的なこと、説明不可能なこと、予期せぬことが起こっている時には、問題を検討し直さなければならない。

これらのことは、二〇〇〇年以上も前、ヒポクラテスが医療診断のための原則として定めたものである。さらに、科学的観察のための原則として、アリストテレスが定式化し、三〇〇年前にガリレオが再確認した。古くからよく知られ、時の試練を経て、体系的に適用することのできる原則なのである。

③目的の明確化

次に、意思決定によって実現すべき目的の中身を明らかにしなければならない。実現しようとしている目的は何か、最低限実現しなければならないことは何か、満足させなければならない条件は何か。科学の世界において、これは境界条件として知られるものだ。意思決定によって成果を上げるためには、この境界条件を満足させなければならない。

二二年にゼネラルモーターズ（GM）のトップとなったアルフレッド・スローンも、事業部長たちから権限を取り上げた場合、自分の目的が達成されるか否かを自問したに違いない。彼の結論は否というものだった。目的を達成するためには、事業部長たちが力を持ち続ける必要があり、このことは、会社としての統一性や本社によるコントロールに劣らず重要だった。しかもスローンは、制度によって問題を解決しなければならないと考えていた。それが、現場への権限委譲と、本社のコントロールを両立させる、分権型組織だった。

目的を満たさない意思決定は、問題を間違ってとらえた意思決定よりも、始末が悪い。つまるところ、初めは正しい前提からスタートしていながら、正しい結論に到達しない意思決定を正す方法はない。一度行った意思決定をいつ放棄すべきかを知るためにも、満たすべき目的を明確にするための検討が常に必要とされる。

意思決定の失敗の多くは、最初から間違っていたのではない。目的と思っていたものが変化し、正しかった意思決定を間違ったものに変えてしまうのである。したがって、意思決定を行う者は、最初の意思決定が不適切になったときに新しい意思決定ができるよう、意思決定の目的を常に確認していかなければならない。さもなければ、事態の変化に気づきもしないことになる。

フランクリン・D・ルーズベルトは、三二年に保守的な政策を掲げて大統領選挙に勝ちながら、翌三三年には革新的な政策を取ったことをもって攻撃された。しかし、変わったのはルーズベルトではなかった。三二年夏から三三年春にかけて起こった恐慌が、目的とすべきものを変えたのだった。保守的な経済政策は、大恐慌後の政治と社会の安定を主たる目的とすべき時代には不適切となっていた。そこで彼は、経済上の目標を政治目標に切り替えた。

さらに、満たすべきものを明確にすることは、目的と条件の矛盾を識別するためにも必要である。たとえば万事がうまくいって初めて機能するような解決策は問題への答えとはならない。その典型が、ケネディによるキューバのピッグス湾進攻の意思決定である。満たすべき目的は、カストロを倒すこと。満たすべき条件は、それがキューバ国民自身の蜂起に見えることである。しかしこの二つは、キューバ人による蜂起が、ただちにキューバ軍を麻痺状態に陥れた時にのみ両立するものだった。それは不可能ではないにせよ、キューバのような警察国家ではとうてい起こりそうなことではなかった。

この種の意思決定は、一か八かの賭けと位置づけざるをえない。しかし実は、賭けよりも不合理である。矛盾の両立ははかない望みで、奇跡を願っているようなものだ。奇跡の困る点は、それが起こりえないということではなく、頼りにならないことにある。だれもが間違った意思決定を行う可能性があり、実際に行っている。しかし、少なくとも会社のマネジメントにおいては、一見もっともらしいがとうてい実現しえないような意思決定は行ってはならない。

④妥協策の峻別

意思決定においては、何が正しいかということからスタートしなければならない。やがては妥協が必要になるが、だからこそ、何が受け入れられやすいかという観点からスタートしてはならない。何を満たすべきかを知らないと、正しい妥協と間違った妥協を見分けられず、結果として間違った妥協をしてしまう。私はこのことを、四四年、GMから最初の大きなコンサルティングの仕事を引き受けた時に教えられた。

会長兼CEOのアルフレッド・スローンは、私にこう言った。

「何を調べ、何を書き、何を結論とするかについては何も言わない。それは、あなたの仕事だ。一つだけお願いしたいのは、正しいと思ったことをそのまま書いてほしいということだ。反応は気にしないでほしい。気に入られるかどうかは関係ない。あなたの助言を受け入れられやすくするための妥協などは、考えないでいただきたい。あなたの助けがなければ妥協できないような経営幹部は、この会社には一人もいないと思う。しかし、何が正しいかを最初に言ってくれなければ、正しい妥協もできなくなる」

妥協には、二つの種類がある。一つは、古いことわざに言う「半切れのパンでもないよりはまし」というもので、もう一つは、ソロモンの裁きに出てくる「半分の赤ん坊」のようなものである。前者の場合、パンの目的は食用であり、半切れのパンも食用となるので、満たすべき要件を満たしている。これに対し、半分の赤ん坊は満たすべき要件を満たしていない。半分の赤ん坊は、生きた子どもの半分ではないのだ。

そのうえ、何が受け入れられやすいか、反発を招かないために言うべきではないことは何かを心配することは、時間の無駄である。心配したことは起こらないものだ。その代わりに、予想しなかった困難や抵抗が突然、対処しがたい障害となって表れる。したがって、何が受け入れやすいかという問いからスタートしても、得るところはないばかりか、重要なことを犠牲にしてしまう。正しい答えはもちろんのこと、成果に結びつきそうな答えさえ、見つけられなくなるのだ。

⑤実行の担保

決定したことの実行が、意思決定のプロセスにおける第五の段階である。意思決定において最も困難なプロセスが、意思決定によって達成すべき目的を明らかにする段階であるのに対し、最も時間のかかるプロセスが、この意思決定を実行に移す段階である。

意思決定は、行動へのコミットメントを解決策のなかに組み込んでおかなければ、成果を上げることができない。意思決定の実行が、具体的な手順として、だれか特定の者の仕事と責任とされるまでは、いかなる意思決定も行われていないに等しい。それまでは、よき意図があるだけである。これこそ、会社の経営方針なるものによく見られる問題である。それら経営方針なるものは、行動のための措置を何も講じていない。その実行は、だれの仕事にも、だれの責任にもされていない。そのため、それらの経営方針は、実行する気のないお題目とまではいかなくとも、醒めた目で見られることになる。

意思決定を行動に変えるには、だれがこの意思決定を知らなくてはならないか、いかなる行動が必要か、だれがその行動を取るか、しかるべき人間が行動できるようにするためにはどうすべきかを検討しておかなければならない。これらのうち、特に最初と最後の問いが忘れられがちで、そのために悲惨な結果を招くことが多い。

実行する人たちに配慮する

オペレーションズ・リサーチ（ＯＲ）の専門家の間で有名なある話から、だれが決定を知っておくべきかという問いの大切さがわかる。

某大手産業用機械メーカーでは、ある機械の生産中止を決定した。その機械はまだユーザーの生産ラインで使われていたため、三年間だけ生産販売を続けることとした。その機械の需要は下降を続けていたが、この決定の後、生産中止に備えて注文が増えた。だが、このメーカーでは、だれにこの決定を知らせておくべきか考える者がいなかった。

この決定は購買部門の部品購入担当者に知らされず、機械本体の売上げに対し一定の割合で部品を購入せよとの指示も変更されなかった。こうして、いよいよその機械の生産が中止された時、倉庫には、その機械をさらに八年から一〇年間は生産できる部品が残された。

もちろん意思決定を実行に移すための行動は、その行動を取るべき人たちの能力に合ったものでなければならない。ある化学品メーカーの子会社は、西アフリカの二つの国で本国への送金を禁止された。そこでこのメーカーはその資金を、現地経済に貢献し、かつ原材料の輸入の必要がなく、本国送金が許可されるようになった時に現地の投資家に売却できるものに投資することにした。同社は、両国のヨーロッパ向け輸出用果物の防腐のための化学処理を開発したのである。

この事業は両国で成功した。一方の国では、本国からの管理者と技術者が事業運営に当たったが、もう一方の国では、化学処理の方法や事業の運営を簡略化して現地の人間に業務を任せた。

数年後、両国とも本国送金が解禁となった。一方の国では、事業は成功していたにもかかわらず、買い手がつかなかった。管理や技術の能力がある人たちがいなかったからだ。結局、事業は清算され、大きな損失を被った。もう一方の国では、現地の起業家たちが事業の買い取りを希望したため、相当の利益を加えて本国に送金できた。

化学処理の方法や事業の運営は、基本的には両国とも同じだった。しかし、失敗したほうの国では、この意思決定のもたらす結果を意味あるものにするために、どのような人たちがいるか、彼らに何ができるかを検討していなかった。その結果、意思決定そのものが失敗となったのだ。このことは、意思決定を実行に移し成果を上げるうえで、行動、習慣、姿勢を変えることが必要な場合には、特に重要な意味を持つ。

行動を促す仕組みを入れる

行動のための責任を明確にするだけでなく、責任を与えられた人たちが必要な行動を取れるようにしなければならない。そのためには、評価基準、仕事の水準、動機づけを変えることも重要だ。さもなければ、気の進まない行動を取ることができなくなる。

ベル電話システムのCEOを務めていたセオドア・ベイルは、同社の事業はサービスであると規定した。アメリカの電話事業が国営化されなかったのは、この意思決定によるところが大きかった。しかし、せっかくのこの意思決定も、サービスについての評価基準を定め、それによって経営管理者を評価することにしていなかったならば、単なる言葉だけで終わったに違いなかった。それまでベルの経営管理者は、利益率やコストによって評価されていた。しかし、このベイルの定めた評価基準が、彼らに新しい目標を急速に受け入れさせた。

これとは対照的に、ある由緒ある大会社の賢明な会長兼CEOが、組織の改革に失敗した例がある。だれもが改革の必要を認めていた。業界においてリーダー的な地位にあったこの会社は、老化現象を示しつつあった。いろいろな分野で、競争相手として新しく登場してきた攻撃的な中小の会社に負け始めていた。しかしその会長は、反対派を巻き込むために、守旧派の代表格の人たちを、新組織の主要ポスト、特に新設の三つの副社長ポストに就けてしまった。このことは社内の人間にとっては、CEOが本気ではないことを意味した。トップの言ったことと逆の行動が報いられるなら、みな、その行動こそトップが本当に望み、評価するものだと受け取める。

すべての人が、ベイルと同じように行動し、意思決定の実行を意思決定そのもののなかに組み込めるわけではない。しかしだれでも、意思決定の実行に必要な行動が何であり、命ずべき仕事が何であり、実行に当たらせる人間としてだれがいるかを検討することはできるはずである。

⑥有効性の検証

最後に、意思決定の基礎とした前提を現実に照らして継続的に検証していくために、フィードバックのシステムをつくっておかなければならない。意思決定を行うのは人間である。人間は、間違いを犯す。最善を尽くしても、いつも最高の意思決定を行えるわけではない。したがって最善の意思決定といえども、間違ったものとなる可能性が高い。そのうえ最高の意思決定といえども、やがては陳腐化する。

このことを示すには多言を要しない。優れた意思決定を行う者は、みずからの意思決定の結果をモニターするために、報告、数字、調査などのフィードバックを意思決定そのもののなかに組み込んでいる。事実、せっかくの意思決定もその多くが、期待した結果を上げられない。しかるに、地図からではマッターホルンからの景色を想像できないように、報告書からでは、意思決定のもたらしたものを余すところなく知ることはできない。報告とは、すべて抽象以上のものではないからである。

優れた意思決定を行う者はこのことを知っており、軍隊で昔から確立されているある方法を取っている。意思決定を行った司令官は、それがどのように実行されているかを知るために報告に頼ることをしない。部下を信用しないということではない。抽象化されたコミュニケーションが信用できないことを知っているからである。

コンピュータの到来と共に、このフィードバックの段階は、今後ますます重要になる。意思決定を行う者は、行動の現場からさらに遠く隔てられることになるからである。彼らは、みずから出かけていって、みずからの目で現場を見ることを当然のこととしない限り、ますます現実から遊離する。コンピュータが扱うことのできるものは、抽象化された世界である。抽象化されたものが信頼できるのは、具体的な現実によって確認する限りにおいてである。この確認がなければ、抽象は人を間違った方向へと導く。

自分の目で現場を見る

みずから出かけていって、みずからの目で確かめることは、意思決定の前提が有効であるか、それとも陳腐化して再検討の必要があるかを知るための、唯一の方法ではなくとも、少なくとも最良の方法である。意思決定の前提は、遅かれ早かれ陳腐化する。現実は必ず変化するものだ。みずから出かけてみずから確かめることを怠れば、適切でも合理的でもなくなった行動に固執することになる。

このことは、会社のマネジメント上の意思決定にも、政府の政策についてもいえる。戦後のヨーロッパ政治におけるスターリンの失敗や、復興後のヨーロッパの現実に対するアメリカの政策の不適切さや、さらにはＥＣの現実に対するイギリスの対応の遅れの原因も、ここにある。

会社経営においても、みずから出かけていって、顧客と市場、同業他社の仕事ぶりとその製品をみずからの目で見ないならば、間違った役に立たない意思決定を行うことになる。意思決定を行う者は、フィードバックのための体系的な情報を必要とする。報告や数字も必要である。しかし、現実に直接関わることを中心にフィードバックしない限り、すなわちみずから出かけて確かめることをみずからに課さない限り、不毛の独断から逃れることはできない。

意思決定は経営陣が行うべきことの一つである。意思決定は、マネジメントに携わる者特有の仕事である。意思決定は経営陣のみが行うことができる。だがそれらの意思決定は、明確な手順を踏んだ体系的なプロセスとして行わなければならない。その地位ゆえに、あるいはその知的能力のゆえに、組織そのものに対し、そしてその仕事ぶりと業績に対し、重大な影響をもたらす意思決定を行うことこそが、真のエグゼクティブの証である。

第14章

Management's New Role

マネジメントの新たな役割

Management's New Role
HBR, November-December 1969.
マネジメントの新たな役割
『DIAMOND ハーバード・ビジネス・レビュー』2004年1月号

現実の変化がマネジメントも変える

過去半世紀におけるマネジメントに関する理論と実践を振り返ってみると、その前提となっていた仮定の数々が時代と不整合を起こし始めていることに気づくだろう。

これらのなかには、すでにその妥当性に疑問符がつけられ、時代遅れになってしまったものもある。また、依然用いられているものでも、もはや適当とはいえないものがある。一義的かつ本質的、しかも支配的な機能や現実とは言いがたく、二義的で、副次的、例外的なものになっているのだ。

マネジメントの神髄と認識されてきたものが陳腐化し、現実と乖離し始めたのは、マネジメントが成功した結果でもある。実際この半世紀、マネジメントは科学以上に優れた成功を収めている。

またより大局的に見れば、とりわけ先進国における社会や経済、そして現在の世界観はマネジメントと部分的に関係しながらも、独自の発展を遂げることで、従来の仮定を陳腐化させている。つまり、経営者の基本的な役割をめぐる客観的な現実が、急速に変貌しているのだ。

いかなる経営者も、マネジメントの新たな概念やツール、新たな組織概念、情報革命といったものに高い意識を持っている。その意味からも、マネジメントに訪れつつある変化は重要であるだろう。

ただしより重要なのは、前提条件の変化であり、マネジメントの理論や実践の根底にある仮定への影響である。マネジメントの概念やツールの変化が、経営者に行動改革を迫る。概念やツールが変われば、経営者の業務やその遂行方法が変わるからだ。現実が変化すれば、経営者の役割そのものに改革が求められる。その基本的な役割が変化するということは、経営者の存在理由も変化することを意味する。

本稿では、実務家であろうと理論家であろうと、マネジメントに関わる人々が、当然のことと考えている従来の仮定についてまず手短に説明する。そして、今日のマネジメントの実態に適応する、従来とは違った仮定を打ち立てる。

過去からの五つの仮定

私の考えるところでは、五つの仮定が過去半世紀のマネジメントの理論と実践の根底にある。これらの仮定は、マネジメントの範囲や仕事、位置づけ、性質に関わるものである。

もちろん、マネジメントの実務家のなかでこれらを意識している人は少なく、経営学者は概してこれらを具体的には表現していない。しかし実務家も理論家も、同様にこれらの仮定を受け入れ、自明の理と考え、それらをみずからの理論や行動の基礎に置いている。

①企業だけが社会的責任を負う。

この見解は、おそらく企業によって異なるだろうが、広く支持されている信念に直接由来する。それは「企業組織は固有の制度的存在の一つである」というものである。この信念によれば、大学や病院は、いかなる社会的責任も引き受けない。それは主に、伝統的な見解の範囲外の存在だったからである。言い換えれば、大学も病院も「組織」と見なされてはいなかった。

したがって、社会的責任は企業に限定されたものと考える伝統的見解は、経済活動と企業組織以外に働く人々の活動はまったく違うという前提に立っている。

②起業家精神やイノベーションは、マネジメントの守備範囲外である。

この仮定によれば、マネジメントの主要な、そしておそらく唯一の仕事は、企業組織のエネルギーを、すでに定義され周知された目標を達成するために動員させることである、ということとなろう。過去半世紀においてこの仮定はほぼ有意義であった。二〇世紀初頭における懸案事項といえば、生産や物流が組織的に複雑化かつ大規模化したことであり、その事態に職場や地元商店で慣例化していた古い管理システムでは対処できないことだった。また、内燃機関が発明されたために、マネジメントへの関心が喚起されたのではない。その五〇年後に登場した巨大鉄道会社は、蒸気機関車に苦慮することはなかったが、従業員の管理や調整、コミュニケーション、権限と責任の分離の問題に悪戦苦闘した。

マネジメントの管理的な側面——起業家精神はマネジメントの一機能としてはほとんど認識されてこなかった——に焦点が当てられたのは、第一次世界大戦以降の半世紀の経済実態を反映してのことであった。なぜなら、技術や事業の継続性が問われる時代であり、イノベーションよりも適応が必要とされ、他人と異なる行動を実行する勇気よりも改善を推し進める能力が求められたからである。

③工場労働者の生産性を高めることがマネジメントの仕事である。

工場労働者は――その人が熟練か、未熟練かを問わず――資源であり、コスト・センターであり、社会的にも個人的にもマネジメント上の課題であった。ゆえに、工場労働者の生産性向上は、マネジメントによって成し遂げられた最大の功績である。

フレデリック・ウィンスロー・テイラーの『科学的管理』が最近よく攻撃される（大半がそれを読んだことのない人によってだが）。しかしテイラーが、労働者の仕事を研究し、その結果に基づいて主張した本書が存在しなかったならば、先進国における豊かさは実現されていない。労働集約的な仕事の生産性は向上し、昨日までは単なる労働者だった人々がいまでは大量生産の製造分野においてそれなりに熟練工となり、中流の生活水準と保証された雇用、安定した収入を得るまでに至った。

第二次世界大戦頃まで、主要な課題は依然、工場労働者の生産性と管理にあった。戦時経済におけるアメリカとイギリスの大きな成果は、工場労働者の大規模な動員と訓練、管理である。

イギリスを除く、あらゆる先進国が戦後に直面した大きな課題の一つは、農業を止めて都市部に移り住んだ人たちをいかに早く生産的な工場労働者に転換させるかということだった。日本や西ヨーロッパ、そしてアメリカも含めた輝かしい成果と経済成長は、テイラーによって七〇年前に提唱された科学的管理によってのみ可能となる業績に負うところが大きい。

④マネジメントは科学であり、少なくとも規律である。

この仮定は、二つの前提に基づいている。

一つは、マネジメントが、まるで初歩の算数や物理の法則、エンジニアの応力表といったもののように、文化的な価値観や個人的な信念とはいっさい無縁であるという前提である。

もう一つは、すべてのマネジメントがその国独自の環境で営まれ、一つの国の文化にとどまり、一つの法律体系と一つの国内経済の部分として制約されるという考え方である。

これらの二つの前提は、アメリカのテイラーにとって明白であったように、フランスのアンリ・ファヨールにとってもそうであった。

初期に活躍したマネジメントの権威のなかでは、ドイツのラーテナウ(注1)だけが、マネジメントは文化と無縁の規律であるとする前提に疑問を呈した。しかし、彼の主張に耳を傾ける者はいなかった。

人間関係論の専門家はテイラーが非科学的であると攻撃した。しかし、マネジメントという目的科学があるというテイラーの前提を攻撃することはなかった。

反対に、彼らは、自分たちの研究結果こそ真の科学的心理学であり、人間の本性に基づいていると宣言した。文化人類学者という社会科学の同僚の研究結果を考慮の対象とすることさえ拒否した。文化的要素がマネジメントに関する伝統的な仮定のなかで考慮されたとしても、障害と見なされるだけだった。

⑤マネジメントは経済発展の結果である。

この仮定は、マネジメントが「原因」というよりも「結果」であり、「チャンスの創出」というよりも「ニーズへの対応」であるというものだ。

これこそ西欧社会における歴史的経験である。しかし西欧では、マネジメントの起源とされる説明は創作であることが多い。教科書にはかつて、そしていまも、創業者が小規模なビジネスを興し、何もかも自分でこなす段階を超えた時点でマネジメントが存在すると記されている。

しかし現実はというと、マネジメントは、大規模な事業として始まったもののなかで進展し、大規模な事業以外では存在しなかった。それは、特に鉄道事業においてであり、そのほか、郵便事業や蒸気船事業、製鉄所、百貨店といったところが挙げられよう。

小規模な事業の場合、マネジメントはなかなか定着しない。たとえば、繊維工場や銀行といったいくつかの業種では、ボス一人という体制で運営されることが多く、そのボスがすべてを面倒見るか、よくて助っ人がいるという状況である。

議論を単純化させすぎていることは承知しているが、従来の仮定に関する私の認識に誤りはないと考える。これらの仮定が、特に先進国のマネジメントの理論と実践の根底において、何らかのかたちで存在していると間違いなく断言できる。

新しい五つの現実

今日我々には、これまでとは大きく異なる仮定が必要である。それは、過去半世紀にわたってマネジメントの理論や実践が拠りどころとしてきたものとはまったくの別物だろう。今日の現実により適合したものだ。

以下に、新たな現実に適応する新たな仮定を提示する。これらもまた、はなはだしく単純化されていることについて否定はしない。だが、我々が生きる時代の現実により近いものである。

①企業を含む、あらゆる制度は「生活の質」に責任を負う。

我々の社会は、急速に組織社会へと変わりつつあり、制度という制度は、基本的な社会的価値観や信条を満足させなければならない。また、活動の継続性を本来の目的として実現させなければならない。そして社会的責任とは、規制を受けたり、本来の業務以外のものだったりするものではない。

企業活動においては、「生活の質」を充足させるところにビジネスチャンスを見出していかなければならない。そして、マネジメントが存在するところから利益が生まれる事業に転換していかなければならない。

これは「個人の充実」という点において顕著に当てはまる。マネジメントの仕事はますます、個人の価値観や夢を生かすことで組織を動かし、成果を上げていくこととなろう。だがそれは、産業関係論や人間関係論の分野で長年にわたって言われてきた、不満がなければよいというレベルにとどまる話ではない。

より刺激的に表現すれば、次の一〇年以内に、我々は「マネジメントの進化」という発想から解き放たれ、「組織の進化」に重きを置くようになるだろう。それはすなわち、個人を組織の要求に適応させるのではなく、逆に企業を個人のニーズや夢、可能性に適応させることにほかならない。

②ビジネスにおけるイノベーションがまさにマネジメントの核心となる。

現在のマネジメントにおいて管理機能が重要なのと同じくらい、将来は「ビジネス・イノベーション」が重要となろう。実際、今後その重要性はますます高まるはずだ。一九世紀とは異なり、ビジネス・イノベーションが、企業の継続性といった既存の制度のなか、もしくはその制度によって実現されなければならない。そのために、イノベーションがマネジメントの範囲からはずれているとか、非常に瑣末であるとは考えられなくなる。

二〇世紀最後の数十年に、一八六〇年から一九一四年の間、この五〇余年間の特徴であった急速な変化を、再び目のあたりにするだろう。その根拠はたくさんある。

当時、新たなビッグ・ビジネスとなる新産業を即座に形成する大発明が、平均して二、三年おきに現れた。(注2) しかし前世紀とは違って、これからのイノベーションは、技術的であるのと同時に社会的なものとなる。たとえば、電気という新しい科学は、一八七〇年の発明家にすればきわめて挑戦的であった。同じように都市という対象は、今日のイノベーターにすればまがうかたなく胸躍る挑戦である。

また前世紀とは異なり、今世紀のイノベーションは、科学にとどまらず、あらゆる種類の知識に基づいたものとなる。同時に、既存の企業の力によって、かつそこで実現されなければならない。先進国では税制によって、既存企業が資本蓄積の中心と位置づけられているからである。

イノベーションは、新しい製品やプロセス、サービスの開発と市場投入といった二つの重要な側面において、資本集約的である。ゆえに、既存の組織が迅速にイノベーションを継続させる方法を学習しなければならない。

ただし、現状が理想とどれくらいかけ離れているかは、マネジメントの世界ではいまだ「変化への抵抗」が古くて新しい問題であることが物語っている。既存の組織は、現状を維持したいという慣性を打破する方法を学び、変化はチャンスであるという姿勢を身につけなければならないだろう。

③知識をより生産的に活用することがマネジメントの仕事である。

基本的な資本財や投資、先進経済のコスト・センターといったものは、すべて知識を応用することで生かされる。すなわち、手仕事や肉体労働といったものではなく、概念やアイデア、理論といったものによってである。

テイラーは、工場労働者が生産的になるように知識を活用した。しかし、テイラー自身は、科学的管理を遂行する経営工学の担当者の生産性がどのようなものかについては問いかけなかった。テイラーの研究のおかげで、工場労働者の生産性への答えはある。しかし、経営工学の担当者やその他の知識労働者の生産性については依然答えはない。

たしかに工場労働者に適用される生産性の測定方法を、知識労働者に当てはめるのは適当でない。たとえば、時間当たりや賃金一単位当たりに産出される製品の数といったものだ。

しかし、売り物にならない商品の企画を、ものすごいスピードと勤勉さ、巧みさで次々に生み出すエンジニアリング部門も同じくらい役立たずで、非生産的存在である。知識労働者の生産性は、基本的に量ではなく質の問題となる。我々にはまだその定義すらないのだ。

一つ明らかなのは、知識を生産的なものにするならば、業務の構造やキャリア、組織などに劇的な変化が起こるということだ。おそらく、工場労働者に科学的管理を適用することで工場にもたらされた変化と同程度のものになるだろう。

まず新入社員に与えられるような仕事は、知識労働者をより生産的にするようなものに改革されなければならない。労働者が自分を知り、どのような仕事に自分が合っているのか、あるいはどうすれば仕事ができるのかといったことを自覚できない限り、知識を生産的に生かすことにならないのは明白である。言い換えれば、知識労働において行動と計画の分離はありえないのだ。逆に言えば、知識労働者はみずから計画を立てられなければならない。

にもかかわらず、現状では初めて取り組む仕事において、これがなかなかできない。いかなる仕事も最良の方法をだれかが客観的に決められるという仮定は、生産労働には当てはまるが、知識労働には当てはまらない。知識労働はそういうものではない。最良の方法は存在しても、それは取り組む個人に大いに依存し、仕事の物理的もしくは知的な特徴によって決まるものでない。個性の強いものでもあるのだ。

④マネジメントは、自然科学、社会科学であり、人文科学でもあると考えるべきものである。

マネジメントにはツールやテクニックがある。さらにマネジメントには、概念や方針、共通言語、普遍的な規律といったものすら存在する。マネジメントと呼ばれるものには、世界共通の系統発生的な機能があり、また先進国のすべてにおいて同じ目的のために存在している。またその一方で、マネジメントは価値観や信条などからなる文化や制度でもある。裏返せば、一つの社会がみずからの価値観や信条を体現していく手段でもある。

マネジメントはまた、世界中に急速に広がりつつある文明と、枝分かれした伝統や価値観、信条、遺産といった文化との間に橋をかけるものとも考えられる。そして、文化的多様性が人類共通の目的に資するための道具たらねばならない。

同時に、マネジメントは日増しに、一つの国の文化や法律、主権といった狭い範囲で展開されるものでなく、多国籍に展開されるものになりつつある。実際に、マネジメントは、急速に制度となりつつあり、いまのところグローバル・エコノミーにおける唯一の制度となりつつある。

マネジメントは、個人やコミュニティ、社会の価値観や夢、伝統といったものを、共通の生産的な目的に生かしていくものである。マネジメントが、その国や国民に特有の文化的遺産をうまく活用できなければ、社会的かつ経済的発展など起こりえない。これは日本に多くを学んだことでもある。日本が一世紀前に、近代工業経済というまったく新しい方向性に向かう際、コミュニティの伝統や人々の価値観を生かしたことが、日本の成功、そしてその他の非西欧諸国の今日までの失敗を説明している。

自然科学であり社会科学であり、人文科学でもあるマネジメントは、結果が客観的に検証され、立証されるという一面と、信条や経験のシステムであるという一面を合わせ持つ。同時にマネジメントは――ここまではとりあえず企業のマネジメントについての話だが――国境を超える唯一の共通制度として重要性を増している。

多国籍企業というのは、いまだ真の意味で存在していない。むしろ、どの観点から見ても、いまある企業は、一つの文化やおおむね一つの国民性を備えた一つの国を拠点としており、それはトップ・マネジメントの人選においてとりわけ顕著である。

しかし、これは明らかに過渡的な現象である。グローバル・エコノミーが継続的に発展することによって、生産や販売が多国籍なだけでなく、所有やマネジメントも上から下まで真に多国籍という企業が求められるようになってくる。そして真の多国籍企業が生み出されよう。特に先進各国において、企業は固有の地位を急速に失いつつある。その代わりに、マネジメントを必要とする組織制度として、典型的かつ普遍的な社会形態の原型として認識されるようになっている。

その一方、国境を超えた企業は、先進国で失った固有の地位を獲得しつつある。グローバル・エコノミーと世界的な知識社会の現実を体現する、独特な制度の一つへと変貌を遂げつつあるのだ。

⑤経済や社会の発展はマネジメントの成果である。

けっして単純化するわけではないが、低開発国というものは存在しないと断言できる。単に、マネジメントの水準が低い国が存在するだけである。

一世紀前の日本は、あらゆる物質的な基準で見る限り、低開発国であった。しかしその後、マネジメント能力を素早くものの見事に身につけていった。明治時代の日本は四半世紀の間に先進国入りし、たとえば読み書きの能力といった面では、あらゆる国のなかで抜きん出るようになった。我々は今日、一八世紀のイギリスや一九世紀のドイツでもなく、明治時代の日本が、低開発国の手本であることを知っている。

経済開発における経験すべてが、マネジメントこそ主な動因で、開発は結果であるということを証明している。特に資本という経済的な生産要素だけを提供したところはどこも、経済発展という目的を達成していない。

マネジメント力を生み出すことができたケースは数少なく、ただしこれらのケースが急速な経済発展に成功している。経済力ではなく人間力の問題だったのだ。これにはコロンビアのコーカ渓谷の事例が当てはまる。人間力の醸成と方向性がマネジメントの課題となる。

マネジメントのよりよき指針

本稿で論じたマネジメントの新たな仮定は、将来は言うまでもなく、今日の先進国においてより効果的なマネジメントについて考えるうえで、よりよき指針となるはずである。もちろんこの半世紀の間、我々の理論や実践の基礎としてきた仮定よりもである。

それは、これまでの職務を放棄することではない。並行して、既存事業を管理し、内部の秩序や組織づくりを進めなければならない。工場労働者の管理も、彼らの生産性の向上も依然課題の一つである。

マネジメントの現実を理解している人でも、マネジメント分野で知らなければならないことすべてについても承知していると主張する人はいないだろう。そして、今日のマネジメントを待ち構えている大きな仕事、つまりは新しい理論や実践の両方を必要とする大きな課題は、新たな現実から持ち上がり、従来とは異なる仮説や方法を必要とする。

新たな仕事より重要なのは、マネジメントの新たな役割である。マネジメントは急速に、先進国の中心的な資源となり、発展途上国の基本的ニーズとなる。社会経済制度といった具体的な関心事項であることから、マネジメントと経営者は、先進社会の根源的で固有な構成要素となりつつある。したがって、マネジメントとは何であり、経営者が何をするかは、まさに専門家の問題というより公共の関心事である。

マネジメントは、測定可能な結果の実現だけにとどまらず、根本にある信条や価値観の表出化も等しく守備範囲となる。生活水準と同じくらい、社会生活の質についても体現するようになるだろう。

マネジメントには、その使い方を学ばなければならない多くのツールがあり、多くの新しいテクニックがある。ここに指摘したような、従来とは違った多くの新たな仕事もある。しかし、マネジメントに突きつけられている最も重要な変化は、夢や価値観であり、先進国の存続は、経営者の行動、能力、価値観といったものにかかっている。

次世代における課題は、個人やコミュニティ、社会のために、我々の新しい多元的な組織制度を発展させることである。そしてそれが何よりも、マネジメントの新たな役割なのだ。

【注】

(1) ラーテナウ親子はドイツ産業史のみならず政治史においても特筆に値する。父親のエミール・ラーテナウ（一八三八～一九一五）はエンジニアで、トーマス・エジソンの白熱電球の特許を購入し、一八八三年ドイツ・エジソンを設立した。そして同社は一八八七年、アルゲマイネ・エレクトリチテーツ・ゲゼルシャフト（AEG：Allgemeine-Elektrizitats-Gellellschaft）に社名変更する。また一九〇三年、通信機器メーカーのテレフンケンを設立している。また息子のバルター・ラーテナウはAEGの二代目社長であり、その後政界に入り、一九二二年、反ユダヤ主義の手によって暗殺されたドイツ外相である。

(2) さらなる詳細は*The Age of Discontinuity*, Harper & Row, 1969.（邦訳『断絶の時代』ダイヤモンド社）を参照。

第III部 1970年代

1970s

第15章

What We Can Learn from Japanese Management

日本の経営から学ぶもの

What We Can Learn from Japanese Management
HBR, March-April 1971.
日本の経営から学ぶもの
『ダイヤモンド・ハーバード・ビジネス』1980年8月号

日本企業のアプローチ

経営陣の最も重要な関心事は何か。アメリカ（もしくはその他多くの西欧諸国）では、どのグループに属する経営者も次の三つの領域にきわめて高い優先順位を与えるだろう。

●効果的な意思決定を行うこと。
●雇用保障と次の三つの問題――労働コストの柔軟性、生産性、変化の容認――とを調和させること。
●若いプロフェッショナル・マネジャーを管理・育成すること。

これらの問題領域に迫るための、日本の経営者、特に日本の企業経営のやり方は、アメリカやヨーロッパの経営者や企業のそれとは著しく異なっている。日本の経営者は、これらの各問題に取り組むために、異なった原則を適用し、異なったアプローチや方策を生み出している。

こうした方策は、日本の「経済的奇跡」を解くカギではないが、過去一〇〇年間に日本が驚くほど台頭した大きな要因である。特に、それはこの二〇年間における日本の経済成長と実績の大きな要因であることは間違いない。

欧米諸国がこれらの方策を真似ることはばかげているし、実際には不可能であろう。なぜなら、日本の伝統と文化に深く根差したものであるからだ。これらの方策は、産業社会の諸問題に適用されているが、それらは日本における名門一族の家来や封建領主の関係者、もしくは禅寺の僧職、日本美術の大家の流れを汲む書家や画家によって、はるか以前に生み出された価値観や慣習なのである。

しかし、こうした日本の慣行の底に流れる原則は、欧米の経営者に、注意深く研究される価値があると私は信じている。これらの原則は、我々の最も切実な問題に対して、一つの解決の道を示してくれるかもしれない。

「総意」による意思決定

日本に関する権威者のすべてが同意する一つの点があるとすれば、それは日本の団体が、企業であれ、政府機関であれ、「総意」（コンセンサス）によって意思決定を行うということである。日本人は、意見の一致を見るまで、組織を通じて一つの提案を討議するといわれる。そして、合意に達した時にのみ意思決定を行う。(注1)

経験豊かなアメリカの経営者は、ことごとくが身ぶるいしながら、次のように言う。こうした意思決定は、日本人にはうまくいくかもしれないが、我々にとってはよいものではない。せいぜい、優柔不断や政治工作を招いたり、だれの感情も害さないが、何の解決にもならない無害な妥協を生んだりするだけだ、と。その証拠を求めるならば、「総意」を獲得しようとしたジョンソン大統領の歴史が、明白にこれを物語っている。

日本の歴史ならびに今日の日本の経営行動で目立っていることは、一八〇度の転換を行う能力である。つまり、明らかに議論を呼びそうな過激な意思決定を下す能力があることだ。いくつか例を示そう。

●一六世紀の日本ほど、キリスト教の受容に前向きな国はなかった。事実、日本はヨーロッパ以外で最初のキリスト教国になるだろうというポルトガル宣教師の期待は、けっして単なる希望的見方ではなかった。しかし、その同じ日本が一七世紀初期に、ほんの二〜三年で一八〇度転換して、キリスト教を完全に抑圧し、外国の影響を受けないように鎖国し、実に二五〇年もの間、外の世界とのすべての接触を断ってしまった。そして、一八六七年の明治維新により、日本はもう一度一八〇度の転換をやってのけた。欧米の世界に門戸を開いたのだ。つまり、他の非ヨーロッパ国ではとても成功しそうもないことを再び断行したのである。

●現在の企業や経済から若干の事例を挙げてみよう。日本最大の合織メーカーである東レはつい最近の一九五〇年代中頃までは、レーヨン以外のものをつくっていなかった。それから合織への転換を決定した時、同社は同じ情勢に当面した欧米の会社のように、レーヨン生産を「次第に停止する」というやり方を取らなかった。東レは、日本の雇用制度の下で、一人といえども一時解雇（レイオフ）できなかったが、一夜にしてレーヨン工場を閉鎖した。

●六六年頃、私が通産省の役人とこの問題について話し合った時、通産省は日本企業が「外国籍の企業のような活動」を行い、海外の製造子会社に投資することに頑固に反対していた。それから三年後には、通産省の同じ役人は、同じく保守政権の下にありながら、完全に転換して、日本の有力な製造会社の海外投資を推し進めていた。

意思決定における焦点

この明白な矛盾を解くカギは、欧米人と日本人が「意思決定」について語る場合、やや違った意味を持っていることにある。我々の場合、問題に対する答えにすべての力点が置かれる。実際に、「意思決定」に関する我々の書物は、すべて一つの答えを与えるために、体系的なアプローチを開発しようと試みている。

しかし、日本人にとっては、意思決定の重要な要素は、問題を明確にすることである。重要で難しいステップは、決定の必要性が存在するかどうか、何について決定を下すか、を決めることである。そして、日本人が「総意」に達することを目指すのは、このステップにおいてである。問題に対する答え、すなわち、欧米人が「意思決定」と考えるものは、問題の明確化の後で行われるのだ。

「意思決定」に先行するこの過程（プロセス）では、どんな答えになるかは触れられない。それは人々がいずれかの側に押しやられないようにするためである。ひとたびいずれかの立場を取ると、ある決定は一方には勝利となり、他方には敗北となろう。こうして全過程は、どんな決定を行うべきかではなく、何について決定すべきかを探求することに集中される。この結果、態度を変えなくてはならない（もしくは変えてはならない）という議論が出てくる。

こうした過程は、明らかに長い時間を要する。実際に、日本人と取引する欧米人は、この期間にはまったくイライラさせられる。欧米人は、どんなことが進行しているかを理解できず、堂々めぐりをさせられているという気になる。

たとえば、アメリカの経営者は、特許協定に関して交渉する場合、なぜ日本側が次のような態度を取るのか、大いに理解に苦しむ。つまり日本人は、三カ月に一回の割合で、新しいグループを派遣し続ける。派遣されたグループは、まるで主題についてまったく聞いていなかったかのように、欧米人から見て「交渉」と考えられるものを開始し、おびただしいメモを取って帰国する。しかしその六週間後、日本企業の違った部門から新しいチームがやってきて、再びいままで討議されてきた問題について、まったく聞いていなかったかのように振る舞い、おびただしいメモを取って帰国する。

欧米の私の友人のほとんどは信じてくれないが、これは実際には、日本人がその問題を真剣に考えているという兆候である。日本側は、事実上その協定を実施しなければならない人々を、特許が実際に必要であるという総意を形成する過程に巻き込もうとしている。協定を実施しなければならないすべての人々が、意思決定を下す必要があるという点で合意に達した時のみ、決定が下され、選択されるのである。その段階で初めて、本当の「交渉」が始まる。そしてその時には、日本人は通常、電光石火の速さで動く。

企業の意思決定に関するものではないが、我々は、こうした過程が実施された典型的な例を知っている。それは、一九四一年に下されたアメリカに対する宣戦布告の決定である。(注2)

適任者に付託するプロセス

日本人は、我々から見て意思決定と呼ぶ時点に達すると、それを実行段階にあると言う。この時点で、経営陣はその「決定」をいわゆる「適任者」にまかせる。だれが「適任者」であるかは、経営陣が決定する。問題に対する特定の解答がどう作成されるかは、その決定によって左右される。というのは、「総意」に導く討議の過程で、その問題に対する関係者や関係グループの基本的態度は、きわめて明確になっているからである。経営陣は、意思決定を甲か乙かにまかせることで、答えを導き出すが、その段階では答えを聞いて驚く者は一人もいない。

この「適任者」への「付託」は、アメリカの政治過程における類似の決定、つまり、特定の法案を議会のどの委員会もしくは小委員会に付託すべきかという決定と同じように重要である。こうした決定は、海外のアメリカ政府の研究者たちを当惑させるうえ、アメリカの政府と政治に関するいかなる書物にも見出されない。しかし、すべてのアメリカ政治家が知っているように、それは、その法案が法律になるかどうか、どんなかたちを取るかを決定する重要なステップである。

このプロセスの利点は何か。また我々は、それから何を学ぶことができるだろうか。

第一に、それはきわめて効果的な決定に役立つ。日本では、欧米におけるよりも、「決定」に到達するのに多くの時間を要している。しかし欧米では、一つの決定を下した後で、それを売り込むのに多くの時間を費やし、またその決定に基づいて人々に行動を起こさせるのに多くの時間をかけねばならない。また、我々のすべてが知っているように、しばしば、その決定は組織的なサボタージュにあったり、もっと悪い場合は、実施までに長い時間がかかりすぎて、組織内の人々がその決定を実際に機能させる時には、誤りでないにせよ時代遅れになっていたりする。

これとは対照的に、日本人は決定を「売り込む」ことには、絶対に時間を費やさない。すべての人が事前に説得されているからだ。日本人のプロセスでは、問題に対する一定の解答が、どの部門で歓迎され、どの部門で抵抗を受けるかが明確にされる。そこで、反対派を説得したり、決定の統一性を損なわずに、小幅の譲歩を行い、反対派を味方に引き入れたりする時間が十分にあるのだ。

日本と取引する欧米人は、すべてのものが、終わることのない遅れや同じことの果て知れぬ反芻でダラダラと続く「交渉状態」の後、スピーディな行動が起こされ、窮してしまうことを学んできた。

特許協定の作成には三年もかかるかもしれない。そしてこの間、条件についても、日本側がどんな製品を利用する計画かということも、日本側がどんな知識や援助を必要としているかということも、まったく討議されない。それからわずか四週間で、日本側は生産に進む準備を行い、欧米側のパートナーに対して、データや情報やスタッフを要求する。欧米側のパートナーは、こうした要求に全面的に応ずるだけの準備ができていない。

そうなると、欧米側の「終わりを知らぬ遅延や引き延ばし」を激しく非難するのは、日本側ということになる。なぜならば、意思決定を効果的にする根回しをやり、それからその決定に基づいて行動を起こすという日本のやり方について、我々がほとんど理解していないのと同じように、日本人も我々の意思決定のやり方を理解していないからである。つまり、我々はまず意思決定を行い、それからその決定に基づいて行動するのだ。

意思決定システムの問題点

日本の意思決定の過程は、問題を理解することに焦点を合わせている。この過程において、望ましい最終結果が、人々の一定の行動や態度となるわけだ。ほとんどすべての代案が十分検討されることになり、経営者の注意は本質的なものに集中する。経営者が「どんなことに関する決定であるか」を決定するまでは、約束を与えることは許されない。その結果、一九四一年の宣戦布告の決定のように、問題に対して間違った答えを導き出すこともある。しかし、間違った問題に対して正しい答えが出てくることは、めったにない。すべての意思決定者が知っているように、それは真に危険な道であり、取り返しのつかない間違った決定である。

とりわけ、こうしたシステムは、日本人に重大な意思決定を押しつける。こうしたシステムは、あまりにもやっかいなので、小さい問題に対してうまく機能しない。政策や態度の変更を伴う真に重大な問題以外のものについて、あまりに多くの人々を、あまりに長期にわたって、浪費させることになるからだ。この理由で、日本では明らかに必要であっても、ささいな決定は下されないことがしばしばある。

我々の場合、意思決定が容易なのはささいな決定、つまり、大きな問題とされないことに関する決定である。欧米の企業、政府機関、教育機関を知る人は、概してあまりにも多くの小さな決定を行っていると考えている。しかし、小さな決定が多くなればなるほど、組織内のトラブルも増える。ホールの片隅から他の片隅に冷水器を移動するという決定であれ、伝統的な事業から多角化に踏み出すという決定であれ、気持ちのうえでは、ほとんど差異がない。前者の決定は、後者の決定と同じように、多くの時間を要し、白熱した議論を呼び起こす。

日本のアプローチと欧米のアプローチが対照的であることを示す例を挙げよう。私はかつて、ある日本企業が、長年にわたって取引してきた著名なアメリカ企業から合弁事業の提案を受けて、どういう態度を取ったかを見守ったことがある。

この日本企業は検討するに当たって、まず「我々は事業の基本方向を変更する必要があるか」という問題から出発した。合弁事業については討議すらしなかった。そして、多数の旧事業から脱却し、主要な新戦略の一要素として、合弁事業で多くの新技術と新市場へ進出すべきであるという決定が総意となった。日本側の決定は、実は企業の方向性に関するものだった。その決定が必要だと理解するまでは、どんな合弁会社が望ましいか、設立条件は何かということを討議しなかったのである。この合弁会社は設立されて以来、いままでのところ順調である。

欧米でも、日本的な方向へ進んでいる。少なくとも、これは多くの「タスク・フォース」（特別任務部隊）、「長期計画」、「戦略」などのアプローチで達成を試みているものである。しかし、これらのプロジェクトのなかには、日本の過程において決定前に組みこまれている「説得」が包含されていない。多数のタスク・フォースのリーダーや長期計画立案者の立派な報告が、なぜ実行に移されず、計画のみで終わるのかという理由がここからわかる。

アメリカの経営者は、これらのタスク・フォースや長期計画立案者が「勧告」を提出することを期待する。つまり、多くの代案のなかから一つを採用することを期待する。これらのグループは一つの解答を決定し、それから報告書を作成する。しかし、日本人にとって最も重要なステップは、可能な代案を理解することである。

我々と同じように、日本人も固く自説を守る。しかし彼らは、問題を全面的に明確にし、また、「総意」を獲得する過程を利用して代案の全容を明らかにするまでは、一つの勧告にとらわれないように訓練されている。このため、我々の意思決定過程に比べ、先入観による答えにとらわれることが、はるかに少ない。

雇用保障と生産性

日本の意思決定の基礎に「総意」があることは多くのアメリカ人に知られているが、これと同じように、日本の「終身雇用」政策もよく知られている。しかしこの点でも、多くの人々が「終身雇用」と理解しているものは、「総意」に関する一般的な解釈と同じように、多くの誤解がある。「近代的」日本企業と産業の大半の従業員は、たしかに、ひとたび給料支払簿に名前が載れば仕事を保障される。実際、彼らが仕事に就いている間は、完全に仕事を保障されており、この保障が危険にさらされるのは、深刻な経済危機や雇い主の倒産という事態に見舞われた時のみである。それればかりでなく、彼らは概して、年功序列によって給料を支給される。給料は仕事に関係なく、一五年ごとに二倍になるのだ。ただし、正確に述べるためには、次のような事実で説明する必要がある。

- 女性は、「恒久的」従業員というよりは、むしろ「一時的な」従業員と常に考えられている。したがって、彼女たちは付帯手当の対象外である。
- 日本の「伝統的事業」、とりわけ、うるし工芸、陶器、絹織物など前近代的な手工業産業の従業員の大半は、時間単位で雇用され、時間給である。
- 「近代」産業においても、次第に減ってはいるが、経営者の一方的決定によって「一時的な」従業員とされる人々が相当数（二〇パーセント以上）存在する。これらの人々は、長年にわたってずっとこのカテゴリーに属している。

雇用コストの柔軟性

雇用保障と報酬は全体として見れば日本の労働者のほうが有利であるが、その実態は欧米のビジネスマンが期待するような意味を持っていない。日本は、硬直した労働コスト構造ではなく、実際には、労働コストと労働力の点で柔軟性を持っている。だれも指摘しないし、大半の日本人も自覚していないと私は確信しているのだが、日本の退職制度（もしくは日本の非退職制度と呼ぶべきもの）は、欧米の大半の国や大半の産業よりも、労働コストをより柔軟なものにしているだけでなく、きわめて巧みな方法で、仕事と所得の保障に対する労働者のニーズと、柔軟な労働コストに対する経済的ニーズとを調和させている。

実際に、大半の日本企業、特に大会社は、景気が下降すれば、大半の欧米企業がなしうる以上に、大幅な労働力の一時解雇を行うことができる。ただし、最も多くの所得を必要とする従業員を全面的に保護するやり方で、一時解雇を行う。つまり、調整の負担は、生活に余裕がある人や他の所得に依存している人が引き受けるのだ。

四五歳でトップ・マネジメントのメンバーになったり、一定の年齢で退職しない少数の人々を除けば、日本の公式の定年は五五歳である。周知のとおり、清掃人から部長まで、従業員は五五歳で退職する。その時、日本の従業員は伝統に従って、給料全額の約二年分に相当する退職金をもらう（政府によって強力に支えられている多くの会社は、いま補充的な年金制度を導入しようとしている。しかし、欧米の基準から見れば、年金支払額はなお著しく低い）。

日本人の寿命がいま欧米の水準に達し、大半の従業員が七〇歳以上まで生きることを考慮すれば、これはまったく不適切なように見える。しかし、年金受給者の悲惨な運命については、だれも不平をこぼさない。さらに、もっと驚くべきことは、日本の工場、事業所、銀行では、どこでも五五歳をやや過ぎてはいるが、明らかに戦力となる人々が喜んで勤務している姿を見かける。これはどう説明したらよいのか。

一般の従業員は、工員であれ、事務員であれ、五五歳で恒久的従業員であることをやめて、「一時的」な従業員になる。これはまず、十分な仕事がなくなれば、その人は一時解雇されることを意味する。しかし十分な仕事があれば――この二〇年間、日本はもちろん深刻な労働力不足に見舞われてきた――、その人は会社にとどまり、以前と同じ仕事を続け、長年の間、共に働いてきた「恒久的」従業員と机を並べて働く。しかし、その仕事に対する給料は、「恒久的」従業員であった時の給料の少なくとも三分の一である。

この根拠は、かなり単純である。日本人はこう主張する。その人には、当てにできる何らかの所得、たとえば二年間の年金があるという。もちろん、それが一五年以上にわたり生活を維持していくには十分でないことを率直に認めている。しかし通常、それは少しの間の逆境を乗り切るのに十分である。また概して、扶養すべき子どもや両親はいないので、四〇歳の時に子どもや両親の世話をしていた頃に比べれば、必要な生活費は相当低くなっている。

雇用保障制度の違い

本稿の意図が日本の雇用制度を記述することにあるならば、六カ月ごとのボーナスの役割などきわめて多くの複雑な細部にまで、触れなくてはならないだろう。しかしここでは、我々が日本から学ぶものだけを扱っている。

我々にとって、日本の制度に対する主たる関心は、それが相互に明らかに矛盾する二つのニーズを満足させていることと、そのためにどのような方法を用いているかということである。矛盾したニーズとは、①仕事と所得の保障を与えるというニーズと、②柔軟で適応性ある労働力と労働コストを確保するというニーズである。では、この制度の運営方法を概観し、アメリカの制度と比較してみよう。

欧米では、過去二五年間で次第に多くの従業員が所得維持を勝ち取ってきた。多くの場合、それは日本の労働者が「終身雇用」の下で得ているものを上回っている。たとえば、アメリカの大量生産型産業には、「補充的雇用保障」制度が存在する。これは実際に、かなり長期の一時解雇においてさえ、組合加入労働者の所得の大半を保障している。

我々の企業経営は、受注高に応じて働く人々の人数を迅速に調整でき、景気動向とはほとんど無関係に「恒久的」従業員の雇用を維持するという日本の慣行とは対照的である。しかしそれでも、アメリカの大量生産型産業の労働コストは、日本よりは硬直化しているといってよいだろう。またアメリカでは、労働組合の組織率が高い大量生産型産業では、一九七〇年秋に自動車産業の労働協約に導入されたような「早期退職」制度が増えている。

なお、組合加入労働者は、先任権に従って一時解雇される。つまり先任権の最も低い者が第一にクビを切られる。したがって、最も多くの所得を必要とする人々、すなわち若い家族の父親で、年老いた両親を扶養しているような人々に対する、仕事と所得に関する保障は最小のものでしかない。

また、我々が「早期退職」の規定に従う場合には、概してその労働者が永久に退職するという意思決定を行う。ひとたび、彼が「早期退職」を選べば、仕事を去り再び採用されることはない。要するに、我々の労働勢力（ならびにヨーロッパの労働勢力）は、日本の社会のきわめて著しい特徴である所得と雇用保険という感覚に欠けている。

我々は高度の「所得維持」のために金を支払い、労働コストに関して、きわめて高い硬直性をみずからに課している。だが、これらの慣行から我々はごくわずかの利益しか手に入れていない。とりわけ、日本の社会に顕著な、心理的に保障されているという感覚、つまり就労年齢の人が抱く「仕事と所得に関しては心配する必要がない」という信頼感を我々は得られずにいる。

それどころか、我々は危惧を抱いている。それは、家族のための経済的ニーズがピークにある時に、まっ先に一時解雇されるのではないかという若い人々の危惧であり、五〇代で仕事を失えば、年齢を理由に再雇用されないのではないかという高齢者の危惧である。

心理面への影響

日本の雇用制度では、これとは逆に、若年層と高年層の双方のグループに信頼が存在する。つまり、若い人々は、子どもが成長するにつれて、安定した仕事と着実に増大する所得が期待できると信じている。高年齢者はなお働くことを求められ、役に立ち「重荷」と見なされないと信じている。

もちろん、日本の雇用制度は、他の制度と同じように、完全というわけではない。なかには、多くの不公平が存在する。とりわけ、高齢者の待遇には遺憾な点が多い。それは特に、日本「古来」の産業の小工場や多くの小規模なサービス業で見受けられる。しかし、日本が発展させてきた基本原則――合理的に計画されたものではなく、日本の伝統的な相互責任という考え方を雇用と労働経済に適用したもの――は、我々が問題そのものを把握せずに、問題の徴候に適用してきた高価な「つぎはぎ細工」に比べれば、もっと重要な意味を持つように思われるし、より優れた機能を果たしている。

経済的には、我々の制度のほうがより大きな「保障」があるといえるかもしれない。我々はたしかに、そのためにより大きな犠牲を払っている。しかし我々は、日本の雇用制度が生み出したもの、「終身雇用」による仕事と所得の保障という信頼感を手に入れていないのである。

今日、アメリカの産業界ではレイオフの場合に、ほとんど先任権を持たない新規採用の黒人を保護するため、「逆先任権」に関する議論が交わされており、そうした活動もある。しかし、家族扶養の義務を終えた高齢者に対して「逆先任権」の適用を考えたほうがよいかもしれない。多くの労働協約は、いま五五歳以上の人に対して早期退職を規定しているからである。

現状では、これらの人々は早期退職の資格を得た時には、レイオフされても仕方がないと見なされるかもしれない。雇用が再び拡大した時、なぜ早期退職した人々には職場復帰させ、第一に再雇用される権利を与えないのか。家族のための負担が重い若者や既婚者の雇用保障を強化するこうした動きは、硬直的な労働コストを意味する絶対的雇用保障の圧力に対する防衛にすぎないかもしれない。

日本から学ぶべき教訓としてより重要なのは、特定の主要な従業員グループの欲求に合わせて、付帯手当を構成することの必要性である。そうしなければ、これらの付帯手当は「手当」というよりはむしろ「コスト」にすぎない。特にアメリカでは、この三〇年の間に、手当の上に手当を積み重ね、付帯手当が総労働コストの三分の一にまで達した産業もある。しかし、実際にはこれらの手当はすべて、特定グループによって必要とされるかどうかには関係なく、総花的に支払われている。

付帯手当に対するアメリカの態度の基礎にあるものは、労働者はそのニーズとウォンツにおいて均質であるという頑迷な考え方で、この点では経営者と労組は完全に一致している。この結果、従業員の大半にとってほとんど意味がなく、他の相当数の人々の真のニーズを満たさない付帯手当に、我々は途方もない金を費やしている。これこそ、我々の付帯手当計画が従業員の満足と心理的保障を生み出せない大きな理由である。

変化を容認する背景

日本経済の最も重要な「秘密」とは、従業員が技術と工程の連続的変化を喜んで受け入れること、生産性向上がすべての人々にとって善だと見なされることかもしれない。これらの基礎にあるのは、前に述べたような信頼感にほかならない。

日本工場の「精神」については今日、多くのことが書かれている。しかし、大工場の労働者が一日の仕事の開始時に合唱する社歌よりも、はるかに重要なのは、日本の労働者が、欧米で広く波及している有名な「変化への抵抗」をほとんど示さないという事実である。通常は「国民性」として説明されるが、この説明は疑わしい。この説明が間違っていることは、変化の容認が日本の至るところで見られる一般的現象ではないという事実によって立証される。たとえば次のとおりである。

●日本の国鉄は、アメリカの鉄道など他の鉄道と同じように、変化に反対する勢力に悩まされている。しかし、日本の人口密度の高い地域を縦横に走る数多くの私鉄は、こうした抵抗から免れているようだ。日本の国鉄は、世界中の国有産業と同じく、大量の過剰人員を抱えていることが、その理由の一つと見てよいだろう。労働者は何らかの変革によって、余剰人員が生まれることを知っているのだ。

●日本でも変化への抵抗で悩まされている産業があるが、それは技術や技能など欧米の考え方で組織されている産業である。私鉄のように、日本的な考え方を適用する産業は概して、たとえ会社の雇用人員が過剰だと従業員が知っている場合でも、変化に対する抵抗は少ない。

この秘密は、日本人が「継続的訓練」と呼ぶものに由来するかもしれない。それは、まずあらゆる従業員が――しばしばトップに立つ経営者までが、退職に至るまで、仕事の正規な一部として、訓練を受け続けるということである。これは欧米の慣行とはきわめて対照的である。我々は、ある人が新しい技能を獲得しなければならない時、もしくは新しい地位に就かねばならない時だけ、その人を訓練する。我々の訓練は「昇進中心」であり、日本の訓練は「仕事中心」である。

第二に、また日本の従業員は、すべての階層において、その階層が高くても低くても、その仕事のみではなく、自分の仕事と同レベルのすべての仕事についても、訓練を受けている。たとえば、次のとおりである。

●電気工として働く人は、自動的に、工場の各技術分野の研修に出席する。清掃人も同様である。しかし、電気工も清掃人も、死亡もしくは退職するまで、それぞれの仕事にとどまっているかもしれない。彼らの給料は概して、仕事内容とは無関係で、主として勤続年限に結びついている。そのため、高度の熟練電気工の給料が、床清掃人がもらっている給料よりも少ない場合もある。しかし両者とも、工場のあらゆる仕事、すなわち、彼らの仕事と同レベルの仕事について熟達していることが期待される。

●事務所の経理担当者も同じく、社内で必要とされる専門的な仕事のすべて、たとえば人事・教育訓練・購買について、研修を受けることが期待される。もしくは、多くの通信講座、セミナー、大都市で利用できる専門学校で、みずから勉強することが期待される。

●ある大企業の社長から、午後の約束をキャンセルさせてほしいと言われたことがある。その理由は、同社の溶接訓練セミナーに出席するからだという。この社長は、オブザーバーや講師としてではなく、受講者として出席した。これはもちろん、例外的なことだが、社長がコンピュータ・プログラミングの通信講座を受けているという話は、それほど珍しいことではない。もちろん、若い人事部員も同じである。

継続的教育と人材育成

こうした制度の起源を説明するには、分厚い日本経済産業史の書物が必要になろう。それは約五〇年の歴史を持ち、その起源は、第一次大戦中ならびにその直後の労働力不足にまでさかのぼる。

この制度の利点や欠点、制約を論じようとすれば、さらに厚い書物が必要になろう。事実、きわめて大きな制約がある。たとえば、技術的な訓練を受けた若い人々、若手の科学者や技術者は、この制度にひどく憤激し、抵抗している。彼らは科学者や技術者として働くことを望んでおり、会計を学ぶように要請されたり、技術者の仕事から人事部の仕事に移されたりすることに乗り気ではない。

なお、このルールには例外がある。通常、製紙技術者や百貨店のバイヤーのような高度の熟練を要する専門家は、他の仕事を知り、すすんでそうした仕事に順応することは期待されていない。しかし、こうした専門家でさえ、欧米でいう訓練が終了した後長期にわたり、自分の専門分野で研鑽を積むのが慣行となっている。

日本式訓練の利点

こうした慣行の一つの結果として、仕事とプロセスの改善が制度に組み込まれる。日本の一般的な研修には「トレーナー」がいる。しかし、実際に研修の負荷がかかるのは、参加者自身である。問題は常に、「我々は仕事を改善するために、どんなことを学んでいるか」ということだ。新工具、新工程、新機構が「自己改善」の手段となる。

新製品や新機械を導入したいと考える日本の雇い主は、研修を通じてそれらを行う。そのため通常、まったく抵抗に遭うことなく、受け入れられるのである。日本で合弁会社の経営に携わるアメリカ人は、「新工程の『欠点』は通常、工場で実際に稼働する前に解決されるか、少なくとも認識される」と常々報告している。

第二の利点は、生産性の向上が組み込まれるということである。欧米では、我々は「学習者」が基準水準に達するまで訓練する。次に彼が仕事を習得したという結論に達し、後は彼が昇進するか、仕事自体が変わる時だけ訓練すればよいと考える。我々の学習曲線は、「基準」に達した後は横ばいにとどまる。

日本では、そうではない。もちろん日本にも基準があり、それに到達する学習曲線がある。彼らの「基準」は概して、欧米のそれに比べて、はるかに低い。過去、大半の日本産業を満足させてきた生産性基準は、欧米の評価ではおおむね低い部類になる。しかし、日本人は「訓練」を続ける。そして、彼らの学習曲線は遅かれ早かれ、欧米の我々が恒久的と考える横ばいの水準を抜き始める。それはさらに上昇し始めるが、その理由はより懸命に働くからではなく、「抜け目なく働き」始めるからである。私の見解では、日本人の理解のほうがより現実的で、我々が持つ「学習」に関する全知識により適合している。

欧米では、老練な労働者がその生産性を落とさなければ、我々はそれで満足する。しかしいくつかの日本産業では、これが問題になる。たとえば、精密な電子機器を組み立てる若い女性は、二〇歳ぐらいで指の機敏さと視力の鋭敏さのピークに達し、だいたい二三歳を過ぎると、急速に能力が低下する（これが、日本の電子工業で若い女性のために懸命に婿探しをして、彼女たちが二一～二二歳になるまでに、工場をやめさせようとする一つの理由である）。

しかし全般的に見て、日本でも老練な従業員のほうが生産性が高く、彼らの腕に支えられているという。年功序列の場合、給料一円当たりの生産高は、労働者の大半が新人である若い工場のほうが、はるかに高いかもしれない。しかし、マン・アワー（一人一時間）当たり生産高は、老練な労働者を多く抱える工場のほうが、はるかに高い。これは、欧米で我々が当然だと考えることとは正反対である。

終身訓練の伝統

要するに、日本人は企業と産業に自分たちの伝統を適用している。一八六七年まで三〇〇年間にわたり、日本を支配した武士階級の「サムライ」は、二つの大きな技術を持っていた。それは、剣道と書道である。この二つの道には「終身訓練」が求められる。名人に到達しても、訓練を続けなければ、その技術は急速に低下するのだ。

同じく、一八六七年まで三〇〇年にわたって日本の絵画界を支配した狩野派は、最も偉大な名匠でさえ、一日に数時間も模写に費やし、「継続的訓練」を続けたという。そうしなければ、その名匠の腕、とりわけ創造性はすぐに鈍り始める。最も偉大な柔道の達人も、やはり毎日基礎的な訓練を続ける。それは、欧米の最も偉大なピアニストが毎日、音階練習するのとまったく同じである。

従業員と有能な専門家が仕事に対してこうした姿勢で臨むと、かすかだが重要な変化が起こる。ある日、日本の有力な生産技術者の一人は、私に次のように語った。

「欧米の同僚に説明しがたい一つの違いは、我々はデトロイトやピッツバーグのエンジニアとまったく同じことをしているのに、それが別の意味を持つことです。アメリカの生産技術者は、仕事と労働者とを設計（レイアウト）します。我々は仕事のみを設計します。労働者については、我々は熟達者というよりは、むしろ教師の立場にあります。我々が設定するのは土台であり、労働者が建築物を建てます。科学的経営、時間・動作研究、資材の流れなど、アメリカ人が行っていることを我々はすべてやっていて、その方法も変わりません。しかし、アメリカ人はそれで仕事が終わったと考えますが、日本ではそれが仕事の始まりだと信じています。労働者の仕事は、我々が仕事自体の設計を終了した時に始まるのです」

「ゼネラリスト」構想

日本における「継続的訓練」は、アメリカ企業を悩ませている極端な専門化とセクショナリズムを防止するのに、大いに役立つ。

一般的に言えば、日本の産業には、職業別組合や職人的技能は存在しない（この最も重要な例外は、日本の国鉄である。これは、イギリスとドイツから、レールや機関車と共に職人的な専門家を輸入したためだ。しかも、アメリカやイギリスの鉄道よりも、職人的な縄張りによって分断されている）。その一部は歴史によって説明される。工業化の初期の時代には、日本の職人は新しい工場で働くことを拒否した。そこで、工場は農村から出てきたばかりの、技術を持たぬ若者を雇い、仕事に必要な知識を教えなくてはならなかった。

日本の教養は、公式的には、「人々は工場内で次から次へと自由に仕事を変えられる」と主張するが、これは必ずしも真実ではない。溶接の職場にいる人は、その職場にとどまっているようであるし、隣の職場で塗料の吹きつけをやっている人も同じである。事務の仕事、特に経営層や専門職の人々については異動は激しい。日本の企業は、若いマネジャーを生産管理から市場調査へ、また経理部へ異動させることを躊躇しない。しかし、企業内の個々の部課は、その「特権」を防衛して、厳格に専門化され、きわめて偏狭な傾向がある。だが、欧米企業の多くの人々を悩ます視野の狭さは、日本にはほとんど見受けられない。

たとえば、前述の生産技術者は、ＩＥ（生産工学）と他の工学との境界線やＩＥと人事との境界線を、控えめに主張する。彼自身は工科大学を卒業した日から、五五歳でグループ内の関係会社の社長になる日まで他の部署で働いたことはなかった。しかし、彼は他の機能の仕事を知り尽くし、それぞれの問題を理解していた。彼は、産業技術部のために、他の部門で何ができるかということも、逆に生産技術者が他部門のためにしなければならないことも、よく知っていた。彼はその仕事については、最も純粋な専門家であるが、その知識、その視野、ならびに組織全体の業績と成果に対する責任の取り方においては、真の「ゼネラリスト」である。

これは、会社での生活を通じて、彼の仕事と同じレベルで行われているすべての仕事について、「継続的訓練」を受けてきたからである。彼は若手の生産技術者になった時、他の若手の技術者や計理担当者や営業担当者などの研修に参加した。そして、経営陣のメンバーになるまで、こうした道をたどってきた。経営陣に加わると、自発的に、週二回夜に開かれる経営者たちの会合に参加した。この会合は通常、社外のリーダーと討議するもので、トップの仕事についての自己啓発が目的である。

欧米の継続的教育

欧米の我々は今日、「継続的教育」を強調している。これは、日本のそれとは異質の考え方である。日本では概して、大学を卒業した人は、男女を問わず、再び学校に戻ることはない。「再生」のために大学に復帰して授業に出席することはない。日本における正規の教育は「生活」そのものというよりは、生活のための「準備」と考えられている。

事実、日本の雇用者は、政府機関を含めて大企業でさえ、若い社員が大学院に行くことを心から希望しているわけではない。彼らは「年を取りすぎている」ので、ゼロから再出発することができないし、日本では再出発の場所もない。彼らに期待するのは、企業で訓練を受けることよりも、「スペシャリスト」になることである。

実際に、日本の多くの思慮深い経営者たちは、高度の訓練を受けたスペシャリストに対する抵抗が、日本企業の最大の弱点だと考えている。これは、日本の政府機関についても、さらに当てはまることだ。日本では今後数年間のうちに、「継続的教育」が今日以上に重要になることは、ほとんど疑う余地はない。スペシャリストもまた、よりいっそう重要な存在になるだろう。

しかし同時に、日本の「継続的訓練」にも学ぶべき点がある。我々は、主として、マーク・トウェインの天候に関する有名な格言（「ニューイングランドの天気が気に入らないなら……しばらく待ってみたまえ」）に従って、「変化への抵抗」や「生産性の向上」に対応している。つまり、我々は不平をこぼすが、だれも何もしない。日本人は少なくとも何かをやっている。そして、異例の成功を収めている。

アメリカにおける技能管理

継続的訓練は欧米でも未知のものではない。それは一世紀前に、ドイツの初期のツァイス工場で開発された。工場の従業員の大半は、長年にわたって技能訓練を受けて、高度の技能を持ったガラス吹きやレンズ製作者であり、「すべて」の従業員が継続的訓練を行っていた。ドイツ光学産業が第一次世界大戦まで世界のリーダーシップを取ったのは、進んだ職人的技能を、学習の目的ではなく、その基盤と見なした政策に負うところが大きい。

アメリカ（ならびにイギリス）の技能管理は、最も硬直的で抑制的な労働協約のかたちに凍結されてしまったから、継続的訓練は工場現場の多くの労働者にとっては問題外である。しかし、その制度は労働組合に加入していない従業員に導入することが可能であるし、そうすべきである。

たしかに多くの企業は大量の研修プランを持つばかりでなく、若い技術者や専門職や管理職に対し、通学を続けて教育を継続することを奨励している。しかし多くの場合、これらの計画の力点はより専門的な人間になることに置かれ、他の領域の知識、技術、機能を学習することは重視されない。

私が知っているアメリカ企業の研修プランの大半では、若い人がすでに手がけている一つの機能にのみ力点が置かれる。せいぜい「他の領域ももちろん重要だよ」と言われる程度で、じきに他の領域は余計な負担だと考えるようになる。こうして、たとえば地方大学の夜間講座など外部で教育を受けるようになると、その若者の上司は部下にもっと自分の専門分野を学び、他の分野から遠ざかるように圧力をかけるだろう。

このアプローチは逆にすべきである。つまり、若い人がひとたび専門分野の基礎を獲得したら、体系的に企業内の他の主要な領域について経験を積ませるべきである。それは会社の研修コースでもよいし、外部の「継続的教育」でもよい。こうした方法でのみ、我々は明日の専門職や管理職があまりにも細分化されるのを防ぐことができる。

三井財閥の経営者育成法

三井財閥は世界最古の大企業であり、その起源は一六三七年にさかのぼる。イングランド銀行の設立より五〇年も前であるだけでなく、アメリカ占領軍が財閥解体を命ずるまでは世界最大の企業であった（解体された各社は今日、かなり緊密な連合体を結成するに至っているので、再び世界最大の企業になったといってよいかもしれない）。

過去三〇〇年の三井財閥の歴史を通じて、三井は常に、傑出した強力な指導者である最高経営責任者（番頭）によって運営されてきた。その実績は、私の知る限り、他のいかなる機関も匹敵できない。カトリック教会も、いかなる政府、陸軍、海軍、大学、企業も及ばないだろう。

経営者の育成・選出における驚くべき成功をどう説明するかと尋ねると、必ず同じ答えが返ってくる。最近まで、番頭（三井家の一員ではなく、「雇われ経営者」）の仕事はただ一つ、経営者の育成・選出・配置転換であった。下級経営者もしくは専門家として頭角を現してきた若い人々と一緒に大半の時間を過ごすことで、番頭は若い人々を知り、その言葉に耳を傾けた。この結果、これらの若手が三〇歳程度になり、経営陣に加わってもよい頃までには、彼らにはどんな経験や育成が必要か、どんな仕事をやらせてテストすべきかを番頭は知っていた。

四五歳の「最後の審判日」

一見すると、日本の制度は、強力な経営者の育成に最も向かない制度のようだ。それはむしろ、折紙つきの平凡な人として選ばれ、「ボートを座礁させない」ように訓練された臆病な人に対する、理想的な処方箋のように見える。大学からすぐに企業に入社する若い人々は――社外の人を採用して上層の地位に就けることは実際には行われないので、これは企業の経営層に達する唯一の道である――どんなに業績が悪くても、退職するまで仕事を保障されることを知っている。彼らは四五歳になるまで、年功序列のみによって、昇進し給料を支払われる。

業績評価は存在しないように見える。業績を上げても報酬がなく、業績を上げなくても罰を受けない。こうしたことは、あまり重視されない。上役が自分の部下を選ぶこともない。人事担当者が概して人事の決定を行う。この場合、部下の配属について、上役が相談を受けないことも、しばしばある。また、若い管理職や専門職の人々が転任を要請することは、考えられないことであるようだ。同じく、離職して他社へ行くことは、とても考えられないことなのだ。

この慣行は、高度の訓練を受けた技術者については、問題とされている。彼らの間では、きわめて動きが遅いが、変わりつつある。それでも、以前の会社の明白な許可を受けた場合を除けば、若い人が他社の仕事に就くということは、ほとんど聞かない。事実、日本の企業や政府機関に雇用される若い経営者と専門家は、輝かしい業績や積極さで目立つことよりも、むしろ同僚を引き立たせることが期待される。

こうして二〇～二五年間が過ぎていくが、この間、最も強調されるのは、従順であること、要請されたことを行うこと、適当な尊敬と敬意を表すことであるようだ。しかし、四五歳に達すると、突然、優者と劣者が分けられる「最後の審判日」がやってくる。きわめて少数の人々が抜擢されて、「取締役」つまりトップ・マネジメントになる。これらの人々は欧米の定年をはるかに過ぎても、その地位にとどまることができる。年齢が八〇代になっても、経営者として活動する例は、けっして稀ではない。

これ以外の人々、つまり「部長」以下のものは、五五歳まで管理職にとどまる。通常の場合、よくてもあと一回昇進するだけである。それから退職させられる。一般の従業員とは異なり、彼らの退職は強制的なものである。

傑出した人物であれば、重要な例外が設けられるが、その数はきわめて少ない。彼らは専門的でありすぎるために、親会社のトップには昇進できないが、子会社や関係会社の経営陣として任命される。こうした地位で彼らは期間を制限されずに会社にとどまることができる。

経営陣の責任

これが日本の制度の実態であると、日本人から言われて、それを信ずる外国人にとっては、どんな基準で四五歳に重大な決定が下されるかは、理解することができない。まして、この制度から、日本企業の自主独立の積極的な経営者が台頭するとは、まったく思いも寄らぬことである。彼らは、日本の輸出を世界中に伸ばし、第二次大戦前には、工業生産、国民所得で世界の一二大国にさえ加わらなかった日本を、二〇年の間に世界第三位の経済大国にしたのである。

それは、まさしく日本の経営者が「終身雇用」であり、彼らを解雇したり、転職させたりすることができないからである。また、最初の二五年間の会社生活における昇進が年功序列によってのみ行われており、日本人が若い人々の世話と育成を経営陣の第一の責任としてきたからである。

こうした慣行は、少なくとも三〇〇年も昔にさかのぼる。当時、大名の家臣である「サムライ」は、厳格な世襲的階級制度として組織されており、一つの階級から他の階級へ出世することは、公式には許されていなかった。同時に、大名は、きわめて年少でありながら、藩政を支配することができる有能な人材を見出し、高い地位を与えずに、小禄でもって、こうした機会を与えねばならなかった。

もちろん今日では、三井の番頭は、二〜三世代前の先人のように、若い経営者を個人的に知るということは、もはや不可能であろう。三井ほどの大会社でなくても、規模がはるかに大きくなり、また高い地位にいる若い管理職もしくは専門職は、あまりにも数が多くなっている。しかし、経営陣は、いまなお、これらの若い人々に重大な関心を寄せている。だが、経営陣は社歴の長い中間管理職の「非公式ネットワーク」を通じて、この義務を果たしている。この中間管理職は、若い人々の入社後一〇年間、その「教父」(godfather) の役割を演ずるのだ。

「教父」の存在

日本人は、この「教父」という制度を当然のことと考えていて、大半の人は意識さえしていない。私の知る限りでは、こうした役割を演ずる人を呼ぶ名前はない。「教父」という言葉は、日本で言われているのではなく、私がつけた名前である。しかし、若い管理職の人々はすべて、自分の教父がだれであるかを知っており、彼の上役や上役のまた上役も、それを知っている。

教父がその人の直接の上司になることはない。また、その人が属する指揮命令系統の人でもないし、その所属部門の人でもない。教父が経営陣の一員であることは稀で、また将来経営陣に昇進することも、めったにない。むしろ教父は五五歳に達すると、子会社もしくは関係会社の経営陣に転出する上級管理職の人々のなかから選ばれる。

換言すれば、こうした人々は、経営陣の地位に就く四五歳をすでに過ぎており、自分の会社では、もはや「トップの地位に昇進」できないことを知っている。したがって、彼らは自分の派閥を形成したり、社内政略を演じたりはしないと思われている。同時に、彼らは上級管理職の間で、尊敬を集めている人々でもある。

若い人のために、教父がどうして選ばれるか、正式の任命によるのか、非公式な理解によるのか。それはだれにもわからないようだ。通常述べられている一つの資格は、教父が若い人と同じ大学の出身であるということだ。「出身校による結束」は、かつてイギリスで見られた以上に、日本のほうが強い。しかし、社内の人々はすべて、特定の若い人の「教父」がだれであるかを知っており、その関係に敬意を払っている。

若い人の入社後約一〇年間、この教父は、大企業であるため、こうした教え子を一時に一〇〇人も抱えることがあっても、その教え子と密接な接触を保つことが期待される。教父は、その若い人を知り、かなり定期的に会い、助言を与え、相談に乗り、一般的に言えば、面倒を見ることが期待される。

教父は、日本の文化を反映する機能を若干持っている。たとえば、彼は自分が育成している若い人々に、銀座のバーや、適当な待合を紹介する（公の席での酒の飲み方を学ぶことは、若い日本の経営者が学ばねばならない重要なたしなみの一つである）。

若い人が無能な管理職の下にとどめ置かれ、他へ移りたいと思う時、教父はどこへ行くべきか、また公式ではなしえない何らかの手の打ち方を知っている。普通の日本人では「けっしてやれないこと」である。そのことを知るものは、だれもいないだろう。また、若い人が言うことを聞かず、平手打ちを必要とする時、密かにそれをやるのは教父である。若い人が三〇歳になるまでには、教父は彼について、多くのことを知る。

経営陣と膝を交えて、こうした若い人々のことを討議するのは、この教父である。この討議は、完全に「非公式」なものであるかもしれない。杯を交わしながら、教父は静かな口調で、「中村は優秀な奴だから、重要な地位に就けてもよい」とか、「中村は優れた化学者だが、部下の管理方法を知らないと思う」とか、「中村はよくできるし、信頼してよいが、天才ではない。日常の仕事以外のことはやらせないほうがよい」と言う。人事異動の時期が来ると、人事部の人々は、だれにどんな仕事を任命すべきか、ある人をどこへ異動すべきかについて、決定前に、こっそりと教父に相談を持ちかける。

ある部外者の瞥見

二～三年前、私はまったく偶然なことから、一時的に教父にされたことがあった。私自身の個人的な体験を紹介することで、この制度がどんな機能を果たすかがわかるだろう。

私は二〇年間、ニューヨーク大学の経営大学院で教鞭を取ってきたが、きわめて有能な学生の一人に日本の若い学生がいた。この学生を大倉と呼ぶことにしよう。外交官の息子である彼は、オックスフォード大学へ留学し、それから日本の外交官試験を受け、みごとに合格した。しかし彼は外交官になるよりは、実業界に入ることを決意し、私の所属するニューヨーク大学経営大学院に学び、それからある日本の国際的な大会社に入社した。

二～三年前、私が日本へ行った時、彼は私を訪ねてきた。「どうだ、うまくやっているか」と私が言うと、彼は次のように答えた。

「元気です。しかし、助力の必要を感じているのです。先生のお力添えをいただきたくてお訪ねしたのです」

彼が私に語った話のハイライトだけを述べることにしよう。

「私は日本の大学へ行かなかったので、私のことを気にかけてくれる人が、私の会社には一人もいません。私の会社の経営陣は、すべて日本の大学の出身者です。この結果、経営上層部には、人事部の人々に、私が海外支社の経営的職務に適任であると進言してくれる人が一人もいません。人事部の人々が、南米の二つの空席について、最近人事異動を行った時、私のことを考慮に入れたことは、知っています。しかし、私がそこへ行きたいと思っているか、それだけの資格があるか、また私がどんなことを計画しているか、こうしたことはだれもわかっていないわけです。私は、先生が一両日中にわが社の副社長と昼食を共にするということを知りました。先生は私の教授であったわけですから、私に代わって話していただけないでしょうか」

「外部の者が干渉しても、あなたの会社の副社長は腹を立てないだろうか」と私は言った。すると、「そんなことはありません。かえって副社長は感謝することでしょう。間違いありません」と大倉は言った。

それは正しかった。私が大倉の名前を出すと、その副社長は晴れ晴れとした顔で、こう言った。

「大倉をご存じでしたか。一つご面倒ですが、大倉がどんな計画を持っているか、彼と話し合っていただきたいのです。我々は、彼が海外の重要な経営的地位に就くだけの力があると考えていますが、そのことを彼に話す方法がないのです。我々トップの者で、彼と同じ大学を出た者は一人もいません」

三カ月後、大倉は中南米のかなり重要な国におけるその会社の支社長に任命された。

よき指導者の必要性

こうした関係が日本よりはるかに非公式のものと考えられている欧米では、日本と同じように、入社後約一〇年間は若い人々に人間的に接触し、個人的な聞き手となり、ガイドの役割を演じる上級管理職を必要としている。

おそらく今日、大組織にいる若い人々が最も不満に思っているのは、彼らの言葉に耳を傾けるものが一人もいないということ、つまり、彼らがどんな人物か、どんなことをしているかを知ろうと努める者、相談相手の役割を演ずる者がいないということである。

我々の経営者は、第一線の監督者がこの役割を演ずることができるという。こうした見方はまったくナンセンスである。第一線監督者は、仕事をやり遂げねばならない。「監督者の第一の仕事は人間関係である」というお説教に従っていたら、仕事を遂行できないだろう。

とりわけ、監督者は必ず優秀な人を手元に引きとめ、手放そうとはしないだろう。監督者は「君はここで学べることはすべて習得した」、「君は立派にやっているが、本当はこの仕事には向かない」などとは言わないだろう。監督者が若い人に「君はどんなところへ行きたいと思っているか。どんな仕事をしたいか。どうすれば君の望みをかなえる手助けができるか」と尋ねることもないだろう。

監督者は、若い有能な部下の改革や配置転換に関するちょっとした欲求を、自分に対する直接的な批判として受け取る傾向がある。この結果、欧米企業の若い管理職や専門職の人々は、「断固とした意思表示を行う」。つまり彼らはその職場を去って、他へ出てしまうのだ。真の人間的な接触の欠如こそが、彼らの間で離職率が高い重要な理由である。彼らと話し合うと、彼らはきまって次のように言う。

●「会社はいいのだが、だれも話し相手がいない」

●「会社はいいのだが、私の職場は適所ではない。しかし、そこから出られない」

●「私はどんな点で正しく、どんな点で間違っているか、また、どこに向いているかを話してくれる人が必要である。しかし、私の会社には、相談できる人が一人もいない」

彼らは心理学者を必要としているわけではない。仕事中心や作業中心の人間関係、個人として近づけるような接触、彼らに関心を持ってくれるよい指導者を必要としているのだ。日本は正確に言えば、厳格な制度で人間味がなく、形式的だったがゆえに、ずっと昔から、こうした「教父」の仕組みを提供しなければならなかったのである。日本人は公式には、こうした制度の存在を認めることができないから、適切な方法でそれを設定したのだ。この「教父」の機能は、別個の仕事ではなく、人事担当者の仕事の一部でもなく、専門家に任せることもなく、経験豊かな尊敬されるべき管理職によって履行されていることは、明らかにこの制度の長所である。

しかし、コミュニケーション・システムを必要としているのは、欧米の企業の若い人々だけではない。経営幹部もそれを利用することができるだろう。たとえば、私が一緒に働いたことのある企業の多くで、経営幹部と若い人々との会合を定期的に開くという試みがなされた。それは執務時間外に行われ、また機能や指揮命令系統とは無関係に行われた。これらの会議では、経営幹部は話をせずに、質問したのである。

「君たちは、仕事について、会社や君自身の計画について、また我々の機会や問題について、私に何か言っておきたいことはないかね」

その会議は必ずしもうまく運ばなかった。若い人々は、最初のうちは恩着せがましいとひどく疑ったが、しばらくするとその会議を楽しみに待つようになった。しかし、本当の受益者は経営幹部であった。彼らは若手管理職が何を考えているかを学んだのである。

日本人の「教父」というコンセプトは欧米人にとってはあまりにも温情主義的かもしれない。日本の若者にとってさえ温情主義的すぎるかもしれない。しかし、若手の管理職や専門職を経営幹部の特別の関心の対象にさせる制度は、「世代ギャップ」の現代においては、特に強く必要とされるものである。

欧米企業の問題解決に向けて

この論文を読んだ日本の経営者は、私が極端な単純化を行い、日本の経営の顕著な特徴の多くを省略した、と抗議するだろう。いままで日本について学んできた欧米の学生は、私を無批判的であると言って、非難するだろう。

しかし、この論文における私の目的は、日本の経営を学問的に、分析することではない。日本の経営のやり方を説明しようということさえ考えていない。私は、日本の若い管理職の間に、多くの欲求不満があり、日本の経済的成果によって、日本経済と日本社会には、恐るべき緊張がつくり出されていることをよく知っている。これらの緊張はきわめて大きいため、「二一世紀が日本の世紀になる」という最近の予測については、私は相当懐疑的になっている。実際に、私が日本人であったならば、この予測を聞いて気を失うだろう。

他の国民の過失から教訓を学べるかどうかは、疑わしいことだ。しかし、他の国民の成功からは確実に教訓を学び取ることができる。この論文で論じられた日本の政策は、日本の成果の「カギ」ではないが、その大きな要因である。また日本の政策は欧米の問題に対する解答にはならないが、我々の最も切迫した問題に対する解答を含んでいる。それゆえ我々の最も緊急なニーズに役立ち、我々が探究すべき方向を指示している。
日本の真似をしようという試みは愚かなことだろう。しかし、我々は日本を見習おうと努めたほうがよいかもしれない。

【注】
（1）Howard F. Van Zandt, "How to Negotiate in Japan," HBR, November-December 1970, p.45. を参照。
（2）*Japan's Decision for War, Records of the 1941 Policy Conferences,* translated and edited by Nobutsuka Ike, Stanford University Press, 1967. を参照。

第16章

New Templates for Today's Organization

現代組織の新たな枠組み

New Templates for Today's Organization
HBR, January-February 1974.
組織に新しい“くさび”を打ち込め
『ダイヤモンド・ハーバード・ビジネス』1977年12月号

繰り返される組織変更

今日の組織構造はますます短命に、そして不安定になっている。

いまでも手本とされる一九二〇〜三〇年代の「古典的な」組織構造は、時折手直しするだけで数十年は持った。AT&T、ゼネラルモーターズ（GM）、デュポン、ユニリーバ、シアーズ・ローバックは、数度にわたり経営陣が世代交代し、事業の規模や範囲が大きく変わってもなお、それぞれの組織のコンセプト、構造、基本的な構成要素を保っていた。これに対して今日の企業は、大規模な組織再編を完了するや否や、また最初からやり直すといった具合だ。たとえばゼネラル・エレクトリックは、ほぼ一〇年にわたる懸命の努力を経て六〇年頃に大がかりな抜本的組織改革を終えた。にもかかわらず、今日までの間に少なくとも二度、構造と全体的戦略を共に手直ししている。同様に、イギリスのインペリアル・ケミカルは、作成してからまだ一〇年も経っていない組織設計を改革している最中である。組織構造もその概念も同じように落ち着きがなく不安定だ。それはアメリカの大手商業銀行にも、IBMにも、アメリカの政府機関にも見られる。たとえば連邦保健・教育・福祉省は、設立後二〇年にわたりほぼ毎年のように、「これで最後」の組織変更を繰り返している。

この不安定さは、行きすぎた組織化の結果でもある。企業は、病気を診断する代わりに、一種の妙薬として組織再編という手段に訴えている。企業を観察してみれば、ささいな手続き上の問題を片づけるために、あるいは人事上の決定に向き合うことを避けるために、過剰なほどの外科手術を濫用していることがわかるだろう。同じように、企業の目標、戦略、優先順位をじっくりと考えずやみくもに組織を再編するケースもよくある。正しい組織構造とは、仕事の遂行そのものではなく、仕事を遂行するための前提条件だということを理解している経営者はほとんどいないかのようだ。

しかし、間違った組織構造で仕事が遂行できないのは火を見るより明らかである。そのような組織は、あつれきとフラストレーションをもたらし、見当違いの問題にスポットライトを当て、ささいなことに大騒ぎする。だが「完璧な組織」とは、「完璧な健康」のようなものである。病気を患っておらず、したがって治療する必要もないということが判断基準となる。

わが国の病院でむやみに行われているといわれる虫垂や子宮、扁桃腺の摘出手術ほどではないにしても、アメリカの組織に施されている無用な外科手術からすると、やはり組織の危機が存在すると言わざるをえない。多くの経営者は二〇年前、組織設計と組織構造には、注意と熟慮と懸命の努力が必要だということをまだ学んでいなかった。今日では、ほぼだれもがそう認めている。それどころか組織研究は、過去二〇年の真の「成長産業」ですらある。しかし、数年前の組織理論には「正解」があったにもかかわらず、今日ではまったくの混乱状態だ。

この危機は、組織理論の危機であり、組織慣行の危機でもある。皮肉なことに、いま起こっていることは、クリス・アージリスやウォーレン・ベニス、ダグラス・マグレガー（そして私自身）をはじめとする組織理論家が一〇年以上も前から予見してきたこととはまったく異なっている。個人的な充足の余地を広げる、自由で人間的な組織を求める圧力は、現在の組織危機にはほとんど何の関わりもない。不安定さの主な原因は、客観的な課題の変化、組織化しなければならない事業と機関の種類の変化である。これが、組織慣行の危機の根本原因となっている。

「組織の危機」に対する組織理論家の伝統的な答え――さらなる組織開発が必要という――は、この新しく出現した問題にはほとんど当てはまらない。組織理論家は、だれも耳にしたことのない病気、しかもまったく違う体に巣食う病気の古い治療法を熱心に説いているように見える。現代において組織化しなければならない事業と機関は、二〇年前とはまったく違う存在である。

こうした客観的な課題の変化は、伝統的な組織概念に合わない新たな設計原理を生み出している。ここに、理論の危機がある。一方、過去二〇年の間に出現してきたのが、組織のどのニーズに最も注意すべきか、いかに組織のニーズを分析し、組織構造の設計に取り組むかという問題に対する新たな認識である。新しい「体」がいかなるものか理解しなければ、病気の治療に取りかかることもできない。

以下においては、古いモデルを新たな現実と比較し、次に、新しい設計原理について説明する。これらの原理は、現代のマネジメントの課題にも、また、組織の目的とは関わりなくあらゆる組織が必要とする形態上のニーズにも対応させることができる。こうしたさまざまな関係を探るなかで、我々は、多くの企業や機関を悩ませている組織の危機を避ける方法を見出すことができるかもしれない。

初期の組織設計モデル

まだ日の浅いマネジメントの歴史において、組織の問題に対する「決定的な答え」が示されたことが二度ある。

一度目は一九一〇年頃、フランスの実業家アンリ・ファヨールが、彼から見て普遍的に有効な製造会社の機能について考察した時のことだった（「機能」という言葉は、ここでは一般的なマネジメントの意味で使っており、ファヨールが管理上の問題を説明するために使った意味ではない）。言うまでもなく、その当時、本当に重要な組織上の問題を呈していたのは、製造業だけであった。

やがて二〇年代初期に入り、アルフレッド・P・スローン・ジュニアが、GMの組織化に当たり次の一歩を踏み出した。複数の事業部門を抱える大規模な製造会社の組織化に関する「正解」を見出したのである。スローンのアプローチでは、個々の部門の構築は、ファヨールが製造業について定めた職能別組織構造――エンジニアリングや製造、販売など――に基づいて行うが、事業自体の組織化は、連邦分権制という概念、すなわち分権化した権限と中央集権化した統制に基づいて行う。GMの組織構造は、四〇年代半ばには世界中の大規模組織のモデルとなった。

組織設計者や組織構築者を取り巻く現実に適合しているところでは、ファヨールとスローンのモデルに勝るモデルはない。ファヨールの機能的組織は現在でも、小企業、特に小規模な製造事業を構築する最高の方法である。スローンの連邦分権制も、GMのような単一製品、単一市場の大企業にとって最高の構造であることに変わりはない。だが、構造化と組織化を必要としている組織の現実が、これらのモデルに「合わなく」なりつつある。実を言えば、スローンの取り組み――そしてファヨールの取り組み――の根拠となっていた前提自体が、今日の組織が抱える難問に当てはまらなくなっているのである。

GMモデルを応用できない理由

GMの構造が現代の組織のニーズにふさわしいモデルではなくなっている理由は、少なくとも六つ挙げられる。

①GMは、製造会社である。

我々が今日、直面している課題は、大規模な非製造機関の組織化という問題である。現代の世界には、大規模金融会社や大規模小売会社が存在するだけではない。世界的な輸送会社もあれば、通信会社もあり、カスタマー・サービス会社もある。後者は、製品を生産している場合があっても、外部へのサービスの提供に主眼を置いている（ほとんどのコンピュータ会社がそうだ）。そして、病院や大学、政府機関など、非営利のサービス機関も忘れてはならない。先進国では、こうした「非製造」機関が経済の真の中心になりつつある。他のどの機関よりも雇用者数が多く、国民総生産に最大の貢献をすると同時に、そこに占める割合も最も大きい。組織をめぐって根本的な問題を抱えているのは、これら非製造機関である。

②GMは本質的に、単一製品、単一技術、単一市場の企業である。

大規模な金融子会社と保険子会社の収益を算入しても、同社の総収益の五分の四は自動車が生み出している。フリジデールとエレクトロモーティブはそれぞれ、家電市場と機関車市場で重要な位置を占めており、業界のリーダーになっているが、GMのなかではごく小さな部分にすぎない。実際、GMは三〇年前、四〇年前と比べ今日でもほとんど多様化していないという点において、大企業のなかでも特異な存在なのである。その後三〇年代後半から四〇年代前半にかけて、GMは化学産業（エーセル）、航空機産業（ノースアメリカン航空）、土木機械設備（ユークリッド）に大規模投資を行った。いまでは三社とも残っておらず、自動車分野以外での新たな多様化活動は行われていない。

GMが製造する自動車は、サイズや馬力、価格などの細かな点で違いはあるが、基本的に同一の製品である。たとえば〈ポンティアック〉部門の製造ラインに加わったことがあれば、〈シボレー〉を珍しく感じることはないだろうし、ドイツの〈オペル〉ですらそれほど目新しくないだろう。

対照的に、今日の典型的な企業は、多製品、多技術、多市場企業である。コングロマリットとは言わないまでも、きわめて多様化している。そうした企業が抱える中心的な問題は、組織の複雑さと多様性というGMにはなかった問題である。

そのほかにも、GMのパターンを適用できない、さらに難しい状況が存在する。単一製品と単一技術を扱っているが、GMとは異なり、各部門が独立しつつも同等の単位に分割できない大企業である。その典型は、製鉄会社やアルミニウム会社のような「原料」会社だ。鉄道や航空などの大規模輸送企業や、大規模な商業銀行もこの部類に入る。これらの企業は、職能別構造に収めるには巨大すぎる。職能別構造は組織の骨組みではなくなり、組織の身動きを奪ってしまうのだ。また、この類の企業は、真の意味で分権化することはできない。どの部分もそれ自体は、一つの「事業」ではないからである。とはいえ、機械技術からプロセス技術へ、製品の生産から知識とサービスの生産へと移行するにつれ、大規模で複雑ながら一元化した企業は、二〇年代と三〇年代の部門制企業よりも重要な存在になりつつある。

③GMはいまなお、その国際事業活動を組織的に別個の外部活動と見なしている。

同社は五〇年にわたり、海外で製造・販売活動を行っており、その売上高の四分の一程度は、北アメリカ以外の地域での売上げである。だが同社の組織構造、指揮系統において、そしてとりわけ昇進コースにおいて、GMは外国の子会社を持つアメリカ企業にほかならない。

GMのトップ・マネジメントは、多国籍事業はもとより、国際事業に力を入れていない。彼らの関心はもっぱら、アメリカの市場、アメリカの経済、アメリカの労働運動や政府などに向けられている。GMがアメリカ以外の主要な自動車市場の急速な拡大と成長をうまく利用できていない主な原因は、同社の伝統的な構造とトップ・マネジメントの考え方にあるのかもしれない。ヨーロッパでは、GMのシェアは下がる一方であり、ブラジルでは、自動車市場の急激な出現を予見できなかった。(注1)

対照的に、他の多くの企業は過去二〇年の間に多国籍化を遂げた。そうした企業にとっては、数々の文化、国、市場、政府は同等の重要性、あるいは少なくとも大きな重要性を帯びている。

④GMは単一製品、単一国家企業であるために、情報処理は組織的に大きな問題ではなく、それゆえに大きな関心事ではない。

GMでは、だれもが同じ言葉――自動車業界の用語という意味であれ、アメリカ英語という意味であれ――を話す。おそらく自分も同じような仕事をしたことがあるからだろうが、他の者が何をしているか、あるいは何をすべきか、だれもが完全に理解している。したがってGMは、市場の論理と、権威と決定の論理に従って組織することができる。組織の内部では、情報の論理と流れにはそれほど配慮する必要がない。

対照的に、多製品、多技術、多国籍企業は、大量の情報の流れを扱う組織構造を設計しなければならない。少なくとも、組織構造が情報の論理を乱さないように取り計らう必要がある。そしてこの課題について、GMは何の指針も与えてくれない。GMはこの問題に取り組む必要がなかったからである。

⑤ＧＭの従業員の五人に四人は、ルーチンワークの生産労働者か事務作業員である。

換言すれば、ＧＭが雇っているのは今日の労働力ではなく、昨日の労働力であった。今日の基本的な組織問題は、知識労働と知識労働者に関わる問題である。知識労働者は、あらゆる企業において他のどの要素よりも急速に成長している。サービス機関では、知識労働者が中核的な従業員である。

⑥最後に、ＧＭは「企業家」的な事業ではなく、「管理者」的な事業である。

スローン流アプローチの強みは、既存かつ既知のものを管理する能力、それも絶妙に管理する能力にあった。ところが今日の組織者は、企業家活動とイノベーションを組織化する必要性の高まりに直面している。だがこの課題について、ＧＭのモデルは何の手引きも与えてくれない。

五つの組織設計原理

新たな組織の現実をどのように扱えばよいのか、あるいはその構造的な要求をどのように満たせばよいのか、まだ答えはわかっていない。そうは言っても、組織化という課題は待ってくれない。新たな現実に取り組むため、我々はこの二〇年の間に、ファヨールとスローンのモデルを補完するその場しのぎの設計上の解決策を編み出してきた。その結果、組織の構築に当たっては、五つのいわゆる「設計原理」、すなわち五つの明確な組織構造を利用できるようになった。このうち、すでに論じた二つの伝統的な構造は、長年にわたって組織設計の原理として知られている。

●アンリ・ファヨールの職能別組織
●アルフレッド・P・スローンの連邦分権制

残りの三つは最近出てきた構造である。設計原理として一般に知られておらず、ましてや認められてもいない。

●チーム型組織
●疑似分権制
●システム型組織

チーム型組織では、仕事のプロセスにおける特定の技能や段階ではなく特定の課題に応じて、グループ、それもたいていはごく小さなグループを設ける。チーム型設計は伝統的に、暫定的かつ例外的な短期のタスク・フォース型の職務にしか適用できないと思われていた。だが、長期的なニーズ、特にトップ・マネジメントとイノベーションの課題にも同じように適用できることが過去二〇年間でわかっている。

職能別に組織するには大きすぎ、真の分権化を図るにはあまりにも一元化している場合は、疑似分権制が組織問題の答えとなることが多い。疑似分権組織は、一つの職能、仕事のプロセスの一段階、あるいは一つの組織単位を、損益について真の責任を負う独立した事業であるかのように組織する。会計上の仮定の数字や振替価格、間接費の割り当てを市場の現実として扱う。

難題や摩擦はあるが、疑似分権制はおそらく、近年最も急速に成長している組織設計ではないだろうか。疑似分権制は、原料やコンピュータ、化学薬品、医薬品を扱う企業、そして大銀行に、満足のいくかたちではないにせよ適合する唯一の組織設計である。また、大規模な大学、病院、政府機関にふさわしい唯一の原理でもある。

最後に、システム型組織である。この設計原理の原型は、NASAの宇宙プログラムである。宇宙プログラムでは、チーム型組織と疑似分権制を組み合わせて使う。大規模な政府機関や個々の研究科学者、営利事業、大規模な大学など、多数の自立した単位が、論理ではなくその場のニーズに応じて組織化され、情報を取り入れつつ、共通の目標と共同のトップ・マネジメントの下で、一丸となって働いていた。多くの文化、政府、事業、市場が入り混じった大規模な多国籍企業は、システム概念に基づく今日の組織の代表例である。

新たな設計原理のうち、扱いやすいものや手間のかからないものは一つもない。実際、伝統的な職能制や連邦分権制に比べて難しく、複雑で脆弱なため、組織理論家のなかには、原理とはいえない、言語道断だと主張する者も多い。(注2)伝統的な原理が使えるなら、そちらを使うべきであることは疑いない。そのほうがはるかに簡単だろう。しかし伝統的な原理は、新たな原理よりも適用範囲がはるかに狭い。しかも誤用すると、はるかに深刻な問題を引き起こす。

フォーカスする領域が異なるから設計原理も異なる

五つの設計原理はいずれも、マネジメント上の何らかの課題が一つの構造を必要としている場合に、その原理の適用を裏打ちする論理を体現している。本論では、五つの原理の土台となっている三つ、あるいは四つの論理を明らかにすることができる。たとえば、職能別組織の設計原理とチーム型組織の設計原理は、やり方は違うものの、共に仕事と課題を体系化している。したがって、仕事志向あるいは課題志向の経営問題に直面した時に検討するのにふさわしい設計である。

歴史的に、これら二つの設計原理は相反すると見られていたが、実際は補完的である。職能別に組織された構造では、製造や会計などの技能は静的なものとして設計され、仕事が一つの段階から別の段階へと移行していく。一方、チーム型組織では、仕事は静的なものとしてとらえられ、課題の要求に応じて技能が一つの段階から別の段階へと移行する。互いに補完的な性質ゆえに、これらの二つの設計原理は、たとえば知識を中心とする構造を扱う際に可能な唯一の選択肢となる。というのも、成し遂げるべき課題が目の前にあり、チームで作業すればいちばんうまくいく場合、どんな人物と専門知識を動員すればチームとして成立するか考える土台として、静的な職能が必要だからである。

他の二つの設計論理も、仕事と課題に関わる論理と同じように定義することができる。疑似分権制とスローンの連邦分権制は共に、成果と業績を中心にした構造であり、成果に焦点を当てて設計されている。だが職能型構造とチーム型構造とは異なり、補完的ではない。互いに代替的ですらない。連邦分権制は「最適の」策だが、疑似分権制は、連邦分権制に求められる厳しい条件を満たすことができない時のみに用いるべき「ましな選択肢」でしかない。

利用可能な設計原理の最後の一つであるシステム型設計は、マネジメントのもう一つの次元、すなわち関係に焦点を当てている。関係は、仕事と課題や成果に比べて数が多く、明確に定義しにくいため、関係に焦点を当てた構造は仕事志向の設計や成果志向の設計に比べてはるかに難しい問題を呈する。しかしながら、真の意味での多国籍事業におけるように、関係の複雑さゆえに、システム型設計以外にふさわしい設計原理が見当たらない組織問題も存在する。

この大まかな分類は、少なくとももう一つ別の設計原理が発展する可能性を示唆している。仕事と課題、成果と実績、関係と同じく、意思決定もマネジメントの一次元である。しかるに、意思決定に焦点を当てた組織構造の設計原理はいまのところ知られていない。だが、そのような原理が編み出されたならば、広く適用できるかもしれない。（注3）

理想を言えば、組織は多軸型、つまり仕事と課題、成果と実績、関係、意思決定という複数の軸を中心に構成されていることが望ましい。このような構造の組織は、まるで一つの生命体であるかのように機能する。ちょうど、骨格と筋肉、無数の神経系、循環系、消化系、免疫系、呼吸系という、各々が自立しながら互いに依存している要素を備えた人体のように。だが社会構造に関しては、一つの主要な次元だけをかたちに表す設計図しかない。

したがって、組織の設計においては、限られた各種の構造――それぞれが異なる次元に重点を置いており、その結果として相異なるコストと具体的で厳しい条件、そして現実の制限を伴う――から選ばざるをえない。リスクのない組織構造は存在しないのだ。そして、ある課題にとって最善の解決法となる設計は、別の課題にとっては出来の悪い選択肢の一つにすぎず、また別のタイプの課題にとっては明らかに間違った選択肢となることもありうる。

純粋な構造は失敗する

設計の論理と原理の関係は、いささか違うやり方でとらえることもできる。原理に基づいて構成できるマネジメントの主要な課題を洗い出す方法である。

ごく一般的な分析だが、我々はいままでに、組織設計は、①今日の事業の成果を生むことに責任を負う業務活動、

②会社の明日をつくり上げるイノベーション活動、③今日と明日の両方の事業を指揮し、ビジョンを与え、針路を定めるトップ・マネジメントの仕事という、三種類の仕事を同時に組織し、統合しなければならないことを学んだ。

この三種類の仕事すべてにふさわしい単独の組織設計はない。どの企業も、いくつかの設計原理を併用する必要がある。それに加えて、組織には、組織としての仕様というものがある。仕様は、構造の目的とは関係ないものの、構造そのものの一部である。人間の体は、そこに宿る者がどのような活動をしようとも一定の特徴を持つものとして説明できる。組織構造もこれと同じだ。人体には、腕と脚、手と足があり、すべてが互いに関連している。同様に組織は、次の必要性を満たすように構成される。

- ●単純さに対立するものとして、明快さ（ゴシック聖堂は、単純な設計ではないが、その内部に立つ者の位置は明快である。どこに立ち、どの方向へ進めばよいのかすぐにわかる。現代のオフィスビルの設計は非常に単純だが、すぐに迷子になってしまう。明快ではないからだ）。
- ●統制を維持し、摩擦を最小限に抑える努力の経済性。
- ●プロセスではなく生産品、努力ではなく成果に目を向ける方向性。
- ●自分の仕事と組織全体の仕事に対する各人の理解。
- ●正しい問題に焦点を当てており、行動志向的で、マネジメントの階層のうち、できる限り低いレベルで実行される意思決定。
- ●混乱を生き抜くための安定性（硬直性に対するものとして）と、混乱から学ぶ適応性。
- ●永続性と新陳代謝。この二つを実現するためには、各人の絶え間ない成長を助け、内部から明日のリーダーを輩出できる組織でなければならない。また、新たなアイデアに対してオープンな構造であるべきだ。

組織体、とりわけ企業は、ある程度までマネジメントのあらゆる次元を軸にして構成されている。とはいえ、どの設計原理も単独では、すべての要求とニーズに応えることはできない。また、組織としての仕様をすべて、満足のいくかたちで満たしている設計原理はない。

たとえば、職能原理は、きわめて明快で経済性にも優れており、各人の課題を簡単に理解できるようにする。だが、小さな企業においてさえ、ややもすると成果ではなく努力に目を向けさせ、組織の達成目標をあいまいにし、次善の意思決定をもたらす。安定性は高いが、適応性は低い。専門的な職務技能、すなわち中間管理職を維持し、育成するが、新たなアイデアを拒み、トップ・マネジメントの育成とそのビジョンを妨げる。同様に、その他の四つの原理のどれを取っても、一部の組織仕様には「ぴったり」であり、他の組織仕様には「不釣り合い」である。

ここで導き出される一つの結論は、組織構造は純粋または効果的なものにはなりえても、純粋かつ効果的なものにはなりえないということである。

実際、我々が知っている最も純粋な構造、すなわちアルフレッド・スローンのGMですら、実質的には混成構造だった。職能組織を内包する分権化された部門からのみ構成されていたわけではない。当初から、かなり大規模な疑似分権制を包含していた。たとえば、フィッシャー・ボディは、車体製造全体に責任を負ったが、仕上がった製品については責任を負わなかった。また、トップ・マネジメントはチームとして、もっと厳密に言えば互いに連動する複数のチームとして、構成されていた。

これは、組織構造とは必然的に、まとまりのないものになってしまう、あるいは雑然とした混合体になってしまうという意味ではない。シアーズ・ローバックやGMなどの古い構造が持つ強大な生命力は、ダイナミックなバランスの実現が可能であることを教えている。しかし、一つはっきりしているのは、純粋な構造はまったくの失敗作となる危険性が高いということである。(純粋な分権化を目指しているGEとインペリアル・ケミカルが直面しているさまざまな苦労は、この傾向を見ればわかるかもしれない)。

こうした考察から、組織設計とは「唯一の最善の方法」の探求ではなく、リスクをいとわない意思決定の連続だと結論づけることができる。しかし、組織理論家や実務家はいまだに、このことを学んでいないようである。

新たな組織構造を構築する

これまでの考察から、また過去二〇年間の経験から、学ぶべき重要な教訓はたくさんある。いままで認識されていなかった新たな思想や結論が関わる教訓もあれば、何年も前に決着がついたと思われていた古い概念や関係の見直しを伴う教訓もある。

最初に断定できるのは、ファヨールとスローンは正しかったということだ。つまり、優れた組織構造は自然に発達するわけではない。組織のなかでひとりでに発達するのは、無秩序であり、摩擦であり、いい加減な仕事だけである。そしてまた、ギリシャ神殿やゴシック大聖堂と同じく、正しい構造——というより存続可能な構造は、思いつきから生まれるものではない。伝統は、問題や不調の所在を教えてくれるかもしれないが、解決策を見つけるにはほとんど役に立たない。組織設計と構造に必要なのは、熟考、分析、組織的なアプローチである。

第二に我々が学んだのは、組織構造の設計は最初の一歩ではなく、最後の一歩だということである。最初の一歩は、組織をつくり上げる構成単位を識別し、組織することである。構成単位とはすなわち、最終構造に含むべき主要な課題であり、ひいては出来上がった建築物の負荷を支える役割を果たす。言うまでもなく、構成単位の識別と組織化は、ファヨールがこなすべき仕事に応じて製造会社の職能を設計した際に手がけたことである。

構成単位は、それがいかなる貢献をするかによって決まる。我々はそう理解している。また、従来のアメリカの組織理論に見られる「スタッフとライン」の概念のように、伝統的な貢献の分類方法は、理解の助けになるどころか妨げになることも知っている。

構成単位、つまり課題の設計は、言うならば組織設計の「技術段階」であり、基本的な素材を提供する。そしてあらゆる素材同様、こうした構成単位は独自の特徴を持つ。さまざまな場所に、さまざまな組み合わせで収まる。

我々はまた、「構造は戦略に従う」ということを学んだ。組織は機械的なものではない。部品を組み立てるように仕上げることも、プレハブ方式でつくることもできない。組織は有機体であり、それぞれの企業や機関に固有のものである。我々は現在、構造とは、機関の目的や目標を達成する手段だと認識している。効果的かつ健全な構造にするならば、目的と戦略から始めなければならない(注4)。

これは、組織に関する領域において得られた、最も有益な新しい洞察ではないだろうか。この洞察は明々白々であるように見える。事実、そうである。しかし組織構築の最悪の誤りのいくつかは、理想的な組織という機械的なモデルを生きた企業に押しつけることから生じている。

戦略とは、「我々の事業は何か」「どのようなかたちであるべきか」「どのようになるのか」という問いに対する答えである。戦略は組織の目的を決定し、それにより企業やサービス機関における主要な職務や活動を決定する。効果的な組織とは、こうした主要な活動を機能させ、成果をもたらす設計である。逆に、主要な活動は、機能する構造の負荷を支える要素となる。組織設計は第一に、主要な活動に関わるものでなければならない。他の目的は二次的なものにすぎない。

組織設計に関する新たな洞察のなかには、古い考えを捨てよと教えるものもある。組織に関する理論や慣行をめぐって声高に延々と続いている論争のいくつかは、まやかしである。正しい答えが「程度の差こそあれ両方」である時に、「黒か白か」の二者択一を迫る。

職務の設計と組織構造における課題中心と人間中心の対立は、こうしたまやかしの論争の最たるものであり、さっさと忘れたほうがよい。構造と職務の設計は、課題に焦点を当てなければならない。だが、仕事の割り当ては人間と状況のニーズの両方に適合していなければならない。課題中心か人間中心かという、問題ではないことを問題にする古くさい議論のように、その二つを混同しても何も始まらない。仕事は常に、客観的で人間味のないものである。対照的に、職務はいつでも必ず人間が遂行しなければならない。

この古い論争にいささか関連しているのが、階層型組織か自由型組織かという議論である。

伝統的な組織理論が想定しているのは、どの構成単位にも建造物全体にも、同じように適用できる単一の構造――いわゆる階層組織、つまり上司と部下の階層ピラミッドである。

今日、それに劣らず教条主義的なもう一つの組織理論が人気を博しつつある。その理論は、組織のかたちや構造は好きにすればよい、構造は自由である、いや自由であるべきだと説く。あらゆるもの――かたちも規模も、明らかに課題も――は、対人関係から生じており、構造の目的は、各人が「自分らしい仕事」をできるようにすることだと主張する。しかし、一方が完全なる組織化を、もう一方が完全なる自由を体現しているわけではまったくない。どちらの組織においても必要な規律の量は等しい。規律の配分の仕方が違うだけなのである。

階層は、階層構造に批判的な者が言うように、ピラミッドの頂点にいる者により強大な力を与えるわけではない。それどころか、階層構造の第一の効能は、上の者の専制的な権限から下の者を保護することにある。階層構造においては、下の者が権限を持つ範囲、上の者が干渉できない範囲を定めることで、下の者を守る。下の者が「これは私に割り当てられた仕事だ」と言えるようにする。上司は一人だけという階層組織の原理の根底にあるのも、下の者の保護という概念である。さもなければ、下の者は対立的な要求や命令、利害関係、忠誠の板挟みになってしまうだろう。「二人のよい主人より、一人の悪い主人のほうがまし」という古いことわざは、真実である。

同時に階層構造は、他のどの構造よりも大きな個人の自由を与える。割り当てられた職務をやっている限り、仕事をこなしたことになる。それ以上の責任はない。

ここ数年、個人が自分らしく働く権利について盛んに論じられているが、それがいささかなりとも可能な唯一の組織構造は、階層構造である。個人に対し、組織の目標にみずからを従属させるように、あるいは他人のニーズや要求に合わせて行動するように求めることがいちばん少ない。

対照的にチームは、各メンバーに何よりもまず厳しい自己規律を求める。全員がチームの仕事をしなければならない。全員がチーム全体の仕事とその業績に責任を負わなければならない。チームでできない唯一のこと、それは自分らしい仕事である。

組織を構築する者は（そして組織理論家も）、健全な組織構造には①階層的な権限構造、②仕事のために、タスク・フォースとチーム、個人を恒久的にも一時的にも組織する能力、この二点が必要だということを学ぶ必要がある。

正解は一つではない

組織理論と組織慣行はいまだに、少なくとも特定の企業や機関について、「唯一の最終的な正解」があるとの前提に立って物事を考えている。この考え自体が、今日の組織の危機の大きな部分を占めている。行き着く先は、一つの鋳型をあらゆる人や物に――営業活動にもイノベーション活動にも、製造部門にもサービス部門にも、単一製品企業にも多角経営企業にも――押しつける、教条主義的な構造である。そのような構造では、どれほどささいであっても、だれかがあるいは何らかのプロセスがそぐわないように見えると、収まりをよくするために組織全体の抜本的な再構築が必要となる。

ひょっとすると、唯一の正解は存在するのかもしれない。だがそうだとしても、まだ我々の知るところではない。それどころか、大規模な航空会社や政府機関など一部の企業や機関に至っては、出来の悪い答えの一つすら見つかっていない。同じように不満足なアプローチが山ほどあるだけだ。しかし、先に述べたように、組織化という課題は待ってくれない。将来にわたって、経営者の最大の関心事となることは必至である。したがって経営者は、すでに存在する設計原理を理解するように努めたほうがよい。組織としての仕様を理解し、企業の課題と採用可能な構造との関係を把握しなければならない。

けれども、組織の危機から得られる真の教訓は、まったく違うところにある。それは、唯一の正解を求める伝統的なやり方――古典的な正統派と同じく、自由型組織を支持する「異端者」が熱心に取り組んでいる正解探し――はそもそも、間違った目標を追い求めているということだ。そのような追求は、組織を目的のための手段としてではなく、それ自身重要なものと誤解している。だが、組織の目的は、均整や調和、一貫性ではなく、人間のエネルギーの解放と動員であることはいまや明らかである。人間の仕事ぶりこそ、組織の目標であり、組織のよし悪しを決める判断基準なのである。

【注】

（1）
こうした発展に関する論考については、ドラッカー著 *Concept of the Corporation,* New York, John Day, 1972.（邦訳『会社という概念』東洋経済新報社）の新版のエピローグを参照。

（2）
これは例えば、組織理論家ハロルド・クーンツの有名な論文 "The Management Theory Jungle," *Journal of the Academy of Management,* December 1965.の見解である。クーンツの "Making Sense of Management Theory," HBR, July-August 1962, p.24.も参照されたい。

（3）
これは、ハーバート・A・サイモンとその学派が構築しようとしていることである。少なくとも私は、サイモン著 *Administrative Behavior,* New York, Macmillan, 1957.（邦訳『経営行動』ダイヤモンド社）と、I・G・マーチとの共著 *Organizations,* New York, John Wiley & Sons, 1958.（邦訳『オーガニゼーションズ』ダイヤモンド社）をそのように解している。

（4）
このテーマに関する基本的な研究は、アルフレッド・D・チャンドラーの*Strategy and Structure,* Cambridge, M.I.T. Press, 1962.（邦訳『組織は戦略に従う』ダイヤモンド社）においてなされている。同書では、デュポンやGM、シアーズなど先駆的なアメリカ企業における近代組織の設計について深い考察を加えている。

第IV部 1980年代

1980s

第17章

Behind Japan's Success

日本の成功の背後にあるもの

Behind Japan's Success
HBR, January-February 1981.
日本の成功の背後にあるもの
『ダイヤモンド・ハーバード・ビジネス』1981年6月号

「日本株式会社」は一枚岩ではない

「私は、ロシア人よりも日本人のほうが恐ろしい」

ある若い弁護士が私にこう言った。

「たしかに、ロシア人は世界を征服しようとしている。だが、彼らの一体性は上から押しつけられたものであり、難局を乗り切れるとは思えない。日本人も世界を征服しようとしている。しかし、彼らの一体性は内部から来ている。彼らは一つのスーパーコングロマリットとして行動する」

西欧人はしばしば、そのコングロマリットを「日本株式会社」と評する。しかし日本人にとって「日本株式会社」は、ジョークにすぎない。それも、あまりおもしろくないジョークだ。

日本人の目に映るのは亀裂であり、外国人の目に映るような一枚岩ではない。日常生活のなかで日本人が感じているのは、緊張や圧力、対立であり、一体性ではない。彼らは、大銀行や巨大企業グループの間で繰り広げられる、食うか食われるかとはいかないまでも、熾烈な競争を目にしている。そしてみずからも、日本の組織の特徴である内部の派閥争いに日々関わっている。各省庁は他の省庁を相手に飽きることなくゲリラ戦を仕掛け、派閥の内輪もめが政党や内閣、大学、民間企業を動かす。

なかでも重要なのは、外国人には政府と企業が密接に協力しているように見える場合でも、日本人の目には政府が首を突っ込んで指図しようとしているとしか映らないことだろう。ある大会社のＣＥＯはかつて、「我々は同じ綱を引いている。だが、互いに反対方向に引っ張り合っている」と語った。

日本政府は、国益のために各産業界の一致協力を引き出すことにいつも成功しているわけではない。全権力を掌握しているといわれる通商産業省は、二〇年にわたって圧力をかけ続けたにもかかわらず、どうしても大手コンピュータ・メーカー各社を連携させることができずにいる。これらはすべて、ドイツやフランス、イギリスでは、政府がうまくやりおおせたことである。

外国人はこぞって、円満な日本の労使関係をほめそやす。ところが日本の庶民は、国有鉄道がたびたび起こす不法ストに不平たらたらだ。労使関係が円満なのは、労働組合がことのほか非力な領域、すなわち民間部門だけである。日本の労働組合の指導者がいささか辛辣に指摘するように、西欧の企業でも労働組合を持たないところ（たとえば、ＩＢＭ）では、日本企業と同じように落ち着いた労使関係が見られる。第二次世界大戦後のアメリカによる占領の名残りで労働組合の力が強い公的部門では、世界に名高い円満な労使関係など、どこにも見当たらない。

競争力を重視する

日本人の間では、世界経済に効果的に参入するために必要なコンセンサスが出来上がっているが、それは日本株式会社の奇跡という一般通念とは違う。日本の産業界が競争に勝利を収めているのは、考え方や行動に何らかの統一性があるからではない。それよりもはるかに興味深い要因、すなわち、日本の国民生活の多様性を利用して効果的な経済行動を生み出す、政治的慣行の結果なのである。

そうした慣行の一つとして、政策決定の場では、提案された政策が日本の産業の生産性、世界市場における競争力、日本の国際収支や貿易にどんな影響を及ぼすか徹底的に検討される。これは、省庁や国会、実業界で政策決定に関わる者たちにとっても、大衆紙や大学の経済学部の分析家や批評家にとっても、第二の天性のようになっている。たとえば日本人は、アメリカ人とは違い、エネルギーや原料、食料の輸入に依存していることを強く意識しているために、他国を軽視したり完全に無視したりはしない。こうした幅広い物の見方が常に優先されるわけではないが、ここでもアメリカ人とは違い、日本では関係者全員がこれらの問題を真剣に考えている。

通産省と自動車業界の攻防

通産省は一九六〇年頃から一貫して、日本の自動車業界の拡大に反対を唱えてきた。自家用車は贅沢品であり、嫌悪すべき消費社会への道を開くからというのが主な理由である。さらに、少なくとも最初の頃は、まだ実力を試されていない日本のメーカーに、ゼネラルモーターズやフォード・モーター、フィアット、フォルクスワーゲンなどに対抗する力がどれほどあるのか、大いに疑わしいとされた。通産省はまた、自動車市場の巨大化をきっかけに、日本の輸入市場の開放を求める抗しがたい要求が出てくることを恐れていた。市場の開放は、何としても食い止めたいのである。

それと同時に通産省は、自動車産業の成長は日本の貿易収支、世界経済への進出力、そして全般的な生産性に、不利どころか有害な影響を与えると真剣に考えていた。日本の自動車産業が成功を収めれば収めるほど、日本経済に与える影響は悪化するというのだ。

自動車は、日本で不足している二つの原料、すなわち石油と鉄鉱石を必要とする。さらに、食料を育てるための土地と資本という乏しい資源が必然的に、高速道路やその建設に取られてしまう。通産省が望んでいるのは、自動車産業ではなく、鉄道の貨物輸送能力を高めるための大規模投資である。

日本の自動車産業の拡大を許したのは深刻な過ちだったと、いまでも主張する頑強な保守主義者は、通産省の内部に限らず大勢残っている。彼らの言い分はこうだ。自動車業界の輸出収入は、北アメリカや西ヨーロッパに対し記録的な売上げを達成していても、自動車に必要な原油と鉄鉱石を輸入するために日本が支払う外貨の数分の一にすぎない。高速道路に使われる資金のほんの一部を回していれば、国内でいまだに不足している貨物輸送能力を改善できたはずだ。というのも、道路建設にあれだけ巨額の投資をしてもなお、十分な高速道路システムを完成するには足りないのだから。トラックは道路を渋滞させ、港湾都市は過密状態だ。大気汚染も増加している。

だが結局、通産省は自動車に対する戦いに敗れた。一つには、同省の反対意見をよそに自動車生産を推し進めた自動車業界に負けた。また一つには、高い維持コストや駐車場不足をものともせず、渋滞のひどさにだれよりも大声で文句を言いつつハンドルを握るマイカー好きの一般庶民に負けた。

しかし少なくとも、自動車が日本の生産性、競争上の地位、貿易収支に与える影響は厳密に吟味された。これが大切なところである。通産省に最も激しく抗った自動車メーカーのエグゼクティブですら、どれほど自動車生産の推進に熱心であろうとも、また庶民のマイカー熱がいかほどであろうとも、そうした影響が真剣に考慮されるよう努めるのが通産省の義務だと、公に認めていたのである。

さまざまな政策の選択肢が世界経済における日本の競争力にどのような影響を与えるかを判断することは、日本の指導者に期待される行動パターンの一つにすぎない。指導者はまた、「国のためによいことは何か」と問うところから始めるものとされる。「我々のため、我々の組織、我々のメンバー、我々の選挙区民のためによいことは何か」と問うのではない。

国益を優先すべし

関係者団体が日本ほどよく組織化されている国はない。経済団体、業界団体、専門学会、同業者団体、特殊利益団体、同業組合など、数えればきりがないほどだ。各集団はそれぞれの利己的な目的を推進するために、票の力と金を恥ずかしげもなく使い、議員に働きかける。そのやり方たるや、タマニー協会(注1)のボスすら赤面してしまうだろう。

しかし、意見を聞き入れてもらい、政策立案に影響を及ぼしたいのであれば、どの集団も己の関心事ではなく国益を考えるところから物事を検討しなければならない。完全に無私無欲になることや、みずからの金や権力、票を犠牲にしかねない政策を支持することはまったく期待されていない。日本の儒教的伝統では、自己犠牲は不自然なこととして信用されないのである。

しかしどのグループも、自己の利益を国家の必要性、国家の目標、国家の抱負、そして国家の価値の枠組みに合わせることが期待される。時には、この期待があからさまな偽善行為を生むこともある。たとえば日本の医師たちは、ほぼ全面的な免税措置の要求を通しているが、彼らの論によるとその動機はひとえに国民の健康を気遣ってのことだという。それでも、まず「何が国益にかなっているか」と問うことを求めるルールに、少なくとも口先では敬意を払っているわけだ。

そんな敬意すら見せず、労働者にとってよいことはすなわち国にとってよいことだとうそぶく日本の労働組合は、組合員数は非常に多いものの、政治的影響力と国民の支持を失っている。逆に、日本のビジネス・リーダーの大部分は、この一〇〇年にわたり、国益を優先すべしとのルールに身を捧げてきた。

このルールをかたちづくったのは、一九世紀の企業家であり、銀行家であり、企業哲学者でもあった渋沢栄一（一八四〇〜一九三一年）である。その結果、経済および社会政策に関する企業経営者の意見は、必ず傾聴されるようになった。日本の人口の五分の二は、マルクス主義を公言する政党や候補者、あるいは執拗なまでに反企業的な姿勢を取る政党や候補者に忠実に投票しているにもかかわらず、企業経営者の意見に耳を傾けるのである。

日本の指導者集団、特に日本のビジネス・リーダーは、国益のために必要な方針を徹底的に検討するよう求められるがゆえに、否応なく指導する立場に置かれる。イニシアティブを取り、問題が起こる前に国家の政策を策定し、推進し、提唱しなければならない。そして、問題の所在を明らかにしなければならないのである。

西欧流アプローチ

西欧、特にアメリカでは、旧来の経済的利益集団は己の関心事、己の要求と欲求しか頭にないものと思われている。党派的な利益の問題としてではなく、一般的な利益の問題として活動する心構えはほとんどない。彼らは反応するのみで、指導する力はない。彼らにできるのは、他の者が提案したことに反対するだけだ。当然取り上げるべき一般的な関心事が持ち出されると、グループのある者は必ずそれを脅威と見なす。別の者は、何をやるにもとかく反対し、また別の者はなかなか腰を上げようとしない。

日本でも、新たな提案がなされるとたいてい、特定の利益集団のなかで反対意見が出てくる。だが、集団のメンバーの利害関係は、国益が十分に考慮されるまでは棚上げされる。こうした特別な利害関係は、西欧では政治議論の焦点に据えられるが、日本では議論の周辺に置かれる。西欧流のアプローチでは結局、何もしないか、「さらに検討」

される。その後、外部のだれかが法律や規制を提案してようやく「それは受け入れがたい」と抵抗できるようになる。だがこれは、引き延ばし作戦であり、被害を抑えるための行動にすぎない。したがって必然的に、問題の明確化を他人に委ねることになる。だが、日本人が理解しているように、問題の明確化はリーダーの第一の務めである。

もちろん、日本人がいつもこの責任を見事に果たしているわけではない。日本の官僚もビジネス・リーダーも、環境問題に対する警告は以前から十分あったにもかかわらず、いざ問題が噴出した一〇年前にはまったく無防備だった。今日でも、専門職や管理職への女性の進出が突きつける課題に対して見て見ぬふりを決め込んでいる。この動きはいまや、不可逆的な人口動態に根差して、勢いを増しつつある。

とはいえ、日本人はだいたいにおいて、重要な問題の所在をうまく突き止めてきた。対照的にアメリカのリーダーは、高年者勢力の増大に押されて最初にカリフォルニア州、次に連邦議会が定年の引き上げや定年退職自体の廃止を定める法律を施行した時点でもまだ、定年退職年齢の引き下げを口にしていた。日本のビジネス・リーダーたちはこの問題を予期し、それに伴う高いコストを直視した。そして、外部からの働きかけなしに定年を引き上げた。「国が必要としていることだから」というのが彼らの説明だった。

西欧の「まず自己利益ありき」のアプローチは、確固たる基盤を持つ大規模な利益集団の相反する要求を均衡させるという利害対立の絡む段取りを通じて、効果的に政策を形成することができるならば、相応に機能する。しかし、産業化した西欧各国で政治の分裂が進み、一つの主義主張しか頭にない小グループの手に国力の均衡が委ねられることの多い現在、この伝統的なアプローチがもはやふさわしくないことは明らかである。おそらく、リーダーと特別利益集団の双方が国益のお守り役を務め、みずからの正当性の根拠とする日本モデルのほうが、現代産業社会につきものの多元主義にうまく対応できるのかもしれない(注2)。

関係づくりに力を注ぐ

競争力を重視することと、全体の利益のために部分的な利益のバランスを取ることの二つに加え、日本企業のリーダーは、社会の他の主要集団の考え方、行動、前提、期待そして価値観を理解する義務を負う。少なくとも、渋沢は彼らにそう説いている。

と同時に彼らは、自身の考え方、行動、前提、期待そして価値観を知らしめ、理解せしめる義務も同様に負うと考える。ここで求められているのは、西欧的な意味での広報活動ではなく、プライベートな関係づくりである。この関係づくりは、スピーチや声明、プレス・リリースを通じてではなく、方針を決定する立場にある者たちの継続的な交流を通じて行われる。

世界最大の化学会社デュポンの会長兼CEOのアービング・シャピロは昨年、自分の時間の五分の四を連邦議会の議員や政府官僚との「関係づくり」に捧げなければならず、会社の経営に費やせる時間は五分の一しかないとアメリカのマスコミに語ったことが大きく取り上げられた。デュポンに相当する日本の大企業のCEOがその発言に驚くとしたら、自社の経営に使える時間が五分の一もあるということだけだろう。

日本の大企業のCEOのなかで、自社の経営に使える時間を持つ者はほとんどいない。その時間はすべて、社内の仕事のための時間でさえ、人間関係に費やされる。彼らは、物事をコントロールするために、上層部の人事決定を慎重に検討し、細部まで行き届いた財務報告書と企画書を要求する。だが、「経営」するわけではない。それは、下の者に任される。

トップたちは自分の時間を会合に費やす。会合の間はじっと座り、何杯か緑茶をすすり、耳を傾け、いくつか質問する。そしてまたじっと座り、さらに何杯か緑茶をすすり、また耳を傾け、さらにいくつか質問する。彼らは、業界の関係者、供給業者、商社の関係者、子会社のマネジャーと会する。グループ内の他の会社のトップと会する。たとえば、三菱グループ全社の社長が週に一度、一堂に会する有名な五時間の昼食会のように。彼らは仕事帰りに銀座のバーで、銀行関係者、政府省庁の高級官僚、自社の社員と会する。片手では数え切れないほどの経済連合会や業界連合会の、これまた片手では数え切れないほどの委員会に出席する。彼らはとにかく、人と会ってじっと座って時を過ごすのだ。

そうした会合では、必ずしもビジネスについて話し合うわけではない。むろん、自社のビジネスを話題にするわけではない。それどころか、西欧人から見れば彼らの会話は時々、実に無意味に見えるかもしれない。会話の内容は、経済政策から個人的な関心事、だれかの疑問や問題からその日のちょっとした話題、将来に対する期待から過去の見直しまで、あれこれ広い範囲に及ぶ。あるいは、そのように見える。

言うまでもなく、彼らの目的は何かを解決することではなく、相互理解を確立することにある。相互理解が確立していれば、問題が生じた時どこに行けばよいかがわかる。他の者や自分の組織が何を期待しているか、自分にできることやこれからすること、自分にできないことやしないことがわかる。ひとたび危機あるいはチャンスが訪れると、ひたすら人と会ってじっと座るだけだった者たちは、驚くべきスピードと決意、時には驚くべき冷酷さをもって行動できる。なぜなら、人と会する目的は、互いに相手を気に入り、合意を育み、相互信頼を生むことではないからである。なぜ相手のことが気に食わないのか、なぜ意見が一致しないのか、なぜ信頼しないのか理解することが目的なのである。

先に見た日本流の経済行動は、敵対関係だけではなく共通の関心事や相互理解に基づいて対人関係を構築するということである。

最終的な勝利を追うな

ところが、日本における敵対関係は歴史的に、西欧に比べてはるかに荒々しく、暴力的で、寛容さに欠け、無慈悲である。「汝の敵を愛せ」「右の頬を打たれれば左の頬も差し出せ」という信条は、日本のどこにも見当たらない。台風や火山、地震の国である日本では、自然さえ暴力的である。

西欧人が反目やとがめ立ての必要はまったくないと見なす場合、たとえば昔、画家や芸術家が師匠のもとを離れて自分自身の様式や流派を確立したような時でも、日本のしきたりでは反目的な関係になるものと決まっている。あるいは少なくとも反目的に見えるようにしなければならない。

この伝統は今日、離婚にも及んでいる。日本の離婚率はいまや、とりわけ高学歴の若い夫婦の間では、カリフォルニア並みの高さである。「友好的な離婚」は、ふさわしくないと思われているらしい。互いの同意の下、適度に良好な関係を保ったまま別れたとしても、反目しているかのように見せなければならないのである。

しかし、こうした例はいずれも、関係が永遠に解消されるケースである。ところが個人やグループが共存しなければならない場合、まして共に仕事をしなければならない場合となると、日本人は関係の中心に相互利益を置くように気を配る。そうしておけば、どのような対立や意見の不一致があるとしても、広く共有する利害関係という肯定的な絆のなかに吸収できるのである。

実際に口に出されることはめったにないものの、日本の自動車メーカーがアメリカに工場を建設したがらない大きな理由の一つは、アメリカの自動車業界における労使関係にとまどっているからである。アメリカ流の労使関係は、彼らにはまったく理解できない。トヨタのある若いエンジニアは、左派社会主義者を自認し、非常に組合寄りの立場を取る人物だったが、次のように私に語った。

「日本の労働組合は、経営陣を相手に戦うが、アメリカの労働組合は会社を相手に戦う。どんなことでも従業員の利益になるには、まず会社にとって利益になる必要があるということがどうしてわからないのだろうか。日本人にとってはまったく自明のことだが、これが当たり前と思われていないところでは、日本人は経営者にはなれない。それだけではなく、従業員や部下にもなれない」

通常であれば、競争相手との共存や密接な協力は必要ない。したがって、同一分野の企業や企業グループの競争は容赦ないものになる傾向がある。

たとえば、ソニーと松下、あるいは三井銀行と富士銀行の競争のように。しかし、競争相手との継続的な関係が必要な場合、日本人は必ず共通の基盤を見つけようとする。ここで初めて、何のために延々と会合してきたのか問うことが大いに役立つ。どの当事者も、共通の利益がわずかでも損なわれないよう、最大限の注意を払う。また、これからも共存し、協力しなければならない相手やグループに対して最終的な勝利を収めないよう、大いに気を配る。そのような戦いに勝てば平和が失われることを日本人は心得ているのである。

日本では集団が共存しなければならない場合、両者ともに、絶対的な勝利を収めることより、対立を双方にとって生産的なものにすることに心を砕く。しかしその同じ人々が、共通の利益を共有していない相手、すなわち滅ぼしてもかまわない相手に対しては完全な勝利を収めようと全力を尽くす。

競争に勝つためのルールと現実

競争に勝つための四つの慣行あるいはルール――競争力を重視すること、国益を第一に考えること、外部との関係に重きを置くこと、共存しなければならない敵に対しては決定的な勝利を収めないようにすること――は言うまでもなく、理想であり訓言である。あくまでも規範であって、一般に行われているしきたりを描写しているわけではない。どの日本人も、ルールが堂々と破られ、無視されている例を挙げることができるだろう。全員が正しいルールとして受け入れているわけではないのだ。

日本で最も成功を収めている企業家や企業、ホンダや松下、ソニーなどのなかには、これらのルールを一顧だにしないものもある。こうしたリーダーたちは、外部との関係にさほど時間や注意を向けない。「クラブ」に迎えられているかどうか、あまり気にしない。国益を第一に考えることがビジネス・リーダーの務めだとする意見に、無条件で同意することもない。時には、まだ共存と協力が必要な敵を完膚なきまでに打ちのめすことにやぶさかではないことすらある。

一部のルールに対しては、日本国内、とりわけ実業界でも批判の声が強く、日本のニーズにいまでもふさわしいのかどうか大いに疑問視されている。トップ・マネジメントが、移り変わりの激しい経済や市場、テクノロジーの現状を見失うことなく、持てる時間のほぼすべてを外部との関係づくりに捧げることなどできるだろうかと問うリーダーもいる。また、他の集団、とりわけ政府との共通基盤を見出そうとする努力が弱腰の妥協策と官僚の傲慢につながっていると愚痴をこぼす者もいる。

換言すれば、これらのルールには弱点があり、制約があり、欠点がある。あまねく認められているわけでもなければ、例外なく適用できるわけでもない。それでも、日本の産業力を強化するうえで非常に効果的であったことに間違いない。ではいったい、これらのルールの受容と成功の背後には何があるのだろうか。

伝統の問題

この問いに対する答えとして、西欧だけではなく日本でも一般的に聞かれるのは、これらのルールは日本特有の伝統と価値観を反映しているというものである。しかし、それがすべての答えではないことは明らかである。それどころか、その答えはおおむね誤りである。もちろん、社会的、政治的行動のルールは文化の一部であり、その文化に適合しているか、少なくとも受け入れられるものでなければならない。ルールの実践方法が実に日本的であることは間違いない。

しかし、ルール自体は日本の伝統そのものというより、日本の伝統の一つにすぎない。千差万別ではあるが伝統的という点では変わらない、いくつかの選択肢のうちの一つなのである。

さらに、こうしたルールのなかには、はたして日本の伝統に根差しているといえるかどうか疑わしいものもある。現在の日本の労使協調は昔からの文化的価値観のおかげとされることが多いが、きわめて対照的に、日本の上下関係の歴史はしばしば暴力的な色合いを帯びていた。

一九二〇年代（近代日本の形成期）に入っても、日本の労使関係は世界のどの国よりも悪く、破壊的で暴力的だった。一八六八年の明治維新で近代日本が誕生するまでの一五〇年間、領主とその家来であるサムライの側と小作人側の関係は、血なまぐさい百姓一揆を毎年一度はもたらしていた。この時代に起こった百姓一揆は二〇〇回を下らないが、そのどれもがむごたらしいやり方で鎮圧された。

一九三〇年代に入っても、共通の基盤を注意深く見出そうとする努力ではなく、「暗殺による統治」が対立グループの関係を決めるルールだった。そしてまた、一九六〇年代の日本で暴力的な学生運動とテロリズムが出現し、最も過激な様相を呈したのも、まったくの偶然とはいえない。日本の文化的伝統について語ることに意義があるならば、調和と相互利益の追求と同様、暴力と内紛も日本の伝統の一部をなしているのである。

ビジネスの遺産と歴史的背景

経済生活に関するこれらのルールは、ひとりでに発達したわけではない。最初に提唱された時点では猛烈に反対され、長い間、まったく非現実的だと見なされていた。日本の企業史における最も偉大な人物は、近代日本社会のエトスをかたちづくった渋沢栄一ではなく、三菱の創業者、岩崎弥太郎（一八三四〜一八八五年）である。

一九世紀日本にとって岩崎は、アメリカで言えばＪ・Ｐ・モルガンやアンドリュー・カーネギー、ジョン・Ｄ・ロックフェラーを一つにしたような存在であった。ビジネス・リーダーは国益に対して責任を取るべきであり、共通の利益という絆のなかに対立を収める責務を負わねばならないとする渋沢の論を否定した岩崎は、渋沢が描いた社会観も跳ねつけたのである。渋沢は大いに尊敬されていたが、彼の教えは実業家に対しあまり影響力を持たなかった。実業家は、岩崎の事業の成功にはるかに大きな感銘を受けていた。

産業的な行動の指針としてこれらのルールが一般的に受け入れられるようになったのは、第二次世界大戦後のことである。戦争に負け、屈辱を受け、ほぼ完全に破壊された日本が苦労しながら再建に取りかかった時に問うたのは「複雑な現代社会――競争の厳しい世界経済に参加し、しかもそこに依存しなければならない社会――にふさわしいルールとは何か」ということだった。その時になってようやく、渋沢が六〇年前に示した答えが正しく、妥当なものと見なされるようになったのである。

戦前にはなかなか聞き入れられなかった渋沢の答えがなぜ、戦後にあれほど素早く聞き入れられたのか、歴史家は今後ずっと議論するだろう。さらにまた、明治維新の頃に何が起こったのか説明しようと長年試みてきたように、一九五〇年代の日本で何が起こったか熱心に説明しようとするだろう。

どちらのケースにおいても、中心となる問いはほぼ同じだ。屈辱に打ちのめされた日本はいかにして、文化の根深い部分では日本らしさを残しつつ、みずからを近代的な商業国家に仕立て上げたのか。日本文化の他の要素を乱すことなく、いかにして該当する要素だけを結集したのだろうか。

全面的な敗北のショックと外国の軍隊に占領されるという屈辱――特に、外国の軍隊が日本本土に上陸したことはそれまで一度もなかった――が、いままで試みたことのないものに挑戦する姿勢を生み出したのだという推測もありうる。さらに、日本を新たな道へと導く単独の指導者や傑出した人物はいなかったものの、日本人労働者の差し迫ったニーズがある程度、原動力になったと考えられるかもしれない。

労働者の多くは、敗軍の復員兵で定職もなく、新たな「家」意識、新たな「コミュニティ」意識を切に求めていた。またアメリカ占領軍の進歩的な労働問題専門家は日本の労働者に対し、左派の労働組合に加入して日本社会の革命勢力になるよう迫っており、その圧力から身を守る必要もあった。経済的安定と、えてして心理的な安心感も失っていた労働者たちは、以前の生活をできるだけそのままに、けれども変化した世界にふさわしいかたちで残そうとした。

多元化社会への対応

日本のマネジメントがなぜ、こうしたニーズにあれほど効果的に対応できたのか、本当のところはだれにもわかっていない。その対応の具体的なかたち、すなわち渋沢が説いた経済的活動の四つの慣行あるいはルールは、日本だけに源を発するわけではない。実を言えば、これらの慣行は、純粋に西欧的な教えと伝統に照らして説明することも十分可能なのである。

ビジネス・リーダーは国益という観点から物事を考える責任を預かるという教えは、ドイツのワルター・ラーテナウやアメリカのマーク・ハナなど、日本と何の関係もないリーダーが一九〇〇年頃に説いたことである。滅ぼすことのできない敵は、負かしたり屈辱を与えたりしてはならず、友人にしなければならないとする教えは、一五三〇年頃にニコロ・マキャベリが初めて説いた。

対立は共通の利益という網のなかに収めよとする教えも、マキャベリに見出すことができる。この教えは同じく、メアリー・パーカー・フォレットの著作にも見られる。生粋のボストン人だったフォレットは、一九二〇年代に初めて政治理論をマネジメントや対立の解決に応用した時に、同じような論を展開している。

ここに挙げた西欧人たちは、ラーテナウもハナもマキャベリもフォレットもみな、同じ基本的な問いを投げかけた。いかにすれば複雑な現代社会、急速な変化の時代における多元化社会を効果的に統治できるのか。いかにすれば社会の緊張と対立を効果的に利用できるのか。いかにすれば、多様化した利害関係や価値観、制度から統一した行動を導き出すことができるのか。そしていかにすれば、数多くの競合する勢力に囲まれた状態、そうした勢力に依存さえした状態から強みと結束を引き出せるのか。

西欧ではこう問うてみたものの、さほど真剣にはとらえなかった。なぜだろうか。おそらく何らかのかたちで、大恐慌が関係しているものと思われる。というのも、大恐慌が起こる前は、こうした問いを真剣に考えるリーダーが数多くいたからである。ハーバート・フーバー（三一代アメリカ大統領）やハインリッヒ・ブリューニング（戦前の民主主義ドイツ最後の首相）は、あらゆる集団に共通する利益が真の国家統一をもたらす媒体になると考えていた。

対照的に、ルーズベルトのニュー・ディールでは、拮抗力と敵対関係の原則をまったく違った統一の基盤として考えた。妥協とは、一つのグループを過度に攻撃しないがゆえに全員に受け入れられる。妥協が約束するのは、最小の共通項に基づく国家の一体性であって、国益を最大に考える姿勢に基づく一体性ではない。

しかし、これはあくまでも推測である。事実として言えるのは、日本の経済的成功の背後にある秘密は、神秘的な日本株式会社ではないということだ。日本株式会社などというものは、もしあるとしても、ハリウッドのB級映画のなかでのつくり事にすぎない。その秘密はおそらく、主要な先進国のなかで現在のところ日本だけが、相互依存の進む激動の世界において、大組織からなる複雑かつ多元的な社会のためのルールの定義に真剣に取り組んでいるということである。

「最高の上」を目指す

封建時代の日本では、サムライの野心は他のどの朋輩よりも立派に領主に仕えることにあった。そして領主は、他のどの領主よりも将軍と天皇の恩寵を得ようとあらゆる努力を尽くした。世界の檜舞台に登場したいま、日本の最大の野心は他のどの文化よりも優れた存在になることである。戦前の日本は、他国のメーカーより安く商品を輸出したことで世界各国から非難された。実際はダンピングしていたわけではない。それどころか、他のどの国よりも安い商品を世界に供給しようと努力していたのである。

美術、科学、文学、貿易、産業などさまざまな領域において、日本人は一人ひとりがみずからの職業と仕事にかけて一番になることを目指している。「最高の上」を目指す努力のなかに、日本が敗戦後の廃墟から出発して遂げてきた発展、さらにはこれから遂げるであろう発展の秘密が隠されている。

【注】

（1）一七八九年に組織され、ニューヨーク市政に強い影響力を及ぼした政治団体。

（2）詳細については、拙著 *Managing in Turbulent Times*, New York: Harper & Row, 1980.（邦訳『乱気流時代の経営』ダイヤモンド社）の二〇五ページ "Business Enterprise as a Political Institution"（「政治組織としての企業」）と二一六ページ "Managing in a Political Environment"（「政治環境の経営」）を参照されたい。

第18章

Our Entrepreneurial Economy

起業家経済の到来

Our Entrepreneurial Economy
HBR, January-February 1984.
創造的企業人の時代
『ダイヤモンド・ハーバード・ビジネス』1984年5月号

起業家が雇用を創出する

よく知られているように、アメリカでは、一九七〇年から八〇年にかけて生み出された二〇〇〇万人に及ぶ雇用のほとんどが、創立間もない中小の会社によるものだった。しかし、景気低迷期においてもこの傾向が続いていることは、あまり知られていない。この三年間、「フォーチュン五〇〇社」が三〇〇万人の雇用を失ったのに対し、創立一〇年以下の会社が、一〇〇万人を超える新規採用を行い、七五万人を超える雇用の純増をもたらした。

これはかつての現象とは逆である。一九五〇年から七〇年にかけて、新規雇用の四分の三は、大会社や政府機関によってもたらされた。不景気による雇用の喪失は、ほとんどが創立間もない中小の会社で見られた。その間、アメリカ経済の動力源は、歴史を持つ確立された組織にあった。

ところが、一九七〇年以降、特に七九年以降においては、この動力源が起業家経済に移行した。

しかるに、世の常識に反してコンピュータ、遺伝子組み換えなどのハイテクは、この起業家経済の一部にすぎない。たしかに、創立五年から一五年の上場会社のうち成長率上位一〇〇社を取った「インク一〇〇社」（インク誌による）の四分の一は、コンピュータ関係の会社である。だがこの「インク一〇〇社」は上場会社を対象としているために、起業家経済全体の姿を正確には反映していない。それでも昨年は、レストラン・チェーンが五社、婦人服メーカーが二社、ヘルス・ケア関係が何社か入っていた。

ハイテクの会社は、一種の流行であることと、株式公開によって資金調達しやすいことから注目を浴びやすい。これに対し、同じように急成長しているリース業、日曜大工用具メーカー、理髪チェーン、カルチャー・センターは、地味であって注目を浴びることがない。

それでも、フェデラル・エクスプレスやエメリー・エアフレイトなどの宅配便会社は、目につくほうである。これらの会社のおかげで、あの頑迷このうえない郵政省でさえ、七〇年前の小包便以来のイノベーションともいうべき小包急便を始めざるをえなくなった。

起業家的な会社のうち、ハイテクのものは、三分の一以下である。過半は、レストランやノンバンクなどサービスに関わる産業、あるいは教育、訓練、ヘルス・ケアなど直接人間に関わる産業である。

起業家的な会社は、サンベルトに限られてもいない。たしかに、「インク一〇〇社」のうち二〇社はカリフォルニアにあるが、同じ数が、産業が停滞しているはずの東海岸中部、ニューヨーク、ニュージャージー、ペンシルバニアにある。あるいは中部のミネソタに七社、コロラドに五社がある。

非営利団体における起業家精神

しかも、「インク一〇〇社」に載っている雇用主は会社だけだが、起業家精神は会社に限らない。NPOを含め非営利の民間セクターで盛んである。政府は医療制度の危機について調査し審議するだけだが、非営利の民間セクターのほうは、次から次へと医療関係の新しい組織を生み出している。病院が設立しているものもあれば、病院以外のものが設立しているものもある。いずれも、この危機を起業家的な機会ととらえている。診断と一次的処置のためのクリニック、緊急外科センター、精神科クリニック、妊婦専用の入院施設などがある。

公立校では閉校が続出しても、私立校では起業家精神が花開いている。私が住む住宅地では、六年前に地元の母親たちが始めた保育園が、いまでは二〇〇人の生徒を持つ学校に成長している。数年前にクレアモント市のバプティスト教会が設立した私立校は、この五年間生徒がいないため使われていなかった、一五年前に建てられた公立中学校の校舎を買い取った。中間管理職のための経営学コース、技術者、弁護士、医師、物理治療士のための再訓練コースなどの成人向け教育は、八一年と八二年を除き着実に成長している。

そのうえ今日起業家精神が最も発揮されているのは、官と民とのパートナーシップである。ここでは地方自治体、特に市が、ごみ収集、バス輸送などを競争入札によって民間に外注している。

ネブラスカ州リンカーン市は、七五年以来、他の自治体に先がけて、コストを削減しつつサービスの向上を図っている。実はこのリンカーン市こそ、一〇〇年前、ポピュリズムとウィリアム・ジェニングス・ブリアンのリーダーシップの下に、他に先がけて公共サービスの市有化を行ったところである。

ミネアポリスでは、市当局が、刑務所の管理から服役者の社会復帰や訓練に至るまで、民間のコントロールデータとパートナーシップを組んでいる。

アメリカ以外の国での起業家精神

起業家精神の波は、アメリカに限られたものではない。イギリスでは現在、店頭株市場が人気を呼んでいる。若い成長力のある会社が、容易に資金を調達できるようになっている。

日本ではこの一〇年に最も成長した会社は、自動車や半導体のメーカーではなく、アメリカのセブン-イレブンやデニーズからライセンスを取得した小売りやレストランのチェーンである。

イタリアでも起業家精神は盛んである。単にそれら起業家的活動の多くがいわゆる地下経済に属しているために、税収その他の政府統計に表れていないだけである。ただしフランスでは、ミッテラン政権が、計画と統制によって起業家的活動を抑えている。

とはいえ総体としては、起業家的活動は優れてアメリカ的な現象である。鉄鋼、自動車、家電の分野では、アメリカは、日本を含む他の先進国と同じように苦況にある。しかし、新しいものを創造するという起業家精神の世界では抜きん出ている。

なぜアメリカで起業家経済が発展したのか

あらゆる角度から見て、アメリカには起業家経済が生まれている。何が原因だったのか。四つ考えられる。

①知識が集積された

第一に、今世紀最後の一〇年が、新技術が一年半ごとに現れていた一九世紀最後の一〇年に似たものとなるであろうことを示す、知識と技術の急速な発展があった。この新技術を基盤とする起業家経済の時代は、始まったばかりである。

たとえば、教育と学習に関して、五〇〇年前に教科書が印刷されて以来の変革が起こりつつある。コンピュータが大きな役割を果たすことは間違いない。だがこの変革の最大の担い手は、一〇〇年前に、ドイツのウィルヘルム・ビントやアメリカのウィリアム・ジェームズが「学ぶこととは何か」を問題提起して以来、今日まで蓄積されてきた知識の全集積である。

②人口構造が変化した

第二に、今日サービス産業で起こっていることの底には、人口構造の変化がある。レストラン・チェーンの成長は、共働き夫婦の増加による。成人教育における起業家的ベンチャーの盛況の裏には、第二次大戦後の高学歴人口の増大がある。まったくのところ、人口構造の変化に基盤を置いたベンチャーのほうが、科学技術に基盤を置いたものよりも成功している。

③資金の供給メカニズムができた

第三に、アメリカでは、ベンチャー・キャピタルを供給する独特の仕組みが出来上がった。もはや中小の会社も資金調達に苦しむことはない。今日では、投資に値するベンチャーの資金需要よりも、ベンチャー・キャピタルからの資金供給のほうが多い。

もちろん、このベンチャー・キャピタル供給のための制度的な仕組みは、すでに幼児期を脱し、たとえば二五万ドル以上というかなりの額の資金を消化できる業績のよいベンチャーのためのものである。それでは、生まれたばかりのベンチャーを育てているのはだれか。どのような方法を用いているのか。詳しいデータはない。しかし、事実上、それらの資金は供給されている。

アメリカでも、そのような資金供給のための目に見えないインフォーマルな仕組みは、二〇年前、三〇年前には存在していなかった。ところが今日のアメリカには、統計には出てこないものの、地元の個人投資家がベンチャーの卵に投資するメカニズムが出来上がっている。

④起業家精神にマネジメントが適用された

第四に、最も重要なこととして、アメリカでは、起業家精神へのマネジメントの適用が始まった。IBMのような歴史のある会社でさえ、起業家として成功するようになった。同じことは大手製薬会社や金融機関についてもいえた。特に、アメリカで最も伝統のある大会社AT&Tがこの数年見せている起業家精神が、注目に値する。さらに驚くべきものが、三〇年前には死んだも同然だった鉄道会社が示した起業家精神だった。

鉄道会社チェサピーク・アンド・オハイオとアトランティックコースト・ラインが合併してできたCSXは、鉄道、河川、パイプライン、トラック輸送を統合した世界最初の総合陸上輸送会社へと発展した。同じく鉄道会社のサザンは、個々の運賃だけでなく、運賃制度まで変えた。ユニオン・パシフィックは路線沿いの資源開発に進出した。

今日の起業家は、彼らの先輩が知らなかったことを知っている。マネジメントの必要性とその方法である。体系的なマネジメントそのものが、彼らのビジネスの本質であることも少なくない。

たとえば理髪店は、昔からあまり儲かる仕事ではなかった。オーナーと何人かの理髪師に対し、肉体労働者並みの収入をもたらしてくれる程度だった。専門の経営管理者を置く理髪店や、チェーン展開している理髪店などなかった。ところが今日、最も利益を上げつつ、最も急速に伸びているベンチャーの一つが、南西部で展開しているある理髪店のチェーンである。このチェーンでは、それぞれの店が、中流階級を超える給料の店長によって運営されている。

しかもこのチェーンを生み出し、経営している青年二人のいずれもが、理髪店の経験がなかった。彼らは単に「理髪店にとって成功のカギは何か」を考えただけだった。答えは、立地、稼働率、仕事と時間の標準化、そして客を待たせないことだった。

彼らは繁盛している理髪店の立地を調べ、業界の常識とされていたことが間違いであることを知った。また、地元テレビ局の三〇秒スポットのコマーシャルが有効なことを知った。そこで彼らは、ある大都市で一挙に一〇以上の店を出し、コマーシャルを流した。こうして、普通は三年かかるところを、わずか三カ月で収支が合うようにした。

また、店長用に三カ月の訓練プログラムをつくった。理髪師の動作分析を行い、多様なヘア・スタイルを類型化することによって、一人当たりの理髪時間を六割近く短縮した。待ち時間も減らした。彼らのコマーシャルは、「一二分半（七五〇秒）以上お待たせした時には無料にいたします」と言っていた。

中西部では、精神科クリニックという新手のチェーンが急成長している。このベンチャーは、精神科治療のニーズの分析から生まれた。創立者が調べたところ、驚いたことに、患者の種類、来院の頻度、病気の重さ、必要な処置は、常に七・五パーセントの誤差内にあった。

そこで彼は、初診のフォーマットを決め、医療補助者が診察し、医師、臨床心理学者、カウンセラー、ソーシャル・ワーカーなどの専門家に紹介するシステムをつくった。もちろん専門医がただちに診察しなければならない患者は識別できるようにした。そのうえ、すべての患者について、専門家グループが週に一度レビューするようにした。

このプロセスは、まさに経営学の目標管理そのものだった。医師、医療補助者、患者のそれぞれが、診断と治療について目標を定め、三カ月ごとに病状と結果を照らし合わせてレビューした。そのうえアフターサービスとして、かつて日本の自動車メーカーで代理店サービスを担当していた女性が、患者だった人たちと定期的に連絡を取っている。

彼らサービス産業の起業家が行っていることは、一〇〇年前にフレデリック・テイラーが肉体労働者について行い、五〇年前にハーバード・ビジネススクールのジョージス・ドリオットが製造業者について行ったことと、同じである。もちろんハイテクで成功している起業家が行っていることも、同じである。

彼らの前の世代の起業家たちは、人のマネジメント、コミュニケーション、チーム、マーケティング、キャッシュフロー、さらにはイノベーションについて、知識を持たず、持とうともしていなかった。これに対し、今日の起業家の多くが、マネジメントの訓練を受け、マネジメントの経営セミナーやプログラムに参加している。彼らの多く、あるいはそのほとんどが、大会社でマネジメントの経験を積んでいる。そのうえ今日では、マネジメントを勉強している学生のますます多くが、起業家を目指し、そのための最も役に立つ道具としてマネジメントを学んでいる。

今日、かつてのマネジメント全盛に対置すべきものとして、この起業家経済の出現をとらえる向きがある。しかし実は、この起業家経済の興隆こそ、体系としてのマネジメントの発展がもたらしたものと見るべきである。

とはいえ、アメリカの若者たち、彼らの生き方、価値観、欲求に何か大きな変化が起こったことも確かである。ついこの間まで見られた幸せ志向、組織志向、横並び志向、順応思考はどこへいったのか。いずれにせよこの変化が、デイビッド・リースマンの『孤独な群衆』[注1]、ウィリアム・ホワイトの『組織のなかの人間』[注2]、チャールズ・ライヒの『緑色革命』[注3]の予言とは違っていることだけは間違いない。

確かなことは、今日の起業家経済の出現は、経済的あるいは技術的な現象であるだけでなく、文化的、社会心理的な現象でもあるということである。

経済政策上の意味合い

これらの動きは、アメリカ経済の病状についての今日最も科学的とされている診断がきわめて疑わしいことを意味する。アメリカ経済は、マサチューセッツ工科大学（ＭＩＴ）のジェイ・Ｗ・フォレスターたちが言っているような、コンドラチェフの波の長期低迷の段階にあるのではない。

数理経済学の創始者の一人であるロシア人ニコライ・コンドラチェフは、技術と産業の関係を基に、五〇年周期の経済循環を明らかにした。

循環の最後の一〇年では、産業が成熟し、異常なほどの業績を上げ、膨大な雇用を実現する。しかし実際には、産業は減退期にあり、記録的な利益も、過小投資と不要資本の分配であるにすぎない。間もなく急速な下降が始まり、売上げ低下と、低利益と、レイオフが続く。次の世代の技術が現れたとしても、それらのものが資本を吸収し、雇用を生み、次の拡大期へとつながるには時間を要する。

コンドラチェフの周期は、起こらないことがある。今日の先進国に見られるように、成熟した技術に基礎を置く産業は衰退する。しかし、新しい技術と市場に基礎を置く産業が急速に成長する時には、経済全体としての成長を可能にするだけの投資需要と雇用が生まれる。

ジョセフ・シュンペーターが明らかにしたように、イギリスとフランスが一九世紀末に経験したコンドラチェフ不況は、アメリカとドイツでは起こらなかった。両国とも、成熟産業は衰退したが、経済全体としては、不況どころか、急速な経済成長が始まった。新しい技術と市場に基づく産業が急速に成長し、投資需要と雇用を生み出した。

今日アメリカで我々が目にしている状況、すなわちコンドラチェフの周期を越える状況は、ハイテクだけでなくあらゆる産業分野に起業家が出現したことによってもたらされている。もちろん今日のアメリカは、変化が速く、リスクに満ちた乱気流と不安の時代にある。戦争や、原料生産国の経済破綻の危険も存在する。だがそれは、機会と雇用の時代であり、経済全体としての成長の時代でもある。

シュンペーターが理解していたように、コンドラチェフの不況を無縁のものとするものは、抽象的な経済法則ではない。それは起業家のエネルギーである。

政府の役割は何か

選挙が近づくたびに、この産業の転換期において、政府は何をなすべきかが議論される。たとえばロバート・ライシュの『ネクストフロンティア』(注4)は、政府は煙突産業における雇用の維持ではなく、オートメーション化の推進と、余剰労働者の支援に力を入れるべきであるという。

大量生産産業のブルーカラー労働者を減少させることによって、産業のリーダーシップを回復できるとするこの考え方には、歴史的な根拠もある。過去四〇年、農業におけるブルーカラー労働者の雇用の減少は、アメリカ農業の生産の増大をもたらしてきた。

長年の支持基盤である労働組合との間に距離を置くべきであるとのライシュの民主党への助言は、ユニークなだけでなく、ポイントを突いている。しかし、政府主導という大きな政府についての提言の部分は、選挙向けには妥当であっても、経済理論としては間違いであり、失敗を運命づけられている。しかも、この問題ともいうべき提言は、経済成長のほとんどがハイテクで起こるとしているが、明らかに間違いである。ハイテクは成長の起こる分野の一つにすぎず、しかも主たる分野ではない。最大の雇用機会は、ハイテク以外の分野にある。ヘルス・ケアであり、成人教育である。したがってハイテク中心の政府計画は、重要な成長分野を見失うことにつながりかねない。

そのうえ、そもそも政府が未知の分野について計画を立てられるはずがない。計画なるものは、ソ連式であれ、日本式であれ、フランス式であれ、追いつくためのものである。すなわち、すでに他の国が行っていることを、より早く、よりよく、しかも失敗をより少なくして行うためのものである。事実、ミッテランの最近三年間のハイテク計画に見るように、未知のものの計画は、資源配分の間違い、欲求不満、見通しの失敗を招くだけである。だれも、存在していないものについて計画を立てることはできない。存在していないものについては、後押しするか、抑えつけるかしかできない。

それでは、いかにして、アメリカにおいて起業家経済のいっそうの推進を図るか。もちろん、この三〇年間イギリスが一貫して行ってきたような、過去の祭壇に明日を犠牲として捧げることはしてはならない。たしかに、煙突産業の雇用の減少の衝撃はやわらげなければならない。ただし起業家を傷つけることなくそれを行うことは、きわめて難しい。最も難しい種類の政策を必要とする。

政府としては、新しい成長産業を抑圧しないこと以外にできることは、せいぜい障害を取り除くことだけである。しかし実は、起業家経済に対して政府ができる最大の助力が、幼児期の事業にとっての致命的な病、すなわち慢性的な資金不足の緩和に手を貸すことである。設立後、五年から七年の間は、留保した利益に対する課税を免除しても、税収にはさしたる影響はないはずである。しかもそれこそが、最も効果のある産業政策である。

【注】

（1）*The Lonely Crowd*, Yale University Press, 1969.

（2）*The Organization Man*, Simon & Schuster, 1956.

（3）*The Greening of America*, A Lane, 1971.

（4）*The Next American Frontier*, Times Book, 1983.

第19章

The Discipline of Innovation

イノベーションの機会

The Discipline of Innovation
HBR, May-June 1985.
企業家精神の根幹:体系的なイノベーションの実践
『ダイヤモンド・ハーバード・ビジネス』1985年9月号

起業家精神とイノベーションの関係

最近よく起業家的性格なるものが論じられる。だが私がこの三〇年間に会った起業家のうち、そのような性格の起業家はほとんどいなかった。逆に、そのような性格を持ちつつ、まったく起業家的にあらざる仕事、セールスマンや外科医、新聞記者や学者、音楽家として成功している人が大勢いた。

成功した起業家に共通するものは、性格ではない。体系的イノベーションを行っていることである。イノベーションは、起業家に特有の機能である。既存企業、社会的機関、あるいは家族経営の食堂という小さなベンチャー・ビジネスでも変わらない。イノベーションこそが、起業家が富を生み出すための道具である。

起業家精神の定義には混乱がある。もっぱら中小の会社にこの言葉を使う者もいれば、新しい会社に使う者もいる。実際には、歴史のある大会社の多くが、起業家精神を発揮している。したがって起業家精神とは、会社の大きさや新しさではなく、ある種の特別な活動に関わる言葉である。そしてその活動の中心にあるものが、イノベーション、すなわち事業体の経済的、社会的な能力に変化をもたらす仕事である。

もちろん、天才のひらめきから生まれるイノベーションもある。だがそのほとんど、特に成功したもののほとんどは、イノベーションの機会に対する体系的な探究の結果、もたらされている。

イノベーションのための七つの機会

産業の内部から、四つのイノベーションの機会を見つけることができる。第一が予期せぬこと、第二がギャップ、第三がニーズである。第四が産業の構造変化である。産業の外部、すなわち社会的、知的な領域にも、三つのイノベーションの機会がある。第五が人口の構造変化、第六が認識の変化である。第七が新しい知識の獲得である。

これら七つのイノベーションの機会は、互いに重複する。そしてそれぞれが、リスク、難しさ、複雑さを伴う。だがイノベーションのほとんどが、これら七種類の機会から生まれる。

①予期せぬこと

初めに、最も単純で容易なイノベーションの機会として、予期せぬことがある。

一九三〇年代の初め、ＩＢＭは銀行にコンピュータを売り込んだが、当時の銀行には金がなかった。ＩＢＭの創立者でＣＥＯのトーマス・ワトソン・シニアによれば、その時救ってくれたものが、予期せぬ成功だった。最初にニューヨークの公立図書館が買ってくれたのだ。ニューディール初期のその頃、金は銀行ではなく図書館にあった。ワトソンは、各地の図書館に、お蔵入りしてしまうはずだったコンピュータを一〇〇台以上売った。

その一五年後、一般企業が給与計算用としてコンピュータに関心を示した。当時最先端のコンピュータを開発していたユニバックは、そのような使い方に拒絶反応を示した。ところがＩＢＭは、この予期せぬ成功に目をつけ、ユニバック型のコンピュータを給与計算という日常用途用に設計し直した。そして五年を経ずして、コンピュータ産業の雄となり、以来その地位を確保することとなった。

予期せぬ失敗も、イノベーションの機会として同じように重要である。フォード・モーターの〈エドセル〉は、自動車産業の歴史において、新車開発の最大の失敗として知られる。ところが、〈エドセル〉の失敗が、やがてフォードの成功の基礎となったことについてはあまり知られていない。フォードは、正面切ってゼネラルモーターズ（ＧＭ）と戦うために、〈エドセル〉を開発し、車種のラインアップの完成を図った。

綿密に企画、調査、設計したにもかかわらず、〈エドセル〉が無惨な失敗に終わった時、ＧＭをはじめとするすべての自動車メーカーが、それまで設計とマーケティングの前提としてきたものに反する何かが、市場に起こったにちがいないと、フォードは考えた。事実、市場は所得階層ではなく、ライフスタイルによってセグメント化されるようになっていた。この変化に対してフォードが取った行動が、〈マスタング〉と〈サンダーバード〉の開発だった。同社は、再び自動車市場において、個性のあるリーダー的なメーカーとしての地位を得た。

予期せぬ成功や失敗は、非常に実り豊かなイノベーションの機会となる。なぜならば、競争相手が気に留めず、敵視することさえあるからである。

六〇年頃、ドイツのある科学者が、大手術の局部麻酔用として非習慣性麻酔剤〈ノボカイン〉を開発した。ところが当時の外科医は、大手術には全身麻酔を好んだ。今日に至るも、大手術は全身麻酔が普通である。そこへ歯科医たちがこの〈ノボカイン〉に飛びついた。ところがその科学者は、大学の歯学部を回っては、自分の開発した本格的麻酔剤を歯の治療などに誤用しないよう注意を喚起するための講演をしたという。

まるで漫画のような話だが、この反応こそが、実は予期せぬものに対して頻繁に取られている態度――「そんなばかな」という態度である。

今日ほとんどの報告システムが、予期せぬ成功に気づきにくい仕組みになっている。月ごとにせよ四半期ごとのものにせよ、あらゆる報告書の第一ページが、問題点すなわち期待を下回った分野を列挙する。もちろん、そのような報告も、業績の悪化を防ぐためには必要である。しかし、それでは新しい機会を知ることはできない。

実は、期待を上回った分野にこそ、イノベーションの機会がある。真に起業家的な会社では、あらゆる報告書に第一ページを二つつくっている。問題に関する第一ページと、機会に関する第一ページである。それらの会社ではこの二つのページについて、同じ時間をかけて検討を行っている。

②ギャップの存在

アルコン・インダストリーズは、創立者のビル・コナーが、技術上のギャップをイノベーションの機会として利用することによって、六〇年代最大の成功物語の一つとなった。白内障の手術は、三番目か四番目にありふれた手術である。この手術は三〇〇年にわたる経験の積み重ねによって、小さな靭帯にメスを入れる部分だけを残して、完全に定型化されていた。もちろん眼科の手術医は、常に成功するだけの技術を身につけていた。しかし、メスを入れる部分は、手術の全プロセスのなかで、あまりに異質で、常に不安を覚えずにはいられない部分だった。そこにはまさに、一つのギャップが存在していた。

他方、靭帯を溶かす酵素の存在は、五〇年も前から知られていた。コナーが行わなければならなかったことは、その酵素を数カ月生かしておける保存薬を探すことだけだった。眼科医たちは、ただちにコナーの酵素を使うようになった。アルコン・インダストリーズは、世界的な独占を享受した。一五年後、同社はネスレに膨大な値で売却された。

イノベーションの機会としてのギャップは、このようなプロセス上のものだけではない。業績上のギャップも、イノベーションの機会となる。たとえば一九五〇年から七〇年の間の先進国の鉄鋼業のように、市場が拡大しているにもかかわらず利益率が低下している時、そこには業績上のギャップが存在する。このギャップに対するイノベーションが、電炉だった。

認識のギャップも、イノベーションの機会となる。今世紀前半の五〇年間、海運業は、高速化と省エネに力を入れていた。ところが、高速化と省エネに成功するほど、経済効率が低下した。こうして五〇年当時には、かろうじて生き延びてはいたものの、瀕死の状態にあった。

ギャップは、現実との認識の間にあった。海運業の余分なコストは、船舶の稼働時つまり航行中ではなく、遊休時つまり停泊中に発生していた。どこでコストが発生しているかさえ明らかになれば、行うべきイノベーションは明らかだった。問題は、コンテナ船と自動車を運転して載せるロールオン・ロールオフ船にあった。いずれも新しい技術を必要とせず、鉄道とトラックでは三〇年も前から行われている方法を用いればよかった。技術ではなく認識の変化によって、海運業はみずからの経済学を一変させ、その後の二〇年から三〇年、成長産業の一つとなった。

③ニーズの存在

日本で車を運転すると、道路があまり整備されていないことに気づく。多くの道路が、一〇世紀頃の道を基にしているからだ。そうした道路でも車が走れるのは、視線誘導標のおかげである。複雑な交差点でも、どちらから車がやってくるかがわかる。車の流れをよくし、事故を少なくしてくれるこの小さなイノベーションは、ニーズに基づくものだった。

一九〇九年、AT&Tの調査部が、その後一五年間にわたって予測される電話通話量と人口の伸びを二つのグラフで示した。二つのグラフは、早くも二〇年には、アメリカの独身女性の全員が交換手になる必要があることを教えていた。ニーズは明らかだった。二年後、AT&Tは自動交換機を開発した。

今日我々が、マスコミと呼んでいるものも、一八九〇年頃行われた二つのニーズに基づくイノベーションから生まれた。その一つが、新聞を迅速かつ大量に印刷することを可能にしたメルゲンターラーの自動植字機だった。もう一つが、『ニューヨーク・タイムズ』のアドルフ・オクス、『ニューヨーク・ワールド』のジョセフ・ピュリッツアー、そしてあのウィリアム・ランドルフ・ハーストという、三人の新聞発行者が行った社会的なイノベーション、近代広告だった。広告のおかげで、新聞はだれでも読める安い価格になった。

④産業の構造変化

えてして産業の構造は、あたかも神によって定められた不変のものに映る。だがそれは、一夜で変わるものであり、実際に一夜で変わってきた。この産業の構造変化が、イノベーションの機会となる。

最近数十年における最大の成功物語の一つとして、先頃エキタブル・ライフ・アシュアランス・ソサエティによって買収された証券会社、ドナルドソン・ラフキン・アンド・ジェンレットがある。同社は六一年、機関投資家が圧倒的な存在となるにつれ、証券業界の構造に大きな変化がもたらされつつあることを認識したハーバード・ビジネススクール出の三人の青年によって設立された。彼らには資金もコネもなかった。ところが数年後には、同社は証券業界における手数料自由化の流れにあってリーダー役を果たし、ウォールストリートのスターになった。しかも同社自身、他の証券会社に先がけて、株式を公開した。

同じように、構造の変化が絶好のイノベーションの機会となった産業として、アメリカの医療産業がある。最近一〇年から一五年の間、アメリカでは各地で、外科クリニック、神経科クリニック、救急センター、HMO（医療保険組合）が設立されている。

さらに同じように、通信においても産業の構造変化に伴って、イノベーションの機会が生まれた。機器に関しては、構内交換機の製造でROLMが頭角を現し、通信に関しては、長距離電話においてMCIやスプリントが出現した。

ある産業が急速に成長する時、たとえば一つの目安として一〇年に四割成長した時、産業の構造が変化する。しかもその時、すでに基盤を確立している会社は、みずからが手にしているものを守ることに汲々とし、新規参入者の挑戦に応じようとしない。産業の構造が変化している時、伝統を誇るリーダー的な会社は、なぜか最も急成長を遂げている市場を無視する。そのうえ、それまでの市場への取り組みや、市場の定義の仕方や、組織のあり方が、新しく生まれた機会に対処するには、不適切なものとなっている。したがってイノベーションを行った会社は、かなりの間、放っておいてもらえる。

⑤人口の構造変化

次が、産業の外部のイノベーションの機会である。最も確実なのが、人口の構造変化である。人口の構造変化には、確定したリードタイムがある。たとえば、二〇〇〇年までにアメリカの労働力市場に参入してくる者は、今日すでに生まれている。ところが、人口の構造変化を無視する人があまりにも多いので、これをイノベーションの機会として利用する者は、大きな実りを手にすることができる。

今日、日本がロボット先進国になっているのは、人口の構造変化にいち早く気づいたからである。七〇年頃には、どの先進国も、出生率の低下と教育の水準の向上に気づいていたはずだった。すでに中卒の半分以上が進学していた。したがって、製造業で伝統的な肉体労働者が不足することは明らかだった。だがこの変化に対処したのは、日本のメーカーだけだった。今日では、日本はロボットの導入において、他の先進国よりも一〇年は先行している。

旅行業やリゾート業としての地中海クラブの成功についても、同じことがいえる。七〇年前後、多少注意して観察していれば、欧米において、豊かで教育ある若者の数が急速に増えていることに気づいたはずだった。労働者階級の両親が楽しんだブライトンやアトランティックシティでの休暇に満足するはずのない彼らが、新しい種類のエキゾチックなたまり場において、まさに理想的な客となるはずだった。

だれでも、人口の構造変化が大きな意味を持つことは知っている。ところがだれもが、人口の構造は緩慢にしか変化しないものと思い込んでいる。人口の構造変化は、緩慢どころではない。しかも、人口の総数、年齢構成、教育水準、職業分布、地域分布の変化がもたらすイノベーションの機会は、起業家の世界において、最も実りが大きく、かつ、最もリスクが小さい。

⑥認識の変化

コップに「半分入っている」と「半分空である」とは、量的に同じである。だが、意味はまったく違う。世の認識が、「半分入っている」から「半分空である」に変わる時、大きなイノベーションの機会が生まれる。

たとえば最近の二〇年間に、アメリカ人の健康状態が未曾有の改善を見せたことは、あらゆる事実が示しているとおりである。新生児の生存率や高齢者の平均余命、あるいはガン（肺ガンを除く）の発生率とその治癒率など、およそあらゆる数字が大きく改善した。ところが今日、アメリカは集団ノイローゼにかかっているかのようである。健康に対する関心と不安が、今日ほど高まったことはない。あらゆるものが突然、ガンや心臓病、ボケの原因に見え始めた。彼らにとって、明らかにコップは「半分空である」。

健康や医療の長足の進歩に喜ぶどころか、アメリカ人は、不死からいかに遠くにいるかに気を取られている。実は、そのような物の見方の蔓延が、医療雑誌、健康食品、スポーツジム、さらにはジョギング用品に至るまで、数多くのイノベーションの機会を生んだ。事実、八三年最大の成長を遂げたベンチャー・ビジネスは、ある室内運動具メーカーだった。

認識の変化は事実を変えない。事実の意味を変える。しかも急速に変える。かつてコンピュータは、一般の人にとってはなはだ恐ろしいものであって、大会社だけが使うものだった。ところが突然それは、彼ら一般の人たちが所得税の計算に使うものになった。

このような変化をもたらすものは、経済的な要因とは限らない。経済など無関係のこともある。コップに「半分入っている」と見るか、「半分空である」と見るかを決定するものは、事実ではなく、時代の空気である。もちろん、この空気の変化は定量化できない。だがそれは、得体の知れないものでも、把握不能なものでもない。きわめて具体的である。明らかにすることができ、確認することができる。そして何よりも、イノベーションの機会として利用することができる。

⑦新しい知識の獲得

歴史を変えるイノベーションには、科学技術や社会に関わる新しい知識に基づくイノベーションが多い。それらは、起業家精神の華であり、名を広め、富を与えてくれる。これが通常イノベーションといわれているものである。しかし、知識に基づくイノベーションのすべてが重要であるわけではない。なかには、取るに足りないものもある。

知識に基づくイノベーションは、他のイノベーションと比べて、必要な時間、失敗の確率、予測の不確実さ、起業家にとっての試練のいずれもが、まったく異質である。他のあらゆる世界のスーパースターたちと同じように、激しく、気まぐれで、言うことを聞いてくれない。

たとえば、そのリードタイムは、他のいかなるイノベーションよりも長い。新しい知識が、利用可能な技術となるには、長い時間を要する。そしてその技術が、製品や工程やサービスとして市場に出てくるには、さらに長い時間がかかる。つまるところ、リードタイムは五〇年に及び、これまでのところ、さして短縮されてはいない。

通常、イノベーションにとって新しい知識が意味を持つようになるには、二つ以上の知識の出現を必要とする。知識に基づくイノベーションのうち、最も大きなものの一つである近代銀行業がその典型である。経済発展のための資金供給という起業家的銀行の理論は、ナポレオンの時代にサン＝シモンが唱えた。しかし彼の名声にもかかわらず、二人の弟子、ヤコブとアイザックの二人のペレール兄弟が、最初の起業家的銀行としてクレディ・モビリエを創立し、いわゆる金融資本主義の先駆となったのは、一八二五年の彼の死から実に三〇年経ってからであった。しかもペレール兄弟は、ちょうど同じ頃、海峡の向こう側イギリスで発達しつつあった近代的商業銀行のことは何も知らなかった。そのため、彼らの銀行は無惨な失敗に終わった。

しかしその一〇年後、アメリカのJ・P・モルガンとドイツのゲオルク・シーメンスという二人の若者が、フランスの起業家的銀行とイギリスの近代的商業銀行の機能を結合させることによって、史上初めての近代的総合銀行として、ニューヨークにJ・P・モルガン・アンド・カンパニー、ベルリンにドイツ銀行を設立した。さらにその一〇年後、日本の若者、渋沢栄一がシーメンスの考えを導入し、日本に近代経済の基盤をつくった。これが、知識に基づくイノベーションのプロセスの典型である。

もう一つ例を挙げるならば、コンピュータは、少なくとも六つの独立した知識を必要とした。それは二進法と、一九世紀前半のチャールズ・バベッジによる計算機の概念と、一八九〇年のアメリカの国勢調査用としてハーマン・ホレリスによって生み出されたパンチ・カード、さらには、一九〇六年に発明された電子スイッチとしての三極管、一九一〇年から一三年にかけてバートランド・ラッセルとアルフレッド・ノース・ホワイトヘッドによって樹立された記号論理学、第一次大戦中、本来の目的には失敗したものの高射砲の性能向上を図るために開発されたプログラムとフィードバックの概念である。しかるに一八年にはこれらの知識はすべて揃っていたにもかかわらず、最初の実用コンピュータが開発されたのが、四六年のことである。

知識によるイノベーションにおいては、それが長いリードタイムと、異なる知識の結合を必要とするという二つの特質から、独特のリズム、魅力、リスクが生ずる。まず、論じられはするものの、具体的な行動はほとんどないという懐胎期がある。そして突然、あらゆる要素が結合し、興奮と行動と投機の開放期が始まる。たとえば先進国では一八八〇年から九〇年にかけて、一〇〇〇社に及ぶ家電メーカーが生まれた。そして突然、ふるい落としの整理期が始まった。それら家電メーカーのうち、一九一四年まで生き残ったものは、二五社にすぎなかった。二〇年代の初め、アメリカには、三〇〇社から五〇〇社の自動車メーカーがあった。六〇年には、わずか四社になっていた。

知識によるイノベーションをマネジメントすることは、難しくはあっても、不可能ではない。知識によるイノベーションを成功させるには、まずイノベーションに必要とされる知識そのものについての徹底的な分析が必要となる。J・P・モルガンもゲオルク・シーメンスも、銀行を設立した時、この分析を行った。ライト兄弟も、飛行機を発明した時、これを行った。

もちろん、ニーズの分析、特にイノベーションのユーザーとなる人たちの能力についての徹底的な分析も必要である。一見矛盾するように感じるかもしれないが、新しい知識によるイノベーションは、他のイノベーションよりも市場志向でなければならない。

最初に旅客ジェット機を開発したイギリスのドハビランドは、市場のニーズを分析しなかったために、二つの重要な要素を見落とした。一つが、路線に合わせた飛行機の大きさだった。もう一つが、航空会社への融資方法だった。同社は、それらの分析を行わなかったために、商業ジェット機の市場をアメリカの二社、ボーイングとダグラスに取られた。

体系的イノベーション

体系的イノベーションは、これら七つの機会の分析からスタートする。七つの機会のいずれが重要かということは、時と場所と産業によって異なる。人口の構造変化は、鉄鋼生産のような生産プロセスのイノベーションには関係がない。これに対し、メルゲンターラーの自動植字機が成功したのは、熟練の植字工の人口が読書人口の増大に対し不足していたからだ。あるいは、科学上の新しい知識は、社会的な仕組みについてイノベーションを行おうとする者には、ほとんど関係がない。しかし、いかなる場合においても、イノベーションを行おうとする者は初めに、イノベーションの七つの機会すべてについて分析を行わなければならない。

イノベーションとは、分析的な作業であると共に、知覚的な作業である。したがってイノベーションを行う者は、みずから出かけていき、見聞きし、尋ねなければならない。イノベーションを成功させるためには、左脳と右脳の両方が必要である。数字を見ると共に、人を見なければならない。分析を行うと共に、みずから出かけていき、ユーザーとなりうる人たちを見て、彼らの期待や価値観、ニーズを把握しなければならない。

イノベーションを成功させるためには、単純であると共に、焦点を絞る必要がある。一つのことだけに専念しないと、混乱するだけである。まったくのところ、イノベーションに対する最大の賛辞は、「わかり切ったことだ。どうして自分が気づかなかったのか。実に簡単なことなのに」という言葉である。また、イノベーションを成功させるためには、それがたとえまったく新しいユーザーや市場を開拓するためであっても、具体的で明確で、ただちに使えるものにしなければならない。

成功するイノベーションは、小さくスタートする。初めから壮大ではない。具体的なことを一つだけ行おうとする。たとえば、車両が走行中に電力を入手することであってもよい。そこから電車というイノベーションが生まれた。常に同数（五〇本）のマッチ棒を箱に入れることでもよい。そこからマッチ棒の自動詰込機というイノベーションが生まれた。事実、スウェーデンのその会社は、半世紀にわたって、マッチの世界的な独占を手に入れた。

初めから大がかりな壮大な試みが成功することはほとんどない。しかし大きな事業に育つか、小さく終わるかは予見できないとしても、世界の基準となり、先頭を走りうる事業を生み出すことを意図すべきである。最初からリーダー的な地位を目指すことなく、イノベーションたりうることはない。

つまるところイノベーションとは、天才のひらめきではなく、仕事である。それは知識を、創意を、焦点を必要とする。たしかにイノベーションに適した人たちはいる。しかし彼らにしても、その能力を発揮できる分野は限られている。事実、複数の分野でイノベーションを手がける者は稀である。エジソンは体系的にイノベーションを行っていたが、電気の世界においてだけだった。シティバンクのような金融界のイノベーションの担い手が、医療のイノベーションを手がけることもない。

イノベーションには、他のあらゆる仕事と同じように、才能、創意、知識が必要である。しかし、それらのものは当然としても、本当に不可欠とされるものは、目的意識を伴う激しく集中的な労働である。勤勉、忍耐、決意が欠けているならば、せっかくの才能、創意、知識も役に立たない。

もちろん、起業家精神には、体系的イノベーション以外のものも必要である。起業家戦略が必要であるし、さらには、既存企業、社会的機関、ベンチャー・ビジネスのいずれでもマネジメントが必要である。しかし、実践的にも原理的にも、起業家精神の根幹となるものは、体系的イノベーションなのである。

第20章

How to Make People Decisions

人事の秘訣：守るべき5つの手順

How to Make People Decisions
HBR, July-August 1985.
人事の秘訣:守るべき5つの手順
『ダイヤモンド・ハーバード・ビジネス』1986年1月号

人事の成功率を高める

経営トップは、人事に最も時間を取られる。そうでなければならない。人事ほど長く影響し、かつ取り消しの難しいものはないからである。ところが昇進にせよ異動にせよ、どの会社でも、実際の人事はまったくお粗末である。平均打率は三割三分三厘以下である。せいぜい正しい人事が三分の一、まあまあが三分の一、残る三分の一はまったくの失敗である。

人事ほどお粗末な仕事ぶりが許されている分野はほかにない。もちろん、このような状況を我慢する必要はないし、我慢してはならない。

人事に完全無欠はありえないが、一〇割に近づけることはできる。なぜならば、人事こそ、我々が最もよく知っている分野だからである。事実、完璧に近い人事を行うトップは多い。

真珠湾攻撃の頃、アメリカ陸軍の将軍たちは著しく高齢化していた。しかも若手の将校には、実戦の経験がなかった。ところが、第二次大戦が終わった頃には、アメリカは史上最高の将軍団を擁していた。陸軍参謀総長ジョージ・C・マーシャルによる人事の結果だった。彼の人事のすべてが成功だったわけではない。だが、失敗は皆無だった。

アルフレッド・スローンは、ゼネラルモーターズ（GM）を経営していた四〇年の間、経営陣の人事は自分で行った。生産、経理、技術それぞれの部門の経営管理者、小さな部品工場の技師長に至るまで、みずから人事を行った。

今日スローンの視野や価値観が狭かったという批判がある。そのとおりである。あまりに内部の効率に目を奪われていて、社会的責任や地域との関係など、外部のことにはあまり関心を払わなかった。しかし人事だけは、常に一流だった。

人事の原則

この地上においては、人の判断に完璧な者などいるはずがない。しかし人事を真剣に行っている者はいる。マーシャルとスローンは、これ以上考えられないほど互いに異質だった。だが二人は、同じ原則に従って人事を行っていた。

①ある仕事に就けた者が十分な成果を上げられなければ、人事を行った自分の間違いである。その者を責めるわけにも、ピーターの法則を持ち出すわけにもいかない。愚痴をこぼすわけにもいかない。自分が間違ったのである。

②兵士には有能な指揮官を持つ権利があるとは、シーザー以前からの金言である。責任感のある者が成果を上げられるようにすることは、経営陣の責任である。

③あらゆる意思決定のうち、人事ほど重要なものはない。組織そのものの能力を左右する。したがって、人事は正しく行わなければならない。

④人事には避けなければならないことがある。たとえば外部からスカウトしてきた者に初めから新しい大きな仕事を与えてはならない。リスクが大きい。そのような仕事は、仕事のやり方やくせが明らかであって、かつ組織内で信頼されている者に任せるべきである。地位の高い新人には、期待されているものが明らかであって、しかも

手を貸せるような確立された仕事を与えなければならない。

私が知っている最悪の人事は、ヨーロッパに設立した子会社のトップにヨーロッパ人を据えた二つのアメリカの会社で目にしたものである。一つはピッツバーグに、もう一つはシカゴに本社を置いていた。ハンス・シュミット博士も、ジャン・ペラン氏（いずれも仮名）も、超一流の経営者として鳴り物入りで迎えられた。だがいずれも一年後には辞めていった。

ピッツバーグの会社は、シュミット博士が、最初の半年から九カ月というものは、決定的な行動を取る前に、考えに考え、検討を繰り返し、計画を立てる性格であることに気づかなかった。シュミット博士のほうも、ただちに行動を起こし、結果を出すことを期待されているとは夢にも思わなかった。

シカゴの会社のほうは、ジャン・ペラン氏が、陽気で興奮しやすく、長広舌を振るい、次から次へと観測気球を上げはするものの、実は、粘り強く目的を追求していくタイプであることに気づかなかった。

二人とも、それぞれの会社を辞めた後、やがてヨーロッパの大会社のトップとして成功した。その彼らにしても、自分のことを知らず自分も理解できない会社では、失敗せざるをえなかった。

ところが、一九六〇年代から七〇年代にかけてのちょうど同じ頃、別の二つのアメリカの会社が、ヨーロッパへの進出に成功した。その二つの会社は、本社が熟知し、理解している自社の人間をヨーロッパへ派遣した。同時に、両社とも、現地で若手の人材をスカウトし、アメリカの本社でミドルの上のほうのポストに就けた。こうして、数年後には、ヨーロッパの事業を確立し、それらの事業に必要な信頼できる経験豊かな経営陣を手にしていた。

ウィンストン・チャーチルの先祖マルボロ大公は、いみじくも三世紀前、「混成軍の問題は、生命とまではいかなくとも、勝利の行方を、噂しか知らない指揮官に委ねなければならないことにある」と言った。会社においても、軍と同じように、相手を知らなければ、信頼や意思の疎通は不可能である。

人事の手順

人事の原則があまり多くはないのと同じように、人事の手順もさほど多くはない。

①仕事の中身を詰める

職務規定そのものは人事のつど変えなくともよい。ある大手メーカーでは、三〇年前に事業部制に移行して以来、事業部長の職務規定をほとんど変えていない。カトリックの司教の職務は、一三世紀の教会法の制定以来、まったく変わっていない。しかし、仕事の中身は常に、そして思いもかけず変わっていくことは知っておくべきである。

四〇年代の初め、私はGMのアルフレッド・スローンに対し、三人の同じような資格の人間のうちだれを小さな部品事業部の販売部長にするかなどという、小さな人事に時間をかけすぎているのではないかと指摘したことがある。これに対し彼は、「このポストの仕事が、最近どのように変わってきたかを見てほしい」と答えた。驚いたことに、そのポストの仕事は常に変わっていた。

ジョージ・マーシャルは、第二次大戦中、師団長の任命の際には必ず、そのポストの、その後一年半から二年にかけての仕事の中身について検討していた。新しい師団を編制し訓練することは、一つの仕事である。戦場で師団を率いることは、別の種類の仕事である。弱体化した師団に士気と戦闘力を取り戻させることも別の仕事である。

販売部長にしても、現在の営業陣が定年に近づいているために、新たにセールスマンを採用し訓練することが仕事である場合がある。昔からの市場では健闘しているものの、新しい成長市場ではうまくいっていないために、市場を開拓することがそうである場合もある。あるいは、売上げのほとんどが、これから伸びる製品ではなく、二五年も前からの古い製品であるために、新製品の導入を図ることが仕事という場合もある。これらは、いずれも別の種類の仕事であり、したがって異なった種類の人間が必要とされる。

②複数の候補者を検討する

候補者は、複数でなければならない。もちろん必須の資格というものはある。その資格を満たさない者は、候補者にはできない。しかも資格とは別に、仕事の中身との相性の問題もある。人事のためには、常に三人から五人の候補者について検討しなければならない。

③候補者を正しく判断する

仕事の中身を検討すれば、任命された者が優先して行うべきこと、集中して行うべきことが明らかになる。したがって重要なことは、何をできないかではない。強みは何か、その強みはその仕事の中身に合っているかである。もちろん弱みは、マイナスである。それだけで候補者を失格させてしまうことがある。たとえば、技術的な側面については優れた能力を持っていたとしても、仕事の中身が、チームをつくる能力を必要としており、その者にその能力がなければ失格となる。

しかしたとえそうであっても、人事に成功するためには、候補者の弱みを見ることからスタートしてはならない。弱みを中心に見ていたのでは、いかなる成果も生み出せない。成果を生むものは、強みだけである。

マーシャルやスローンは、要求は大きかったが、大事なことは仕事の能力だということを知っていた。必要な能力さえ秀でていれば、他のことは組織として補いようがある。その能力がなければ、いかなる能力といえどもすべて無意味となる。

マーシャルは、訓練担当の将校が必要なのであれば、何をおいても、新兵を一人前の兵隊に変えることのできる者を探した。もちろん一つのことに秀でた者は、通常、何らかの弱みを持っている。失言癖があるために、マスコミとの関係では具合の悪い者がいる。虚栄心が強く、自己中心的であって、上官ともめてばかりいる者がいる。しかし、訓練の能力がありさえすれば、それらのことは気にする必要がない。必要とされている能力が最高であるならば、ポストはその者に与えるべきである。

フランクリン・ルーズベルトやハリー・トルーマンも、閣僚の人選に当たっては、重要なことは、弱みではなく、何をできるかであるとしていた。彼ら二人が、二〇世紀のアメリカの大統領のうち、最も強力な閣僚陣を擁していたことは偶然ではない。

④知っている者何人かから聞く

人の評価に当たっては、一人だけの判断は無効である。だれでも、第一印象や、偏見や、好き嫌いがある。したがって何人かの考えを聞かなければならない。将軍や司教選びでは、このプロセスが公式に義務づけられている。有能な経営トップは、これを非公式に行っている。

ドイツ銀行を率いていたヘルマン・アプスは、関係会社の経営トップの人選において右に出る者がいなかった。事実、戦後ドイツ経済の担い手となった人たちの多くが、彼の人選によっていた。その彼が、候補者一人ひとりについて、彼らの上司や同僚から考えを聞いていた。

⑤仕事の中身を理解させる

新しいポストに就任させて三、四カ月したならば、前の仕事ではなく、その新しい仕事が要求するものに焦点を合わせさせなければならない。

新しいポストに就けた者を呼び、「地域担当の販売部長になってもらって三カ月経つ。新しいポストで成功するには、何をしなければならないと思うか、一週間ほど考えて、書き出してきてほしい。しかし、この場で言っておきたいことがある。それは、今度の昇進をもたらした仕事のやり方では、新しいポストはこなせないだろうということだ」と言ってやらなければならない。

このプロセスを踏まない限り、新しいポストに就いた者の仕事ぶりが満足できなくとも、責めることはできない。みずからを責めるべきである。人事を行った者として、行うべきことを行っていないからである。

昇進人事の失敗の最大の原因は、新しい仕事の要求するものについて、人事を行った者が徹底的に考えることをせず、しかもそのポストに就いた者に考えさせないことにある。これは、今日のアメリカの会社に見られる最大の欠陥である。

そのよい見本が、数カ月前、ほとんど泣き出さんばかりにして電話をしてきた私の優秀な元教え子だった。「一年前、初めて大きなチャンスを手に入れました。技術部長になりました。でもいまでは、終わりだと思われています。前よりずっとよい仕事をしたのにです。私は特許を取れる製品を三つも開発しました」

人間だれしも「すごくよいことをしたに違いない。さもなければ、この新しいポストには就けなかった。だからこの昇進をもたらしてくれたことを、もっとやろう」と考える。新しい仕事が新しい仕事の方法を必要とするということは、ほとんどの人間にとって、自明の理ではない。

私自身五〇年近く前、はるかに責任の重いポストに就けてくれた上司が、四カ月ほどして私を呼びつけ、このことを考えさせてくれた。それまで私は、前と同じことをさらに立派にやろうとしていた。ありがたいことに、その人は、新しいポストが、それまでとは違うやり方、考え方、人との関わり方を要求しているということを私に理解させるのは、彼の責任であることを知っていた。

人事で起こりがちな失敗

これらのプロセスをすべて踏んでも、人事の失敗はなくならない。しかも、もともとリスクがつきものという種類の人事がある。

研究所、技術部、法務部など、専門分野の経営管理者の人事にはリスクがつきものである。専門家というものは、その専門領域で一流でない者を上司として受け入れることを嫌う。そのため技術部長は、技術部のなかから選ばざるをえなくなる。しかし技術者としての能力と、技術部長としての能力の間に関係はない。あったとしても、せいぜい逆の相関関係である。

事業部門の部長を本社のスタッフ部門へ昇進させたり、逆に、スタッフ部門の専門家を事業部門のポストに昇進させることにもリスクが伴う。現場の人間は、スタッフ部門の緊張、圧力、関係に耐えられないことがある。地域担当の有能な販売部長が、市場調査や、販売予測や、価格設定に責任を持たされると、まったくの無能であるということがよくある。

ある人間が、新しい環境に適しているかどうかを知る方法はない。後知恵で知りうるのみである。したがって昇進や異動がうまくいかなかった時には、ただちに再異動させる必要がある。「私が間違った。直すのは私の責任である」と考えなければならない。

間違った人事で配属されてしまった者を、そのままにしておくことは、温情ではない。意地悪というべきである。もちろん辞めさせる理由はない。一流の技術者、一流の分析専門家、一流の販売部長は常に必要である。最も妥当な解決策は、以前のポストかそれに相当するポストに戻すことである。この方法は、ほとんどがうまくいく。

そして最後に、あるポストが、一五〇年前ニューイングランドの船長たちが「後家づくり」(「命に関わる危険なもの」の意）と呼んだ船と同じ類のものになった時、人事は失敗する。いかによく設計されてはいても、大きな事故に見舞われ始めた時、船主たちは、船を直しはしなかった。壊してしまった。この「後家づくり」のポスト、つまり優秀な者でさえ失敗するポストは、会社が急速に成長したり、変化した時に現れる。

一九六〇年代から七〇年代の初めにかけ、アメリカの銀行の国際担当副頭取のポストが「後家づくり」のポストになった。このポストは、それまでは、だれにでも務まるポストだった。事実、アメリカの銀行では、凡庸な者でも務まる地位の高いポストとされていた。ところが突然、このポストに就く者が、次から次へと挫折していくようになった。いまから考えるならば、国際業務が、何の予告もなく、急に銀行と顧客の双方にとって、日常業務の一部になってしまったためだった。だれにもできた仕事が、だれにもできない仕事になっていた。

特に前のポストで立派な業績を上げていた二人の人間が、たて続けに失敗した時には、「後家づくり」のポストと見なければならない。その時は、ヘッドハンターに万能の天才を要求してはならない。ポストそのものをなくすべきである。

普通の有能な人間が成果を上げられない仕事には、だれを配属しても無理である。第三の人間も、前の二人と同じように挫折する。

人事は隠せない

会社経営の究極の手段は、人事である。その半面、人事は、経営陣がどの程度有能であるかも、その価値観がいかなるものであるかも、仕事にどれだけ真剣に取り組んでいるかも明らかにしてしまう。人事は、いかに隠そうとしても結局は知られる。それは、際立って明らかである。

かなり上の地位の経営幹部でさえ、個々の戦略が正しいかどうかは、判断がつきかねる。そもそも関心があるとも限らない。「なぜオーストラリアであの買収を行うのか。でも、ここフォートワースに害はあるまい」が、大方の反応である。

ところが「ジョー・ブローが、XYZ事業部のコントローラーになった」ことを知らされた時には、だれもがジョーのことを知っている。しかも、通常、人事を行ったトップ経営陣よりもはるかに知っている。したがって「ジョーには資格がある。最高の人事だ。急成長しているあの事業部をコントロールするうえで最適だ」という反応が返ってこなければならない。これはだれにもわかることである。

「あれがこの会社で出世する方法だ」とうなずかれるようであってはならない。やがてみんながうまく立ち回ろうとするようになる。そして、そのような行動を取らせる会社を恨む。事実、追従家となるか、あるいは辞めていく。すでに昔から知られているように、組織のなかの人間というものは、他の者がどのように報われるかを見て、みずからの態度と行動を決める。したがって、仕事よりも、追従のうまい者が昇進していくのであれば、組織そのものが、業績の上がらない追従の世界となっていく。

人事を正しく行うために全力を尽くさない経営トップは、組織の業績を損なうリスクを冒すだけではない。組織そのものへの敬意を損なう危険を冒していることになる。

第21章

The Coming of the New Organization

情報が組織を変える

The Coming of the New Organization
HBR, January-February 1988.
未来型組織の構想
『ダイヤモンド・ハーバード・ビジネス』1988年5月号

情報化がもたらすものは何か

いまから二〇年後には、大会社では、経営陣の階層は半分以下に、経営管理者の数は三分の一以下になる。組織の構造や、経営陣に関わる問題や関心も変わり、今日の経営学の教科書が教える一九五〇年頃のメーカーとは、似ても似つかぬものとなる。むしろ、病院、大学、オーケストラなど、今日の経営管理者や経営学者が関心を持っていない組織に似たものとなる。なぜならば、これらの組織と同じように、会社も知識を中心とする組織になると共に、個別知識の専門家からなる組織、すなわち顧客や同僚との情報の交換を中心にみずからの仕事の方向づけと位置づけを行う専門家からなる組織になるからである。こうした組織を、私は情報化組織と呼んでいる。

会社とりわけ大会社は、情報を中心とする組織にならざるをえない。その原因の一つは、人口の構造変化にある。今日すでに、被用者の重心は、肉体労働者やサービス労働者から、知識労働者へと急速に移行している。彼ら知識労働者は、一〇〇年前に会社が範とした軍の指揮命令にはなじまない。

もう一つの原因が、経済の動きである。特に大会社が、イノベーションと起業家精神を不可欠のものとするようになるからである。さらにもう一つの原因が、情報技術の発展である。もちろんコンピュータだけが情報化組織を必然のものとするわけではない。後述するように、かつてイギリスは、羽ペンだけが情報処理技術であって、裸足の人間が通信システムだった時代に、インドで立派な情報化組織をつくり上げていた。

もちろん情報技術の発展に伴い、分析と判断、すなわち本当の情報に取り組まざるをえなくなる。さもなければ、膨大なデータに溺れるだけとなる。今日のところは、新しい情報技術も、データの大量処理という昔ながらの仕事をスピードアップするために使われているにすぎない。しかし単なるデータではなく、情報そのものに関心を移すようになると、意思決定のプロセス、経営陣の構造、仕事の処理の仕方が変わり始める。すでに今日、世界中の会社が大きく変わり始めている。

意思決定プロセスへの影響

たとえば、意思決定プロセスに対する影響は、設備投資に関して表れる。設備投資の分析は、一つの方法では行えない。予想収益率、予想回収期間と予想寿命、予想収益の現在価値、投資した場合と延期した場合のリスク、失敗の確率とそのコスト、機会価値すなわち他へ投資した場合の予想収益率など、少なくとも六つのデータが必要である。このことは、昔から会計学でも教えられている。

しかし、コンピュータが導入される前は、それらの分析は計算するだけで何年もかかった。それが今日、数時間でできるようになった。その結果、分析なるものの性格が、意見から診断へと変わった。すなわち代替案の評価作業へと変わったのである。

情報の入手と分析が容易になることで、設備投資についての意思決定が、財務上の数字合わせから、確率を折り込んだ事業上の意思決定へと変わる。当然、戦略が必要となるのと同時に、個々の意思決定において、戦略とその前提条件の見直しが迫られることになる。こうして、かつては単なる予算上の作業にすぎなかった設備投資に関する意思決定が、経営方針そのものの決定へと変わっていく。

情報技術が情報力の向上につながった場合には、経営陣の構造にも、影響が出てくる。ほとんど瞬時にして、経営陣の階層と、経営管理者の数を大幅に減らせることが明らかになる。

その理由は簡単である。そもそも経営陣の階層の多くが、意思決定を行わず、リーダーシップなど発揮していないことが明らかになるからである。彼らの唯一とはいわないまでも主たる役割が、情報の中継、すなわち情報化前の組織において意思の疎通と呼ばれていた、焦点のぼけたかすかな情報を増幅させることだけである事実が、白日の下にさらされる。

実際に、アメリカのある大手防衛機器メーカーで、トップ経営陣と現場の経営管理者が必要とする情報について分析が行われた。本当の情報はどこから来るか。どのようなかたちで来るか。どのように伝えられるか。これらの問いに答えようとすると、既存の階層の多く、実に一四の階層のうち六つは、単にそうした問いを発したことがなかったがゆえに、存在を許されていたことが明らかになったという。その会社にはそれまでも、データは豊富にあったが、それらは、情報を生み出すためではなく、人をコントロールするために使われていた。

情報とは、データに意味と目的を加えたものである。データを情報に転換するためには、知識が必要である。しかるに知識は、その本質からして、常に専門分化している。事実、高度の知識労働者には、専門分化しすぎる傾向がある。知るべきことが、あまりにも多いからである。

情報化組織では、我々のなじんでいる指揮命令型の組織よりも、はるかに多くの専門家を必要とする。特に、本社よりも現場で必要なので、やがて現場は、あらゆる種類の専門家を大勢抱えるようになる。もちろん本社においても、法務、広報、人事、労務など実務に携わるスタッフは必要だが、助言、相談、調整に携わるだけで責任を持たない多くのスタッフは不要となる。情報化組織のトップ経営陣には、それほど大人数の専門スタッフは必要ない。

こうして情報化組織の構造はますます階層が減り、いまから一世紀前の会社に似たものとなる。だがあの頃は、あらゆる知識がトップ経営陣の手中にあった。トップ以外の者は、手足にすぎず、言われたことを言われるがままに行っていたにすぎなかった。

これに対し、これからの情報化組織では、知識は主として最下層にある。みずからの方向づけをみずからが行い、それぞれ違う仕事に取り組む専門家たちの頭のなかにある。したがって、トップ経営陣と現場の中間に位置するスタッフ部門に知識が集中している今日の状況は、組織の発展段階において、やがて消え去るべき過渡的なものにすぎないといえる。

情報化組織はチームで動く

情報化組織では、仕事の仕方も変わる。伝統的な機能別部門は、仕事の基準を設定し、専門家を訓練し、人事を行う役割を持つにすぎなくなる。実際の仕事は、そこでは行われない。主として、問題ごとのチームで行われる。

この変化は、すでに会社の各部門のなかで、最も役割を明確に定義されてきた部門、すなわち研究開発部門で起こっている。

製薬、通信、製紙などの業界では、これまでの研究、開発、生産、マーケティングという時系列的な組織ではなく、研究テーマの段階から市場での地位の確立まで、あらゆる分野の専門家がチームとなって、共同して働くようになっている。

研究開発以外の分野で、事業上の機会や問題に取り組むためのチームがどのような種類のものになるかは、まだわからない。チームの必要性、仕事、構成、リーダーシップのあり方は、産業や会社によって異なるものとなるであろう。情報化組織の構造は、おそらくマトリックス型組織とも異なるさらに進んだものになるにちがいない。

さらにもう一つ明らかなことがある。すなわち情報化組織では、そこに働く人間一人ひとりの自己規律が重要であり、互いの関係と意思の疎通に関して責任の自覚が不可欠になるということである。

情報化組織の特徴

情報技術が会社を変えるということはだれでもいえる。しかし、その結果、会社とそのトップ経営陣に求められるものが何になるかについては、まだ判然としないところがある。今日の時点では、会社以外の情報化組織、病院、オーケストラ、イギリスのかつてのインド支配体制などが参考になるだけである。

病院・オーケストラ・インド統治

ベッド数四〇〇という大病院には、数百人の医師と一〇〇〇人を超える医療補助者がいて、六〇ほどの科がある。それぞれの専門分野には、それぞれの知識、教育訓練、言語がある。臨床試験室や物理療法室など補助系の責任者は、経営管理者ではなく、それぞれの分野の専門家である。全員が病院のトップ経営陣に直結している。中間的な経営管理者はいない。実際の仕事は、個々の患者の病状と病歴に合わせて、臨時のチームが編成されて行われる。

オーケストラは、さらに多くのヒントを与えてくれる。時には、数百人の音楽家が同時に演奏する。組織理論によれば、楽器のグループごとに、グループ担当副指揮者が必要であり、その下に、楽器ごとの楽器担当副指揮者が必要である。しかし実際は、CEOとしての指揮者が一人いるだけである。演奏家の全員が、中間的な指揮者など抜きに、直接その一人の指揮者に従って演奏する。演奏家たちは、高度の芸術家であり専門家である。

中間管理者抜きで最も成功した情報化組織が、インドにおける大英帝国の行政機構である。イギリスは、一八世紀半ばから第二次大戦に至る二〇〇年間、組織や制度を一度も変えることなく、インド亜大陸を統治した。膨大な人口を持つ広大な大陸を統治するためにイギリスが割いた人員は、常時一〇〇〇人以下だった。その数は、インドよりもやや人口が多かった中国を治めるために、清が要した儒者と宦官の、せいぜい一パーセントにすぎなかった。しかも、インドを治めたイギリス人は若者で、だいたい三〇歳止まりだった。これは、特にインド統治の初期において顕著だった。

それぞれの駐在地は孤立し、最も近い同僚さえ、一日か二日はかかるところにいた。そのうえ最初の一〇〇年間は、電報や鉄道もなかった。組織の構造は完全に平板だった。各地の監督官は、「クー」なる呼称の州政務官に直属していた。州は九つあり、一人の政務官が一〇〇人の監督官を抱えていた。マネジメントの管理限界とされている数をはるかに上回っていた。それにもかかわらず、全員が仕事に必要な情報を手にできるようになっていた。

各地の監督官は、毎月一回、丸一日を費やして州都の「クー」に報告を書いた。報告すべきことは四つだけだった。彼らはそれら四つのことについて、予測したこと、実際に起こったこと、予測が外れた時にはその理由について、詳細に報告した。次に、それから一カ月の予測と、そのための対応策について書いた。そのうえで基本的な政策について質問し、長期的な機会、脅威、ニーズについて、自分の考えを書いた。「クー」のほうも、それらの報告すべてを記録し、詳細な答えを送った。

目標の必要性

これらの例から、情報化組織が成立するための条件と、そこに特有のマネジメント上の問題についてわかることは何か。

まず情報化組織が成立するための条件を見なければならない。一人の指揮者の下で、数百人の音楽家が共に演奏できるのは、全員が同じ楽譜を持っているからである。フルートやティンパニーの奏者が何をいつ演奏すべきかは、楽譜が教えてくれる。指揮者に対しても、それぞれの奏者に何をいつ期待すべきかは、楽譜が教えてくる。同じように病院の専門家たちも、患者の治療と看護という共通の任務に就いている。そこでは、カルテが楽譜の役割を果たし、レントゲン技師や、栄養士や、物理療法士、その他チームのメンバーに取るべき具体的な行動を教える。換言するならば、情報化組織には、具体的な行動に翻訳できる明確で単純な共通の目的が存在しなければならない。しかも、これらの例からも明らかなように、情報化組織では、一つあるいはごく少数の目的に集中していなければならない。

情報化組織における主役は、専門家であって、トップ経営者でさえ仕事の仕方については口出しができない。指揮者のなかには、フレンチホルンの演奏の手本を示すどころか、音を出せる者さえいないはずである。しかし指揮者は、オーケストラ全体の演奏において、フレンチホルンの奏者の技術と知識を、いかに生かすべきかを知っている。これこそ、あらゆる情報化組織のリーダーが身につけるべき能力である。

しかし会社が、準拠すべき楽譜は、みずからが演奏しながら書くもののほかにありえない。オーケストラの場合は、最高の演奏であろうが、惨憺たる演奏であろうが、作曲家が書いた楽譜を変えることはない。しかし会社の仕事においては、その仕事ぶりを評価するうえで基準となるべき楽譜そのものを書き換えてしまう。

したがって、情報化組織はすべて、会社、個々の部門、個々の専門家の上げるべき成果について、トップ経営陣の期待を明らかにした目標を中心に構成されなければならない。同時に、情報化組織は、全員が自己規律の下に成果を上げられるよう、期待と成果についての体系的なフィードバックを中心につくられなければならない。

情報に対する責任

情報化組織にはもう一つ条件がある。全員が、情報について責任を持つことである。オーケストラのファゴットの奏者は、与えられた楽譜に従って演奏することによって情報に対する責任を果たす。病院の医師や技術者は、綿密な報告システムと、ナース・ステーションなる情報センターを使って仕事をする。インドの監督官は、文書の往復によって、この責任を果たした。

情報化組織の成功のカギは、全員が、組織内のだれが、どのような情報を自分に依存しているか、逆に、自分は情報をだれに依存しているかを考えることにある。もちろんそこには上司と部下が含まれる。しかし、最も重要な関係は、仕事を組んで行う相手、つまり相互に調整が必要とされる人たちである。

そのよい例が、病院における内科医、外科医、麻酔医の関係だ。製薬会社における生化学者、薬理学者、臨床試験担当医師、マーケティング専門家の関係である。関係者全員が情報について完全な責任を持つことが必要とされる。

情報に関わる他の人間に対する責任の大切さは、最近、特に中規模の会社でよく理解されるようになった。しかし、みずからが必要とする情報についての自分自身の責任は、なおざりにされたままである。情報化組織に働く者はすべて、みずからが仕事をして貢献するうえで、どのような情報を必要とするかについて、たえず考えていかなければならない。

ところがこのことは、最もコンピュータ化が進んだ会社でさえも行われていない。それらの会社では、データが多ければ情報が多いと思っている。もちろん、そのような考えはデータが少なかった頃には正しかったが、データが豊富な今日では、データの洪水と共に、情報の断絶を招くだけである。また、それらの会社では、経営陣や専門家が情報を手にするために必要とするデータは、情報の専門家が面倒を見てくれるものと思っている。しかし、情報の専門家とは道具屋にすぎない。彼らは椅子張りに必要な道具が何かということは知っているが、そもそも椅子張りをする必要があるかどうかは、我々自身が判断しなければならない。

自分が何をしているか、何をすべきなのか、どれだけ実施されているかを知るうえで、どのような情報が役に立ち、どのようなデータが必要かについて、我々自身が徹底的に考えなければならない。これらの作業なくしては、ＭＩＳ(注)（経営情報システム）なる部門も成果を上げるどころか、単に費用を発生させるだけだ。

情報化組織が直面する問題とは

大会社のほとんどは、オーケストラや、病院や、かつてのインドの行政機構とは、かなり異質の存在である。しかし競争力を維持するためには、あるいは単に生き残るためにも、早急に情報化組織へと変身しなければならない。古い習慣を捨て、新しい習慣を身につけなければならない。もちろんこうした変革は、組織内の大勢の人たち、特に転職が難しく、現在の仕事や地位や人間関係や仕事の仕方に満足している、勤続年数の長い熟年の中間管理者の仕事、地位、機会にとって、大きな脅威となる。

情報化組織には、マネジメント上の新しい問題がある。それらのうち特に重要なものが次の四つである。

①専門家の報奨、評価、キャリアのシステムを確立すること。
②専門家の集団としての組織に共通のビジョンをもたらすこと。
③チームのための組織構造をつくること。
④トップになる人たちを養成し、訓練し、テストすること。

専門家の処遇をどうするか

ファゴットの演奏家は、ファゴットの演奏家以外のものに、なりたいともなれるとも思っていない。彼らのキャリア上の機会は、第二奏者から第一奏者になることや、二流のオーケストラから一流のオーケストラに移るぐらいのことである。

同じように、医療技術者も、医療技術者以外のものに、なりたいともなれるとも思っていない。キャリア上の機会も、主任技術者になるという可能性のかなり高いものと、部門の長になるというあまり可能性のないものがあるぐらいである。後者になれる可能性は、二五分の一から三〇分の一にすぎない。また、それだけの能力があって初めて、一流の大病院に移れる可能性も出てくる。インドで働いていたイギリス人監督官たるや、三年ごとの転属によって、単に、別のより大きな州に移ることぐらいしかできなかった。

情報化組織としての会社に働く専門家に対しては、インドのイギリス監督官はもちろんのこと、オーケストラの演奏家や病院の技術者よりも、大きなキャリア上の機会を与えなければならない。ところが今日、専門家にとっての昇進の道は、それぞれの専門分野内に限られている。しかも今後は、経営管理者としての道への転進による昇進も難しくなる。そもそも中間管理者のポストが、激減していく。専門家から経営管理者への転進という道があったかつてとは大いに異なる。

三〇年以上も前、ゼネラル・エレクトリック（GE）が専門家のために並行昇進制度をつくり、多くの会社がそれを真似た。しかしスペシャリストたちは、問題が解決したとは思わなかった。今日に至っても、彼らは経営管理者の道に行くことのみを意味のある昇進と考えている。経営陣の側もそう考えている。そして事実、大会社の報酬システムのほとんどが、この専門家たちの考えを裏書きするものになっている。ゼネラリストたる経営管理者の地位や役職のほうが圧倒的に有利である。

問題の解決は容易でない。だがここでは、大手の法律事務所や一流のコンサルタント会社が参考になるかもしれない。それらの組織では、最上席のパートナーでさえ、ほとんどが現役の専門家である。パートナーになれない専門家は、比較的早い時期に外へ出されている。どのような方法を取るにせよ、大組織においては、現在の報奨、評価、キャリアの構造を根本的に変えなければならない。

共通のビジョン

情報化組織にとって次に重要な問題が、彼ら専門家に対し、いかにして共通のビジョン、全体像を持たせるかという問題である。

イギリスのインド統治では、監督官は、みずからの管轄する地域だけを見ることが要求されていた。地域に集中させられていた。しかしそのために、一九世紀に続々と生まれたインド総督府の新しい活動、すなわち道路建設、林業、潅漑、保健衛生、考古学調査などの活動は、統治構造から分離され、彼ら監督官たちとは関係なく進められた。その結果、監督官たちは、それら新しい総督府の活動のうち、自分の管轄する地域に直接関係のあるものからさえ隔離されてしまった。やがて、全体像を把握しているものは、州政府とデリーの総督府だけになった。しかも、その全体像は抽象的なものとなっていった。

もちろん会社は、そのような状況下では機能しない。会社を機能させるためには、組織のなかの大勢の専門家、特に上級の専門家の全員が、全体像を把握し、全体に焦点を当てていることが必要不可欠である。同時に、専門家の意識と誇りを評価し、強化していかなければならない。中間管理者としての転進の道が閉ざされているからには、専門家としての動機づけに期待するほかない。

チームの役割

専門家に全体像を与えるための一つの方法が、チームに参画させることである。情報化組織では今後、だれもが掌握できるような小さな任務を持つ、きわめて小規模の自立的なチームが数多く生まれるに違いない。しかし、専門家を彼らの属する専門部門から引き抜き、チームでの任務に就かせることは、どの程度まで進めるべきか。共通の全体像を持たせ、それを維持させることを、どの程度重視すべきか。

専門家に全体像を持たせるには、チームへの参画が有効である。だが、そこには別の問題が出てくる。全体の構造の問題である。チームを多用する組織では、いったいだれがマネジメントを行うのか。それはチーム・リーダーなのか。組織そのものが双頭の怪物となるのか。病院において主治医が中心となっている専門家の構造と、総婦長がリーダーを務めているマネジメントの構造という二つの構造を持つことになるのか。

チーム・リーダーの役割と機能に関わる問題は、議論の生ずるところである。そもそも、チーム・リーダーは、総婦長のように永続的なポストなのか。それともチームの任務が変われば、代わっていくものなのか。それは役割なのか、ポストなのか。チーム・リーダーに肩書きは与えるのか。与えるとするならば、それは、やがてはプロクター・アンド・ギャンブルの製品担当マネジャーのような肩書きに変わるのか。組織における最小単位の経営管理者、前線の将校ということになるのか。そしてやがては、伝統的な部門の長や、副社長のポストはなくなり、チーム・リーダーのポストが、それらに代わっていくことになるのか。

すでに、これらすべてについて、いくつかの動きがある。しかし、はっきりした答えは出ていないし、それらの動きが、何を意味するかもわかっていない。いずれにしても、我々がこれまで慣れ親しんできた組織の構造とは、まったく違う何物かが生まれようとしていることに間違いはない。

経営トップの養成

最後に、最大の問題として、やがてトップになるべき人たちの選定と、準備と、テストに関わる問題がある。もちろんこれは昔からの問題だ。と共に、この四〇年間、大会社で分権制が導入されてきた大きな理由の一つである。

現在一般的となっている組織構造においては、膨大な数のミドルが、トップの予備軍となり、トップになるための準備を行い、テストされている。その結果、経営陣の上層部にいつ欠員ができても、候補者に事欠かなくなっている。

しかし、情報化組織においてミドルのポストが大幅に減少した後は、トップはどこから来るのか。どこで準備させるのか。どのようにテストするのか。そのような時代には組織の分権化が、今日よりも、さらに重要な意味を持つことになる。

分権化した部門が、それぞれ独立した会社として、それぞれのトップ経営陣に率いられるというドイツの企業グループの構造が、広く採用されることになるかもしれない。ドイツの企業グループには、専門家、特に研究開発やエンジニアリングの専門家をトップに持ってくる伝統がある。ほぼ完全に独立した子会社でトップの地位に就かせることで、やがてグループ全体のトップとなりうる有望な専門家を、訓練し、テストするのである。これらの子会社は、言わばアメリカの野球における二軍の役割を果たしている。

あるいは、小さな会社から引き抜かれて、大会社のトップになる人がますます増えてくるかもしれない。これは、一流のオーケストラが次の指揮者を手に入れるための方法である。若手の指揮者は、一流のオーケストラに引き抜かれるまで、小さなオーケストラやオペラ・ハウスで修業を積む。今日、大病院のトップの多くも似た経験をしている。

しかし、はたして会社は、オーケストラや病院のように、トップの機能をそれ自体独立したものとして認めるようになるのだろうか。オーケストラの指揮者や病院の院長は、それぞれ指揮法や病院経営のコースを出ている。

フランスでは、すでにこれに似たことが行われており、大会社のトップは、しばしば官僚ＯＢである。しかし、グランゼコールなるエリート教育に対する信仰が生きているフランス以外の国では、そのようなことは、組織が受けつけない。しかもフランスでさえ、最近の会社、特に大会社の経営はきわめて厳しく、経営実績のない者ではトップが務まらなくなっている。

このように、トップの準備、テスト、継承のプロセスが、今後大きな問題となっていくだろう。今後は、現役の経営幹部が学校で勉強する必要性が高まる。ビジネススクールのほうも、専門家として成功している人たちが、より高い地位やリーダーの地位に就くうえで必要とするものを教えなければならなくなっている。

組織をめぐる第三の変革

会社なるものは、アメリカでは南北戦争後、ヨーロッパでは普仏戦争後に誕生して以来、組織のコンセプトと構造に二度大きな変化が見られた。

第一の変化は、一八九五年から一九〇五年の間の一〇年間に起きた。マネジメントが所有権から分離され、一つの独立した仕事、役割として確立された。これは、ドイツ最大の銀行、ドイツ銀行の創立者兼CEOのゲオルク・シーメンスが、従兄ベルナーの創業した家電メーカーの倒産を救う過程で起こった。こうしてマネジメントの権限が、一族の手から経営の専門家に移された。つづいてアメリカで、J・P・モルガン、アンドリュー・カーネギー、ジョン・D・ロックフェラーが、会社の立て直しの過程で同じことを行った。

第二の変化は、その二〇年後に起こった。一九二〇年代の初め、ピエール・S・デュポンによる同族会社の改革と、その数年後のアルフレッド・スローンによるゼネラルモーターズの立て直しを通じて生まれた。こうして、今日の指揮命令型の組織が生まれ、分権化、本社スタッフ、人事管理、予算管理、経営政策と現業業務の分離が始まった。この動きは、今日に至るまで世界中の会社がモデルとしている五〇年代初めのGEの組織改革で、クライマックスに達した。

そして我々はいま、第三の変革期にある。すなわち、指揮命令型組織、機能別部門や事業別部門の組織から、情報化組織、専門家組織への転換である。まだあまりはっきりしたかたちにはなっていないが、どのようなものかはわかる。いくつかの特徴と要件もわかっている。価値観や構造、行動に関わるいくつかの問題も示すことができる。

しかし、情報化組織そのものはまだ完成していない。それは今日の挑戦である。

【注】

一九七〇年代に経営管理のために導入されたコンピュータ・システム。また、その運用を専門に行う部門。経営者が業務上の判断を行う際に必要な情報を、必要な時に提供するシステムを目指したが、当時のコンピュータ技術が未熟だったため、満足な性能を達成できず受け入れられなかった。

第22章

Management and the World's Work

マネジメント：未来への課題

Management and the World's Work
HBR, September-October 1988.
マネジメント　21世紀への挑戦
『ダイヤモンド・ハーバード・ビジネス』1989年1月号

マネジメントの成功がもたらしたもの

一八五〇年代にマルクスが『資本論』を書いた頃、マネジメントなるものは存在していなかった。専門の経営管理者によって経営される会社もなかった。マルクスの協力者だったフリードリッヒ・エンゲルスがマンチェスターに持っていた工員数三〇〇人という紡績工場が、当時としては最大規模といってよかった。そのエンゲルスの工場にしても、大きな利益は上げていたが、経営管理者はいなかった。労働者を監督するみずからも労働者である職長が、数人いるだけだった。

人類の歴史上、マネジメントほど急速に発展し、大きな影響を与えたものはない。それは、一五〇年を経ずして、先進国の社会と経済を変えた。グローバル経済とその秩序を生んだ。その間、マネジメント自身も変化していった。マネジメントの基本的な役割は変わっていない。それは、共通の目標と価値観、適切な組織構造、教育訓練と自己開発の力によって、人々が共同して何事かを成し遂げるためのものである。しかし実は、このマネジメントの役割の意味さえ、今日では大きく変化している。しかもその主たる原因たるや、まさにマネジメントの成功が、労働力の中心を未熟練の肉体労働者から知識労働者に変えてしまったことにある。

しかし今日、マネジメントのもたらした途方もない影響を十分に理解している者は、会社の世界にさえほとんどいない。彼らの多くは、自分が話している文体が散文であることを知らなかったモリエールの戯曲『町人貴族』の登場人物ジュールダン氏と同じである。彼らは、自分たちが、マネジメントを行っていること、場合によっては間違ってそれを行っていることを認識していない。

その結果、今日直面することになった重大な問題に対処するための準備ができていない。いまや彼らが直面している最大の問題は、政治や技術がもたらした問題ではない。それは、企業やマネジメントの外の問題ではない。マネジメントの成功そのものがもたらした問題である。

知識労働者数の増加

第一次大戦勃発の頃、ようやく何人かの人たちが、マネジメントの出現に気づいた。その頃は、先進国では、八割の人間が三つの職種で働いていた。

まず家事使用人がいた。イギリスでは、労働力人口の三分の一を占めていた。他の国にも大勢いた。アメリカにさえいた。次に、農民がいた。イギリスとベルギー以外では、労働力人口の過半を占めていた。第三に製造業における肉体労働者がいた。その数は急速に伸び、アメリカでは、一九二五年には労働力人口の五分の二近くを占めた。

これらのうち、今日では家事使用人はほとんど姿を消した。農民は、先進国では農業生産高が八〇年前の四、五倍に達したにもかかわらず、労働力人口の三パーセントから五パーセントを占めるにすぎなくなった。製造業の肉体労働者も、農民と同じ道をたどりつつある。アメリカでは、労働力人口の一八パーセントにまで減っている。二〇世紀中に、アメリカはもちろん、他の国でも一〇パーセント程度となり、しかもその間、製造業の生産高は増加し、少なくとも五割増となる。

今日アメリカで最大の職種は、統計局が経営管理職および専門職と分類しているものである。しかも先進国では、ますます多くの人たちが被用者となっており、アメリカでは実に労働力人口の三分の二に達している。

これらの変化をもたらしたものが、マネジメントである。今日のように、知識と技術を持つ膨大な数の人たちが生産的な仕事に従事できるようになったのは、マネジメントのおかげである。

このような社会は、かつて一度も存在したことがない。いかなる社会といえども、知識と技術を持つ人たちは、ごくわずかしか維持できなかった。異なる技術と知識を持つ人たちの共同作業によって、共通の目的を達成させるための方法など存在していなかった。一八世紀、中国は、毎年二万人に及ぶ知識人に職を与え続けた。当時のヨーロッパ全体よりも多かった。ヨーロッパの知識人にとっては羨望の的だった。

ところが今日、当時の中国とほぼ同じ人口を持つアメリカが、毎年膨大な数の大卒者を世に出し、そのほとんどに対し、高給の雇用の場を与えている。これが可能となったのは、マネジメントのおかげである。

知識、特に高度の知識は、常に専門化している。したがって、単独では何も生み出せない。今日では、六〇の専門分野にわたって一万人の知識労働者を雇用している会社がいくつもある。技術者や設計者、マーケティングの専門家やエコノミスト、統計の専門家や心理学者、企画や会計や人事の専門家が、一つの事業のために共に働いている。彼らのうち一人として、マネジメントが行われている組織すなわち会社抜きでは、成果を上げることができない。

知識を資源に変える

最近の一〇〇年において、教育水準の上昇と、マネジメントの発展のいずれが先だったかを論じても意味はない。マネジメントにしても、会社にしても、先進国社会の知識の基盤がなければ、成立しえなかった。しかし逆に、それらの知識や知識労働者に成果を上げさせることができたのも、マネジメントであって、マネジメントだけだった。かつては社会的な装飾や贅沢にすぎなかった知識を、真に生産的な資源に変えたものが、マネジメントだった。

こうして、物質面ではなく、知識が投資の対象の中心となった。日本は、工場や設備にGNPの八パーセントを投資しているが、少なくともその二倍は教育に投資している。そのうち三分の二は学校教育に、残りは社内訓練に投資している。アメリカに至っては、この日本よりもはるかに大きなGNPの、実に二〇パーセントというさらに大きな割合を教育訓練に投資している。現代社会では、知識こそが中心的な資源であり、資産である。

マネジメント発展の歴史

大会社が姿を現し始めた一八七〇年当時には、だれも今日のようなマネジメントの興隆を予見できなかった。先見性のなさを責めるわけにはいかない。

当時、恒常的な大組織は、軍だけだった。そのため、大陸横断鉄道、製鉄所、銀行、百貨店を設立した人たちにとっては、軍の指揮命令系統が、組織構造の手本となった。こうして、上層の少数が命令し、下層の多数が従うという組織構造が、一〇〇年近くにわたって組織のモデルとなった。しかしそのモデルは、寿命の長さが示すほどには固定的でなかった。それらの大会社に多様な知識を持つ人たちが入り始めた途端に変わり始めた。

大卒の技術者が初めて大会社に就職したのは、一八六七年、ドイツでだった。五年後には、その人物が、その大会社に初めての研究開発部門をつくった。他の専門分野でも同じことが起こった。第一次大戦の前後には、研究開発、生産、財務、経理、そして若干遅れて人事など、その後製造業でおなじみとなった機能別部門が出揃った。

肉体労働に対する知識の適用

ちょうどその頃、もう一つ、企業活動に対し、さらには、世界経済全体に対し大きな影響を与えることになるマネジメント上の発展があった。それが、肉体労働に対する知識の適用としての訓練だった。戦時の必要から生まれた訓練は、この三〇年間において世界経済を一変させた。それは、低賃金国に対し、伝統的な経済理論が不可能としていたことを可能にした。低賃金のまま、一夜にして世界市場における手強いプレーヤーにした。

第一次大戦までは、いかなる国いかなる地域といえども、綿布であれ、バイオリンであれ、生産に必要な伝統を培い、技能上、組織上の能力を得るには、長い年月を要した。アダム・スミスは、数百年を要すると言っていた。ところが第一次大戦中、工業化前の労働者をただちに生産的な労働者に育てなければならなくなった。そのためアメリカとイギリスは、フレデリック・W・テイラーが一八八五年から一九一〇年にかけて開発した科学的管理の手法を、肉体労働者の訓練に適用した。仕事を分析し、だれにもこなせる作業に分解した。

この訓練の手法は、第二次大戦中にさらに発展し、戦後の日本に導入され、二〇年後には韓国に導入された。その結果、目を見張る経済成長がもたらされた。

仕事に対する知識の適用

このほかにもマネジメントは、一九二〇年代と三〇年代に大きな発展を見た。たとえば、規模の大きさのメリットと、小ささのメリットを同時に実現するために、分権制が生み出された。

会計は単なる記録から、分析と管理の手段となった。軍需生産のために、一九一七年から一八年にかけて開発されたガント・チャートは、プランニングの手法として発展した。経験や直感を定量化するために、分析と統計の手法が生まれた。流通と販売にマネジメントを適用することからマーケティングが生まれた。

二〇年代の半ばから三〇年代の初めというかなり早い時期に、IBMのトーマス・ワトソン・シニア、シアーズ・ローバックのロバート・E・ウッド、ハーバード・ビジネススクールのエルトン・メイヨーをはじめとするマネジメントの先駆者たちが、製造プロセスのあり方について疑問を持った。彼らは、組立ラインは、生産性を著しく向上させはするものの、一時的な妥協にすぎないとした。それは、製造プロセスとしても硬直的であり、人の使い方を間違っていた。エンジニアリング上も欠陥があり、経済的に非効率だった。この認識と試行錯誤から生まれたものが、オートメーション化、Y理論(注1)、チーム制、QCサークル、情報化組織だった。

これらマネジメントの革新はすべて、仕事に対する知識の適用だった。システムと情報をもって、推測と肉体労働力に代えるものだった。いずれも、テイラーの言葉を使うならば、より賢明に働くことをもって、より激しく働くことに代えるものだった。

マネジメントの成果と適用領域の広がり

これらのイノベーションの効果は、第二次大戦中に明らかになった。ドイツ軍は戦略的には優位にあった。兵站線を短くして後方支援を抑え、前線を強化していた。しかし勝ったのは、連合軍だった。連合軍はマネジメントの力によって勝った。交戦国全体の人口の五分の一を占めるにすぎないアメリカが、交戦国すべてを合わせた数の兵隊を送り込んだ。かつ交戦国すべてを合わせた以上の軍需物資を生産した。しかもそれらの物資を、ヨーロッパだけでなく、ソ連、中国、インド、アフリカなど、遠く離れた前線に送り届けた。

第二次大戦後、世界中でマネジメントに対する意識が高まったのは当然だった。世界経済で主導的な地位を得ることになった国すべてにおいて、マネジメントが、独立した機能として認識され、体系として研究され、発展させられるべきものとされた。

しかも第二次大戦後、我々は、マネジメントがビジネスだけのものではないことを理解するに至った。マネジメントは、多様な知識と技術を持つ人たちが共に働く事業すべてに適用される。病院、大学、教会、芸術団体、その他あらゆる種類の社会的機関に適用され、大きな成果を上げる。

特に非営利組織（NPO）は、第二次大戦後、あらゆる先進国で、会社や政府機関よりも速いスピードで成長を遂げた。今日では、それらNPOの経営陣は、ますますマネジメントを重視している。たしかに彼らには、ビジネスにはない仕事として、ボランティアの管理や、寄付金の募集がある。だがその他の仕事は、ほとんど同じである。戦略と目標を明らかにし、人材を育て、成果を評価し、みずからが提供するサービスをマーケティングしている。

マネジメント革命は続く

マネジメントの知識が完成に近づいているわけではない。今日マネジメント教育は、多くの点で批判されており、マネジメント上の知識が、現場の問題の解決には必ずしも役に立っていない。とはいえ、一九五〇年以降のグローバル経済の発展の基盤となったものは、マネジメントの知識である。しかも今日マネジメントの知識を陳腐化させつつあるものも、みずからが加速させた肉体労働から知識労働への移行である。

一つだけ例を挙げるならば、今日、会計上のコンセプトと手法についてイノベーションが進行中である。ロバート・

キャプランをはじめとする専門家の多くが、これまでの会計システムが前提としているものの多くが有効ではなくなったことを指摘している。(注2) 会計システムは製造業を中心に発展してきたが、すでに先進国経済では、サービス産業や情報産業のほうが大きな存在になっている。

また、あらゆるメーカーが一種類の製品を生産していると前提しているが、今日では、ほとんどのメーカーが多様な製品を生産している。そして、二〇年代の輝かしい発明だった原価計算は、全費用の八〇パーセントは肉体労働から発生すると前提しているが、現実においては、先進的なメーカーでは、肉体労働は、全費用の八パーセントから一二パーセント程度にすぎない。

現在これらの変化を反映し、かつマネジメント上必要な情報を提供してくれる会計システムの開発が進みつつある。今日では、会計システムの手法、情報化組織のための組織構造、知識労働者の生産性、既存事業と並行しての新事業開発、グローバルな事業の構築、そのほか重要なマネジメント上の問題の解決のための努力が、急速に進んでいる。

途上国にとっての影響

それでは、この先進国で発展したマネジメントは、途上国に対してはどのような影響を与えるか。この問いに答えるには、すでに起こった事実を見ればよい。すなわちマネジメントの発展、グローバル企業の出現、情報技術の進展が、真にグローバルな経済をつくり出してしまっているという事実である。そのうえ、このグローバル経済に参加し、成功するために行わなければならないことも一変したという事実である。

世界経済において一定の地位を占めるには、技術上のイノベーションでリーダーシップを取らなければならない。

イギリスは一八世紀末から一九世紀初めにかけ、蒸気機関、工作機械、繊維、鉄道、鉄鋼、保険、銀行のイノベーションによって、経済大国となった。ドイツは、化学、電力、電子機器、光学機器、鉄鋼、銀行のイノベーションによって、経済大国として登場した。一九世紀後半、アメリカも、鉄鋼、電力、通信、電子、自動車、航空機、事務機器、農機具、農業のイノベーションによって、経済大国になった。

これに対し、今世紀に登場した日本という経済大国は、いかなる技術分野でもパイオニアではなかった。日本の発展は、マネジメント上のリーダーシップによっていた。

日本の会社は、第二次大戦中のアメリカのマネジメントの成果から、アメリカの会社以上のものを学んだ。特に、人をコストではなく、資源と見ることを学んだ。日本の会社は、欧米の新しい社会工学としてのマネジメントを、自分たちの価値観や伝統に組み入れ、現場に権限を委譲した。また、アメリカの会社が口先で終わらせていたマーケティングの理論を実践した。日本の会社は、技術とマーケティングの発展が経済活動そのものを一変させていることを理解していた。

一七世紀末、フランスの無名の物理学者デニス・パパンが蒸気機関のプロトタイプを設計した時に生まれた組織と技術の機械的なモデルは、一九四五年、最初の原子爆弾が投下され、最初のコンピュータが動いた時、その役割を終えた。その時以来、組織と技術のモデルは、生物学的なものとなり、相互依存的、知識集約型となり、情報の流れによって組織されるものとなった。

その結果、自動車、鉄鋼、家電など、過去一〇〇年にわたって経済を支えてきた産業が危機に陥った。このことは、人口構造上有利なはずの国でも起こった。

たとえば、メキシコやブラジルのような国には、訓練して半熟練の肉体労働者にすることのできる若者がたくさんいる。機械による生産にとっては、うってつけである。しかし今日では、あらゆるメーカーが知っているように、機械による生産は、情報を中心に据えてオートメーション化しない限り時代遅れになる。したがって途上国にとっては、マネジメント上の最大の問題は、教育である。

知識の基盤をいかにつくり上げるか

途上国にとっては、もう一つ重大な事実がある。すなわち、先進国は、一九世紀のようには、途上国を必要としなくなっている。

日本の代表的コンサルタントの大前研一のように、日本と北アメリカと西ヨーロッパは、人類の三分の二を占める途上国の人たちがいなくてもやっていけると断定することはあまりにも誇張であろう。しかし、この四〇年、彼の言うトライアド（日米欧の三極）の諸国は、石油を例外とするならば、事実上、自給自足できるようになっている。それらの先進国は、全世界の財とサービスの四分の三を生産し、供給している。

この事実は、中国やインドのような大国の途上国にとってさえ、深刻である。それらの国は、肉体労働力を中心とする産業や製造プロセスによっては、経済大国になれないことを意味する。人口構造上は、その道を進むよりほかにない。先進国に追いつき始めることはできるかもしれない。しかし、追い抜くことはできるだろうか。きわめて難しいと言わなければならない。

これまでの二〇〇年を見ても、先行するリーダー国の足取りを単純にたどることによって経済大国になった国はない。いずれの国も、最先端の産業や、生産システムや、流通プロセスからスタートしている。そしていずれもが、マネジメント上も、非常な速さでリーダーとなった。

しかるに今日では、オートメーション化、情報化、技術の高度化に加えて、マネジメント上のニーズからして、知識のベースが必要となる。今日の途上国には存在せず、しかも、たとえ存在していたとしても維持し切れない規模の知識の基盤が必要となる。この知識の基盤をいかにつくり上げるかが、経済成長のいかんを左右する。これは途上国にとって、まだ答えのない問題である。

年金基金がもたらしたもの

これらのことは、マネジメント上の問題であり、会社のなかの問題である。

先進国の会社が直面するもう一つの問題は、私がかつて年金基金社会主義と名づけたもの（拙著『見えざる革命』（注3）を参照）がもたらしつつある問題である。それは、会社の所有権が、被用者とその受託者に移行したことに伴う問題である。

この変化は、社会的に見る時、一九世紀最大の社会問題だった資本と労働の対立を解決したがゆえに、二〇世紀の偉業といってよい。しかしそれは、経営陣にとっては、試練をもたらすものだった。なぜならば、年金基金の存在こそが、敵対的企業買収の最大の追い風となったからである。敵対的企業買収ほど経営陣を窮地に追い込み、その士気を阻喪させるものはない。

しかも、敵対的企業買収は、年金基金社会主義が、マネジメントの正統性について提起している基本的な問題の一つの表れにすぎない。経営陣はだれに対し責任があるのか。何についてか。上場した大会社が目的とすべきもの、およびその存在理由は何か。

今日アメリカでは、被用者の年金基金は、上場会社の株式の五分の二以上、上位一〇〇〇社の株式の三分の二以上を保有している。その内訳は、大会社や地方自治体や非営利機関の年金基金が四分の三、中小の会社の従業員や自営業者の年金基金が四分の一である。そのうえ今日では、主として被用者の貯蓄である投資信託が、アメリカ全体の株式の五パーセントから一〇パーセントを占めている。これらの数字は、アメリカでは、年金基金が資本の主な供給者になっていることを示している。

事実上、すでにアメリカでは、年金基金の資金を使えなければ、大きな事業を興したり拡大したりすることは不可能に近い。しかも今後、年金基金による株式の保有分は、連邦職員の年金基金が株式に投資できるようになったためにさらに大きくなる。二一世紀には、年金基金は零細企業を除く全株式会社の株式の少なくとも三分の二を保有することになる。こうしてアメリカの被用者は、年金基金を通じて、まさに生産手段の真の所有者となる。

似たことが、ほぼ一〇年遅れで、イギリス、日本、ドイツ、スウェーデンで起こる。フランス、イタリア、オランダでも起ころうとしている。

年金基金拡大の背景

この驚くべき変化は、予測はできなかったが、いくつかの要因の複合作用として必然だった。

第一に先進国の所得分配が変化していた。すでにアメリカでは八五パーセント、オランダやデンマークで九五パーセント以上と、国民所得の九〇パーセント内外が被用者の手に渡っている。

まったくのところ、先進国では、いかに新聞の社交欄を賑わし、テレビ視聴者の関心を引こうとも、富豪なるものは国民経済的には意味のない存在になっている。インフレや税金のために、彼らの所得は減る一方である。一九〇〇年の富豪の影響力に負けないだけの年収を確保するには、今日では、五〇〇億ドルあるいは一〇〇〇億ドルを必要とする。それだけの富豪は、アラブの王族にはいるかもしれない。先進国にはいない。

第二にこれに伴い、被用者の所得が大幅に上昇していた。二〇世紀に入った頃のアメリカでは、住宅ローンや生命保険の保険料を払ってなお、貯えのできる被用者はほとんどいなかった。ところが、二〇世紀に入ってただちに、アメリカの工業労働者の所得と購買力は二倍以上に伸び、しかも就業時間が半減した。同じことは、他の先進国でも起こった。最も速かったのが日本だった。日本では工業労働者の実質所得は、八〇年前の三倍となった。

第三に、この所得増によってもたらされた余剰資金に対し、膨大な需要が生じていた。

一八五六年から第一次大戦までの六〇年間、新しい産業を生み出す技術的あるいは社会的なイノベーションは、平均して一四カ月ごとに現れていた。この起業家精神の爆発が富豪を生んだ。そして時代が、私財をもって産業を興せる者として、J・P・モルガン、ジョン・D・ロックフェラー、アンドリュー・カーネギー、フリードリッヒ・クルップ、三井を必要とした。

今日再び、技術的、社会的なイノベーションが次々に行われている。そのため、会社も国も、膨大な資金、八〇年前の大富豪が供給した額の数百倍、数千倍という巨額の資金を必要としている。しかるに今日、アメリカの所得番付上位一〇〇〇人の所得の総額は、アメリカの産業が必要とする資金の三、四日分にすぎない。同じことは、他の先進国についてもいえる。日本でも、所得番付上位二〇〇〇人の所得は、産業が二、三日間に使う金額にすぎない。

このような変化があれば、労働者が資本家となり生産手段の所有者となるのは、当然である。その主たる媒体となったものが、かつて期待されていたような株式の大衆化や投資信託ではなく年金基金だったことは、単に先進国の平均寿命が四〇歳から七〇代後半に延びた結果である。高齢者の人口があまりに増え、扶養を必要とする期間があまりに長くなり、自分の子どもに扶養を期待できなくなったためである。自分で貯え、長期にわたって投資しなければならなくなったためにすぎない。

被用者が所有することの意味

会社と被用者の利益の一致が必要なことは、フランスのサン＝シモンやフーリエ、スコットランドのロバート・オーウェンをはじめとする社会主義者だけでなく、アダム・スミスやデイビッド・リカードのような古典派経済学者によっても認識されていた。労働者に事業を所有させることによってその答えとする試みは、一五〇年も前から行われてきた。だがそれらの試みは、すべて失敗した。

被用者にみずからの働く会社の所有権を与えることでは、彼らの経済的なニーズを満たすことはできない。財産のすべてを自分の会社に注ぎ込ませることになってしまう。

彼らの経済的なニーズは長期である。退職後の収入が必要になるのは、はるか先である。したがって所有者としての被用者にとって、投資が健全であるためには、投資先の会社が長期にわたって業績を上げてくれなければならない。だが、そのような会社は、四〇～五〇社のうちせいぜい一社にすぎない。存続しうる会社さえ、数社にすぎない。

そのうえ、被用者による会社の所有は、結局は会社そのものを破壊する。資本構成を誤り、研究開発投資が不十分となる。時代遅れの陳腐化した製品、プロセス、設備、仕事、職務規程の廃棄が至難となる。

最古の被用者所有の会社であるツァイスは、まさにそのために、光学機器のリーダーシップをアメリカや日本の会社に奪われた。ツァイスの所有者たる社員は、研究開発や新製品や新市場への投資よりも、昇給、ボーナス、付加給付を選んだ。

ユーゴスラビアの産業が崩壊したのも、労働者所有の結果である。今日では中国でさえ、所有者としての労働者の力を抑制し、経営陣の自立性を確保すべく、経営委託方式なるものを導入しつつある。

被用者による生産手段の所有は、必然でもある。所有権は力を意味する。『ザ・フェデラリスト』(注4)のジェームズ・マディソンや、カール・マルクスは、この考えを一七世紀のイギリスの哲学者ジェームズ・ハリントンから引き継いだ。そのハリントンは、アリストテレスの影響を受けていた。

そして今日、先進国では、所有権は被用者に移った。当然、力も被用者のものとなる。しかも年金基金社会主義における被用者の所有権は、会社とマネジメントの自立性と責任、市場の自由、競争力、イノベーションを確保する。

だが、この年金基金社会主義は、いまだ十分に機能するには至っていない。経済的な問題は解決できるであろう。年金基金は、自分の会社を含めて、いかなる会社の株式についても、資産のごくわずかな割合、たとえば五パーセント程度しか保有してはならないことが明らかにされている。投資の仕方についても、かなりのことが明らかにされている。

しかし、社会的、政治的な問題は残ったままである。それは、被用者による所有という現実を、年金基金と会社それぞれの統治(ガバナンス)に組み込むことである。

敵対的企業買収を容易にした背景

年金基金は、投資先の法的な所有者である。しかし年金基金には、被用者からの受託者としての関心はあっても、所有者としての関心はない。くわえて法的にも、所有者としてではなく、投資家、しかも短期の投資家としてしか行動できない。

そしてまさに敵対的企業買収を容易にしたものが、この被用者からの受託者としての年金基金の基本的な性格だった。受託者としての年金基金は、市場価格以上の値をつけられれば、売らざるをえない。

敵対的企業買収が、株主の利益になるか否かは、議論の分かれるところである。しかし、副作用が深刻なことだけは疑いない。もちろんアメリカの経営者が、市場シェア、研究開発、製品、サービス、品質、イノベーションまで犠牲にして、短期的な利益を優先させる傾向を持つのは、敵対的企業買収への恐れだけではない。しかし、それが大きな理由の一つであることは間違いない。

しかも、敵対的企業買収は、会社に働く者に対するあからさまな攻撃でもある。単なる脅威が、経営陣、さらには会社の担い手たるミドルやスペシャリストの士気を阻喪させるのは、そこに、富を創造するという地道な仕事に対する軽侮や、マネー・ゲームの優位性の誇示がうかがえるからである。

乗っ取り屋は、経営陣には、株主の求めに応える責任があると言う。たしかに法はそのように定めている。しかしその法は、大会社や経営陣なるものが生まれるはるか前の一九世紀に生まれたものである。

しかも、自由経済の下にある国のすべてが、これと同じ趣旨の法を持ってはいるものの、すべての国が、必ずしも完全に従っているわけではない。

日本では、大会社は、破産は例外として、主として被用者のために経営されている。しかしそのことだけのために経済が不振となったり、株主が不利を受けたりしてはいない。ドイツでも、大会社は、株主の利益よりも、国益のために維持すべき事業体（ゴーイング・コンサーン）であるとされている。

日本やドイツでは、銀行が事業会社の経営責任を担保するという、法律とは関係のない有効な方法が取られている。アメリカやイギリスには、そのような制度はない。つくりようもない。もちろん日本やドイツでも、銀行の力は急速に弱まってはいる。

経営陣は何に対して責任を持つか、何を通して、どのようにして責任を果たすかが問題である。たしかに株主の利益は重要である。しかしそれは、いくつかの重要なものの一つにすぎない。

政治や経済の歴史を多少なりとも知っているならば、乗っ取りブームで象徴される今日の株主絶対主権は、工業化前の資本主義、一九世紀の主張である。株主至上論は、一九八八年の大統領選におけるポピュリズム的公約、反ウォールストリート的主張にも見られたように、多くの人たちにとって正義感に反する。

しかも、七〇年ほど前にソーンスティン・ヴェブレンが取得本能と名づけたものを、ものづくり本能に優先させてしまったのでは、経済活動は成立しえない。会社、特に大会社は、長期的な観点からマネジメントしなければ、株主のための利益どころか、いかなる経済的成果も上げられない。社員、製品、工場、プロセス、技術、市場への投資が多少なりとも実を結ぶには、数年の期間を必要とする。

しかも今日では、雇用、人生、コミュニティなどあまりに多くのものが、大会社に依存している。といって株主の利益を他の利益に従属させるわけにもいかない。

したがって、どのようにして株主および株主としての年金基金の利益を、経済や社会のニーズと一致させるかが、年金基金社会主義に残る最大の問題である。しかも、経営陣をして、経済的な業績に責任を持たせ、かつ長期的視点から経営させなければならない。この問題をいかに解決するかによって、自由市場経済の存続とはいわないまでも、その構造が定められ、かつそこにおけるマネジメントの形態と位置づけが決められる。

さらには、長期的な競争戦略が不可欠となるグローバル経済におけるアメリカの競争力が左右される。

マネジメントとは何か

それではマネジメントとは何か。手法と手品の詰め合わせか。ビジネススクールで教える分析道具の一束か。もちろん、道具としてのマネジメントは、重要である。医師にとって、体温計や解剖学が重要であるのと同じである。しかし、マネジメントの進化と歴史、成功と失敗は、それが一つの物の考え方であることを教えている。

①人間に関わること

マネジメントとは、人間に関わることである。その機能は、共同して成果を上げることを可能にすることである。強みを発揮させ、弱みを意味のないものにすることである。実は、組織の目的もこれである。したがってマネジメントは、組織にとって不可欠である。

今日では、ほとんどの人間、特に学歴のある者は、大小さまざまの会社や、会社以外の組織によって雇用されている。彼らの生計、貢献、成果は、それら組織のマネジメントの巧拙にかかっている。社会に対する貢献も、彼ら自身の技能、献身、努力に加えて、彼らが属する組織のマネジメントにかかっている。

②風土に関わること

マネジメントは、共同の事業における人間の協力に関わるものであるがゆえに、風土と深い関わりを持つ。経営陣が行うことは、ドイツ、イギリス、アメリカ、日本、ブラジルのいずれの国でも、同じである。しかしその方法は大きく異なりうる。

したがって途上国の経営陣が取り組むべき基本的な問題の一つが、マネジメントに組み込みうる独自の伝統、歴史、文化を判別することである。日本の経済的な成功とインドの若干の後進性との違いは、日本の経営陣が、輸入したマネジメントの概念を、日本の土壌に植えつけ育てることができたことに起因している。

中国の指導者がこれを行いうるか、あるいはそのあまりに偉大な伝統が、経済発展の障害となるかは、まだわからない。

③目的に関わること

あらゆる組織が、人を結集させることのできる単純明快な目的を必要とする。組織の使命は、明確にして包括的でなければならない。共通のビジョンが周知徹底され、常時確認されなければならない。

特に今日、企業風土の重要性が論じられている。その意味するところは、共通の目的と価値への組織全体としてのコミットメントである。コミットメントなくしては、いかなる事業体も成立しえない。人間がいるだけの集団にすぎない。経営陣の仕事は、組織として目的、価値、目標について検討し、決定し、明示することである。

④教育に関わること

組織とその成員が、必要と機会に応じ、成長し適応していかなければならない。組織とは、学習と教育の機関である。あらゆる層において、訓練と啓発のメカニズムを、組織に組み込まなければならない。訓練と啓発に終わりはないのである。

⑤責任に関わること

組織は、あらゆる種類の仕事をこなす異なる技能と知識を持つ人たちからなる。したがってそこには、意思の疎通と個人の責任が、確立されていなければならない。全員が、みずからが成し遂げるべきことについてみずから考え、他の人に知ってもらい、受け入れてもらう必要がある。また、みずからが他の人から求められているものについて考え、みずからに期待できるものについて知ってもらわなければならない。

⑥成果に関わること

組織とその経営陣にとって、成果の評価基準は、産出量や利益だけではない。市場における地位、イノベーション、生産性、品質、人材育成、財務状況のすべてが、組織の成果として、また生存に関わる問題として、重要である。ここにおいて組織は人間に似ている。人間の健康度を測るうえで多様な尺度が必要であるように、組織の健康度を測るうえでも多様な尺度が必要である。

成果と組織をマネジメントのなかに組み込まなければならない。常に測定し、少なくとも評価し、改善していけるようにしておく必要がある。

⑦外の世界に関わること

組織にとって、成果は内部にはない。会社の成果は、顧客の満足である。病院のそれは、患者の治癒である。学校のそれは生徒が何かを学び、一〇年後にそれを使うことである。

組織の内部は、コストを発生させるにすぎない。成果は常に外部にある。

人間に関わることであるがゆえに、マネジメントについてはまだまだ言うべきことがある。道具を手に入れて使うことも必要である。技術やプロセスや手順を知ることも必要である。

しかしマネジメントに関わる原理を理解し、それを実際に適用するならば、だれでも成果を上げていくことができる。世界中どこででも、繁栄する組織をつくり上げ、他の範となり、より大きな富の創造能力と、より大きなビジョンをもたらしていくことができる。

【注】

(1)
ダグラス・マグレガーの『企業の人間的側面』のなかで、紹介されている理論。「人間は本来働くのが好きであり、自己実現のためにみずから貢献する意欲がある」という考え方で、性善説を前提とした物の見方を表す。

(2)
Robert Kaplan, "Yesterday's Accounting Undermines Production," HBR, July-August 1984.(邦訳「旧式の会計方式が生産を危うくする」『ダイヤモンド・ハーバード・ビジネス』一九八四年一一月号)

(3)
The Pension Fund Revolution, Harper & Row, 1976.

(4)
The Federalist Papers. 同書は、アメリカ合衆国憲法の注釈書。一七八七年、憲法制定会議において作成されたアメリカ合衆国憲法案を批准しない邦である、ニューヨーク邦の市民へ向けて書かれた論文。

第23章

What Business Can Learn From Nonprofits

会社はNPOに学ぶ

What Business Can Learn From Nonprofits
HBR, July-August 1989.
非営利法人のマネジメント
『ダイヤモンド・ハーバード・ビジネス』1989年11月号

NPOの発展におけるマネジメントの役割

すでにアメリカでは、ガールスカウト、赤十字、教会などの非営利組織（NPO）が、マネジメントのリーダー役になっている。NPOは、戦略や取締役会のあり方について、会社の世界では口先に終わっていることを実行している。知識労働者の動機づけや生産性という重要な問題についても、会社が取り入れるべき考え方や制度を生み出すことによって、パイオニアとなっている。

あまり認識されていないが、今日アメリカで最も多くの働く人たちを擁する組織が、NPOである。成人の二人に一人、つまり八〇〇〇万人強の人たちが、平均して週五時間ボランティアとして働いている。これは、フルタイムに換算して一〇〇〇万人に相当する。彼らボランティアすべてが有給であるとするならば、最低賃金で計算しても、その総額は年間一五〇〇億ドル、GNPの五パーセントに達する。

しかも彼らボランティアの仕事の中身が、急速に変わりつつある。もちろん技能や判断力をあまり必要としない仕事を行っている者もいる。ある者は、土曜の午後を割いて、地域のために共同募金をしている。あるいは、ガールスカウトの子どもたちが一軒一軒クッキーを売るのにつき添ったり、高齢者を車で医者に連れていったりする。しかし今日では、膨大な数の人たちが、まさに無給のスタッフとして、それぞれのNPOにおいて、マネジメントの仕事やスペシャリストの仕事を引き受けている。

もちろん、NPOのすべてがうまくいっているわけではない。地域の病院のかなりが苦況にある。キリスト教の教会やユダヤ教のシナゴーグが、リベラル派、保守派、福音派、原理派を問わず、信者の数を減らしつつある。NPOの世界全体では、インフレ調整後の募金額や、ボランティアの数はさして増えていない。それにもかかわらずNPOは、その生産性、活動の範囲、社会への貢献において、この二〇年間に急成長した。

救世軍がよい例である。フロリダ州では、その大半が貧しい黒人やヒスパニックの若者である刑の確定した初犯者が、毎年二万五〇〇〇人、救世軍の保護観察の下に置かれている。統計によれば、彼らは仮にいったん服役させられたとしたら、十中八九、常習的犯罪者になる。ところが救世軍は、ボランティアが中心となって運営する厳格な労働プログラムによって、八割の人たちを更生させている。そのための費用は、服役させる費用に比べてごくわずかで済んでいる。

NPOにとって不可欠なもの

救世軍をはじめ、NPOの成功の底にあるものは、マネジメントへのコミットメントである。二〇年前、NPOの関係者にとって、マネジメントは金儲けを意味する汚い言葉だった。NPOは、商業主義の汚れとは無縁であり、収益など卑しい考えを超越していることを誇りにしていた。

しかし今日、NPOのほとんどが、まさに自分たちには収益という基準がないからこそ、会社以上にマネジメントを必要とすることを認識している。

もちろんNPOは、善をなすことに身を捧げる。しかし彼らは、よき意図が、組織、リーダーシップ、責任、仕事、成果に代わりうるものではないことを承知している。これらのためには、マネジメントが必要であることを認識している。そしてそのマネジメントが、組織の使命からスタートすることを知っている。

一般的な傾向として、NPOは、金に敏感である。資金を集めることは難しい。彼らは常に、金のことを心配し、口にする。とはいえNPOは、金のために戦略を定めたり、金を中心に計画を立てたりすることはしない。NPOの理事を務めているある有名な会社のCEOは、「会社では収益を中心に計画するが、NPOでは使命を中心に計画する」と言っている。

実は、会社がNPOから学ぶべきことの第一が、この使命からスタートすることである。そうして初めて、行動に焦点を合わせることができる。目標の達成に必要な戦略を明らかにし、規律をもたらすこともできる。そうすることによってのみ、特に大組織が陥る進行性の病、すなわち、限られた資源を生産的な活動に集中させることなく、おもしろそうなことや儲かりそうなことに分散させるのを防ぐことができる。

一流のNPOは、使命の定義に力を注ぐ。よき意図に関わる美辞麗句を避け、ボランティアや有給スタッフの仕事が具体的にわかるよう目標を定め、そこに注力する。救世軍の目標は、アルコール依存症、犯罪者、浮浪者など、疎外された者を市民に変えることだ。ガールスカウトの目標は、少女たちが、自信を持ち、自他を尊敬する有能な女性に成長するよう手助けすることである。ネイチャー・コンサーバンシー(注)の目標は、生物の多様性を守ることである。

NPOも市場志向に

また一流のNPOは、経営環境、コミュニティ、潜在顧客からスタートする。会社の多くに見られるように、内部の世界、すなわち組織や収益からスタートしたりしない。

イリノイ州シカゴ郊外サウスバーリントンのウィロウクリーク・コミュニティ教会は、一万三〇〇〇人の信者を抱えるアメリカでも最大規模の教会である。ビル・ハイベルズ師が二〇代の初めに建ててから一五年しか経っていない。

彼がこの町を選んだのは、たくさん教会があり、急速に人口が増えていたにもかかわらず、教会に行く人があまりに少なかったからだった。

彼は「どうして教会に行かないのですか」と聞いて回り、そのうえで、彼ら潜在顧客ともいうべき人たちのニーズに応えられる教会をつくった。日曜は子どもと過ごす親のために、水曜の夜にも正規の礼拝を行った。「お話を実践するために車の中で繰り返し聴きたい」という要望に応えて、説教のテープはその日のうちに持ち帰れるようにした。「生活を変えよと言われるが、どのように変えるのかを教えてもらったことがない」との指摘に応えて、説教の締めくくりには具体的な行動を示すようにした。

一流のNPOは、顧客を探すためだけでなく、成功の度合いを知るためにも、外の世界に目を向ける。使命を明らかにすることによって、この認識は深まる。そもそもNPOには、大義に満足し、よき意図を成果の代用にしてしまう傾向がある。したがって、成果を上げ成功するためには、外の世界にどのような変化を起こすことをみずからの成果とするかを明らかにし、そこに焦点を合わせなければならない。

アメリカ南西部のカトリック系のある病院チェーンが、使命を明らかにし、成果に注力することがいかに重要であるかを教えている。このチェーンは、アメリカの病院を襲っているメディケア（高齢者向け医療保障）からの収入の減少と入院期間の短期化傾向にもかかわらず、治療と看護の水準を上げることによって、収入を一五パーセント伸ばし、赤字を出さずに済んでいる。

これは、CEOの修道女が、自分たちは、医療、特に貧しい人の医療に従事しているのであって、単に病院を経営しているのではないことを強く意識しているためである。病院のほとんどが、経済的な理由だけでなく医療上の理由からも不振に陥っているなかにあって、このチェーンは、変化に抵抗するどころか、むしろその変化に乗じて、救急手術センターやリハビリ・センターの設立、レントゲンその他検査のネットワーク化、HMO（医療保険組合）の結成をみずから進めている。彼らのモットーは「患者の利益になることならば行うべきである。その収支を合わせることが仕事である」というものである。このチェーンでは、本体の病院まで満員になっている。病院の外につくった施設が盛況で、送り込まれてくる紹介患者が絶えないからである。

イノベーションによる発展

もちろんこれは、日本の会社のマーケティング戦略でもある。欧米の会社の考え方や、行っていることとは大いに異なる。違いは、その病院チェーンが、自分たちが得るべきものからではなく、外の世界つまり市場にもたらすべきもの、すなわち使命からスタートしているところにある。使命を明らかにすることによって伝統にこだわることなく、革新的なアイデアを実行に移せるようになっている。

ガールスカウトが何年か前に始めた五歳児用プログラムのデイジースカウトが、よい例である。それまでの七五年にわたって、ガールスカウトへの参加は、ブラウニースカウトへの参加年齢である小学一年まで待たなければならなかった。それまでガールスカウトは、この伝統を当然のこととしていた。ところが、社会は大きく変化し、鍵っ子が急速に増えていた。しかも彼らは、テレビのおかげで一世代前の子どもたちよりもませていた。

今日デイジースカウトは、一〇万人を超えて、さらに増えつつある。デイジースカウトは、政府の金のかかるもろもろのプログラムを含め、未就学児を対象とするこの二〇年間のいかなるプログラムよりも成功している。しかもそれは、今日のところ、社会の変化と、テレビの影響という新しい現実を機会としてとらえた唯一のプログラムになっている。

会社の取締役会の手本となるＮＰＯの理事会

今日すでに、多くのＮＰＯが、会社ではいまだに稀というべきものを持っている。すなわち、取締役会に相当するものとしての「機能する理事会」である。しかもＮＰＯのいくつかは、さらに稀なものを持っている。この理事会に対して責任を負い、理事会内の委員会の一つによってその仕事ぶりを評価されるＣＥＯである。くわえて、さらに稀なものを持っている。それは、事前に設定された基準に照らして、自分たち自身の仕事ぶりを評価する理事会である。したがって、会社がＮＰＯから学ぶべき第二のものが、取締役会のあり方である。

法的には、取締役会が会社の統治機関である。経営学の大家たちも、取締役会の強化を説いてきた。ところが、アメリカの大会社のトップは、すでに半世紀以上にわたって、取締役の役割、権限、独立性を削り続けてきた。過去数十年に起きた大会社の倒産のいずれにおいても、事態の悪化を知らされるのは、常に、取締役会が最後だった。

あるべき取締役会を知るには、他の上場会社よりもＮＰＯを見るにしくはない。しかしＮＰＯの理事会が今日のようなものになったのは、多分にその歴史によるところが大きい。ＮＰＯでは、昔から理事会自身が事業活動をマネジメントしていた。あるいは、そうしようとしていた。ところがやがて、月に三時間だけの非常勤の理事がマネジメントするには、組織と活動があまりに大きく、複雑になってしまったために、常勤のプロがマネジメントを行うようになった。

アメリカ赤十字は、最大のＮＰＯであって、きわめて複雑な組織である。世界中の災害救助に関わり、血液バンクに加えて骨髄バンクや皮膚バンクを運営する。心臓や呼吸の蘇生トレーニングを行い、学校で応急手当ての訓練を行う。そんなアメリカ赤十字であるが、一九五〇年になるまで、有給の運営責任者を持たなかった。専任のCEOを迎えたのは、レーガン大統領の時代に入ってからのことである。

理事会とCEOの関係

プロのCEOを擁するようになった今日でさえ、NPOの理事会のほとんどは、会社の取締役会のように無力化されてはいない。NPOのCEOがどれほどそれを望もうとも、理事会がCEOの言いなりになることはない。

その一つの原因は、資金である。上場会社の取締役が、大株主であることはあまりない。これに対し、NPOの理事の多くは、みずから大きな金額を寄付しており、また、寄付してくれる者を連れてくる。

もう一つの原因は、NPOの理事の多くが、それぞれのNPOの使命に個人的にコミットしていることである。教会や教育を大事に思っていない限り、信徒代表や、学校の理事にはならない。

さらにもう一つの原因は、会社の社外取締役と違い、NPOの理事は、自身がボランティアとして長年奉仕し、自分のNPOに詳しくなっていることである。まさにNPOの理事会は、献身的かつ行動的であるがゆえに、CEOとの関係は対立的となりやすい。摩擦も大きい。NPOのCEOは、理事会が干渉しすぎるとこぼす。理事会は、CEOに率いられる経営陣が、理事会の領域を不当に侵害するとこぼす。

その結果、NPOの多くが今日、理事会とCEOのいずれも、他方のボスとなってはいけないことを知るに至っている。彼らは、同じ目標のために、異なる役割を持つ仲間である。しかも今日では、理事会とCEOそれぞれの役割を明らかにすることは、CEOの責任でなければならないということが明らかにされている。

たとえば、アメリカの西海岸北部の電力事業者連合会では、理事会に一〇の一人委員会を設け、理事をそれらの委員会の一人委員長に任命している。そして、コミュニティ・リレーションズ、電気料金、人事、サービス基準などを担当させる。

この団体では、会長と有給のCEOと、一人委員長のそれぞれが、一年に五日から八日を割いて、共同して、年間目標と三年目標を立て、そのための活動を明らかにする。そして会長が、毎年彼ら一人委員長の仕事ぶりを評価する。二年続けて成果を上げられなかった者は委員長職を解かれる。しかも理事会の会長が、三人の理事と共に、理事会自身とCEOの仕事ぶりを毎年評価する。

理事会を有効なものとするカギは、その役割について論ずることではなく、その仕事を組織化することである。事実すでに、NPOのますます多くが、これを行っている。私が知っているだけでも、一般教養課程の単科大学五、六校、ある大きな神学校、研究機能を持つ大病院、いくつかの大美術館がこれを行っている。

しかし実は、これは、三〇〇年も前に設置されたアメリカ最古の理事会、ハーバード大学監理理事会の再現である。ハーバードでは、理事が大学内の各部門、たとえば、医学校、天文学科、基本財産投資部門などの監理役を任命されている。ハーバードは、昔から、意味ある理事会を持つアメリカ唯一の大学と評価されている。

取締役会の活性化

危惧されていたように、会社における取締役会の弱体化は、経営陣を強化するどころか、脆弱化した。仕事や成果についての経営陣の責任をあいまいにした。今日、CEOの仕事ぶりについて、前もって設定した目標に照らしてチェックしている取締役会は稀である。そのため逆に、経営陣は、外部からの攻撃を受けた時、効果的かつ信頼できる支援を得られなくなった。最近の相次ぐ敵対的買収において示されたとおりである。

経営陣の能力を回復するには、取締役会を活性化しなければならない。それはCEOの責任である。事実すでに、そのための初歩的な措置がいくつか取られている。多くの会社で、監査委員会が、体裁ではなく本当の責任を負うようになっている。大会社ではないが、いくつかの会社で、取締役会が、CEOの後継やトップ経営陣の選任に関して小さな委員会を設けている。それらの委員会は、定期的に経営幹部と面接し、彼らの仕事ぶりや計画について話を聞いている。

しかし私は、取締役会自身とその仕事ぶりを評価している会社を、まだ一社も知らない。大手のNPOでは日常的に行っている理事の訓練に相当するもの、すなわち取締役の訓練を行っている会社も知らない。

知識労働者としてのボランティア

かつてNPOは、ボランティアは無給だから指示ができないと言っていた。ところが今日では、ますます多くのNPOが、ボランティアは無給だからこそ、大きな貢献をなし、仕事に満足してもらわなければならないと言っている。ボランティアの重心が、善意のアマチュアから、スペシャリストとしての無給のスタッフに移行したことは、NPO自身にとって重大な変化であるだけではない。会社にとっても大きな意味を持つ。

その典型が、中西部のあるカトリック司教区である。司祭や修道女の数は一五年前の半分以下だが、その活動は大きく拡大し、特に、ホームレスや麻薬患者の救済などの活動は、倍の規模になっている。もちろんこの司教区にも、祭壇に花を生けるアルターギルドのような伝統的なボランティアがいる。しかし同時に、慈善事業をマネジメントし、付属学校の管理を行い、青少年向けのプログラムや、大学のニューマン・クラブ（改宗者クラブ）、さらには黙想会を運営するために、二〇〇〇人ものパートの無給のスタッフが働いている。

南部バプティストの最大かつ最古の教会の一つであるバージニア州リッチモンドのファースト・バプティスト教会でも、似た変化が起きている。

五年前に、ピーター・ジェームズ・フラミング博士が引き継ぐまで、この教会も、都市部の他の教会と同じように、衰退の一途をたどっていた。ところが今日では、再び四〇〇〇人の信者を有し、教会内の各部会の活動はもとより、十指に上る支所を運営している。この教会には、有給の者は九人しかいない。ところが四〇〇〇人の信者のうち実に一〇〇〇人が、無給のスタッフとして働いている。

これらの変化は、ある程度、必要に迫られてのことである。アメリカでは、すでに成人の半分近くがボランティアとして活動している。したがってこれ以上の数の増加はあまり期待できない。しかも、資金は常に不足しており、有給のスタッフを増やすこともできない。増加しつつあるニーズに応えて活動を増やしたいのであれば、ボランティアをより生産的な存在にし、より多くの仕事と責任を与えるよりほかかない。

しかし実は、ボランティアの役割の変化は、ボランティア自身から発している。今日のボランティアには、管理的な仕事や専門的な仕事に従事する教育を受けた人たちが増えている。彼らは、五〇代の退職前の人たちであったり、三〇代半ばから四〇代のベビー・ブーム世代の人たちであったりする。

彼らは、単なる助手では満足しない。彼らは、生計の資のための仕事において、知識労働者である。そして社会への貢献のための仕事、すなわちボランティアの仕事においても、知識労働者であることを欲する。ＮＰＯが、彼らを引きつけ、とどまらせるためには、彼らの能力や知識を活用しなければならない。そして彼らに意義ある成果を上げる機会を提供しなければならないのである。

採用と訓練と評価

事実、今日のNPOの多くは、そのような人たちを計画的にリクルートしている。古参のボランティアが、リーダーとしての資質を持つ人たちを発掘し、より重要な任務を引き受けるよう説得する。ある者は、新しい信者や、一度でも赤十字のために近隣で募金を行ってくれた人など、新規参加者について調べる役目を割り当てられている。

その後、有給のスタッフや古参のボランティアが、彼ら新人の強みを調べ、適切な仕事を割り当てるために、面接を行う。新人のボランティアには、それぞれの目標を達成するためにいっしょに働く助言者や監督者がつけられる。いずれもボランティアである。

三五〇万人の少女たちのために、七三万人のボランティアを擁し、有給スタッフはわずか六〇〇〇人というガールスカウトも、そのような方法を取っている。新人のボランティアの最初の仕事は、週に一回、少女たちを車で集まりに連れていくことである。次の段階は、彼女たちがクッキーを一軒一軒売って回るのにつき添ったり、ブラウニースカウトのキャンプ旅行のリーダー補佐を務めることである。

こうした一歩ずつのプロセスから、やがて地方支部のボランティアの理事会のメンバーが生まれ、やがては、全国理事会のメンバーが生まれていく。しかも、最初のステップから、古参ボランティアの指導する訓練プログラムへの参加が義務づけられている。そして、ステップごとに仕事の目標と基準が定められている。

ボランティアを引きつける方法

それでは、彼ら無給のスタッフとしてのボランティアが求めているものは、何であろうか。いつでも去ることのできる彼らをとどまらせるものは何であろうか。

彼らが最も求めているものは、第一に、活動すべての源泉となるべき明確な使命である。たとえば、大手地方銀行の部長を務めるある女性は、小さな子どもを二人抱えている。その彼女が、最近、ネイチャー・コンサーバンシー(注)の州支部長を引き受けた。このNPOは、生態系が危機に瀕している土地を見つけ、買い取り、管理している。なぜそのような重責を引き受けたのかを聞いたところ、「銀行の仕事は好きだ。銀行にも使命はある。しかし、具体的に何に貢献しているのかが実感できない。ネイチャー・コンサーバンシーでは、何のために働いているかが実感できる」と答えた。

彼らボランティアという新しい人種が第二に必要とし、求めているものが、訓練である。訓練、訓練、そして訓練である。しかもありがたいことに、古参のボランティアにやる気を起こさせ、引き止めるうえで最も効果的な方法が、彼ら古参の能力を認めて、それを新人の訓練に振り向けることである。

彼らボランティアとしての知識労働者が第三に求めているものが、責任である。特に、みずからの目標を検討し、設定する責任を与えられることである。彼らは、みずからの仕事や組織全体に影響を与える意思決定に関して、意見を言ったり、参画したいと思っている。彼らはまた、みずからの実績によって証明された能力に応じて、昇進したいと思っている。つまり、より困難な仕事と責任を求めているのだ。これが、NPOの多くがボランティアに階層を設けている理由である。

ボランティアの活動すべてを支えるものが、責任である。彼らボランティアとしての知識労働者は、みずからの成果について、少なくとも年に一回、事前に設定された目標に照らして評価されることを求める。しかも彼らは、成果を上げていない者は、能力に合った別の任務に移すか、去るよう説得することを求める。

アメリカ中西部の司教区でボランティアを担当しているある司祭は、「海兵隊の新兵訓練よりもきついだろう。それでもボランティア希望の四〇〇人が順番待ちになっている」と言う。また、中西部のある成長中の大美術館では、理事、募金係、解説係、ニュース・レターの編集係などのボランティアに対し、毎年、目標を立て、その目標に照らして自分自身を評価し、二年続けてその目標を達成できなかった場合には辞めるよう求めている。いくつかの大学で活動しているあるユダヤ人組織も、ボランティアに対し、同じことを求めている。

今日では、専門的な能力を持つボランティアが特に重要な存在となっている。おそらく全ボランティアの一割というところであろう。その数は増大しつつあり、しかもより重要なこととしてその影響力を増大させている。ある大きな教会の司祭は「この教会には、普通の信徒はいない。わずかな数の有給の聖職者と、たくさんの数の無給の聖職者がいるだけである」と言っているが、これと同じ趣旨のことを述べるNPOが増えている。

会社への警告

ボランティアから無給の専門スタッフへというこの変化は、アメリカ社会における最も重要な変化である。

今日、家族やコミュニティの崩壊や解体、価値観の喪失が指摘され、大きな問題となっている。しかし、これに抗する強力な流れが、NPOによってもたらされつつある。NPOはコミュニティの絆を生み出し、能動的な市民性や、社会的な責任、価値に対するコミットメントをもたらしている。ボランティアがNPOに貢献するのと同じように、

NPOがどれだけボランティアに貢献するかが重要な意味を持つ。まさにそれは、宗教、教育、福祉など、NPOがコミュニティに提供するサービスと同じように重要である。

この変化は、会社に対しても、明快な教訓をもたらす。なぜならば、知識労働者の生産性を向上させることが、アメリカのマネジメントにとって、今日最大の課題だからである。そのやり方は、NPOが教えてくれる。つまり、使命を明らかにし、人材を的確に配置し、継続して教え、学ばせ、目標と自己管理によるマネジメントを行い、要求水準を高くし、責任をそれに見合うものとし、みずからの仕事ぶりと成果に責任を持たせることである。

このボランティアの仕事の性質の変化には、アメリカの会社への明確な警告が込められている。私が教えている経営幹部用プログラムには、銀行、保険、大規模小売チェーン、航空宇宙関連会社、コンピュータ関連メーカー、不動産開発会社等、いろいろな企業の人たちがいる。そしてそのほとんどが、教会や、母校の理事会、スカウト、YMCA、地域の共同募金、オーケストラなどでボランティアとして働いている。しかしその理由を聞くとほとんど例外なく、「会社の仕事はやりがいが十分でなく、成果や責任も十分でない。使命も見えない。あるのは利益の追求だけだからだ」との答えが返ってくる。

【注】

The Nature Conservancy. 一九五一年に設立された世界的な自然保護団体（非営利団体）の一つ。生物生息地の確保や稀少野生生物・生態系の保全などの活動を行い、一〇〇万人以上の会員を擁している。本部はアメリカのバージニア州アーリントン。

第V部 1990年代

1990s

第24章

The Emerging Theory of Manufacturing

製造業復権のコンセプト

The Emerging Theory of Manufacturing
HBR, May-June 1990.
製造業復権のビジョン
『ダイヤモンド・ハーバード・ビジネス』1990年9月号

統計的品質管理（SQC）がもたらすもの

我々はまだ、未来の工場をつくり上げてはいない。しかし、その概要は示せるようになった。機械はたくさんあるだろうが、その本質は、機械ではない。それは四つの新しいコンセプトである。

それら新しいコンセプトは、それぞれ別の分野の人たちが、別の問題意識によって発展させたものである。そしてそのそれぞれが、それぞれの目的を持ち、それぞれの影響をもたらしていく。

- 第一に統計的品質管理（SQC）は、工場の社会構造を変える。
- 第二に活動基準原価計算（ABC）は、製造上の決定を事業上の決定として行わせる。
- 第三にフレキシブル生産は、標準化と柔軟性を同時に実現する。
- 第四にシステムズ・アプローチが、物をつくるという物理的なプロセスとしての製造を、事業という経済的なプロセス、すなわち価値の創造というプロセスに組み込む。

これら四つのコンセプトの進展が、我々の製造に対する考え方と、マネジメントの方法を大きく進化させる。すでに、製造に関わる新しい理論の必要が認められている。これまでの理論をつぎはぎしてもうまくいかず、さらにつぎを当てようとすれば、後れを取るだけであることが理解されている。ここにおいて、これら四つの新しいコンセプトが、全体として、今日痛切に必要とされている製造の新理論の基礎となる。

それらのコンセプトのうち、最も広く知られているものが、統計的品質管理（ＳＱＣ）である。それ自体は、さして目新しいものではない。

ＳＱＣは、七〇年前にロナルド・フィッシャー卿が明らかにした統計理論に基づく。一九三〇年代には、ベル研究所の物理学者ウォルター・シュワートが、交換機や電話機を大量生産するために、ＳＱＣの第一世代に当たるものを開発した。さらに第二次大戦中、いずれもかつてこのシュワートのグループのメンバーだったＷ・エドワーズ・デミングと、ジョセフ・ジュランが、今日使われているＳＱＣを開発した。

日本のメーカーが、今日リーダーシップを握っているのは、五〇年代、六〇年代にデミングの教えに従ったためである。ジュランも大きな影響を与えた。

アメリカのメーカーは、彼らの貢献を四〇年にわたって無視し、今日に至ってようやくＳＱＣを使い始めた。フォード・モーター、ゼネラルモーターズ（ＧＭ）、ゼロックスが、その新しい信徒である。西ヨーロッパもまた、このコンセプトをこれまで大方は無視してきた。

工場での社会的変化

重要なことは、ＳＱＣを成功裏に実践している会社でさえ、本当の意味は完全に理解していないところにある。彼らはＳＱＣを製造の道具として使っている。だが実際には、それは、工場内の社会構造に対し、大きな影響を与えているのだ。

今日では、ＳＱＣは、品質と生産性の向上を製造プロセスに組み込むための厳密に科学的な手法であることが知られている。それは、具合の悪いところを見つけ、原因を明らかにする。機械の疲労か、塗装ガンの汚れか、溶鉱炉の過熱かを明らかにする。しかも、サンプル検査によって行うために、ただちに見つけ、その場で解決する。

さらにまた、どのような手直しについても、それが製造プロセス全体に及ぼす影響をただちに明らかにする。デミングに従う日本のメーカーのなかには、手直しが及ぼす影響をコンピュータで事前にシミュレーションしているところさえある。くわえてそれは、何について、そしてしばしば、どのようにして、品質と生産性を継続的に向上させることができるかを明らかにする。

これが、かつて「シュワート・サイクル」「デミング・サイクル」と呼ばれ、日本語で継続的な改善を意味するカイゼンなるものである。しかし、これらのエンジニアリング上の成果は、SQCがもたらすもののほんの一部にすぎない。

今日いまだに日米間の生産性格差は、説明し切れていない。下請けへの依存度を調整してなお、トヨタ、日産、ホンダの生産性は、アメリカの自動車メーカーの二倍から三倍に達している。品質と生産性の向上を製造プロセスに組み込むことは、この格差の三分の一程度を説明するにすぎない。実は、日本のメーカーの生産性は、主として、SQCがもたらす工場内の社会的変化による。

日本のメーカーは、フォードやGMよりも直接工が多い。SQCの導入は、直接工の増加をもたらす。しかし、この増加よりも、検査工や修理工のような間接工の大幅な減少のほうがはるかに大きい。アメリカのメーカー、特にその大量生産工場では、間接工の数が直接工の数を上回っている。工場によっては、二対一である。ところがSQCの下では、そのような間接工は、ほとんど必要なくなる。職長もほとんど必要なくなる。一握りの訓練担当者がいればよい。

言い替えるならば、SQCによって直接工は、みずからの仕事をみずから管理することが可能になり、しかもそれが必然となる。SQCによって得られる情報に基づいて行動するうえで必要な知識を持つ者は、直接工以外にいないからである。

品質と生産性と仕事のおもしろさを実現

こうしてSQCは、情報と責任を正しく位置づけることによって、かつては解決不能とされていた問題を解決した。これまで、一世紀以上にわたって、製造には二つのアプローチしかなかった。一つは、フレデリック・ウィンスロー・テイラーの科学的管理法を原点とするエンジニアリング的アプローチだった。もう一つは、第一次大戦前、アンドリュー・カーネギー、シアーズ・ローバックのジュリアス・ローゼンワルド、ハーバード大学の心理学者ヒューゴ・ミュンスターバーグによって開発された人間関係論的アプローチだった。これら二つのアプローチは、互いに相容れない正反対のものとされてきた。ところがSQCが、この二つを合体させた。

テイラーとその信奉者もまた、品質と生産性の向上を生産プロセスに組み込んだ。彼らは、欠陥ゼロを実現し、検査工を不要にできるはずであるとした。ヘンリー・フォードも、組立ラインによって、品質と生産性の向上を製造プロセスに組み込んだ。

しかし、SQCの厳密な統計的方法論抜きでは、科学的管理法も組立ラインも、製造のコントロールを製造プロセスそのものに組み込むことはできなかった。いずれも、成果は大きかったものの、問題そのものをなくすことはできず、検査体制を必要とした。

これに対し、人間関係論は、組立ラインの直接工の経験と意欲によって、品質と生産性の向上を実現しようとした。しかし、これまた成果は大きかったものの、SQCが供給する情報抜きでは、生産性と多忙さを区別することさえできなかった。部分の変更が、プロセス全体を本当に改善したか、改善したように見せてはいても実際には悪化させたのかを、見分けられなかった。

第二次大戦中にアメリカで発展した提案制度も、日本で成功したのは、その導入がSQC確立の後だったからである。提案の評価に必要な客観的な情報を手にすることができるようになっていたからである。提案制度は、この二〇年間アメリカでも熱心に推進された。特に従業員の側が熱心だった。しかしSQCがなかったために失敗した。信頼できる評価の手段がなかったためである。

たしかにアメリカでは、かなりのメーカーが、SQC抜きで品質と生産性の向上を製造プロセスに組み込み、しかも検査と調整を最小限に抑えている。ジョンソン・エンド・ジョンソンがよい例である。あるいはかなりのメーカーが、SQC抜きで直接工による製造プロセスのコントロールに成功している。IBMは、はるか昔から、現場監督をゼロとし、訓練担当の一握りのマネジャーに置き変えている。ハーマン・ミラーは、継続訓練と、生産性向上に対する報奨制度によって、欠陥ゼロの品質と、高い生産性を実現している。

だがそれらは例外である。基本的にアメリカのメーカーは、品質と生産性を製造プロセスに組み込むための基本的な方法論を欠いている。同時に、製造プロセスとそのコントロールについての責任を直接工に移し、数学者ノーバード・ウィーナーの言う「人間を人間として活用」するための方法論を欠いている。

SQCは、昔から求められてきた二つのことを実現する。一つは品質と生産性の向上であり、もう一つは仕事のおもしろさである。こうしてSQCは、これまで工場が理想としてきたものを実現し、かつてフレデリック・テイラーやヘンリー・フォードが描いた近代工場をついに完成させることとなる。

活動基準原価計算（ＡＢＣ）が明らかにするもの

最近マスコミでは、会計士の評判が特によろしくない。製造業にとって諸悪の根源とされている。しかしこの会計士に関わる物語は、最後にはハッピーエンドとなる。原価計算は、これまでと同じような、あるいはさらに大きな役割を果たせるようになる。

もちろんそのための方法は大きく変わる。新しい原価計算は、より正確には、製造に関わる経済学となる。それは、これまでの原価計算とは、コンセプトそのものが異なる。その目的は、製造を事業上の戦略と一体化することにある。

原価計算は、科学的管理法や組立ラインと共に、近代製造業の三本柱の一つである。原価計算抜きでは、科学的管理法や組立ラインといえども力を発揮できなかった。そしてこの原価計算もまた、アメリカの発明だった。原価計算は、一九二〇年代、ＧＭ、ゼネラル・エレクトリック（ＧＥ）、ウェスタン・エレクトリックが開発した。実は、技術ではなくこの原価計算が、ＧＭやＧＥに世界のリーダーとしての競争力をもたらした。第二次大戦後、この原価計算が、各国へ輸出された。

現行方式の四つの欠陥

しかしその頃には、原価計算の欠陥が明らかになっていた。それらのうち特に重要なものが次の四つだった。

第一に、それは、原材料を除く総コストのうち、肉体労働者の直接労働コストが八〇パーセントを占めていた二〇年代当時の状況に基づいたままだった。コストとは労働コストのことであるとしていた。その他はすべて、雑費として一まとめにし、間接費としていた。

ところが今日では、直接労働コストが二五パーセントの工場が稀である。労働集約的な自動車産業でさえ、日本のメーカーのアメリカ工場やフォードの新工場のような最新鋭工場では、直接労働コストは一八パーセントに下がっている。産業界全体としては、肉体労働者の直接労働コストは、八パーセントから一二パーセントが標準である。労働集約的な製造プロセスを抱える大手メーカーのベックマン・インスツルメンツでさえ、いまや直接労働コストのほうを雑費として扱っている。

しかるに今日に至るも、原価計算は緻密に算出した直接労働コストを計算の基礎にしている。その他のコスト、実に八〇パーセントから九〇パーセントに上るその他コストのほうを、製品別の直接労働コストの比というもはや恣意的ともいうべきものによって比例計算している。

第二にそれは、製造プロセスや製造方法の変更によるコスト削減を直接労働コストの節減としてしか把握できない。他のコスト節減については、ここでも製品別の直接労働コストの比によって比例計算している。

第三に、さらに深刻なこととして、それは、陽のある時には使えるが、曇りや夜はいっさい役に立たない日時計と同じように、生産時のコストしか把握しない。故障や生産上の欠陥から生ずる非生産時のコストは、把握しない。通常、原価計算では、総生産時間の八〇パーセントは、合格品を生産されているものと仮定する。だが最高のSQCをもってしても、製造プロセスの非生産的な時間は二〇パーセントをはるかに超える。工場によっては、五〇パーセントに上る。

しかるに製造プロセスは、非生産的な時間においても、生産的な時間におけるのと同じように、給与、光熱費、利子、さらには、原材料まで消費する。これまでの原価計算は、それらのコストをいっさい計上しない。

第四に、それは、工場を孤立した存在として扱っている。工場内のコスト削減だけを現実のものとして把握する。製造プロセスの変化が、市場における製品の評価や、サービスの質に及ぼす影響は、推定にとどまるとして把握しようとしない。

まさに七〇年代以降のGMの苦況が、この問題を浮き彫りにした。マーケティング部門は、〈シボレー〉から〈キャデラック〉に至るあらゆる車を、種類を絞った車体、フレーム、エンジンから生産するというトップ経営陣の決定を問題視していた。しかるに、原価計算は、部品の共通化が直接労働コストを削減するとした。そのため、あらゆる車が似たものとなって顧客に対する訴求力を失うという問題提起は、単なる推定として一蹴された。

事実上、これまでの原価計算では、製品や製造プロセスのイノベーションはもちろん、製品の改善さえ正当化できない。オートメーション化も、便益としてではなく、コストとして計上されるだけである。

これらの四つの欠陥のすべてが、すでに四〇年前から明らかだった。そのため、この三〇年というもの、会計学者、政府機関、会計士、会計事務所のいずれもが、問題の解決に取り組んできた。もちろん、かなりの改善が見られた。しかしそれらの努力のいずれもが、これまでの原価計算の枠内で行われたため、問題は残されたままとなっていた。

会計革命の始まり

新しい原価計算への会計革命の引き金を引いたのは、工場用オートメーション機器のメーカーだった。その顧客たるべき工場の人たちは、新しい機器をほしがった。しかし、トップ経営陣は、工具や治具や鋳型を迅速につけ替えることのできるNC工作機械やロボットを導入しようとしなかった。そもそもオートメーション機器の利点は、品質を向上させ、欠陥製品を生産せず、かつ型式や製品の変更に伴う機械の待機時間を大幅に削減することによって非生産的な時間を減らすことにある。だが、そのような利点は、原価計算には表れない。

このような問題意識から結成されたのが、オートメーション機器のメーカーと、そのユーザーたる多国籍メーカーと、会計士たちからなる新しい原価計算システム開発のための国際コンソーシアムCAM-I（コンピュータ・エイディッド・マニュファクチャリング・インターナショナル）だった。一九八六年に生まれたCAM-Iは、ちょうどいま、製造の実務に影響を及ぼし始めたところである。こうして一つの知的な革命の幕が切って落とされたのだった。

今日、マネジメントの世界において、最も興味深く、かつ革新的な仕事は、会計理論の発展に見ることができる。新しいコンセプトやアプローチ、方法論など、新たな経済哲学とも呼びうるものが急速に形成されつつある。詳細については論議が続いているものの、すでに新しい原価計算の輪郭が、日々かたちをなしつつある。

時間を尺度としたコスト計算

かなり早い段階で、これまでの原価計算のコンセプトを手直しするだけでは問題を解決できないことが明らかになった。まったく新しいものが必要とされていた。明らかに直接労働コストを尺度とすることは間違いだった。他の生産要素についても同じことがいえた。そして、このことこそが新しい発見だった。

新しい尺度は、時間でなければならなかった。一定の時間内に発生するコストは、すべて固定的である。変動コストなどというものはない。欠陥品も合格品と同じ原材料を消費するがゆえに、原材料のコストさえ、可変ではなく不変である。

可変であってコントロールが可能な唯一のものは、時間だけである。時間を削減するものこそが重要である。実にこの洞察によって、原価計算に伴う四つの欠陥のうち最初の三つが一挙に解決される。

しかも、この新しいコンセプトは、真のコストと便益を定義し直してくれることになった。それまでの原価計算では、最終製品の在庫は、直接労働コストを消費しないがゆえに、コストがかからないとされていた。しかも資産として扱われていた。新しい原価計算では、最終製品の在庫は、(会計学ではなく経済学の用語だが)サンク・コストである。在庫中の製品は、何も生まない。それどころか、高価な資金を釘づけにし、時間を消耗する。時間コストは高い。新しい原価計算は、この在庫についても、その便益(たとえば顧客サービスの迅速さ)を、時間コストとの対比によって評価測定することができる。

工場外への影響を考慮する

しかし、新しい原価計算にも、第四の欠陥は残る。オートメーション化の投資を行うことによって市場から得られる利益、あるいは製造プロセスの転換に要する時間を短縮するための投資を行わないことによってもたらされるリスクなど、製造プロセスの変化と事業全体の関係を考慮に入れることができないという欠陥である。

工場内のことについては、かなりの精度で計算できる。しかし、事業全体に対する影響については、推定にとどまる。売上げ増につながるかもしれない、あるいは、顧客サービスで後れを取るかもしれないと言えるだけである。

そのような見解にすぎないようなものは、原価計算では定量化できない。原価計算の強みは、あくまでも計量できるものの範囲内で、客観的に答えを出すところにある。方程式にあいまいなものを入れたのでは、問題を生ずるだけである。

今日、この第四の欠陥については、検討が行われているところである。しかし、それら事業上の影響についても、工場内の作業の評価、すなわち原価計算に組み込む必要があるということでは、大方の意見が一致している。いずれにせよ、新しい原価計算が、工場内だけでなく工場外の経営陣をして、生産プロセスに関わる問題を事業上の意思決定として行わせることになるであろうことは確かである。

フレキシブル生産が意味するもの

ヘンリー・フォードが「黒ならばどのような色でもどうぞ」と言ったことは有名である。だがその本当の意味をわかっている人はあまりいない。彼は、多様性には時間と金がかかるが、消費者にはそれを負担するまでの気持ちはないだろうと言ったのである。しかも、一九二〇年代の半ばにGMが、当時の新しい原価計算の力によって、色の選択と毎年のモデル・チェンジを追加コストなしに提供することによって、フォードに勝ったことを知っている人はもっと少ない。

ところが今日では、ほとんどあらゆるメーカーが、このかつてGMだけが行えたことを行えるようになった。さらに進んで、規格化と多様化を結合させているメーカーも多い。彼らは、規格化した部品から、多様な最終製品を生産している。

それにもかかわらず、彼らの多くは、今日に至るも、ヘンリー・フォードと同じように考えている。規格化すれば低コストで済み、多様化すれば高コストになるのは必然であって、両方を満足させることはできないとする。

だが、未来の工場は、両方を同時に実現できるだけでなく、実現しなければならなくなる。こうして工場の組織構造が変わる。

小型艦艇隊のような工場

今日の工場は、一隻の巨大戦艦である。これに対し未来のそれは、製造プロセスや作業を核とする数多くの基本単位からなる小型艦艇隊である。全体の指揮命令権は存在するものの、各チームがそれぞれの指揮命令権を持つ。そしてこれまた、艦隊に属する艦艇のように、それぞれが、全体や他のチームとの関係の下に、みずからを位置づける。各チームが、それぞれ規格化の利点を享受すると共に、工場全体が、多様化のための柔軟性を発揮する。こうして、製品や設計の迅速な変化、市場の要求への迅速な対応、オプションや特注品の低コスト生産が可能となる。

そのような工場はまだない。だれもまだつくっていない。しかし、すでに多くのメーカーが、この小型艦艇隊という新しいコンセプトの組織構造に向けて動き出している。ウェスチングハウスのアメリカ工場、アセア・ブラウン・ボベリ（ＡＢＢ）のスウェーデンのロボット製造工場、日本の大規模印刷工場などである。

この動きをもたらした最大の契機は、ＧＭが行った三〇〇億ドルから四〇〇億ドルに上る大規模なオートメーション化投資の失敗だった。ＧＭは、製造プロセス、つまり組立ラインの効率化のために、新しい機械を入れた。ところが、製造プロセスは柔軟性を失い、迅速な変更が困難になった。

その間、日本の自動車メーカーやフォードは、ＧＭほどの金をかけずに生産の柔軟性を手にしていた。それらの工場も組立ラインは持っていた。しかし固くは接合させず、分離させておいた。そこへ治具、工具、備品の交換のスピード化のためにオートメーション機器を導入した。そのため、組立ラインは、規格化を損ねることなく、バッチ生産の柔軟性を確保できるようになった。

こうして規格化と多様化は、二者択一ではなくなった。両者は融合しうるし、また同時に融合しなければならないことになった。

情報とコミュニケーションの必要性

もちろん、このことは、製造プロセスのレベルによって、規格化と多様化のバランスが異なることを意味する。工場全体の平均的なバランスには意味がない。あらゆるレベルで同一のバランスを図ろうとするならば、GMで起こったように、膨大なコストをかけて硬直性を高めるだけのことに終わる。

必要なことは、それぞれが最適のバランスを持つモジュールへの製造プロセスの再編である。しかも、それらモジュール間の相互関係は、製品や、製造プロセスや、流通チャネルの変更に応じて変化していかなければならない。たとえば、売り切りからリースへとマーケティングの方法を変えれば、製品と部品の製造割合を変えなければならない。あるいは、わずかなモデル・チェンジであっても、組み立ての順序を変えなければならない。もちろん、そのようなことは、目新しいことではない。しかしこれまでの組立ラインでは、そのような変更はほとんど行わないか、時間をかけて行っていた。

これからは競争の激化と、製品寿命の短縮に伴い、そのような変更は必然となり、かつ迅速に行わなければならなくなる。こうして、小型艦艇隊の組織構造が必然となる。

しかし、そのような組織構造をつくり上げるためには、工場の物理的構造の変化以上のものを必要とする。何にも増して、情報とコミュニケーションが必要とされる。各部局が、どこへどのような情報を出すか、どこからどのような情報を得るかに意識を集中しなければならない。情報の多くは、上に向かってではなく、横に、しかも部局間の境界を超えて流れるようにならなければならない。未来の工場は、それ自体が情報のネットワークである。

その結果、海軍の小艦艇の乗組員が全艦隊の作戦計画を熟知しているように、工場の全員が、全プロセスについて熟知していなければならなくなる。未来の工場では、全員が、全体の成果を大切にするチームの一員として思考し、行動しなければならない。そして何よりも、自分たちのモジュールの特性、能力、計画、成果について、他のモジュールを動かしている人たちが何を知っておく必要があるかを考えなければならない。また、自分たちは、他の基本単位について何を知っておくべきかを考えなければならない。

システムズ・アプローチが変えるもの

製造を変化させる第四のコンセプトが、原材料を経済的な満足に変えるためのプロセスとして、製造をとらえるシステムズ・アプローチである。

三〇年代、イギリスの小売チェーン、マークス・アンド・スペンサーが、そのようなシステムの最初のものをつくり上げた。同社は、商品を設計し、テストした。次に、メーカーと契約し、適切な品質で、適切な価格の、適切な商品を生産させた。そして、各店舗にジャスト・イン・タイムで配送させた。全体のプロセスを、いつ商品が棚から取り上げられ買い物かごに入れられるかについての綿密な予測に基づいて管理した。小売業では、この一〇年ほどの間に、そのようなシステム管理が一般化した。

実は、このシステムズ・アプローチは、製造業で最初に考えられた。あのヘンリー・フォードが、〈T型モデル〉

が絶好調だった二〇年代の初め、リバールージュ工場用の部品の製造と輸送のシステム全体をコントロールしようとした。彼は自前の溶鉱炉とガラス工場を建てた。タイヤ用のゴム栽培のために、ブラジルで農園を手に入れた。部品を運び入れ完成車を運び出すために、鉄道を買い取った。全米にサービス工場をつくった。みずからの専門学校で訓練した修理工を配置することまで考えた。しかし彼は、そのために、所有権によって結びつけたコングロマリット、すなわち金ばかりかかって利益の上がらない、しかも手に負えない怪物をつくり上げた。

システムの一環としての工場

これに対し、システムズ・アプローチでは、そもそもの最初から、みずからの手ですべてをコントロールしようとはしない。サブシステムのほとんどは、独立させたままにしておく。一方に独立した仕入先があり、また一方には顧客がいる。

フォードの組織のように、工場中心でもない。新しいシステムでは、工場は、製造の流れにおける若干広い空間としか見ない。

製造の計画と日程は、マークス・アンド・スペンサーのように、最終顧客の手に渡るところから始める。遅延、停止、余剰は、あらかじめシステムに組み込む。そのための倉庫をつくり、部品や工具の予備を用意する。あるいは、もはや生産はしていないが若干需要のある古い製品をストックしておく。在庫は、情報によって管理し、連続した流れのなかの必要悪として扱う。

アメリカのメーカーが、このようなシステムの設計に入ったのは、原材料や部品の供給を、日本のジャスト・イン・タイム方式（カンバン方式）によって行おうとした時遭遇した混乱が契機だった。しかしその混乱は、初めから予測できたはずのものだった。

日本のシステムは、アメリカにはない日本特有の社会的、地理的状況の下で構築されたものだったが、アメリカのメーカーの目には、ささいな手順の問題にすぎないと見えた。

しかし、やがてアメリカのメーカーも、ジャスト・イン・タイムを導入するからには、工場を、原材料の受け入れに始まり、製品の出荷で終わるだけのものとして理解してはならないことを学んだ。工場は、最終段階から逆にたどって設計すべきものであり、大きな流れの一環として管理すべきものだった。

すでに専門家や経営者や大学教授の何人かは、二〇~三〇年も前から、そのようなアプローチの必要性を説いていた。しかもそれは、すでに石油精製や大規模建設業では実際に行われていることだった。しかし欧米のほとんどの工場が、システムとして設計されず、管理されてもいなかった。そもそも工場をシステムとして運営していくために必要なだけの情報を持っているメーカーがほとんどなかった。

しかもジャスト・イン・タイムを導入するためには、システムに関わる問いに答えなければならない。たとえば、工場のどこで余裕が必要か。どこで調整するか。ある部分において遅れやリスクを最小化するためには、他のどの部分において何を犠牲とするかである。

工場を超えて

しかるに今日では、すでにこの製造に関わるシステムのコンセプトを、工場を超えて市場にまで広げているメーカーが現れている。

たとえばキャタピラーは、どのような補修用製品であっても、四八時間以内に世界中どこへでも供給できるようにしている。もちろんそのようなメーカーはまだ例外である。しかし間もなく一般化する。

製造とは、原材料を経済的満足に変えるプロセスであると定義するならば、製造プロセスは、製品が工場を出た時に終わるのではないことになる。物流やアフターサービスも、製造プロセスの一部であり、工場と統合し、調整し、管理しなければならない。すでに、設計や生産の段階において、アフターサービスを考慮しておくべきであるということは、広く認識されているところである。

こうして近く、このシステムとしての製造のコンセプトが、工場の設計や製造業のマネジメントに対し大きな影響を与えるようになる。これまで長い間、製造業では、エンジニアリング、製造、マーケティングなどの機能を連続的な段階としてとらえ、直列的に組織してきた。ところが今日では、新製品の構想の段階から、それらの機能別部門の人間からなるチームを編成するようになっている。そのよい例が、プロクター・アンド・ギャンブルの製品別チームである。

だが、製造をシステムとしてとらえるならば、事業上のあらゆる意思決定が、製造上の意思決定を意味することになる。したがってあらゆる意思決定が、製造上の要件とニーズに応えると共に、製造上のシステムの強みと能力を生かすものとならなければならない。

ホンダがアメリカ市場向けの高級車〈アキュラ〉の製造を決定した時、最大の問題は、デザインや、性能や、価格ではなかった。それは、既存のディーラー網に依存するか、それとも、金をかけ、リスクを冒して新しいディーラー網をつくり、新しい市場セグメントをつくり上げるかという問題だった。

たしかにそれは、マーケティング上の問題だった。しかしホンダは、その意思決定を、設計、エンジニアリング、製造、マーケティングの人間からなるチームによって行った。

こうしてディーラー網が新設された。製造上の考慮からだった。独立した販売サービス網を持ったほうが、ホンダの製造上の能力を最も発揮できるからだった。

やがてこのようなシステムとしての製造のコンセプトが完全に実現する。もう一人のヘンリー・フォードを必要とするほどのことではない。だがそのためには、まったく新しい種類のマネジメントと経営陣が必要となる。

そのためには全員が、システムとしての製造を熟知している必要がある。したがって、採用直後の数年間、新卒者はすべて、工場の仕事に就かせるという日本のメーカーを見習う必要があるかもしれない。また、将校が時々部隊勤務に戻るように、時々工場の任務に就かせるべきかもしれない。

これからも、すべての中心は製造であり続ける。メーカーでは、製造がすべてのものを賄い、すべてのものに報いるための経済的な価値を生み出す。したがってシステムとしての製造のコンセプトが与える最大の影響は、製造のプロセスそのものに対してではない。ＳＱＣと同じように、それは社会的人間的領域に対してである。

たとえば、昇進システムが変わる。さらには、あらゆる者が、機能別の経営管理者から、特定の役割を持ちはするものの同一の生産活動に携わる同一のチームの一員としての企業経営者へと変わる。さらに、これからのメーカーを率いる者は、今日のアメリカのメーカーに見られるような、製造の知識や経験を持たないままの財務や、マーケティングや、法務のスペシャリストではなくなっていく。

四つのコンセプトに共通するもの

これら四つのコンセプトは、それぞれがそれぞれの特徴を持つ。それぞれが、工場を別の側面からとらえる。ＳＱ

Cでは、工場とは、人間が働く場所である。新しい原価計算や、小型艦隊（フレキシブル生産）のコンセプトでは、工場とは仕事が行われる場所である。仕事が人間によって行われようが、ハツカネズミやロボットによって行われようが、関係はない。

システムとしての製造は、場所さえ意味しない。それは、原材料に経済的な価値を付加するプロセス全体のことである。それは最終消費者に至るプロセスの全体を理解して初めて設計することのできるものである。

しかしこれらのコンセプトは、単なる理論や意味論の問題ではない。工場の設計や立地や規模を、直接かつ現実に左右する。さらには、活動や、投資額まで左右する。

これら四つのコンセプトのそれぞれが、それぞれ別の行動を要求する。SQCにおいては、思考の必要はない。実行しなければならない。原価計算においては分析しなければならない。フレキシブル生産においては、仕事の流れを分析し、組織を再設計しなければならない。システムズ・アプローチにおいては、徹底的に考えなければならない。

そしてこれら四つのコンセプトのそれぞれが、独自の道具と言語を持つ。

しかし共通するもののほうが、はるかに重要である。それらのうち最も重要なものが、製造とは、一つの総体、すなわち部分の和を超えたものであるとの認識である。

かつてのコンセプトは、工場を機械や作業の集合体ととらえていた。一九世紀の工場は、機械の集合だった。テイラーの科学的管理法は、仕事を作業に分解した後に、それらの作業を新しい仕事にまとめていた。組立ラインと原価計算という二〇世紀の花形コンセプトは、個々の活動の総計をもってして成果および原価としていた。

ところが、四つの新しいコンセプトのうち、部分の働きに関心を持つものは一つもない。実際のところ、部分の働きは劣っていてよい。成果を出すものは、プロセス全体である。

そこで当然、マネジメントそのものが変わっていく。たしかにSQCは、伝統的な概念に最も近い。仕事のかなりの部分は現場に移されるが、経営管理者自身の仕事はそれほど大きくは変わらない。しかしこれからは、事業上の責任を負わされていない者でさえ、工場の境界を超えて、事業全体を考えつつ、マネジメントしなければならなくなる。製造部門の者はすべて、人、原材料、機械、時間の調和に責任を持たなければならなくなる。

したがって、製造のプロセスそのものに、エンジニアリングと、人の管理と、事業の経営を組み入れるための体系を学び、実践しなければならなくなる。意識はしていないものの、すでにこれを行っているメーカーは多い。ただし体系はまだ完成していない。工科大学やビジネススクールでも教えていない。

相乗という言葉は、今日若干濫用気味である。しかしまさに、これら四つのコンセプトこそ、共に機能する時、人と機械、時間と金、標準化と柔軟性、機能とシステムという、二〇世紀の大量生産工場を悩ませてきたもろもろの対立を相乗的に解決する。

重要なことは、これら四つのコンセプトのすべてが、生産性を成果として定義し、製造を、原材料に経済的な価値を加えるプロセスとして見ているところにある。

四つのコンセプトのそれぞれが、それぞれの方法によって、経済的な価値をもたらそうとしている。しかしこれら四つのコンセプトは、一体となって、一つの新しい製造の理論を構成しているのである。

（本稿についてはクレアモント大学院大学の同僚ベラ・ゴールドとジョセフ・マーシャエロの助言に謝意を表したい）

第25章

Reckoning with the Pension Fund Revolution

年金基金革命を考察する

Reckoning with the Pension Fund Revolution
HBR, March-April 1991.
年金基金革命を考察する
『ダイヤモンド・ハーバード・ビジネス』1991年7月号

その存在を初めて指摘されてから一五年経って、アメリカの企業所有のあり方を変貌させる「見えざる革命」がようやく、だれの目にも明らかになった。

年金基金の台頭

アメリカでは現在、国内最大級の二〇〇の年金基金(うち一三は、州政府や市町村、非営利団体の職員のための基金である)が、上場企業の株式資本のおよそ一〇分の一を保有している。総計すると、機関投資家、すなわち主に年金基金がこの国の大企業(および多くの中規模企業)の普通株式のほぼ四〇パーセントを支配していることになる。急成長を遂げている最大規模の基金である公務員年金基金は、もはや受け身の投資家に甘んじてはいない。彼らは次第に、投資先企業において、取締役の任用や役員報酬、会社定款の重要条項に反対する拒否権をはじめとする発言権を求めるようになっている。

同じく重要でありながら、いまだに見過ごされがちなのは、年金基金が株式だけでなく、アメリカの大企業の中長期債務の約四〇パーセントを保有しているという事実である。つまり、年金基金がアメリカ企業の最大の所有者でかつ、最大の債権者にもなっている。金融の教科書では昔から強調されていることだが、債権者の力は所有者の力に劣らないばかりか、それを凌ぐことすらある。

最も有力な所有者兼債権者としての年金基金の台頭は、経済の歴史における驚くべきパワー・シフトを示している。現代の年金基金の第一号は、一九五〇年にゼネラルモーターズ(GM)によって創設された。それから四〇年後、年金基金は総額二兆五〇〇〇億ドルに上る資産を手中にしている。その内訳は、普通株式と確定利付証券がほぼ半々だ。人口統計を見ても、年金資産があと一〇年は精力的な成長を続けることは間違いない。長引く不況にさえ見舞われなければ、年金基金は九〇年代の終わりまで毎年、新たな投資先に一〇〇〇億〜二〇〇〇億ドルを注ぎ込まなければならないだろう。

アメリカがつい最近まで、このパワー・シフトに対応するどころか、認識すらしていなかったことが、敵対的買収やレバレッジド・バイアウト、リストラの嵐に代表される八〇年代の不安定な企業財務の原因となった。なかでも注目されるのは次の二つの問題だ。アメリカの新たな所有者となった年金基金が、企業のマネジメントに責任を負わせるべきこととは何か。そして、説明責任を遂行するための制度的構造は、どのような姿であるべきか、ということである。

アメリカにおける所有形態

実はアメリカは、少数機関への大企業の所有権の集中が先進国のなかでも遅れている部類に入る。ドイツでは昔から、三つの主要銀行が大企業の株式資本の約六〇パーセントを、直接保有する株を通じて、またドイツ法に基づき銀行が経営権と投票権を有する顧客の持ち株を通じて支配している。

日本ではほとんどの企業が、「系列」としてすっかりおなじみになった、一〇にも満たない少数の産業グループに属している。系列においては、各社の株式資本の二〇〜三〇パーセントを同系列の企業と銀行、商社で持ち合い、系列会社への融資はグループの銀行が実質的に全額を提供する。

イタリアでは、大企業の半数が一九三〇年代から政府の所有下または支配下に置かれている（イタリア最大の国有企業ＩＲＩは、ヨーロッパ全体で二番目に大きい）。イタリアのその他の大企業は、フィアット・グループをはじめとする五〜六つの巨大コングロマリットの支配下にある。

アメリカでの所有形態は大きく異なり、他に類を見ないと言ってもいい。ヨーロッパや日本では、株式所有は非金融的な目的のための手段である。ドイツの銀行が、ハウスバンク[注1]として相手企業から得る収入は、持ち株を通じてではなく取引関係を通じてもたらされる。ドイツ最大の金融機関であるドイツ銀行では、信用状など日常業務の手数料収入が、顧客企業からの配当収入の数倍に上る。

一方、系列の最大の関心事は「力」である。市場での支配力、供給業者や下請け業者に対する支配力、政府省庁や公務員を動かす力や影響力など、何より力が重要だ。目に見える利益については、系列内の株式の持ち合いから得る配当金より、互いの取引から得る利益のほうがはるかに大きい。

イタリアでは、政府の保有する株式が、他のどの市場経済よりも一点に集中した経済力を有している。政府の持ち分は主に、政治目的のために使われる。企業の経営は、政治的に重要な地域において雇用を創出し、忠実な党員には役得に恵まれた重役の席を用意し、政権を握る与党に選挙資金を供給するために行われる。

ドイツの銀行も、日本の系列も、イタリアの政府やコングロマリットも、株価やキャピタル・ゲインにさしたる関心を持っていない。彼らにはそもそも、売却の意図がない。

対照的に、アメリカの年金基金は、投資先や融資先の企業と商業的なつながりをまったく持たない。年金基金は「事業」ではなく、「資産管理者」なのである。

後述するように、何をすべきか、また何をすべきではないかという両面において、ヨーロッパと日本の動向には学ぶべき貴重な教訓がある。だがアメリカでは、所有権と融資能力が従来とはまったく異質の所有者へと急速に移転しており、そのことが新たにまったく別の問題を引き起こしている。

年金基金が発展した背景

年金基金がアメリカの株式資本の最大所有者として登場したのは、七〇年代初期のことである。だが、その後一五〜二〇年間、年金基金による株式所有の実態に目が向けられることはなかった。

一つには、年金基金自身が「所有者」たることを望まなかったからである。年金基金は、受け身の「投資家」、それも短期の投資家であることを望んでいた。「我々は会社を買収するわけではない。短期のキャピタル・ゲインの見込みが薄くなれば、購入株をただちに売却する」というのが彼らの持論だった。

さらに、年金基金の発展は、アメリカの伝統に反していたばかりか、アメリカ経済の構造についてだれもが自明と考えていたこと、そしていまだに広く自明だと思われていることに反していた。年金基金が株式資本の最大の所有者となった後も長い間、アメリカは、何百万もの人々が大企業を少しずつ所有する「人民資本主義」の国と呼ばれていた。たしかに、被用者はアメリカの生産手段の所有者になった。だが彼らの所有権は、ごく少数の巨大な「受託者」を通じて行使される。

しかしようやく、霧が晴れてきた。年金基金の受託者、特に公務員を代表する受託者は、自分たちがもはや株式投資家ではないという事実に目覚めつつある。投資家とは、その名が示すとおり、持ち分を売却することができる。小規模な年金基金もそうかもしれないが、小規模年金は数こそ多いが、年金資産全体に占める割合は四分の一にも満たない。

一方、中規模の年金基金ですら、その保有株式は簡単には売却できないほど巨大化している。もっと正確に言うならば、他の年金基金が買ってくれない限り売却できないのが普通だ。小売市場が容易に吸収できない規模になってしまったため、年金基金の間で永遠に循環し続けるしかないのである。

アメリカでは、ドイツや日本、イタリアに比べ、所有権の集中度がはるかに低い。これは将来も変わらないだろう。したがってアメリカの年金基金は、ドイツの大手銀行や日本の系列、イタリアの産業コングロマリットに比べ、まだ自由に行動する余地がある。

だが、一部の大規模年金基金は、一つの大企業の総資本の一パーセント、あるいは二パーセントもの持ち分を所有している。各自の持ち分をすべて合わせると、その企業の総資本の三五パーセントに及ぶかもしれない（たとえば、年金基金はチェースマンハッタン銀行の株式の七五パーセントを所有している）。

持ち分一パーセントの所有者でも、そう簡単には売却できない。まして持ち分四〇パーセントの所有者、すなわち年金基金全体となると、売却はまったく不可能だ。ドイツのハウスバンクがその顧客企業に、あるいは日本の系列がそのグループ会社に深く関与しているように、抜き差しならぬ関係になっている。

ドイツ銀行の創設者でありハウスバンク制度の発明者でもあるゲオルク・シーメンスはいまから一〇〇年前に、問題を抱える顧客企業に自身や銀行の時間を使いすぎていると批判され、「売ることができないならば、面倒を見てやらなければならない」と答えた。アメリカの大規模年金基金もいま、その言葉の意味を悟りつつある。

企業が果たすべき仕事と成果

年金基金は、一九世紀の企業所有者のような経営者になることはできない。だが、たとえ零細企業であっても企業というものは、組織を構築し、運営する権限と連続性、能力を持った、強力で自立したマネジメントを必要とする。こうして次第に年金基金は、アメリカの新たな所有者として、会社がその必要とするマネジメントを持てるようにしなければならなくなる。

具体的に言えば、過去四〇年の経験から学んだように、マネジメントはだれかに対し明確な説明責任を負わなければならず、その説明責任は、会社の体制のなかに揺るぎなく組み込まれていなければならない。マネジメントが説明責任を負うべき対象は仕事と成果であり、どれほど立派であろうと意図についてではない。そして、説明責任には財務面での説明責任も伴わなければならない。

もっとも、仕事と成果が金銭的な「最終利益」以上のものであることを知らぬ人はいないだろう。仕事と成果は、企業にとって何を意味するか。そんなことは知っていると大半の人は言うだろう。もちろん、知っておくべきだ。なぜなら仕事と成果を明確に定義しておくことが、効果的なマネジメントを実現し、株式所有から収益を上げるための前提条件となるからである。

実際には、第二次世界大戦後から今日に至るまでの四〇年間に、二つの定義がなされてきた。だがどちらにも、時の試練に耐える力はなかった。

最初の定義は、現代型の年金基金が創設された五〇年頃に提起された。当時「プロフェッショナル・マネジャー」として最も名高かったゼネラル・エレクトリック（GE）のCEO、ラルフ・コーディナーは、株式を公開している大企業のトップ・マネジメントは「受託者」であると断言した。シニア・エグゼクティブには企業を「株主、顧客、従業員、供給業者、施設近辺の地域社会にとって最もバランスの取れた利益をもたらすように」経営する責任があるというのがコーディナーの論だった。いまで言う「ステークホルダー」である。

しかしすぐに指摘されたように、コーディナーの答えは、成果の定義が明確ではなかった。「バランス」が「最も取れている」とはどういうことか、その意味も明らかではなかった。また、独立した強力な管理監督機関がマネジメントに仕事と成果の説明責任を取らせるといった、明確な責任構造も示していなかった。これでは、プロフェッショナル・マネジャーは啓蒙専制君主となってしまう。理想主義に燃えた哲学君主であろうと、CEOであろうと、啓蒙専制君主では、仕事を成し遂げることも長く存続することもできない。

だが、コーディナーの世代とそれに続く世代のエグゼクティブたちは、どのような仕事と成果が最高のバランスを生み出すのか定義しなかった。また、いかなる説明責任も養わなかった。その結果、五〇年代型のプロフェッショナル・マネジャーは、仕事を成し遂げることも、長く存続することもできなかった。

コーディナーのスタイルを踏襲するマネジメントに最大の打撃を与えたのは、七〇年代後半に盛んになった敵対的買収だった。コーディナー型の経営者は次々と放逐された。何とか生き残った者も、経営手法を根本的に改めるか、少なくともレトリックを変えざるをえなくなった。私が知っているトップ・マネジメントのなかで、「利害関係者」にとって「最もバランスの取れた利益をもたらす」ための「受託者」として事業を経営していると公言する者はだれ一人としていない。

買収や乗っ取りが増えた理由

こうした変化を後押ししているのが、年金基金である。少数の年金基金への議決権の集中がなければ、そして敵対的買収をよしとする基金の姿勢がなければ、企業乗っ取り屋の攻撃の大半はそもそも仕掛けられることすらなかっただろう。あちこちに散らばる何百万人もの個人株主から支持を取りつけようとすれば、時間と金がいくらあっても足りない。

年金基金のマネジャーたちは、買収や乗っ取りについても、それが相手先企業に及ぼす影響や経済に対する価値についても、深い疑念を覚えたにちがいない。年金基金のマネジャー、なかでも公的基金を運営する高給取りでもない公務員たちは、「グリーン・メール」(注2)のようなやり口や、乗っ取り屋、弁護士、投資銀行が手にする巨万の富について、美意識からも倫理的観点からも深刻な懸念を抱いただろう。しかし彼らは、企業の乗っ取りや買収のために資金を提供し、保有する株を差し出すより他に選択肢はないと考えた。どの基金もこぞってそうしたのである（**章末**「資本の文化」を参照）。

彼らが企業買収を支持した理由の一つは、こうした取引に関わることで、実際に株式を売却できるという幻想、すなわち、年金基金はまだ「投資家」であるという幻想を保てたからであった。企業の乗っ取りやレバレッジド・バイアウトは、手っ取り早いキャピタル・ゲインももたらした。年金基金の運用成績は概して芳しくないため、そのような利益は何よりも歓迎された。とはいえ、後で詳述するように、それも事実というより幻想であったのだが。

企業の乗っ取りや買収が避けられない状況をつくった（あるいは、そのすきを与えた）のは、啓蒙専制君主型のマネジメント、つまり仕事と成果を明確に定義せず、確たる説明責任を持たないマネジメントの凡庸な仕事ぶりだった。

これほど多くのアメリカの大企業が過去三〇年間、平々凡々たる業績しか残していないのは、マネジメントのせいではなく、アメリカの貯蓄率を低下させ資本コストを上昇させている間違った社会政策のせいだという意見もあるかもしれない。だが指揮官たる者は、みずからの監視下で起こることに責任を負うものである。どんな理由や言い訳があるにせよ、アメリカの大企業は、競争力、市場での地位、革新的な業績のどの基準で判断しても、プロフェッショナル・マネジャーの監視下で大した成功を収めてこなかった。財務成績に至ってはおしなべて、資本コストに等しい株式資本利益という最低許容レベルの成果すら上げていない。

かくして、乗っ取り屋は必要な機能を果たした。古いことわざにあるように、「墓掘り人がいなければ、ハゲタカが必要」なのである。

株主は利益を得たか

だが乗っ取りや買収は、大胆な根治手術のようなものである。生命を脅かすほどではなくとも、多大なショックを与える。乗っ取りや買収は、企業がそのやる気と努力、忠実さに依存している中間管理職や専門職を深く動揺させ、離反すら招く。彼らにとっては、何年も仕えてきた企業の乗っ取りや解体は、裏切り以外の何物でもない。生産的かつ献身的に働くために信じなければならないことがすべて否定されるのだ。その結果、企業買収で乗っ取られた会社や売却された会社で、数年後の業績が昔よりよくなっているところはほとんどない。

とは言え、乗っ取りや買収は、少なくとも株主には利益をもたらしたのではないだろうか。答えはおそらく、ノーである。

典型的な買収取引では、買収の前年に平均四〇ドルで取引されていた株に対し、六〇ドルが株主（主に年金基金ということになる）に支払われた。ところがほとんどの場合、この五〇パーセントのプレミアムは幻想であったことが判明しつつある。六〇ドルのうち二五ドルぐらいは、現金そのものとして渡されたわけではなく、ワラントや無担保債権、ジャンク債などに乗っ取り屋やその投資銀行がつけた金額だったのである。株を売却した機関の多くが購入した、これらの現金とも証券ともつかないものの価値は、いまや急落している。

減価しつつある紙切れをすぐに手放した年金基金も多かったが、その売却先は別の年金基金や機関投資家であった。ほかに買い手がつかないからである。したがって、企業買収が年金基金全体にもたらした最終的な価値は、実に怪しむべきものである。

今日、アメリカの大企業のCEOたちはほぼ例外なく、「株主の利益のため」「株主価値を最大化するため」に企業を経営していると公言する。「株主価値の最大化」、これが過去四〇年の間にかたちづくられてきた、仕事と成果に関する二つ目の定義である。コーディナーの「最もバランスの取れた利益」という言葉ほど崇高ではないものの、はるかに現実的な響きを帯びている。しかし最終的には、以前の「プロフェッショナル・マネジャー」より短命に終わるだろう。

たいていの人にとって「株主価値の最大化」とは、せいぜい半年から一年以内に株価が値上がりすることだからである。このような短期的なキャピタル・ゲインは、企業にとっても、主要株主にとっても間違った目標である。となると、「株主価値の最大化」という概念は、業績に関する理論としてそれほど長続きしないだろう。企業にとって、短期的思考の害は論じる必要すらない。けれども、短期的なキャピタル・ゲインも、持ち株を売却できない所有者にとっては何の益もない。

確定給付制度の誤算

大規模年金基金の利益は、年金を拠出していた従業員が退職して年金生活者に変わる時点での保有株式の価値にある。基金の投資期間、すなわち将来の年金受給者が退職するまでの期間は、平均一五年であって三カ月や半年ではない。年金加入者にとっては、これがしかるべき投資収益期間である。

しかし、短期的なキャピタル・ゲインに利害関係があると考えている人たちがいる。それは「確定給付」年金制度を利用している雇用者である。「本末転倒」の典型例といえるが、今日までこれらの雇用者の利益が、株式所有者としての年金基金の行動を左右してきた。

確定給付制度では、退職した従業員には毎年、決まった額が支給される。だいたいは、退職前の三〜四年間の給与の一定割合に当たる額だ。雇用者が負担する年間拠出額は、基金の資産価値によって変動する。将来の年金債務を賄うために必要な保険数理上の金額と比較して、資産価値が割高に評価される年は、雇用者の拠出金は減る。一方、基金の資産価値が低い年は、拠出金が増える。

確定給付基金は、偶然の結果として生まれた。五〇年にGMのマネジメントが年金基金を提案した時、有力な取締役数人が労働組合に無料サービスしてやるようなものだと反対した。結局、確定給付制度ならば会社が負担する金額は微々たるもの、あるいはゼロになるはずだと約束されて、ようやく折れた。将来の年金を支払うために必要な資産ならば、上昇を続ける株式市場が生んでくれるという論法だ。大半の民間企業が、会社ではなく株式市場が年金債務を賄ってくれるとの錯覚の下、GMのモデルに従った。

言うまでもなく、これは甘い考えだった。ほとんどの確定給付年金は、運用成績が思わしくない。その原因は、不適切な短期キャピタル・ゲインを追い求めているからにほかならない。むしろ、雇用者が従業員の年間給与の一定割合に当たる金額を毎年拠出する「確定拠出」年金のほうが、好成績を収めている。実のところ、確定給付制度は急速に魅力を失いつつある。約束したキャピタル・ゲインを実現できていないために、多くは深刻な資金不足に陥っているからだ。

しかも新たな会計基準の導入に伴い、資金の不足分は雇用者である企業のバランスシートに負債として記載しなければならなくなる。つまり、たとえ緩やかでも景気が後退すれば、会社の利益と株価の両方が下がるために、多くの企業が倒産とはいかなくとも、その寸前まで追い込まれる。また、景気のいい時に多くの企業が利用している、年金基金の剰余金を吸い上げて損益計算書に「純益」として計上する手も、やがて禁止されることになりそうだ。

こうして、企業は次々と確定給付制度から脱退しつつある。九〇年代の終わり頃には、少数派になるだろう。それに伴い、アメリカ企業の大株主にとって、短期キャピタル・ゲインは主要な目標ではなくなる。確定給付制度はすでに、脇役に後退している。一方、確定拠出制度を取る公務員基金は、大規模基金の大半を占めるまでになった。主導権を握り、新たなシナリオを描いているのは、民間企業の年金基金ではなく、企業経営とは独立した公務員基金なのである。

日本とドイツを手本にする

大企業における仕事と成果をどのように定義するか、もはや理論化する必要はない。すでに成功事例が存在する。

ドイツと日本では、高度に集中した機関所有が行われている。両国とも、所有者は実際に経営することはできない。だが両国の産業は、第二次世界大戦で壊滅状態に陥ったにもかかわらず、その後の四〇年間においてきわめて順調な成績を収めている。国内経済全般においてもしかり、株主利益においてもまたしかりである。

五〇年、六〇年、七〇年あるいは八〇年のいずれかの時点で、東京やフランクフルトの証券取引所のインデックス・ファンドに一〇万ドル投資していれば、同じようにニューヨークのインデックス・ファンドに投資した場合よりはるかに大きな利益になっているはずである。

では、ドイツ企業や日本企業の機関所有者たちは、仕事と成果をどう定義しているのだろうか。

両国の経営スタイルには大きな違いがあるが、定義は同じだ。コーディナーとは異なり、彼らは何物も「バランス」させようとはしない。最大化させるのである。だが、株主価値や企業の「利害関係者」の短期的利益を最大化させようとするというわけではない。むしろ、企業の「富の創出能力」を最大化させるのである。(注3)

「富の創出能力の最大化」という目標が短期的な成果と長期的な成果を統合し、市場での地位、イノベーション、生産性、社員と人材育成といった企業の実務面を、財務上のニーズと財務的成果に結びつける役割を果たす。株主であれ、顧客であれ、従業員であれ、組織を構成する人々の期待と目標の充足も、そこにかかっている。

富の創出能力の最大化

仕事と成果の定義を「富の創出能力の最大化」とすることは、あいまいだと批判されるかもしれない。たしかに、決まった手順に従えば答えが出るわけではない。実際には、さまざまな決定を下さなければならない。そして、不確かな未来に乏しい資源を投入するという経済的な決定には必ず、リスクと論争がつきまとう。

ラルフ・コーディナーが、それまでだれも手をつけようとしなかった仕事と成果の定義を試みた当時ならば、富の創出能力の最大化という考えはまったくつかみどころがなかっただろう。だがそれから四〇年間、多くの研究がなされたいまでは、きわめて明快だ。このプロセスに必要な要素はどれも、かなり正確に定量化できる。実際、並外れて定量化に長けた日本の大企業の企画部によって、また数多くのドイツ企業の手によって定量化されている。

この概念の明確な定義に向けた第一歩は、五四年の拙著『現代の経営』(注4)だったように思う。この著作では、事業にとって主要な八つの目標領域を示した。日本の大企業ではいまでも、これらの領域（あるいは、そのバリエーション）を事業計画の出発点に据えている。

その後、目標を業績に転換するために必要な戦略について、経営アナリストたちが膨大な研究を行った。ハーバード・ビジネススクールのマイケル・ポーターが手がけた画期的な研究や、C・K・プラハラッドとゲイリー・ハメルがHBR一九九〇年五－六月号で提唱した「コア・コンピタンス」という重要な概念などはその例である。(注5)

財務目標は、これらすべてを一つに結びつけるために必要である。実際、財務上の説明責任は、マネジメントと企業の仕事ぶりのカギとなる。財務上の説明責任がなければ、そもそも説明責任なるものは存在しない。そして財務上の説明責任がなければ、他の領域における成果も存在しないだろう。

アメリカでは一般に、日本人は利益意識が低いと考えられている。これは、まったく事実に反することだ。実際には、資本コストに対する収益性の目標は、日本企業のほうが大半のアメリカ企業よりはるかに高い。収益性を出発点とせず、到達点にしているのは日本人だけである。

最後に、企業の富の創出能力の最大化は、機関所有者の役割や、彼らと企業との関係を明確にするうえでも役に立つ。ドイツと日本では、経営構造と経営スタイルに大きな違いがある。だが、いずれの国でも機関所有者は、企業が富の創出能力を最大化するようにつくられた事業計画に沿った行動を取る限り、短期的な成果にかかわらずマネジメントを支持する。マネジメントと所有者を代表する機関との間で、そのような合意が成り立っている。そのおかげで、どちらの側も成果に集中することができる。また、マネジメントに責任を持たせることにもなる。と同時に、遂行能力のあるマネジメントには、必要な連続性と安定性が与えられる。

我々が手にしているのは、「最終的な答え」ではない。しかし、これはもはや理論ではなく、実績ある手法である。そしてその成果は、ドイツと日本の業績から判断すると、利害関係者の「受託者」としての企業経営、あるいは株主の短期利益を最大化するための企業経営より優れていることは一目瞭然である。

マネジメントの義務と責任

我々自身が答えを見つけなければならないアメリカならではの課題は、マネジメントの説明責任に関する新たな定義を、いかにして企業の構造に組み込むかということである。我々に必要なのは、政治学者なら基本法とでも呼ぶもの――ドイツの会社法のようにマネジメントの義務と責任を詳細に定め、株主をはじめとする他の集団の各権利を明らかにする規定である。

何をすべきかについては、ドイツと日本を手本にすればよいが、どのように実行するかは、アメリカの状況に合わせ大幅に変更しなければならない。ドイツと日本では、マネジメントは厳重に監督され、慎重な判断に付される。ドイツのハウスバンクは、みずからが相当の持ち分を所有する相手先企業の取締役会に、たいていは監督委員会の委員長として自行のシニア・エグゼクティブを送り込む。銀行の代表者は、マネジメントが厳しい基準に沿って仕事を遂行できなければ、ただちに行動を起こすことになっている。

日本では、系列内の主要会社の最高責任者たちがグループ全体の執行委員会として機能する。執行委員会は、系列の銀行または商社のCEOが指揮を取り、定期的に会合を開く。たとえば、三菱グループのトップ・エグゼクティブたちは、隔週金曜日に三〜四時間の会合を開いている。そして、系列内各社の事業計画を慎重に検討し、各マネジメントの業績を評価する。力量不足と判断された最高責任者は、放逐されるか、お飾りの地位に追いやられるか、主流から外されてしまう。これが頻繁に、だが粛々と繰り返される。

マネジメントの仕事ぶりの分析と監視は、ドイツでも日本でも系統的な作業として組織化されている。ドイツでは、大銀行の本部が行う。本部は、一八七〇年代にドイツ銀行がプロイセンの参謀幕僚を手本に考案した制度である。本部は、自行がハウスバンクを務める企業や、そのエグゼクティブが名を連ねる取締役会にたえず目を光らせている。ハウスバンクは相手企業の商業銀行業務も扱っているため、企業の財務データと事業データの両方を入手できる。

日本には、本部制度はない。だが、系列の主力銀行や商社の強大な企画部が同じ役割を果たしている。彼らもまた、財務データのほか取引や事業に関するデータを入手できる立場にある。

業務監査へのニーズ

アメリカでは、最大級の年金基金でさえ、企業を支配できるほどの持ち分を保有していない。法は賢明にも、企業年金が一企業の株式に占める持ち分を最高五パーセントに制限している。もっとも、ほとんどの年金の持ち分は五パーセントにさえ届かない。

年金基金は企業ではないため、取引や事業に関する情報を入手できる立場にない。事業に焦点を当てておらず、焦点の当てようもない。年金基金はあくまでも、資産管理者なのである。にもかかわらず、年金基金は、自分たちが共同で支配する企業の綿密な事業分析を必要とする。また、マネジメントの説明責任が織り込まれた体制も必要とする。

アメリカでは、事業分析や業務監査は、何らかの独立した専門機関によって行うべきだろう。一部の経営コンサルティング会社はすでにそのような業務を提供している。もっとも、その場しのぎの対応として、会社が何らかのトラブルに巻き込まれてから行われる場合がほとんどであるが、それでは遅い。大規模な会計事務所のコンサルティング部門も、業務監査を請け負っている。

その一つ、KPMGのピート・マーウィックは、資源開発システムと呼ばれる組織的な業務監査サービスを非営利団体に提供している。また最近では、公的基金が大半だが年金基金に投資先の業界や企業について助言する事務所も出現した。

つまるところアメリカでは、独立した専門会計事務所による財務監査に似た、公的な業務監査制度が整備されるのではないだろうか。当面、業務監査を毎年行う必要はない。たいていは、三年に一度で十分だろう。

監査はあらかじめ定められた基準に沿って行い、企業の使命と戦略からマーケティング、イノベーション、生産性、人材開発、地域社会とのコミュニケーション活動、収益性に至るまで業績を組織的に評価しなければならない。このような業務監査に必要な要素の一つひとつは、すでに明らかにされており、いつでも実行できる。ただし、組織的な手順にまとめる作業が必要であり、その作業に最も適しているのは、独立した会計事務所であれ会計事務所のなかの別部門であれ、監査を専門とする組織ではないだろうか。

かくして一〇年後には、外部の専門会計事務所による業務監査に服していない企業の株や確定利付証券に大規模年金基金が投資しなくなると予想しても、あながち荒唐無稽とはいえまい。当然ながらマネジメントは抵抗するだろう。しかし、外部の公認会計士による財務監査や、さらには監査結果の公表を要求する声に企業のマネジメントが一様に抵抗した——有り体に言えば、憤慨したのは、わずか六〇年前のことだ。

効果的な取締役会

それでも、だれがこの道具を利用するのかという問題が残る。アメリカの場合、考えられる答えは一つしかない。それは、活性化した取締役会である。効果的な取締役会の必要性は過去四〇年間、企業の研究者が口を揃えて強調してきたことである。企業、とりわけ大規模で複雑な企業を経営するには、マネジメントに相当の権力が必要だ。だが、説明責任なき権力は例外なく、弛緩か専制に陥る。その両方に陥る場合も多い。

我々は、企業統治機関として効果的な取締役会をいかに実現すべきか、心得ているはずである。より優秀な人材が解決のカギではない。普通の人間でも十分間に合う。効果的な取締役会をつくるには、その任務を詳細に規定し、具体的な業績と貢献の目標を定め、定期的にその仕事ぶりを目標と照らし合わせて評価する作業が必要なのである。(注6)

これは昔からわかっていることだ。だがアメリカの取締役会は総じて、より効果的になるよりも、その逆の存在となってきた。取締役会は、たとえよき意図を示しても、効果を上げることはできない。「投資家」を代表しても、効果を上げることはできない。企業の取締役会は、企業に深く関与する強力な所有者を代表してこそ、効果的な存在になるのである。

年金基金の責任

いまからほぼ六〇年前の三三年、アドルフ・A・バーリー・ジュニアとガードナー・C・ミーンズは、アメリカの企業史に間違いなく最大の影響を与えた著書『近代株式会社と私有財産』(注7)を発表した。

著書のなかで彼らは、伝統的な「所有者」であった一九世紀の資本家が消滅し、投資先の企業に何の関心も持たず関与もせず、短期的な利益のことしか頭にない無数の名もなき投資家へと企業の所有権が急速に移転していることを示した。その結果、所有権は支配から切り離されて単なる法律上の絵空事になってしまい、マネジメントはだれに対しても何に対しても説明責任を負わなくなっているというのが彼らの論だった。

それから二〇年後、ラルフ・コーディナーの言うプロフェッショナル・マネジャーは、この経営と所有の分離を受け入れ、何とかよいほうに利用しようと試みた。だがそろそろ、歴史の歯車が一巡する頃である。年金基金は、一九世紀の実業界の大物とはまったく異なる所有者である。みずから望んだからではなく、他に選択肢がないがゆえに所有者になっている。保有する株式を売ることもできない。オーナー経営者になることもできない。それでも所有者であることに変わりはない。かかる存在として、年金基金は単なる権力以上のものを手にしている。年金基金は、アメリカのトップ企業の仕事ぶりと成果の実現を確かなものにする責任を手にしているのである。

【注】

(1)ドイツ企業の主取引銀行のこと。大企業から中小企業に至るまで株式保有や資金供給を通じて経営に強大な影響力を持っている。日本のメインバンクよりも影響力は強い。

(2)経営陣を脅して保有株を高く買い取らせる行為。

(3)この概念には、古い歴史的なルーツがある。イギリスの偉大な経済学者、アルフレッド・マーシャル(一八四二―一九二四)は、いまから一〇〇年前の近代経済における富の創出機関として、「ゴーイング・コンサーン」(継続企業)を初めて取り上げた。この思想に基づき、ニュー・ディール時代には継続企業の保護(連邦破産法第一一条)がアメリカ破産法に組み込まれた。しかし、事業経営の実務的指針として、富の創出能力の最大化という考えが登場したのは、ここ四〇年のことにすぎない。

（4）
The Practice of Management, Harper, 1954.

（5）
C.K. Prahalad and Gary Hamel, "The Core Competence of the Corporation," HBR, May-June 1990.（邦訳「コア競争力の発見と開発」『ダイヤモンド・ハーバード・ビジネス』一九九〇年九月号）を参照のこと。

（6）
有能な取締役会を実現する要素について徹底的かつ説得力のある論を展開しているのは、ハーバード・ビジネススクール教授マイルズ・L・メイスの著作*Directors: Myth and Reality*, Boston: Harvard Business School Press, 1986.（邦訳『アメリカの取締役：神話と現実』文眞堂、一九九一年）である。

（7）
Adolf Augustus Berle, *The Modern Corporation and Private Property*, William S. Hein & Co., 1982.

資本の文化

ジョン・M・コンリー
ウィリアム・M・オバール

人類学者の主な仕事は、目で見て、耳で聞くこと――現地の人々と生活を共にし、彼らの言葉を覚え、風習を観察し、とことん会話を交わすことである。長年にわたるフィールドワークのなかで、我々はタンザニアのコーヒー農家やカリブ諸島の猿たち、アメリカの弁護士を調査してきた。目下の調査対象は、アメリカの年金基金のマネジャーである。

調査に当たっては、七つの大規模基金を選んだ。うち三つは公的基金、四つは民間基金である。選んだ理由は二つ、機関資本の力を象徴しているように思えたことと、重要な部分、すなわち投資哲学、外部マネジャーの起用、委任投票やコーポレート・ガバナンス全般に対するアプローチなどに著しい違いがあるとされていたからであった。だが実際の違いは、我々の予想をはるかに超えていた。それどころか、あまりにも違いが大きかったため、経済政策を論じたり法の改正を求めたりする際に、「機関投資家」や「年金基金」を一般化することに意味があるのかどうか疑問に感じ始めたほどである。

調査では、各基金のマネジャーとスタッフにインタビューし、最初に基金の投資アプローチについて尋ねた。我々はてっきり、経済学的な面から見た基金の構造や戦略を説明してくれるものと思っていた。ところが彼らは、政治的な闘争、個人的な論争、歴史の気まぐれについて語った。実を言うと、一番印象的な発見は、基金の内部にいる者が資金の管理方法についていかに経済的説明をしないかということであった。彼らの説明には往々にして、人類学者がニューギニアから南アメリカまでの熱帯雨林の文化に見出したような神話的な特徴がいくつか見られた。我々の調査結果は、五項目にまとめられる。

創造神話

人類学者はこれまで、八〇〇を超える社会で創造神話を採集してきた。それらの神話にはきまって、年金基金の投資戦略の由来に関する言い伝えに通じる二つの特徴が見られる。第一に、神話は信じる者にとっては自明のことであり、疑問や分析の対象になることはない。第二に、自明であるがゆえに、神話を信じる者が他の可能性に目を向けることはめったにない。

年金基金のマネジャーは、象徴的な出来事や、実物よりいささか立派に描かれる先達の話は知っている。だが、詳細はすでに忘却の彼方だ。

ある公的年金基金では、他とは異なり外部の一般人を多く迎え入れた信託運営を行っていたが、その起こりは大物政治家の間で繰り広げられた縄張り争いにあるとの話を聞いた。別の民間基金は、法的に独立した法人として産声を上げたが、なぜそうなったかは関係者の間で語り継がれている歴史からは抜け落ちていた。その後、会社が本社を別の都市に移転させた際に、当の基金は元の所在地にとどまったが、その理由もやはり不明だった。同社の従業員たちは、基金の並み外れた独立性を出資者と基金の本部が物理的に離れているせいだと考え、厳選した投資先への長期投資という堅実な方針を説明する際にも、この独立性を引き合いに出した。

換言すれば、基金の方針についてはそれなりに認識していたものの、慎重な計画の結果ではなく成り行きでそうなったと考えていたのである。

受け継がれてきた体制と戦略を何の疑問も持たずに受け入れる基金関係者の姿勢には、たびたび驚かされた。組織の慣行は「先天的」あるいは「企業文化の一部」だと、何度聞かされただろうか。聞いた話だけを元に判断すると、厳密な財務分析は二次的なものにすぎないようにさえ思える。

公務員文化

人類学者の基本中の基本となる概念は、社会（あるいは組織）のあり方を決める考えや慣習、すなわち文化である。公的年金基金の公務員文化は、基金の投資手法に強い影響を及ぼしている。たとえば人事面だが、職員の数は少なく、給与はけっしてよいとはいえない。こうした環境が達成より安全を重視する人間を引き寄せていると指摘する基金幹部が少なからずいた。

幹部の多くは、公的基金が真っ先に対応しなければならない相手はマスコミであり、マスコミは成功より大失敗に興味があると信じている。したがって、インデックス運用を好む公的年金が多いのも不思議はない。インデックス運用とは、各自の投資内容を市場全体のパフォーマンスと結びつける手法である。具体的には、インデックス・ファンドに投資するか、スタンダード・アンド・プアーズ総合五〇〇種株価指数に含まれるさまざまな株式を買い持ちする。インデックス運用ならば、市場平均を上回る成績を上げることは難しいものの、市場平均を割り込まない成績は保証される。また、インデックス・ファンドが値下がりしても、市場全体のせいにすることができる。市場のせいだと言えば、マスコミですら納得する。

個人的責任と非難

インデックス運用は、責任問題に対する基金管理者のこだわりを示すよい例である。一部の基金体制で最も目を引いたのは、意思決定責任の所在を特定の個人から離れた要因に転嫁できる構造になっていることだった。複雑で柔軟な投資を行っていたある基金では、CEOが指揮系統の説明に一時間も費やした。投資額が大きくなればなるほど、関係者の人数も増えた。真に重要な決定は、複数の委員会が下していたが、委員の顔触れが重複することもままあった。こんな複雑な体制では、大成功をだれかの手柄にすることも、大失敗の咎《とが》をだれかに負わせることも実質的に不可能であっただろう。

きわめて対照的に、資産運用が非常に安定していたある民間基金では、決定責任の所在が明らかにされていた。ごく少数の投資アナリストそれぞれがいくつかの産業分野を担当し、彼らの助言が事実上の最終決定であった。どちらがニワトリでどちらが卵かの区別は難しいだろうが、アナリストたちは、個人の責任と基金の長期保有戦略の間に明確な相関関係があると考えていた。

調査した民間基金のうち残りの二つは、基金内では資金を運用せず、投資決定をほぼ完全に外部のファンド・マネジャーに委任していた。うち一方では、基金と出資者が共に買い持ち戦略の決定を下し、戦略の実施には外部の人間を起用して、その仕事ぶりを特定の基金幹部が厳重に監視していた。もう一方の基金では、「多様性のための多様性」が目標になっていた。二一人の外部マネジャーが、それぞれ異なる二一の戦略を実施しており、その内容は、基金幹部も完全には把握できていなかった。基金のCEOは、運用資産の全体的な不安定性を減らすための多様性だと力説したが、あるやり手の外部マネジャーは、真の目的は平均的な成績を保証し批判を回避することだと指摘していた。

このマネジャーのような考え方は、公的基金全体にはびこっており、インデックス運用が選ばれる一因にもなっている。もう一つの原因は、文化的なものである。民間基金の従業員は、運用成績がよければ出資者の拠出金が減り、ひいてはその商品やサービスのコストが下がると指摘する。だが公的基金はややもすると、消極的な姿勢を取る。一部の公的基金マネジャーにとってインデックス運用とは、市場要因に対する無力さをみずから認めることであり、より優れた運用実績の追求を幻想や無意味として拒否することなのである。インデックス運用が経済的に効率的かどうかはさておき、民間企業でこのような姿勢をよしとする者は皆無であろう。

権威とERISA法（従業員退職所得保障法）

たいていの文化には、人間が自分の行動に対する責任を自然や神業などの外部の力に転嫁できるような仕組みがある。民間基金の幹部は、重大な意思決定に対する責任を免除してくれる外部の力として、ERISAをよく引き合いに出す。一方の公的年金は、州によってはERISAを明示的に採用しているものの、全般に古いコモン・ローの「プルーデント・マン」（慎重な者）ルールに従って活動している（この二つのルールは実質的に同じと見る法律学者も多い）。

いずれのルールにも具体的な状況に適用される規定はないにもかかわらず、基金幹部はたびたび、特定の決定に対する責任を法律に転嫁している。たとえば一部の幹部からは、ERISAも「プルーデント・マン」ルールも、雇用創出やインフラ整備に関わるプロジェクトを支援したり、環境保護対策がずさんな会社への投資を除外したりする、いわゆる社会的投資を完全に除外しているという声が聞かれた。

ところが、まったく別の見方をする公的基金の関係者もいた。そのうちの一人は、たとえば道路事業への投資が満足のいく収益をもたらし、州経済に不可欠であるならば、道路事業に投資しない理由はまったく見当たらないと述べた。「受託者であるからといって、わざわざ目隠しする必要はないと思う」ということだった。

ここで浮かび上がってきたのは、基金の幹部たちが賛否両論のある問題に対する自分の判断を正当化するために、法を都合よく解釈している構図であった。法的基準はえてしてあいまいに表現されているが、彼らは一様に、明示的な規定、いわゆるＥＲＩＳＡの「明確な規則」を遵守していると説明する。責任問題は、動かしようのない外部の力に責任を転嫁することで回避されているのである。

言語と思考

人類学者は古くから、ある物を表現する言葉が、その物に対する考え方を反映していると考えてきた。たとえばイヌイットには、英語で単に「snow」と呼ばれるものを指す単語がいくつもある。言葉はまた、思考を限定する。ソ連の経済改革のテンポが遅い理由の一つは、ソ連の政治家に五年未満の単位で演説したり執筆したりする伝統がないためだという意見もある。同じような言葉と思考の関係が足かせとなって、アメリカの年金基金幹部は長期を見据えた投資が下手なのかもしれない。

もっとも、幹部たち自身は、近視眼的な見方しかできないという批判を否定する。我々の質問に対して返ってきたのはほぼ必ず、「私たちは違う」という類の反応だった。

それが彼らの思い違いだと信じるに足る根拠が二つある。まず、投資業界で日常的に使われる言葉は、短期に関わる表現ばかりである。例を挙げればきりがない。企業は四半期報告書を発表し、証券取引委員会は四半期報告書の届け出を義務づける。ファンド・マネジャーは四半期報告書や半期報告書を出資者に提出する。さらに、コンピュータの出現により、株の運用成績が絶え間なく監視され、投資効率が毎日測定されるようになった。

もちろん、短期的な評価が必要な場合もある。問題は、短期に焦点を当てたレトリックがあふれるあまり、他の選択肢が脇に追いやられているということだ。アナリストのデスクに積まれている書類には、五カ年報告書や一〇カ年事業計画はほとんど見当たらない。優良株の長期保有戦略を実施しているある基金のマネジャーは、従来型の財務報告書ではまったく役に立たないとこぼした。そして、目をつけている企業の長期的なプラス傾向とマイナス傾向を観察する、独自の緻密なシステムをいかに開発したかを語ってくれた。投資の世界は業界独特のレトリックにがんじがらめになっているために、長期的なタイム・スパンに真剣に取り組もうとすれば、骨が折れるばかりか知的な創造性を発揮しなければならない。

二つ目の理由は、「悪の累積」とでも言うべき現象が見られたことである。調査した七つの基金のうち五つでは、比較的短期間で資金を動かす戦略に割り当てられる資産は、全体の五～一〇パーセントと割合のうえでは少なかった。だが、数千億ドルの五～一〇パーセントは、マクロ経済レベルでも大金である。したがって年金基金は、基金の幹部たちもほとんど気づいていないものの、ちりも積もれば山となるような微妙なかたちで短期的な圧力に寄与しているといえるかもしれない。

John M. Conleyは、ノースカロライナ大学チャペルヒル校法学部教授。
William M. O'Barrはノースカロライナ州ダラムにあるデューク大学文化人類学・社会学教授。
二人は論文掲載当時、ニューヨークのコロンビア大学法学部の機関投資家プロジェクトの資金提供を受け、年金基金に関する研究を行っていた。

第26章

The New Productivity Challenge

知識労働とサービス労働の生産性

The New Productivity Challenge
HBR, November-December 1991.
新たな生産性革新の挑戦
『ダイヤモンド・ハーバード・ビジネス』1992年3月号

求められる第二の生産性革命

先進国では今後数十年にわたり、知識労働者とサービス労働者という、労働力において新たに支配的な存在となった人たちの生産性の向上が、最大の課題となる。この課題に対する取り組みは、ようやく始まったところである。

製造業、農業、鉱業、建設業、輸送業という、物をつくったり、運んだりすることについての生産性は、過去一二〇年間、年率三パーセントから四パーセント伸びてきた。つまりこの間、それらの生産性は、四五倍になった。生活水準の向上はすべて、この生産性の急激な上昇による。生産性の上昇により、可処分所得と購買力の大幅な増加がもたらされた。教育と医療の向上がもたらされた。一般の人たちに、彼らが年間三〇〇〇時間も働いていた一九一四年以前には、貴族や富豪の占有だったレジャーがもたらされた。

しかし今日、先進国の生産性の伸びは鈍化しつつある。物をつくったり運んだりすることの生産性の伸びが止まったわけではない。かつてと同じような率で上昇している。アメリカでも、日本やドイツと同じように上昇している。実のところ、八〇年代のアメリカの製造業の生産性の上昇は年率三・九パーセントであって、絶対値で見るならば、日本やドイツよりも大きい。それどころか、アメリカの農業における現在の生産性の伸びは、年率にして四・五から五パーセントであって、有史以来最高の水準にある。

しかしもはや、これまでのような生産性革命は終わった。物をつくったり運んだりする人たちの割合が、その生産性が決定的な要因となりえないほどに減少してしまったからである。わずか三〇年前には過半を占めていたものが、いまや先進国では、労働力全体の五分の一以下となっている。

製造業への傾斜の強い日本でさえ、製造業における生産性の上昇をもって経済成長の原動力とすることはできなくなった。日本でも労働力人口の過半は、欧米と同じように生産性の低い知識労働者とサービス労働者になっている。日本にしても、ヨーロッパにしても、農業人口がアメリカ並みの三パーセント程度では、農業の生産性の飛躍的な上昇でさえ、たとえそれが起こったとしても、経済全体の生産性をさして上昇させることにはならない。

サービス労働の生産性向上は「社会的」課題

今日あらゆる先進国において、最大の「経済的な」課題は、知識労働とサービス労働の生産性の上昇である。これを先に実現した国こそ、二一世紀において優位に立つ。

しかし先進国にとって緊急を要する「社会的な」課題は、サービス労働の生産性向上である。これを実現しない限り、先進諸国には、社会的な緊張、対立、過激化、新たな階級闘争のおそれがある。

先進国では、キャリアや昇進の機会は、高等教育を受け、知識労働の資格を持つ人たちに限られるようになる。しかし、彼らは常に少数派にとどまる。低い技術のサービス労働しかできない人たちのほうが、常に多い。社会的地位において、それらの人たちは、膨れ上がりつつある工業都市に群がり、工場に流れ込んでいった教育のないかつての非熟練の大衆、すなわち一〇〇年前のプロレタリアと同じ種類の人たちである。

一八八〇年代の初め、あらゆる政党の識者が、プロレタリアとブルジョアの間の階級闘争を危惧した。プロレタリアの窮乏化が、必然として革命をもたらすと予言したのは、マルクスだけではなかった。一九世紀最高の保守主義者ベンジャミン・ディズレーリも、階級闘争の必然を見ていた。アメリカの富とヨーロッパの貴族主義の証言者ヘンリー・ジェームズは、この階級闘争を恐れたがゆえに、それをみずからの恐るべき小説『カサマシマ公爵夫人』(注)の主題とした。

これら必然と見られた予言が外れたのは、一八八一年、フレデリック・W・テイラーが、砂をすくう作業の分析によってもたらした生産性革命のためだった。

テイラーは、鉄工所で働いていた時、使用者と労働者の間の敵意にショックを受けた。この敵意が階級闘争をもたらすことを恐れた彼は、肉体労働の生産性の向上に取り組んだ。その彼の努力が、肉体労働者に対し、教育や技能がなくとも、中流階級の所得を得、中流階級の地位を得られるようにした生産性革命に火をつけた。

こうして、マルクスがプロレタリア革命完成の年とした一九三〇年には、プロレタリアがブルジョア化していた。

資本や技術では労働を代替できない

いまや第二の生産性革命の時である。状況は、我々に有利である。この一世紀の間に、我々は、生産性とその向上の方法について多くを学んだ。そのため、この革命が必要なことも、それをいかに起こすかについても、十分理解しうるに至っている。

知識労働者とサービス労働者は、研究活動を行う科学者や心臓外科医から、製図工、商店の店長、さらには土曜の午後ハンバーガーを焼く一六歳の少年まで多様である。皿洗い、清掃人、保険会社のデータ入力係までいる。

しかし、彼ら知識労働者とサービス労働者との間には、その知識、技能、責任、地位、報酬のいかんにかかわらず、二つの著しい類似点がある。それは、生産性の向上に役に立つことと、役に立たないことについてである。

第一が、驚くべきことに、役に立たないことについてである。資本では彼らの労働を代替できないということである。技術もそれだけでは、生産性を高めない。

経済学の用語に従えば、物をつくったり運んだりすることについては、資本と技術は、生産要素である。ところが、知識労働やサービス労働では、それらは生産手段であるにすぎない。生産要素ならば労働に代替することができるが、単に生産のための手段にすぎないのであったのでは、労働に代替できることもあれば、できないこともある。知識労働とサービス労働は、何を行うか、どのような技能によって行うかによって生産性が左右される。

三〇年前には、情報技術が事務員の数を大幅に削減するとされていた。だからこそ、機械への投資に匹敵するだけの投資を、コンピュータに行ってきた。しかし情報技術の導入以来、事務員の数は、かつてなかったほど急激に増えた。サービス労働の生産性は、実質的には何ら向上しなかった。

病院がよい例だった。四〇年代の終わりに至ってなお、病院はきわめて労働集約的であり、レンガとセメントとベッド以外には、資本投資を必要としていなかった。かなり立派な病院が、さして新しくもない技術に対してさえ、投資をしていなかった。レントゲン部門もなければ、検査室も、理学療法もなかった。

ところが今日の病院は、超音波や磁気の画像装置、血液や組織の分析装置、滅菌室などのハイテク機器を持つきわめて資本集約的な施設になっている。それらの機器は、スタッフの数を減らすどころか、逆に高コストのスタッフを大勢必要とする。

事実、医療コストの増加の原因は、病院が高度に労働集約的、かつ高度に資本集約的な怪物になったことにある。しかし、病院の場合は、少なくともその能力は高めている。

ところが、他の知識労働やサービス労働の場合は、コストが高くなり、投資が増え、人員が増えただけである。このような状況から脱け出る方法は、生産性の向上しかない。その生産性の向上は、テイラー言うところのより賢く働くことによってのみ実現できる。より激しくより長時間働くことなしに、生産的に働けるようにならなければならない。ここで経済学者は投資を主役とし、技術者は技術を主役とする。だが、より賢く働くことこそが、生産性向上の主役である。

先進国では、資本と技術は、その本質において、産業革命後もさして変わっていない。より賢く働くことが発明されて初めて、物をつくったり運んだりすることの生産性が急激に向上し始めた。同じことは、知識労働やサービス労働についてもいえる。

ただし、物をつくったり運んだりすることに関しては、より賢く働くことそのものが、生産性を向上させるカギだった。しかるに、知識労働とサービス労働においては、より賢く働くことが生産性に対して持つ意味合いは、はるかに複雑である。

生産性向上のための六つのステップ

砂をすくうことについて分析を始めた時、テイラーは、「いかに」行うかだけを考えた。その五〇年後、ハーバード・ビジネススクールのエルトン・メイヨーが、テイラーの科学的管理法に代えて、人間関係論を持ってきた時も、いかに行うかだけを考えた。ウェスタン・エレクトリック（AT&Tの製造部門）のホーソン工場での実験では、電話機の配線をいかに行うかが問題とされた。物をつくったり運んだりすることについては、何を行うかは自明のこととされていた。

①必要のない仕事をやめる

知識労働やサービス労働の生産性の向上を図るに当たっては、まず問うべきは、「何を」行うべきか、何を実現しようとしているか、なぜそれを行わなければならないかである。手っ取り早く、効果的に生産性を向上させる方法は、何を行うべきかを明らかにすることである。そして、行う必要のない仕事をやめることである。

かなり昔の話が、このことを教えてくれる。初期の頃のシアーズ・ローバックでのメール・オーダーの処理である。一九〇六年から八年にかけて、シアーズは、メール・オーダーに同封されてくる硬貨の勘定という時間のかかる仕事をやめた。はかりで重さを量るだけにした。一定の重さがあれば、封筒は開けもしなかった。同時に、注文を記録するという時間のかかる仕事もやめた。封筒の重さで商品発送のスケジュールを立てた。こうして、メール・オーダーの処理の生産性を、二年間に一〇倍にした。

ある大手保険会社では、最近、保険請求処理の生産性を平均一五分から三分へと五倍にした。金額の大きな保険を除き、チェック項目を大幅に削減した。それまでは、三〇の項目についてチェックをしていたものを、有効期限、金額、被保険者、受取人など五つの項目をチェックするだけにした。こうして何が必要かを検討しただけで生産性の向上が実現された。手間をかけずに、早く保険金を支払うことが、その答えだった。いまでは、かつての方法でチェックしているのは五〇件に一件である。

いくつかの病院では、手間暇のかかる入院手続きを簡素化した。意識を失ったり、出血中であるために、書式に書き込みのできない救急患者と同じ手続きで入院させている。入院の際に何が必要かを検討したところ、患者の氏名、性別、年齢、住所、保険の種類であることがわかった。それだけのことならば保険証でわかった。

これらはすべて、サービス労働の例である。しかし、知識労働においてこそ、仕事を定義し直し、行う必要のない仕事をなくしてしまうことが、さらに必要であり、大きな成果をもたらす。

ある大会社が、戦略計画について定義し直した例がある。その会社では、長年にわたって、四五人からなる企画スタッフが、詳細な戦略シナリオを策定していた。まさに一級の作品であり、一読の価値のあるものだった。しかし、事業にはほとんど何の影響も与えていなかった。

そこで新任のCEOは、何が必要かを考えた。必要なことは、事業の方向性と目標を示し、その目標を達成するための戦略を示すことだった。四年にわたる試行錯誤の末、その会社では、かつてとほぼ同じ数の企画スタッフが、事業のそれぞれについて、まず三つのことを検討することになった。業界リーダーとしての地位を維持するには、市場でどのような位置を占めていなければならないか、そのためには、どのようなイノベーションを行わなければならないか、そして、資本のコストを賄うためには、どれだけの利益率を必要とするかだった。

この検討の後、彼らは各事業部門と共に、多様な経済情勢を想定し、それらの目標を達成するための戦略上の指針を作成する。こうして今日、その会社では、かつてのものに比べるならばさほど見栄えのしないものながら、事業と経営陣を導く飛行計画を手にしている。

②仕事に集中する

物をつくったり運んだりする時、人は一つのことだけをする。テイラーの分析対象となった工員は、砂をすくうことだけをした。炉に燃料を入れたりはしなかった。メイヨーの分析対象となった配線係の女性工員は、ハンダづけを行った。電話機のテストは行っていなかった。

知識労働やサービス労働でも、集中が必要である。外科医が、手術中に電話に出ることはない。弁護士も、依頼人の相談を受けている時には電話に出ない。ところが、今日知識労働とサービス労働が行われている現場では、仕事に集中などしていない。さすがに経営トップは、たまには集中できる。しかし実際にそうしようとする者はあまりない。技術者、教師、販売員、看護師、中間管理職のきわめて多くが、ほとんど価値のないこと、能力や報酬に関係のない仕事に忙殺されている。

その最悪のケースが、アメリカの病院看護師である。看護師が不足しているという。本当にそのようなことがあるのか。看護学校の卒業生は年々増えている。入院患者の数は減っている。この矛盾は、看護師が、看護学校で学び給与を払われている本来の仕事、すなわち看護のために、半分の時間しか使えなくなっていることから生じている。時間の半分は、看護師としての技能や知識を要しないこと、医療上も経済上も価値のないこと、患者の世話や満足とは関係のないことに使わされている。言うまでもなく、メディケア（高齢者向け医療保障）、メディケイド（身障者、低所得者向け医療援助）、保険請求、訴訟対策などのための膨れ上がる一方のペーパーワークである。

大学や大学院の状況も似ている。教授陣は、授業、学生指導、研究よりも、もろもろの委員会に時間を取られている。本当に出席しなくてはならない委員会などない。むしろ委員の数を七人から三人に減らしたほうが、より少ない時間でよりよい仕事ができる。

店員の仕事も散漫になっている。デパートでは店員がコンピュータにかかり切りになり、顧客にサービスする時間がない。おそらくこれが、売上げと利益をもたらすべき店員の生産性が低下している主たる原因であろう。販売店の店長たちは、顧客を訪問するよりも、報告書を書くことに時間を取られる。技術者たちは、働いているべき時間に会議を渡り歩く。これでは、仕事の充実どころか不毛化である。当然生産性は破壊される。動機も士気も損なわれる。意識調査によれば、看護師は、患者の世話をできないことを怒っている。自分たちがなしうることに対して十分な給与を払われていないと感じている。他方、これまた当然のこととして、病院の経営者のほうは、事務の仕事に対して、あまりに高い給与を払わされていると感じている。

対策は簡単である。本来の仕事に集中させることである。これが賢く働くための第二のステップである。すでにいくつかの病院では、看護師に事務は行わせないことにしている。患者の友人や親戚からの電話に応対したり、送られてくる花を生けたりしている病棟職員に事務の仕事を回している。

それらの病院では看護の水準が上がり、看護に費やされる時間が急激に増えている。看護師の数を四分の一から三分の一削減することができ、賃金総額を増やすことなく、看護師一人ひとりの給与を引き上げることができたという。

このような改善を行うには、知識労働やサービス労働のそれぞれについて、何のために給与を払うか、その仕事はいかなる価値を生むべきかを検討しなければならない。ただしその答えは、必ずしもわかり切ったことや、単純なことばかりであるわけではない。

あるデパートでは、売り場の店員の仕事は売ることであるという答えを出した。ところが、同じように都市部にあって同じ客層を持つ別のデパートでは、客にサービスをすることであるという答えを出した。もちろんこの二つのデパートでは、それぞれ売り場の仕事は別のものに変えられた。しかしいずれのデパートも、店員一人当たり、および店舗面積当たりの収益が、急速に伸びた。つまり生産性と収益性が伸びた。

③生産性の意味を考える

テイラーの科学的管理法は、マネジメントに大きな貢献を行ったにもかかわらず、冷たく扱われてきた。その一つの原因、その最たるものが、今世紀初めにおける労働組合によるテイラー攻撃だった。彼らは、テイラーが反組合的、経営者寄りであるとして、敵対したわけではなかった。事実彼は、そのどちらでもなかった。

労働組合にとって、テイラーが犯した許しがたい罪は、物をつくったり運んだりすることに技能は存在しないとしたところにあった。彼は、仕事はすべて本質的に同じだとした。どのような仕事も、技能を必要としない一連の動作に分解し、再びまとめ上げることができるとした。それらの分解した仕事を学ぶ者は、だれでも一級の労働者として、一級の賃金に値するようになれるとした。最高の仕事を完璧に行えるようになるとした。

ところが、そのような考えは、一九〇〇年当時の技能別組合に対するあからさまな攻撃を意味した。特に第一次大戦後に至ってさえ、平時における軍需品の独占メーカーだった造兵廠と造船所の組合が怒った。彼らは、自分たちの技能を特別なものとしていた。いかなる組合員といえども、秘密を漏らすことを許さなかった。彼らは新入りの工員を五年から七年も見習工のままにしていた。しかも見習工には、原則として組合員の関係者しかなれなかった。

当時彼らは、非常な高給を取っていた。当時の医者より高く、テイラーが言う一級の労働者が期待しうる水準の三倍を取っていた。テイラーが、彼ら労働貴族の怒りを買ったのは当然だった。

技能と熟練の神秘性に対する信仰は、その後も残った。その習得には長い期間が必要であると信じられ続けた。ヒトラーも、そう思っていた。アメリカは近代戦に不可欠の光学機器の職人を養成するために、少なくとも五年はかかると考え、したがって、アメリカが陸軍と空軍をヨーロッパに展開できるのも、それだけ先のことであるとしていた。そして日本が真珠湾を攻撃した時、アメリカに宣戦した。

今日では、テイラーが正しかったことが証明されている。たしかに、四一年当時のアメリカには、光学機器の職人はほとんどいなかった。近代戦は、精密光学機器を大量に必要とした。しかしアメリカは、テイラーの科学的管理法によって、数カ月のうちに、半熟練工を訓練することによって、豊富な熟練工を擁するドイツよりも大量の光学機器を生産した。

こうしてテイラーの言う一級の労働者たちは、その生産性を高め、一一年当時の熟練工が夢想だにできなかった高給を取るようになっていった。

やがてはテイラーの嫡流ともいうべき人工知能の信奉者たちが言うように、知識労働やサービス労働も、物をつくったり運んだりする仕事と同じように、科学的管理法の言う単なる労働ということになるかもしれない。しかし今日の段階では、まだ知識労働やサービス労働を単なる労働として扱うことはできない。また、それらのすべてを同質と見ることもできない。

知識労働とサービス労働は、生産性の観点から三つに分けることができる。この生産性の意味を考えることが、賢く働くための第三のステップである。

知識労働とサービス労働のなかには、仕事ぶりがもっぱら質の問題であるものがある。たとえば研究所では、量は二義的な問題にすぎない。年間売上げ五億ドルで、一〇年にわたって市場を支配する新薬一つを開発するほうが、年間売上げ二〇〇〇万ドル、三〇〇〇万ドルクラスの類似薬品を二〇開発するよりも、はるかに価値がある。

同じことが、政策や戦略、あるいは医師の診断、包装のデザイン、雑誌の編集についていえる。しかるに今日のところ、それらの仕事においては、質の高いものをいかに生み出すかについての分析さえ行えていない段階にある。

次に、最も多い知識労働とサービス労働として、質と量が共に求められるものがある。たとえば、デパートの売り場の仕事である。顧客満足は、容易ではないとしても、売上げと同じように重要である。

同じように製図の仕事では、質も重要であって、量も重要である。エンジニア、証券会社の営業マン、医療技師、銀行の主任、新聞記者、看護師、保険の算定人の仕事についても、同じことがいえる。それらの仕事の生産性を向上させるには、何が必要かを検討すると共に、仕事の中身を作業別に分析する必要がある。

第三に、ファイリングの事務や、生命保険会社の保険金支払いや、病院でのベッドメーキングなど、その生産性が、物をつくったり運んだりする仕事と同じように、量の問題である仕事がかなりある。たとえば、一つのベッドメーキングに何分かかるかが問題となる。

それらの仕事では、質は、仕事そのものの仕方の問題ではなく、仕事の定義の仕方の問題である。仕事の質については、基準を設け、仕事のプロセスのなかに組み込んでおけばよい。その後は、昔ながらの工学的手法、すなわち作業の分析と統合によって生産性の向上を図ることができる。

④労働者をマネジメントのパートナーとする

何が必要かを明らかにし、仕事に集中し、生産性の意味を明らかにするだけで、知識労働やサービス労働の生産性はかなり上がる。ただちに上げることのできる部分のほとんどを上げられる。これら三つのステップは、三年おきか五年おきに、繰り返して行っていく必要がある。もちろん事業や組織を変える時には、必ず行わなければならない。

これまでの経験によれば、これらのことを行うことによって、インダストリアル・エンジニアリング、科学的管理法、人間関係論が、物をつくったり運んだりする仕事について実現した生産性の向上と同等以上のものが得られる。言い変えれば、今日必要とされている知識労働とサービス労働の生産性の革命は必ずもたらされる。

しかし、一つだけ条件がある。知識労働やサービス労働についても、物をつくったり運んだりすることにおける生産性の向上について、第二次大戦以降明らかになったことを実行することである。

すなわち、賢く働くことの第四のステップは、マネジメントの側が、知識労働やサービス労働を行っている人たち、より生産的になりうる人たちとパートナーになることである。必要なことは、仕事の水準、難易、技能のいかんに関わりなく、あらゆる知識労働とサービス労働に、生産性と成果に対する責任を組み込むことである。

テイラーは、研究対象としての肉体労働者に対しては、問いかけを行わず、指示するだけだったとして批判される。メイヨーも問いかけを行うことはなく、指示するだけだった。

しかしテイラーの取った方法にしても、その四〇年後のメイヨーの取った方法にしても、時代の産物だった。フロイトも、患者に対し、自分の問題は何であると思うかとは聞かなかった。マルクスやレーニンが大衆に聞いたという話もない。そもそもテイラーは、労働者も経営者も無能と見ていた。一応経営者に対しては敬意を払っていたが、肉体労働者については、未熟で適応能力に欠けた存在と見なし、せいぜい心理学の世界の問題としていた。

しかし、第二次大戦が起き、戦時生産への転換を迫られた時、我々は工場に残っていた肉体労働者に聞くしかなかった。選択の余地はなかった。工場には、技術者も、心理学者も、職長もいなかった。みな、軍隊に行ってしまっていた。

私自身いまでも思い出すが、驚いたことに、労働者は、無能でも未熟でもなく、適応能力を欠いてもいなかった。彼らは、自分たちの仕事、その論理、リズム、質、道具について、多くを知っていた。しかも、生産性と仕事の質を改善するためには、彼らに聞くしか方法がなかった。

だが、この画期的な発見を受け入れることのできた会社は、数社にすぎなかった。IBMが、そのような考えに沿って行動した最初の数少ない大会社の一つだった。そして、五〇年代終わりから六〇年代の初めにかけ、戦前の工場管理に戻ろうとして、流血的なストと暴動的な混乱を引き起こしていた日本の会社が、この発見を受け入れた。

今日では仕事についての肉体労働者の知識が、生産性、仕事の質、成果の基盤であることが、実行はともかくとして、少なくとも理論としては、広く受け入れられるに至っている。しかし物をつくったり運んだりすることについては、責任ある労働者とのパートナーシップは、最善の方法であるというだけにすぎない。テイラーのように、指示するだけという方法も機能する。しかもかなりよく機能する。だが、知識労働やサービス労働については、責任ある労働者とのパートナーシップは、生産を上げるための唯一の方法である。

⑤継続して学習する

より賢く働くためのステップとしては、あと二つ、テイラーもメイヨーも知らなかったものがある。その一つは、生産性の絶えざる向上には、継続学習が必要であるということである。仕事を改善し、その方法を訓練するというテイラーが行ったことだけでは、継続学習にはつながらない。訓練は学習の第一歩にすぎない。

まさしく禅の伝統を持つ日本の例が教えているように、訓練の最大の成果は、新しいことを学ぶことではなく、すでにうまく行っていることをさらにうまく行うべくみずから継続して学習することによってもたらされる。

⑥他人に教える

もう一つは、最近明らかになった同じように重要なことであるが、知識労働者やサービス労働者は、みずからが教える時に、最もよく学ぶという事実である。

花形セールスマンの生産性をさらに向上させるための最高の方法は、セールス大会の場で成功の秘訣を語らせることである。外科医の仕事を向上させるための最善の道は、学会で自分の仕事について語らせることである。

情報化時代にあっては、あらゆる会社が、学ぶ組織にならなければならないといわれている。しかし同時に、教える組織にもならなければならない。

知識社会における社会的責任

一〇〇年前には階級闘争が不可避とされた。これを解消したものが、あまりに新奇なものであったがゆえに、テイラーでさえ名づけることのできなかったもの、すなわち生産性だった。

今日では、生産性こそ競争力の唯一の源泉である。しかし我々は、生産性の向上が社会の安定のカギであることも認識しなければならない。かつて工場労働において実現したものに匹敵する生産性の向上をサービス労働において実現することは、先進国社会にとっての最優先課題である。

実質所得が生産性を超えられないことは、経済学の公理である。サービス労働の生産性を急速に向上させない限り、この膨大な階層、かつての肉体労働者と同じくらいの規模にまで大きくなったサービス労働者という階層の社会的、経済的地位は低下していくほかない。

少なくとも経済は不振に陥る。さらには、産業革命初期の頃に匹敵するような社会的緊張がもたらされる。もちろんサービス労働者は、その経済的貢献から正当化できる以上の高い賃金を数の力で得るかもしれない。しかしそれは、あらゆる人々の実質賃金を引き下げ、失業を増大させ、社会全体を貧困化させるだけである。

あるいは、豊かな知識労働者の賃金がさらに上がっていき、技能を持たないサービス労働者の所得はさらに下がっていくことになる。その結果、その間の格差は拡大し、階層分化が進行することになる。いずれの場合も、サービス労働者は、疎外された者として苦しみ、追いやられた階層となる。

幸い我々は、一世紀前よりは恵まれた状況にある。我々は、マルクスや彼の同時代人が知らなかったこと、すなわち、生産性は向上させうることを知っている。また、どのようにしてそれを向上させるかも知っている。

しかも我々は、まさに生産性の向上が社会的に最も必要とされている仕事について、生産性向上のための方法をすでによく知っている。工場、学校、病院、オフィスの保守管理の仕事、レストランやスーパーの仕事、銀行や保険会社の事務的な仕事など、未熟練あるいは半熟練の無数のサービス労働の生産性向上のための方法を知っている。

それらの仕事は、本質において、製造業における肉体労働に似ている。したがって、それらの仕事に対しては、これまでの一〇〇年の間に明らかにされてきたことを、ほとんどそのまま適用できる。建物のメインテナンスを業とするいくつかの多国籍企業が、そのよい手本である。それらの会社では、低技能のサービス労働の仕事に、ここで述べてきた方法を体系的に適用している。

彼らは、何が必要かを明らかにし、サービス労働者たる社員がその仕事に集中できるようにしている。仕事の生産性は何かを定義し、社員を生産性向上のパートナー、アイデアの主たる源泉とする。すべての社員、すべてのチームの仕事のなかに、継続的に学ぶことと、継続的に教えることを組み込んでいる。そして事実、生産性を大幅に向上させている。時には倍増させている。そのおかげで、賃上げも行っている。それだけでなく、社員の自尊心や誇りを高めている。

生産性の向上が、外部の受注業者によって実現されていることは、偶然ではない。製造業的なサービス労働における生産性の向上を実現するには、そのような仕事に特化し、そのような仕事の本質を理解し、そのような仕事に誇りを持ち、低技能のサービス労働者が、現場管理者や地域管理者へ昇進する機会を提供できる会社に、仕事をアウトソーシングしなければならない。

それらの仕事が実際に行われる組織、たとえばベッドを整える仕事が実際に行われる病院、学生に給食を提供する仕事が実際に行われる大学では、それらの仕事に対し生産性の向上に必要なだけの時間と労力を注ぎ込めるほどには、それらの仕事を理解し、敬意を払うことはされていない。

なすべきことは明らかであり、実行は可能である。しかも緊急度は高い。サービス労働の生産性の向上は、政府の施策や政治によってなしうることではない。それは、会社自身が取り組むべき課題である。

これこそまさに、知識社会における経営陣にとって、最優先の社会的責任である。

【注】

The Princess Casamassima.

第27章
The New Society of Organizations

多元化する社会

The New Society of Organizations
HBR, September-October 1992.
2002年　知識主導社会の現実
『ダイヤモンド・ハーバード・ビジネス』1993年3月号

知識社会への移行

西洋の歴史では、何百年かに一度、際立った転換が行われる。社会は数十年をかけて、次の時代のために身繕いをする。世界観を変え、価値観を変え、社会と政治の構造を変え、技芸を変え、機関を変える。そして五〇年後には、新しい世界が生まれる。その新しい世界に生まれた世代にとっては、祖父母が生き、父母が生まれた世界は想像さえできないものとなる。

我々の時代は、まさにそのような転換のさなかにある。しかし今度の転換は、西洋の社会や歴史に限定されない。もはや存在するものは、世界の歴史と世界の文明だけである。今日の転換は、日本が西洋以外の初の経済大国として登場したことを契機としたのか、それとも、コンピュータが登場し、情報が中心的な存在となったことを契機としたのかは定かでない。

しかしその兆しは、第二次大戦後、復員兵に大学進学の資金を提供したアメリカの復員兵援護法に対する反応に見られる。おそらくこの法律は、そのわずか三〇年前、つまり第一次大戦後であったなら、まったく意味をなさなかったであろう。したがって、この復員兵援護法と、これに対する復員兵たちの熱い反応は、まさに知識社会への移行を合図するものといえる。

新しい社会では、個人にとっても、経済全体にとっても、知識が中心的な資源となる。経済学の言う生産要素、土地、労働、資本が不要になるわけではないが、それらは二義的な要素となる。知識さえあれば、それらは簡単に手に入れることができるのだ。とはいえ、個々の知識は単独では不毛である。仕事と結びつけられて、初めて生産的となる。知識社会が組織社会となるのは、このためである。会社であれ、他のいかなる組織であれ、その目的と機能は、知識を共同の課題に向けて統合することにある。

もし歴史を参考とするならば、今日のこの転換期は、二〇一〇年、ないしは二〇二〇年まで続く。したがって、現在姿を現しつつある次の社会について、その詳細を予想することは危険である。しかし、今後いかなる問題が登場するか、いかなる領域にいかなる課題が存在するかについては、すでにかなりの程度を明らかにできる。

たとえば、組織社会が直面することになるのは、安定を求めるコミュニティのニーズと、変化を求める組織のニーズとの緊張である。あるいは、個人と組織との緊張であり、両者間の責任の関係である。自立性を求める組織のニーズと、共同の利益を求める社会のニーズとの緊張である。組織に対する社会的責任の要求の高まりである。さらには、専門知識を持つスペシャリストと、チームとしての成果を求める組織との間の緊張である。

これらの緊張と課題は、今後、特に先進国で中心的な問題となっていく。いずれも、宣言や、理念や、法律で解決される問題ではない。実際に問題が発生する場所において、すなわち一つひとつの組織において、あるいは経営幹部の部屋において解決しなければならない。

知識社会における組織の役割

社会やコミュニティや家族は、いずれも安定のための存在である。それらは、安定を求め、変化を阻止し、少なくとも減速しようとする。これに対し近代組織は、変革のための存在であり、常にイノベーションをもたらすようにつくられる。イノベーションとは、オーストリア生まれのアメリカの経済学者ジョセフ・シュンペーターの言う創造的破壊である。

したがって組織は、製品、サービス、プロセス、技能、人間関係、社会関係、さらには組織そのものについてさえ、確立されたもの、習慣化されたもの、なじみのもの、心地よいものを体系的に廃棄していくように編成されるべきである。要するに、組織はたえず変革を志向しなければならないのだ。

組織の機能は、仕事に知識を適用することである。道具や製品やプロセスに対し、仕事の設計に対し、そして知識そのものに対し、知識を適用する。しかも知識の特質は、それが急速に変化し、今日の当然が明日の不条理となるところにある。これに対し、技能は緩慢に変化し、しかも稀にしか変化しない。古代の石工が今日生き返り、石切り場に働きにいったとしても、違いは墓石に刻む意匠ぐらいである。道具も、ハンドルにバッテリーが組み込まれているだけで、基本的には同じである。長い歴史を通じて、職人はみな、一八〜一九歳までの五年から七年の徒弟時代に学んだ技能によって、一生職人としてやっていくことができた。

これからの組織社会では、知識を有するあらゆる者が、四、五年おきに新しい知識を仕入れなければならない。さもなければ時代遅れになる。このことは、それぞれの知識に革命的な影響を与える変化が、それらの知識の領域外のところで起こることからも、大きな意味を持つ。

たとえば、グーテンベルクによる活字の発明以降、蒸気機関の出現に至る四〇〇年の間、印刷技術には実質上大きな変化はなかった。鉄道に対する最大の挑戦も、鉄道輸送の変化によってではなく、乗用車、トラック、航空機によってもたらされた。製薬業は、今日、遺伝学や微生物学という、わずか四〇年前には生物学者さえ知らなかった学問体系から生ずる知識によって大きく変化しつつある。

しかも、新しい知識を生み、古い知識を陳腐化させるものは、新しい科学や新しい技術とは限らない。社会的なイノベーションもまた、同じように重要な役割を果たす。むしろ社会的なイノベーションのほうが、大きな役割を果たすことが多い。

一九世紀の社会的機関のなかで最も誇り高い存在だった商業銀行が、今日世界的に危機的な状況にあるのは、コンピュータの普及など、技術に関わる変化のためではない。それは、古くから存在しながら、利用されることの少なかったコマーシャル・ペーパーを資金調達に利用できることが、銀行以外の者に知られてしまったからだった。そのため、二〇〇〇年に及ぶ商業銀行による金融の独占、すなわち、銀行にとって最大の収益源だった企業融資の機能が減じてしまった。

そしてさらに、おそらくこの四〇年間における最大の変化は、技術的あるいは社会的なイノベーションが、教え、学ぶことのできる体系となったことである。

知識による組織の急速な変化は、広く信じられているのとは違い、会社だけのものではない。第二次大戦後の五〇年において、アメリカの軍隊ほど大きく変化したものはない。軍服も階級も変わっていない。しかし、九一年の湾岸戦争が端的に示したように、兵器が一変した。軍事上の概念は、さらに大きく変化した。軍の組織構造、指揮系統、責任や関係の構造も大きく変化した。

学校や大学は、これからの五〇年で、三〇〇〇年前に印刷本を中心として再編された時を上回る劇的な変化を遂げるだろう。それは、コンピュータ、ビデオ、衛星放送などの新技術が現れたからだけではない。知識社会では、知識労働者は一生を通じて体系的な学習を続けなくてはならないからである。さらには、学習についての新しい理論も明らかになっていくからである。

変化のためのマネジメント

こうした知識のダイナミクスによって、組織にはある一つのことが求められている。すなわち、すべての組織は、変化のためのマネジメントをその構造のなかに組み込まなくてはならないのである。

これは一方において、あらゆる組織が、みずからが行っていることのすべてを体系的に廃棄できなければならないことを意味する。数年ごとに、あらゆるプロセス、製品、手続き、方針を廃棄していないなら、いま把握しているすべてのことを踏まえたうえで、体系的な廃棄を実施するかどうかを検討しなければならない。答えがイエスなら、具体的にどうすべきか考え、行動に移す。検討し直そうなどと言ってはいられない。まさに組織は、今後ますます、それまで成功してきた製品、方針、行動について、その延命を図るのではなく、計画的に廃棄することが必要となる。しかし今日のところ、これを行っているのは、日本のいくつかの大会社だけである。

また他方において、あらゆる組織が、新しいものの創造に没頭する必要があることを意味する。具体的には、あらゆる組織が、三つの体系的な活動に取り組まなければならない。

第一に、あらゆることについて、絶えざる改善、日本語で言うところのカイゼンを行わなければならない。歴史上、あらゆる芸術家が、カイゼン、すなわち体系的かつ継続的な自己改善を行ってきた。しかし今日までのところ、組織のなかでは日本の会社だけが、おそらく禅の影響だろうが、日常の活動と仕事のなかでこの改善を行っている。ただし日本でも、変化を嫌う大学だけは例外のようである。カイゼンとは、製品やサービスを改善し、二、三年後にはまったく新しい製品やサービスにしてしまうことである。

第二に、組織は知識のいっそうの開発、すなわち、すでに成功しているものについてその新しい適用の方法を開発しなければならない。アメリカが発明したテープレコーダーを基に、次から次へと新製品を開発している電子機器メーカーに見られるように、ここでも、いまのところ日本の会社が最も成功している。しかしアメリカでも、いくつかの大教会が、みずからの成功のうえにさらに新たなものを築いていく能力を、みずからの強みとしている。

第三に、イノベーションの方法を学ばなければならない。イノベーションは、体系的なプロセスにまとめることができるし、実際にそうすべきである。

もちろん、これら三つの体系的な活動の後に、再び体系的な廃棄の段階に戻り、新しいプロセスを繰り返しスタートする必要がある。これらのことを行わない限り、いかなる知識組織といえども、急速に陳腐化し、成果を上げる能力を失い、同時に、その依存すべき高度の知識労働者を引きつけ、とどめる力を失っていく。

さらに組織は、変化に対応するためには、高度に分権化しなければならない。迅速な意思決定が必要とされるからである。意思決定は、成果と市場に密着し、技術に密着し、さらには、イノベーションの機会として利用すべき社会、環境、人口構造、知識の変化に密着している必要がある。

ポスト資本主義社会の組織は、コミュニティを動揺させ、解体し、不安定化させる存在でなければならない。組織は、みずからの利用する技能や専門知識さえ変えていかなければならないのである。技術系の大学であれば、物理学を教える体制が取られていても、遺伝学を教えなければならなくなる。銀行であれば、どれほど信用調査に優れていても、投資顧問の能力を必要とするようになる。

さらに会社は、たとえコミュニティがその会社に雇用を依存している状況にあっても、工場閉鎖を実施しなければならない。白髪の模型製作のベテランに代えて、コンピュータ・シミュレーションに詳しい二五歳の若者を雇わなければならない。病院であれば、知識や技術の変化を受けて、産婦人科を産科センターとして独立させなければならない。二〇〇床以下では、医学上の知識、治療、技術の変化のゆえに非経済的であり、一流の医療サービスを提供できないなら、廃業を断行しなければならない。

病院、学校、その他いかなる組織も、たとえいかにコミュニティに根を下ろし、愛されていようとも、人口構造や技術や知識の変化によって成果を上げるための条件が変われば、撤退可能でなければならない。しかしこれらの変化はすべて、コミュニティにとってはアンフェアであり、コミュニティそのものを不安定化させる。

どのように社会と関わるか

組織は、もう一つ破壊的な側面を持つ。組織は、コミュニティに根づかなければならないにもかかわらず、その一部となり切ることができない。たしかに組織の構成員は、コミュニティの言葉を話す。コミュニティの学校に子どもを行かせ、コミュニティにおいて投票し、コミュニティに生活し、コミュニティにおいて税金を納める。彼らは、コミュニティの一員である。にもかかわらず、組織そのものは、コミュニティに埋没することや、コミュニティの目的に従属することが許されていない。組織は、コミュニティを超越した存在でなければならないのだ。

組織の本質を規定するものは、コミュニティではなく、組織の機能そのものである。いかに共産主義を嫌おうとも、アメリカの政府職員は、中国の役人から北京の官僚主義について聞けば、即座に理解する。その同じ政府職員が、たとえワシントンにおいてであっても、次週のセールス・キャンペーンについて検討している食品雑貨チェーンの会議に出席させられれば、途方に暮れる。

こうして組織は、組織として機能するために、同業の他の組織とつくりもマネジメントも似てくる。たとえば、今日、日米のマネジメントの違いをよく耳にするが、日本の大会社も、アメリカの大会社と機能の仕方は同様である。ドイツやイギリスの大会社も機能の仕方は似ている。病院の中に入れば、そこがどこの土地であろうとも、病院であることはだれにもわかる。このことは、学校、大学、労組、研究所、美術館、オペラハウス、天文台、大農場についてもいえる。

組織の価値観は、組織の機能によって規定される。世界中いずれの地であっても、病院にとっては、医療が最高の価値である。学校にとっては、学習が最高の価値であり、会社にとっては、財やサービスの生産と供給が最高の価値である。しかも、組織が最高の仕事をするためには、その構成員すべてが、自分の組織は社会とコミュニティにとって不可欠な貢献をしているという信念を持たなくてはならない。

したがって、組織はその本質において、コミュニティを超越する。組織の本質とコミュニティの価値が衝突する時には、組織が優先されなければならない。さもなければ、組織は社会に対し何も貢献できない。

昔から、知識に境界はないという。そのため七五〇年前に大学が生まれて以来、大学と市民との間には、常に利害の衝突があった。組織社会ではそのような衝突が、至るところで見られるようになる。組織が機能するために必要とする自立性と、コミュニティからの要求との衝突、組織の価値とコミュニティの価値の衝突、組織の意思決定とコミュニティの利害との衝突が起こる。

社会的な力と社会的責任

組織社会では、組織の社会的責任が大きな問題となる。あらゆる組織が社会的な力を持っているし、そうあるべきだ。しかも、その力は大きくなければならない。

組織たるものは、採用、解雇、昇進など、人に関わる意思決定の力を必要とする。また、仕事や労働時間など、組織が成果を上げるうえで必要な規則や規律に関わる意思決定の力や、工場の立地や閉鎖に関わる意思決定の力、価格に関わる意思決定の力が求められる。

しかし組織のなかには、会社よりもはるかに大きな社会的な力を持つところがある。たとえば、今日の大学ほど強大な力を持っている組織はない。大学が入学や卒業を拒否すれば、その人は仕事や機会を得られなくなる。同じようにアメリカでは、病院が開業医に対し病院の利用を拒否するならば、開業医は事実上仕事ができなくなる。組合員だけが雇用されるクローズド・ショップにおいて、労働組合は、組合入りを拒否することによって、雇用機会の支配という強大な社会的な力を発揮する。

もちろん、組織が持つ社会的な力の行使に対しては、政治的な力によって一定の制約を加えることができる。その行使が、すべて法的な手続きの下に行われるようにすることができる。法によってその是非の判断を行うことも可能だ。しかし、組織が持つ社会的な力の行使そのものは、政治権力ではなく、個々の組織に与えられた力によって行わなければならない。ポスト資本主義社会において、組織の社会的責任が大きな問題となるのは、このためである。

ノーベル賞経済学者のミルトン・フリードマンが言うように、会社には、一つの責任、すなわち経済的な業績に関わる責任があるのみだと論じてもあまり意味がない。たしかに経済的な業績は、会社の第一の責任である。少なくとも資本のコストに見合うだけの利益を上げていない会社は、社会的に無責任であり、社会の資源を浪費しているにすぎない。会社にとっては、経済的な業績が基本となる。業績を上げられなければ、他のいかなる責任も遂行できない。よき雇用者にも、よき市民にも、よき隣人にもなれないのだ。

しかし、経済的な業績だけが、会社の唯一の責任ではない。同じように、教育上の成果だけが、学校の唯一の責任ではないし、医療上の成果だけが、病院の唯一の責任ではない。

力に責任が伴わなければ、専制となる。責任を伴わない力は衰え、成果を上げられなくなる。組織は成果を上げ続けなければならない。したがって、組織にとっての社会的責任の要求は、弱まるどころかさらに強くなっていく。

幸い、たとえ概略にすぎないとしても、社会的責任に関わる問題への答えはすでに明らかである。組織は、従業員、環境、顧客、その他何者に対してであれ、みずからが関わりを持つあらゆるものに対して与える影響について、完全な責任を負う。これが組織の社会的責任である。くわえて、今後社会は、あらゆる組織に対し、社会の病そのものに直接取り組むことを求めるようになる。

ただしこの点に関しては、慎重でなければならない。善意だけで行動することは、社会的に責任あることにはならない。組織が、その本来の目的を遂行するための能力を傷つけるような責任を買って出たり、受け入れることは、むしろ無責任である。能力のない分野で行動しようとすることも、同じく無責任である。

組織は目的によって規定される

今日、組織は日常の用語である。「この組織では顧客を中心に動く」「この組織では間違いは許されない」と言えば、そのとおりに意味が通じる。

いまや、あらゆる先進国社会で、すべてではないにしても、社会的な機能のほとんどが、組織によって遂行されている。しかしアメリカにおいて、あるいは他のいかなる国においても、組織が論じられるようになったのは、第二次大戦後である。『コンサイス・オックスフォード辞典』の一九五〇年版にも、組織という言葉は、今日の意味では収載されていない。

組織が独自の存在であると認識されるようになったのは、第二次大戦以降、マネジメントが出現した後、すなわち、かつて私がマネジメント革命と呼んだ時代の後である。組織は、社会やコミュニティや家族と異なり、目的に従って設計され、目的別に専門化した存在である。組織は目的によって規定される。オーケストラは患者の治療をしないが、音楽を演奏する。病院は患者を治療するが、ベートーベンを演奏しようとはしない。これに対し、社会やコミュニティは、言語、文化、歴史、地域など、構成員の絆によって規定される存在である。

事実、組織は一つの目的に集中して、初めて大きな成果を上げる。会社、労組、学校、病院、コミュニティの社会的機関、教会のいずれを問わず、目的の多様化は、成果を上げるための能力を損なう。社会やコミュニティは、それ自体多元的である。それらは言わば環境である。これに対し、組織は道具である。他のあらゆる道具と同じように、組織もまた、専門分化することによってのみ目的遂行の能力を高める。

しかも組織は、それぞれが限定された知識を持つスペシャリストによって構成される。したがって、組織の使命は明確でなければならない。組織は一つの使命しか持ってはならない。さもなければ、混乱が起こる。スペシャリストたちは各自の専門能力を中心に動くようになり、その専門能力を共通の目的に向けなくなる。それどころか、みずからの専門的見地からのみ成果を規定し、みずからの価値を組織に押しつけるようになる。

明確かつ焦点のはっきりした共通の使命だけが、組織を一体化させ、成果へと導く。明確な使命がなければ、組織は組織としての価値と信頼を失う。その結果、成果を上げるうえで必要な人材も手に入れられなくなる。

組織への参加は自由だが、現実には選択の余地はほとんどないかもしれない。しかし、ヨーロッパ社会では、ユダヤ人やジプシーを除き、事実上強制されていたカトリック教会への参加さえ、形式上は強制されていなかった。組織への参加に関わる意思決定は、たとえ形式上であれ、自由だった。乳児の洗礼において、名づけ親は、教会への参加がその子の自由意思であることを宣言する。同じように、マフィア、日本の会社、カトリックのイエズス会などのように、組織を離れるのがかなり難しいこともあるが、その場合でも、離脱が不可能であってはならない。

組織を構成する知識労働者の比率が増えるにつれ、組織を離れ、他の組織へ移ることがより容易になる。したがって組織は、その最も基本的な資源、すなわち能力ある知識労働者を求めて、互いに激しく競争するようになる。

知識労働者を活用する

今日ではあらゆる組織が、社員が最大の宝だと口にする。ただし、言っていることをそのまま行動に表している組織はあまりない。本気でそう考えている組織はさらにない。ほとんどの組織が、無意識にではあろうが、一九世紀の雇用主のように、組織が社員を必要としている以上に、社員が組織を必要としているものとすっかり信じ込んでいる。しかし実際には、製品やサービスと同じかそれ以上に、組織に勧誘するためのマーケティング活動が必要になっている。組織は、人を引きつけ、引き止められなければならない。彼らを認め、報い、動機づけなければならない。彼らに仕え、満足させなければならない。

知識労働者と組織の関係は、まったく新しい種類の関係である。まだこの関係を表す適切な言葉はない。たとえば従業員とは、その定義からして、組織のために働くことによって組織から支払いを受ける者である。ところがアメリカでは、組織で働いている最大の階層は、NPOのために週に数時間無給で働いている何百万という数のボランティアである。彼らは明らかにスタッフであり、彼ら自身もそう思っている。しかし、彼らはボランティアである。

さらに今日、法律上のいかなる意味においても、だれかに雇用されているわけではないが、事実上組織と共に働いている人たちが大勢いる。五〇年、六〇年前には自由業と呼ばれていた人たち、今日では自営業と呼ばれている人たちがいる。

現実と言葉の乖離から、新しい現実には新しい言葉が必要なことがわかる。しかし、そのような言葉が現れるまでの間、我々はポスト資本主義社会における従業員を、社会に貢献する能力の発揮を組織への参加に依存している人々として、定義しなければならない。

従属的な地位にあって単純なサービス労働に就く組織の従業員、すなわちスーパーの店員、病院の清掃人、配送トラックの運転手には、この新しい定義もそれほどの意味はない。彼らの地位は、彼らの前身たる工場の肉体労働者、すなわち昨日の労働者と比較して、さして変わらない。むしろ彼らは、現代社会における社会問題の一つである。

組織との新しい関係

これに対し、労働人口の三分の一ないしは五分の二を占めるに至った知識労働者と組織の関係は、ボランティアと組織の関係と同じように、まったく新しい性格のものである。彼らもまた、組織があって初めて働くことができるので、組織に依存している。しかし同時に、彼らは、生産手段すなわち知識を所有している。この点において、きわめて独立的な存在であり、高度の流動性を持つ。

もちろん彼ら知識労働者も、生産の道具を必要とする。知識労働者が必要とする道具に対する投資は、いかなる肉体労働者の道具に対する投資よりも高額である。しかし、それらの投資は、彼ら知識労働者が所有し、かつ、けっして奪い取られることのない知識という手段が伴わない限り、生産的とはなりえない。

工場で機械を使って働く肉体労働者は、指示によって動く。しかも何を行うかだけでなく、いかに行うかも機械が規定する。知識労働者もまた、コンピュータ、超音波アナライザー、天体望遠鏡等の機械を必要とする。しかしこれらの機械は、知識労働者に対し、どう仕事を行うべきかはもちろんのこと、どんな仕事を行うべきかさえ教えてくれない。しかも、知識労働者である従業員が所有する知識なしには、いかなる機械も生産的たりえないのである。

歴史上、労働者とは、何を行うか、いかに行うか、いかなる速さで行うかを指示される存在だった。これに対し知識労働者は事実上、コントロールされない。むしろ彼らは、それぞれの専門について自分よりも詳しく知る者が存在すると役に立たなくなる。マーケティング部長は、市場調査のスペシャリストに対し、新製品のデザインや、その製品が対象とする市場について、会社が何を知る必要があるかを言うことはできる。しかし社長に対し、いかなる市場調査が必要であり、それをいかにして設計し、その結果をいかに読むべきかを言えるのは、市場調査のスペシャリストのほうである。

八〇年代のアメリカでは、苦痛に満ちたリストラの過程で、数十万とはいわずとも数万に上る知識労働者が職を失った。彼らの雇用主だった会社は、買収され、合併され、解体され、消滅した。しかし彼らのほとんどが、数カ月後には、みずからの知識を適用できる新しい仕事を得た。もちろん職探しは簡単にいかない場合が多く、新しい仕事を得た人も、その半数は所得が減り、仕事もきつくなった。

だが、レイオフされた経営管理者やスペシャリストは、自分たちが知識という名の資本を所有していることを知った。彼らは生産手段を所有していた。生産のための物的な道具は、彼ら以外のだれか、すなわち組織が所有している。しかし、組織は知識労働者を必要とし、知識労働者は組織を必要としているのである。

この新しい関係、現代社会における新しい緊張関係は、もはや、忠誠心は給与の支払いによって獲得することができなくなったことを意味する。組織は、知識労働者に対し、彼らの知識を生かすための極上の機会を提供することによってのみ、彼らを継続して獲得することができる。

ついこの間まで、労働が論じられていたが、今日では、人的資源が論じられている。この変化は、組織に対しどのような貢献を行うか、知識によってどれだけの貢献を行うかを左右する者は、一人ひとりの従業員、特に高度の知識と技術を持つ知識労働者であることを示している。

最適なチームの型を選ぶ

現代の組織は、知的なスペシャリストによる組織であるからして、それは、同等の者、同僚、僚友による組織である。いかなる知識も、他の知識の上位に来ることはない。知識の位置づけは、それぞれの知識に固有の優位性や劣位性によってではなく、共通の任務に対する貢献によって規定される。したがって現代の組織は、上司と部下からなる組織ではなく、チームのかたちが取られる。

チームは三タイプに分けられる。第一は、テニスのダブルス型のチームである。この種のチームは規模が小さく、チームのメンバーが、互いの性格、能力、強みと弱みを調整し合う。第二は、サッカー型のチームである。チームのメンバーは相対的に固定したポジションに就く。互いの位置関係を維持しつつ、(ゴールキーパーを除き)全体が一緒に動いていく。第三は、野球型のチームである。ここでは、メンバーのポジションは固定している。

組織は、同時に一つのゲームしかプレーできない。仕事には一つのチームの型しか選べない。いかなるチームの型を採用し、いかなるゲームをプレーするかは、組織にとってリスクに満ちた意思決定上の問題である。しかも、他の型のチームへの変更は容易でない。

アメリカでは、新製品開発のための仕事は、伝統的に野球型のチームで行っていた。そこでは、研究開発部門が仕上げた仕事は、エンジニアリング部門に渡していた。エンジニアリング部門は製造部門へ渡していた。製造部門はマーケティング部門へ渡していた。経理部門は、製造の段階で関わってきた。人事部門は、問題が起こった時に関わってきた。あるいは、問題が起こっても関わろうとしなかった。

ところが日本の会社では、製品開発をサッカー型のチームで行った。サッカー型チームでも機能別部門はそれぞれの仕事を行う。しかしそれらの部門は、最初の段階からいっしょに仕事をする。そしてサッカーのチームがボールと共に動いていくように、機能別部門も仕事と共に動いていく。

このサッカー型のチームの運用を習得するために、日本は一五年を要した。しかし、ひとたび新しい方法を習得するや、製品開発に要する期間は三分の一に短縮された。トヨタ、日産、ホンダは、かつて新型モデルの導入に五年を要していたが、一年半しか必要としなくなった。このサッカー型のチームの採用と品質管理の徹底があいまって、日本の自動車メーカーは、アメリカとヨーロッパの市場で優位を占めた。

アメリカのメーカーも、日本に倣って製品開発の仕事の再編に取り組んだ。フォード・モーターは、八〇年代初めに取り組んだ。一〇年後の九〇年代の初めには大きく進歩した。しかし、いまだに日本に追いつくところまではいっていない。

チームの型の変更には、最も困難なことが求められる。すなわち、すでに学んだこととの廃棄である。苦労して学んだ技能、身につけた習慣、スペシャリスト、職人として育んできた価値観を棄てなくてはならないのだ。そして最も難しいのは、育て上げてきた人間関係を棄てることだ。コミュニティや仲間を棄てることが要求されるのである。

しかし、組織が成果を上げるためには、最適のチームの型を選ぶ必要がある。一九世紀の末に近代組織が登場した時、手本にできるものは、軍隊の組織しかなかった。一八七〇年当時のプロシア軍の組織は、一九二〇年当時のヘンリー・フォードの組立ラインのように見事だった。その一八七〇年当時の軍隊では、ほとんどの人間が同じことを行っていて、知識を持つ者は少なかった。軍隊は指揮命令系統によって組織されていた。会社をはじめ、あらゆる組織が、この軍の組織を手本とした。

今日、状況は急速に変化しつつある。ますます多くの組織が情報化組織となり、サッカー型やテニスのダブルス型の組織への転換を迫られている。すなわち組織は、そのメンバーがみずから責任ある意思決定を行う責任型組織でなければならなくなっている。あらゆるメンバーが、みずからを経営幹部と見る組織でなければならないのだ。

もちろん、組織においてマネジメントが必要なことは変わりない。マネジメントといっても、アメリカの郊外の学校のPTAのように、簡単で断続的なものもある。あるいは、軍、会社、労組、大学などの大組織のように、フルタイムの大勢の人間が取り組む厳しい仕事であることもある。

しかしいずれにせよ、組織には意思決定を行う人間がいなければならない。さもなければ、何事も行われない。組織には、使命、精神、仕事ぶり、成果について責任を持つ人間が必要である。社会やコミュニティや家族にもリーダーは必要かもしれない。だが、経営陣を不可欠とするものは、組織だけである。そして、この経営陣に大きな権限が付与される。現代の組織における経営陣の仕事は、指揮し命令することではない。組織に生命をもたらすことである。

社会の多元化に伴う課題

今日の組織社会には前例がない。組織社会を構成する組織のそれぞれが、単一の目的のために設計され、かつ高度に専門的な存在として成果を上げるという点で、歴史上のいかなる社会とも異なっている。そしてそれらの組織が、知識を体系的に適用することによって成果を上げるという点で、過去のいかなる社会とも異なる。

現代の組織社会は、その構造において前例がない。内在する緊張と問題にも前例はない。もちろん、それらの緊張や問題のすべてが深刻であるわけではなく、すでにそれらの緊張と問題の一部、たとえば組織の社会的責任については、答えが明らかになっている。

ただし、正しい答えが明らかでない分野も多い。正しい問いかけさえしていない分野も多い。たとえば、継続と安定を求めるコミュニティのニーズと、みずからイノベーターとして不安定要因たることを必要とする組織のニーズとの間の緊張などの問題がある。

さらに、知識のスペシャリストと経営管理者の対立という問題もある。両者はいずれも必要な存在である。前者は知識を生み出し、後者は知識を適用し、かつその知識を生産的なものにする。前者は言葉や思想を重視し、後者は人間、仕事、成果を重視する。ほかにも、組織社会の基盤たる知識そのものに関して問題がある。知識がますます専門分化し、その重心が一般知識から専門化した個別知識へと移行することに伴う問題である。

しかし、組織社会において最も容易ならざる最大の問題は、社会の多元化に伴う問題である。社会が今日ほど多元化したのは、六〇〇年ぶりである。中世は多元社会だった。当時の社会は、互いに競い合う独立した数百に上る政治的中心地からなっていた。貴族、騎士、司教領、修道院領、自由都市が存在し、オーストリアのチロル地方には、皇帝の天領たる自由農民領まであった。職業別の独立したギルドもあれば、国境を超えたハンザ同盟やフローレンス商業銀行同盟や、徴税人組合があった。独立した立法権と徴税権を持つ自治領、傭兵団その他もろもろがあった。

その後、王、さらには国家が、それら無数のパワー・センターを征服することが、ヨーロッパの歴史、あるいは日本の歴史となった。こうして一九世紀半ばには、宗教と教育に関わる多元主義を守り通したアメリカを除き、あらゆる先進国において、中央集権国家が完全な勝利を収めた。六〇〇年近くというもの、多元主義の廃止こそ、進歩の大義とされていたのである。

しかるに、国家の勝利が確立したかに見えたまさにその時、最初の新しい組織——大企業が生まれた。この種のことは、歴史の終わりといわれる時によく起こる。以来、新しい組織が次から次へと生まれた。

同時にヨーロッパでは、中央政府の支配下に完全に入ったものと思われていた大学のような昔の組織が、再び自治権を取り戻した。皮肉なことに、二〇世紀の全体主義、特に共産主義は、互いに競い合う独立した組織からなる多元主義ではなく、唯一の権力、唯一の組織だけが存在すべきだとする昔の進歩的信条を守ろうとする最後のあがきとなった。周知のように、そのあがきは失敗に終わった。しかし国家という中央権力の失墜は、多元化社会に伴う問題の解決を意味するものではなかった。

ここに、今日広く知られている話がある。チャールズ・E・ウィルソン（一八九〇〜一九六一年）は、アメリカでは著名人である。世界一の大会社ゼネラルモーターズ（GM）の社長兼CEOとして活躍した後、アイゼンハワー政権の国防長官を務めた。しかし今日、彼の名は、彼が言わなかった言葉、「GMにとってよいことは、アメリカにとってよいことである」によって記憶されている。実際には、ウィルソンは五三年の国防長官就任時の議会の承認聴聞会で、「アメリカにとってよいことは、GMにとってよいことである」と述べた。その後彼は、長い間、先の引用の間違いを正そうとした。しかしだれも真面目に取り合ってくれなかった。「もし言わなかったとしても、そう考えていたに違いないし、そう考えるべきだ」というのだ。

すでに述べたように、会社、大学、病院、ガールスカウトを問わず、組織の経営幹部たる者は、みずからの使命と目的が、社会において最も重要な使命、目的であり、他のあらゆるものの基盤であるとの信念を持たなければならない。そのような信念が存在しないならば、その組織は、やがて信念と自信と誇りを失い、成果を上げる能力を失う。

今日の先進国社会の特性であり、力の源となっている社会の多元化は、産業革命以降、特にこの五〇年間に生まれた単一目的の専門化した組織が無数に存在することで、初めて可能となる。しかもそれらの組織は、専門化した独立の存在として、特定の狭い範囲の使命、ビジョン、価値観を持って初めて、成果を上げる存在となる。

政治的・社会的な結合

ここで再び、昔からの問題、しかもかつて一度も解決されたことのない多元社会に関わる問題が登場してくる。それは、だれが共同の利益の面倒を見るか。だれが共同の利益を規定するか。だれが多元社会のもろもろの組織の間でしばしば対立関係に陥る目的や価値のバランスを図るか。だれがトレード・オフに関わる意思決定を行い、何をもってそれらの意思決定の基準とするか、という問題である。

中世の多元社会は、まさに、これらの問題に答えを出すことができなかったがゆえに、主権国家にその座を奪われた。しかしその主権国家が今日、社会のニーズに応えられなくなっている。同時に、コミュニティの問題にも取り組むことができないでいる。そのため、かつての政治的な権力に関わる多元主義ではなく、機能に基づく新しい多元主義に取って代わられつつある。

まさにこのことこそ、我々が社会主義の失敗、強力な中央政府への信仰の挫折から学ぶべき最も重要な教訓である。我々が直面する課題、特にアメリカをはじめとする民主主義と市場経済の下にある先進国社会が直面する最大の課題は、独立した知識組織からなる多元社会に対し、いかにして経済的な能力と、政治的、社会的な結合をもたらすかということである。

第28章

The Post-Capitalist Executive: An Interview with Peter F. Drucker

21世紀のエグゼクティブ
（インタビュー）

The Post-Capitalist Executive: An Interview with Peter F. Drucker
HBR, May-June 1993.
2020年、エグゼクティブの役割はこう変わる
『ダイヤモンド・ハーバード・ビジネス』1993年9月号

仕事の仕方の変化

――これからの仕事の仕方はどう変わるのでしょうか。

ピーター・F・ドラッカー（以下略）：命令できず、命令もされないという状況でマネジメントすることを身につけなければならなくなります。これは恐ろしく根源的な変化です。

経営書は、まだ部下の管理の仕方を論じています。しかし、もはや部下が何人いるかは問題ではありません。仕事の複雑さ、仕事で使う情報、仕事がつくる情報、仕事に伴う多様な関係に比べるならば、ほとんど意味のないことです。新聞は、親会社と子会社の関係について書いています。これも一九五〇年代、六〇年代の問題です。今日では、海外に子会社を持つだけという多国籍企業はなくなっています。

これまで会社は、みずから事業を始めるか、だれかが始めた事業を買収するか、いずれかによって成長してきました。いずれの場合も、そこには命令権がありました。ところが今日、会社は提携関係によって成長しています。このことが理解されていません。そのため、みずから資源を所有し、みずから市場を支配しないと気の済まない従来型の人たちがとまどっています。

――それではどうすればよいのでしょうか。

仕事をしてくれるが、雇っているわけではないという人たちと仕事ができなければなりません。たとえば、仕事をアウトソーシングするようになります。その道でトップまで昇進していけないような仕事は、すべて外部に委託しなければなりません。生産性を向上させるには、その仕事でトップまで昇進できる会社に委託しなければなりません。アウトソーシングは、節約の問題ではなく、仕事の本質に関わる問題なのです。

――もっと具体的にお願いします。

病院を例に取りましょう。病院では清潔さが大切なことはだれもが知っています。しかし医者や看護師は、掃除には関心がありません。彼らの価値体系のなかには掃除の位置はないのです。そこで、病院向けのメインテナンス会社が活躍できることになります。

カリフォルニア南部に本社を置くメインテナンス会社が、かなり前、英語はあまりよく話せないが優秀なヒスパニック系の女性を雇いました。たとえばその女性は、体重の重い重病患者のシーツの交換を簡単に行えるようにするため、ベッドのシーツをあらかじめ縦に切っておくことを考え出しました。患者を一五センチほどずらすだけで済むようになり、ベッドメーキングが、一二分かかっていたものが二分になったのです。

この女性は、いまではそのメインテナンス会社で、病院管理部門の長を務めています。彼女はもともと病院の従業員ではなく、メインテナンス会社の従業員でした。病院は彼女に命令できません。「違うやり方を協力して考えていきたい」ぐらいのことしか言えないのです。問題は、だれもがいまだに指揮命令を論じていることにあります。命令という言葉そのものをマネジメント用語から削除しなければなりません。これからは情報が、権限に取って代わるでしょう。

財務の責任者にはせいぜい直属の部下二人と秘書一人がいれば済みますが、外国為替についての彼の決定によって、本業が一年がかりで稼ぐ以上のものを、一日で稼ぎ、失うことになります。あるいは、秘書さえ持たない研究者が、会社として行うべき研究を選別します。能力と実績からして、彼の決定を覆すことはできません。事実上、CEOよりも大きな権限を持つことになります。

かつて中佐というものは、大隊を指揮していました。しかし今日の中佐であれば、秘書を一人持つだけで、主要国との連絡を務めることもできるのです。

個人のキャリアと組織の変化

――個人としてどう生きていくべきでしょうか。

組織に頼り切ってはなりません。自分自身に対して、責任を持たなければなりません。すでにアメリカでは、勤続五年の人が、その後四〇年もそこにいることは考えられず、ヨーロッパでもそうなりつつあります。日本でさえそうなっています。やりたいことを四〇年もやり続けられるかはわかりません。あらゆる大会社が、そのまま変わらずにいられる確率よりも、一〇年以内に分割される確率のほうが高いのです。

これはまったく新しい状況です。第一次大戦前、すでに大会社は安定した勤め先でした。一九二〇年代には、ほとんど不動の存在でした。しかも、多くの大会社が大恐慌を生き延びました。そして、その後の三〇年、四〇年の間に、階層を重ねて超高層ビルとなり、別館を加えていきました。

しかし、もはや超高層ビルのような大会社を維持することはできません。「フォーチュン五〇〇社」の雇用者数が労働人口に占める割合は、この一〇年で、三〇パーセントから一三パーセントへと低下しました。

かつて会社は、ピラミッドのように永続することを目指してつくられました。いまはテントにすぎません。あらゆる会社が、明日には、なくなっているか、混迷のなかにあるのです。シアーズ、ゼネラルモーターズ（GM）、IBMなどの有名会社も例外ではありません。技術や市場や社会が急速に変化しています。したがって、会社が永遠であるなどと考えて、一生の計画を立ててはいけません。

前提そのものが変化しています。私が教えている経営幹部向けプログラムの参加者は、大半が、大組織のトップ・マネジメントのすぐ下か、中小の組織のトップ経営陣にいる四五歳前後の人たちです。このプログラムを始めた一五年から二〇年前には、トップ経営陣のすぐ下の人たちは、「さらに昇進するためには、どう準備をしなければならないか」と聞いてきました。ところが今日では、「次の組織に移るためには、何を学んでおかなければならないか」と聞いてきます。

――これからのタイプはどのような人たちでしょう。

自分に責任を持ち、組織に依存しない人たち、自分のキャリアは自分で決める人たちです。昇進のはしごはなくなり、縄ばしごさえなくなります。あるのははしごではなくツタです。そこで、これからは鉈《なた》が必要になります。

明日自分が何をしているかはだれにもわかりません。個室でなのか、大部屋でなのか、自宅でなのか、それとも外で働いているかさえわからないのです。

したがってこれからは、まず何よりも、自分自身を知らなければなりません。そうして初めて、自分の進歩に応じて、あるいは、家族のことを考えなければならなくなっていくのに応じて、適切な仕事を見つけられるようになるのです。

――これまでとはかなり違うのでしょうか。

そうです。すでに仕事の変化が、速さの違いこそあれ、至るところで表れています。たとえば、日本の会社から来ている大学院生の間にも、キャリアをめぐって混乱が見られるようになっています。日本人は、アメリカ人よりも組織化されていますが、突然、管理されることから自分で責任を持つことへの移行を迫られているのです。

彼らのショックは、肩書きが、かつて意味していたものを意味しなくなったことにもよります。たとえば、市場調査部の次長であれば、インドにいようがフランスにいようが、何をしているかは自明でした。ところが、いくつかの多国籍企業では、もはやそのようなことは、自明ではなくなっています。

先頃、私のプログラムを終わったばかりの女性が、五年以内に部長代理になりたいと言いました。たしかにその肩書きは手にしているかもしれません。だがその肩書きの意味するところは、彼女が考えているようなものではなくなっているでしょう。私はその時、そう言ってやるべきではなかったかと思っています。

――組織のピラミッドが変わるのでしょうか。

そうです。問題は、これまでの大会社的な考え方にあります。ほとんどの人が、人事部は親のようなものだと思っていました。かつてのAT&Tの人事部がそうでした。だが、同社の人事部のピークは、三〇年前のことです。たしかにそれは隠れた権力でした。あらゆるテストやノウハウを駆使して、二七歳の社員についてさえ、四五歳までに業務部の次長に昇進させるが、昇進はそこ止まりだというようなことを把握していました。その社員がネブラスカに配属されているか、フロリダに配属されているかはわかりません。しかし、よほど特別なことでもない限り、退職に至るまでのコースの基本は決められていました。

時代は確実に変わりました。AT&Tは、うまく変化できました。独禁法の関係で、否応なしに変化させられたのです。だが、まだ多くの人たちが大会社依存のままです。シアーズで職を失ったら、Kマートに職を得ようとします。新しい雇用の大半は、中小の会社で創出されていることを知らないでいます。大会社も、職場の安定度については、中小の会社と同じだということに気づいていません。

今日でも、自分自身の力で職業を選択する用意のできている者は驚くほど少数です。「あなたは何に強いかわかっているか。限界もわかっているか」と聞くと、怪訝な顔をします。

仕事の知識で答えようとする人がいますが、それは間違っています。履歴書を書く時も、依然として、はしご段のような地位を列挙します。職業やキャリアをそのように考えることはもうやめなければなりません。新しい仕事を次から次へと引き受けていくのだというふうに考えなければなりません。

――そのためには、どう準備すればよいのでしょう。

教育だけでは不十分です。マネジメントの教育でも十分ではありません。政府は、職務分類について検討しているそうです。しかしこれからは、客観的な基準など飛び越えて、個人的な能力、つまり私の言う個人としての強み（コンピタンス）を中心にして考えていかざるをえないと思います。

たとえば、プレッシャーを楽しめるか、混乱時にも冷静でいられるかです。得意とする情報収集の方法は、読むことか、話を聞くことか、グラフや数字を見ることかです。

先日、ある人に「部下と一緒の時、話は弾むか」と聞いてみました。共感こそ実務上の大きな強みの一つだからです。私は、このような自己認識の大切さを前から指摘してきました。しかし、いまやこれは、生き残るための条件になっています。

だれもが自由を望んでいます。しかし、自分が何者か、何を得意としているかを知ることは難しいのです。しかも、今日の教育は、責任というものを学ばせていません。学校は長くいればいるほど、自分で意思決定を行う機会が少なくなります。フランス語と美術史のいずれの科目を取るかは、早起きできるかどうかで決めています。大学院となると、さらに意思決定の機会は少なくなります。

今日、まだ多くの人が、大会社への就職からスタートしているのはなぜでしょう。どこに就職したらよいかわからないからにすぎません。そこへ大会社が採用係を送り込んでくるのです。新入社員としての訓練を終えて仕事に就くと、さっそく意思決定をしなければならなくなります。代わってくれる人はいないのです。

そして、いったん自分で意思決定することを覚えると、優秀な人たちの多くが、三年から五年で中小の会社に移っていきます。そちらのほうが、トップへの道が近いからです。年功が重視されない中小の会社では、上司に対しても「経理に三年いたので、マーケティングに移りたい」と言えます。

私は、教え子がどうしているか知るためによく電話をかけます。以前ならば、転職先も大会社でした。家庭を持ち、安定を望んでいたからです。しかし今日では、特に共働きでは、事情が違ってきました。夫婦が同じ都市で働ける中小の会社に転職している人がかなりいます。

――学歴で決まるようにはならないのでしょうか。

卒業証書で人を評価することは、危険です。知識経済の最大の陥穽は、中国の科挙のような資格万能主義にあります。すでに資格偏重がはびこっています。実際には、博士号を持っていない優秀な研究者が、たくさんいます。学位には何の意味もありません。そこに罠があります。どれだけ貢献できるかは、総合的に判断すべきことです。

情報化組織では、組織構造の変化が深刻な問題になります。管理階層の半分以上が余剰となります。ほとんどが、情報の伝達役にすぎないことが明らかになるからです。これからは、一つひとつの管理階層が、情報についての責任を持つようになります。その結果、日本でさえ、大会社の多くが管理階層を半減させています。トヨタは二〇余りあったものを一一にしました。GMは二八から一九にしたうえ、さらに削減しようとしています。組織は、どこまでも平坦になっていきます。

日本でも動揺が起きています。日本は、階層で成り立つタテ社会で、だれもが監督的な地位の課長になろうとします。アメリカではどうなるかわかりません。しかも、有能な人物を、精選された地位に就けるための昇進システムがまだわかっていないのです。

起業家の出現を待つなどという流行の理論には与したくありません。起業家とは、一事に熱中する人です。これに対して、経営管理者とは資源を統合する人であり、機会とタイミングに知覚を持つ人です。

これからは、分析よりも知覚が重要になります。組織を中心とする社会では、パターン認識が大切になるのです。「いまの製品を守ろうとするあまり、新しい製品を犠牲にしようとしているのではないか」と言える人が、これまで以上に必要になります。

部下の育成方法の変化

——そうした人を、どう見つければよいのでしょう。

子会社を、野球の二軍チームのように使うことを考えればよいでしょう。同業の小さな会社を買収しようとしている友人に、あまり意味のないことではないかと聞いたところ、「二軍を買うということだ。優秀な若手を、この二軍に入れて指揮を執らせたい。大会社のCEOがやっていることはすべてやらせるつもりだ」と答えました。

そのような地位で学ぶべき最も重要なことは何でしょう。その友人は「うちには、生物学や化学で博士号を持つ者が、清掃人よりも多い。顧客は博士ではないこと、社員の多くも博士ではないことを学ばせなければならない」と言っていました。

言い換えれば、数式ではなく、英語で話すことを学ばせなければなりません。回帰分析を知らない人が言うことに耳を傾けることを学ばせなければなりません。つまるところ、物事の意味を知らなければならないのです。

——教えるのはもちろん、学ぶのも難しいですね。

内容に重点を置かせなければなりません。自分がどのような貢献をするつもりかを明らかにさせる必要があります。

今後一年半から二年以内に、自分のなしうる最高の貢献は何かを考え抜くよう、求めなければなりません。そして、それらのことが同僚や上司に受け入れられ、理解されていることを確認するよう、要求しなければなりません。

わかり切ったことのように思われるかもしれませんが、ほとんどの人が考えていないのです。もちろん、どのような貢献をするつもりかと聞けば、身を乗り出して答えます。ところが「その貢献について他の人に話したことがあるか」と聞けば、「彼らにはわかっていることだから、いまさら話す必要はないと思う」と答えるのです。しかし、「彼ら」はわかってはいません。

だれがどのような仕事をしているかについて、ほとんどの人が知っているような単純な経済は、一〇〇年も前のものです。農民は、他の農民が行っていることを知っていました。工場の肉体労働者は、他の肉体労働者がやっていることを知っていました。召使いたちも、互いの仕事をわかっていました。当時の第四の階層たる職人も、互いの仕事を知っており、説明の必要はなかったのです。

しかしいまは、同じ組織のなかでさえ、他の者が何をしているのかがわかりません。一緒に働くすべての人に対して、自分が何に重点を置いているかを知らせなければなりません。聞くこともせず、話すこともしなければ、部下や同僚は誤った推測をしてしまいます。

――コミュニケーション抜きだとどうなりますか。

コミュニケーションがなければ、得意とすることに手をつけることすらできなくなります。

私のクラスにいる技術系の人たちはみな、不得意な報告書の作成に時間の半分を使っていると言います。しかも彼らは、報告書は、本来何度も書き直さなければならないものだということさえ知りません。他方、報告書の作成に必要なことを専攻した人たちはいくらでもいます。

みずからの強みに注意を払う人はめったにいません。ある技術系の経営幹部は長いこと考えた末、自分は一次設計や基本アイデアには強いが、最終段階での細かい詰めには弱いと答えました。その時まで彼は、そのようなことは考えたこともなかったそうです。

――自己分析で十分でしょうか。

違います。自分の能力を理解するだけでなく、自分に仕事を割り振る人たちの強みも知らなければなりません。同僚や上司の強みも知らなければなりません。総論でしか物事を考えない人があまりに多いのです。人々は依然として「わが社」の技術陣を論じています。私は「技術者一般がいるのではない。いるのはジョー、メアリー、ジム、ボブだ。一人ひとりが違う」と言っています。

労働力一般を管理することはできません。個々の人間を管理しなければならないのです。一人ひとりのことを知って初めて、こう言えます。「メアリー、昇進できるはずだと思っているだろうが、そのためには余計なことは忘れてほしい。女性であることも忘れてほしい。あなたは技術者なのだ。それと、もう少し気配りがほしい。朝の九時にはわかっているのに、五時一〇分前になって部下に残業を言いつけてはいけない」

知識労働者の生産性を上げるカギは、集中にあります。昇進の多くがなぜ失敗しているのでしょう。私からすると、三分の一は失敗、三分の一はまあまあで、成功は三分の一以下。半分以上が失敗なのです。

ふつう、販売部長には花形セールスマンが昇進します。しかし、販売部長とは、セールスマンの管理者、販売企画の管理者、新市場を開拓するスーパー・セールスマンのいずれかであるのです。ところがそれをはっきりさせないままでです。そのため、せっかく販売部長に昇進させても、昇進につながったセールスマンの仕事にさらに励むだけとなります。これでは失敗してしまいます。

情報と知識に関する変化

――情報についての責任はどこにあるのでしょう。

あまりに多くの人が、どのような情報が必要か、それをだれからもらうべきかについて、コンピュータの専門家が知っていると思っています。しかし、コンピュータによる情報の多くは、外部の世界や顧客についてではなく、内部についての情報です。

情報は重要な道具です。だからこそ、みんなが情報に責任を持たなければなりません。しかしほとんどの人が、どのように情報を使うかを知らず、情報に精通していないのです。『メリーさんの羊』は弾けても、ベートーベンは弾けないレベルにいます。

今日、店頭公開しているある製薬会社の販売企画の担当者が、ある製品の技術関連文書を手に入れようとした時の話を聞きました。資料部は、協力を拒否しただけでなく、彼の上司に文句を言ったそうです。資料部の規則では、技術関連文書は、研究者と弁護士にだけ提供することになっていたからです。そのため、その人は、社外のデータベースの使い方を教わり、その製品についての記事を二〇件ほど取り出して、宣伝コピーをつくったそうです。

この人こそ、情報について群を抜いて先端的です。一〇〇人の販売企画担当者のうち九九人は、どのような情報を消費者が必要としているかを知りません。そのうえ、それらの情報をどのように入手できるかということについて、手掛かりさえ持っていません。最初にすべきことは「その情報が必要だ」と声を上げることです。

しかし、このことを認識していない人があまりに多いのです。最近私は、情報に一五億ドルをかけているある金融機関の情報責任者と仕事をしました。私はある日、午前中いっぱいをかけて、彼の部下たち、女性八人、男性一〇人と話をしました。いずれも有能な人たちでしたが、彼らのなかで、顧客サービスにはいかなる情報が必要かを考えている者は、一人もいなかったのです。

その点を指摘すると、彼らは「上司が教えてくれるのではないか」と言いました。結局私は、いかなる情報が必要か、そして、さらに重要なこととして、どのような情報が必要ないかについて考えさせるために、一カ月を与え、もう一度会うことにしました。

——問題は何を知るべきか、ということでしょうか。

そのとおりです。情報に精通するには、自分が何を知るべきかを学ぶことから始めなければなりません。最近は、議論が技術に偏りすぎています。さらに悪いことに、道具のスピードに話が偏っています。「より速く、より速く」が、いつも話題になっているのです。

技術に固執しているため、情報の基本的な性質を見失っています。つまり、まず仕事を検討し、次に必要な情報をインプットし、最後に人間関係へと進むことによって、仕事は行われるということです。

リエンジニアリングとは、視点を、物の流れから情報の流れに移すことです。コンピュータは、その情報の流れにおける道具の一つにすぎません。金槌を買いに金物店に来た客は、椅子を張り替えるべきか、ドアを直すべきかを相談はしません。本の出版にしても、タイプライターの使い方を知っているからといって書き手になれるわけではありません。

しかし、金ではなく知識が組織を動かすようになったからこそ、データを知識と混同するようになったともいえるのです。

——知識労働者に関して、最大の問題は何でしょう。

過去四〇年間における最大の堕落は、わかりやすいことはレベルが低いと考えるようになったことです。

私が育った時代には、経済学者、物理学者、心理学者など、あらゆる分野のリーダーが、理解してもらうことを当然の義務としていました。アインシュタインは、相対性原理をだれにもわかるようにするために、三人の人たちの協力を受けて膨大な時間をかけました。ケインズさえ、自分の経済学を理解してもらうよう努めたものです。

ところがつい先日、私はある古株の学者が、若手の研究成果を、五人以上の人間が理解できたからという理由ではねつけたという話を聞きました。実際にあった話です。このような傲慢は許せません。知識は力です。だからこそ昔は、知識を秘密にしようとしました。しかし、ポスト資本主義社会では、力は、情報を伝達し、生産的なものにすることによってもたらされます。情報を隠すことによっては、本当の力はもたらされないのです。

知的な傲慢は許してはなりません。どのようなレベルであろうと、知識を持つ人たちには、人に理解してもらう義務があるのです。

逆に、いかなる分野であろうとも、経営幹部たる者は、他の人間を理解することに必死でなければなりません。これは今日、知識労働者と共に働く者にとって最大の課題でしょう。しかも理解するだけでは十分ではなく、専門性の深化と、異分野との接触のバランスを実現しなければなりません。

異分野との接触は、特に重要です。変わった例として天気予報があります。気象学者や数学者がチームとなって衛星データの解析に取り組んでいます。ヨーロッパでは、情報担当者を通すことによって、それら分野の違う人たちの作業を結合しようとしてきました。ところがアメリカでは、人事異動によって、これを行いました。

気象学の博士号を持つ者が、ハリケーンに関する数学モデルに取り組むチームに三年間籍を置かれたりしてきました。その人は数学者ではありませんが、数学者が与件とするものや、捨象するものについては理解できるようになったそうです。何が彼らの限界かも理解できるようになりました。こうして異分野との接触によって、アメリカはヨーロッパの三倍の精度で天気予報ができるようになりました。この異分野との接触は、あらゆる種類のスペシャリストにとって重要な意味を持つのです。

——そのことが、最近チームに関心が持たれるようになった理由でしょうか。

チームについては、かなりナンセンスなことが言われています。何かまったく新しいもののように言われていますが、人類はこれまでずっとチームで仕事をしてきました。

スポーツには、それこそ何百という種類の多様なチームがあります。しかし基本型はわずかしかありません。チームについては、まず何よりも適切な型を選ぶことが大切です。サッカー型のチームと、テニスのダブルス型のチームを混合して用いることはできません。

野球型のような言わば伝統的なチームの型が、再び流行るようになることもあります。仕事が研究部門、開発部門、製造部門の順に回っていくというチームです。実は、野球のチームについても、私は少し仕事をしたことがあります。野球型のチームの最大の強みは、集中できることにあります。打席では打つことに専念します。しかも今日流行のサッカー型のチームやジャズ・バンド型のチームのようなメンバー間の相互作用はあまりありません。

サッカー型のチームは常に動きますが、メンバー間の関係は維持します。テニスのダブルス型つまりジャズ・バンド型のチームになると、メンバーは互いに知り尽くしており、いつトランペットがソロを始めるかまでわかるようになっています。ジャズ・バンド型のチームは、信じられないほど柔軟です。しかしこのチームは、大変な修練を必要とするため、結局はあまり使われないかもしれません。日本の自動車メーカーが使っているサッカー型のチームも、これからは、それほど頻繁に新型モデルを出す必要がなくなるために、あまり使われなくなるかもしれません。

私は、今日でも野球型のチームを採用しているドイツの会社をいくつか知っています。ただし、それらの会社が、自分たちが野球型のチームであると認識しているかは知りません。強みははっきりしています。手にしている知識をフルに活用し、発展させていくことができるのです。ちなみに、ドイツでは、今後、中堅の会社が、集中力が上回っているというだけの理由で、大会社よりもよい業績を上げていくことになるでしょう。

――チームは、不可欠になるのでしょうか。

いかなる型のチームを選択するかを考えること自体が、知識をどう管理すべきかという問題を浮き彫りにします。新しい知識を生み出すことでは、イギリスの会社が進んでいます。しかしそれらの知識によって業績を上げてはいません。技術系の人間を十分評価していないことも、原因の一つです。イギリスの技術者でトップまで上り詰めた人はあまりいません。逆に日本の会社は、研究活動があまり得意ではありません。知識を仕入れ生産に結びつけるのは得意ですが。

アメリカの会社にしても、古い産業では、事態はそれほどよくありません。自動車産業はつい最近まで、一九三九年頃行っていたことを続けていました。しかしアメリカの会社は、コンピュータやバイオ技術に見られるように、新しい技術となると、絶頂期にあるかもしれません。

――これらのことから、経営幹部が心得るべきことは何でしょう。

知識の生産性には、質と量の両面があるということを心得ていただきたい。あまり多くのことはわかっていませんが、これからは、知識労働者を管理すると共に、専門知識を結合させなければなりません。

このことは、知識労働者としての専門家を嫌う管理者にとっては気乗りのしないことかもしれません。自分の専門知識を営利に結びつけられることを嫌う知識労働者にとっても、気分のよいことではありません。しかし、ポスト資本主義の世界では、知識と現場が同じチームでプレーせざるをえないのです。

――ポスト資本主義社会は、平等な社会にもなりますか。

そうとは限りません。民主的という言葉も、平等という言葉も正しくはないのです。民主的という言葉は、政治や法律の言葉です。参加的などという最近流行の言葉も使いたくありません。権限委譲という概念はもっと悪いでしょう。権限を一番下に持っていっても進歩にはなりません。それは依然として権限だからです。成果を上げるには、権限に代えて、責任を中心に据えなければならないのです。

私は管理者という言葉もあまり使いたくないのです。部下の存在を想定しているからです。エグゼクティブという言葉を使いたいと思います。支配ではなく、責任を意味しているからです。第二次大戦中に登場したボスという言葉は、よき指導者という意味で使うのであればよいでしょう。つまり、意思決定に際して支えとなってくれる存在という意味ならよいのです。

これからの組織は、上司と部下の関係ではなく、一人ひとりの人間とその支援者の関係になっていきます。これまでの一〇〇年間、組織の骨格や構造は、地位と権力の組み合わせでした。これからは、理解と責任の組み合わせでなければなりません。

（インタビューはT・ジョージ・ハリスが担当した）

第29章

The Theory of the Business

企業永続の理論

The Theory of the Business
HBR, September-October 1994.
企業永続の理論
『ダイヤモンド・ハーバード・ビジネス』1995年1月号

突然やってきた危機

マネジメントの手法がこれほど数多く現れたのは、一九四〇年代末から五〇年代初めにかけて以来である。ダウンサイジング、アウトソーシング、TQC、経済的付加価値分析（EVA）、ベンチマーキング、リエンジニアリングなど多様である。それぞれが有効であるが、アウトソーシングとリエンジニアリング以外はすべて、方法に関わるものだ。つまり、「いかに」行うべきかについての手法である。

ところがいまや、経営陣、特にこれまで順調だった大会社の経営陣にとっては、「何を」行うべきかが問題である。最近よく聞く話が、つい昨日まで順風満帆だった大会社が、突然、問題と危機に直面し、低迷し挫折する、というものだ。これは、アメリカだけではない。日本、ドイツ、フランス、イタリア、オランダ、スウェーデンでも耳にする。しかも、労組、政府機関、病院、美術館、教会など、会社以外の組織でも起こっている。むしろ、それら会社以外の組織のほうが、難しい問題に直面している。

原因はマネジメントの方法が下手だからではない。マネジメントに失敗したためでもない。たいていは事業を正しく行っている。単に実を結びえないことを行っているにすぎない。原因は何かというと、組織の設立とその後の経営に際して基礎とした前提が、現実に合わなくなったことにある。組織の行動を規定し、何を行い、何を行わないかを決め、何を意味ある成果とするかを規定すべき前提が、時代遅れとなったのである。

私が事業の定義と呼ぶものを構成するのは、第一に、環境としての市場、すなわち顧客や競争相手の価値観と行動である。第二に、みずからの使命、目的である。そして第三が、みずからの強みと弱みである。あらゆる組織が、みずからについての定義を持たなければならない。明快で一貫性があり、焦点の定まった定義が、組織にとってのよりどころとなる。

たとえば、ドイツの政治家で学者でもあったビルヘルム・フォン・フンボルトは、みずからが規定した大学の定義に基づき、一八〇九年ベルリン大学を創設した。その後ヒトラーが現れるまでの一〇〇年余にわたって、彼の定義が、ベルリン大学、特にその教育と研究の領域を規定した。

一八七〇年にはゲオルク・シーメンスが、同じように、明確な事業の定義を持って世界最初のユニバーサル・バンクとしてドイツ銀行を設立した。彼は、地域的に分裂したドイツを産業の力によって統一するために、起業家に資金を供給することを銀行の定義とした。二〇年後には、彼の銀行はヨーロッパ一の金融機関となった。二つの大戦、インフレ、ヒトラー支配を経験したにもかかわらず、確固たる存在として活動を続けた。

一八七〇年代には、はるか日本で、新しい事業の定義に基づいて三菱が設立され、一〇年後にはリーダー的な存在となり、さらにその二〇年後には世界でも最初の真の多国籍企業の一つとなった。

我々は、事業の定義という視点から見ることによって、二〇世紀後半のアメリカ経済を支配してきたIBMやゼネラルモーターズ（GM）が今日直面している問題を明らかにすることができる。これまで成功してきた世界的な大組織が不調に見舞われているのは、まさに彼らの事業の定義が、もはや有効ではなくなったからである。

IBMが誇る機動力

長い間繁栄してきた大組織が苦況に陥ると、必ずといってよいほど、怠慢、傲慢、官僚化が指摘される。それらの批判は、的を射ているだろうか。一見もっともに聞こえるが、それらの指摘は正しいほうが稀である。近年苦況に陥ったアメリカの大会社のなかで、官僚化が最も指摘されている二つの会社を見ることとしたい。

ＩＢＭはかなり早くから、コンピュータは電力と同じ道を進むとしていた。ＩＢＭの将来は無数のユーザーを接続するメインフレーム・コンピュータの強化にかかっているとした。このことを彼らは、整然と説明できた。経済学、情報理論、技術など、あらゆる理論が同じ結論を出していた。

ところが、このメインフレームを中心とする情報システムが現実のものとなろうとしたまさにその時、二人の無名の若者が、パソコンなるものを引っさげて登場した。

当時のコンピュータ・メーカーはみな、それを馬鹿げた代物と決めつけた。コンピュータに不可欠のメモリーやデータベースを持たず、スピードや計算能力も劣っていた。あらゆるメーカーが、パソコンは成功するわけがないとした。それはすでに、その数年前にパソコンの開発に取り組んだゼロックスの結論でもあった。ところが市場は、アップル、マッキントッシュという非嫡出の子を好意的に受け入れただけでなく、実際に買った。

成功している大会社というものは、普通は不意打ちに遭っても認めようとしないものである。ツァイスのＣＥＯは、一八八八年にコダック・ブローニーが現れた時「一時の流行であって、三年のうちに消えるだろう」と言った。当時ツァイスも、一世紀後のＩＢＭのように、世界の市場を支配していた。

パソコンに対しても、ほとんどのメーカーがそのような反応をした。アメリカではコントロールデータ、ユニバック、バローズ、ＮＣＲ、ヨーロッパではシーメンス、ニックスドルフ、マシーンブル、ＩＣＬ、日本では日立、富士通だった。

もちろん、これらのメーカーを全部合わせただけの売上げを誇り、しかも記録的な利益を上げていた巨人ＩＢＭも、同じ反応を示しておかしくなかった。だがＩＢＭは、パソコンの登場を現実のものとして受け入れた。ＩＢＭは、確認済みの正しいはずの方針を撤回し、パソコン開発のためのチームを二つつくって競争させた。二年後には世界最大のパソコン・メーカーとなり、規格の事実上の設定者となった。産業史上このような成果を上げた例はない。したがってIBMについては、怠慢、傲慢、官僚化の批判は当たらない。

ところがIBMは、その前例のない活力、謙虚さ、機動力にもかかわらず、数年後には、メインフレームでもパソコンでも、苦戦を始めた。行動を取れず対応できなくなったのである。

GMの成熟企業を成功に導く力

GMのケースも当惑させられる。GMは、乗用車部門が麻痺的な状態にあった一九八〇年代初め、ロス・ペローのエレクトロニック・データ・システムズ（EDS）とヒューズ・エレクトロニクスの二つの大会社を買収した。当時アナリストの多くは、これら二社があまりに成熟し切っており、GMは法外な値段を払わされたと批判した。

ところが数年後には、GMは、成熟し切っていたはずのEDSの売上げと利益を三倍以上に伸ばした。一〇年後の九四年には、EDSの市場価格は買収時の六倍となり、売上げと利益は一〇倍となった。同じようにGMは、まさに軍需産業が転落する寸前に買収したヒューズ・エレクトロニクスを、軍需部門で利益を上げさせると共に、民需でも成功させた。

驚くべきは、GM一筋三〇年という財務の人たちが、この目を見張る業績を上げたことだった。彼らは、GMの仕事の仕方をそのまま適用しただけだった。これはGMではよくあることだった。八〇年前の一連の買収以来、業績はよいが成熟し切った会社を買収し、一流の事業に育て上げるという他の会社にはない強みを持っていた。ビュイック、ACスパークプラグ、フィッシャー・ボディの買収がそうだった。企業買収の実績において、比肩しうる会社はなかった。もしGMが、怠慢、傲慢、官僚化した存在であったならば、そのようなことはできなかったはずだった。しかし今日、そのGMが、不案内の事業を成功させる能力は維持しつつも、本業では惨めに失敗を続けている。

IBMが麻痺に陥った理由

IBMやGMで長年にわたって通用し、特にGMでは、新しい事業でいまも通用している方針、方法、プロセスが、本業で通用しなくなったことは、いかに理解すべきか。

それは、IBMやGMが直面している今日の現実が、これまで前提としてきたものとは著しく異なるものになったためである。言い変えれば、両社は、現実が変化したにもかかわらず、事業の定義を進化させられなかったのだ。

パソコンの登場という新しい現実に機動的に対処する前にも、IBMは、基本戦略を一夜にして転換したことがあった。

五〇年、コンピュータ・メーカーとしてリーダー的存在だったユニバックが、最初の多用途コンピュータをつくった。それまでコンピュータは、単一用途だった。IBMが三〇年代末や四六年につくったコンピュータは、天体観測用だった。五〇年にSAGE北極圏防空システム用として設計したものも、敵機の早期発見という単一の用途しか持っていなかった。

しかしIBMは、単一用途のコンピュータ開発という方針をただちに捨てた。ユニバックのアーキテクチャーを改良し、手作業ではなく工場生産ができ、しかも簡単にサービスのできる最初の多用途コンピュータを開発した。その結果、三年後には世界市場を制し、コンピュータに関しては事実上の規格を設定する存在となった。

IBMは、コンピュータを発明したわけではなかった。その活力、謙虚さ、機動力によって、コンピュータ産業をつくり上げた。しかし、五〇年に市場の制覇をもたらした事業の定義は、三〇年後には役立たなくなった。七〇年代に至ってなお、ＩＢＭは五〇年代と同じように、コンピュータは一種類であるという前提に立っていられた。ところが、パソコンの出現によって、その前提が崩されたのである。

メインフレーム・コンピュータとパソコンの間には、発電所とトースター以上の違いがあった。むしろ発電所とトースターは、相互に依存し合い、補完し合う存在たりうる。だがメインフレーム・コンピュータとパソコンは競争関係にある。そのうえ情報の定義が違う。メインフレームにとって、情報とはメモリーである。パソコンにとって、情報とはソフトウエアである。

発電所の建設とトースターの生産は、たとえ別の種類の事業ではあっても、現にＧＥが数十年にわたって行ってきているように、一つの会社が所有しマネジメントできる。ところがメインフレームとパソコンは、そもそも同じ会社では共存できないのかもしれない。ＩＢＭは、この二つを合わせ持とうとした。

パソコンはあまりに成長が早かった。メインフレームのビジネスの風下に置くことはできなかった。他方、メインフレームは、いまだに利益を上げていた。したがってパソコンだけに力を入れることはできなかった。結局、コンピュータは一種類しかないという前提、さらに言うならば、コンピュータ産業はハードウエア志向であるという前提が、ＩＢＭを麻痺させた。

ＧＭのつぎはぎの対策

ＧＭは、ＩＢＭよりも、さらに成功した事業の定義を持っていた。その定義のおかげで、ＧＭは世界最大の利益を上げた。ほぼ七〇年というもの、ほとんど障害にぶつかったことがなかった。これはビジネス史上稀有のことだった。

ＧＭの事業の定義は、みずからの強みと組織構造についての前提と、市場や顧客についての前提を、クモの巣のように織り上げたものだった。二〇年代の初めから、ＧＭは、自動車市場は、同質の価値観を持つ安定した所得階層によって区分できるとの前提に立ってきた。したがってコントロールすべき独立変数は、中古車価格だけであるとした。ユーザーは、下取り価格が高額であれば、ＧＭにとって利益の大きなより高級な車に買い替える。頻繁なモデル・チェンジは下取り価格を押し下げる。

ＧＭは、シェアと利益を最大にするために、市場についてのこのような前提と、生産についての前提を組み合わせた。それは、モデル・チェンジを減らし、大量生産によって、一台当たりの固定費を最小にすることだった。

ＧＭは、車種ごとに独立した事業部が、それぞれの所得階層を担当することとした。各車種の最高価格が一つ上の車種の最低価格と重なるようにし、かつ下取り価格を高くすることによって、上の車種に移りやすくした。この方法は魔法のように動いた。大恐慌中の最悪の年でさえ、赤字を出すことなくシェアを広げた。

ところが七〇年代の終わりになって、市場と生産についてのこの前提が有効性を失った。市場は、移り気なライフスタイルによって区分されるようになった。所得は、自動車の購入にとって唯一の決定要因ではなくなり、いくつかの要因の一つにすぎなくなった。さらにリーン生産が規模のメリットをなくした。モデル・チェンジや多様化にコストがかからなくなり、同一モデルの継続生産よりも利益をもたらすようになった。

ＧＭは、これらのことを頭では理解していた。しかし、心底では信じていなかった。そこで、つぎはぎの対策を取った。各事業部は、より広い所得層に合う車を市場に投入した。リーン生産の経済性に対抗するために、三〇〇億ドルの巨費を投じて、大量生産体制の下にオートメーション化を進めた。一般に考えられているのとは逆に、ＧＭは、膨大なエネルギーと勤勉さと共に、時間と金を投入したのである。だがそれらの対策は、ユーザー、ディーラー、社員、経営陣自体を混乱させただけだった。しかもその間、成長市場を無視してしまった。リーダーシップを握りえた市場、ほとんど無敵でありえた軽トラックとミニバンの市場を無視したのである。

事業を定義する

事業の定義は三つの要素からなる。

第一は、組織を取り巻く環境である。社会とその構造、市場と顧客、そして技術の動向についての前提である。

第二は、組織の使命である。シアーズ・ローバックは、第一次大戦中から戦後の数年にかけ、一般家庭のためのバイヤーとなることを使命とした。その一〇年後、イギリスのマークス・アンド・スペンサーは、所得層にとらわれない小売業となることによって、イギリス社会の変革を担うことを使命とした。AT&Tは、第一次大戦中から戦後の数年にかけ、あらゆる家庭と会社が電話を持てるようにすることを使命とした。

ここに言う使命は、必ずしも野心的である必要はない。GMは、はるかに慎ましい使命を定めた。それは、エンジンつきの陸上輸送機器の分野でリーダーになることである。

第三は、そのような環境の下において、そのような使命を達成するために必要とされる強みについての前提である。たとえば、一八〇二年に設立された陸軍士官学校は、信頼するに足るリーダーを養成する能力を、みずからの強みとした。マークス・アンド・スペンサーは、一九三〇年頃、商品を買いつける能力ではなく、商品を規定し、デザインし、開発する能力をみずからの持つべき強みとした。AT&Tは、二〇年頃、料金を下げつつサービスを向上させるうえで必要な技術におけるリーダーシップを、みずからの強みとした。

第一の環境についての前提は、組織が何によって対価を得るかを明らかにするものだ。第二の使命についての前提は、組織が何を意義ある成果とするか、経済や社会に対しいかに貢献するつもりかを明らかにする。第三のみずからの強みについての前提は、みずからがリーダーシップを維持していくためには、どの分野で抜きん出なければならないかを示している。

言うまでもなくこれらは、嘘かと思われるほど単純に見える。もちろん、そのような明瞭かつ一貫性のある有効な事業の定義にたどりつくには、時間をかけた作業と、思考と、試行錯誤を必要とする。だが組織が成功するには、必ずこの事業の定義を行わなければならない。しかも、事業の定義が有効であるためには、四つの条件を満たさなければならない。

四つの条件

第一に、環境、使命、強みについての前提のそれぞれが、現実に適合しなければならない。

二〇年代の初め、イングランドのマンチェスターにおいて、無一文のサイモン・マークスと三人の義理の兄弟が、自分たちの安売り店によって社会に変革をもたらそうと踏み出した頃は、ちょうどイギリスの社会構造が、第一次大戦によって根底から揺さぶられていた時だった。その結果、ランジェリー、ブラウス、ストッキングのような、品質とセンスがよく、しかも安い商品を購入する新たな買い手が、大量に生み出されていた。事実、マークス・アンド・スペンサーにとっては、それらの商品が、最初に成功した商品群となった。

同時に同社は、他の小売りにない強みを手に入れることにした。それまで、小売りにとっての強みは、買いつけ能力だった。しかし同社は、顧客を知っているのはメーカーではなく、自分たちだと考えた。もしそうであれば、メーカーではなく自分たちが、商品の設計と開発を行い、その後、仕様どおりの商品をつくることのできるメーカーを見つけなければならない。もちろん同社が、小売りの下請けになることなど夢にも思っていなかった取引先のメーカーにこの新しい定義を受け入れさせるには、五年から八年の年月を要した。

第二に、事業の定義に関わる三つの前提は、それぞれが互いに適合していなければならない。

GMが数十年にわたって隆盛をきわめた原因が、ここにあった。GMは、市場についての前提と生産についての前提を完全に適合させた。しかも同社は、すでに二〇年代の半ばに、他にはない特有の強みが必要であるとの結論に達した。それが、製造プロセスの財務的なコントロールであり、投資についての意思決定手法の開発だった。こうしてGMは、近代的な原価計算と投資評価の手法を生み出した。

第三に、事業の定義は、組織全体に周知徹底させなければならない。

これは、組織が若い頃には容易である。しかし成長に伴い、事業の定義を当然のこととし、特別の意識を持たなくなる。万事がずさんになり、手軽に済ますようになる。正しいことよりも都合のよいことを追いかける。考えなくなる。疑問を持たなくなる。答えは覚えていても、問題が何であったかを忘れてしまう。事業の定義は言わば慣習となる。慣習をもって規律に代えることはできない。しかるに事業の定義は、それ自体が規律なのである。

第四に、事業の定義は常に検証していかなければならない。

事業の定義は石板に刻んだ碑文ではなく、仮説にすぎない。常に変化してやまないものとしての社会、市場、顧客、技術についての仮説である。したがって、自己変革の能力そのものを事業の定義のなかに組み入れておかなければならない。

陳腐化を見抜き変革に挑む

事業の定義のなかには、長く生き続ける強力なものがある。だが、人間がつくるものに永遠のものはない。特に今日では、永続しうるものさえほとんどない。事業の定義も、やがては陳腐化し、実効性を失う。

二〇年代に創立され、その後繁栄してきた大会社のそれぞれが基盤としてきた事業の定義に今日生じているものが、この陳腐化である。これが、GM、AT&T、IBMに生じたことであり、ユニバーサル・バンクとしてのドイツ銀行に生じていることである。さらには、急速に解体に向かいつつある日本の系列に生じつつあることだ。

通常、事業の定義が陳腐化してきた時の対応は、防衛的である。現実を直視せず、何事も起こっていないかのように行動しようとする。次によく見られる対応は、八〇年代のGMや今日のドイツ銀行のように、小手先の対策である。ドイツ銀行をメインバンクとするドイツの大会社の多くが、今日突然の危機に見舞われているのは、もはやドイツ銀行の事業の定義が通用していないことを示している。事実ドイツ銀行は、かつて意図した融資先会社のコーポレート・ガバナンスに関わるみずからの機能を果たせなくなっている。

二つの予防策

小手先の対策が有効であることはない。事業の定義が陳腐化の兆候を示し始めた時には、それまで成長の基盤としてきた前提が不適切になったとの認識の下に、みずからの環境、使命、強みについて、現実との照合を行わなければならない。具体的にすべきことは、予防策を用意することである。事業の定義をモニタリングし検証するシステムをつくっておく。そのうえで兆候の早期診断を行うのである。そして事業の定義が陳腐化しつつあることを知ったならば、分析を行い、新たな定義を行い、事業の方針と方法を変革する。こうしてみずからの行動を、みずからを取り巻く環境の新しい現実と、みずからの使命として規定すべきものと、獲得すべき強みに沿ったものにするのである。

具体的な予防策は二つしかない。しかし、その二つを一貫して行うならば、水も漏らさぬ体制の下に、事業とその定義を急速に変革していくことができる。

第一の予防策は、私が言うところの体系的廃棄である。三年おきに、すべての製品、サービス、流通チャネル、方針を根本的に見直すことである。もしいま行っていなかったとしても、始めるための検討をすべきである。こうして現在の仕事や方針を見直すことは、事業の定義を問い直すことにつながる。もろもろの前提について検証せざるをえなくなるからだ。五年前に始めた時は有望と思われたのに、今日いまだに成功していないのはなぜか。判断が間違っていたのか。方法がよくなかったのか。どこかに思い違いがあったのか。

体系的かつ意識的に廃棄を行わない限り、単に仕事に追われることになる。行ってはならないことや、もはや行えるはずのないことに資源を浪費し、資源の欠乏に直面することになる。とりわけ、市場や、技術や、強みの変化を利用するうえで不可欠な人材が不足する。その結果、事業の定義が陳腐化した時生ずるに違いない機会に対し、攻撃的に対応することができなくなる。

第二の予防策は、外で起こっていること、特にまだ顧客になっていない人たちについて知ることである。数年前、「歩き回りのマネジメント」なるものが流行した。たしかにそれは重要である。また、顧客について知ることも重要である。今日、そのための情報技術は急速に進歩しつつある。

しかし、基本的な変化の最初の兆候が、組織の内部やすでに顧客になっている人たちに表れることはあまりない。それは顧客でない人たちに現れる。顧客でない人たちのほうが、顧客よりも数が多い。今日、小売りの巨人であるウォルマートさえ、消費財市場の一四パーセントしかカバーしていない。つまり八六パーセントは顧客ではない。

顧客でない人たち（ノンカスタマー）の変化の大切さを教える最近の例として、アメリカのデパートがある。デパートは二〇年ほど前の絶好調の頃、食料品を除く小売市場の三〇パーセントをカバーしていた。しかも、自分たちの顧客について、定期的に調査し、研究し、分析していた。だが、顧客でない七〇パーセントを占める人たちについては、関心を払っていなかったし、関心を持つべき理由もなかった。デパートの事業の定義では、デパートで買い物をする余裕のある人たちは、すでにそうしているはずだった。たしかに五〇年前は、この前提は現実と一致していた。

しかしベビー・ブーム世代が成人になった時、この前提が効力を失った。アメリカでは、新しい世代のなかで最も重要な消費者、すなわち教育を受けた共働きの女性にとって、どこで買い物をするかの決定要因は、価格ではなかった。時間だった。彼女たちにはデパートで買い物をする時間がなかった。デパートは自分の顧客しか見ていなかったので、このことに気づいたのは、ほんの数年前だった。その時には、デパートの商売は干上がっていて、ベビー・ブーム世代を顧客とするのは手遅れだった。

こうしてデパートは、顧客志向は大事であっても、それだけでは十分でないという教訓を与えてくれた。組織は、あくまでも市場志向でなければならないのだ。

四つの兆候

問題の発生を早期に発見するためには、兆候に注意しなければならない。事業の定義は、組織が本来の目的を達成した時に陳腐化する。目的の達成は、お祝いをすべき時ではなく、考え直すべき時である。

ＡＴ＆Ｔは、すべての家庭と企業に電話を提供するという使命を五〇年代半ばに達成した。当時、経営陣のなかには、事業の定義の見直しを主張する人たちがいた。しかし、すでに目標を達成したローカル・サービスを、成長分野である長距離サービスや国際通信から分離すべきであるとの彼らの主張は無視された。ＡＴ＆Ｔは、数年後苦況に陥った。そこから脱するには、独占禁止法に基づく分割命令によって改革を強制されるしかなかった。

急速な成長も、事業の定義の危機を意味することがある。短期間に二倍、三倍に成長すれば、いかなる組織であれ、それまでの定義を超えて大きくなっているにちがいない。

シリコンバレーの中堅の会社にしても、社員に名札が必要になった時に、もはやビール・パーティではコミュニケーションが図れないことを知る。しかしそれだけではない。そのような成長は、より深いところで、事業に関わる前提や方針や慣行に問題を投げかけていることを知るべきである。成長はもちろん、その健全性を維持するためにも、みずからの環境と、使命と、強みについて、繰り返し自問自答していかなければならない。

事業の定義がもはや有効でなくなったことを示す兆候は、ほかにも二つある。一つは、みずからのものであれ、競争相手のものであれ、予期せぬ成功である。もう一つは、同じくみずからのものであれ、競争相手のものであれ、予期せぬ失敗である。

デトロイトのビッグ・スリーが、日本車に打ちのめされていたまさにその時、クライスラーが、予期せぬ成功を収めた。乗用車は急速にシェアを失っていたが、ミニバンとジープが急激な伸びを示した。当時、ＧＭは軽トラック市場でリーダー的な地位にあり、デザインと品質に抜きん出ていた。そのＧＭが、クライスラーの成功には関心を払わなかった。そのうえ軽トラックやミニバンは、乗用車として購入されていたにもかかわらず、統計では商用車に分類されていた。

もし、ＧＭがクライスラーの成功に目を向けていたならば、自動車市場の区分やみずからの強みについての前提が、効力を失っていることに気づいたかもしれない。軽トラックやミニバンの市場は、所得階層で区分される市場ではなかった。したがって下取り価格に影響される市場ではなかった。しかも皮肉なことに、軽トラックは、ＧＭが一五年も前に、すでに今日のリーン生産方式によって生産していた車種だった。

予期せぬ失敗も予期せぬ成功と同じように、事業の定義の陳腐化の重大な兆候であり、六〇歳を過ぎてからの軽い心臓発作と同じように、深刻に受け止めなければならない。六〇年前シアーズは、大恐慌のさなかにあって、自動車保険が、金融商品ではなく自動車アクセサリーの一種になったと判断した。そこでアメリカの一般家庭のためのバイヤーとしてのみずからの使命に自動車保険の販売が適合していると結論した。だれもが、シアーズは突飛なことをすると思った。だがシアーズの自動車保険は、ただちに高収益の事業へと成長した。

その二〇年後の五〇年代にも、シアーズは、ダイヤモンドの指輪が、ぜいたく品ではなく生活必需品になったと判断した。その後シアーズは、世界最大の、しかもおそらくは最も高収益のダイヤモンド商となった。

そのシアーズが八一年、証券投資が消費財になったと判断した。そこで、証券会社ディーン・ウィッターを買収し、その営業所を各地の店舗内に設けたが、大失敗に終わった。消費者は、金融上のニーズを消費財とは考えていなかったのである。シアーズがその証券部門の営業所を店舗の外に出したところ、業績が上がった。九二年、シアーズは証券部門を売却し大きな利益を上げた。

しかし、もしシアーズが証券の小売りに失敗した時、それを単なる失敗の一つとしてではなく、逆に、みずからの事業の定義そのものの陳腐化の兆候としてとらえていたならば、実際よりも一〇年は早く、まだシアーズが市場で実質的なリーダーシップを持っている間に、事業の立て直しにかかることができたはずだった。なぜならば、その時シアーズは、大規模流通業が長年にわたって戦略の基本としてきた市場の同一性という前提について、Ｊ・Ｃ・ペニーと同じ疑問を抱くことができたかもしれなかったからである。

決断に関わる原則

我々は組織を蘇生させようとする時、魔法の力を持つ人を探す。だが、事業の定義を見直すには、ジンギスカンやダ・ビンチが必要なわけではない。必要なのは天才ではなく、勤勉さである。賢さではなく、問題意識である。そもそもＣＥＯとはそのための存在である。事実、事業の定義の変革に成功したＣＥＯは多い。

メルクのＣＥＯは、高収益が見込める新薬の研究開発に力を入れることによって大きな成功を収めた。その同じ人物が、事業の定義を変え、大衆薬の卸会社を買収して成功した。しかも彼は業績がよいなかでこれを行った。同じように数年前、電子機器メーカー、ソニーのＣＥＯが事業の定義を変え、ハリウッドの映画制作会社を買収した。ソフトを求めるハードのメーカーから、ハードへの需要を生むソフトのメーカーへと変身させた。

もちろん、このような奇跡を起こす人たちがいる一方で、同じように有能でありながら、組織をつまずかせる人たちがたくさんいる。我々は、陳腐化した事業の定義の見直しを、奇跡を起こす人に頼るわけにはいかない。奇跡を起こす人に頼って病気を治療できないのと同じである。実際に奇跡を起こしたと目されている人たち自身が、カリスマ性、予知能力、超能力の類を一切否定している。

彼らは診断と分析から始める。目的の実現や急速な成長には事業の定義の見直しが必要であることを知っている。予期せぬ失敗を部下の無能や偶然のせいにしない。システムの欠陥の兆候と見る。逆に、予期せぬ成功についても、みずからの手柄とせず、みずからの前提に問題が生じていると考える。

彼らは、事業の定義の陳腐化は、進行性の病、しかも生命に関わる病であると見なしている。彼らは、外科医の昔からの原則、すなわち決断に関わる原則を知っているのだ。それは、進行性の病は、先延ばしすることによっては治らない、手術でしか治せないという原則である。

第30章

The Information Executives Truly Need

エグゼクティブが必要とする情報

The Information Executives Truly Need
HBR, January-February 1995.
新たなる意思決定の原理
『ダイヤモンド・ハーバード・ビジネス』1995年5月号

情報とマネジメント

三〇年から四〇年前、コンピュータというデータ処理の道具が現れて以来、我々は情報を過大評価したり、過小評価したりしてきた。私を含め多くの者が、企業モデルなる数式と、コンピュータの力によって、マネジメント上の意思決定を行い、かなりの程度まで事業を経営できるようになるという過大評価をした。しかし同時に、コンピュータを、よりよくマネジメントするための道具としてのみとらえるという過小評価もした。

今日では、マネジメント上の意思決定を行ってくれる企業モデルなどというものを口にする者は、もはやいない。データ処理の能力が最も役に立っているのは、企業のマネジメントにおいてではない。建築物の構造問題に関わるソフトウエアやCADなど、特定の業務においてであるにすぎない。

しかも我々は、コンピュータという新しい道具を過大評価したり過小評価したりしただけではない。コンピュータが、我々が取り組むべき問題を大きく変えるということに気がついていなかった。人類の歴史が教えるように、道具とコンセプトは、相互に依存し、相互に影響を与え合う。一方が他方を変える。これが現在、コンピュータという道具と、企業というコンセプトの間で起こっていることである。

すでにコンピュータという新しい道具が、企業というコンセプトを次のようにとらえることを可能とし、必然とさえしている。

①企業とは、資源の加工者である。コストを成果に転換する組織である。
②企業とは、経済連鎖の環である。コストを管理するためには、この経済連鎖の全体を把握しなければならない。
③企業とは、富の創出機関である。
④企業とは、物的環境によってつくられる被創造物である。と同時に、物的環境をつくる創造的主体でもある。ここに言う物的環境とは、企業にとって、機会や成果のみならず、成功や生存への脅威が存在する外部の世界のことである。

本稿では、エグゼクティブが必要とする情報について述べる。そして、それらの道具と企業コンセプトとの関係について述べる。

道具としての情報のいくつかは、昔からあるものである。しかしそれらのいずれも、マネジメントの道具として使われたことはほとんどない。事実、現在のかたちでは、ほとんどマネジメントの役には立たない。仕立て直しが必要である。今後重要になってくる新しい道具でさえ、それがどのようなものになるかについては、おおよそのことしかわかっていない。要するに、今日のところ、道具自体が適切に設計されていない。

我々は、道具としての情報の使い方について、ようやく理解するようになったところである。しかし、マネジメントに必要な情報システムの主要部分については、かなりのことを知るに至っている。

そして、我々はいまや、エグゼクティブが明日マネジメントすべき企業、すなわち明日の企業のコンセプトについても、かなりのことを理解するに至っている。

活動を基準とした新しいコスト管理

事業や情報についての再設計が最も進んでいるのは、最古の情報システムたる会計である。すでにオーソドックスなコスト会計から、活動に焦点を合わせた新しいコスト管理に移行している企業も多い。新しいコスト管理では、事業、特に製造に関わる全プロセスというコンセプトが重視される。評価測定の方法も、オーソドックスなコスト会計とは異なる。

オーソドックスなコスト会計は、七〇年ほど前に、ゼネラルモーターズ（GM）がつくったものである。それは、製造の総コストは、個々の作業コストの和であるとしている。しかし、現実に競争上および収益上、重要な意味を持つコストは、製造に関わる全プロセスにおけるコストである。そしてそれは、新しいコスト管理が記録し、管理しようとするものである。

新しいコスト管理は、原材料や資材や部品が工場に到着したところから、製品が最終消費者の手元に達するまでの全プロセスを問題とする。製品の据えつけやアフターサービスなど、消費者が別途負担することになるコストも、全プロセスのコストの一部としてとらえる。

オーソドックスなコスト会計は、ねじ切りなど、個々の作業に要するコストを計算する。しかし、新しいコスト管理は、機械の遊休時間や、材料や工具の待ち時間、出荷の待ち時間、不良品の手直しや、廃棄のコストを計算する。

オーソドックスなコスト会計は、何かをしないことのコストについては、記録や計算をしない。しようとしてもできない。しかし現実には、なさざることのコストは、何かをなすことのコストに匹敵する。あるいは凌駕する。したがって新しいコスト管理は、オーソドックスなコスト会計よりも、コストの管理に優れているだけでなく、成果の管理を可能にする。

オーソドックスなコスト会計では、たとえば熱処理のような作業は、当然行うべき場所において、当然行うべきものであるとする。これに対し新しいコスト管理は、そもそも作業を行う必要があるかどうかを問題にする。もし行う必要があるとしても、次に、それまで当然のこととして行ってきた場所において行う必要があるかどうかを問題とする。つまり、新しいコスト管理は価値分析（VA）、プロセス分析、品質管理、コスト会計など、これまでそれぞれ独立した分析手法として使っていたものを統合する。

このようにして、新しいコスト管理は製造コストを大幅に引き下げる。三分の一以上も引き下げることがある。しかし、新しいコスト管理が最も大きな成果をもたらすのは、サービス活動においてである。

たしかに製造業においても、現在のコスト管理は十分ではない。しかし、銀行、小売り、病院、学校、新聞社、放送局などのサービス産業では、これまでコスト管理どころか、コストに関する情報さえ手に入れられなかった。

新しいコスト管理を導入することによって、なぜこれまで、オーソドックスなコスト会計がサービス産業では使えなかったかが明らかになる。コスト会計の手法が間違っていたからではない。前提が間違っていたからである。

サービス産業では、製造業のように、個々の作業を基礎としてコスト管理を行うことはできない。サービス産業では、コストは一種類しかないということを、コスト管理の前提としなければならない。すなわち存在するのは、事業の全プロセスのコストだけである。そしてそれは、一定期間において一定たらざるをえない固定コストである。

事実、オーソドックスなコスト会計が行っている固定コストと変動コストの区分は、サービス産業では、ほとんど意味がない。また、オーソドックスなコスト会計が前提としてきた労働の資本による代替も、サービス産業ではあまり意味がない。

実際問題として、特に知的労働に関しては、設備投資は労働力の削減どころか、増大をもたらす。たとえば、病院は新しい診断用医療機器を購入すれば、その操作のために、四、五人の技師を必要とする。このことは、他の知的組織についてもいえる。一定期間においては、総コストが固定しており、かつ、資源間の代替が不可能であるという事実こそ、事業の全プロセスをトータルなものとしてとらえて、コスト管理しなければならない理由である。新しいコスト管理は、この事実を前提としている。

したがって、新しいコスト管理の導入によって、我々は初めて、サービス産業においても、コストに関わる情報を手に入れ、成果を管理することが可能となる。

たとえば銀行は、すでに数十年にわたって、オーソドックスなコスト会計によって、すなわち個々の作業のコストを計算することによってコストを管理すべく、無益な努力を重ねてきた。しかし今日、ようやく銀行も、いかなる作業がコストの中心となっているか、またいかなる作業が成果の中心となっているかについて、自問するようになっている。答えは、いずれも顧客へのサービスである。そしてあらゆる種類の銀行業務において、顧客一人当たりのコストは、固定的コストである。したがって、顧客一人当たりの成果、すなわち顧客一人当たりのサービスこそ、銀行のコストと利益を左右する。

小売りのディスカウンター、特にヨーロッパのディスカウンターは、このことをかなり前から理解している。陳列棚は、固定的コストである。したがって、一定期間における一定の陳列棚からの収益を最大にすることが、マネジメントの主たる仕事である。そのため彼らは、低価格と小さな利幅の下において、収益の増加を実現することができたのである。

一部のサービス活動については、コストの新しいコンセプトは、まだ開発途上にある。たとえば、生産性の測定がほとんど不可能な研究所においては、コストは主観的な評価や判断に依存せざるをえない。しかし、今後一〇年から一五年の間には、知的なサービス活動のほとんどの領域において、コストを測定し、管理し、かつそれらのコストを成果と関連づけることが可能になるはずである。

サービス活動のコストを明確にすることによって、あらゆる種類の事業において、顧客を獲得し、維持するためのコストについて、新しい物の見方が可能となる。もしGMやフォードやクライスラーが新しいコスト管理を行っていたならば、最近流行りの新車購入者に対する大幅値引きという過当競争の不毛さも認識できていたはずである。そのような販促活動は、ビッグ・スリーに対し、膨大なコスト負担を強いただけでなく、潜在的な顧客にまで逃げられるという結果をもたらしただけだった。

事実、ビッグ・スリーのいずれの企業も、市場シェアを大幅に失った。しかしそれら特別割引のコストや、そのために失ったものは、オーソドックスなコスト会計では表れてこなかった。だれも、その害の大きさを知ることができなかったのである。

オーソドックスなコスト会計では、製造のための個々の作業のコストしか明らかにできない。そして、それら個々の作業のコストとしては、市場における特別割引やリベートのコストは、表れてこない。また、オーソドックスなコスト会計は、価格が市場シェアに与える影響も明らかにすることができない。

これに対し、新しいコスト管理は、個々の活動コストと成果の変化が、事業全体の業績に与える影響を明らかにする。あるいは、少なくとも明らかにしようとする。

アメリカのビッグ・スリーも、もし新しいコスト管理を行っていたならば、値引き合戦がもたらす損害をただちに知ったはずである。事実、かなり初歩的なものとはいえ、すでに新しいコスト管理を行っていたトヨタ、日産、ホンダは、アメリカの自動車メーカーとの値引き合戦に引きずり込まれることなく、市場シェアと利益率を維持することができた。

経済連鎖全体のコストを管理する

しかし、自社の活動のコストについての情報を得るだけでは、不十分である。ますます激化する世界市場にあって、競争に勝つためには、経済活動の連鎖全体のコストを把握し、その連鎖を構成する他の企業との連携の下に、コストを管理し、成果を最大化しなければならない。したがって今日では、すでに多くの企業が、自社だけのコスト管理から、経済連鎖全体のコスト管理へと重点を移してきている。経済連鎖においては、最大の企業でさえ環の一つであるにすぎない。

法人格は、株主や債権者、社員や税務当局にとっては、現実の存在である。しかし法人格は、経済的には虚構にすぎない。三〇年前、コカ・コーラはフランチャイザーだった。生産活動を行うボトラーは、それぞれ独立した企業だった。しかし今日、コカ・コーラは、生産活動のほとんどを、みずからボトラーとして行っている。だが、コカ・コーラを飲む者は、そのようなことは気にしない。知っていても、気にしない。

市場において意味があるのは、経済的な現実である。経済的なプロセス全体のコストである。だれが所有者であるかは、関係がない。

企業経営史においては、無名の企業がどこからともなく現れて、一見大した苦労もなく、数年のうちに市場を席巻し、リーダー的な地位を獲得したという例がいくらでもある。そしてその原因は、優れた経営戦略、優れた技術、優れたマーケティング、スリムな生産活動等々にあったと説明されている。

しかし、それらの例に常に共通することは、新規参入者のコスト上の優位性である。通常、三〇パーセントのコスト格差が見られる。そしてその原因もまた、常に同じである。新規参入者は、個々の事業活動のコストではなく、経済連鎖全体のコストを把握し、管理することに成功している。

供給業者や販売店のコストまで把握し、それらを管理することにおいて成功した最も有名な企業が、トヨタである。すなわち、いわゆる系列である。トヨタはこの系列のネットワークによって、生産、販売、サービスのコストを一つの流れとして把握し、最もコストが安く、最も成果が大きなところで仕事をしている。

しかし、経済的なコストの流れ全体の把握とその管理は、日本の企業の発明によるものではない。アメリカの企業による。それは、GMを構想し設立したウィリアム・デュラントの発明による。一九〇八年頃から彼は、ビュイック、オールズモビル、キャデラック、シボレーなど、比較的業績のよい中小の自動車メーカーを買収することによって、GMをつくり上げた。一六年には、子会社としてユナイテッド・モーターを設立し、同じく比較的業績のよかった中小の部品会社を買収した。そのなかには、チャールズ・ケッタリングによるセルフスターターの特許を持つデルコも含まれていた。

デュラントは、二〇社前後の部品メーカーを買収した。彼の手による買収は、GMのCEOを辞めさせられる前年の一九年に買収したフィッシャー・ボディが最後だった。彼は、部品会社を買収しては、新車の構想段階から設計に参画させた。こうして彼は、生産コスト全体を一つの流れとして管理した。つまるところ、デュラントが系列の発明者だった。

しかし五〇年から六〇年の間に、増大する労働組合の力によって、GMの部品部門の賃金が、独立系の部品メーカーよりもかなり高くなってしまった。そのため、せっかくのデュラントの系列も、GMにとっては足かせとなった。

そして、ＧＭの部品部門の生産高の約半分を購入してくれていたパッカードや、スチュードベーカーなどの自動車メーカーが、次々と姿を消すにつれ、ＧＭのコスト上および性能上の優位性も失われていった。しかし、ＧＭのコスト管理は、実にそれまでの四〇年間以上にわたって、一時きわめて高い生産性を誇っていたスチュードベーカーをも凌ぐコスト上の優位性をもたらし続けたのだった。

デュラントのこのシステムを最初に導入したのが、シアーズ・ローバックだった。同社は一九二〇年代に納入業者の少数株式を取得し、長期契約を結んでいった。そして、商品の設計段階からそれらの納入業者と協力し、商品のコストを一つの流れとして把握し、管理した。その結果シアーズ・ローバックは、その後数十年にわたって、コスト上の不動の優位性を保持した。

三〇年代の初め、今度はロンドンに本拠を置くマークス・アンド・スペンサーが、このシアーズの方式を導入し、同じように大きな成果を上げた。そしてその二〇年後、トヨタを筆頭とする日本企業が、シアーズ・ローバックやマークス・アンド・スペンサーと同じことを行った。八〇年代には、ウォルマートが同じ方式を導入し、供給業者に対し、店舗の棚に直接納入させることにした。こうして在庫をなくし、それまでの流通業のコストを三分の一近く削減した。しかし、いまだに、これらの企業は例外的な存在である。

一八九〇年代の終わりにアルフレッド・マーシャルが論じて以来、経済学は、経済連鎖全体のコスト管理の重要性を説いてきた。しかし、ほとんどの企業が、それを単なる理論として聞き流してきた。しかしいまや、経済連鎖としてのコスト管理は、不可欠である。それどころか、「リーン企業体が価値連鎖を完成させる」(注一)で、著者のウォーマックとジョーンズが論じているように、コスト管理だけでなく、企業戦略や製品企画をはじめとするあらゆる活動について、企業の法的枠組みを超えて、事業のプロセス全体を把握し、管理することが必要になっている。

経済連鎖全体のコストを管理するということは、コスト主導の価格設定から、価格主導のコスト管理に移行することを意味する。昔から欧米の企業は、コストからスタートし、これに利益幅を上乗せし、価格を設定してきた。すなわち、コスト主導の価格設定を行ってきた。

しかし、シアーズ・ローバックやマークス・アンド・スペンサーだけは、はるか昔から、価格主導のコスト管理を行っている。すなわち、まず、顧客がすすんで支払う価格を設定し、商品の設計段階から、許容されるコストを明らかにしている。かなり最近まで、これらの企業は例外的な存在だった。しかしいまや、価格主導のコスト設定のほうが、一般化しつつある。

まず日本企業が、輸出品についてこれを行った。今日では、ウォルマートをはじめ、日本、アメリカ、ヨーロッパのディスカウンターはすべて、価格主導のコスト管理を行っている。クライスラーの新型車や、GMの〈サターン〉が成功したのも、これによる。しかし、この価格主導のコスト管理を行うには、経済連鎖のコスト全体について、情報を把握し、管理することができなければならない。

この経済連鎖の考え方は、外部委託、提携、合弁など、支配、被支配ではなく、パートナーシップを基盤とする事業関係すべてに適用される。しかも、それらの事業関係こそ、特にこれからのグローバル経済の下にあっては、親会社と完全子会社という伝統的なモデルに代わって、成長のモデルとなるものである。

しかし、ほとんどの企業にとって、この経済連鎖によるコスト管理は容易ではない。経済連鎖に組み込まれているすべての企業が、統一的な、あるいは少なくとも接続可能な会計システムを持たなければならないからである。現実には、それぞれの企業が、それぞれの会計システムを持っており、しかもそのそれぞれが、みずからのシステムを最善のものと信じている。さらに、経済連鎖によるコスト管理には、企業間の情報の共有が必要である。しかるに、同一社内においてさえ、情報の共有には常に抵抗がある。

しかし、たとえそのような障害があるにしても、経済連鎖によるコスト管理は可能である。プロクター・アンド・

ギャンブル（P&G）が、そのよい例である。P&Gは、ウォルマートが供給業者との間で築いている緊密な関係をモデルとして、自社の製品を扱っている三〇〇社に上る世界中の大規模小売店舗との間で、情報の共有と、経済連鎖によるコスト管理を実現している。

いかなる障害があるにせよ、この経済連鎖によるコスト管理を行わなければならない。さもなければ、いかに自社内において生産性の向上を図ろうとも、コスト上の競争力を喪失していくことになる。

自社に関する四つの情報

企業は、富を創出することに対して、代価の支払いを受ける。コストを管理することに対して、支払いを受けるわけではない。

だが、この自明のことが、オーソドックスなコスト会計には反映されていない。会計学の一年生は、貸借対照表によって、企業の清算価値が示されると教えられる。最悪の事態において必要となる情報が、債権者に対し与えられると教えられるのだ。しかし企業は、清算されるために経営されているのではない。事業体として、すなわち、富を創出するために経営されている。

そのためには、企業のエグゼクティブが、必要なことを知ったうえで意思決定を行うための情報が必要となる。すなわち、自社に関する次の四つの種類の情報が、マネジメントの道具として必要となる。

①基礎的情報
②生産性に関する情報
③卓越性に関する情報
④最も稀少な資源、すなわち資金と人材に関する情報

これら四つの情報が、常に、現在の事業を経営するうえで必要とされる。

基礎的情報

基礎的情報とは、昔から知られ、かつ広く使われている、経営状況の判断道具としての情報である。キャッシュフローや流動性、さらには、ディーラーの在庫台数と販売台数の比、収益と社債費の比、売掛金（半年超と総額）と売上高の比などである。これらのものは、医師による基礎的な検査、すなわち体重、脈拍、体温、血圧、尿の検査に該当する。数字が正常であっても、何ら特別なことは教えてくれない。しかし数字が異常ならば、発見し処置すべき問題が存在することを教えてくれる。これが基礎的情報である。

生産性に関する情報

事業の経営状況を知るための第二の種類の情報は、主たる資源の生産性に関するものである。その最古のものは、第二次大戦中に開発された肉体労働者の生産性の測定である。

しかし我々は、知識労働者やサービス労働の生産性については、いまだ初歩的な段階にある。ようやく我々は、その測定に取りかかったところであるにすぎない。しかしブルーカラー、ホワイトカラーのいずれにせよ、労働の生産性だけでは、生産性について十分な情報を得たことにはならない。生産要素すべてについての生産性に関する情報が必要である。

これが最近、付加価値分析が広く使われるようになった理由である。しかし付加価値分析はすべて、昔から知られている考えを基礎としている。我々が利益と呼んでいるもの、すなわち配当のための金は、利益ではない。資金のコストを超える利益を生み出さない限り、事業は赤字である。さらには、そして利益を上げているかのごとく税金を払うだけでも、不十分である。使用した資金を超えるものを国民経済に返さなければならない。資金のコストを超える利益を上げない限り、コストを賄ったことにはならない。富を創出したことにはならない。富を破壊したことになる。そしてそのような視点に立つならば、第二次大戦以降、利益を上げてきた企業は、アメリカにはほとんどないことになる。

付加価値分析は、あらゆるコストに対して付加した価値を測定することによって、生産要素すべての生産性を測定する。付加価値分析自体は、ある製品ないしはあるサービスがなぜ価値を付加しなかったか、したがって何をしなければならないかについては、何も教えてはくれない。しかしそれは、何を明らかにしなければならないか、何か行わなければならないことがあるかどうかを教えてくれる。また、付加価値分析は、何がうまくいっているかを教えてくれる。いかなる製品、サービス、活動、作業が、際立って生産性が高く、際立って大きな価値をもたらしてくれているかを教えてくれる。そして、そこで我々は、ようやく、「それらの成功から何がわかるか」を自問することができるようになる。

生産性に関する情報を得るために最近使われるようになったもう一つの手法が、ベンチマーキングである。ベンチマーキングとは、自社の仕事ぶりを同一の産業界における最高の仕事ぶりと比較することである。さらには、全産業界における最高の仕事ぶりと比較することである。ベンチマーキングは、ある組織にできることは、他の組織にもできるはずであるという前提に立つ。さらにそれは、少なくともリーダー的な地位にある企業と同じ水準の仕事ができなければ、競争力の優位性は保持できないという前提に立つ。生産要素すべてに関する生産性を測定し、管理するための道具は、付加価値分析とベンチマーキングである。

卓越性に関する情報

第三の情報は、自社の卓越性（強み）に関する情報である。C・K・プラハラッドとゲイリー・ハメルの先駆的な論文「コア競争力の発見と開発」(注2)が明らかにしているように、リーダー的な地位を得るためには、他社にはできないこと、あるいは少なくとも、他社ではお粗末な仕事を行うことすら容易でないことができなければならない。すなわち、リーダー的な地位を得るためには、市場や顧客の価値と、生産者や供給者としての特別の能力を結合する能力が必要なのである。

その一例が、日本企業の電子機器を小型化する能力である。この能力は、印籠という小さな漆器の入れ物に風景画を描いたり、この印籠を帯につけるための根付というさらに小さな材に動物を彫刻する、三〇〇年に及ぶ技術にさかのぼることができる。あるいは、この能力は、GMの企業買収に関わる八〇年に上る成功の能力である。さらには、マークス・アンド・スペンサーの中流階層向け高級インスタント食品の開発能力である。

しかし、リーダー的な地位に必要な強みとして、何をすでに持っているか、あるいは何を手に入れなければならないかは、どのようにして知ることができるのだろうか。みずからの強みが向上しているか、低下しているかをいかに知るか。みずからの強みは現在でも適切か、あるいはいかなる変化が必要であるか。

今日のところ、みずからの強みを知るための方法については、実例をもって示す以上のことはあまりできない。とはいえ、高度に専門化した中堅企業のいくつか、たとえばスウェーデンのある医薬品メーカーや、アメリカのある特殊工作機械メーカーは、この強みを測定し、管理するための方法論を開発している。そのための分析の第一歩は、自社および競争相手の仕事ぶりをていねいにフォローし、予期せざる成功を見つけ、さらには、成功させることが特に重要な領域における予期せざる失敗を見つけることである。予期せざる成功は、市場が高く評価し、喜んで支払いを行ってくれるものを明らかにしてくれる。それは、リーダー的な地位を得るために必要な優位性の存在を教えてくれる。これに対し、予期せざる失敗は、市場の変化や、自社の卓越性の後退を示す最初の兆候を教えてくれる。

これらの分析は、機会の存在をいち早く教えてくれる。たとえば、そのアメリカの特殊工作機械メーカーは、予期せざる成功をていねいにフォローした結果、それまで重要な顧客として考えていなかった日本の中小の機械メーカーが、自社の高価なハイテク工作機械を買ってくれていることを知った。その結果、このメーカーは、自社の強みを認識することができた。

日本の機械メーカーが買いつけてくれていたのは、その工作機械が技術的には複雑な製品であるにもかかわらず、メインテナンスがきわめて容易なためだった。この発見をあらゆる工作機械の設計に適用したところ、ついにこの工作機械メーカーは、アメリカや西ヨーロッパでも、中小の機械メーカーを顧客とする工作機械市場において、リーダー的な地位を獲得するに至った。

強みは、企業によって異なる。それは言わば、個々の企業の個性の一部である。しかし、あらゆる企業、さらにはあらゆる種類の組織体が持たなければならない、共通の強みというものがある。すなわち、イノベーションの能力である。あらゆる組織が、イノベーションに関わるみずからの業績について記録し、評価するためのシステムを持たなければならない。たとえば、世界の一流医薬品メーカーが、すでにそのようなシステムを持っている。それらのシステムは、自社の評価を行うに当たって、自社の仕事ぶりからはスタートしない。一定期間における業界全体のイノベーションの実績を徹底的に調べることからスタートする。

そして「それらのイノベーションのうち、本当に成功したものはどれか」「それらのうち、わが社のものはいくつあるか」を問う。そして次に、「わが社の実績は、当初の目標に見合ったものだったか」「市場の方向性に合致していたか」「わが社の市場地位に見合っていたか」「わが社の研究開発費に見合っていたか」を分析する。さらには、「わが社が成功したイノベーションは、成長や機会が最大である分野のものだったか」「逸してしまった重要なイノベーションの機会は、どのくらいあったか」「なぜそれらの機会を逸したか」「気がつかなかったからか、気がついていながら手をつけなかったからか、本気で取り組まなかったからか」を検討する。そして、「わが社は、イノベーションの商品化にどのくらい成功したか」を問う。

もちろん、これらの問いの多くは、客観的な測定ではなく、主観的な評価を求めるものである。しかも、答えを出すというよりも、さらに新たな問題を提起するものである。しかし、これらの問いは、正しい問題を提起してくれるものである。

資源に関する情報

富を創出するための事業のマネジメントに必要とされる第四の領域の情報は、あの稀少な資源、すなわち資金の配賦と、有能な人材の配置に関わる情報である。事業に関するいかなる情報といえども、これら二つの資源に関する情報が存在しなければ、行動には結びつけられない。この二つの資源こそ、企業が優れた業績を上げるか、貧弱な業績しか上げられないかを決定する。

七〇年前に、投資について初めて体系的なプロセスを開発したのが、GMだった。今日では、ほとんどあらゆる企業が、投資についてそれぞれのプロセスを開発している。しかし、それを正しく運用しているところは、きわめて少ない。

ほとんどの企業が投資案を次の四つの基準のうち、一つか二つだけで評価してしまっている。

●収益率
●回収期間
●キャッシュフロー
●現在価値

しかし、すでに一九三〇年代の初めには、これら四つの基準のうち、唯一絶対のものは存在しないことが明らかにされている。投資案の評価に当たっては、四つの基準すべてについて、調べなければならない。たしかに六〇年前には、四つの基準すべてを計算するには、膨大な労力と時間を要した。しかし今日では、ラップトップ・コンピュータによって、数分のうちに計算できる。我々はまた、すでに六〇年前から、提案された投資案だけの検討にとどまることなく、機会とリスクの観点から、他の代替案についても検討しなければならないことを知っている。そして、それらの検討結果すべてを一覧する投資計画案を作成しなければならないことも知っている。しかしこれも、あまり多くの企業が実際には行っていないことである。

しかも、さらに深刻な問題として、ほとんどすべての投資案について、次の二つのきわめて重要な情報が求められていないという事実がある。

①採用した投資案が約束した成果をもたらさなかった時、何が起こるか。そもそも投資案件の六割は、約束した成果をもたらさないものである。投資が約束した成果をもたらさない時、重大な損害が生じるのか。それともさしたる損害は生じないのか。

②採用した投資案が、成功し、あるいは約束以上の成果をもたらした時、何にコミットしたことになるのか。GMでは、〈サターン〉が成功した時、何を何に対してコミットしたことになるかについて、だれも問い掛けを行わなかった。そのためただちに、資金繰りができなくなり、せっかくの成功を無駄にしそうになってしまった。

さらにすべての投資案について、もたらすべき成果についての日限を定めなければならない。いつまでに何を期待するのかである。さらにまた、投資の成果が明らかになった時点において、それが、大成功、一応の成功、少々の失敗、大失敗のいずれであったにせよ、その成果を記録し、分析することが必要である。

組織の仕事ぶりを改善していくうえで、投資の成果を当初の約束や期待と比較対照することほど、有効なものはない。そもそもアメリカの今日の状況も、もし五〇年前から、政府のもろもろのプログラムについて、そのようなフィードバックを当然のこととして行っていたならば、はるかにましなものになっていたに違いない。

しかし投資は、資金配賦についての意思決定であって、資金は組織にとって、中心的ではあっても、最も稀少な資源というわけではない。

組織にとって最も稀少な資源は、有能な人材である。アメリカの軍隊では、第二次大戦以降、人事の決定を検証するためのシステムを確立している。そのようなことを行っている組織は、現在のところ、アメリカの軍隊以外にはない。軍では、将校の部隊配属に当たって、要求するものを明らかにしている。そして、その要求に基づいて実績を評価している。そのうえ軍では、将校の任命のプロセス自体を評価している。

これに対し、民間企業では、異動や昇進をした者に対し、期待するものの明示や、その結果についての体系的な評価は、ほとんど行っていない。しかし、企業が富を創出するためには、資金の配賦と同じように、目的意識を持った慎重な人材の配置が必要である。そして、それら人事の決定がもたらしたものについて、記録し、注意深く検討することが必要である。

組織の外にある情報

しかし、これら四つの種類の情報は、現在の事業の状況について教えてくれるにすぎない。したがって、戦術について教えてくれるにすぎない。戦略については、外部の企業環境についての組織的な情報が必要である。戦略の策定には、市場、顧客、非顧客、産業内外の技術、さらには、国際金融市場、世界経済そのものについての情報を必要とする。

なぜならば、それらの世界こそ、企業活動の成果が存在する場所だからである。組織のなかには、コスト・センターが存在するにすぎない。唯一のプロフィット・センターは、小切手を渡してくれる顧客だけである。

しかも変革は、組織の外からやってくる。

小売業では、自分の店舗で買い物をしてくれる人たちについては、知ることができる。しかし、今日いかに繁盛していたとしても、自分の店舗が顧客として抱えているのは、膨大な市場のごく一部にすぎない。圧倒的な多数は、顧客になっていない人たちである。そして基本的な変化が始まり、それが重大な変革に発展していくのは、常に顧客でない人たちの世界においてである。

また、過去五〇年間において、産業そのものを変えてしまったような重要な技術のうち、少なくとも半分は、それぞれの産業の外からやってきている。アメリカの金融に革命をもたらしたコマーシャル・ペーパーは、銀行が開発したものではない。分子生物学や遺伝子工学は、製薬産業で生まれたものではない。そして今後とも、企業の圧倒的多数が、一地方、一地域において事業を展開し続けていくであろうが、それらのいずれもが、世界の聞いたこともないようなところから、グローバルなスケールでの競争を仕掛けられる危険を抱えている。

もちろん、企業の外部の世界について、必要な情報をすべて手に入れることはできない。たとえば、中国の経済については、ほとんど情報がない。不確かな情報さえない。あるいは、旧ソ連の後継諸国の法律についても、ほとんど情報がない。しかし企業の多くは、簡単に手に入る情報についてさえ、十分な注意を払っていない。一九六〇年代、アメリカ企業の多くが、ヨーロッパ諸国の労働法規を調査せずに、ヨーロッパに進出していった。ヨーロッパ企業も、同じようにアメリカについて何も知らずにアメリカに進出してきた。九〇年代における日本企業のカリフォルニアにおける不動産投資の破局も、土地の用途規制や税制についての初歩的な情報の不足に、その原因がある。

事業の失敗を招くに至る致命的な誤りは、税制、社会規制、市場選好、流通チャネル、知的財産権等々の企業環境が、自分の考えるようなものであるに違いない、あるいは少なくともあるべきものであるに違いない、と安易に仮定し、決め込んでしまうことにある。したがって、そのような仮定に対し、あらためて疑問を投げ掛ける情報を与えてくれるようなシステムが必要である。期待する情報を提供してくれるだけでなく、正しい疑問を提起してくれるような情報システムが必要である。しかし、そのような情報システムを構築するには、企業のエグゼクティブ自身が、みずから必要とする情報が何であるかを知っていなければならない。そして、そのような情報システムが構築されたあかつきには、それらの情報を日常的に手に入れられるようにしなければならない。そして最後に、それらの情報を意思決定に反映できるようにしなければならない。

今日のところ、外部の情報を収集し、体系化することのできる情報システムを構築しようとしているのは、ユニリーバ、コカ・コーラ、ネスレ、日本の大商社と建設会社など、一部の多国籍企業にすぎない。ほとんどの企業は、まだ取り組んでもいない。

一般的に言って、情報の入手については、大企業といえども、外部の助けが必要である。実は、いかなる情報が必要かについて徹底的に検討するためにも、高度に専門化された情報の世界に通暁している外部の人間の助けが必要である。しかも情報の世界は広く、一人の専門家がすべてを知ることはできない。情報源は、多様たらざるをえない。

ある種の情報については、みずから入手できる。顧客や非顧客についての情報であり、業界の技術についての情報である。しかし、企業が知るべき企業環境についての情報のほとんどは、企業の外部からのみ手に入れることができる。あらゆる種類のデータバンク、データサービス、各国の専門誌、経済団体、政府刊行物、世銀レポート、科学論文、さらにはもろもろの調査結果である。

外部の助けが必要となるもう一つの理由は、情報は企業戦略に疑問を投げ掛け、問題を提起するようなものでなければならないからである。単に情報を提供してもらうだけでは、不十分である。情報は企業戦略に結びつけなければならない。企業がそれまで前提としてきたものを検証し、企業が現在持っているビジョンに疑問を投げ掛けるものでなければならない。そのための一つの方法が、たとえば病院用や損保会社用としてすでに実用化されているソフトウエアを使うことである。弁護士にはレキシスなど法律情報のデータベースが情報を提供してくれる。しかしそれらの情報は、答えを出してくれるだけであって、問題を提起してはくれない。現在特に必要とされているものは、情報の使い方について具体的に教えてくれ、事業や業務について具体的に聞いてくれ、双方向のコンサルテーションをしてくれる情報サービスである。

もちろん、外部の情報システムをそのまま使うことはできる。しかし今日、おそらく最も人気のある情報システムは、独立コンサルタントである。独立コンサルタントとは、内部化したアウトサイダーである。

いかなる方法によって情報を入手するにせよ、きわめて大きな脅威と共に、きわめて大きな機会が存在する外部環境についての情報は、今後ますます必要にして不可欠なものとなっていく。

もちろん、それら必要とされる情報のほとんどが、目新しいものではないと言うことはできる。そのとおりである。企業活動の評価測定についても、その多くは、たとえ大枠についてだけであったとしても、すでに長い間、各所において検討されてきた。新しいものは、技術的なデータ処理の能力の向上だけである。この能力の向上のおかげで、我々は最近まで膨大な労力と費用をかけなければならなかったことを、迅速かつ低いコストで行うことができるようになった。

七〇年前、テイラーの時間動作研究が、今日のオーソドックスなコスト会計を可能にした。今日、コンピュータが、それなしでは不可能であったに違いない新しいコスト管理を可能にしている。

しかしそれでも、これらのことは問題の核心とは関係がない。重要なことは、道具に関わることではない。重要なことは、道具の背後にあるコンセプトに関わることである。コンセプトが、かつてはそれぞれ別の目的のために別個に使われるものとされていたもろもろの手法を、一つの統合された情報システムにまとめ上げようとしている。そのような情報システムによってのみ、企業の診断、企業の戦略、事業上の意思決定が可能となる。これはまさに、情報の意味と目的の革新的な変化である。これは、すでに過去のものとなったものの記録や、検死解剖のための情報から、未来の活動のための情報への変化である。

一八七〇年代に初めて現れた指揮命令を基本とする組織は、殻によって維持される有機体に例えることができる。これに対し、今日出現しつつある企業は、骨格を中心として設計される。その骨格に当たるもの、組織を統合するシステムとその関節に当たるものが、情報である。

我々はこれまで、手の込んだ数学的な手法を使おうが、難解な社会学的な専門用語を使おうが、とにかく企業というものは、安く買って高く売るものだと考えてきた。しかし、これからの新しいアプローチにおいては、企業は、価値を付加し、富を創出するものとしてとらえることになる。

【注】

(1) James P. Womack and Daniel T. Jones, "From Lean Production to the Lean Enterprise," HBR, March-April 1994.(邦訳「リーン企業体が価値連鎖を完成させる」『ダイヤモンド・ハーバード・ビジネス』一九九四年七月号)

(2) C. K. Prahalad and Gary Hamel, "The Core Competence of the Corporation," HBR, May-June 1990.(邦訳「コア競争力の発見と開発」『ダイヤモンド・ハーバード・ビジネス』一九九〇年九月号)

第31章

The Future That Has Already Happened

「すでに起こった未来」への準備

The Future That Has Already Happened
HBR, September-October 1997.
「すでに起こった未来」への準備
『ダイヤモンド・ハーバード・ビジネス』1998年1月号

政治、社会、経済、会社のいずれにせよ、およそ人間に関わることについては、未来を予想してもあまり意味がない。七五年後といわずとも、つい目の前のことについても同じである。だが、すでに起こり、後戻りのないことであって、一〇年後、二〇年後に影響をもたらすことについて知ることには、大いに意味がある。しかも、そのようなすでに起こった未来を明らかにし、備えることは可能である。

人口構造の変化

世界的な大戦争の再発、疫病の大流行、大隕石との衝突などの大事変がない限り、これからの二〇年の世界を左右する支配的な要因は、経済でもなければ、技術でもない。それは、人口構造の変化である。とはいえ、会社にとっての問題は、四〇年ほど前から警告されている地球規模の人口爆発ではない。それは、日米欧の先進国における人口減である。

先進国はいま、集団自殺をしつつある。人口を維持しうるだけの赤ん坊を生んでいない。理由は簡単である。若い人たちが増大する高齢者人口を扶養し切れなくなったからである。重荷に耐えるためには、被扶養者人口の対極にある子どもの数を減らすしかない。

先進国のなかでは、人口を維持できる出生率二・四という水準にかろうじてとどまっているのは、アメリカだけである。そのアメリカでも、アメリカ生まれの国民の出生率は、人口を維持しうる水準をはるかに下回っている。また、中南米やアジアからの移民が止まれば、人口は減少に転ずる。

ギリシャ、イタリア、スペインの出生率は、一・〇をわずかに上回るにすぎない。これらの国が、退職年齢が最も若く、退職給付金が最も高いことは、偶然ではない。ドイツと日本では、この数字は一・五である。これら六つの国では、人口は確実に減少している。イタリアは、EUの公式推計によれば、現在の人口六〇〇〇万人から、五〇年後には四〇〇〇万人、一〇〇年後には二〇〇〇万人に減る。日本も、その公式推計によれば、現在の一億二五〇〇万人から、二一世紀中に五五〇〇万人へと五六パーセント減る。さらに重大なこととして、これらの国においては、アメリカを含め、就業年齢人口と高齢者人口の比が、人口の減少率の二倍の速さで悪化する。

もちろん出生率の回復はありえないことではない。だが今日のところ、先進国でベビー・ブームが再現する兆しはまったくない。しかも、たとえ出生率が、一夜にして五〇年前のアメリカのベビー・ブーム時の三・〇以上という水準に急上昇したとしても、それらの赤ん坊が十分な教育を受け、生産力を持つ成人に育つには、二五年を要する。

人口減が意味するもの

つまり、先進国の人口減はすでに起こった事実であり、それぞれの国と社会と経済に対し、当然の結果をもたらす。

①あらゆる先進国において、定年、すなわち働くことを強制的にやめさせる年齢が、健康な人については七五歳まで延長される。この定年延長は、二〇一〇年以前に起こる。

②経済成長は、労働力の増加や需要の増大ではなく、知識労働者の生産性の伸びによってのみもたらされる。それは、今日先進国だけが持ち、今後数十年にわたって持ち続けるであろう、唯一の競争力要因である。

③いかなる先進国といえども、裏づけとなるべき人口基盤の欠如のゆえに、唯一の経済大国として世界に君臨する

ことはできなくなる。資本や技術の力では労働力の不足をカバーし切れないがゆえに、いかなる国、産業、会社といえども、長期にわたって競争上の優位を享受し続けることはできない。

おまけに、今日ではあらゆる途上国が、三〇年前に韓国が示し、今日タイが示しているように、第二次大戦中に主としてアメリカで発展した教育訓練の手法のおかげにより、前産業的なまったくの未熟練労働者を、文字どおり一夜で、一流の労働力に変えることができる。しかも、最新技術さえ、市場で安く手に入れられる。

知識労働の生産性が頼み

このように、先進国はその競争優位を知識労働者の量によってのみ維持することができる。質の優位によってではない。途上国の高学歴者は、その知識水準において、先進国のそれと変わるところがない。しかし量的には、先進国ははるか先を行っている。先進国がみずからの競争力を維持するための唯一の方法は、この量的なリードを質的なリードに変えることである。ということは、今日いまだに軽視し、低いままなおざりにしている知識労働と知識労働者の生産性の向上に、体系的かつ継続的に取り組むことである。

知識は他のいかなる資源とも異なる。知識は、みずからを陳腐化していく。今日最先端の知識も、明日には無知同様となる。しかも、医療産業における薬理学や遺伝子工学、コンピュータ産業におけるパソコンやインターネットなど、重要な意味を持つ知識が、急激かつ突然に変化していく。

もちろんグローバル経済においては、知識と知識労働者の生産性だけが唯一の競争力要因ではない。だがそれは、少なくとも、先進国の産業のほとんどにとって、決定的ともいうべき競争力要因となる。そして、もしこの予測が正しいとするならば、会社、および会社幹部にとってその意味するところのものは、きわめて大きい。

マネジメントが変化する

特に重要なことは、世界経済そのものが、乱気流が渦巻く激しい競争状態に突入することである。意味ある知識の内容と性格が不断に変化していくがゆえに、世界経済そのものが、突然の構造変化を続けていく。当然、会社や経営陣のあり方も、急速に変化していく。

これまで我々は、言わば伝統的ともいうべき情報、すなわち組織の内部で起こっていることについての情報の改善に努めてきた。会計という、会社経営の杖としての情報システムにしても、その扱うものは会社内の事象だった。活動基準原価計算（ＡＢＣ）、バランス・スコアカード、ＥＶＡ（経済的付加価値分析）などの最近の手法にしても、会社内に起こったことについての情報を改善するためのものにすぎない。その他もろもろの情報システムも同様である。事実、今日あらゆる種類の組織が手にしている情報の九〇パーセント以上が、それらの組織内で起こったことについてのものである。

しかしこれからは、組織の外の事象や状況についての情報がなければ、市場で勝つことができない。これからは、いまだ顧客になっていない人たち、現在まだ同業各社が使うに至っていない技術、今日手をつけていない市場についての情報が不可欠となる。それらの情報を手にして初めて、みずからの知識労働者を的確に配置することができる。同時に、世界経済の変化や、知識そのものの内容と性格の変化によってもたらされる機会や、問題に対応することができる。したがってこれからは、外部の情報を収集し、分析するための体系的な手法の開発が、会社とその情報エキスパートにとって、緊急の課題となる。

知識は携帯品である。知識労働者は、肉体労働者と異なり、生産手段をみずから所有する。頭のなかに入れ、そのまま去ることができる。他方、組織の側が必要とする知識も変化してやまない。

したがって先進国では、経営のカギとなる労働力、しかも最もコストの高い労働力は、伝統的な意味での管理を適用できない人々ということになる。多くの場合、その組織に属する従業員でさえなくなる。すなわち、契約者、専門家、コンサルタント、パートタイマー、合弁事業のパートナーとなる。しかも彼らのますます多くが、報酬を払ってくれる組織にではなく、みずからの知識分野に対し、みずからのアイデンティティを感じる。

会社のコンセプトの変化

そのような労働力の流動化が意味するものは、会社のコンセプトそのものの変化である。アメリカのJ・P・モルガンやジョン・D・ロックフェラー、ドイツのゲオルク・シーメンス、フランスのアンリ・ファヨールからゼネラルモーターズのアルフレッド・スローンを経て、今日のチーム全盛の時代に至る一世紀の間、我々は常に組織の正しいあり方を求めてきた。

これからは、そのようなものは存在しえない。これからは、多様な正しい「組織」がいくつも存在しうるようになる。石油精製所、寺院、郊外のバンガローは、いずれも「建物」だが、互いにまったく異なっているのと同じである。こうして先進国では、会社に限らずあらゆる組織が、それぞれのTPO（時、場所、機会）に従って、みずからの組織構造を設計しなければならなくなる。

労働力の流動化は、科学的にも人間的にも、マネジメントのあり方の変化を意味する。我々は、一二五年前に製造用につくった組織構造を超えなければならない。そして特に今日、新しいコンセプト、アプローチ、手法が求められている分野が、まさに知識の塊ともいうべき分野、すなわち教育と医療である。いずれもが、今日あまりに管理過剰であって、あまりにマネジメント不足である。

これらのことは、予測であろうか。そうではない。すでに起こったことの当然の帰結なのである。

第32章

Managing Oneself

自己探求の時代

Managing Oneself
HBR, March-April 1999.
自己探求の時代
『DIAMOND ハーバード・ビジネス・レビュー』1999年7月号

自己の強みは何か

ナポレオン・ボナパルト、レオナルド・ダ・ビンチ、アマデウス・モーツァルトのような偉人は、自己をマネジメントしたからこそ、偉業を成し遂げた。もちろん彼らは例外であって、才能にせよ、業績にせよ、常人の域をはるかに超えた。

ところがこれからは、普通の人たちも、自己をマネジメントできなければならない。自己の力を発揮していかなければならない。大きな貢献が可能な適所に自己を置かなければならない。職業生活は五〇年にも及ぶことになる。その間、生き生きと働けなければならない。自分の仕事をいつ、いかに変えるかさえ知らなければならない。

自己の強みと信じているものは、たいていが見当違いである。知っているのは、強みならざるものである。それさえ見当違いのことが多い。何事かを成し遂げるのは、強みゆえである。弱みによって何かをまっとうすることはできない。もちろん、できないことから成果を生み出すことなど、とうていできない。

人類の歴史において、ほとんどの人たちにとっては、自己の強みを知ったところで意味がなかった。生まれながらにして、地位も仕事も決まっていた。農民の子は農民となり、職人の子は職人になった。ところが今日では、選択の自由がある。したがって、自己の適所がどこであるかを知るために、自己の強みを知ることが必要になっている。

フィードバック分析

自己の強みを知るには、フィードバック分析しかない。すなわち、なすべきことを決めたり、始めたりしたならば、具体的に書き留めておくのである。そして九カ月後、一年後に、その期待と実際の結果を照らし合わせなければならない。私自身、これを五〇年続けており、そのたびに驚いている。

私の場合、たとえば、エンジニア、会計士、マーケット・リサーチャーなどのスペシャリストについては、その仕事の本質を直感的に理解できることがわかった。その一方でゼネラリストについては、ただちに理解できないことがわかった。

このフィードバック分析は新しい手法ではない。一四世紀にドイツの無名の神学者が始めたものである。その一五〇年後、ジャン・カルバン（一五〇九～六四年）とイグナチウス・ロヨラ（一四九一～一五五六年）が、奇しくも同時に採用し、それぞれの弟子たちに実行させた。彼らの創設したプロテスタントのカルバン派やカトリックのイエズス会が、わずか三〇年で支配的な力を持つに至ったのは、この手法によるところが大きかった。なぜなら、仕事と成果への集中をもたらしたからである。

このフィードバック分析を実行に移すならば、二、三年という短期間に、自己の強みが何であるかが明らかになる。自己について知るうえで、強みを知ることこそが最も重要である。しかも、すでに行っていることや、行っていないことのうち、自己の強みを発揮するうえで邪魔になっていることまで明らかになる。もちろん得意でないこともしかりである。まったく強みが発揮できないこと、不可能なことも明らかになる。

強みを生かすために何をなすべきか

フィードバック分析から、いくつかの行うべきことが明らかになる。

第一は、こうして明らかになった強みに集中することである。成果を生み出すものへ、その強みを集中させなければならない。

第二は、その強みをさらに伸ばすことである。フィードバック分析は、伸ばすべきスキルや、新たに身につけるべき知識を明らかにする。知識の欠陥を教える。通常、それらの欠陥はだれでも正すことができる。数学者になるためには才能が必要だが、三角法はだれでも学べる。

第三は、無知の元凶ともいうべき知的傲慢を知り、正すことである。多くの人たち、特に一芸に秀でた人たちは、他の分野をばかにしがちである。他の知識などなくとも十分だと思う。一流のエンジニアは、人間について何も知らないことをむしろ鼻にかける。彼らにすれば、人間というものは、エンジニアリング的な視点からは理解しにくく、あまりに不合理な存在である。逆に、人事部門の人間は、会計や定量的な手法を知らないことを鼻にかける。

そのような自己の無知をひけらかす態度は、つまずきの原因になる。自己の強みを十分に発揮するうえで必要な技能と知識は、必ず習得しなければならない。

第四は、自己の欠陥、すなわち、自己が行っていること、あるいは行っていないことのうち、成果の妨げになっていることを改めることだ。そのいずれもが、フィードバック分析によって明らかになるはずだからである。

たとえば、せっかくの企画が失敗したのは、十分にフォローしなかったためであることが明らかになる。有能な人間の常として、優れた企画ならば山をも動かすはずであると思っていたに違いない。

だが、山を動かすのはブルドーザーである。企画は、しょせんそのブルドーザーをどこで動かすべきかを示すだけである。企画ができ上がったからといって、仕事が終わったわけではないことを知らなければならない。実行してくれる人たちを探し、きちんと説明しなければならない。必要に応じて企画を変更しなければならない。いつ諦めるべきかさえ決めなければならない。

第五は、人への接し方を改めることである。

人への接し方は、人間からなる組織において潤滑油である。複数の物体が接して動けば摩擦を生じることは、自然の法則である。人間も同じである。「お願いします」や「ありがとう」の言葉を口にすること、名前や誕生日を覚えていること、家族のことを聞くことなどの簡単なことが、好き嫌いに関係なく、いっしょに仕事を進められるようになる。

頭のよい人たち、特に若い人たちの多くが、このことを知らない。もし素晴らしい仕事が、人の協力を必要とする段階でいつも失敗するようなら、一つの原因として、他人への接し方、礼儀に欠けるところがあるに違いない。

第六は、できないことはしないことである。人には、苦手であって、並の水準にも達しえないことがいくつもある。そのような分野の仕事を引き受けてはならない。

第七は、並以下の能力を向上させるために、無駄な時間を使ってはならない。強みに集中すべきである。無能を並の水準にするには、一流を超一流にするよりも、はるかに多くのエネルギーを必要とする。

しかるに、あまりに多くの人たち、組織、そして学校の先生たちが、無能を並にすることに懸命になりすぎている。資源にしても時間にしても、有能な人間をスターにするために使わなければならない。

仕事の仕方を自覚する

驚くほど多くの人たちが、自分の得意とする仕事の仕方を自覚していない。仕事にはいろいろな仕方があることさえ知らない。得意でない仕方で仕事をし、当然、成果が上がらないという状況に陥っている人が多い。しかるに、知識労働者にとっては、強みよりも、むしろ得意とする仕事の仕方のほうが、重要とさえ言ってよいくらいである。

自己の強みと同じように、仕事の仕方も人それぞれである。それは、個性というものである。生まれつきのものか、それまでの人生によるものかは別として、それらの個性は、仕事に就くはるか以前に形成されている。

したがって仕事の仕方は、強みと同じように、与件である。多少修正はできても、変更できない。少なくとも簡単ではない。そして、ちょうど強みを発揮できる仕事で成果を上げられるように、人は得意な仕方で成果を上げる。仕事の仕方には、いくつかの要素がある。

読んで理解するか、聞いて理解するか

最初に知っておくべきことは、読んで理解する人間か、聞いて理解する人間か、ということである。

ところが、世のなかには、読んで理解する「読み手」と、聞いて理解する「聞き手」がいるということ、しかも、両方である者はほとんどいないということを知らない人が多い。みずからがそのいずれであるかを認識している人は

さらに少ない。これを知らないことがいかに大きな弊害をもたらすかについては、いくつかの実例がある。

第二次世界大戦中、連合軍のヨーロッパ最高司令官を務めていた頃のドワイト・アイゼンハワーは、記者会見では花形だった。彼の会見の素晴らしさは広く知れわたっていた。あらゆる質問に答えられた。状況と戦術を簡潔に、しかも洗練された表現で話した。

アイゼンハワーは一〇年後にアメリカ大統領となったが、今度は同じ記者たちからばかにされた。質問に答えられず、関係のないことを延々と話した。間違った文法で英語を汚しているとさえ評された。彼は自分が読み手であって、聞き手ではないことを自覚していなかった。連合軍最高司令官だった頃は、会見の少なくとも三〇分前には、広報担当者が記者の質問を書いて渡していた。そのため質問のすべてを掌握していたのだった。

一方、大統領としての彼の前任者、フランクリン・ルーズベルトとハリー・トルーマンは聞き手だった。二人はそのことを知っており、自由質問による会見をむしろ楽しんでいた。アイゼンハワーは、前任者と同じかたちで会見をしなければならないと思い込んでいた。だが、耳では記者の質問を理解できなかった。アイゼンハワー以上に聞き手でない者は大勢いる。

その数年後、今度はリンドン・ジョンソンが同じく大統領として、アイゼンハワーとは逆に、自分が聞き手であることを知らなかったために失敗した。自分が読み手であることを知っていた彼の前任者ジョン・ケネディは、補佐役として最高の書き手を集めており、問題の検討に入る前に、書いたものを必ず要求していた。

ジョンソンは、それらの書き手をそのまま引き継いだ。書き手たちは、次から次へとメモを提出した。しかし、ジョンソンがそれらを一度も理解しなかったことは明らかだった。彼は、上院議員だった頃は有能だった。だいたいにおいて、議員というものは聞き手である。

聞き手が読み手になることは難しい。逆についてもいえる。したがって、読み手として行動する聞き手は、ジョンソンと同じ道をたどる。逆に、聞き手として行動する読み手は、アイゼンハワーと同じ運命をたどる。何事もできず、何事もなしえない。

学び方を知る

仕事の仕方について知っておくべきもう一つの側面が、学び方である。ウィンストン・チャーチルをはじめ、世界の一流の著述家の多くが、なぜか学校の成績が悪い。本人たちも、学校がおもしろくなかったと述べている。もちろん、同窓の生徒全員がそうだったわけではない。だが彼らにとっては、学校はおもしろくないどころか、退屈そのものだった。

原因は、後に著述家になった彼らが、聞くことや読むことによっては学べなかったことにあった。彼らは、自分で書くことによって学ぶという種類の人たちだった。だが、そのような学び方をさせている学校はない。それゆえの成績の悪さだった。

学校は、学び方には唯一の正しい方法があり、それはだれにとっても同じであるという前提に立つ。したがって学び方が大きく違う生徒にとっては、学校での学び方は苦痛以外の何物でもない。学び方には、それこそ一ダースほども違う方法があるのではないか。

チャーチルのように、書くことによって学ぶ人たちがいる。メモを取ることによって学ぶ人たちもいる。たとえばルートビヒ・バン・ベートーベンは、膨大な量の楽譜の断片を残した。しかし作曲の時にそれらを見ることはなかった。「なぜ楽譜に書くのか」と聞かれて、彼は、「書かないと忘れる、一度書けば忘れない、だからもう見る必要はない」と答えたという。

さらには、実際に行動することによって学ぶ人たちがいる。また、自分が話すのをだれかに聞いてもらうことによって学ぶ人たちがいる。

同族経営の中小企業を世界でもリーダー的な大企業に育て上げたある人は、自分が話すことによって学ぶというタイプだった。彼は平均して週一回、主な経営幹部を集めて半円形に座らせ、二、三時間ほとんど一方的に話をした。あらゆる問題について三つの答えを示し、検討していった。意見を聞いたり、質問させることはほとんどなかった。話を聞いてくれる者を必要としていただけだった。それが彼の学び方だった。たしかにこのケースは極端である。だが例外ともいえない。事実、成功している法廷弁護士のなかには、このタイプが多い。診断を専門とする医師にも多い。私自身もそうである。

自己の学び方がどのようなものであるかは、容易にわかる。得意な学び方はどのようなものかと聞けば、ほとんどの人が答えられる。しかし、それでは実際にそうしているのかと尋ねれば、そうしている人はほとんどいない。自己の学び方についての知識に基づいて行動することこそ、成果を上げるためのカギである。あるいは、その知識に基づいて行動しないことこそが、失敗を運命づけるものである。

理解の仕方と学び方こそ、仕事の仕方に関して最初に考えるべき最も重要な問題である。しかし、それだけでは十分ではない。だれかと組んだほうがよいか、一人のほうがよいかも知らなければならない。もし組んだほうがよいのであれば、どのように組んだ時によい仕事ができるのかを知らなければならない。

一部門の責任者として最高の人たちがいる。そのよい例が、第二次世界大戦中のアメリカの英雄、ジョージ・パットン将軍だった。彼は最高の部隊司令官だった。ところが、連合軍のヨーロッパ総司令官に任命するかどうかが検討された時、アメリカ史上最高の人事の名人ともいうべき参謀総長ジョージ・マーシャル将軍が、パットンは最高の部門責任者ではあっても、地域軍の総司令官としては適切ではないと言ったという。

チームの一員として、最高の人たちがいる。一匹狼として、最高の人たちがいる。教師や相談役として最高の人たちがいる。もちろん、相談役としてはまったく価値のない人たちもいる。

さらに重要な問題として、意思決定者と補佐役のいずれとしてのほうが成果を上げられるか、という問題がある。補佐役としては最高でありながら、意思決定を下す重責には耐えられない人たちが大勢いる。また逆に、補佐役を必要とはするが、自信を持って勇気ある意思決定を迅速に下すことのできる人たちがいる。

ナンバー・ツーとして活躍していても、トップになったとたんに挫折する人がいるのは、このためである。トップの座には、意思決定を下す能力が不可欠である。

強力なトップは、信頼できる補佐役としてナンバー・ツーを必要とする。ナンバー・ツーは、ナンバー・ツーとして最高の仕事をする。ところが、トップに起用されたとたん、仕事ができなくなる。意思決定すべきことは理解している。しかし、意思決定の重責を担えない。

仕事の仕方については、さらに知っておくべきことがある。緊張や不安があったほうが仕事ができるか、安定した環境のほうが仕事ができるか、である。さらには、大きな組織のほうが仕事ができるか、小さな組織のほうが仕事ができるか、である。どちらでもよいという人はほとんどいない。大きな組織で成功しながら、小さな組織に移ったとたん無惨に失敗するという例を、私自身たくさん目にしてきた。逆のケースについても同じことがいえる。

これらのことから導き出される結論は、きわめて重要である。いまさら自己を変えようとしてはならない。うまくいくわけがない。それよりも、自己の仕事の仕方をさらに磨いていくことである。得意でないことや、できないことにあえて挑んだりしてはならない。

自己にとって価値あることは何か

自己をマネジメントするためには、自己にとって価値あるものが何であるかについても知らなければならない。これは、いわゆる倫理とは別の問題である。倫理については、原則は一つである。しかも、判断の方法は簡単である。ミラー・テストを用いればよい。

今世紀初めヨーロッパで最も尊敬されていた外交官は、当時の駐英ドイツ大使だった。やがては母国の首相、少なくとも外務大臣と目されていた。ところが、一九〇六年、在ロンドンの外交団がエドワード七世を迎えて大晩餐会を開くことになった時、突然辞任した。好色家として有名だったエドワード七世からは、晩餐会の趣向について明確な意向が伝えられていた。この大使は、「晩餐会の翌朝に髭を剃ろうとしたら、そこに映るのは客引きの顔だろう。私はそんな顔など見たくない」と言ったという。

これがミラー・テストである。倫理の問題とは、朝、鏡でどのような人間の顔を見たいのかというだけの問題である。このように倫理の問題は、組織や状況で変わるものではない。ところが、倫理が価値観のすべてではない。

組織の価値観との共存

組織の価値観が自分のそれと違うならば、欲求不満に陥り、ろくな仕事ができなくなる。

ここに際立った例がある。ある有能な人事担当役員が買収によって移籍した。彼女は実績もあり、移籍先の会社で主要ポストの人事についても責任を負わされていた。彼女は、主要ポストは、内部に人材がいない時にのみ、外から招くべきものだと固く信じていた。ところが、移籍先の会社では、主要なポストが空いた時には、新しい血を注入するために、外部に人材を求めることを原則としていた。

どちらにも理由はあった。私に言わせれば、両方とも必要である。だが、この二つの考え方には、単なる制度の違いではなく、価値観に関わる根本的な違いがある。働く者と組織との関係、働く者のキャリアに対する組織の責任、働く者の組織への貢献のあり方について、価値観が異なっているのだ。こうした状況が何年か続いた後、この女性役員は、収入面では大きな痛手だったが、会社を辞めた。価値観の違いが原因だった。

医薬品メーカーの場合、地道に小さな改善を積み重ねるか、革新的な製品を手掛けるかは、単に収益上の問題ではない。業績としては同じようなものかもしれない。だがそれは、医薬品メーカーは、医師が効率的に仕事ができるようにするために貢献すべきか、医療上の革新をもたらすために貢献すべきか、という価値観に関わる問題である。

短期的な利益のために経営するか、長期的な成長のために経営するかという問題もまた、価値観に関わる問題である。アナリストたちは、同時に追求できると言う。問題がそれほど単純でないことは、経営者ならばだれでも知っている。短期的な利益も長期的な成長も必要である。しかしこの二つが対立する時、それぞれの企業が、それぞれの価値観に従って意思決定を下さなければならない。問題は経済性ではない。企業の機能と経営の責任に関わる価値観の違いである。

価値観の対立は、企業だけに見られるものではない。

アメリカのある大教会では、教会に新しく礼拝に訪れる人たちの数を重視している。より多くの人たちが毎週礼拝に参加することが大切であると言う。後は神の御手が彼ら、彼女らを救う。あるいはそのうちの何人かを救う。

これに対して、別のある大教会では、大切なことは一人ひとりの信仰であると言う。ただ訪れるだけの人には関心がない。ここでの問題は信者の数ではない。一見したところでは、後者の信者はあまり増えそうにない。ところが実際には、後者のほうが、初めて教会を訪れた人たちを確保している。確実に信者を増やしている。これは、神学の問題ではない。組織としての価値観の問題である。

ある時、両方の教会の牧師が、公開の場で討論した。一方は、教会へ足を運んでもらわなければ天国の門は見つからないと言い、他方は、天国の門を見つけようとしなければ、教会に来たことにはならないと言っていた。

組織にも、それぞれ価値観がある。人間と同じである。組織において成果を上げるためには、働く者の価値観と、組織の価値観が矛盾してはならない。同じである必要はない。だが、共存できなければならない。さもなければ、心楽しからず、成果も上がらない。

強みと仕事の仕方が合わないことはあまりない。両者は補完的である。ところが、強みと価値観が相容れないことは珍しくない。得意なこと、最も得意なことが、自己の価値観とずれていることがある。人生のすべて、あるいはその一部を割くに値しないと思える。

私自身の例を紹介したい。若い頃、現実に成功をしていることと価値観が違うことに悩んだ経験がある。一九三〇年代の半ば、ロンドンでインベストメント・バンカーとして働き、順風満帆だった。強みを存分に発揮していた。しかし、資金のマネジメントという仕事では、世のなかに貢献しているという実感が持てなかった。私にとって、価値あるものは、金ではなく人だった。人生を終えた時金持ちになっていることに価値を見出せなかった。

特に貯えがあるわけでも、就職の当てがあるわけでもなかった。当時は大恐慌のさなかだった。しかし私は辞めた。正しい行動だった。つまるところ、優先するもの、優先すべきものとは価値観である。

所を得る

自己の適所を子どもの頃から知ることのできる者はわずかである。数学者、音楽家、料理人などは、四、五歳の頃に決まってしまう場合がある。医師も一〇代で決まっていることがある。

しかしその他の仕事では、かなり特別な能力を持っている者でさえ、自己の適所を知るのは、二〇代半ばをかなり過ぎてからである。やがて自己の強みがわかってくる。自己の仕事の仕方もわかってくる。自己の価値観もわかってくる。したがって、得るべき所も明らかとなる。

逆に、自己にふさわしくない場所も明らかとなる。大組織では成果を上げられないことがわかったならば、よい地位を与えられても断らなければならない。意思決定を下すことが苦手であるとわかったならば、意思決定の必要な仕事は断らなければならない。（おそらくパットン将軍は自覚していなかったであろうが）パットン将軍のような人たちは、独立した組織のトップの座を打診されても断らなければならない。

もちろん、自己の強み、仕事の仕方、価値観がわかっていれば、チャンス、職場、仕事について、「私がやりましょう、私のやり方はこうです、こういうものにすべきです、他の組織や人との関係はこうなります、これこれの期間内にこれこれのことを仕上げられます、私こそうってつけですから」と言えるようになる。

最高のキャリアは、あらかじめ計画して手に入れられるものではない。自己の強み、仕事の仕方、価値観を知ることによって、チャンスをつかむ用意のある者だけが手にできる。なぜならば、得るべき所を知ることによってのみ、普通の人、単に有能なだけの働き者が、卓越した人物となるからである。

なすべき貢献は何か

人類史上、ほとんどの人間が、自己のなすべき貢献を考える必要がなかった。貢献すべきことは決まっていた。農民や職人のように、仕事で決まっていた。家事使用人のように、主人の意向で決まっていた。しかもごく最近まで、ほとんどの人が、言われたことを処理するだけの従者であることが当然とされていた。

一九五〇年代、六〇年代、新しく現れた知識労働者は、〈組織人として〉自己のキャリア形成を人事部に期待した。しかし六〇年代が終わらないうちに、知識労働者は自分が何をしたいのかを自分で考えなければならなくなった。そして自分のしたいことをすることが貢献であるとされた。だが、この答えもまた、間違いであることが明らかになった。したいことをするのが、貢献、自己実現、成功につながると考えた人たちのうち、実際にそれらを得た者はあまりいなかった。

もはや、かつての答え、すなわち、決まったことや言われたことをする時代に戻るわけにはいかない。特に知識労働者たる者は、なすべき貢献は何でなければならないのか、という新しい問題を自問自答しなければならない。なすべき貢献は何であるかという問いに答えを出すには、三つの要素を考える必要がある。

第一は、状況が何を求めているのかである。第二は、自己の強み、仕事の仕方、価値観からして、いかにして最大の貢献をなしうるかである。第三は、世のなかを変えるためには、いかなる成果を具体的に上げるべきかである。

ここに、ある病院の新任の院長の例がある。由緒ある大病院だが、すでに三〇年の長きにわたって、名前にあぐらをかいていた。その新任の院長は、二年間で、何か一つ重要な部門を超一流にすることが、自分にできる最大の貢献であると考えた。そこで、規模が大きく、注目を集めやすいにもかかわらず、ずさんな状態になっていた救急治療室に目をつけた。彼は、運び込まれた救急患者は必ず一分以内に、資格のある看護師に診させることにした。一年後、この救急治療室は、全米のモデルとされるまでに改善された。二年後には、病院全体が一変した。

この例に明らかなように、あまり高い目標を立てても、実現できなければ意味がない。期限はせいぜい一年半とし、具体的なものとしなければならない。したがって、考えるべき問題は、一年半のうちに自分が変えられるものは何であり、それをいかにして行うかである。

答えは、いくつかの要因をバランスさせたものでなければならない。

第一に、目標は、難しいものにしなければならない。流行りの言葉で言えば、「ストレッチ」できるものでなければならない。とは言うものの、実現可能でなければならない。不可能なことを目指したり、不可能なことを前提とすることは、野心的と呼ぶに値しない。単なる無謀である。第二に、意味のあるものでなければならない。世のなかを変えるものでなければならない。第三に、目に見えるものであって、できるだけ数字で表せるものであることが望ましい。そこから具体的な行動が明らかとなる。行うべきこと、始めるべきこと、目標、期限が明らかとなる。

互いの関係に責任を負う

一人で働き、一人で成果を生み出す人はわずかである。一握りの偉大な芸術家、一握りの偉大な科学者、一握りの偉大なスポーツ選手だけである。ほとんどの人が、他の人々と共に働き、他の人々の力を借りることで成果を上げる。特定の組織に属していようが、独立していようが関係ない。したがって成果を上げるには、第三者との関係について責任を負わなければならない。そこには二つの課題がある。

他の人々を受容する

一つの課題は、他の人々もまた自分と同じように人間である、という事実を受け入れることである。だれもが人として行動する。すなわち、それぞれが、それぞれの強みを持ち、それぞれの仕事の仕方を持ち、それぞれの価値観を持つ。したがって成果を上げるためには、共に働く人の強み、仕事の仕方、価値観を知らなければならない。

これは当然のことのように思われる。しかし、このことを肝に銘じている者はほとんどいない。その典型が、最初の上司が読み手だったために書くことに慣れてしまった者である。次の上司が聞き手であっても、彼は報告書を書き続け、何の役にも立てないことになる。無能、怠惰と見なされ、落後していく。しかしこれは、新しい上司を観察し、どう仕事を進めているのかを知れば避けられることである。

上司とは、肩書きでもポストでもない。ましてや単なる機能でもない。自分なりの仕方で仕事を処理する一人の人間である。その上司を観察し、仕事の仕方を理解し、彼らが成果を上げられるようにすることは、部下たる者の責任である。これが上司をマネジメントするコツである。

同じことは、共に働く人全員についていえる。それぞれが、それぞれ違う仕方で仕事をする。それぞれの仕方で仕事をして当然である。くわえて、それぞれに強みと価値観がある。これらのすべては、人によって違う。

したがって、成果を上げる秘訣の第一は、共に働く人たち、自分の仕事に不可欠な人たちを理解し、その強み、仕事の仕方、価値観を生かすことである。仕事は、仕事の論理だけでなく、共に働く人たちの仕事ぶりに依存している。

コミュニケーションについて責任を負う

もう一つの課題は、コミュニケーションについて責任を負うことである。私に限らず、コンサルタントの仕事をすると、必ず、組織内のあつれきを耳にする。しかし摩擦のほとんどは、相手の仕事、仕事の仕方、重視していること、目指していることを知らないことに起因している。そしてその原因は、互いに聞きもせず、知らされてもいないことにある。

これは人間の愚かさというよりも、人間の歴史のほうに原因がある。ついこの間まで、これらのことは、だれかに話す必要がなかった。中世の都市では、同じ地区の者は同じ仕事をしていた。農村では、谷間のだれもが霜が解ければ同じ穀物を植えていた。他方、他の人とは違う仕事をしていたごくわずかの人たちは、一人で働いていた。そのため、自分のしていることを説明する必要がなかった。

ところが今日では、違う責任を負い、違う仕事をする人たちが、一緒に働く。販売部門出身のマーケティング担当役員は、販売のことなら何でも知っているが、価格、広告、包装については何も知らないし、経験がない。とするならば、それらの担当者にとっては、自分の仕事、その必要性、方法、目標について、それぞれが役員に伝えることが責務となる。

販売部門出身の役員が、そうしたスペシャリストの仕事と行動を理解できないとすれば、責任はその役員にではなく、スペシャリストのほうにある。教えていないことが悪い。もちろん役員のほうも、自分がマーケティングについてどう考えているのかを、みんなに知らせる責任がある。自己の目標、仕事の仕方、行おうとしていること、期待していることを知らせなければならない。

しかし、他の人々との関係について責任を持つことの重要性をかなり認識している人でさえ、実際には十分なコミュニケーションを行っていない。押しつけがましい、詮索好き、何も知らない、などと思われたくないと考えている。

これは完全な間違いである。共に働く人たちの所に行って、自己の強み、仕事の仕方、価値観、目指す貢献、目標としている成果を話してみれば、反応は必ず、「聞いてよかった。どうしてもっと早く言ってくれなかったか」である。しかも、「それでは、あなたの強み、仕事の仕方、価値観、目指したい貢献について知っておくべきことはないか」と聞くならば、ここでも「どうして早く聞いてくれなかったか」である。知識労働者たる者はすべて、部下、同僚、チームのメンバーにこれらのことを聞かなければならない。常に反応は、「よくぞ聞いてくれた」である。

もはや組織は、権力によっては成立しない。信頼によって成立する。信頼とは好き嫌いではない。相互理解である。したがって互いの関係について互いに責任を負うことが不可欠である。それは責務である。組織の一員であろうと、組織へのコンサルタントであろうと、取引先であろうと、流通業者であろうと、だれもが、共に働く者、依存する者、依存される者すべてに対して、この責務を果たさなければならない。

第二の人生

ほとんどの人間にとって、労働が肉体労働を意味していた時代には、第二の人生を考える必要はなかった。それまでやってきたことを続けていればよかった。製鉄所や鉄道会社で四〇年も働けば、後は何もしないで幸せだった。

ところが今日、労働とは知識労働を意味するようになった。知識労働者は、四〇年働いても終わりにはならない。単に退屈しているだけである。

今日、経営幹部クラスの中高年層の危機がよく話題になる。原因は主として倦怠である。四五歳ともなれば、仕事上のピークに達する。そう自覚もする。二〇年も同じことを続けていれば、仕事はお手のものである。ただし、もはや学ぶことも、貢献することも、心躍ることも、満足することもない。だが、あと二〇年、二五年は働ける。したがって、第二の人生を設計することが必要となる。

第二の人生の問題は、三つの方法によって解決できる。

第一の方法は、文字どおり第二の人生を始めることである。単に組織を替わることであってもよい。大企業の事業部の経理責任者が、病院の経理部長になっていく。一方、まったく職業を変えてしまう人たちも増えている。企業や官庁で立派な仕事をしていながら、四五歳で聖職に入る人がいる。企業で二〇年働いた後、ロースクールに入り、やがて小さな町で法律事務所を開業する人がいる。

こうして、仕事がうまくいっているにもかかわらず、第二の人生を始める人が増えていく。能力は十分にあり、自己の仕事の仕方も心得ている。子どもは独立して出て行った。地元のコミュニティで仕事をしたい。もちろん何がしかの収入はほしい。そして何よりも、新しいことにチャレンジしたい。

第二の方法は、パラレル・キャリア（第二の仕事）を持つことである。うまくいっている第一の仕事は正社員として、あるいは非常勤やコンサルタント的な契約社員として続ける。しかし、もう一つの世界をパラレル・キャリアとして持つ。多くの場合、非営利組織で働く。週一〇時間といったところであろう。

たとえば、教会の運営を引き受ける、地元のガールスカウトの会長を務める、夫の暴力から逃れてきた女性のための保護施設をサポートする。地元の図書館で、パートの司書として子どもたちを担当する。同じく、地元で教育委員会の委員になる。

第三の方法は、ソーシャル・アントレプレナー（篤志家）になることである。これは最初の仕事で大きな成功を収めてきた人たちである。仕事は好きだが、もはや心躍るものではなくなった。そこで仕事は続けるが、それに割く時間は減らしていく。そして新しい仕事、特に非営利の仕事を始める。

たとえば私の友人ボブ・バフォードは、テレビ会社をつくって成功し、現在も経営している。ところが彼は、非営利組織をつくって、各地のプロテスタントの教会に手を貸している。最近はこれに加えて、彼のように本業を別に持ちながら、非営利組織をつくっている篤志家を助けている。

もちろん、だれもが第二の人生を持てるわけではない。これまでしてきたことをそのまま続け、定年の日を指折り待つ人たちのほうが多い。しかし、労働寿命が延びたことを、みずからと社会にとってのよい機会としてとらえることによって、模範となるべきは、数の少ないほうの人たちである。

ただし、第二の人生を持つには、一つだけ条件がある。本格的に踏み出すはるか前から、助走していなければならない。労働寿命の伸長が明らかになった三〇年前、私を含め多くの者が、ますます多くの定年退職者が、非営利組織でボランティアとして働くようになると予測した。だが、そうはならなかった。四〇歳、あるいはそれ以前にボランティアを経験したことがなければ、六〇歳になってボランティアになることは難しかった。

同じように、後に篤志家となった私の知人たちも、本業で成功するはるか前から、それらの事業に取り組んでいた。ある大企業の顧問弁護士は、モデル校の設立に手を貸している。その彼も、三五歳頃にはすでに、いくつかの学校に法律上のことで助言を行っていた。四〇歳で教育委員になっていた。そのため五〇歳になって生活に余裕ができた時、モデル校の設立に取り組むことができた。彼は、いまでも大企業の主任法律顧問として、ほとんどフルタイムで働いている。実はその大企業も、彼が若い頃、弁護士として設立に手を貸したベンチャーが育ったものだった。

知識労働者にとって、第二の人生を持つこと、しかも若いうちから持つことが重要なのには、もう一つ理由がある。だれでも、仕事や人生で挫折することがあるからである。昇進し損ねた四五歳の有能なエンジニアがいる。十分な資格がありながら、有名大学の教授になることが絶望的になった四二歳の立派な教授がいる。離婚や子どもに死なれるなどの不幸もある。

そのような逆境が訪れた時、趣味を超えた第二の関心事が大きな意味を持つ。そのエンジニアは、現在の仕事ではうまくいかないことを知る。しかしもう一つの仕事、たとえば教会の会計責任者としては立派な仕事をしている。あるいは、家庭は壊れたかもしれないが、もう一つのコミュニティが残されている。

これらの機会を持つことは、成功が極端に大きな意味を持つ社会では、きわめて重要である。そもそも人間社会には、成功なる概念はなかった。これまで人間は、祈りの言葉にもあるように、「みずからに備わった身分」にいられることが最高だった。そこから動くとすれば、身分が下がるしかなかった。

しかし、これからの知識社会では、成功が当然のこととされる。だが、全員が成功するなどということはありえない。ほとんどの者にとっては、失敗しないことがせいぜいである。成功する者がいれば失敗する者がいる。したがって、一人ひとりの人間およびその家族にとっては、何かに貢献し、意味あることを行い、ひとかどであることが、決定的に重要な意味を持つ。ということは、リーダー的な役割を果たし、敬意を払われ、ひとかどとなる機会としての第二の人生、パラレル・キャリア、篤志家としての仕事が重要だということである。

自己をマネジメントすることは、やさしいことではなくとも、少なくとも当然のことのように思われる。そのための方法も、当然のことに思われるはずである。しかしそのためには、一人ひとりの人間、特に知識労働者たる者には、まったく新しい種類のことが要求される。

決められたことを処理するだけだった肉体労働者に代わり、自己をマネジメントする者としての知識労働者へと労働力の重心が移行したことが、社会の構造そのものを大きく変えつつある。これまでの社会は、たとえ意識することはなかったとしても、またいかに個を尊重していたにせよ、あくまでも、次の二つのことを前提としていた。すなわち、第一に、組織は、そこに働く者よりも長命であって、したがって第二に、そこに働く者は組織に固定された存在である、ということを当然としていた。

ところが今日、その逆が現実となった。知識労働者は組織よりも長命であって、しかも移動自由な存在である。そしてその結果、彼ら働く者が自己をマネジメントしなければならなくなったということは、人間社会において一つの革命がもたらされることを意味している。

第VI部 2000年代

2000s

第33章

They're Not Employees, They're People

アウトソーシングの陥穽

They're Not Employees, They're People
HBR, February 2002.
アウトソーシングの陥穽
『DIAMOND ハーバード・ビジネス・レビュー』2002年5月号

現在起こっている二つの大きな変化

さしたる注目を集めることなく、驚くべきことがビジネスの世界で起こっている。

第一に、働き手のうち驚くほど多くの者が、現在働いている組織の正社員ではなくなっている。第二に、ますます多くの企業が雇用と人事の業務をアウトソーシング（外部委託）し、正社員のマネジメントをしなくなった。この二つの流れは、近い将来変わる気配はなく、むしろ加速していくものと思われる。その理由はこれから本稿で述べるとおりである。

組織と働き手との関係の稀薄化は、あまりに重大な危険である。雇用関係にない人材の長期の受け入れや、雇用関係の雑務からの解放によるメリットの享受は、たしかに一つのやり方である。しかし、人の育成が最重要課題であることを忘れてよいはずがない。それは、知識経済下において競争に勝つための必須条件である。雇用と人事を手放すことによって、人を育てる能力まで失うならば、小さな利益に目が眩んだとしか言いようがない。

新種の従業員

いまや民間で世界最大の雇用主となったのは、スイスに本社を置く人材派遣会社のアデコだ。同社は毎日七〇万人の事務系、技術系の人材をクライアント会社に派遣している。その数はアメリカだけで二五万人に上る。しかし同社は、業界ではマンモスだがシェアは大きくない。同業他社はアメリカだけで七〇〇〇社ある。それらの人材派遣会社が毎日二五〇万人を派遣している。世界中では、一〇〇〇万人まではいかないが、少なくとも八〇〇万人を派遣している。そのうち約七割がフルタイムで働いている。

五〇年前に人材派遣業がスタートした時、その業務は、休暇や病欠のレジ係、受付、電話交換手、速記者の補充だった。今日ではあらゆる職種を派遣する。社長まで派遣する。ある派遣会社では、設計から稼働までの工場建設のいっさいを仕切る製造マネジャーを派遣している。麻酔看護師をはじめとする医療技術者を派遣するところもある。

人材派遣業の伸びとは別に、アメリカでは一九九〇年代最大の成長産業として、雇用業務代行業（ＰＥＯ：professional employee organization）が登場した。わずか一〇年前にはそうした事業が存在することさえ、まったく知られていなかった。

これら雇用業務代行会社は、クライアント会社の雇用、人事業務を受託している。スタートから一〇年後の二〇〇〇年には、すでに働く者二五〇万人から三〇〇万人に対して言わば共同雇用主の役割を果たしている。企業数もすでに一八〇〇社に達した。機関誌を持つ業界団体まで設立した。

人材派遣会社と同じように雇用業務代行会社も業容を拡大している。一九八〇年代に雇用業務代行業がスタートした時、受託する業務は給与計算を中心とする経理だった。いまでは、雇用や人事関係のあらゆる業務、すなわち採用、訓練、人事、昇進、解雇、レイオフ、退職金、年金など多様な業務をこなしている。

中小企業を相手にしていたものが、大手のエグザルトのように、最初からフォーチュン五〇〇社クラスを対象にするものまで現れた。同社はＢＰアモコ、ユニシス、テネコ・オートモティブから業務を受託し、わずか四年前の創立でありながら、すでにナスダックに上場している。中小企業の給与計算事務受託を中心に二〇人の社員でスタートしたある雇用業務代行会社は、地方公務員一二万人を抱える州政府をクライアントに獲得しようとしている。

人材派遣会社と雇用業務代行会社の双方が急速に成長している。人材派遣のアデコは年率一五パーセントで伸びている。エグザルトは、二〇〇一年第2四半期に売上げを四三五〇万ドルから六四三〇万ドルに伸ばした。雇用業務代行業全体では年率三〇パーセントで伸びている。二年半で倍増というペースである。二〇〇五年には、アメリカの労働人口一〇〇〇万人の共同雇用主が雇用業務代行会社ということになる。

それでは、クライアント会社のマネジャーたる者は、採用、昇進、解雇の決定をみずから行わないで、どのようにマネジメントできるのかと疑う読者がいても当然である。企業内研究所の主任研究員の人事管理までエグザルトに任せているBPアモコの役員に、直接聞いてみると、こんな答えが返ってきた。

「彼らは私を満足させなければ、契約更新はないと承知している。たしかに社員の異動や解雇まで代行させているが、あくまでも私の指示によってである。あるいは私と相談してからである」

経営書やビジネススクールが教えていない何かが、雇用と人事の世界で起こっている。ほぼあらゆる種類の組織の人事部門が目的とし、機能としてきたものとは合致しない何かが起こっているのだ。

規制に締めつけられて

人材派遣業の伸びの理由として挙げられるのは、雇用主としての機動力の強化である。しかしそれだけでは説明がつかない。今日では、あまりに多くの派遣社員が長期にわたって同一のクライアント企業で働いている。何年も派遣されている者もいる。もちろん機動力の強化というだけでは、雇用業務代行業の出現も説明できない。

この二つの産業の伸びは、働き手を法的に非正社員にしているところにカギがある。両産業の急成長の原動力は、雇用主に課されている規制の増大である。

今日、雇用関係の規制はコスト的に中小企業を絞め殺しかねないほどある。連邦政府の中小企業局によれば、労務管理上の規制、報告義務、税務申告に要する年間費用は、社員五〇〇人以下の中小企業では社員一人当たり五〇〇〇ドルに達する（九五年の数字。その後の数字は発表なし）。給与、保険料、年金拠出等、中小企業の一人当たり人件費は、九五年で平均二万二五〇〇ドルである。これに二五パーセントが上乗せされている勘定になる。しかも、九五年から今日までに、雇用関係の業務から生ずる費用は一割以上増加したと推定されている。

正社員の代わりに派遣社員を使うことによって、これらの費用のかなりの部分が節減される。一人当たりのコストが正社員の給与と付加給付を合わせたものよりもかなり高いにもかかわらず、多くの企業が派遣社員を受け入れている理由である。

そしてもう一つの費用節減の方法が、雇用業務代行会社へのアウトソーシングによって、雇用、人事の業務をその道の専門家に任せることである。これまた中小企業局の数字によれば、働き手を五〇〇人以上まとめて管理することによって得られる節減は四割に達するという。

雇用や人事をアウトソーシングすることによって、費用の節減が図れるのは、中小企業ばかりではない。マッキンゼー・アンド・カンパニーの九七年の調査によれば、フォーチュン五〇〇社クラスの大企業さえ、それらのアウトソーシングによって二五〜三三パーセントの費用を節減できるという。エグザルトの設立はこの調査の一年後のことである。

雇用と人事のアウトソーシングは世界的な傾向である。具体的な法律や規制は異なっても、企業に課される負担はいずれの先進国でも重い。ちなみに、人材派遣のアデコの最大の市場はフランスであり、アメリカは第二の市場にすぎない。同社は日本でも年率四〇パーセントで伸びている。雇用業務代行のエグザルトは、二〇〇〇年にスコットランドに労務管理センターを設立し、ロンドンとジュネーブに支社を置いている。

「人が最大の負債」に

雇用や人事は、費用がかかるだけではない。マネジメントに対して膨大な時間と手間を要求する。一九八〇年から二〇〇〇年というわずか二〇年の間に、アメリカでは雇用関係の規制が三八から六〇へと六割増えた。それらの規制のすべてが報告を義務づけ、違反に対してはたとえ不注意によるものであっても罰金その他の罰則を定めている。再び中小企業局の調査によれば、中小企業のオーナー経営者は、それら規制への対応に仕事時間の四分の一を取られているという。

そのうえ訴訟が確実かつ急速に増加している。一九九一年から二〇〇〇年の間に、雇用機会均等委員会に持ちこまれたセクハラ関係の訴えは、六九〇〇件から一万六〇〇〇件へと倍増した。その一割は、調査と事情聴取に多大の時間を要し、多額の弁護費用を発生させている。

圧倒的に多くの経営者、特に中小企業の経営者が、製品とサービス、顧客と市場、品質と流通という業績向上のための時間がなくなっているとこぼす。彼らは本業の仕事ではなく、雇用関係の規制という問題に取り組まざるをえないのだ。「人が最大の資産」との昔からの台詞を口にする気にはとうていなれずに、「人が最大の負債」とさえ言っている。人材派遣会社の成長と雇用業務代行会社の出現は、まさにそれらの会社が、クライアント企業が本業に専念できるようにしているところに原因がある。

この間の事情は、マキラドーラと呼ばれるメキシコの対アメリカ国境地帯の保税加工工場の成功理由にもなっている。マキラドーラでは、アメリカ、アジア、メキシコ製の部品をアメリカ市場向けに組み立てている。メーカーにとっては、マキラドーラ進出の動機は根拠薄弱な人件費の節減などではなく、母国での書類づくりからの解放にあるとさえいってよい。当地では、メキシコ企業が、アメリカ並みに複雑なメキシコの雇用関係規制を処理し、アメリカ企業や日本企業を本来の事業に専念させている。

先進国において、将来雇用関係の規制が緩和されることを示す兆候はない。現実はその逆である。いかに弱者保護のためとはいえ、アメリカでは、雇用主が対応を余儀なくされる政府機関、記録義務、報告義務、苦情、紛争、訴訟は増加する一方である。

分化する組織

規制が要求する費用と労力の他にも、人材派遣会社と雇用業務代行会社の成長を促す要因がある。知識労働の本質であり、特に知識労働者の極度の専門性である。知識を基盤とする大組織には多様な専門家がいる。彼ら全員をいかに上手にマネジメントするかが、それらの組織にとって重大な課題である。人材派遣会社と雇用業務代行会社はここにおいても大きな助けとなる。

アメリカでは、五〇年代に入ってからでさえ、徴兵免除とならない者、すなわち言われたことを行うだけの者が九割いた。免除されたのは、何を行うべきかを言える立場にある者だった。免除されなかったのは、学歴と技能のないブルーカラーだった。彼らは工場や事務所で定常的な仕事をしていた。

今日では、その種の働き手は二割以下である。労働人口の四割を占めるに至った知識労働者は、上司はいたとしても、完全な部下ではない。同僚として、みずからの専門とする分野では、何を行うべきかを言える立場にある。

しかも、彼ら知識労働者は同質ではない。知識は専門化されてこそ成果が上がる。このことは、特に今日急増中のテクノロジスト、すなわちコンピュータ技師、プログラマー、法律補助職など知識を基盤とする知識労働者について当てはまる。そして知識労働者は、その専門性のゆえに、大組織においてさえ少数が散在するにすぎない。

その典型が組織として最も複雑であって、しかも、この三〇年、四〇年の間に最も急速に成長してきた病院である。ベッド数が二七五～三〇〇という中堅の病院でさえ、直接間接に三〇〇〇人もの人が働いている。その半数が何らかの分野での知識労働者である。

数百人規模の部門は二つしかない。看護師であり、管理部門の知識労働者である。医療補助者の専門分野は三〇種はある。物理療法士、検査技師、精神科ケースワーカー、腫瘍治療の専門家、手術室の担当者、睡眠治療室の担当者、超音波検査の担当者、心臓病治療室の担当者、その他もろもろの知識労働者がいる。

それら専門分野のそれぞれが、それぞれの規則と規制、資格、学位を持つ。しかもどの病院にも数人しかいない。ベッド数二七五の病院では栄養士はせいぜい七、八人である。そしてそれぞれの専門分野の者が、それぞれの処遇を期待し要求する。そこで何が行われているかを知り、いかなる設備が必要かを知り、医師、看護師、事務といかなる関係にあるべきかを知る者が、どこか上のレベルにいることを期待し、必要とする。しかも病院のなかでは昇進の道はない。彼らのうち一人として院長になりたいとは思わないし、なれるわけでもない。

今日の企業といえども、病院ほど多くの専門分野はない。だが、病院の域に近づきつつある。あるデパート・チェーンには、バイヤー、インテリア、外商、販促、宣伝など一五、六の専門分野がある。そのほとんどが一つの店舗に数人しかいない。金融サービス機関でも知識労働者の専門分化が進行中である。ここでも昇進の機会は減っている。

投資信託の銘柄選定の専門家といえども投資信託の個人向け販売の専門家にはならない。管理職の地位についても、数人しかいないセクションの長になること以外には関心があるわけではない。

今日アメリカの病院は、専門分野の仕事をアウトソーシングすることによって、これら専門化に関わる問題を解決している。すでに多くの病院が専門分野の多くをアウトソーシングしている。輸血を担当する専門家は、いくつかの病院をクライアントに持つ専門会社の社員だ。こうして専門家のほうも昇進の機会を持つことになる。優秀であれば、報酬のよい大病院の輸血セクションを任され、あるいは複数の病院を担当する管理職になれる。これらの病院で専門分野ごとに個別に行われていることを一括して受託しているのが、人材派遣会社であり雇用業務代行会社だ。いかなる大企業といえども、高度に専門化した知識労働者を、効果的にマネジメントし、配置し、満足させる能力はない。

こうして人材派遣会社と雇用業務代行会社は、雇用主だけでなく働き手にとっても重要な役割を果たす。人材派遣会社が、人事管理の理論に反し、派遣される者の満足を謳い文句にしているのもこのためである。

中堅の化学品メーカーで働く冶金の専門家は、待遇もよく、仕事もおもしろいかもしれない。だが化学品メーカーでは、それほど多くの冶金専門家は必要としない。マネジメントの上層部には、彼が何をし、何をすべきであり、何をできるかを理解できる者はいない。また、彼が役員になる可能性もない。万一なれたとしても、それは年月をかけて学び愛してきたものを放棄することを意味する。ところが、人材派遣会社の社員としてならば、最大の貢献ができるところに回してもらえる。優秀であれば、さらに待遇のよい職場で働ける。

雇用業務代行会社の包括契約では、クライアント企業の社員を最適の職場、最適の仕事に斡旋することまで業務に入れている。しかも、そこまで踏み込んだ包括契約しか受けつけない雇用業務代行会社が多い。雇用業務代行会社にとっては、まさにクライアント企業への責任とその社員一人ひとりへの責任をいかにバランスさせるかが、腕の見せどころである。

目が届かない

人事管理は、働き手はすべてその企業の正社員であることを前提としてきた。しかしここまで見てきたように現実が変わった。ある者は人材派遣会社からの派遣社員であり、ある者はコンピュータ・システムやコール・センターのアウトソーシング先の社員である。さらにある者は、特別の仕事を依頼された早期退職の高齢者パートである。ところが現状は、このように組織の内部が多様化したにもかかわらず、全体をきめ細かく見る者がいなくなっている。

人材派遣会社は、自分たちの売り物は生産性であると豪語する。派遣社員に対してはクライアント企業に代わって目を光らせているという。しかし、約束の実行を保証するものはない。派遣社員もまた他の働き手と同じように、働く場とそこにおける配置だけでなく、現場でのマネジメントや動機づけによって左右される。人材派遣会社にはそこまでの力はない。雇用業務代行会社にしても、正社員についてはマネジメントできていても、パート、派遣社員、契約社員についてはマネジメントできない。

この人材マネジメントの欠落が問題である。正社員、派遣社員、パート、アウトソーシング先の社員、さらには取引先、販売代理店の社員のいずれもが、業績を左右する働き手である。あらゆる組織が彼らのすべてに目を届かせなければならない。

その方向へ進む動きはある。ヨーロッパのある消費財メーカーでは、優れた仕事ぶりに定評のある人事部門を別会社として独立させ、グローバルに雇用業務代行会社の役を担わせようとしている。正社員ではない働き手の雇用、人事を扱わせようとしているのだ。具体的には、合弁会社や提携先二〇〇社、さらには取引先や販売店の雇用や人事まで引き受けさせようとしている。

競争力の源泉は知識労働者に

五〇年前と比べるならば、あらゆる組織にとって、働き手の心身の健康と幸福に気を配ることが格段に重要になっている。知識を基盤とする労働力は、技能のない労働力とは基本的に違う。人数的には、知識労働者はまだ少数派であり、ずっとそうかもしれない。

だが、彼らはすでに富と雇用の最大の生み手である。これからは、企業の成功どころか生き残りさえ、彼ら知識労働者の仕事ぶりに依存する。しかも統計的にも、いかなる組織も、優れた人材を多数持つことはできない。知識が基盤となる社会と経済において他に抜きん出る道は、普通の人材からより多くを引き出すしかない。すなわち、知識労働者の生産性を高めるべくマネジメントするしかないのだ。昔からのことわざを繰り返すならば、「普通の人間に普通でないことを行わせる」ことが課題である。

かつての労働力は、システムによって生産性を向上させた。フレデリック・ウインスロー・テイラーの科学的管理法であり、ヘンリー・フォードの組立ラインであり、W・エドワード・デミングのTQM（総合的品質管理）だった。まさに知識の体現されたものがシステムだった。それらのシステムによって、働き手にさしたる知識や技能がなくとも成果を上げさせることができた。

事実、組立ラインにせよTQMにせよ、個人の突出した能力は他の働き手やシステムそのものにとって、むしろ迷惑な撹乱要因だった。しかし知識を基盤とする知識組織では、システムそのものの生産性を左右するのが、知識労働者一人ひとりの生産性である。かつては、働き手がシステムのために働いたが、知識労働ではシステムが働き手のために働く。

このことの持つ意味を教えてくれる組織の例は、すでに十分すぎるほどある。大学を優れた大学にするものは、優れた教員や学者を引きつけ、成長させ、傑出した教育と研究を行わせる力である。オペラハウスについても同じことがいえる。

知識を基盤とする企業に最も似た組織が、オーケストラである。そこでは三〇種類もの楽器が、同じ楽譜を使ってチームとして演奏する。偉大なソリストを集めれば、最高のオーケストラになるわけではない。優れたメンバーが最高の演奏をするところが、最高のオーケストラなのである。

オーケストラの立て直しを頼まれた指揮者は、あまりにだらしのない者や年を取りすぎた者しか交替させられない。新しいメンバーを大勢入れるわけにはいかない。引き継いだものを最高のものに変えるべく、優れた指揮者は、各演奏者、各パートとの接触を深める。雇用関係は与件であってメンバーは変えられない。したがって成果を上げるのは、指揮者の対人能力である。

知識労働者の生産性は、いくら強調してもし足りないくらいに重要である。知識労働の特性は、働き手が労働力ではなく資本だというところにある。資本の働きを決めるのは、費用の多寡ではないし、量でもない。もしそうだとすれば、旧ソ連が世界一の経済を誇っていたはずである。

決定的な要因は、資本の生産性である。ソ連経済の崩壊は主として資本の生産性があまりに低かったためである。市場経済の三分の一、時にはブレジネフ時代の農業投資のように実質マイナスだったこともある。その原因は単純だった。だれも資本の生産性に関心を払っていなかったのだ。だれも自分の仕事だと考えないし、生産性を上げてもだれも報われなかった。市場経済下の民間産業の経験も同じことを教えている。

新しい産業においては、リーダーシップはイノベーションによって獲得され確保される。これに対し既存の産業では、リーダーシップは資本の生産性によって確保される。二〇世紀の初め、ゼネラル・エレクトリック（GE）は技術と製品のイノベーションによって、ウェスチングハウスやシーメンスなどのライバルと戦った。しかし二〇年代の初めに電機の世界で大きなイノベーションが終わって以降は、GEは資本の生産性の向上に傾注することによって決定的なリーダーシップを握り、その後もずっと握り続けている。

同じように二〇年代終わりから六〇年代までのシアーズの繁栄も、商品や価格によるものではなかった。商品と価格では、モンゴメリー・ワードなどのライバルも互角だった。シアーズがリーダーシップを取れた理由は、他の小売業の二倍という資本の生産性の高さにあった。今日、知識を基盤とする企業も、自社の資本の生産性、すなわち知識労働者の生産性に焦点を合わせなければならない。

雑務からの解放——人のマネジメント

人材派遣会社と雇用業務代行会社、特に後者は、クライアント企業の経営幹部と管理職を規制や書類から解放してくれる。規制や書類に時間の四分の一を取られることは、時間という最も貴重で高価で稀少な資源の浪費であり、実際のところ退屈だ。人を卑しめ、おとしめることにもなる。身につくものがあるとすれば、ごまかしのテクニックぐらいである。

したがって、クライアント企業が、業務の一本化や人材派遣会社と雇用業務代行会社の利用によって、雇用や人事関係の雑事から解放されようとすることには、それだけの理由がある。しかしそうすることによって、知識労働者同士の関係を傷つけたり、損なったりしてはならない。

実は書類業務を減らすことのメリットは、人と人との関係に使う時間を増やせることにある。企業の幹部たる者は、大学の学部長やオーケストラの指揮者が当然のこととして行っていることを知らなければならない。

優れた組織をつくり上げるカギは、働き手の潜在能力を見つけ、それを伸ばすことに時間を使うことである。最高の学部をつくるには、将来性のある博士号取得者や講師を、それぞれの分野で一流にするために時間を使う必要がある。世界一流のオーケストラをつくるには、第一クラリネット奏者が指揮者の望む演奏ができるまで、何度も一緒に同じ楽節をリハーサルする。企業内研究所の研究部長も、同じことをすべきである。

知識組織のリーダーたる者は、将来性ある知識労働者のために時間を使わなければならない。彼らを知り、彼らに知ってもらう必要がある。彼らを導き、彼らの声に耳を傾けなければならない。挑戦し、激励しなければならない。

彼らは法的には正社員でないかもしれない。しかし組織にとっては、主たる資本であり、業績を左右する存在である。雇用、人事の管理的業務は体系化できるし、そうすべきである。定型業務にできるし、そうすべきかもしれない。それでも雇用、人事をアウトソーシングするのであれば、その仕事ぶりによって自社の成果と業績が左右される知識労働者の育成、動機づけ、満足度、生産性について、アウトソーシング先の担当者と密接に連携しなければならない。

いまから二五〇年前の産業革命では近代組織が生まれた。紡績会社や鉄道会社である。しかし、農耕、製造、小切手の整理、保険契約の台帳への記入などの従来の仕事と同じく、肉体労働に頼っていることに変わりはなかった。わずか五〇年、六〇年前まで、先進社会においてさえこの状況は変わらなかった。したがって、知識を基盤とする社会と経済における主たる資本としての知識労働者の出現と台頭は、かつて我々が経験した機械を基盤とする経済への移行と同じように、あるいはそれを上回る重大な変化である。

　こうした変化は、単なる仕組みやプロセスの改善以上のものを要求する。新たな尺度、価値観、目標、戦略が必要なのだ。もちろん、それらを手に入れるには年月を要する。しかし、知識組織における働き手のマネジメントにおいて、何を前提とすべきかを教える成功例はすでにある。我々が前提とすべきは、たとえ従業員は面倒な存在であろうとも、人こそがビジネスの源泉だということである。

第34章

Visions for the Future: An Interview with Peter F. Drucker

明日への指針(インタビュー)

明日への指針
『DIAMOND ハーバード・ビジネス・レビュー』2003年11月号、12月号

ナレッジ・デバイドは一時的な現象にすぎない

二〇〇三年八月、突き抜けるような晴天の昼下がり、カリフォルニア州クレアモントにあるドラッカー教授の自宅で『DIAMONDハーバード・ビジネス・レビュー』編集部による本インタビューは行われた。九四歳のいまもなお、その慧眼ぶりは依然健在であり、柔らかな物腰には賢者のゆとりが漂っている。

「物を書くために生まれてきた」教授は、インタビューにおいても常に的確な言葉を吟味する。そして、時にジョークを交えつつ、三時間にわたって明日の世界について語ってくれた。

前半では、知識社会のゆくえとそのなかに生きる個人に関する問題を中心に、後半では、人口動態から予測する世界の動向と日本の課題について披瀝する。

——あなたが、知識が経済や企業を牽引していくと初めて指摘したのは、もう半世紀近く前になるでしょうか。そして『ポスト資本主義社会(注1)』で述べられたような現実が、インターネットの普及と相まって、ようやく一般にも認識されるようになりました。かつての工業社会では、先進国と発展途上国、富める者と富まざる者といったように、その進展と共に経済格差がもたらされました。知識社会でも同じような格差、言わば「ナレッジ・デバイド」が生じるのではないでしょうか。

ピーター・F・ドラッカー（以下略）：現時点では、これが拡大しているのか、縮小しているのか、何とも言えません。競争のグローバリゼーションによって、知の二極分化、すなわちナレッジ・デバイドが広がっているかのように見えますが、はたして本当なのでしょうか。あるいはまったく逆かもしれません。

アメリカでは労働者階級の人々が教育を一種の資格ととらえているため、これまでナレッジ・デバイドが問題視されることはありませんでした。それに、ある程度の教育を受けた人に、その分、高い給料が支払われるのは公正で適切であると考えられています。

ただし、教育水準が全体的に高い日本では、これはやっかいな問題のはずです。日本の場合、六〇歳以下で見て、ほとんどの人たちが高校レベルの教育を修めていますが、アメリカでは近年まで、四割程度にすぎませんでした。つまり日本は、その知的生産性はともかく、その知識水準は相対的に高いわけですね。

――つまり、そのような自信やおごりがみずからの足をすくう可能性があるかもしれないわけですね。

それはわかりません。私は、いろいろなアメリカ企業のメキシコ工場について知っていますが、初めてメキシコに進出した頃、当時のメキシコ労働者の生産性は、アメリカのそれの約三分の一でした。いまでは格段に生産性が高まっていますが、働いている人々は変わっていません。

たとえば、フォード・モーターのメキシコ工場では、主にヨーロッパ向けのエンジンが製造されていますが、世界中にあるフォード工場のなかでも労働者一人当たりの生産性が最も高く、設備投資は最も少なくて済んでいます。少し訓練を受ければ、生産性は向上するのです。

いかなる類の格差も、やがては解消されるということでしょうか。ナレッジ・デバイドについても、全体としては、教育や訓練によってやがては縮められるということですね。

第一次世界大戦と第二次世界大戦から生まれた最大の発明は「教育訓練」といえます。一八世紀にアダム・スミスは「人を教育するには一〇年かかる」と言いました。その五〇年後、ドイツのある機関車メーカーが徒弟制度による養成期間を七年に短縮しました。それが第二次世界大戦では九〇日に縮まったのです。そして現在、だれでも生産性の高い労働力を一二〇日あれば手に入れられるようになりました。

まもなく知識労働でも同じような状況が訪れるようになるでしょう。そして、知識労働における最大の競争相手は中国ではないでしょう。私はインドだと思います。


――それはなぜですか。


先日、中国人の知人が訪ねてきましたが、有能な知識労働者の確保に大変苦労しているようでした。中国における大学生や大学院生の進学率を日本のそれと比較すると、およそ一〇分の一で、インドは三分の一程度という指摘もあります。工学部、医学部および会計学の分野を専攻するインド人は、アメリカに引けをとらない数に上り、その人たちが知識労働の分野でアメリカ人に取って代わっています。

中国への投資機会は非常に大きいものの、危険も高いと見ています。内乱の不安も消えません。土地を持たない労働者たちが、ある時点で現状に満足できなくなり、よりよい生活環境や労働環境を求めるようになると思えてなりません。

また、中国の大学で教鞭を執っている友人によれば、文化大革命の結果として教育が十分に行き届いていないということで、知識労働者を十分供給できるようになるには、もう一世代を待たなければならないということです。

一方インドは、自国に近代的な教育施設を十分には設立し切れなかったイギリス人――第二次世界大戦以前には、他の学問分野と比べると、理工学系はそれほど盛んとはいえませんでした――が、植民地だったインドで建設を進めたという歴史があります。その結果、世界でも有数の技術系大学や優れた医学部を持つことになりました。

そこでは、仕事ぶりも素晴らしい知識労働者があり余るほど育成されています。おかげで、アメリカでソフトウエア設計者に支払われる給料の三分の一~四分の一程度で、最高の人材を確保できるのです。

ご存じかもしれませんが、アメリカでは、購入した家電製品やコンピュータにトラブルが起こって、電話をかけると、つながった先はインドにいる担当者だということがよくあります。完璧な英語を話し、人件費はアメリカに比べればただも同然です。それでも、かの地では高額の収入になります。

もちろん、生産性の低い分野もあります。ソフトウエア設計ではアメリカに対抗できますが、ハードウエアではまだ太刀打ちできません。ただし、「まだ」というだけです。すでにインドでは知識労働者が必要数を満たしていますから、今後厳しい競争が繰り広げられるのは必至でしょう。

――ナレッジ・デバイドが縮小していけば、単純労働が人件費の低い国に移転していったように、知識労働でも同様のことが起こるわけですね。これは、相当速いスピードで進展していくのではないでしょうか。

これこそ、我々がきわめて近い将来に直面することになる競争なのです。前世紀は、肉体労働のコスト削減競争でした。それがいまは、知識労働のコスト削減競争になってきたのです。したがって、アメリカのみならず、日本もヨーロッパ諸国も自国で統括管理する一方で、知的業務についても他国にアウトソーシングし始めなければならないでしょう。

——何物にも代替されないような高次元の知識労働者は、依然として稀少な存在として位置づけられるのでしょうが、むしろその他大勢は平準化していくことになるわけですね。日本における知識労働の生産性について、どう思われますか。

日本経済の現状について詳しいわけではないので何とも言いがたいですが、一つ例を挙げましょう。ある大手小売企業の経営者から、「日本で何が起きているのかわからないので、説明してほしい」というファックスが届きました。そういう私も明るいわけではありません。消費だけに注目すれば、良好といえるかもしれませんが、一方で金融危機、いやあえて銀行危機と言わせてもらいますが、それが起きています。

日本の銀行の人々は、大切な専門知識に欠けているのではないでしょうか。支店のレベルでは愛想のよい接客くらいで、融資や与信の能力に優れているとはとうていいえません。実際、その権限もかなり限られています。支店長といっても、基本的には現場を監督しているだけなのです。このような人々を知識労働者とは呼びません。

ですが、言語の違いはありますが、このような専門知識は世界中に存在しており、いろいろ言い分もあるでしょうが、十分他者によって代替可能な分野なのです。インドを筆頭とする新興国からのプレッシャーを感じるのは、金融に限らず、こうした分野なのです。

そして逆に、我々が肉体労働をアウトソーシングしなくなる時代でもあるはずです。自動車メーカーの新しい工場では、労働者の数はますます削減され、すべては計画に基づき、システム化されています。一方で本社には、コンピュータ技術者、財務担当、経理担当、そして設計者といった人々が増えています。ちなみに、財務分析では、ゼネラル・エレクトリック（GE）とトヨタ自動車を凌ぐような企業はありません。おそらくトヨタのほうが優れているでしょう。四〇年かかりましたが——。

このような例外があるとはいえ、総合的に判断すると、知識労働に関して言えば、日本の生産性はけっして高いとはいえないのではないでしょうか。かつて日本の総合商社といえば、優秀な人材が集まった組織で、その世界的情報収集力において右に出る者はいませんでしたが、これも過去のことです。

ナレッジ・デバイドは一時的に存在しても、世の理どおり、やはり永続することはなく、生まれては消えるというサイクルを繰り返していくのではないでしょうか。

知識労働者の流動化とナレッジ・コミュニティ

――知識社会の今後を俯瞰していただいたわけですが、知識労働者の流動化は、アメリカにすれば古くて新しい問題かもしれませんが、ここ数年来、日本でも本格化しつつあるようです。優秀であればあるほど、つまり企業にすれば辞めないでほしい人ほど、流動性が高いというジレンマに直面しています。

そのようですね。私も実際にびっくりさせられましたよ。

ここクレアモント大学院大学のエグゼクティブ・マネジメント・プログラムの受講生の三〇パーセントが日本人ビジネスマンです。おそらく一〇年以内には組織の基幹を担うだろう、優秀な中堅社員ばかりです。

私は二〇年前、同じような日本人受講生たちに、複数の企業で働いた経験がありますかと尋ねたところ、一人の手も挙がりませんでした。いわゆる生え抜き社員ばかりで、転職した経験はないというのです。ですが、いまなら半数以上の手が挙がるのではないでしょうか。

経営者が注目すべき市場は、これまでも、そしてこれからも次の三つです。「財やサービスの市場」「資本市場」、そして「人材市場」です。そして日本のみならず、実は世界中の国が、最後の人材市場において新しいチャレンジに直面しています。

ストック・オプションは、好況時にしか有効でなかったことが判明しました。株式市場が堅調でなければ機能しませんし、いずれにせよ、長期的な効果は見られませんでした。そして多くの場合、後になって多大な悪影響が出てきます。我々はこのような反省を踏まえて、次なる手立てを考えなければなりません。

人間関係学派に伝わる古い格言があります。「手だけを雇うことはできない。手には人間が丸ごとついてくる」。そして、年老いたドラッカーの格言は「一人の男を雇うと、そこには必ず妻がついてくる」です。「だれだれさんみたいに、たくさんお金が稼げないのはなぜなの」と妻から言われるわけです。いやはや、奥さんネットワークの情報は速い（笑）。

いずれにしても、知識労働者の流動性が高い理由は単純です。彼らが家族ぐるみでつき合う相手といえば雇用者ではなく、同様の知識を有する人たちだからです。

先の二五〇人の受講生たちについてお話ししましょう。私は三カ月ごとに新しいグループと話し合う機会を持ちます。そして、彼らに自分の専門分野で何人の知人がいるのかを尋ねると、どこに住んでいようと、どの分野であろうと、たいていの人と知り合いであることがわかります。

ある企業の熱処理技術者は、少なくとも南カリフォルニアにいる熱処理技術者のほぼ全員について知っています。税理士ならば、ほかの税理士が集まる全国大会に出席し、同じ税務雑誌を読んでいます。

一方、いま勤めている会社、とりわけ大企業に勤めている人に、社内の知り合いは何人いますかと尋ねると、案外少ないようです。実際私の知人で、ある大学で主任教授を務める有名な物理学者は、世界中の主な物理学者とはすべて知り合いですが、学内の知り合いはわずかなのです。

今日、世界中の人々が新たなコミュニティを求めて集まっていますが、それは地理的なコミュニティではなく、機能的なコミュニティです。我々はこのような機能的なコミュニティを急速に形成しているのです。そしてあらゆる集会やタスク・フォースによって、さらにそれが加速化されています。このような知識集約型の労働に従事している人々は流動性に高く、自分のビジョンをしっかり描いている人々でもあります。これらの人々にとって、組織からの制限やルールはあまり関係ないのです。

私には退職間近の友人がいますが、彼はアメリカでもおそらく精神医学の分野でトップクラスの専門家です。そしてもう一人、ドイツにも精神科医の友人がいます。二人とも知り合いには精神科医しかいません。とても狭い世界なのです。

――知識は世界的に拡散し、平準化に向かいつつある一方、その所有者たちは、都市を形成するがごとくコミュニティを形成し、言わば集積化に向かっていると。今後、人材の確保と維持がますます重要といわれているなかで、経営者やマネジャー層にすれば、これは一筋縄でいかない問題です。

我々にできることは何もありません。一七世紀の大哲学者であるバルフ・デ・スピノザの言葉をご紹介しましょう。

「問題を解決しようとしないで、それを切り抜けなさい」

ほとんどの事柄は、時が経つと共に重要性が薄れていくものです。我々にできるのは、それが愚かな方法であろうと、問題を乗り切ることくらいなのです。問題を解決しようというのは間違いです。

ここで問われるべきは、「目の前の問題をいかにビジネスチャンスに変えればよいのか」です。状況を変えようとしてはいけません。それはとても難しいことですし、しかも結果はけっして予測できません。このような場合、問題をビジネスチャンスに変えてしまうというアプローチのほうが望ましいでしょう。

たとえば、いまや特定の利益集団を対象にしたマーケティングが可能となりました。アメリカにいる言語療法士の名簿を手に入れることも可能で、かなり焦点を絞ったマーケティングを実行できます。彼らは仲間以外の人たちをあまりよく知りません。何しろ同じ組織の人でさえ知らないと言っているのです。

同じコミュニティのなかでは、価値観や行動様式も似ており、概して結束も強いものです。私は何か調べたいことがある時、『ビジネス・ウィーク』『フォーブス』『フォーチュン』の編集長たちに電話をかけます。これで、知りたい情報はまず手に入ります。ここに『ニューヨーク・タイムズ』と『ロサンゼルス・タイムズ』を加えても、五本の電話で事足ります。私はこのようなコミュニティの住人でもあるわけです。

このナレッジ・コミュニティという新しい存在のどこかに、もしかするとビジネスチャンスが潜んでいるのではないでしょうか。

変化には適応するしかない

――さて、知識社会に生きる個人に目を向けると、ここでもいくつかの問題が生じています。専門性は時には稀少性を有することがありますが、新しい技術などの登場によって、いっきに陳腐化したり、時代遅れになったりする危険性を秘めています。そして、インターネットやグローバリゼーションがこれに拍車をかけています。

私がコンサルティングを提供した、建機卸売りではアメリカ最大手という企業についてお話ししましょう。知り合った当初は、店舗はたった一つしかなく、その売上げも二〇〇万ドル程度でした。三〇年経ったいま、店舗数は一二〇、売上高は約二億五〇〇〇万ドルです。まだ大企業と呼ぶには無理がありますが、中小企業というわけでもありません。同社を成長させたのは創業者の孫ですが、彼も八〇歳に近づきつつある現在、その息子に後を継がせようとしています。父親は人材育成で本領を発揮しましたが、息子はビジネスマンとして大変優れており、まさしく意思決定者です。

いま同社は、値引き業者の参入といった新たな競争要因に備えるために変革が求められている。そこで我々は、まず二、三度会合を持ちました。続く三回の会合で、会社の優先課題とニーズを、この新CEOの強みとうまく一致させるつもりです。

この新CEOは人材マネジメントにも優れていました。そのうえ、しばらくの間、基本的に父親が引き続きメーカーやベンダーとの人間関係に目を配っています。またCFOの手腕もなかなかのものです。ですから、こうした人々の強みをいま以上に引き出すプログラムを立案しようと、我々は考えています。

つまり、私が申し上げたいことは、環境はいつも変化するものであり、我々はこれに適応するしかないということなのです。また、組織は相互依存的なものであり、一個人の力だけに依存していることはないということなのです。

繰り返しますが、状況を解決しようとしても、おそらくそれは徒労に終わるでしょう。そうではなく、状況に適応し、みずからを変えるのです。これを拒否したり、恐れたりするのは、かえって自分の首を絞めることになるに違いありません。

——では、一人のCEOが、これまで経験したこともない状況、あるいは環境の変化に直面したとしましょう。どのように適応すべきでしょうか。

私はトップ・マネジメントたちに、いつも二つのことをお話ししています。

第一に、相当な時間を社外で、そして市場で過ごしなさいということです。四〇年前の例をお話ししましょう。

いまや医療品分野で世界最大手と呼ばれる企業の創業者は、シニア・マネジメント・チームの面々と一緒に、一年に二回、それぞれ二週間、休暇中の営業担当者の代わりを務めることを決まりにしていました。その際、病院を訪問したり、医療品を販売したりしました。

ゼネラルモーターズ（GM）の中興の祖である、アルフレッド・P・スローン・ジュニアもそうでした。彼は月に一週間はディーラーのところに足を運び、実際に車を販売していました。七五歳になるまでこれを続けたのです。ちなみにセールスマンとしてはお粗末だったので、彼がやってくると、ディーラーたちはがっかりしたものです。

大企業の最大の弱みの一つが、えてして経営者たちは「組織の囚人」と化していることです。奥の院に鎮座したまま、社内のことも実はたいして知らないのですが、社外のこととなると、もっと知りません。だからこそ、社外に出なければならないのです。顧客と面と向かって会って、会話するのです。

そうでなければ、顧客のことも、取引先のことも、自社の商品のことも、社員のことも、わかるはずがないでしょう。また、どのような変化が起こっているのか、また起こりつつあるのかなど、知ることもありません。

トヨタ・アメリカを築いた人物は何年も前に引退しましたが、ディーラーたちに会い、顧客と話すために各地を回りました。本社が彼に連絡しても、ほとんど社内にいないのでカンカンでした。私が初めてトヨタの車を買ったのは二〇年前です。購入した二週間後、ディーラーから電話があり、満足しているかどうか、尋ねてきました。また四週間後に電話がありました。

「当社の何某が、本当に満足していらっしゃるのか確認したいので、一度あなたにお目にかかりたいと申しております。ご都合はいかがでしょうか」

すると、何とアメリカ・トヨタの社長が訪ねてきて、二〇分くらい話しました。こういう経験ゆえに、私の妻はトヨタ以外の車は買おうとしません。ともあれ、まず社外に出て顧客に会って、その意見に耳を傾ける必要があります。

社内の人間といつも一緒ではいけません。これは日本企業の経営者に共通する悪いところです。先ほど、知識労働者の流動化についてお話ししましたが、流動化は変化に適応するうえで不可欠な社会要因です。もし流動性が滞ってしまったら、まず雇用機会は減り、仕事は固定化して非効率となり、ひいては失業率も上昇してしまうことでしょう。たえず動いていることが大切であり、動くことで良循環が生まれてくるのです。停滞は状況を悪化させ、悪循環を促します。

世界中にパン工場を持つ、日本の某製パン会社の例をお話ししましょう。創業者である父親の跡を継いだ男性は、定期的にアメリカを訪れています。シカゴやロサンゼルスなどに六つの工場がありますが、出張のたびに二、三週間かけて自社工場ではなく、小売店の店頭に立って、お客様の相手をし、彼らが何を求めているかを探ります。

彼は日本でもそうしていました。その結果、日本の主婦が朝食として用意したいのは和食ではなく洋食だと、ある日気づいたのです。そうすれば、毎朝二時間早く起きなくても済みますからね。

パンの購買者として主婦に焦点を当てたのは彼が初めてでした。これが、日本の朝食市場を席巻した本当の理由です。たいていの成人男性が朝食は和食のほうを好むことをだれもが知っていましたが、あえてその常識にチャレンジしたのです。

肝心なのは、奥さんたちはそれが嫌であり、また購買の意思決定者は彼女たちだったことです。このようなアイデアがひらめくのも、社外での経験があるからなのです。

――社外に出ることの重要性は、あなたが一貫して指摘してきたことですが、なかなか実行できないようです。しかも、インターネットがこの傾向に棹差しているようにも思えます。さて、もう一つとは何ですか。

それは、組織が何を必要としているのか、徹底的に考えることです。「組織における最大のニーズとは何か」「そのうち自分のそれと合致するものはどれか」「自分がやるべきものはどれか」について自問自答するのです。自分のニーズからではなく、まず組織のニーズを起点に考え始めることが重要です。

私は大学のエグゼクティブ・マネジメント・プログラムで教鞭を執っていることは先にお話ししたとおりですが、その参加者はビジネスマンが六割、それ以外の四割は、大学の学長、教会の牧師、病院の理事、官公庁の役人といった人々です。

そこで最初に話すのは、「下を見るのではなく、上を見ることを学びなさい」ということです。なぜなら、たいていの人たちが部下のことばかりに気を取られすぎているからなのです。しかし、まず対応しなければならないのは「上司」なのです。

受講者の参加理由のほとんどが、もうすぐ昇進して、新しい仕事に取り組まなければならないため、そのための勉強にやってきたというものですが、そこで私はこう話します。新しい仕事において最初に問うべきは、「あなたがやりたいことは何か」ではなく「なされるべきことは何か」であると。

このことに、全員が多かれ少なかれショックを受けます。だれもが「昇進したら、自分がやろうと思っていること」をよくわかっています。しかし、ここからスタートしてしまうと、思わぬしっぺ返しを食らうことになるでしょう。

正しくは「自分が適任で、しかも貢献できるもので、なされなければならないことは何か」を問うことです。これを知るには、組織のニーズを知っていなければなりません。

たとえば、「フォーカス・オン・コントリビューション」（貢献の重視）、「ファイナル・シニア・マネジメント・セミナー」という二つのコースの受講者たちは、ある分野で頭角を現し、かつ一〇年くらい貢献し続けられそうなテーマから着手する傾向が見られました。

そうなのです、みな自分のやりたいことから始めてしまうのです。ですから私は「そのアプローチは間違っています。もう忘れなさい」と繰り返したものです。

――「なされるべきこと」はどのように把握すればよいのでしょう。

まず、次のことについて考えてみてください。

●今後三～五年に取り組むべきことは何か。
●それがなされると、状況は変わるのか否か。
●それは自分がすべきことか。
●それは自分の強みと一致しているか。

私のやり方を紹介しましょう。常に、なされるべきことを二〇項目くらいリスト化したうえで、これらについて自問自答します。次に、五、六個に絞り込み、最終的に三つくらいが残ります。最後まで残らなかったものは、たいていの場合、別の人がやったほうがよいものです。

この時、「私は何者か」「私の強みは何か」「私が得意なものは何か」「不得手なものは何か」についても、明らかにしておく必要があります。

英語が苦手だとか、プレゼンテーションが苦手だとか、たいていの人が、自分の不得手なことについては承知しています。しかし案外自分の強みについては知らないのです。ですから、私の役目は「いいですか、弱みに立って考えていては、何事も成就しません。土台になるのは強みだけです」と説くことなのです。

では、これを知るにはどうすればよいか。孔子の初期の著作をひも解くとよいでしょう。簡単なことですよ。

あるエンジニアの物語——情報とコミュニケーション

——組織から要請されるものは、職位や仕事が変われば、おのずとこれも変わりますが、それに応えるにはどうすればよいのですか。アドバイスをください。


一人のエンジニアの話をしましょう。彼は突然、グローバルに展開する巨大事業部門のトップに任命されました。アメリカでは日本と出世コースが異なり、ゼネラリストではなく専門性の高い人が昇進します。

彼はこれまで脇目も振らず、エンジニアとして働いてきました。しかし、初めて他の社員たちを相手にする仕事をやることになったのですが、どうにも苦手でした。ですから彼は、この苦手分野で最高の成果を上げることは無理であることをまず素直に認めて、人材マネジメントに明るい人物をマネジメント・チームに加える必要がありました。

また、もはや一介のエンジニアではないことも自覚しなければなりませんでした。エンジニアリングにまつわる判断を下すのではなく、事業部門を運営し、ビジネスにまつわる意思決定を下さなければならないのです。

彼の本音としては、エンジニアであり続けたかった。ですから私の役目は、この男を説得することでした。三年かかりました。エンジニアリングの仕事は人に任せること、いちばん重要なのは社員にまつわる意思決定であること、人材管理は苦手でも、学習すれば必ずや向上すること等々、彼自身がみずからを動機づける必要がありました。

意思決定のスキルは体系的に習得できるものですし、それを検証したり、評価したりする技術ももちろん学習できます。彼が苦手としていた人材管理に関わる意思決定は、そうですね、いまでは「かろうじて合格」といったところでしょうか。

さて、当時の彼は「まず市場ありき」という原則を学ばなければなりませんでした。第一級のエンジニアで、三〇年間医療診断機器を設計してきたのですが、顧客に会ったことはこれまで一度もなかったのでした。

そこで私は、彼の尻を叩きました。病院を訪問して医師たちと会い、医療サービス業務の実態を見学させました。金の使い方を決めるのは病院側ですからね。渋々といった様子でしたが、大きな衝撃だったようです。

最初からエグゼクティブであれ、などと言うつもりはありません。ですが、意思決定者になったならば、次の質問について、日々考えなければならないのです。

①なされるべきことは何か。
②私は何者であり、私の強みは何であるか。
③自分の仕事を遂行するうえで、何を知る必要があり、その情報はどのように得られるのか。

④私が頼りにしている社員や同僚たちは、私から何を知る必要があるのか。

特に四番目を考えるうえで、知ったかぶりをしたり、当てずっぽうで答えを出したりしないことです。したがって、社員や同僚と「私に何を期待していますか」と直接聞くことが求められます。この点については、かつての日本企業ならば、さほど苦労はいらなかったはずです。社員と一緒に成長してきたからです。

ある大手ハイテク企業に友人が何人かいます。いまでこそ国際的な企業ですが、そこの創業者とは五〇年来の友人です。かつては二〇〇〇人いた社員はすべて日本人で、みな日本で働いていました。現在は四万人ですが、日本で働いているのはいまでも二〇〇〇人です。残りはみな海外です。

同社にとって、ペルーという国は有望市場でした。規模はそれほど大きくないとはいえ、ペルー政府は同社の上得意であり、大変儲かっているそうです。ここの支社長はペルー人で、日本語は一言も話せませんが、このビジネスについては一から十まで知り尽くしています。

それでも彼は「本社から得る必要のある情報は何か。そして彼らが私から知るべき情報は何か」について考え続けました。この一〇年間、市場環境は厳しかったのですが、彼はペルーでの売上げを倍増させました。なぜなら、市場のニーズを直視し、それを本社に伝えたからです。

一方、ヨーロッパの現地子会社では、日本人が一〇年来トップを務めてきました。彼は四〇年前、私の生徒の一人でしたが、いまだにこれらの問いに答えようとしていません。

業績はまずますの水準なのですが、けっして好調とはいえない。商品は優れているのですが、購買の意思決定についてはあまり勉強していない。つまり、ヨーロッパも日本と同じだと思っているのです。ですが、もちろんそんなわけがありません。彼は「日本で働く同僚が知るべき情報は何か」と問うことを学ばなければならないのです。

彼は日本の本社や社員たちについてはよく知っています。しかし、ヨーロッパではただ一人の日本人です。それでいて、ドイツ、イタリア、スウェーデンなどで働く同僚たちにとって、日本から得るべき情報は何かについて、考えていないのです。

私の長いつき合いであるクライアントの一つに、世界有数の消費財メーカーがありますが、この例についてもご紹介しておきましょう。

同社は方向性を見失い、一〇年ほど業績不振が続いたのですが、五年前に新しいＣＥＯが就任し、事業の再建に乗り出しました。彼は、三年間かけて世界中を視察しました。各地域の社員と一〇日間は膝を突き合わせて、彼らの話に耳を傾けたのです。

この三年間は、とにかく社員たちの意見を聞くことに専念しました。その後には、たとえば「デンマークであなたと一〇日間過ごしましたが、あなたが私に伝えようとしたのはこういうことだと理解しましたが、これで正しいですか」という手紙を出したりしたそうです。

このようなプロセスを経て、彼は組織のニーズを理解し、なされるべきことを特定できたのです。最終的に彼は、一八〇余りあった主要ブランドを見直し、不振だった五〇を売却あるいは製造中止しました。このような決断によって、優秀な人材を強いブランドに回せるようになりました。それまでは、優秀な人材が非採算分野を担当していることもよくあり、せっかくのチャンスもみすみす棒に振っていたのでした。

——必要な情報とは何か、またその情報によっていかに組織に貢献するかを考えることが重要なのですね。そして、そのためには、双方向のコミュニケーション・システムを整えれば、その効果はより高まるのではないでしょうか。

ジャック・ウェルチの成功の一つはここにあります。膨大な時間をかけてGEのエグゼクティブ・グループに、「本社は何をしようとしているか」「そのスケジュールはどうなっているか」、逆に「本社がやらないことは何か」、そしてマネジャーたちは等しくこれらについて「自分の意見を表明できる」ことを伝え続けてきました。

エグゼクティブ・グループと一言で言っても、GEの場合、世界で一万八〇〇〇人にもなる大集団です。かつてウエルチは一月に二回、クロトンビル・マネジメント・インスティテュート（現ジョン・F・ウェルチ・リーダーシップ開発研究所）で会議を開き、約五〇〇人のエグゼクティブたちに、GEのゴールと優先課題、会社の業績について、いつも把握していなければならないと伝えました。このことこそ、マネジメントの実効性を左右するカギでした。

洋の東西を問わず、人間は情報を握ると、出し惜しみするようになります。このような情報を秘匿するという伝統は、何千年も前から続いてきたものです。むしろこれからは、共有することで、組織や人々のポテンシャルを引き出すような情報活用の能力を習得すべきです。

ドラッカー流自己分析法

――ところで、あなた自身は得意なことや苦手なことに気づかれたのは、いつ頃ですか。

かく言う私も、苦手分野についてはずいぶん早くから知っていたのですが、得意分野については把握できていませんでした。とにかく私は他人と一緒に働くのがどうしても性に合わず、一匹狼として動くのが好きでした。私はコンサルタントですが、意思決定者には向いていません。何か決めても、翌朝には気が変わっているというタイプの人間だからです。

真の意思決定者はいったん決断したら、後は「果報は寝て待て」とばかり、夜はぐっすり眠るものです。私は五〇～六〇回も覆した挙げ句、みんなを混乱に陥れてしまいます。

今朝もそうでした。私のアシスタントが机の上に怒ってメモを置いていきました。一週間前に決定したことを、今朝になって「いや駄目だ、やっぱりよそう」と言ったからです。彼女たちはうんざりして「もうやってしまいましたよ」。経営者としてはお粗末な限りです。

それとかなり以前に、私は人に引導を渡せない性格であることを知りました。仕事ができないスタッフを解雇したり、業務から外したりという決定を何度も先送りにしてしまうのです。私にすれば、苦痛以外の何物でもないのです。ですから、リベラル・アーツ・カレッジとニューヨーク大学の運営に携わってきた時は、不得手なことを代わってくれる人を連れてきました。傑出した才能の持ち主という人物ではありませんでしたが、「何某という教員が一、二年前にうちに就職したけれど、学生たちからは不評のようだ」と私が耳打ちすると、彼はさっさとお払い箱にしてしまう。私だったら四方山話をした挙げ句、そのままにしていたことでしょう。

いまもコンサルティングの仕事に従事していますが、そのほとんどがＮＰＯ（非営利団体）へのものです。それでも、いまでもつき合いのある企業が三つあります。そのうちの一社は伝統的な大企業で、残りの二社もいまでは大企業に成長しています。来週には、そのうちの一社と三日間の会議を持つことになっています。判断に迷う悩ましい決定事項がいくつか待ち構えています。ですが、私は単にアドバイスするだけです。意思決定はしません。それは得意じゃありませんからね。

――あなた流の自己分析法などはありますか。

記録をつけることです。私が自分の記録をつけ始めたのは三〇年ほど前です。五〇年もの間、人に勧めたり教えたりしてきたのに、やっと三〇年前にやる気になったのです（笑）。

何かを始める時や意思決定を下す時は、どんな結果を期待するのかを必ず書き留めておくことです。これに封をして、しまっておき、数カ月は触れないようにします。その後しばらくしてから何が書いてあったかを確かめるのです。すると、三つのことが見えてきます。

①私は何が得意なのか。

②新しいことを学ぶ必要があるのはどの分野か。あるいは私のナレッジ・プール（知識の集積）はどの分野にあるのか。

③不得手な分野は何か。

私はいまでも年に二回、一月と八月にこれを実施しています。実はつい最近、八月の分をやり終えたばかりです。いまでも必ず驚くのですよ。自分の行動や考えのなかで「これこそ最善である」と思ったものは、まずうまくいきません。逆にあまり注意を払わなかったものが素晴らしい成果につながる。これこそ私が得意とするところなのです。不得手な分野に無為に時間を費やすべきではありません。「見込みなし」の状態から「可もなく不可もなく」へと改善しようと努力したところで、ほとんど意味はありません。不得手な分野で秀でた存在になれることは稀ですから。

ただしここで話しているのは、価値のことであり、スキルについてではありません。スキルはいつでも学べるものですからね。

人口動態の衝突

――あなたは「人口動態の衝突」(clash of demographics)について指摘されています。すなわち、高齢化が著しく進む日本やヨーロッパ、移民によってかろうじて高齢化の速度を抑えている北米圏やオセアニア、人口が微増する中国やインドといった新興国など、人口動態の異なる社会に衝突が生じるのだと。

先進諸国に見られる「少子高齢化」という人口動態は未曾有の現象です。ローマ帝国以降、現在ほど出生率が低く、また高齢者が多い時代はありません。アメリカは先進諸国のなかでその進行が最も遅く、一九三六年に国民年金を導入した当時、平均寿命は四〇歳に届くかどうかといったところでした。たった六〇年前の話です。

我々はこのような事態の到来にまったく備えていませんでした。同じく若年人口の不足に対しても準備してきませんでした。

――アメリカにおける少子高齢化の進行が遅いのは、やはり移民が多いからですか。

移民にまつわる問題は主要先進諸国で大きな課題となりつつあります。英語圏――アメリカ、カナダ、オーストラリア、ニュージーランド、程度は異なりますがイギリスも——だけが移民に慣れており、どのように対処すればよいかをわかっています。しかし、日本、ロシア、またヨーロッパの多くの国々も、おそらくその対処に苦労することでしょう。一五年以内に、あらゆる先進諸国において若者の数が圧倒的に不足します。そしてそれが最初に起こるのが日本です。したがって、日本は人口の年齢構成に関する問題と移民に関する課題を、同時に解決する策を考えなければなりません。

二〇一〇年くらいまでには、問題が顕在化してくるでしょう。ヨーロッパでは二〇二〇年頃、アメリカも二〇五〇年を迎える頃には、日本と同じ状況に見舞われます。

移民問題と合わせて、増加する高齢者層と減少する若年層との間の緊張が、先進国のどこでも政治問題の中心になることでしょう。しかし、これらの問題に、いまだだれも具体的な答えを出せずにいます。

では新興国は大丈夫なのかというと、こちらも安心はできません。中国は一九七九年に導入した「独生子女政策」(一人っ子政策)によって年齢構成に歪みが生じています。

これは余談ですが、これにはもう一つ弊害があるのです。乳母日傘と、子どもをあまりに大事にしすぎると、その労働意欲や忍耐力を弱めかねないということです。このような子どもたちが成人し、やがて社会を担っていくわけですが、どうなるのでしょうか。

ただし、これは中国に限ったことではありません。すでにアメリカや日本では同様の問題が生じつつあるのではないでしょうか。

——『文明の衝突』(注2)の著者、ハーバード大学のサミュエル・ハンチントン教授は、日本の人口問題への唯一の解決策は移民であろうと主張していますが、このような意見について、どうお考えになりますか。

はたしてそれは解決策なのでしょうか。たしかに労働力の供給という観点からすれば「イエス」です。しかし、日本の歴史を考えてみてください。そのような経験がいままでにあったでしょうか。

徳川幕府が鎖国を敷くまでもなく、地勢上、ほぼ鎖国と同じ状態でした。ヨーロッパのように大量に移民が流入してくることはなく、歴史的に、多様な人種や文化と向き合う必要はありませんでした。日本の場合、移民が現実的な解決策とは思えません。それに、日本の大きな強みは均質性です。

アメリカでは通常、移民が社会に完全に同化するには三代かかります。ですから、いまではロシア系であろうとイタリア系であろうと気にならないわけです。ただし、ギリシャ人だけは少々異なるでしょうか。先日、あるCEOの名前を聞いたのですが、公の名前と生来の名前とが違うというのです。ともあれ、アメリカは移民を社会に溶け込ませるという点では、他国よりもうまくやっています。

ドイツではトルコ人の多くは移民して三〜四代目になっていますが、それでもいまだトルコ人として扱われます。イタリアの北部では、シシリア島や南部の人々を同じイタリア人と見なさない風潮があります。また、アルゼンチンの人が最初に言うのは、「私の祖父母はイギリス人だった」「ドイツ人だった」といったことです。まさにアルゼンチン人になり始めたばかりなのです。

その国の人になり切るためには、多少なりとも経験が必要なのです。フランス人はこれに対応できません。私の親戚は、一年の半分をソルボンヌ大学とエコール・ポリテクニークで教えています。その生徒にはアルジェリア人も多いのですが、フランスでは将来の見込みが難しいため、みな海外に移住したがっています。

移民への経験に乏しい国では、移民の同化は簡単ではないのです。ですが、将来ここが争点となりそうです。事実、ここ数年のヨーロッパの選挙に、その傾向が認められます。最近オーストリアでは、事実上の外国人排除を狙ったヨルグ・ハイダーとその自由党が政権に加わりました。ただしオランダでは、二〇〇二年、反移民を掲げるフォルタイン党の党首が暗殺されました。

というわけで、アメリカを筆頭に英語圏には移民の経験がありますが――イギリスは一発触発の状況です――その他の先進国にとっては、最大の課題となりそうです。

――実際、日本はいい加減、移民政策について議論すべきであるという人が増えてきています。何か妙案はありませんか。

ありません。とにかく乗り切るという以外に解決策はないのかもしれません。いま一度、スピノザの言葉「問題を解決しようとしないで、それを切り抜けなさい」を思い出しましょう。

いかに高齢化社会に備えるか

――少子化の問題は移民政策と並行して議論すべきようですが、一方、高齢化がもたらす問題もいろいろあります。高齢者をいかに再活用すべきか、そのための再教育やインフラをどうするかなど、国や企業のレベルで考えなければならない時代になるのではないでしょうか。

定年後の高齢者を積極的に採用し、生産的な仕事を与える企業がアメリカにもあるとはいえ、非常に少ないです。

実際のところ、企業にできることはほとんどないでしょう。ただ、ご承知のとおり、アメリカでは人材派遣業界の成長が著しい。これらの会社はシニアたちにおもしろい仕事を提供し始めています。まだ十分とはいえませんがね。定年後の人たちの力をいま一度活用し、雇用の便宜を図るという点では、アウトソーシング産業は社会インフラの一つとしてかなり期待できます。

それに、大半の人たちがフルタイムで働くことは望んでいません。日本では定年延長の議論があるようですが、フルタイム勤務である必要はないのではないでしょうか。一年のうち半分だけ働きたいという人もいれば、一週間のうち三日間働きたいという人もいるでしょう。このような人々はアウトソーシングやワーク・シェアリングとの相性がよいはずです。

ですが、やはり個人として備えることが不可欠でしょう。私の知人の一人は大手航空会社のシニア・エンジニアを退いた後、幸せな隠居生活を送っていますが、南カリフォルニアの大企業で営業部長をしていた知人は、引退後何をしてよいかわからず、ふさぎ込んでいます。経済的には二人とも悠々自適なのですが——。

*Halftime and Game Plan*という著書を書いた私の友人、ボブ・ビュフォードはこの問題を幅広く扱っています。唯一の解答は、ある段階で会社以外の世界に目を向けることです。これは、遅くとも四〇～四五歳くらいには始めたほうがよいですね。それまでは自分の仕事に夢中になっているものです。それができなくなる時のことを想像しながら、自分の会社人生と私生活について整理し始めるべきです。

アメリカ社会の強みの一つは、ＮＰＯのコミュニティが各所に多数存在することです。最近、ＮＰＯに積極的に関わっている人がどれくらいいるのか、受講生たちに尋ねてみたところ、だいたい六〇パーセントの人が手を挙げます。

このような社外活動に参加すると、職場以外の人たちと出会い、会社以外の世界を知ります。教会やテニス・クラブ、虐待された女性の避難所でも何でもよいのです。自分とは異なる世界に住む人々と出会うと同時に、定年後に備えて仕事以外の関心事を探しているわけです。

定年を迎えてから会社以外の関心事を探し始めるようでは遅すぎます。これは日本企業社会の弱点の一つで、社員が社外に関心を向けるのをよしとしません。


――いまはそんなことはないと思いますよ。ライフプラン研修やリタイアメント教育、欧米企業のサバティカル（長期休暇）に準じるような制度などが採用されており、定年準備については、ほとんどの大企業が何らかの支援の手を差し延べています。ただ、あなたがおっしゃるように四〇代前半の人々となると、やはり会社人間が大半でしょう。最近日本では、働き盛りの四〇～五〇代が突然仕事に手がつかなくなる「ミドル・クライシス」が、少子高齢化の文脈のなかで語られるようになってきました。


どこの国の企業でも、ミドル・マネジャーの大多数がそのまま定年を迎えます。言うまでもなく、組織内のおよそ七〇パーセントの人々があるところまで昇進できますが、組織の上層に向かうにつれて、残された椅子は少なくなっていくからです。

アメリカの商業銀行を例に取りましょう。支店長以上に昇進できるのは、せいぜい六人に一人です。さて支店長の仕事とは何でしょうか。どこの街角にも店舗がありますが、約一〇人のスタッフ、おそらく二〇〇人ほどの顧客を管理しています。その上のエリア・マネジャーは、五〇～一〇〇の支店を監督します。いずれの場合でも、その仕事はそれ以上でもそれ以下でもないのです。

これら支店長は三八歳前後です。ある人が支店長になって三、四年経ったとしましょう。この人の仕事への熱意や関心を維持・向上させるにはどうしたらよいでしょうか。その仕事はルーチンです。

答えは「維持させない」なのです。

政府の状況は深刻です。かつてアメリカの主要な官公庁について研究したところ、職員の八五パーセントは昇進のめどがありませんでした。長官（日本の大臣に相当）が一人、次官補あるいはポリティカル・アポインティ（大統領が指名した行政府の要職者）が六人、部門長が二一人、そしてほぼ同数の地域担当マネジャーがいました。それ以外は一般職員です。

彼ら彼女らは日々ルーチンをこなし、何ら決断は下さず、ルールどおりに書類を作成し、きちんとファイルする。あとは数年に一度、議会が法律を制定したり改正したりした際、書式を改めるだけです。業務の多くは自動化――コンピュータ化という意味ではありません。どの国でも政府というものは、コンピュータ化が五〇年遅れていますから――に置き換えられますから、ある程度は余剰人員となることでしょう。

北欧諸国は大恐慌時代、政府を人材派遣会社のように活用することで、困難を乗り切りましたが、いまだ人員過剰なのです。もちろん、ロシアは一貫してひどい状況です。まったく先が見えません。

医療業界の友人は、研修を終えて三年経たない医者と、一〇年以上経った医者にはかかるなと忠告します。研修を終えて三年以内では経験が足りないが、一〇年も経つと何もかも忘れてしまっているだろうと。これは何も医療の世界に限らず、どの分野にも当てはまります。

私の知り合いの女性は弁護士として、カリフォルニアのナパバレーのブドウ園のオーナーたちを対象に独自にサービスを提供していますが、彼女は自分の事務所に弁護士を雇う際、一〇数年のキャリアを有するベテラン弁護士ではなく、五年間ほど働いた経験のある人を採用します。そして一二～一五年経つと、彼女はその弁護士たちを解雇します。ちなみに彼女は、彼らが自分の法律事務所を開業するのを支援しています。

さて、これら解雇された弁護士たち――彼らはだいたい四〇歳です――には、どのような仕事があるのでしょうか。

たいていの場合、顧客の遺言状を作成するといった、退屈で月並みな仕事しか残されていないのです。もはや企業の顧問弁護士になったり、法廷弁護士になったりすることはありません。このようなプロフェッショナルの世界でも、そうなのです。

――中高年の再活性化というのは、どうも環境に任せていては無理のようですね。では、難しいことかもしれませんが、人生の折り返し地点に差しかかった時、多くは第二のキャリアを模索しなければならないということですか。その際、企業として何かできることはありませんか。

難しいでしょうね。企業は仕事に関する教育にはきわめて熱心で、また得意ですが、それ以外の面では消極的で、また不得手です。

実は私も、かつては何かできるのではないかと考えた時期がありました。それで、クレアモントに移った際、学長からも了解を得て、中高年社員向けの人文科学と学芸教育を企業に売り込んだのです。ところが、申し込みはゼロでした。

その一方クレアモントでは、既存の業務、将来必要な業務に関するプログラムも提供しています。この手のものはどんどん売れるのです。いくらコースを設けてもまだ足りないといった状況でした。大学が提供するビジネスマンへの教育は、よきにつけ悪しきにつけ、事業や組織の運営に関するものになったのです。

六〇年、ニューヨーク大学で最初のエグゼクティブ・プログラムを始めた頃、政治に関するプログラムを併設したのですが、これも申し込みはゼロでした。会計学のコースなどは人気なのですが――。残念ながら、我々はお客様には逆らえません。

――こううかがっていると、八方ふさがりの感がしてきます。

中小企業は、大企業ほど状況は深刻ではないでしょう。とはいえ、雇用の安定と給与水準、教育研修の充実という点では、大企業のほうが圧倒的に優れています。また中小企業の場合、たいていは組織の頂点まで上り詰めることはできません。同族経営が多いからです。養子にでもなれば別ですが、ほとんどの人たちは行き詰まりを感じてしまうでしょう。

かつては定年から一五年もすれば、あの世に逝けました。今日ではさらに数十年も生き長らえるわけです。それが、我々が直面している大きな問題なのです。どれだけ多くの人たちが、一日中テレビをぼんやり眺めるだけで、何もしないで過ごすことになるのでしょうか。

現代社会の大きな問題は、寿命と労働寿命が雇用機会を創出するスピードをはるかに上回る勢いで伸びてしまったことです。

こうしたことは、我々の大多数に当てはまります。またその多くが九〇歳近くまで生きるのです。私はラッキーでした。興味を持てることがありますからね。ところが同僚たちを見渡すと、気分が落ち込みます。六〇歳代半ばの知人の政治学者は、二八歳の時に大変優れた本を書いたので、地元の大学に採用されました。以降、次の本を書くと言い続けていますが、いまだ上梓するに至っていません。大学では、同じコースを三〇年間受け持ってきた優秀な教師です。しかし寿命とチャンスの間のギャップはこのように広がりつつあります。

深刻な問題です。私にも具体的な答えはありません。所属する組織とは関係なく、打ち込める何かを探しなさいと強くお勧めする以外には――。

日本の強みを再発見する

——話題を変えましょう。今後、アジア各国間のパワー・バランスが変化していくなか、日本の位置づけはどのように変わると思われますか。

日本は長年にわたり、アジアと欧米の架け橋の役目を果たしてきました。何より日本は非欧米諸国で初めて自力で近代経済を発展させた国です。その基盤には、基礎学力の高さがあったからでしょう。

日本は、高水準の識字率を世界で最も早く達成した国の一つでしたから。江戸時代にすでに寺子屋があったことに感謝しなければいけませんよ。実際、最も早かったのはオーストリアでしたが、日本とほぼ同じ時期でした。さらには、明治時代になっても、侍の世界の信頼関係が近代企業組織へと受け継がれました。それは日本の大きな強みです。

いま日本は、非欧米諸国との競争に直面しています。そこで問題となるのは、日本が欧米との競争とその対処法に慣れてしまっていることです。新しい競争相手は、韓国や中国です。インドも間もなくでしょう。そこで、みなさんはあらためて「日本の強みとは何か」を問わなければなりません。

——あなたから見た日本の強みは何でしょうか。

日本ほど素早くイノベーションを実現したり、変化に適応したりする術を心得ている国はありません。このことは、製造業に限らず、あらゆる分野に当てはまります。小売業のイトーヨーカ堂などはその好例でしょう。ただ、金融機関だけが唯一の弱点でしょうか。これまで過保護に過ぎました。

私の父はオーストリア・ハンガリー帝国の政府高官を四五歳で退き、大手銀行の頭取になりました。私の学校はその斜向かいにあり、帰りにいつも父を訪ねては、オフィスで宿題をして、一緒に帰宅したものでした。ヨーロッパで最も旧式の銀行で、日本の銀行は当時をほうふつとさせます。変わりつつあるとはいえ、旧態依然としています。最大の課題は、金融システムの変革なのです。それがどのような姿となるべきか、それはだれにもわかりませんが、国が運営するシステムになるのではないかとだけ申し上げておきます。

市中銀行が行う商業銀行業務は廃れつつあり、そのほとんどがインターネットに代替される。商業銀行は一九世紀のサクセス・ストーリーでしたが、二一世紀には生き残れません。この点がすべての国々にとっての急所になると考えています。

二〇年後の金融システムは現在とまったく異なるものになるでしょう。クレアモントにある私の銀行は、私から一セントも稼げません。私が小切手の決済にしか利用しないからです。銀行にすれば、稼ぐどころかマイナスです。私は銀行に金を預けるほど愚かではありません。そうするのは私だけではないはずです。あらゆることが急速に変わりつつあるのです。

――このように急速に変化し続けるグローバル経済において、日本はどのような強みを発揮し、またどのような役割を担うべきでしょうか。

前世紀の日本の成功は、欧米諸国の成功をさらに改善したところにあります。今日でも同じことを再現できるでしょう。また、次の五年間を予測する能力にも大変優れていると思います。日本には、長期的な展望をもって仕事に取り組むという、信じられないほどの強みがあります。アメリカではすぐさま結果を出すことが要求されますが、その必要がないということは大きな利点です。四半期ごとに結果を出さなければならないというのは、耐えがたいプレッシャーです。

もう一度、製パン会社の例を紹介させてください。

同社の筆頭株主は創業者一族で、残りは法人株主や個人株主です。東欧の製パン会社が共産主義の崩壊と共に破綻したため、同社はチェコやポーランド、ハンガリーなどの工場を買収しました。ただ、東欧には地元のパン屋を利用する風習が残っており、三～五年は利益が出せません。それでも先を見越した同社の挑戦を株主も理解しました。アメリカではこのようなわけにはいきません。それは、法人株主を抱えていることの大きな利点です。

――日本でも四半期決算の開示が求められるようになりました。また、法人間の株式持ち合いもあまり感心されることではないというのが一般的な認識です。ただし、おっしゃるように、近視眼に陥り、長期的な視点が失われてしまっては元も子もありません。

日本にはもう一つ大きな強みがあります。それは「ケイレツ」です。個々の企業の集まりでありながら、ほかの企業の見通しや経験を共有できる。時流に逆行していると思われるかもしれませんが、私はこの長所を失ってほしくないと心から願っています。

また、日本は昔から急進的で思い切った決断を下せる国でした。歴史をひもときましょう。鎖国した時のことを考えてみてください。当時の日本では貿易が活発で、東南アジアや中東に影響力を及ぼしていました。にもかかわらず、鎖国を即断したのです。開国の決断もまた早かった。

明治時代にも、外国高官に日本の子女が嫁いで友好の絆を結ぶこともありました。私が幼少の頃、オーストリアにもそのような方がいましたよ。思い切った決断をその時々で下したことで、日本は欧米諸国の仲間入りを果たせたのです。

さらには、占領下の日本の政府機関で見た、未来の指導者となった新しい世代の決断を忘れることはできません。私の親しい友人は、初めて会った時には通産省（現経済産業省）の下級職員にすぎませんでしたが、戦後の政策を担い、「日本は一流の輸出国になるべきだが、はたしてどの分野なのか」といった問題に毎日取り組んでいました。東京と大阪を破壊され、徹底的な打撃を受けた敗戦国であったにもかかわらず、今日のような姿になったことは驚異的です。

アメリカにカラーテレビが普及し始めた頃、東芝の社長にニューヨークでお会いしたことがありました。彼はあるパーティで「日本は極貧状態にあり、一般家庭がテレビを持てるようになるのだろうか」という趣旨の発言をしました。ところが、一年やそこらのうちに、街角にはテレビのアンテナが伸びていました。

変貌を遂げるのにたった一年しかからない。それが日本なのです。何かをしようと決心し、その後、実際に変わる。驚くべき力です。そのくせ、日本らしさが損なわれることはない。日本が西洋化したのは外面だけで、内面はそのままなのです。

五〇年前に比べると、日本らしさを大切にする気運は高まっているように感じます。かつては西洋の本がもてはやされていましたが、今日では源氏物語の洒脱な口語訳や漫画まで出ています。日本の芸術に興味を持つ若者も増えてきました。素晴らしいことです。

日本は、世界の「リーダー」という言葉は適切でないかもしれませんが、世界の「お手本」となっていくことでしょう。

——日本は、欧米に染まることなく、日本らしさを大切にしながら、世界と共に進化していく、と。

六〇年以前にあったのは、国際的な西洋経済で、日本は初めて非欧米圏からのパートナーとなりました。そしていま、グローバル経済の時代が本格化しています。

中国が成功するかどうか、私にはまだ確信がありません。内乱の不安もあります。また中国政府は中央集権的な政治権力を維持しながら急速な経済発展を遂げることを期待していますが、沿岸部と内陸部の格差は広がる一方です。これこそ、今日世界に広まっている格差そのものなのです。

アジアにおいて日本が果たすべき役割は、一七〜一九世紀初頭にかけてヨーロッパでイギリスが果たした役割に近くなるのではないでしょうか。つまり、リーダーであり、お手本であり、かつまた橋渡し役になるのです。かつてオランダは香料諸島しか知りませんでしたし、フランスも一部しか見ていませんでした。これに対してイギリスは、ほぼ世界中を踏破しました。それがイギリスに権力と富をもたらしたのです。

仕事を始めて間もない頃、私はロンドンの小さな投資銀行に勤めていました。ドイツ人とオーストリア人によって設立された、イギリスの産業に融資するロンドンで唯一の民間銀行でした。ほかの民間銀行は、国内企業とヨーロッパ企業の国際貿易に主に融資していました。

高校を卒業して初めて勤めたのは輸出商社でした。綿織物の輸出拠点がドイツのハンブルクにあり、世界のメーカーの代理店となっていました。また、毛織物の拠点がイギリスのヨークシャーにありました。この仕事に就けたのは、社員の一人が私の父の顧客だったからです。その商社は珍しく、ヨーロッパ以外の大陸に力点を置いていました。繊維産業が盛んだった一九二〇年代の話です。

日本は世界のことがよくわかっているのですから、そこに日本の役割が見出せるのではないでしょうか。日本の自動車会社はアメリカをよく知っています。アメリカで販売されるトヨタの新車は、アメリカで五〇パーセント以上が製造されています。ホンダも北米最大の生産拠点をオハイオ州に置き、大成功を収めています。日産は日本だけでなく、アメリカで見事に返り咲きました。

もちろん、すべての日本企業が欧米を完全に理解していると申し上げているわけではありません。また、成功しているのは大手自動車メーカーに限りません。それに成功している企業ほど、沈黙を守っているものです。

――リーダーであり、お手本であり、橋渡し役である。はたして、そのような重責を日本はまっとうできるのでしょうか。

日本の最大の利点を最後に挙げましょう。それは、東洋にも西洋にも属していないことです。日本は常にアウトサイダーの立場でした。それはイギリスの長所でもありました。イギリス人はヨーロッパ人ではないと同時に、常にヨーロッパ人でもあったのです。

日本は、言わば「本社」のような機能を果たすようになると考えます。私の知る華僑の人たちは、中国に投資しながら、自分が何をしているのかわかっていない。彼らに必要なのは、日本人か欧米人のパートナーです。

そして中東における立場もより重要となります。我々は、中東の石油に頼らずに生きていく方法を学びつつあります。日本はいまも過度に石油に依存している半面、効率的に利用しています。アメリカは浪費ぶりが激しいですが、カナダとアラスカに未開発の石油資源を大量に保有しています。ヨーロッパも中東ではなく、ロシアの石油に依存するようになるでしょう。

ですから、いずれ中東の石油を購入する唯一の主要顧客となるであろう日本は、この地域において有力な立場となるはずです。この点に関して、日本が十分に影響力を行使し、中東との架け橋になることを願っています。

アウトサイダーとして生きる

――インサイダーよりも、むしろアウトサイダーとしての役割を重視したほうがよいということですか。

日本は長年アウトサイダーでした。私もアウトサイダーだったからわかるのですが、それゆえ、他者を忖度し、理解する能力に優れています。

私が生まれたオーストリア・ハンガリーでは、国民はドイツ語、チェコ語、ポーランド語およびイタリア語を話していました。中央ではドイツ語が必須でしたが、地方ではチェコ語で裁判が行われているといった具合でした。オーストリア人は成長する過程で「理解する」ことを覚えますが、それは日本人も備えている素晴らしい能力でもあるのです。

オーストリアでは、文学、科学、言語、そして文化のすべてがドイツから来ています。日本でも、文学や文字、文化のほとんどが中国から来ていますが、けっして中国人に同化しているわけではありません。

一七世紀に中国に渡った日本の禅僧たちが書いた見聞録の英語版が私の手元にあります。中国の功績を大いに称えながら、一方でその不浄さを嘆く内容も書かれています。それは衛生状態にとどまらず、科挙をはじめとする官僚体質がもたらす傲慢さでした。

当時の日本はとうてい平等な社会とはいえませんでしたが、相互に尊重したといえます。小さな村の村長は侍ではなくとも、大名にその発言を軽んじられたりすることはなく、また身分も保障されていました。

さらに興味深いことに、日本もあまねく男性中心の社会だったとはいえ、女性にも相応に敬意が払われていました。これほど偉大な女性作家や画家を何人も輩出している国は、世界でもあまり例がありません。

日本は世界の国々がそれぞれ異なることを知っていましたし、日本と同じであるべきだとも思っていません。繰り返しになりますが、これこそ日本の強みなのです。

――アウトサイダーは、インサイダーになれないために孤独であり、それゆえに他者を理解しようとするのかもしれません。とはいえ、日本の均質性もだんだんと変容しつつあり、欧米的な個人主義もいまや当たり前です。他者を理解する意思、あるいは理解する能力は今後弱っていくかもしれません。

戦後、日本企業が初めてアメリカ市場に参入した当時、何も理解できませんでした。しかしすぐさま学習の必要性を感じ取りました。そして五〇年代にあらゆるものを見て学び取り、多くの企業が成功しました。

ヨーロッパにアメリカ企業が進出しても、その成功は五分五分ですが、アメリカで明らかに失敗した日本企業は一握りです。これは日本人がよく観察して、よく学ぶからだといえます。

アメリカのトヨタのディーラーは、アメリカ式で運営して成功を収めています。日本では新車の販売が中心で、ディーラーはメーカーから報酬を得ます。アメリカでは、新車ではなく、サービスと中古車から利益が得られると考えています。トヨタが初めてアメリカに進出した時、例の日本式を実践してうまくいきませんでした。しかしまもなくアメリカ方式を採用し、その後はご存じのとおりです。このような臨機応変さは日本人ならではの能力なのです。

実際、オランダの大手小売チェーンは、経営に失敗したアメリカの小売企業を買い叩いて、昔ながらのヨーロッパ式チェーンに仕立てようとして失敗しました。

一方、イギリスの小売店のマークス・アンド・スペンサーは、これまたアメリカの小売店を買い取りましたが、アメリカ方式で経営し、着実に利益を上げました。彼らはよく観察し、またそれに積極的でした。

物事をよく観察することこそ、アウトサイダーならではの優れた能力なのです。もちろん、成功を収めていない国もあります。たとえばフランスですが、フランスでは外国人が成功した例はありません。しかしスペインでは驚異的な成功を収め、ドイツ、イギリス、東欧でも成功しました。それは観察の賜物にほかなりません。

ただし日本の前途には、繰り返しますが、依然として二つの大きな課題が横たわっています。

一つは移民の問題を含めた人口問題、もう一つはもはや過去の遺物となった一九世紀の金融システムです。日本がこれらの問題への対処法、あるいは少なくとも一つの方向性を世界に示すことができるだろうと心から信じています。それは唯一無二の答えではないかもしれません。また、答えがたった一つということもないでしょう。

何より日本には、間違いなく世界に何かを示す力があるはずです。

【注】
（1）*Post-Capitalist Society*, Butterworth-Heinemann, 1993. 邦訳はダイヤモンド社刊。
（2）*The Clash of Civilizations and the Remaking of World Order*, Simon & Shuster, 1996.（邦訳は集英社刊）

第35章

What Makes an Effective Executive

プロフェッショナル・マネジャーの行動原理

What Makes an Effective Executive
HBR, June 2004.
プロフェッショナル・マネジャーの行動原理
『DIAMOND ハーバード・ビジネス・レビュー』2004年8月号

マネジャーはリーダーでなくともよい

有能な経営者は、今日最も一般的に使われている意味での「リーダー」である必要はない。

たとえば、ハリー・トルーマンにはカリスマ性のかけらもなかった。しかし、アメリカの歴史上、屈指の最高責任者だった。同様に、六五年にわたる私のコンサルティング人生のなかで出会った企業や非営利団体の一流CEOのなかには、いわゆる典型的なリーダーとはいえない人たちが少なからず存在した。

彼らの性格や態度、価値観、長所や短所は千差万別である。外向的な性格から隠遁者のような性格、のんびりした性格から支配的な性格、出し惜しみしない気前のよい性格から金銭に細かい性格といった具合に、実にさまざまであった。

とはいえ、彼らが揃って有能な経営者であったのは、次の八つの習慣を実践していたからにほかならない。

①「何をしなければならないか」と自問自答していた。
②「この企業にとって正しいことは何か」と自問自答していた。
③アクション・プランをきちんと策定していた。
④意思決定に対して責任をまっとうしていた。
⑤コミュニケーションへの責任をまっとうしていた。

⑥問題ではなくチャンスに焦点を当てていた。
⑦会議を生産的に進行させていた。
⑧「私」ではなく「我々」として、発言したり考えたりしていた。

最初の二つを怠らなかったため、必要不可欠な知識がもたらされた。次の四つは、その知識を効果的な行動へ転化するうえで有効だった。そして最後の二つは、組織全体に責任感を植えつける役割を果たしていた。

自問自答する

最初の習慣は「何をしなければならないのか」を己に問うことである。ただし、「自分が何をしたいのか」を考えるのではない。何をしなければならないか自問して、真剣に自答することが、マネジメントを成功の域に至らせるカギとなる。この自問自答を怠ると、いかに有能であってもその力を発揮できない。

トルーマンは一九四五年に大統領に就任した時、自分が何をしたいのかはよくわかっていた。彼が望んだのは、第二次世界大戦のために延期されていたルーズベルトのニュー・ディール政策に着手し、社会経済改革を成し遂げることであった。しかしトルーマンは、何をしなければならないかをみずからに問うた。外交問題が絶対的な優先課題であることを悟ったトルーマンは、さっそく一日の仕事を、国務長官と国防長官による外交問題のレクチャーから始まるスケジュールに組んだ。

その結果、トルーマンはアメリカ史上最も外交問題に長けた大統領となった。ヨーロッパとアジアの両地域で共産主義の拡大を防ぎ、マーシャル・プランによってその後五〇年間にわたる世界的な経済成長のきっかけをつくったのである。

ジャック・ウェルチもまた、CEOに就任した時、ゼネラル・エレクトリックに求められていることは、自分がやりたかった海外への展開ではなく、高収益を上げながらも業界のナンバー・ワンあるいはナンバー・ツーになりえない事業を処分することだと承知していた。

「何をしなければならないか」という問いへの答えには、まず緊急課題が複数含まれている。ただし有能な経営者は、これらすべてに手を出したりはしない。彼らは、可能な限り一つの仕事に集中する。一日の仕事のさなかに気分転換することで最大限の力を出せるタイプの人間——少数派とはいえ、かなりの数に上る——ならば、二つの仕事を取り上げる。しかし私は、一度に三つ以上の仕事に取り組んで、なおかつ能力をいかんなく発揮できる経営者にお目にかかったことはない。

それゆえ有能な経営者は、何をしなければならないのかを問うた後、優先順位を決め、一貫してこれを守る。CEOにとっての優先課題は、企業の使命を再検討することかもしれない。部門長にとっての優先課題は、自部門と本社との関係を再検討することかもしれない。その他の仕事は、どれほど重要であろうと、また関心をそそるものであろうと、後回しにする。

さて、第一の最優先課題をやり遂げた後に、そのまま二番目の優先課題に移るわけではない。優先順位を再考し、「いま何をしなければならないのか」、いま一度自問するのだ。それが、新たな優先順位へとつながる。

ここで再び、アメリカで最もよく知られているCEO、ジャック・ウェルチを取り上げよう。その自伝によれば、ウェルチは五年ごとに「いま何をしなければならないのか」と自問自答し、そのたびに別の新たな優先順位が浮かんんだという。しかし、次の五年間に集中的に努力すべき領域を決める前に、ウェルチが徹底的に検討していた点が、もう一つある。彼は、優先課題として挙げられた仕事のなかで、自分に最も向いている仕事はどれかについて考えた。そして、その仕事に集中し、残りは他人に任せた。

有能な経営者は、自分がいちばん得意とする仕事に集中する。彼らは、トップ・マネジメントが業績を高めない限り、企業の業績も上向くことはないと知っている。

有能な経営者の二番目の習慣は、この意思決定や行動は「当社にとって正しいことなのか」を問うことだ。これも、第一の習慣に劣らず重要である。

有能な経営者は、株主や株価、社員、そして経営陣にとって正しいかどうかを考えたりはしないのだ。ただしもちろん、ある施策が功を奏するには、株主や従業員、経営陣の動きがカギを握っており、彼らの支持や少なくとも了解が必要であることはきちんと心得ている。

また、資本コストはＰＥＲ（株価収益率）によって決まるため、株価は株主だけではなく、企業にも大きな影響を与えることを理解している。しかし同時に、企業にとって正しくない決定は、どの株主にとっても正しくないものになることも承知している。

この二番目の習慣は、どこの国でも産業界の大部分を占める同族所有や同族経営の企業経営者においてとりわけ重要であり、なかでも人事に関する決定には欠かせない。高い業績を上げている同族会社の場合、親族の昇進は、同じ職位の社員よりも優秀であることがはっきりしている場合に限って認めている。

たとえばデュポンでは、同族会社として経営されていた一七五年間、監査役と弁護士を除くトップ・マネジメントはすべてデュポン一族だった。また、創設者の血を引く男子ならば、だれでも新入社員として入社できた。ただし、さらに上の地位へは、一族出身者以外のマネジャーが大半を占める審査委員会によって、同じ職位のどの社員よりも能力と業績の両面で優れていると認められなければ昇進はかなわなかった。

これと同じルールは、イギリスの外食業界に君臨した同族会社、J・ライオンズ・アンド・カンパニー（現在は大手コングロマリットの傘下にある）においても、一世紀にわたって遵守されていた。

「当社にとって何が正しいのか」と問うたからといって、必ずしも正しい意思決定が下されるというわけではない。いかに才能に恵まれた経営者もしょせん人間であり、間違いを犯したり、偏見にとらわれたりすることはある。それでも、この問いかけを怠れば、まず例外なく間違った決定が導かれることだろう。

アクション・プランを作成する

経営者は実践者である。彼らは実行する。彼らにとって知識とは、現実の行動へと姿を変えない限り、無用の長物である。ただし、行動する前には、自分が進むべき針路を計画しなければならない。望むべき成果、予想される制約事項、将来における軌道修正、チェックを入れるタイミング、時間の使い方について考える必要があるのだ。

経営者はまず、望むべき成果を具体化しなければならない。「今後一年半から二年の間に、私はどのような貢献が期待されているのだろうか。私は、どのような成果を目指して努力すべきなのか。また、期限はいつまでか」と問いかけるのだ。

次に、足かせになりそうな制約事項について検討する。ここでは「この行動方針は、倫理にかなっているか。組織内で受け入れられるのか。合法的か。組織の使命、価値観、経営方針に矛盾しないだろうか」を考える。答えがイエスでも、しかるべき成果につながるとは限らない。しかし、これらの問いへの答えがノーであれば、間違った行動が導かれるばかりか、何の成果も得られないことは目に見えている。

アクション・プランは、公約というよりは、意図するところの表明である。ただし、それにがんじがらめに縛られてはならない。むしろ頻繁に再検討したほうがよい。一つの成功から必ず新たな機会が生まれるからだ。これは、いかなる失敗にも当てはまる。

同じことが、事業環境の変化、市場の変化、そして特に企業内の人々の変化についていえる。このような変化はどれも、計画の見直しを迫る。したがって、計画書を作成する場合、柔軟な対応が必要になることを見越しておくべきだろう。

さらに、アクション・プランでは、成果を期待と照らし合わせてチェックする仕組みを設けておく必要がある。有能な経営者はたいてい、そのアクション・プランに二つのチェック・ポイントを設定している。最初のチェックは、計画期間の半ば、たとえば九カ月目に行われる。二回目のチェックは、計画期間の終わり頃、次のアクション・プランを策定する前になる。

最後に、アクション・プランは経営者の時間管理の土台となるべきである。時間は、経営者の最も稀少かつ貴重な資源である。政府機関であろうと、企業や非営利団体であろうと、組織というものは本質的に時間を浪費する。経営者が自分の時間配分を決められないようでは、アクション・プランは画餅にすぎない。

ナポレオン・ボナパルトは、計画どおりに進んで勝利を収めた戦闘など存在しないと語ったという。しかしナポレオンは、歴代のどの将軍よりも入念に計画を立てていた。アクション・プランがなければ、経営者はさまざまな事柄に振り回されてしまう。また、物事の展開に従って計画を見直すチェック・ポイントを設定していなければ、何が本当に重要で、何がそうではないのか、知りようがないのである。

行動する

計画を行動に移す段階で特に注意を払わなければならないのは、「意思決定」「コミュニケーション」、問題ではなく「チャンス」、そして「会議」である。ここでは、一つずつ見ていくことにしよう。

①意思決定に責任を負う

決定を下す前に、まず以下の点について理解しておく必要がある。

- 実行責任者の名前
- 期限
- その意思決定によって何らかの影響を受ける人々の名前（彼らには決定内容をよく理解し、受け入れてもらう必要がある。少なくとも強く反対されないようにしなければならない）
- 直接の影響を受けるわけではないが、その意思決定について知らせておくべき人々の名前

このような基本をなおざりにした結果、組織的な意思決定が難航してしまったという例は驚くほど多い。

三〇年前のことだが、ある私のクライアントは、当時急成長を遂げていた日本市場におけるリーダーシップを失ってしまった。その原因は、新しいパートナーである日本企業とのジョイント・ベンチャーが決まった後、購買担当者への連絡役をはっきりさせなかったことにあった。パートナーが仕様書の単位をフィートとポンドではなく、メートルとキログラムに設定してしまっていたのだが、だれもその情報を伝えなかったのである。

あらかじめ取り決めておいた時点で決定を定期的に見直すことは、最初に慎重な決定を下すことと等しく重要である。そうすれば、不適切な決定であろうと、本当のダメージを被る前に修正できる。このような見直しは、意思決定がもたらす成果をはじめ、根本的な前提に至るまで適用できる。

また、何より重要であり、しかもやっかいな意思決定、すなわち人材の雇用と昇進に関する意思決定にも見直しは欠かせない。人事上の意思決定に関する研究によれば、人材の選択において本当にうまくいくのはわずか三分の一であるという。残りの三分の一はえてして、引き分け――成功でもなければまったくの失敗でもない――に終わる。最後の三分の一は紛れもない失敗である。

有能な経営者は、このことをよく理解している。だから人事上の意思決定の成果は、六～九カ月後に詳しくチェックする。仮に望むような成果が得られていないとわかっても、問題の人物の仕事ぶりが不十分だったと結論づけたりはしない。彼らは、自分自身こそ間違いを犯したと判断する。経営が順調な企業では、新しい仕事、とりわけ昇進後の新しい仕事で失敗した人々が必ずしも責めを負うべきではないという考えが受け入れられている。

経営者はまた、重要な仕事を任されているにもかかわらず、いかんせん成果を上げられない人をけっして黙認してはならない。これは社員や組織への義務である。十分な仕事ぶりを発揮できないことは、その社員個人の落ち度ではないかもしれない。しかし、それでもその仕事から外さなければならない。ただしその際、新たな仕事で失敗した人には、前と同じ地位と給与で前の仕事に戻るという選択肢を与えるべきである。

残念ながら、この選択肢が実際に採用されることはめったにない。このような失敗した人々は、少なくともアメリカ企業の場合、たいてい自発的に退職してしまう。しかし、この選択肢の存在そのものが、安全で居心地のよい仕事を離れて、リスクの高い新たな仕事に取り組む意欲をかき立てる。組織の業績は、そのようなチャンスに賭ける社員の意気込みによって決まるものだ。

定期的な見直しは、自己啓発の実効的手段としても使える。意思決定の成果を当初の期待と照らし合わせれば、自分の強みやそれを伸ばすべき領域、知識や情報が足りない領域が明らかになる。また、どのような先入観を抱いているかもわかる。自分が下した意思決定が成果につながらなかったのは、その仕事に適材を配置しなかったからという事実が判明する場合も多い。最高の人材を最適の場所に配置することは重要ながらも難しい仕事である。しかし、最高の人材はすでに超多忙なために、多くの経営者はこの大事な仕事を脇に追いやってしまうのだ。

意思決定を計画的に見直すことで、経営者は自分自身の弱み、とりわけ自分の能力が足りない領域について把握することができる。賢い経営者は、不得手な領域において意思決定を下したり行動を起こしたりせず、だれか別の人に任せる。だれにでも、このような不得意領域はある。万能の天才などいない。

意思決定に関する議論では、それとなくではあるにしても、最終的に判断を下すのは経営陣だけと思われていたり、重要なのは経営陣の決定だけだと思われたりしているようだ。これは危険な誤りである。意思決定という行為は、専門職として組織に貢献している者やライン・マネジャーをはじめ、組織のあらゆるレベルで見られるものだ。知識集約型の組織では、このような一見低いレベルの意思決定がきわめて重要となる。知識労働者は、自分の専門分野、たとえば税務会計については、社内のだれよりも詳しく知っているはずである。したがって彼らの意思決定は、組織全体に影響を及ぼしかねないのだ。

優れた意思決定を下す能力は、どのレベルにおいても欠かせない。知識集約型の組織では、このことを全員に理解させることが不可欠である。

②コミュニケーションに責任を負う

有能な経営者は、自分が立てたアクション・プランや必要としている情報について周知徹底を図る。具体的には、自分の計画を上司や部下、同僚を含め、一緒に働く人たち全員に説明し、意見を求めるということである。同時に、その仕事をやり遂げるために入手しなければならない情報に関して、各人に理解してもらうように努める。

部下から上司への情報の流れにはだれもが注意を払う。しかし経営者は、同僚や上司から得られる情報の必要性についても、等しく注意を向けなければならない。

我々はみな、チェスター・バーナードが三八年に記した名著『経営者の役割』(注)のおかげで、組織を一つに束ねているのはオーナーシップや命令ではなく、情報であることを知っている。それでいながら、あまりにも多くの経営者が、情報やその流れは情報の専門家、たとえば会計士などの仕事であるかのような態度を見せる。その結果、必要でもなければ、使いこなすこともできない膨大なデータが収集され、本当に必要な情報はわずかにしか得られない。

この問題を回避する最善の方法は、経営者が必要な情報を洗い出し、その情報を求め、手に入れるまで粘り強く諦めないことである。

③チャンスに焦点を当てる

優れた経営者は、問題ではなくチャンスに焦点を当てる。もちろん、問題に対応することも必要だ。うやむやにしてしまうわけにはいかない。ただし問題の決着はいかに必要であろうと、成果を生むことはない。ダメージを防ぐだけである。チャンスを利用してこそ成果が生まれる。

特に、有能な経営者は変化を脅威ではなくチャンスと見る。変化を社内外にわたって体系的に観察し、「どうすれば、この変化をチャンスとして利用できるのか」と問いかけるのだ。具体的には、次の七つの状況にチャンスが潜んでいないかどうか、入念に調べる。

- ●自社や競合他社、あるいは業界内における予期せぬ成功や失敗
- ●現在の生産方式、商品やサービス、市場と、それらの可能性の間にあるギャップ（たとえば、一九世紀の製紙業では、一本の木のうち、木材パルプになる一〇パーセントの部分だけに関心を寄せ、残りの九〇パーセントの可能性は完全に無視して、廃棄していた）
- ●自社や業界の内外を問わず、生産方式、商品やサービスにおけるイノベーション
- ●産業構造や市場構造における変化
- ●人口統計
- ●考え方や価値観、認識、社会のトレンド、意義などの変化
- ●新たな知識や技術

有能な経営者はまた、問題がチャンスを押しつぶしてしまわないように注意する。ほとんどの企業では、月次報告書の第一ページに主要な問題点が書き連ねられている。むしろ、ここにはチャンスを書き出し、問題は次のページで取り上げたほうが賢明といえる。よほどの大問題が発生していない限り、経営会議

では、チャンスを分析し、適切な対策を立てた後で、問題について議論するのがよい。

人員配置も、チャンスに注力するうえで重要な要素である。有能な経営者はやはり、問題にではなくチャンスに最高の人材を投入する。

チャンスを生かすような人員配置には、半年に一度、経営陣全員に二つのリストを作成させるのも一つの方法である。一つのリストには企業全体のチャンスを、もう一つには社内で最も成果を上げている人々の名を列挙する。

各自が作成したリストを持ち寄って検討し、最終的にこれら二つのリストにまとめれば、最高の人材と最高のチャンスの組み合わせが一目でわかる。なお、日本の大企業や行政部門では、この組み合わせ手法は重要な人事業務に数えられており、日本企業の強みの一つになっている。

④会議を生産的に進行する

第二次世界大戦中から終戦後のアメリカで、だれより有名で、だれより強大な力を誇り、そしておそらく最も有能だった市井の経営者は企業家ではない。ローマ・カトリック教会のニューヨーク大司教であり、歴代大統領の顧問役も務めたフランシス・スペルマン枢機卿である。

スペルマンが前任者から引き継いだ時、ニューヨーク大司教区は破産状態にあり、弱体化し切っていた。しかし、スペルマンの後継者の代には、アメリカ・カトリック教会で指導的地位を占めるまでになっていた。

スペルマンはよく、起きている時間のうち一人になれるのはたった二回、それも二五分ずつだと語っていた。起床後、彼専用のチャペルでミサを執り行う時間と、寝る前の祈りの時間である。それ以外の時間は常に会議を参加していた。カトリック団体との朝食に始まり、別の団体とのディナーで終わるといった具合である。

トップ・マネジメントは、このニューヨーク大司教ほど身動きが取れない状態にあるわけではない。しかし、マネジャー全般の労働時間に関するどの調査からも、たとえジュニア・マネジャーや専門職も、他の人と一緒に過ごす、つまり何らかの会議に出席している時間は一日の労働時間の半分を超えていることがわかっている。唯一の例外は、一握りの上席研究者である。

相手が一人でも会議である。したがって有能な経営者であるには、会議の生産性を高めなければならない。もちろん会議は、雑談の場ではなく、仕事の場でなければならない。会議を実効的に運営する秘訣は、どのような会議にするのか、あらかじめ決めておくことである。会議のタイプが異なれば、必要な準備も成果も違ってくる。

●声明、発表またはプレス・リリースを作成するための会議

この種の会議の生産性を高めるには、だれかが前もって草稿を準備しておく必要がある。会議の終了時においては、事前に決めておいたメンバーが最終稿の配付に責任を負わなければならない。

●組織改編など、何らかの発表に準備するための会議

発表とそれに関する議論だけに絞った会議にすべきである。

●だれかが報告を発表する会議

議論の対象は、その報告に限定しなければならない。

●数人または全員が報告する会議

ここでも議論はまったくなされないか、疑問点を明確にするための質問にとどめるべきである。あるいは、報告ごとに議論の時間を少し設け、時間内ならばだれでも質問を認めることにしてもよいだろう。その場合、内容をまとめた報告書をあらかじめ出席者全員に渡しておく必要がある。この種の会議では、各報告は前もって決めた時間、たとえば一五分程度に限定しなければならない。

●主催者に情報を伝えるための会議

会議を主催する経営者は、話に耳を傾け、質問しなければならない。最後に話をまとめる必要はあるが、意見を披瀝し合うことは控えるべきだ。

●出席者が経営者に会う場を提供することが唯一の目的である会議

スペルマン枢機卿の朝食や夕食を兼ねた会議は、このタイプのものだった。このような会議は何をしても生産的にはならない。高い地位に不可避な代償である。経営陣は、この種の会議で一日がつぶれないような対策を講じてこそ能力を発揮できる。たとえばスペルマンが有能だったのはもっぱら、その手の会議は朝食時と夕食時だけに限って、一日の仕事には入れなかったからである。

会議の生産性を高めるには、それ相応の自制が要求される。経営者は、どのタイプの会議が適切なのかを決め、いったん決めたならば、そのやり方を貫かなければならない。また、当初の目的が達成され次第、会議を解散することも大切である。優れた経営者は、別の問題を新たに俎上に載せることはしない。会議を概括したら解散を告げる。

十分なフォローアップも、会議そのものに劣らず重要である。私が知っている最も有能な経営者、アルフレッド・スローン・ジュニアはこれの達人だった。スローンは一九二〇年代から五〇年代までゼネラルモーターズを指揮したが、その執務時間の大部分を会議に費やしていた。週六日仕事をすれば、三日間は決まったメンバーとの公式な委員会、残りの三日間は各事業部長や数人の経営者との個別会議に出席していたという具合だった。

定例会議の冒頭、スローンは会議の目的を宣言する。そして、耳を傾ける。メモはけっして取ることなく、発言もめったにしない。口を開くのは、わかりにくい点をはっきりさせる時くらいだった。最後に内容をまとめ、出席者にあいさつして、その場を離れる。

それからすぐに出席者の一人に宛てて、議論とその結論を要約する短いメモを書いた。会議の席で決まった課題があれば、同じテーマあるいは問題を調査するために再度会議を開くことも含め、メモに詳細に書き留めた。さらに最終期限と、その仕事を担当するマネジャーについて明記し、メモのコピーを会議の出席者全員に送った。

このようなメモ――一つひとつが名文だった――を通し、スローンは稀に見る有能な経営者へと成長したのである。有能な経営者は、会議を生産的にできるか、まったくの時間の無駄になるかのどちらか一方であることを十分心得ているものだ。

「私」ではなく「我々」の立場で考え発言する

最後に取り上げる習慣は、「私」ではなく「我々」として考え、発言するということである。有能な経営者は、最終責任は自分が負うことをわきまえている。この種の責任は他人と連帯することも、委任することもできない。

そのための権限が与えられているのは、組織の信頼を得ているからにすぎない。言い換えれば、自分のニーズやチャンスを考える前に、組織のニーズとチャンスを考えなければならないということだ。簡単なことのように聞こえるかもしれないが、実際はそうではない。しかし、きわめて厳格に守られる必要がある。

本稿では、有能な経営者の八つの習慣について検討してきた。最後に、おまけを一つ、紹介したい。これも大変重要なことであり、一つの法則として格上げしたい。

「まず耳を傾けよ。口を開くのは最後である」("Listen first, speak last.")

有能な経営者は、その人格、強みや弱み、価値観、信念において実に千差万別である。その唯一の共通点は、正しいことをやり遂げているということである。生まれつき有能な人もいる。しかし、求められていることはあまりにも大きく、並外れた才能だけで満たすことは無理である。

有能さとは修練の賜物である。そして、いかなる修練もそうであるように、有能さは学習することができるものであり、必ず身につけなければならないものなのだ。

【注】

The Functions of Executive, Harvard University Press, 1938. 邦訳はダイヤモンド社刊。

補遺

Basic Elements of a Free, Dynamic Society
A Round-Table Discussion Sponsoed
by The Advertising Council, Inc.

アメリカ社会のダイナミズム
（討論会）

Basic Elements of a Free, Dynamic Society：
A Round-Table Discussion Sponsored by The Advertising Council, Inc.
HBR, November-December 1951 and January-February 1952.
アメリカ社会のダイナミズム
『DIAMONDハーバード・ビジネス・レビュー』2006年2月号

ラジオ・フリー・ヨーロッパ 政策アドバイザー

ルイス・ガランティエール

Lewis Galantiere

アメリカを代表する翻訳家。国際商業会議所（ICC）のパリ支局に勤め、その後、Antoine de Saint Exupery, *Wind, Sand and Stars,* 1939.（邦訳『星の王子様』岩波書店）の翻訳で一躍有名となる。アメリカ翻訳者協会は1982年、彼の業績を称え、優秀な翻訳書を表彰する「ルイス・ガランティエール賞」を設けている。1977年没。

ブルックリン大学 総長
ウッドロー・ウィルソン財団 理事長

ハリー D. ギデオンス

Harry D. Gideonse

本討論会当時は、ブルックリン大学総長ならびにウッドロー・ウィルソン財団理事長。主要な著書に *The Higher Learning in a Democracy: A Reply to President Hutchins' Critique of the American University,* Farrar & Rinehart, Inc,1937. *Against the Running Tide: Selected Essays on Education and the Free Society,* Twayne, 1968.がある。

コロンビア大学 教授

フランク・タンネンバウム

Frank Tannenbaum

オーストリアに生まれ、1905年にアメリカに移住してきた。労働者の解放、人種差別の撤廃など民主化運動に従事し、投獄される。出所後、コロンビア大学に入学し、卒業と同時に、メキシコに渡る。兵役に従事した後、再びメキシコへ訪れ、当時のメキシコ大統領、ラサロ・カルデナスの顧問を務める。コーネル大学で犯罪学、そして本討論会当時はコロンビア大学でラテンアメリカ史を教えていた。アフリカ系アメリカ人に関する著書、*Darker Phases of the South,* G. P. Putnam's Sons, 1924.と*Slave and Citizen: The Negro in the Americas,* Knopf, 1948. が有名。1969年没。

ピットニー・ボウズ 社長

ウォルター H.ホイーラー,Jr.

Walter H. Wheeler, Jr.

ハーバード大学を卒業後、郵便業務機器の製造会社、ピットニー・ボウズで約30年社長、CEO、会長職を歴任する。同社は彼の指揮の下、コンピュータ・メーカーへと進歩を遂げる。1974年没。

❖参加者一覧

［モデレーター］

フォード財団 理事長

ポール G. ホフマン

Paul G. Hoffman

20世紀初頭には、全米第2位の売上げを誇ったアメリカの自動車会社、スチュードベーカーの社長を務めた後、フォード財団の理事長となる。その後、スチュードベーカー会長、国連特別基金（現在の国連開発計画〈UNDP〉）のマネージング・ディレクターとなる。1974年没。

［パネリスト］

ロックフェラー財団 理事長
ゼネラル・エデュケーション・ボード 理事長

チェスター I. バーナード

Chester I. Bernard

ハーバード大学を卒業後、AT&Tに入社。1927年にニュージャージー・ベルの社長となる。*The Functions of the Executive,* Harvard University Press 1938.（邦訳『経営者の役割』ダイヤモンド社）は経営理論書における金字塔の一つ。本討論会当時は、ロックフェラー財団理事長、およびジョン D. ロックフェラーが1905年に設立したゼネラル・エデュケーション・ボード（GEB）の理事長を兼務する。1961年没。

『クリスチャン・サイエンス・モニター』紙 編集長

アーウィン D.キャナム

Erwin D. Canham

本討論会当時は『クリスチャン・サイエンス・モニター』紙の編集長のほか、アメリカ国際商業会議所の代表を兼務。代表作に*Commitment to Freedom; the Story of the Christian Science Monitor,* Houghton Mifflin Co, 1958. がある。

著述家・編集者

ラッセル W. ダベンポート

Russell W. Davenport

アメリカを代表するジャーナリストの一人。元『フォーチュン』誌マネージング・エディター。その後、政界に転じ、共和党のウェンデル・ウィルキー（1940年の大統領選で現職のフランクリン・ルーズベルトに敗れる）の政策参謀となる。本討論会当時は、『ライフ』誌および『タイム』誌のスタッフ。1954年没。

クレアモント大学院大学 教授

ピーター F. ドラッカー

Peter F. Drucker

本討論会当時は、著述家および独立系の経営コンサルタントだった。同年9月よりニューヨーク大学教授となる。クレアモント大学院大学教授に就任したのは1971年。2005年11月11日没。

一九〇〇年からのアメリカを振り返る

一九五一年四月一六日、ニューヨーク市内のウォルドルフ・アストリア・ホテルで、公共広告機構主催の討論会が開催された。討論会は朝九時三〇分に始まり、まずC・J・ラロシュ社長のチェスター・J・ラロシュ氏が、公共広告機構を代表して開会の辞を述べた。

チェスター・J・ラロシュ：本日はお忙しいなか、お集まりいただきまして、公共広告機構実行委員会を代表してお礼申し上げます。はじめに、本日はみなさんにとってハードな一日になるだろうと申し上げておきましょう。と同時に、午前の部と午後の部の両方にご出席いただければ——ぜひともそうしていただきたいのですが——まことに充実した一日になるはずです。

私どもは、本日の討論会に大いに期待しつつ、慎重に見守っております。これは知的遊戯ではありません。また、今日の最後に、万人受けするようなスローガンをぶち上げようなどとは思っていません。我々アメリカ人には、思想によって支配されることをそもそも嫌う傾向があります。思想そのものを生業にしている人たちもおりますが、こと思想となると——連邦憲法や権利章典もまさしく思想の一つですが——だれもが尻込みしがちです。

しかし今日、我々はこの哲学的思想の分野において行動を起こす必要に迫られています。ほかならぬ国家安全保障のために、何を是とすべきか、何を支持すべきか、断固として主張しなければなりません。とはいえ、何らかの政治哲学を拠りどころとすることなく、そのような主張がはたして可能でしょうか。原理原則をたずねることなく、我々が何を是とし、何を非とするのか、本当にわかるのでしょうか。

ここ最近、アメリカン・ドリームをテーマにさまざまな討論会が開かれています。企業人たちが集まり、著名人や人気の評論家の解説に耳を傾けるといった試みも数々見られます。大学教授たちが講演会に招かれ、専門家が政府に招聘されています。

ですが、本日の討論会はそのような類のものではありません。私どもが知る限り、一流の企業人の多くが優れた研究者の方々と一緒に、社会全体に貢献する成果を上げることを目指して、ここに大衆社会を動かす術に詳しい組織、すなわち公共広告機構からのご支援の下、開催される初めての討論会ではないでしょうか。

本討論会については、現時点ではいっさい宣伝しておらず、また宣伝を求めていないという点から申し上げて、一種のリハーサルといえるかもしれません。したがいまして私どもでは、これは新たな取り組みの始まりであり、けっして終わりではないと考えております。この討論会の成果から確かな感触が得られたあかつきには、公共広告機構が強力な情報メディアに働きかけることを心に留めておいていただきたいと思います。

公共広告機構の協力の下、本日の討論会を開催するに当たりまして、その中心的な役割を務められたのは、いま私の左側に座っておられるルイス・ガランティエール氏です。また本日の司会は、ポール・ホフマン氏にお願いしております。私どものプランとその可能性についてお話ししたところ、すぐにご理解いただき、ご快諾いただきました。

アメリカを代表する哲学者、モリス・R・コーエン(注1)は「思想なき自然は途方もない混乱を引き起こすものである」(nature without ideas one blooming confusion)と記しています。ホフマン氏なきＥＣＡ（経済協力局）は「途方もない混乱」に陥っていたかもしれません。本日の討論会もしかりです。

ホフマン氏は、さまざまな分野で輝かしい業績を上げておられます。ホフマン氏ほどの方であれば、その素晴らしい業績の栄誉に安んじてもおかしくありませんが、本日はみなさまと一緒に、この危機の時代を迎えたアメリカ社会のために力を貸してくださるわけです。司会を引き受けていただいたことについて、心から御礼を申し上げると共に、できる限りのお手伝いをさせていただく所存です。では、ホフマンさん、お願いいたします。

ポール・ホフマン：まず、この場にいる我々全員が、本日議論する課題について虚心坦懐な気持ちで臨んでいると申し上げておきましょう。我々が取り組もうとしているのは、あらゆる問題のなかでもおそらく最も難しい類のものであり、ウォルドルフ・アストリア・ホテルで一日話し合っただけで解決できるとはまったく考えておりません。むしろ、本日の成果が、多くの人々を刺激することを願っています。

それでは、まずドラッカー氏に「この五〇年間に、アメリカで何が起こったのか」について簡潔に述べていただきましょう。

ピーター・F・ドラッカー：この五〇年間における物質的進歩については、もはや議論するまでもないという前提で話を進めたいと思います。もちろん、物質的進歩は大変重要なことであり、それはいまも変わりません。ですが、実はさして重要な成果ではないと、私は考えています。この五〇年間を大局的に見て、本当に重要な進歩が見られた領域は、基本思想であり、基本概念であり、そして基本的な社会体制であったことに異を唱える人はいないでしょう。

過去五〇年間を評価するに当たって、まず「この五〇年間、アメリカ社会は個人にとってよりよい社会になるために何をしてきたのか」という観点から考えてみましょう。

教育や健康、就業機会など、何を尺度にしても、大きな進歩が遂げられました。さまざまな機会に恵まれた社会へと成長しただけではなく、はるかに平等な機会に恵まれた社会が実現しているといえましょう。このことを最も端的に示しているのは、アフリカ系アメリカ人など、マイノリティ・グループの機会向上でしょう。

私は現状に一〇〇パーセント満足しているわけではありませんが、物質的進歩がどのように浸透しつつあるかを見れば、全体が底上げされることで平等化が進んでいることがよくわかります。物質的豊かさや経済的安定の向上は、その約三分の二が中間所得層と低所得層に向けて広がっているため、五〇年前に見られた機会の不均等や所得格差はもはや存在しない社会になりました。もちろん、やるべきことは依然数多く残っています。

第二の点は、中央集権化が進んでいるように見受けられることが多いですが、この半世紀に分権化も着実に進んできたことです。その結果、大企業ではなくむしろ中小企業の地位の向上、また大企業と中小企業のパートナーシップというかたちで、大きな進歩が見られます。意思決定権も、ちょうど五〇年前に比べて、地方政府、地域の権力中枢、労働組合、地元企業やコミュニティに広く分散されるようになっています。

私にとって最も印象深いことは、我々が産業社会の構造について学びつつあることです。生産性とは、けっして倫理的な問題とはいえないにしても、一つの社会の原則であり、しかも単なるビジネスの原則ではないことを学びました。言い換えれば、生産性の向上は、所得の増大、雇用の創出、消費者の満足に貢献して、初めて役に立つものであり、利益に貢献するだけでは不十分だということです。

また、マス市場についてもわかってきました。大衆市場とは階層別市場の対極にあるものです。換言すれば、近代経済の長所は、社会的地位に関わりなく、あらゆる人々に実質的に同じ財とサービスを供給できるところにあります。

さらに、競争は協力によって補完されなければならないことも学びました。競争は弱まるどころか、むしろ激化していると思いますが、新たな協力体制、たとえば問題について意見交換し、協力して解決する体制の下、より健全な競争がなされています。我々の本日の集まりも、そのような協力関係の一例でしょう。

また、人間こそが産業社会の中核となる資源であり、最も稀少性の高い資源であることもわかりました。これは、企業を社会機関と見なし、人間の組織体として考えるという新しい概念に表れているばかりか、マネジメントを人間の仕事を調整する機能と考えるようになった点にも表れています。また、労働組合に関する概念にも、労使関係にも表れています。

我々は、祖父母の時代とは異なり、ためらうことなく経済的安定を求めるようになりました。この要求は正当なものであり、経済や社会の活力を鈍らせることなく、満たすことができると確信しています。そしてようやく、国家によってではなく、自発的な社会活動、主に企業の経営行動や労働組合のリーダーシップによって、景気変動を社会的あるいは経済的に許容範囲に収める管理体制を構築できることを学びつつあります。

我々は、経済システムにおける自己利益と社会的利益の間において社会的かつ倫理的に調和を図るという、産業社会の倫理上および政治上の基本命題の解決に大いに貢献してきたのです。

ラッセル・W・ダベンポート：ドラッカー氏は、まことに当を得た、しかも包括的な内容にまとめてくれました。くわえて、アメリカの振る舞いについて、他国の人々はもとより、アメリカ人自身にもよく説明できないという事実に触れなければなりません。

どういうわけか、アメリカが成功すればするほど、その理由の説明が難しくなっていくのです。私は、この点についても考慮すべきではないかと思います。ヨーロッパの人々がアメリカ人を批判するのも、まさにここにあるのです。我々の振る舞いを見て、そこに真の希望を見出すには無理があると言うのです。なぜでしょうか。

人々を魅力するようなアイデアを生み出しても、それはけっして解決策ではない。なぜなら、その可能性ははっきりしないからです。これは一種の矛盾であり、人間本来の性質にも、また社会にも見られます。

アメリカはその将来性について、はっきりとした答えを出していないとだれもが感じていることでしょう。このことが我々の生活の本質にあるわけですが、どういうわけかそのことを我々以外の人々に示すことができないでいるわけです。

ホフマン：ここからは、過去五〇年間における具体的な事実を対象に議論したほうが、話がより展開するのではないでしょうか。

たとえば、インディアナ州サウスベンドの労働者について考えてみましょう。この五〇年間に、何が彼らの生活の物質面に影響を与えたでしょうか。知識面では、あるいは精神面ではどうだったでしょうか。アメリカ人にとって、現在の生活は一九〇〇年当時より向上したでしょうか。

最近たまたま読んだのですが、一九〇〇年当時のアメリカでは一四歳から一七歳までの少年少女のうち、高校に通っていたのはおよそ一割でしたが、今日では八割に上るそうです。さらに、大学に進学する青少年の割合は、一九〇〇年に比べて六倍も増えているということです。

これは、教育を受ける機会が大幅に拡大したことを示唆していますが、このように実際に起こった事実を取り上げたほうが、議論が進むのではないでしょうか。

アーウィン・D・キャナム：ドラッカー氏のおっしゃったのは、つまるところ、アメリカは非物質主義的なシステム、すなわち物質的欲求の充足だけにけっして縛られることなく、むしろ個人の尊重と基本的人権を大切にするシステムの実現に尽力してきたということではないでしょうか。

これは、ダベンポート氏がおっしゃったこととも直接関係していると思います。というのも、世界がアメリカについて誤解しているとすれば、その根底には、我々のシステムが物質主義に傾倒している、あるいは拝金主義であるという考え方があるからです。

もう一つのアメリカに関するよくある誤解は、我々が現状を維持しようと、最後の悪あがきに出ているというものです。しかし、生活のあらゆる面において、我々は現状を打破しようと挑戦を続けており、何事にもいま以上の方法があるはずだろうと常に求めてやまないのです。

同時に、このような取り組みは、アメリカ社会や西欧社会だけでなく、人間社会全体に共通して埋め込まれているものなのです。ですから、我々が達成してきたことすべてが、西洋のみならず、東洋の文化も含めた他の文化圏や社会から受け継いできた遺産がごく自然に調和した産物であることを強調しておきたいと思います。

要するにアメリカは、チャレンジに、転換に、現状の改革にひたむきに取り組んでいます。さらに、革命的なアプローチ、解放を図るアプローチに専心しているのです。それゆえ、アメリカの物質的進歩は、人間に与えられた地位に基づく深い精神的な意味を帯びています。それゆえに、神を頂点とする全体的なシステムにおける人間の居場所がはっきりするのです。

また、ダベンポート氏が指摘されました、答えの出ていない問題にも、我々はなおのこと熱心に取り組んでいます。このことから、アメリカは「ダイナミックな社会」を実現しているといえるかもしれません。そのような概念はまさしく社会革命ではないでしょうか。

ルイス・ガランティエール：過去五〇年の歴史のなかで明らかになってきた基本的な事実とは、アメリカ合衆国において階級闘争が消滅したことであり、また主義信条の対立が解消したことではないでしょうか。現在でも、対立は日常的に起こっています。ただしこれらの対立は、理性的に分析し、交渉し、妥協することで解決できる類のものです。

こと現在のアメリカにおいて、対立し合う者がアメリカの基本的な社会制度を拒絶することはありません。だれもが、いま暮らしているこの社会で、この先も暮らしていきたいという姿勢を明確にしています。

これがアメリカ固有のことであるなどと申し上げるつもりはありません。しかし、他国に目をやると、ほぼ間違いなく、体制の転覆につながりかねない、教条主義的な対立が起こっています。アメリカの場合、社会が変化することで社会制度が強化されてきたといえましょう。しかし他国では、ほとんどの場合、変化によって社会基盤が弱体化したり、破壊されたりしているのです。

フランク・タンネンバウム：まず、アメリカで起こっていることは、私は本質的に奇跡の範疇に属するものではないかと思っています。実際、そのほとんどが予期せぬ副産物です。ある意味、アメリカの資源や人口、そして流儀が複雑に絡み合った結果、偶然生じたことなのです。あえて何らかの信条を社会に浸透させるべきかについて、私は確信が持てません。それどころか、それこそ弱さの表れであると主張することにやぶさかではありません。

第二に、アメリカでまったく想定外のことが起こっているのは、一つに我々に大きな計画がないからだと考えています。我々は小さな計画しか立てません。何の計画すらないことさえあります。いわんや、泥縄に行動を起こすことさえあるのです。アメリカは未来をわが手で管理しようとは考えていませんし、私自身、そのような企てをきわめて遺憾に思うでしょう。

もう少し言わせていただければ、その失敗や短所、不完全さにもかかわらず、アメリカ国内の労働組合は――この部屋のなかで、私ほど労働組合の欠点を痛感している者はいないと申しますか、いや私ほど有害な労働組合について知り尽くしている者はいないでしょう――大衆市場の発達に重大ともいえる影響を及ぼしてきました。

労働協約は、企業と労働組合の間で取り交わされた契約というだけのものではありません。労働協約とは、不文律を書面化したものであり、言わば成文法にほかなりません。労働組合、企業、各業界が取り組んでいるのは、労働者と企業双方の言動を統制するための法典を少しずつつくり上げていくことそのものなのです。

ウォルター・H・ホイーラー：我々の生き方に共通のイデオロギーを見つけることは非常に難しいという、タンネンバウム教授のご意見と私の考えは大筋で同じですが、一点だけ異なる点があります。それは「機会の平等」です。アメリカの強さは、機会均等と多様性にあります。それゆえ、他国の人たちにアメリカを理解してもらうのが難しいのでしょう。彼ら彼女らの目には、我々がひっきりなしに論争しては分裂し、ありとあらゆる問題について議論しているかに映るのです。ですが、多様性が保証されているからこそ、だれもが自由に自分の意見を表明できる機会の平等、思うところを述べ、生きたいように生きる機会の平等があるのです。

これがアメリカ唯一のイデオロギーではないでしょうか。しかし、アメリカのイデオロギーについて語る場合、我々は謙虚すぎるほど謙虚になるべきです。なぜなら、我々が継承してきた思想と、恵まれた豊かな自然資源があれば、同じような奇跡がどの国民にも起こりうるからです。

チェスター・I・バーナード：過去五〇年の間に、アメリカは物質的進歩を遂げただけでなく、その発展には倫理面でも、また精神面でも大きな進歩を伴っていたという見解をうかがって、私もそのとおりだと思います。

しかし、それと並行して、分権化が進んでいるというご意見やご主張には同意しかねます。私には、逆に政府をはじめ、この国の産業の半分以上を担う大企業、さらには労働組合などの組織においても、中央集権化がいちだんと加速しているように思えるのです。

また、物質的進歩や組織活動の定型化と共に、その代償ともいえる社会の解体が進んでいます。いったい、どれほどの代償を払わなければならないのか、見当もつきません。

社会の解体についてですが、神経症患者の増加、家庭の崩壊、コミュニティにおけるマイノリティ・グループの排除といった問題について精神分析家や精神科医が話すのをよく耳にします。これらも現在のアメリカを構成する要素であり、考慮すべきではないでしょうか。


ダベンポート：先ほど、私が一般論として提起したことは、バーナード氏が述べられたことと内容的にまったく同じです。アメリカ社会は個人に平等に機会を享受しているということについて、だれもが疑問を抱いています。機会均等と申しましても、それを享受している個人とはいかなる存在であり、またなぜ機会が与えられているのか、我々はその真意を理解できているのでしょうか。

そこで、民間企業が社会的な仕事を引き受けたり、社会的影響力を行使したりしていることについて考えてみてください。私はこれらのことを、現代における最も素晴らしい進歩と見ています。アメリカ人自身は意識していないようですが、その実例をさまざまな次元で見ることができます。

最も興味深く、卑近なものはコミュニティでしょう。各人が無報酬とはいえ、コミュニティに不可欠なことのために多くの時間を割いています。

コミュニティ活動は活発化しており、停滞したことがありません。つまり、下降することはなく、上昇曲線を描いています。人々が、連邦政府とはまったく無関係に、社会的な目標のためにコミュニティで活動している。このような現象は、自治には欠かせない要素としてだれもが認識すべきことです。これが第一のポイントです。

第二のポイントは、おそらくみなさんもお考えのことだろうと思うのですが、企業の社会的進歩という問題です。現在では、人は金を稼ぐためだけに働くわけではありません。そのためだけに存在することはできなくなっています。

社会が本質的に変わったことで、昔は当たり前だったことが時代遅れになっています。したがって、企業人は途方もなく大きな試練に直面しているわけですが、私は以前、このような試練は一種のリーダーシップを獲得する、格好のチャンスでもあると書いたことがあります。

このリーダーシップとは、たしか冒頭にあいさつされたチェスター・ラロシュ氏がかつて「人間関係の産物」(social product) と形容していたものですが、物質的産物、すなわち利益という産物を生み出すには何らかの副産物をつくり出す必要があり、それが社会的産物であるというわけです。

これはアメリカならではの現象です。他国では政府に任せてしまっている社会的目標を民間の手で推し進めることは、他に類を見ません。この点について、企業人は、社会や世界だけではなく、自分が経営している企業にも大きな責任を負っており、しかも年々重みが増しています。本日の討論会を通じて、企業人たちにこのことを具体的に指摘できればと願っております。

ドラッカー：私が思い違いをして、長々と論じていたという印象を抱かれていなければよいのですが――。つまり、アメリカがユートピアになったとか、近づいたとか、ユートピアを目指しているとか。

出席者：あるいは、ユートピアを求めているとか。

ドラッカー：そうです。特にユートピアを求めているという点です。もちろん、我々はユートピアを求めていませんし、ユートピアに近づいているわけでもありません。いまが暮らしやすい時代であるとか、何もかも答えは出ているなどと、真顔でうそぶく人はいないでしょう。ですが、この五〇年間を総括すれば、その答えはまだ出ていないものの、いったい何が問題なのかはわかっています。

ところで、分権化についてですが、さまざまな事実を見ると、少なくともバーナード氏とは異なる解釈もできるように思います。一九〇〇年当時、数行の民間銀行が大きな勢力を誇っていましたが、これに匹敵するような力はいまや存在しません。財務省とＦＲＢ（連邦準備制度理事会）の二つを合わせても、Ｊ・Ｐ・モルガンやクーン・レーブの力には及びませんでした。

また、アメリカの労働組合についてですが、そもそも中央集権化された組織ではなく、むしろ連合体のようなものです。そして、既存の労働組合の場合、支部が必ず中央執行部と同程度の権力を有しているという点において独特な存在です。アメリカでは、中央集権的な労働組合はすぐつまずきます。今後一〇年のうちに炭鉱労働者の組合がそうなるでしょうし、一部の組合についてはみなさんがすでにご存じのとおりです。

大企業も社会的な影響力を拡大させると同時に、分権化しています。同様に、まったく違う領域ですが、郊外への移動も地理的な意味での分権化といえます。

また、アメリカ社会にはノイローゼを患っている人などいないと言うつもりは、まったくありませんが、精神面で健常な人々が多いのには驚きます。

ホイーラー：たしかにそうかもしれません。しかし、労働組合の支部が中央執行部と同じくらいの権力を持っているというご指摘には同意しかねます。一部の労働組合については当てはまるでしょう。とはいえ、経営側の態度に影響される部分がかなり多く、中央執行部に匹敵する力が支部にあるとは、とてもいえない組合もあります。

ドラッカー：中央執行部にまったく権力がないところもありますよ。

ホイーラー：あるとしても相対的に少ないでしょう。組織化の度合いによって違います。組織化が中途半端であれば、執行部にまったく権力はありません。というのも、私が見るところ、支部に権力があるかどうかは、労働組合全般で見ても、またくだんのような労働組合であろうと、経営者の態度次第なのです。ですから、私は経営者との対峙という点を強調したいのです。

支部にも相応の権力が必要ですが、無制限の権力ではなく、バランスある権力が最も望ましいでしょう。しかし、中央執行部のリーダーたちが対応してくれるのを静観していては実現しません。それどころか、傍観しているだけの経営者、組織の長所をわかっていない経営者が増えるほど、中央集権化は確実に進行します。

ご承知のとおり、私はどのような場合であれ、労使協議こそ最も賢明な解決策であると固く信じています。というのも、従業員の経営参加が真に実現すれば、支部も強化されるに違いないからです。

タンネンバウム：ドラッカー氏の楽観論に異を唱えたくはありません。実際、素晴らしいご意見だと思います。私は、企業による地域活動が今後も増大していく勢いであるにもかかわらず、アメリカでは、家族そして教会が、著しく弱体化しているという点を指摘しておきましょう。長期的に見て、コミュニティの基本要素である家族と教会にとって、真の拠りどころ、真の力が存在しない社会を安定的に維持できるものでしょうか。

家族について、一つだけ具体的な例を挙げたいと思います。家族という組織は、昔から社会保障機関としての役割を果たしてきました。有史以来ずっとそうです。ところが現在、我々は社会保障を政府に委ねてしまいました。企業と労働組合が協力し合うところに任せられればよかったのですが、企業も労働組合もその責任を引き受ける準備ができていませんでした。

社会保障を国家に委ねてしまったことで、結果的に国民一人ひとりの生活に介入する権利を国家に与えてしまったのではないかと危惧しています。地域社会を尊重する一人として、私はそれには反対です。

ホフマン：よろしければ、これまでを簡単にまとめて、一言申し上げたいと思います。

進歩の度合いを測定する場合、まずその基準を明確に把握しておかなければなりません。自分自身の参考のためにも申し上げれば、アメリカで起こった出来事を評価する判断基準として、私は次のように考えています。

社会とは、個人に平等を保証するだけではなく、物質的、知的、精神的な成長と発展の機会をもれなく提供することを目的として存在します。さらにアメリカ社会の場合、個人が自分の可能性を意欲的に追求できるようにつくられてきたことです。

私のアプローチは、純粋にプラグマティック（実用本位）なものです。私自身は、たとえば、先ほどホフマン氏が例に出された、インディアナ州のサウスベンドで一九〇〇年から五〇年の間に起こった出来事そのものを取り上げたほうが、はっきりと考えられます。ちなみに、サウスベンドでは、これらの基準で評価すると、かなり奇跡的な進歩を遂げているはずですよ。

今日のアメリカでは、一九〇〇年当時よりも自分の意思に基づいて決断を下すようになっています。これは正しいでしょう。もし時間に余裕があり、三〇分いただければ立証できます。とにかく全体的には、一九〇〇年当時よりも五〇年のほうが、意思決定にまつわる権利は確実に拡大し、これは全国的に広がっています。

次に、すでにご指摘のあったことですが、この進歩には一つのカギがあるように思います。アメリカ産業界だけを見ても、大小四〇〇万余りのグループからアイデアが次々と生み出されています。それゆえ、この国で起こっている出来事は、計画化されたものというよりは、意思決定を分権化するシステムから派生したものなのです。

これはいつも、私が痛感していることです。ダベンポート氏は、アメリカ独立宣言に謳われている一つの重要な権利、すなわち幸福を追求する権利についてよくお話しされます。ところが、私もかなり長く生きておりますが、幸福そのものを追求して手に入れたという人について、だれ一人として知りません。幸福とは、ほかの活動から副次的に得られるものなのではないでしょうか。

これまでアメリカで起こってきた事象のほとんどが、計画によるものではなく、一つの体制を構成する基本要素から副次的にもたらされていると考えられます。その体制については、次に検討することとしましょう。

第三のポイントは、第一のポイント、第二のポイントともまったく無縁ではありませんが、アメリカ経済は成熟化しているという認識から、ダイナミックに拡張しつつあるという認識に移りつつあることです。

ほんの数年前までは、成熟化したアメリカ経済という考えが広く受け入れられていました。アメリカにはもはや成長の余地はなく、これから下降する一方であると。これに対して私は、アメリカにはまだまだ成長の余地があるという認識がある限り、進歩は続いていくと確信しています。成熟化したと安心したとたんに、アメリカは本当に終わってしまいます。

さて、本日の討論会の第一段階、つまりこの五〇年間でアメリカは進歩したのかどうかという問題について、ほぼ全員に意見を述べていただきました。ここから、このような素晴らしい進歩を実現させた社会的要因に関する議論に移りましょう。

パネラーの方のなかには、それらの要因について自身のお考えをまとめた原稿を提出してくださった方もおられます。まず、ガランティエール氏に、みなさんの原稿を読んで明らかになったことをまとめていただき、その後で再び議論したいと思います。

ガランティエール：ホフマン氏が述べられたように、全員ではありませんが、時間の都合がついた出席者の方々には、あらかじめご自身のお考えを原稿にまとめていただきました。拝見したところ、次のように整理できると思います。

アメリカの進歩を実現させた要素

①宗教的な社会

全体的に意見が一致していたのは、アメリカ社会は、政教分離の政府が統治する宗教的な社会であることです。ホイーラー氏の言葉を借りると、「人間が最初に忠誠を誓い、責任を負うのは、神に対してのみである」ということです。我々は、国家のほうが人間よりも上位の存在であるとは考えていません。

それは、人間が神によって創造されたという信念に帰結します。キャナム氏は「人間は、神の下で大きな価値を有する存在である」と表現されており、ドラッカー氏は「アメリカ人にとって、人間こそが最も貴重な存在であり、しかも最も不足している資源である」と述べておられます。

「個人の尊重」というアメリカならではの考え方も、ここに端を発しています。これは、ホイール氏の「同意しない権利」という表現、あるいはタンネンバウム教授の「一人ひとりの個人的な体験は何物にも代えがたいと我々は信じている」という言葉に集約されています。

②自発的な協力

しかし、アメリカは個別の分子が集まっただけの社会ではありません。アメリカ社会の特色は、市民がみずからが属するコミュニティにおいて、政府とは無関係に、自発的に協力しているところにあります。キャナム氏はこれを「行動する兄弟愛」(brotherhood in action) と呼んでいます。そして、ドラッカー氏もそうですが、あらゆる情報源が、競争相手、外国人、研究生、国勢調査員などに、驚くほど開かれており、それは自発的な協力の表れにほかならないと指摘されています。

産業界に当てはまることは、一般のコミュニティにも当てはまります。タンネンバウム教授は、コミュニティでも、公式でもなければ非公式でもない議論のなかで物事が決定されると述べておられます。私自身の言葉で言えば、アメリカ人は自分が属するコミュニティに責任を感じているということになります。

アメリカ人の自己統制は、アメリカの政治形態が示唆している以上に広い領域に対応しています。コミュニティのなかで、アメリカ人が完全に政府に任せてしまっている分野は一つもありません。

③政治の分権化

政治の分権化は、アメリカ社会に不可欠な要素です。これは、最も重大な側面を持った命題です。このテーマについては、また後ほど議論されることになるでしょう。

④変化の受容

変化を受け入れるところが、アメリカ人の特徴です。「我々は、他の国民ほど恐れることなく、変化を受け止める」とはホイーラー氏の言葉であり、タンネンバウム教授は「停滞は、我々にとって忌まわしく、何事であれ、完全なものとして認めることがない」と述べておられます。また、アレクシス・ド・トクヴィル(注2)の「アメリカ人の素晴らしい特権は、過ちを自由に直せるところにある」という言葉を引用している方もおられます。

⑤ 道徳的なリーダーシップ
アメリカにおけるリーダーシップは、先天的な権利ではなく、責任を引き受ける人が後天的に勝ち取る権利であるという意味において、道徳的な性格を帯びているといえましょう。

⑥ ねたみのない社会
社会的な嫉妬が見られないのも、アメリカ社会の特徴でしょう。このテーマについては、出席者のみなさんがさまざまなかたちで触れておられますが、先ほど取り上げたコミュニティの協力主義の一環と考えられます。ホイーラー氏は、アメリカ人の寛容さについて触れ、その美徳が協調の精神の源であり、社会から偏見と不寛容を失くそうという、たゆみない努力の原動力になっていると述べておられます。このおかげでチームワークの精神が生まれ、多様性ゆえの対立を克服することに成功しているのです。

一方、タンネンバウム教授は同じ現象を別の角度から取り上げ、一国の国民として我々は、コミュニティの各メンバーの幸福という思想に深く関与していると書いておられます。

⑦ 階級のない社会
アメリカ社会は、階級のない社会へ向かっていること。このテーマを取り上げたのはお二人で、アメリカでは消費

財の普及が進んでいるため、定職に就いている労働者は、物質面で雇用主をうらやむことがほとんどないという事実からこのテーマを論じている方が一人おられました。アメリカ合衆国で階級的憎悪が見られない理由もここにあると考えておられるようです。

⑧私有財産制度

アメリカ社会は、私有財産権という考えに基づいて成り立っています。たとえばホイーラー氏は、自分で選んだ自由な生活を送る権利の当然の帰結として、財産権を考えておられます。

原稿を拝見したところ、ホイーラー氏は、財産を持っていない人が財産を保有する権利を支持されているのであって、財産の所有者と私有財産否定論者の対立という古典的なケースを論じておられるわけではないことがわかりました。ホイーラー氏がおっしゃる権利とは、世界の資源と個人の労働の成果を共有する権利といえましょう。

この財産というテーマについて、私は別のアプローチを採っています。国有という言葉が国民による所有という意味で使われるなら、間違いでしょう。つまり、市民が真の意味で何かを所有できる唯一の方法は、私的所有であって、集団的所有ではないのです。

⑨企業間競争

企業間競争は、アメリカ社会に欠かせない支柱です。このテーマについて特に言及していたのは、ホイーラー氏と私だけでしたが、その他の方々の原稿でも少し触れられていました。

ホイーラー氏は、競争とは自分の可能性を実現する努力であると述べておられます。競争は、コミュニティを構成するあらゆる個人に活力を与えるものです。私自身は、さまざまな経済勢力が結集しなければ大衆の欲求を満たせないとはいえ、経済勢力によって政治や社会生活が支配されないように競争システムが社会を保護することが、自由の実現には必要不可欠であると考えています。

⑩経済の政治力からの独立

アメリカ社会は、経済力と政治力の分離の度合いが大きいことが特徴です。

ホフマン：さて、これらについて個々に議論してまいりましょう。「我々の文化的生活には宗教的基盤がある」という最初の要素について、どなたかご意見をどうぞ。

①宗教的な社会

キャナム：アメリカ人にとって「宗教的な社会」という言葉が意味するものは、他国の人々にとってのそれとはかなりかけ離れたものではないでしょうか。少なくとも私は、次のように考えています。

人間を最も尊い存在として認める意識が精神上の基本概念になっており、そうした基準が、我々の物質的活動すべての根底に存在しています。しかしこれは、宗教国家的な社会のそれとは異なっており、切り離して考える必要があります。アメリカ社会は完全に非宗教的でありながら、精神的理想にその身を置いているように思えます。

ドラッカー：キャナム氏は「宗教的」という言葉を倫理的に定義されていますが、私はまさしく宗教的に定義したいです。私はより単純に、我々は自由という概念を、人間が仕える主はただ一人、超自然的な神であるという意味で定義していると考えています。それがアメリカで言われる自由です。

これは従属の概念ですが、むろん神への従属であり、人間への従属ではありません。アメリカ社会は、人間と人間の創造物、たとえば国家などにおいても、神の絶対優越性を受容しているという点で宗教的でしょう。

ホイーラー：自由とは、この宗教的な概念に由来しているという考え方に異論はないようです。ここでは、世界の存在する財について、その取り分を自由に所有してしかるべしとする権利には、すべての道徳律がついて回っていることを指摘しておきましょう。そのような道徳律は、宗教的に言及されるわけではなく、フェア・プレーや礼節などと呼ばれています。

基本的に、アメリカ社会は、我々がいかに道徳律を維持し、管理するかに左右されると思います。人間がそのような道徳的価値観に欠けた、卑しい物質主義者にすぎないのであれば、複雑化しているアメリカ社会には、何をすべきか、事あるごとに命じる法律を次々とつくらなければなりません。

バーナード：アメリカ社会が宗教的な道徳基準に従っていることには同意しますが、教会を中心とする社会と解釈されないように気をつけてください。一九四〇年当時のアメリカで、成人のうち、正式な教会の一員だったのはおよそ三五パーセントでした。過去一〇年間でこの割合はいくらか増加していますが、現在でも五〇パーセントを超えてはいないでしょう。

また、言うまでもありませんが、宗教的なところはまったくなくとも、教会の正会員である人もいます。したがって、私はきわめて限定的な意味で、アメリカが宗教的な社会であるという意見に賛成です。

ホフマン：アメリカが宗教的な社会であるという意見に異論はありませんが、私も「その定義には気をつけなければならない」というバーナード氏のご意見に賛成です。宗教、つまり神という概念は、我々の基本法にも記されています。そして、その法律は一八世紀にさかのぼるものであり、二〇世紀に書かれたものではありません。

この二〇世紀という時代にあって、火星人に「人間は、神についてどのように考えればよいのか、わからなくなっている」と言われてもおかしくないでしょう。これが、バーナード氏が先ほど言われた崩壊の根底にあるものであり、考えてみればかなり危機感を抱かずにいられません。理論的な面では、宗教的な社会といえますが、現実的には、個人が達成できる精神的成長について病の兆しが見える社会なのです。

タンネンバウム：まず指摘しておきたいのは、人間とは過ちを犯しやすい存在であり、道徳的な美点、進むべき方向や拓くべき可能性、そして我々の信仰にまつわる議論においても過ちを犯すという現実に基づいている点です。

アメリカ社会が宗教的な社会であるという意見に同意するというよりも、私自身、そうであると強く主張したいと思います。神から見れば、人間はみな平等につくられていると信じるところからしても、アメリカは宗教的社会なのです。

神から見た平等への努力、そしてアメリカ人の生き方における基本的な努力の大半は無意識的なものであり、たとえば「卑怯な手を使うな」「弱い者いじめをするな」「そんなに偉そうに、いったい何様のつもりだ」などとはっきりと指摘されたからではなく、知らずしらずのうちに身につけているものです。

これらはすべて、アメリカ人の生き方に暗黙のうちに染み込んでおり、あえて明らかにするようなことではありません。また、程度の差こそあれ、我々が日々実践していることです。このような要素も、また別の意味で宗教的な社会を構成しています。そういうわけで、これに努めることを怠ると、どこかやましさを感じるのでしょう。

アメリカにおいて、公の場、あるいは個人的な場でも、神の目から見て人間は平等ではないと主張できる人など、いるでしょうか。神の前で人間は平等であるはずがなく、現実に平等ではないと言い切れる人など、まずいないでしょう。

それでも、努力を尽くせないこともよくあります。しかし、この平等を実現せんとする努力、つまり平等を信じる心は身の回りにあります。そして、これこそアメリカ人の生き方の一つの特徴であり、何より深遠かつ重要な特徴でしょう。

ホフマン：ではここで、第二の要素、つまりコミュニティにおける協力の重要性というテーマに移りましょうか。アメリカがこの五〇年間に遂げた進歩にとって、これがどれほど重要であったでしょうか。ホイーラーさん、何かご意見がおありですか。

ホイーラー：先ほどのテーマに、もう一言つけ加えてもいいでしょうか。

ホフマン：どうぞ。

ホイーラー：ほかのみなさんも、私のようにこの問題について深く憂慮されているかどうかわかりませんが、我々は、ビジネスライクに申し上げれば、いままで連綿と受け継いできた精神的資本を浪費しているのではないかと懸念しています。

私は敬虔な人間ではありません。教会にも足を運びませんし、若い頃にはフェア・プレーといっても、スポーツマンシップで片づけられると考えていた時期もありました。しかし年を取るにつれて、我々の倫理規範がその宗教的原点からあまりにも乖離してきたことを案じなくてよいのだろうかと考えるようになってきました。

キャナム：ホイーラー氏がこの問題を提起してくださったことを歓迎します。というのも、みなさんのご意見をうかがっていると、たとえばバーナード氏など、一部の方々は、今日のアメリカ社会、同じく他の社会も精神的危機に陥っているのではないかという指摘について、まったく不安を感じておられないような印象を受けたからです。

社会的規範のぐらつきは深刻であり、世界各国において進行しています。みなさんのなかで、アメリカだけは奇跡的にこの影響を免れているとおっしゃる方は一人もいらっしゃらないでしょう。

我々は、世界的な混乱のただなかにいます。しかし、楽観的ではないにしても、私は楽観からはほど遠いのですが、みなさんがおっしゃったように、アメリカ人の意識は進歩してきたといえるでしょう。宗教心を取り戻そうとする意志は少なくとも失っていないという表れなのかもしれません。

ダベンポート：私は、アメリカ人の社会的規範は向上したと考えています。また、言うまでもなく、社会的なことはある程度、道徳に関連していると同時に、道徳に端を発しています。ですが、個人としての倫理基準が高くなっているという証拠はどこにもありませんし、もしそのような証拠があるならば、見てみたいものです。

また、力説しておきたいのは、宗教あるいは神の概念はアメリカの法律に記されており、我々はその概念の下、社会の基盤となっている自由という基本概念を導き出しているということです。我々の社会に精神的な自覚が失われているとすれば、危機的な状況にあると言わざるをえません。

したがいまして、私の意見はバーナード氏のそれとは違います。神を認める意識が低くなっているのに、道徳的に進歩することはありえないでしょう。しかし、過去の資産をテコに社会進歩を遂げることはどうやら可能であり、それこそがアメリカが歩んできた道なのです。

ガランティエール：この点について、私も一言述べさせていただきたいのですが。司会のホフマン氏が最初に提示された宗教的なことと倫理的なことの区別が、この場の意見の対立を説明してくれるように思います。

たしかに、どれだけ多くのアメリカ人がいまも、神や不滅の魂、来世の存在を信じているのか、はっきり示すことは難しいでしょう。ですが、これらのことは信仰と呼ぶ信念には絶対不可欠な要素でしょう。

一方、ダベンポート氏が社会進歩と呼んでおられるものは、社会の実力者であり、リーダー的地位にあった教会の信者たちが影響力を振るっていた数百年前に比べれば、はるかに倫理規範を尊重した状況において達成されています。

農村の労働者に関するハモンド夫妻の著書のなかで、一八世紀末のイギリスの慈善行為が取り上げられていたと記憶していますが、それによると、当時のイギリスの支配階級は、財産を有する人々がこれほど親切な社会にあって、貧しい人々が困窮することはけっしてありえないと信じていたというのです。

さて、一八世紀の慈善行為と二〇世紀における成果の共有との違いこそ、みなさんが道徳的な行為と呼び、アメリカ人にすれば、アメリカ人の生き方の宗教的基盤の上に成り立っているものでもあります。また、我々が今日この部屋にいること自体、アメリカ合衆国全体で進んでいる宗教的かつ道徳的な問題への一種の懸念の表れといえましょう。

キャナム：道徳的価値と宗教的価値を厳密に区別すること自体、私には間違いのように思えます。バーナード氏や他の方々が述べておられるように、社会的責任の発展と人間の地位を認める意識が向上したことが一種の宗教的価値をなしているのです。そしてアメリカ人にいま求められているのは、道徳的かつ社会的責任を宗教的な根本原則と結びつける、さまざまなやり方を問い直すことです。

たしかに、宗教的信念を私生活に生かすことが著しく妨げられている領域が存在します。このような領域を無視するわけにはいきません。ですが、全体的に見れば、日曜日の朝、教会に出かけて献金皿に紙幣を入れるよりも、他の人間の尊厳とプライバシーを認めることのほうが、はるかに重要ではないでしょうか。

ホイーラー：この質問を提起した者として、ここでまとめてもよろしいでしょうか。どうやら、ここにいる我々全員、ある一点については基本的に合意しているようです。それは、この国の一部の人々にすればかなり意外なことかもしれませんが、我々の自由は、ここには生産性や生活水準も含まれますが、高い倫理基準を維持できるかどうかにかかっており、しかもその依存度が高まっているということです。

これら二つは密接に関連しており、けっして切り離すことはできません。道徳心を失えば、自由も生産性も、そのほかこれまで手に入れたものをすべて失いかねません。

ホフマン：合意が得られたようでしたら、次のテーマに移りましょう。もう一度思い出していただくために申し上げますと「アメリカ社会は個別の分子が集まっただけの社会ではない。アメリカ社会の特色は、市民がみずからのコミュニティにおいて政府とは無関係に自発的に協力しているところにある」ということです。では、始めましょう。

②自発的な協力

バーナード：このテーマについて論じる際、私はその他の多くの要素と絡めて言及することにしています。私は、連携の自由がアメリカ市民の基本的自由であると考えています。

この「アメリカ式の連携」（American form of association）には自発的に協力し合うという行為も含まれており、これがアメリカ人の生き方の最も重要な側面です。法的な定義だけではカバーされない、アメリカ人の生き方の一部なのです。

権利章典のなかでこの点に触れているのは、私が思い出せる限りでは「集会の自由」ですが、こちらの意味ははるかに狭義です。また、宗教の自由も、人々が連携し合うことの自由を意味しています。

アメリカ社会における個人主義の拠りどころとなっている法体系は、個人が好きなように他人と交流できなければ、ほとんどの場合、無意味になってしまいます。これが、アメリカ社会の基本であり、成文化されていないとはいえ、一億五〇〇〇万人のアメリカ国民にとって最も実効的な行動であり、方法であると同時に、アメリカ社会のダイナミズムの土台になっていると考えます。

ホイーラー：私なりにバーナード氏のご意見の続きを述べさせていただくと、アメリカ合衆国では、異議を唱えることで合意に達するという習慣があることもつけ加えておきたいと思います。新たな経験は必ず検討の対象となり、その成果を生かすべく過去の判断にも修正や再検討が加えられます。
民間組織であろうと公的組織であろうと、数多の集団によって、アメリカの政策はたえず修正されているといえましょう。言うなれば、新しい価値観や経験がたえず組織体に流れ込むには、集まることが何より重要なことなのです。集まるという行為が単に形式にすぎなければ、それほど大きな意味は持たないでしょう。我々の生活のなかでこれほど重要な位置を占めているのは、いかなる集合体も、この世界とアメリカ合衆国において、人々が新しく経験した内容を取り込むために開かれた存在になっているからです。

ホフマン：ここでちょっと意見を挟ませていただいて、ガランティエール氏に一つ質問してもいいでしょうか。
ガランティエール氏は、コミュニティにおける市民の協力について述べておられます。もちろん、コミュニティ以外にも、国家機関や政府機関、業界団体、労働組合など、協力の下に運営されている組織が多種多様にあります。このテーマにおいては、これらの組織すべてを対象にお考えなのでしょうか、それともコミュニティだけに限定してお考えなのでしょうか。

ガランティエール：特に限定してはおりません。コミュニティが最も端的な例だっただけにすぎません。つまり、コミュニティがいちばん活発な集合体であると、みなさんがお考えのようだったので、そのように表現したのですが、いかなるタイプであれ、もちろん全国的な集まりについても排除するつもりはありません。
この点について個人的に申し上げれば、バーナード氏の「アメリカ式の連携」という表現はまったく当を得たものですが、この素晴らしい特徴の一つは、人種や所得、社会的地位、排他的集団——どの国にも見られる、たとえば民族的、宗教的、経済的な集合体のことです——の利益を超えた存在であることです。

つまり、アメリカ社会に特徴的なのは、分け隔てのない人間や市民であり、コミュニティの利益だけを絆とした集まりが、数のうえでも種類のうえでも多数派であり、しかもごく一般的に見られるところでしょう。

ドラッカー：アメリカ人はきわめて多くのコミュニティ――いったいどれくらい存在するのかわかりませんが――に属していると思います。しかも、地理的に派生したコミュニティをはじめ、その土地の住民としての役割から、知人が属している労働組合から、だれかが通っている教会から派生したコミュニティなど、地域固有のものもあります。言ってみれば、たとえばロックスベリー市の行政当局によってではなく、真の意味の自治によって問題を具体化し、行動するところがアメリカ人の特徴でしょう。

キャナム：ドラッカー氏の指摘は、本日の討論において最も重要なポイントではないでしょうか。つまり、我々はある種のパラドックスを抱えているということです。

アメリカ社会は個人の価値を認めているにもかかわらず、ある種の自由な集団活動を生み出してきました。しかもその大半が、この二五～三〇年の間に起こっています。私は、この集団行動が経済システムや社会システムにおそらく最大の貢献を果たしていると考えます。

ここでご一緒に考えてみたいのは、なぜこのようなことが起こっているのかということです。この問題の答えを探ることは、本日この会場に聴衆として出席している、私の同僚であるフランス各紙の編集者たちにとっても、きわめて興味深いことでしょう。

我々がこれほど情熱を傾けているこの自発的な集団行動は、単に社会奉仕のためではありません。もちろん、アメリカ人はよく社会奉仕という考え方をしますが。我々が集団的に行動しているのは、これも無意識かもしれませんが、それが将来の役に立つことを学んだからでしょう。集団行動の重要性に関するこの無意識の認識の存在は、アメリカ社会がきわめて重要な曲がり角を曲がったことを物語っているように思えます。つまりこのおかげで、我々は新しい時代を迎えられたのです。

コミュニティのどこを見ても、資本主義や排他主義、孤立主義などという、いまや時代遅れの言葉に縛られたところはありません。それどころか、マルクス主義者の集団主義など、とうてい足下にも及ばないほどダイナミックな可能性を秘めた、一種の集団主義が発達しています。我々の生活のなかで、この種の集団行動の恩恵に浴していない領域があるでしょうか。私には思いつきません。

ホイーラー：そこには、見過ごすことのできない、もう一つの要素があります。我々アメリカ人は基本的に寛容な国民です。これはアメリカ独自の社会規範と宗教観に根ざしています。また、余裕があるから寛容になれるという部分もあります。

我々がコミュニティに参加する場合、その動機はさまざまです。なかには、個人的に得られるものがあるから参加するという人もいるでしょう。しかし同時に、共通の利益を実現させるために協力を要請されれば、やらなければならない気持ちになる、そのような部分も大変大きいように思います。

アメリカ人に何か一つ典型的な特徴があるとすれば、それは気前のよさです。たとえば、だれかに「やらなければならないことがあるので、手伝ってくれませんか」と頼んだとしましょう。頼まれた人は、あなたとはまったく平仄が合わないところがあっても、とにかく力を貸してくれるでしょう。

ダベンポート：もう一つ、つけ加えたい点があります。ご存じのように、私はこのテーマに関する議論、特にバーナード氏のご意見とアメリカ式の連携という表現を強く支持しています。ですが、一つだけ補足しておきたいことがあります。政治的な内容ですが、問題の輪郭がはっきりするかもしれません。私の申し上げることが政治的に多少偏っているようにお感じになられましたら、ご容赦ください。

アメリカでは昔からずっと、国の経済は民間主導で発展することを前提としてきました。これが奏功して、大成功を収めました。しかし、一九三二年に驚くことが起こりました。大きな社会問題に直面した当時の政権が、この基本的な前提を変えてしまったのです。

それまで、個人は経済的責任を負う主体と考えられていました。ところが、その社会問題に遭遇して、個人は社会的に何の責任も負っていないと考えられるようになり、これが一九三〇年代の政界に広がっていきました。民間とは、企業であれ個人であれ、社会的に無責任なものだと考えられるようになったのです。そして、その考えを受けて政府が責任を負わざるをえなくなりました。

しかし、私はこの考え方はおかしいと思うのです。アメリカの、あるいはおそらくどの国の民間部門も社会的責任を担う能力を備えており、実際、社会的事業の領域で活躍するチャンスを熱心に求めています。

そのためには、新手の法律とでも呼ぶものが必要でしょう。というのも、現在の社会事業分野の法規制はどれも、民間が無責任な内容であり、社会問題が関わる領域では政府が責任を負うという前提に基づいて起草されているからです。

ここで一つ考えていただきたいのは、民間部門に存在する大きな力を利用すること、そして社会全体にやる気を起こさせ、社会的目標の実現に向けてより民間主導で取り組むことを可能にする法律について検討することが、今日にあっては現実的ではないかということです。

ガランティエール：議論を締めくくるかたちになりますが、一言申し上げてもよろしいでしょうか。ちょうどキャナム氏がフランスからお越しいただいた方々に提示されたテーマについて、重要なポイントを三つ指摘したいのです。

まず、アメリカのコミュニティで起こっていることは、政府が介入して悪いところを治してくれるまで座して待つような真似はしたくないという、アメリカ人の強い衝動的な気持ちの表れであることです。

第二に、このコミュニティへの責任とその遂行によって、この国の活発な民主主義が養われているということです。このようなコミュニティでは、民主主義のプロセスが錆びつくことはありません。社会に悪いところが見つかると、すぐ市民たちが自発的に駆けつけてきます。そうである限り、自分たちのことは自分たちで運営するという市民の意志が失われることはけっしてないでしょう。

第三は、アメリカ社会は連帯責任を体現する個人からなっている一方で、個人を尊重するというパラドックスが存在することについてです。これは、政治科学の観点から見ると、非常に興味深いところです。というのもここでは、個人の優越性を唱える、古典的かつキリスト教的な教義と、集団性の優越性を唱えるゲルマン的教義がプラグマティックに一体化しているからです。

アメリカ市民は、けっして自己中心的な社会的分子になることなく、独立独歩の存在です。我々のコミュニティはたしかに宗教的な性格を帯びていますが、これは、崇拝すべき存在、それをつくり上げた人よりも本質的に上位に立つ存在によって押しつけられたものではありません。ヨーロッパから来られた方々には、ぜひこれらの点は一考の価値のあるテーマとしてお勧めします。

ホフマン：司会という立場ですが、私も一言述べさせてください。過去五〇年間のアメリカ人の生き方に見られる要素のうち、民間の自由な集団行動を支持する精神がアメリカの進歩に最も大きな影響を及ぼしてきました。この点において、私もみなさんと一致しています。

ただし、集団行動を求めるこの精神が、経済活動における集団行動と、コミュニティにおける集団活動という二つのかたちで表れているにもかかわらず、十分区別されてきたとは思えません。実際、これら二つはまったく異なる種類の活動です。

我々は直感的に、集団的な社会行動を通じて生活が向上できることを知っています。しかし、産業界における民間の自由な集団行動を通じて、産業界全体の水準が向上するだけではなく、個々の事業の収益性も高まると認識されるようになったのは比較的最近のことです。

差し支えなければ、自動車業界における私自身の経験についてお話しさせてください。どうやら、アメリカの自動車業界がどのように組織化されているのか、他国では十分理解されていないようです。

アメリカには、自動車技術者協会が独立して存在しており、実質的に何の隠し事もありません。さまざまな企業の技術者たちがそれぞれの問題について話し合っていますが、その背景には、個人が蓄積した知識に加えて、意見の交換から生まれた相互交流と、そこから得られた成果を結集することで、全員が恩恵に浴するという考えがあります。

また、自動車安全協会という組織もありますが、これは、たとえば高速道路での事故など、特定の状況が自動車販売に及ぼすマイナスの要因に対処するために設立されたものです。そのほか、自動車の安全性と効率性の向上を通じて業界の成長を促すために、何百万ドルもの大金が投じられています。

このような集団活動とコミュニティについては、区別されてしかるべきでしょう。コミュニティにおいては、みなさんと同じ表現になりますが、集団行動を支持する精神があり、それは一地域においても一都市においても変わりません。これは、個人主義を損なわない集団行動であり、また集団主義なのです。損なうどころか、個人としての立場を強化します。と同時に、公共の利益にも貢献しています。

さて、次の要因の場合、その論点をまとめるのにさほど苦労することもないでしょうから、昼食の前にかたづけられそうです。では、「政治の分権化がアメリカ社会の進歩に欠かせない一つの要素になっている」という点について考えてみたいと思います。

③政治の分権化

タンネンバウム：断定的な意見かもしれませんが、あえていくつか申し上げたいことがあります。同意していただけるかどうか、わかりませんが、私はそれが正しいと信じていることです。

アメリカ合衆国の政治において、最も重要なのは大統領の権力ではなく、地方自治体の権力です。つまりアメリカの政府とは、真の政治権力を有した地方自治体なのです。共和党と民主党があるというより、共和党の党首と民主党の党首がいるということなのです。彼らは、党公認の大統領候補者をだれにするかといった、ごく少数の限られた目標以外のことについてはいっこうに意見がまとまらず、もめてばかりいます。

その結果、どうなっているでしょうか。政党の力が弱いために、アメリカのガバナンスは安定しています。言い換えれば、地方自治体が党中央部からも大統領からも独立した存在であるがゆえに、大統領が政党や、政党を代表する議会をきちんと掌握できた例しがないのです。

このせいで、実行力に欠けるという結果につながっているかもしれませんが、それも実行力の定義によるでしょう。ここで私自身の定義を申し上げれば、実行力とは、たとえ他人にやってもらうほどにはうまくできなくとも、自分のことは自分でやる能力ということです。

ホフマン：政治の分権化の重要性について、そのほかご意見のある方はいらっしゃいますか。

ガランティエール：分権化は、私がいましがた申し上げた観点、すなわちコミュニティの民主的なプロセスという慣習の点からも重要です。このおかげで市民の間に一種のやる気が維持され、民主主義が損なわれることがないといえます。

また、民主主義の最大の危機は、トクヴィルの述べた「多数者の専制」に陥ることですが、分権化のおかげで全国的な専制政治が起こるおそれがなくなっている点も重要です。ある地域で専制政治が生じても、政治権力の細分化によって、独断や独裁者がアメリカ全土を支配することはありません。

ダベンポート：今日の私は、どうも批判的な意見を呈するめぐり合わせのようですが、アメリカ社会における圧力団体の動向についても注目すべきでしょう。この討論会の報告書では、全国規模の圧力団体の主義主張は危険な動向としてたえず監視すべきであることにも、何らかのかたちで触れていただきたいと思います。

ガランティエール：圧力団体が総じて有害であるという考えには、賛同しかねます。選挙を通じて送り出される地域の代表以外にも、それが全国規模の組織でも、他の種類の代表を求めてもよいのではないでしょうか。ファシズムの理屈では、このような代表はいわゆるコーポレーションの形態を取ります。アメリカの場合、ロビー団体となります。

私の見解では、ロビー団体にもその考えを為政者に提示する権利があります。また、最近のロビー団体は、事実上マイノリティ・グループを代表しており、圧力団体の有害な面はこれで帳消しになっているといえるでしょう。

さらに、アメリカの圧力団体すべてが、何らかの権力をみずからに誘導しようと活動しているグループとは限らないことを念頭に置くべきです。その多くは有力なマイノリティではなく、力に乏しいマイノリティを、また物質主義的なマイノリティではなく、理想主義的なマイノリティを擁護しています。

また、アメリカは一部のマイノリティを懐柔することで、統治しているといえなくもありません。先ほど、アメリカは大変うまい具合に、多数者の専制政治を回避していると申し上げた時、このことも含んでのことでした。ナチス・ドイツが行っていたのは、多数者の専制でした。ロシア革命の少なくとも初期においては、同じく多数者の専制が行われました。そして、アメリカがそのような事態を回避できているのは圧力団体のおかげという部分もあります。

ホイーラー：私は、ダベンポート氏のおっしゃったことに賛成ですね。圧力団体の増長はきわめて深刻です。中央集権による統治という問題ですが、アメリカの労使関係においては、たしかにその方向へと進んでいる傾向が顕著に見受けられます。あらゆる労使問題が全国的に議論され、何らかの国策に従って業界内で交渉されるような状況へと発展すれば、ちょうどこの場で議論していますが、地方自治は蝕まれてしまうかもしれません。

ダベンポート：圧力団体がすべて有害だと主張するつもりではありませんでした。アメリカは人種のるつぼといわれる社会です。圧力団体も何らかの正当な理由を持っています。しかし、ホイーラー氏がまさしく明確に表現されましたが、圧力団体はとてつもない害悪、いやそれどころか破壊的な勢力になる可能性を秘めています。しかも、それがある程度、すでに始まりつつあります。

ホフマン：ここで、特にこの論点について補足することがないようでしたら、一度まとめてもよろしいでしょうか。アメリカ社会に活力をもたらしているものの一つが政治の分権化であることで、みなさんの意見は一致しております。また、民間団体へ権力が過度に集中していることについても、その権力が全国規模なものであれば、きわめて憂慮すべき存在になります。言い換えれば、権力が分散化していれば、害悪が少なくなると考えられ、その背景には、権力はたえず蝕まれ、腐敗するものであるという信念があるわけです。

④変化の受容

ホフマン：さて、これから取り上げる四番目の要素は、変化を受け入れるところがアメリカ人の気質にあるということです。このテーマについて、どなたかご意見をどうぞ。

ホイーラー：変化の受容がアメリカ的であると断言できるのかどうか、私にはわかりません。人間ならだれしも、生まれつき変化への不安をいくばくか抱えているものです。しかし、アメリカのような社会に住んでいると、変化に順応するようになります。そしてそれが潤滑油となって進歩を後押ししているのではないでしょうか。

他の国民も、アメリカにおける変化は予想されるような大混乱を引き起こすことなく進んでいることを理解するなら、変化を受け入れるアメリカ人の資質から得るところは多いかもしれません。

バーナード：アメリカ人は、家族の社会的位置づけが変わることを期待しています。さまざまな例が挙げられますが、私自身の経歴について少し話させてください。

私の祖父は鍛冶屋でしたが、父は金属の研磨師から出発して、最後には自分の会社を持つまでになりました。ですが、私は質素な家の出身だからといって、どのような世界であろうと、ここアメリカならば必ず受け入れられるものだと信じていました。

このようなことがアメリカ以外の国々のほとんどで当てはまるものなのかは知りません。我々が抱いている期待のなかには、子孫の社会的身分の向上を望むという、当たり前の野心も含まれています。

ホフマン：ギデオンス教授、この点について何かご意見はありませんか。

ハリー・D・ギデオンス（ここから討論会に参加）：変化は歓迎すべきであるという考えは、本質的にアメリカ人固有のものだと思いますが、さまざまな弱点もはらんでいます。その一つは、アメリカ社会における宗教的な文化によっても、我々は必ずしも諸手を挙げて変化を歓迎するとは限らないということです。

産業や科学、経済、社会における現象は連綿と変化してきましたが、その一方、宗教機関やそれらが説く教えには、相対的にほとんど変化が見られません。その結果、宗教的かつ道徳的な管理は弱体化しています。なぜなら、産業や経済、社会の変化に密接に関わっている人々はいまや、宗教的かつ道徳的な要因は彼らの興味の対象とは無関係であると考えているからです。

ガランティエール：一世紀以上前、イギリスの第二六代ならびに二八代首相を務めたメルボルン卿は「革新的であるという理由から改善を受け入れようとしない人々はすぐに、改善を超えたイノベーションに従うはめになるだろう」と述べています。

変化を受け入れる我々は、自由に改革を断行できます。そして変化を拒む者は革命にさらされるのです。我々は折に触れて、合衆国憲法を修正しています。一部の国々のように、状況が悪化すると憲法を破棄して、新しい集団に権力を与え、新たな憲法を起草するような真似はいたしません。これが政治における基本であり、変化を受け入れる我々の態度にふさわしいと思います。

キャナム：この点をガランティエール氏がご指摘くださったことを嬉しく思います。というのも、変化とは本質的に善であるという方向に、あまりにも議論が進んでしまったように思っていたものですから。

もちろん、そもそも変化はよいものです。ただし、変化そのものを目的とすることは、そういう場合も時にはありますが、本来間違っています。自己批判を体現するものとしての変化という概念から顔をのぞかせているのは、完全性という考え方でしょう。完全主義は、まさしく宗教的で精神的なところを発祥としています。

ダベンポート：私は、個人の完全性という基本概念のほうが重要であるという考え方に賛成する者です。そこから、たゆみない発展と進化につながるからです。私は、特にギデオンス教授がおっしゃったように、文化的領域では物質的領域ほどの発達を遂げていないと思います。

ホフマン：ここで、ダベンポート氏とキャナム氏を多少なりともほっとさせるような意見を申し上げましょう。私は、変化のための変化についてはそれほど心配しなくてもよいと考えています。というのも、そのような心配がいらないくらい、人間にはものぐさなところがあるからです。

自動車業界では一時期、年式モデルの製造を止めて、必要な変更だけを施せばよいではないかという考えが出たことがあります。ですが、経験的には、年式モデルの製造、つまり毎年モデル・チェンジに取り組む以外、製品を向上させるという大仕事にみずからを追い込む方法はありませんでした。低次元の話ですが、変化のための変化を弁護するために、この話を持ち出した次第です。

このテーマについては十分理解が深まったのではないでしょうか。また、アメリカ人に特徴的な変化の受容——私見では、アメリカ人でさえ、不承不承受け入れているところがあるように思います——はおおむね望ましいということ、そして一部の領域、つまり文化的領域では、本質的に有益な変化についていっそう検討されてもよいのではないかということで、程度の差はありますが、全員の意見が一致しているようです。

よろしければ、五番目に移りましょう。次に取り上げるのは「アメリカにおけるリーダーシップは先天的な権利ではなく、責任を引き受ける人が勝ち取る後天的な権利という意味において、道徳的な性質を帯びている」ことについてです。

⑤道徳的なリーダーシップ

キャナム：アメリカでは、リーダーシップとはみずから確立すべきものであり、所与のものとは考えられていません。特権階級に先天的に与えられている権利ではありません。また、代々受け継がれるものでもありません。みずから実力を示すことが求められます。これはまさしく、アメリカ社会の基本要素の一つではないでしょうか。

ギデオンス：このテーマと、これまでに論じられたいくつかのテーマについて、もう少し話を続けてもよろしいでしょうか。

アメリカにおけるリーダーシップは、たしかに道徳的に機能している時が最高の状態です。では、道徳的なリーダーシップを生み出したアメリカ社会の制度的特徴はどうすれば突き止められるのでしょうか。そのような制度的要因はこれからも、道徳的なリーダーシップを向上・促進し、その存在を際立たせていくことでしょう。

アメリカ人にとって、人間の完全性という概念が何らかの基本をなしてきたからであると考えても、その答えは出てこないでしょう。歴史的にもまったく当てはまらないと思います。

合衆国憲法の起草者たちは、前提として人間の無限の完全性を信じていたのではなく、むしろ聖書の教えを厳格に守るカルバン主義に近い思想の持ち主でした。支配力の分散、独裁の否定、抑制と均衡などに関する関心はすべて、絶大な権力を手にした人間への不信感に基づいていたのです。それはむしろ、人間の無限の完全性とは対極をなしています。これはもちろん、オーソドックスなパスカル的思考でもあります。すなわち、人間は天使でもあり、野獣でもあるのです。

一方、人間の完全性という考えはルソー的であり、まさしく近代の全体主義の中核につながっています。全体主義者たちの残虐な行為は、人間に無限の権力を委ねることが可能であり、しかもそれが好結果を生むという、甘い認識に根差しています。しかしアメリカ人は、人類の歴史、そして神学的伝統においても、人間に無限の権力を委ねることはできないし、それが好結果を生むはずもないと考えてきました。

ドラッカー：ギデオンス教授のご指摘に賛成です。リーダーシップを道徳的にとらまえることの意義はまさに、人間は過ちを犯しやすいという基本的な考え方に端を発しているように思います。人間の根本にあるもの、それは人間の完全性ではなく、人間の責任なのです。

知的な優秀さを人格の高潔さと取り違えてはいけません。人間は過ちを犯しやすいがゆえに、そして何らかの責任を負うがゆえに、権力をその手にした瞬間から問題になるのは、みずからの義務をいかにうまく果たすかではなく、いかに責任をもって果たすのかです。また、与えられた権力をいかにうまく使うかではなく、いかに責任を持って使うかということです。

これらは知性の問題ではありません。英知や熟達という問題ですらありません。これは高潔さの問題、すなわち道徳的な問題なのです。アメリカのリーダーたちは、己の未完成さと責任を深く認識している人々といえるでしょう。

ダベンポート：人間が完全な存在であるという人は、だれもいないでしょう。完全性の本当の意味は、どのような時にも人間には発展と向上の可能性があるということです。これは、我々がここで議論しているあらゆるテーマに共通する不可欠な要素です。

この概念が存在しないところでは、人は完全性を求めて政府に頼るようになります。アメリカにはこの概念があるからこそ、午前中で取り上げられたあらゆる活動、つまり社会的領域においても民間主導の取り組みが実現しているのです。その前提となっているのは、人間は年ごとに成長し、大きな社会的責任を引き受けられるようになったり、もっと社会的に行動できるようになったりするという考えにほかなりません。

ホイーラー：個人主義と多様性が重視されるアメリカ社会では、リーダーシップを獲得するのは難しいことのように思われるかもしれません。しかし、実は大変簡単です。我々が信用するのは、責任をまっとうするリーダーです。このような人物ならば、先頭に立つことを認め、従います。また、我々自身は舵取りをしません。リーダーが導かなければならないのです。

ガランティエール：ヨーロッパのリーダーシップとアメリカのそれにははっきりした違いがあります。ここで、まず区別しておくと、議論が混乱しないのではないかと思います。

全体的に、ヨーロッパの指導階級を形成しているのは、政治家や知識人、官僚です。一部の例外を除いて、スイスやイギリスの一部もそうですが、ヨーロッパの実業家はエリート階級に属していません。

アメリカでは、明らかにその逆が成立しています。実質的にあらゆるコミュニティにおいて、リーダーを担っているのは実業家であり、とりわけ専門的な領域でビジネスを支えている人々、すなわち弁護士やエンジニア、公認会計士のような専門家です。驚くべきことに、物質面のみならず、それ以上に、いま議論の対象となっている非物質的な要素、すなわち自分が属するコミュニティの利益に関心を抱くがゆえに、実業家がリーダーとして認められているのです。

アメリカの場合、コミュニティのリーダーは大半が実業家ですが、彼らがリーダーたるゆえんは、そのような実業家の存在なくして、民間の大学や病院、美術館、交響楽団も、社会の質の向上に貢献する組織もまず存在しないからです。

私はこの点が、アメリカのコミュニティとヨーロッパのコミュニティの最も顕著な違いだろうと考えています。

ホフマン：アメリカのリーダーシップは道徳的であると書いて発表すれば、大きな誤解を招くでしょう。また次に取り上げる「社会にねたみが存在しないことがアメリカ社会の特徴である」というのも、大きな誤解を招きかねない表現でしょう。

このことについては、ガランティエール氏の先ほどの発言に沿ったかたちで考えてみる必要があります。言い換えると、アメリカのリーダーシップは、他国のそれと異なり、真の意味で階級がありません。リーダーシップは、ある集団の人たちによるものではなく、さまざまな集団から生じてくるのです。それゆえ民主的なのです。

また、アメリカにおけるリーダーシップには責任能力が備わっています。そのような意味でリーダーシップが道徳的であるというならば、何の問題もありません。しかし、我々のリーダーシップは道徳的であると主張しないようにしましょう。そのような表現の仕方は不適切だと思います。

タンネンバウム：そのご意見には賛成できません。私は、リーダーシップの本質は道徳であると考えていますし、私の定義する道徳とは責任を引き受けるという意味です。同時に「リーダーはだれに責任を負うのか」について考えてみなければならないと思います。リーダーは、自分が率いる人々に責任を負うものですが、自分が指示を仰ぐ人に責任を負うという考え方がきわめて多いのが実情です。

ホフマン：タンネンバウム教授の主張に反対はいたしませんが、そのあり方に異議があります。私はかねがね「自分は道徳的な人間である」とか、「高潔である」と自称する人たちの真価については疑わしく思っています。私が異議を唱えているのは、こういった言外の意味においてです。

そろそろ、次の議題、「ねたみが見られないところがアメリカ社会の特徴である」に関する議論に移りましょう。

ないのです。

⑥ねたみのない社会

ドラッカー：アメリカ社会は神の掟に背く罪とは無縁の、清らかな社会であるなどと、だれも思ってはいないでしょう。ですが、個人の感情的なねたみと、何らかの行動の原動力として組織化された社会勢力の嫉妬の間には、大きな違いがあります。その点、アメリカ社会は嫉妬がかなり少ないといえるでしょう。ねたみは社会的行動の一因たりえないのです。

ホフマン：アメリカの進歩を実現させた特徴の一つは、ほぼすべてのアメリカ人がなかば無意識のうちに、「情けは人のためならず」と心の奥底で信じているところにあると思います。対照的にアメリカより歴史の古い社会では、たいてい他人を引きずり降ろさなければ自分の成功は実現しないという考え方が浸透しています。

どのように言い表せばよいのか、よくわかりませんが、これは非常に重要な要素だと認識しています。ただし、表現には細心の注意を払うべきであり、いまのところ出版物や本日の討論会の報告書として発表するには、まだ不本意なかたちでしか論じられていないと思います。

キャナム：近年のアメリカでは、資産家が自分の家族に買ってやれるものと、そうではない人が家族に買ってやれるものの差が狭まっているために、この場でねたみと形容されている要素が比較的小さく抑えられているというのは事実に反しているでしょうか。

それほど所得の高くない人でも、富裕層が着ているような服を妻や娘に買ってやることができます。交通手段や娯楽のほか、富裕層たちが享受している恩恵とさほど変わらない、さまざまな物質的満足を家族のために提供できつつあります。

このような物質的格差の解消があらゆる階級制度を足下から切り崩し、個人的なねたみが反社会勢力に発展することを防いでいるように思えます。純粋に物質的な要因が精神面にも強い影響を及ぼしているわけです。

ダベンポート：一部の社会では、個人的なねたみがたしかにダイナミックな革命勢力へと発展したり、逆に反革命的勢力になったりしますが、アメリカでは違います。その理由は一筋縄にいかないものです。

はじめに、我々が取り上げなかった基本的なポイントがあります。それはアメリカが元来、特定のイデオロギーに固執していない点です。第二に、アメリカ人は他人の成功が自分の成功を後押しすると考えているという点について、私も同意見です。それは十分立証されていると思います。

しかし、アメリカ人には嫉妬心がないという表現は慎むべきでしょう。実際、ドラッカー氏がおっしゃったように、アメリカ社会ではねたみが行動を起こす理由たりえないだけなのです。

バーナード：ここでは、区別すべき点がきちんと区別されていないように思います。ハーバード大学時代、私は苦学生でした。立派な邸宅が並んでいるノースケンブリッジを歩き回っては、そんな生活をするだけの金を稼げるようになるのだろうかと考えたものです。その意味では、たしかに嫉妬を覚えたことがあります。

しかし、そのような生活を送るために他人の金をわが物にしようなどと思ったことはありません。家庭は貧しかったものの、そのように育てられていたからです。だれかに略奪されたように感じるという意味で、うらやんだことは一度もありません。ですが、己の力で社会的地位を手に入れたいという野心を吹き込まれていたという意味では、うらやんでいました。ねたみという言葉には、このような二つの解釈でも天と地ほどの違いがあり、我々の混乱は、ここに原因があります。

タンネンバウム：議論の俎上に載ったことについて、ちょっとつけ加えておきたいことがあります。それは、アメリカ社会はきわめて流動的、それも垂直方向に流動的なことです。アメリカ人は社会構造の下層部から上層部へ、素早く移動します。しかも、ほかと比べようもないくらい、広く一般化しています。

アメリカはこの一〇〇年の間に、世界各国から三八〇〇万人の移民を受け入れました。彼ら彼女らはアメリカ社会にすっかり溶け込んでおり、移民が上院議員やニューヨーク市長になったり、ニューヨーク州知事や偉大な実業家になったりするのは珍しいことではありません。

⑦階級のない社会

ホフマン：ここで七番目の要素に移りましょう。この「アメリカ社会は階級のない社会になりつつある」というテーマにおいては、いま交わされた議論を持ち込むことが適切な問題解決になりそうです。

ガランティエール：先の六番目の要素とこの七番目の要素のポイントは、次のように考えられます。つまり、階級的憎悪を正当化する理由があるならば、その理由は、労働者たちが一日の仕事の対価として、雇用主や経営者が自分たちの持っていないものをたくさん持っていることに気づいた時に感じる、ある種もっともな嫉妬にあるでしょう。

この種の嫉妬は、キャナム氏がちょっと前に説明された理由のとおり、アメリカ社会からはなくなりつつあります。別の言い方で申し上げれば、アメリカ社会では、いわゆる贅沢品が少なくなっています。資産家たちが所有しているもので、定職のある労働者の家族が所有していないものはほとんどありません。また、これは物質的なものだけにとどまりません。

この結果、道徳上のねたみのみならず、現実におけるねたみもアメリカ社会からは除去されつつあります。したがって、階級的憎悪や階級闘争が非常に弱まっているという意味において、アメリカ社会はいわゆる階級のない社会に向かっているといえるのではないでしょうか。

ホフマン：もしよければ、ここで最後に一言添えたいと思います。私の記憶にある限り、昔からほとんどのアメリカ人は全体の水準を等しく押し上げることが可能であるという希望を抱いてきました。

おそらくこの希望は、実際以上に重要です。そして、希望があれば――自分自身にではなく、子どもに対してという場合もありますが――それでよいのです。アメリカ社会がいまのように発展してきたのは、一つにこの希望が存在していたからでしょう。

これ以上ご意見がなければ、次のテーマに進みましょう。「アメリカ社会の礎となっているのは私有財産制であり、これがアメリカの強みとなり、過去五〇年間の進歩をもたらした」というものです。

⑧私有財産制

ダベンポート：私有財産とその権利という概念は社会的に発展してきたということを、まず指摘しておきたいと思います。今日では、実業家や所有者がたとえ自分の財産であろうと思いのままにできない場合があります。法律のせいではなく、多かれ少なかれ、社会的な物差しに従わなければ、プライドを保てなくなるからです。

この点については徹底的に研究されることを願っています。というのも、我々はまさしく「無血革命」を目にしているからです。これこそ、所有権の発達に関する議論の中心でしょう。

ホイーラー：たしかに我々の世代では、財産の私有は広範にわたって広がっています。当社にも、従業員数の倍の株主がいます。また、保険や年金制度の発達に伴い、加入者全員による生産手段の間接所有が実現しているといえます。

資本家が仕事にいそしむ一方、労働者階級が一種の資本家階級を形成している現在、アメリカ社会を理解するカギは、財産を所有するようになった労働者階級にあります。

ドラッカー：私は、財産権に関する判決を総覧することに、とても興味があります。これらの判決には、驚くほどの変化が見られます。今日、富はもはや一極集中していないという単純な理由から、権力の源泉ではなくなっています。例外はありますが、アメリカでは富が分散しているために、私有できる規模が小さいので、特権がなくなりました。

社会的身分を保護している程度です。

我々が目のあたりにしているのは、タンネンバウム教授がお詳しいことですが、新たな資産階級の誕生、新たな富の概念の誕生なのです。というのも、最近の労働運動を見ると、仕事を財産権と財産に関する責任として構築する方向に進むプロセスであるとしか言いようがないからです。

タンネンバウム：アメリカでは、株式の売買を通じて富が分散しています。半面、株式の保有に伴う責任はなおざりにしたままです。どちらも紛れもない事実です。アメリカ社会では、早晩、それが問題となるでしょう。

アメリカ社会における労働組合運動について興味深いのは、期せずして組合運動が「仕事にまつわる権利」を一つの財産権として定義する傾向が表れていることです。労働組合と企業との契約すべてについて、所与の状況における責任関係の受容と責任の増大という観点から定義できると思います。

また、もう一つだけつけ加えておきたいことがあります。知らずしらずのうちに労働組合が巨大な貯蓄機関になっていることも、アメリカの革命——もちろんいまの時代においてという意味です——の一つといえるのではないでしょうか。

組合員がおよそ一〇〇〇万人おり、各人から毎月二ドルずつ組合費を徴収しているとすれば、年間で二四〇〇〇万ドルが集まります。労働組合は今後、株主になるかもしれません。そして、真のアメリカの革命とは、徐々に株主と労働組合の双方が企業の財産請求権を有し、双方が責任を負う労使協調システムにまとめ上げていくことではないでしょうか。

これが我々の向かっている方向であり、また向かうべきであると私は思います。なぜなら、その結果として責任ある社会が築かれていくからです。また、所有権には必ず何らかの責任が伴いますが、その責任を再び所有権に結びつけることになるからです。私は所有権と責任を切り離してなお、健全な社会を維持できるとは思いません。

ダベンポート：タンネンバウム教授と私の意見は部分的に一致していますが、それはごく限られています。自分の働く会社の仕事に関わることは不可欠なことでしょう。また株式制度がその存続のために、第一に所有権の分散という方向に、そして第二に関与の分散という方向に進んでいることについては、私も同意見です。しかし、個人であろうと企業であろうと、財産権を労働組合や労働者による所有に置き換えてしまうと、すべてが崩壊してしまうおそれがあるのではないでしょうか。

ホフマン：私も、タンネンバウム教授のご意見に異議を唱えずにはいられません。もし、労働組合が投資目的で組合費をこれほどの規模まで徴収するならば、その額はあまりにも巨額すぎるのではないでしょうか。投資目的で保有している金銭を投資する権利は組合員一人ひとりに委ねられるべきです。投資とはまったく異なる目的のために存在している組織が組合員に代わって投資すべきではありません。

タンネンバウム：ホフマン氏と対立する気は毛頭ありませんし、業界における氏の幅広い経験については私も十分存じ上げております。それでも、私は「なぜ労働組合は成功してきたのだろうか」と問うてみたいのです。

労働組合は、一〇〇年にわたって容赦ない攻撃にさらされ続けてきました。社会的に容認されるようになったのはつい最近のことです。労働組合が最近になって成功したのは、なぜでしょう。その答えは、労働者たちに職業モラルを意識させてきたことにあると思います。労働組合は集団的契約を通じて、おそらく無意識のうちに産業への責任感を表明しています。そこに歓迎できない要素など何もないのではないでしょうか。

我々アメリカ人は、一つの組織が何十万人もの労働者を抱え、一つの工場で何千人もの労働者が働いている社会、またこれら組織が労働者の地位と尊厳を保つメカニズムとして機能している社会に生きています。そのなかで労働組合がそのような役割を果たしているという事実は、逆に企業がその役割をまっとうできていないという、道徳上の不履行を証明しているといえなくもないのです。もし企業がこれを履行していたならば、労働組合は存続していなかったでしょう。それどころか、登場することさえなかったと思います。

私はだれかを批判しているわけでも、労働組合を擁護しているわけでもありません。なぜ労働組合が成功を収めてきたのか、説明を試みているにすぎません。また、単なる推測で申し上げているわけでもありません。本当にあったこととして私が把握している事実、そして現在の状況が続いたならば、これから起こるであろう事実を語っているのです。

その事実とは、労働組合が組合費を企業に投資し、いずれは投資先の一部になるだろうということです。そこには何の問題点も見当たりません。まさしくアメリカ的であり、しかもどこまでもアメリカの最も誇るべき伝統の一部なのです。

ホイーラー：労働組合が巨額の組合費を徴収するならば、それは民主的プロセスを踏み外すことになるという意見に、私は全面的に賛成です。労働組合にそのような資金は必要ありません。組合員が自分の思いどおりに使えるように返還すべきです。

タンネンバウム教授が提起された問題は、経営者の姿勢を問うというよりも、大量生産がいかに発展してきたかという問題です。そもそも労働組合の必要性は、人間を巨大な産業機構の一歯車のように埋没させてしまう大量生産システムから生じています。

また、株式保有に伴う責任という問題については、企業の所有権が拡散され、労働者が少しずつ資本主義社会における持ち分を増やしていくとおっしゃいますが、はたして彼らはそれに見合った責任を果たしているでしょうか。私の答えはノーです。小株主と同様、労働者は責任を果たしてなどおりません。

しかし、経営者がその地位にとどまるには、株主のみならず、他者に対しても公的な責任感を発揮していかなければなりません。全体を見渡しながら、うまくやらなければならないのです。さもなければ、その座から追放されてしまうでしょう。

また、労働者には自分が従事する仕事について本質的には何らかの法的権利が存在するのではないかという点ですが、私の意見はまったく違います。ある企業における従業員の持ち分が、その企業に投資している個人の持ち分と同等であることはおわかりいただけると思います。

しかし、産業社会が生じる変動を考えれば、従業員がその仕事にとどまる権利について具体的に言い表すのは難しいことです。先任権制度などのルールを設けることも可能でしょうが、そのような制度自体は個人の自由を妨げるものです。

タンネンバウム教授が提示された問題への答えは、産業界が「プロフィット・シェアリング」と呼ぶ仕組みに見出せるのではないでしょうか。ある企業の従業員たちに、彼らは自分が勤める企業に道徳的に関与しており、所有者に十分な利益を還元してもまだ余分があるならば、その余分の利益を従業員と分かち合おうと提案することで、労働者たちは経営への参加意識や組織への帰属意識を高めるのではないでしょうか。そして、タンネンバウム教授のおっしゃるとおり、それは非常に重要かつ必要なことだと思います。

ホフマン：話がずいぶん逸れてしまったとはいえ、有意義な議論になったと思います。

ここで、アメリカ社会は私有財産権の上に成り立っているという議題そのものに立ち戻りたいと思います。この点について、みなさんの意見は一致していると考えてよろしいですか。

ギデオンス：ホイーラー氏とダベンポート氏、タンネンバウム教授は一致していると思います。しかしアメリカ人の間では、今日の議題であるさまざまな進歩同様、大きな変化とは理解されていません。また、他の国においては、言うまでもありません。

たとえば西ヨーロッパでは、アメリカの資本主義を、いまなお一九世紀半ばのマルクス主義による陳腐なキャッチフレーズのように理解しており、これが固定観念化しています。過去四半世紀の間に財産制度が大きく変化し、その変化は最高裁判所判決にも反映されていることなど、まったく知られていません。

富に関する問題については、マルクス主義者による資本主義社会への批判と、嫉妬や羨望に関する神学的な見地との間で、議論が大きく分かれてきました。この社会問題について、言うなれば本質的にキリスト教的な態度の人々と、単に世俗的な態度の人々との間に生じている対立は、人権と財産権の隔たりに関する意識の差によるものです。

現在の論争においてどちらの側に立とうとも、このような対立がアメリカで起こっていると認識することでこそ、他国から共感をもってアメリカ人の生き方を理解してもらえるのではないでしょうか。学術的な文献、ひいてはそれらをなぞった文献すべてにおいて、一連の動きを記した著作や論文が欠落しています。

これまでの方向性を踏襲していくなかで、我々は私有財産に関するアメリカ的な概念を、古いキリスト教的な富として正当化しつつあります。考えてみれば、キリスト教ではそもそも富はその人間の人格の延長である限りにおいて正当化されていました。法人財産は、それが最も強大な力を誇っていた一八九〇年頃に比べると、すっかり様変わりしてしまいました。そしてこの三〇年ほどの動きを見ると、私有財産制度を道徳的に正当化する方向へと大きく傾いています。

ホフマン：ギデオンス教授のご意見は、このテーマを理解するうえで大いに貢献するものと思います。多少言い方を変えれば、次のようにまとめられるのではないでしょうか。「アメリカ社会は私有財産権の上に築かれており、その権利はたえず検討され、拡大している」と。

では、企業間競争という次のテーマに移りましょうか。「企業間競争は、アメリカ社会の欠かせない支柱になっている」というテーマについて、ご意見のある方はいらっしゃいますか。

⑨企業間競争

ホイーラー：アメリカ人の競争心は、他国で最も誤解されていることの一つでしょう。競争は、他人の物を奪い、他人を打ち負かして踏みつけ、その上を乗り越えていくことではけっしてありません。己の価値、己の可能性を何とかして証明したいという、個人の欲望そのものなのです。

アメリカでは、人は神の創造物であり、素晴らしい可能性を秘めているのだと教えられます。では、その可能性をどのように見積もればよいのか。そこで我々は、周囲を見渡し、他の人間の成果を見ることで判断します。

もちろんすべてではありませんが、アメリカにおける競争の多くがこのような類のものです。競争は大きな活力の源になっており、その意味では、今朝議論された道徳的概念にまで話が戻ります。これは、アメリカの経済社会においてきわめて顕著な要素でもあります。

ホフマン：そのほかにご意見はありますか。

会場の声：競争というテーマであれば、だれよりホフマン氏のご意見をうかがいたいと思います。このテーマについては議論に刺激を与えるようなお考えをお持ちのはずでしょう。

ホフマン：では、競争に関する議論にケリをつけられるような意見が出せるかどうか、やってみましょう。第一に、私はあらゆるアメリカ人がシャーマン反トラスト法に感謝すべきだと考えています。反トラスト法がなければ、いまのアメリカは存在していなかったでしょう。この種の法律のない他国の状況を見れば、そう確信できるはずです。したがって、反トラスト法はアメリカの発展に大きな役割を果たしてきました。その理由はきわめて単純です。私は午前中、ダイナミックな社会の存在理由とその目的の一つは、挑戦の奨励、具体的には、個人が持てる能力を余すところなく発揮するように駆り立てる力の奨励ではないかと申し上げました。

私個人の考えでは、これこそ競争の果たしている大きな貢献なのです。私はその意味において、ほとんどの人間――もちろん自分自身も含めてですが――の働く意欲、そして特に考える意欲についてやや懐疑的かもしれません。我々を仕事や思索に駆り立てる何らかのプレッシャーがなければ、そのような意欲はどうなってしまうのでしょう。

人は最後の最後にならなければ、頭を使って考えるようにはならないと、私は本気でそう思うのです。言い換えれば、ビジネスが破産するか、競争力を失うという段になってようやく頭を働かせるということです。そのようなせっぱ詰まった状況に追い込まれて、初めて一生懸命考えるのです。

ひるがえって、競争のおかげで、過去五〇年間、競争なくしては起こりえなかったような、大いなる精神的活動が生まれてきたといえましょう。これは、アメリカのこれまでの物質的発展に少なからぬ貢献を果たしています。換言すれば、競争の存在と競争を強要する法律の存在が、アメリカ経済のダイナミズムを触発してきた主要な要素の一つではないかということです。

バーナード：おっしゃられたことをそのまま受け入れることは非常に難しいですね。ご存じのように、私は人生の大半を某独占企業（AT&T）で過ごしてきました。その独占企業はみずから、過去五〇年にわたり、この国のどの産業よりも進歩的かつ効率的であったと称していますが、このことに異論を挟む人は少ないでしょう。

ホフマン：そうでしょうか。私はそう思いません。ご自分では独占企業だったと思われていたのかもしれませんが、潜在意識のどこかで、成果を上げなければ、政府に取って代わられてしまうと考えられていたのではないでしょうか。

バーナード：そのような意味の競争であれば、ロシアで起こっていることも含めて、あらゆることが競争ということになります。

私が従事していた電話事業のように、特定の事業を問題にされているのであれば、その種の事業は独占事業として考える必要があるだけではなく、公益上、独占的であることが求められるのです。アメリカのどの州においても、新たに電力会社や電話会社を始めるには、まず公共の利益と必要性を証明する操業認可を州から受ける必要があります。

競争という言葉の用い方には、二通りあります。一つは事業体同士の競争という意味であり、もう一つは電力事業や電話事業で働く個人間の競争です。後者の場合、電話事業でも他の種類の事業と同じぐらい競争があります。というのも、個人の能力は常に他人と比較して測定され、その結果がもっぱら財務諸表に表れるからです。

したがって私は、この場において、競争という言葉によって何を伝えようとしているのか、また競争が望ましい状況はそれぞれ異なることを踏まえたうえで考える必要があると思います。

ドラッカー：バーナード氏のご意見には賛成ですが、ベル式電話システムが大きな発展を遂げたのは、必然的に独占企業だったからというよりも、競争社会に偶然放り込まれ、言わばその環境に染まったからではないでしょうか。そう考えれば、ずいぶん説明がつくように思います。

必要上の理由から競争的になることは不可能で、独占的でなければならない経済領域があるというバーナード氏の説を受け入れるならば、そして受け入れる必要がありますが、そこから導き出される結論は、その他の業界は最低でも二倍は競争的でなければならないことになります。

キャナム：一つ申し上げてもよろしいでしょうか。競争の価値に異議を唱えることは自縄自縛であり、そのような真似をしようとは夢にも思いません。ただし、競争について慎重に定義しなければならないと痛感しています。というのも、新聞という私自身の仕事においても、競争が問題になっているからです。

アメリカの新聞業界はおそらく世界で最も激しい競争を繰り広げていると思いますが、それでも最低の新聞が発行されています。また、競争ゆえのセンセーショナリズムや誇張、無責任も生まれているように見えます。あくまで「そのように見える」ということであり、細心の注意を払ってより婉曲な表現を用いるべきですが。その一方、コミュニティに良心的に尽力している、信頼の置ける新聞のなかには、明らかに独占状態で制作されているものもあります。

したがって、競争が何にもまして重要であるとはいえないのではないでしょうか。本当に価値ある仕事をやり遂げるためには、競争に何らかの責任とある程度の高潔さを加える必要があります。

ホフマン：この話は私から始めたものですから、私のほうで締めくくらせてください。もちろん、奨励すべきではない類の競争もあります。また、バーナード氏が示唆されていることもそのとおりだと思います。それどころか、もう一歩押し進めて、国民全員のものである公益事業でも十分効率的に機能できると申し上げたい。ただし、企業間競争がつくり出す雰囲気こそ、独占企業や公営企業を効果的かつ効率的にしているのだと思います。

ここで、別の話をさせてください。アメリカ合衆国以外の社会で、封建的な資本主義が依然主流化しつつあるところでは、個人への保障はあまり顧みられておらず、利益の保障を優先しているようです。

一方アメリカでは、個人の保障が優先されるのではないでしょうか。また、民間企業に関する限り、利益の保障はいっさいありません。また、保障すべきでもありません。少なくとも私自身、そのように信じています。

では、一〇番目の要素を取り上げましょうか。その後、パネリストのみなさんには一人二分間で最後のコメントをお願いしたいと思います。それが終わりましたら、ガランティエール氏に今日をまとめていただきます。最後のテーマは「アメリカ社会は、経済力と政治力が大きく分離していることが特徴的である」ということです。

⑩経済と政治力からの独立

ガランティエール：私がこのテーマを提示しましたので、私から一言申し上げておくべきですね。

民主的なプロセスの有無にかかわらず、国営化や国有化の傾向が強い国においては、企業を国家機関に頼みさえすれば、社会的かつ経済的に公平性が保証されると考えがちです。その結果、たとえばイギリスやフランスでは、経済力と政治力が同一の支配下に置かれています。

これら二種類の権力が結合することは危険です。だからこそアメリカでは、先ほど話に出た反トラスト法によって回避しようとしてきたわけです。ですから、アメリカ国民は大企業の権限について法に問うことができます。大企業の経営陣も規制当局について裁判所に訴えることができます。

これは、まさしく民主的なプロセスだと思います。イギリスでは国民健康保険による行政判断を裁判所に持ち込むことはできませんし、フランスでは国家金融審議会の決定を裁判所に持ち込むことはできません。

いずれも、私には非民主主義的なこと、基本的権利の排除であるように思えます。経済力と政治力が一体化し、アメリカのように分離していない場合において、このようなことが起こるわけです。

以上、議題として提案した背景について説明させていただきました。

ギデオンス：現代世界の経済制度と産業制度は必然的に、経済的要因において最小限の中央集権的な政治体制を伴っています。この点を理解しておかなければなりません。一例を挙げれば、金融コントロールは経済の安定的運営に不可欠です。

アメリカ社会について、たとえばヨーロッパの人たちに説明する時、彼らが取り組むべき課題について、アメリカがまったく別の立場を取っているわけではないことを理解してもらうべきです。

たとえば、アメリカ金融界はかなり昔、そう一九一四年から政府規制を受けていましたが、イングランド銀行やフランス銀行の国有化はその三〇年後だったと話してみてはいかがでしょう。アメリカでも何らかの規制が必要であると考えていることを理解してもらえると思います。

ホフマン：そのことについて、私にもコメントさせてください。この四半世紀の間に我々が学んだ大きな教訓は、この国でも自由競争が成立するには、政府の施策と統制が不可欠な領域があるということでした。換言すれば、ある種の相互補助的な責任が存在するということです。もちろん何と言っても、連邦政府が貨幣を発行し、広範にわたる徴税を実施すれば、その責任を十分に果たさない限り、民間の企業システムも継続できません。

ギデオンス教授のご指摘は大変鋭いものであり、傾聴すべき指摘です。また、特に政治力と経済力の分離についてはそのとおりだと思います。しかしその一方、経済活動と政治活動の間に重要な相互補完的な活動もあることも明らかにすべきではないでしょうか。

ダベンポート：今日の討論会においては、どこで線を引くかがおそらく最大の問題であるという点で、全員の意見が一致するのではないでしょうか。

ホフマン：もちろんそのとおりです。個人的ではない活動に限るのであれば、政府の権力は大きな問題を回避するうえで役に立ちます。しかし、政府が干渉し、これを行動に移すと、実にやっかいなことになります。なぜなら、業務に関わる決定をほぼ毎日下さなければならないからです。

政府は、何らかの基本原則を定めたり、貨幣と金利をコントロールしたりすることはできます。そのような活動は、個人に無関係な行動です。しかし、ローンや融資の申し込みについても介入しようとすれば、適切な監督範囲を大きく逸脱することになります。

さて、午後の部を閉会する前に、会場のみなさんからの質問を受けつける時間を設けたいと思いますので、少し急いで進めましょう。パネリストの方々はそれぞれ二分でご意見をまとめてください。

アメリカ社会を特徴づけるもの

タンネンバウム：私は、これまでの議論で取り上げられなかったテーマについて触れておきたいと思います。アメリカの基本方針の一つと思われることであり、少なくとも私は、それなくしてはアメリカ合衆国とアメリカが世界に果たす役割を理解できません。

それは、アメリカでは各州の法的平等が約束されている、ということです。ですから、広大なテキサス州と小さなロードアイランド州は平等です。そして、アメリカの対外政策はその申し子です。我々は、すべての州が平等であることを標榜しています。不平等など考えられません。

言うまでもなく、アメリカはいまや世界最大の国際的な社会ですが、アメリカ合衆国が国家として成功を収めているのは、四八州から構成されているからにほかなりません。各州が司法的に独立していたならば、アメリカ合衆国として生き残ることはなかったでしょう。

アメリカはこの概念を他国にも適用しようと、汎米主義（Pan-American）体制を確立しました。国際連合は多くの点で、司法における各州の平等を信念とするアメリカの姿勢を反映しています。ですから、アメリカの外交政策はキューバとアメリカ合衆国は対等だと訴えると同時に、韓国とソ連も対等であり、またポーランドとソ連も対等なのだと表明できれば、理想的なのではないでしょうか。そのような意味で、我々は各州の間に司法的な区別はまったくつけていません。

ホフマン：ほかに何かご意見はありませんか。

ダベンポート：どんな意見を述べても、どうしても複雑な話になってしまいますが、連邦制という概念が持ち出されたのはよいことだと思います。

ホフマン：大変重要な問題ですね。ではつづいて、二分間でコメントをお願いします。ドラッカー氏はご意見がおありですか。

ドラッカー：我々全員が意見を同じくしていることが一つあります。それは、今日のアメリカの資本主義は、つい五〇年前まで資本主義として通用していたものとは、同じ言葉で呼ばれているということ以外、何の関係もないということです。

我々が自分たち自身についてなかなか理解できず、また他人にも理解してもらえない理由の一つは、資本主義という言葉がいまだに一九〇〇年当時の意味で使われているからではないでしょうか。アメリカに関するソ連政府のプロパガンダを見てみると、一九〇〇年当時のアメリカの状況に驚くほどぴったり当てはまっていることがおわかりになるでしょう。

二番目のポイントは、本日の議論を通じてはっきりしたのですが、アメリカ社会は計画社会ではないということです。過去に基づいて計画しない限り、計画を立てることはできません。計画とは、静的な既存システムへの服従なのです。ソビエト人は、手本となる自由経済モデルがすでに存在しているからこそ計画できるのです。また、ヨーロッパで試みた計画化は、一九一三年あるいは一九三八年当時への回帰としてのものです。

計画という行為は、絶対的な確実性を前提とします。しかしアメリカでは、そのような絶対的な確実性の存在は信じられていません。とはいえ、この国で起こったことは「たまたまそうなった」だけだと思われたくはないという気持ちもあります。だれかが「そうした」のです。

アメリカで起こったことは対立の賜物といえます。我々が対立を受け入れ、それを活用したからです。対立を抑圧し、社会学者が大好きな、「調整」と呼ばれる後ろ向きの調和によって片づけてしまうのではなく、だれもが「対立が転じて福となった」と考えているのです。

ここで、原則の問題をもう一度考えてみたいと思います。最初の原則は、私は「責任意識」と呼びますが、宗教的な原則です。つまり、個人はみずからの向上と、自分の隣人そして人類に対してキリスト教的な隣人愛を施すことに責任を負っているのです。そのため、社会で起こることはすべて、自分にとってとても重要なことであり、遅かれ早かれ報いが訪れると考えられています。

それから、「アメリカ社会は二重社会である」という哲学めいた原則があります。アメリカ社会はけっして物質主義的な社会ではありませんが、理想主義的な社会というわけでもありません。そのような一元的な分類を拒んでいるのです。しかし、他の地域ではだれもがこのような分類を受け入れています。アメリカは、物質上の創造を通じて高次元の目的を果たすという責任を請け負っています。なぜなら、物質とは神が創造したものであり、それゆえに善だからです。

最後に、政治的な原則があります。これは、多様性あるいは地方分権、あるいは多元性と呼ばれているものです。我々は基本的に、何かを行う時、自主的な地方自治、つまり自主的な地域の集団活動を通じて行うのがいちばん賢明であると考えています。それは、集団主義と呼ばれる行為とはまったく違います。また、今日集団主義と呼ばれているものは実際には集団主義ではなく、組織的な癒着にすぎません。

ホイーラー：私は、簡単にこのようにまとめたいと思います。自由でダイナミックなアメリカ社会の未来はすべて、責任意識と倫理が物質的豊かさの増大に比例して、たゆみなく成長できるかどうかにかかっており、成長が停滞しないように監視する役目は政府に任せるのではなく、競争というかたちで考えることが望ましいと。

タンネンバウム：少々補足する程度ですが、アメリカ社会のダイナミズムに寄与している重要な要素のうち、この場では取り上げられなかったものがあります。プライバシーの権利です。

ここで申し上げるプライバシーの権利とは、だれかに見られることなくひげを剃るといった以上のものです。つまり、事前にも事後にもだれにも理由を説明することなく、自分が参加したいものに参加し、やりたいことをする権利、あるいはするかもしれなかったことをやらない権利です。

とはいえ、社会的な無責任を求めているわけではありません。この国のダイナミズムを支える活動の大半は、このプライバシーの権利がその基礎にあると思います。本日の討論会では、そのことについて言及されることがありませんでした。

ギデオンス：自分についてまったくの無知であれば、自分のことを他人に正しく説明できません。いまのアメリカ人はそのような状況に陥っていると思います。最初に取り組むべきは、自分自身について、自分がどのような存在なのか、そしてどこに向かおうとしているのか、ある程度具体的に把握することです。

我々はもう二〇年以上、こと政治においては言いたい放題に互いをけなし合ってきました。この二〇年間、立派なアメリカ人がアメリカ大統領を独裁者と呼ぶのが当たり前の光景になっています。しかも、本当の独裁主義の下では、だれかを独裁者と呼ぶ自由さえないのだと注意する人もいません。

アメリカが何でも白黒をはっきりさせたがるのを目のあたりにしている国々が、アメリカには善悪で割り切れないものがないのかと、いぶかしく思うのも不思議はありません。いま我々に必要なのは、自分自身について他人が納得できるように説明しようとする前に、アメリカの哲学と政治理論に照らして、いままでの経験をじっくり消化する期間なのです。

公共広告機構が、率先してこのような活動に取り組んでいるのは大変素晴らしいことだと思います。アメリカの諸制度は全体的に、競争のおかげで成功を収めてきました。経済、政治においてであろうと、文化活動においてであろうと、権利章典の根底にあるのは、人間の本質について楽観的だけでなく、悲観的に考える必要があるとする現実認識なのです。

アメリカとアメリカに関する説明で私自身もいたく信服しており、今日のアメリカで最も有力な哲学者と考えられているのは、もはやウィリアム・ジェームズ[注3]やジョン・デューイ[注4]、アルフレッド・ホワイトヘッド[注5]のような楽観主義の立場の人たちではなく、神学者のレイノルド・ニーバー[注6]なのです。このことは、思想的な模索の表れとして興味深いと思います。人間の本質について二〇世紀的に、そしてもっと現実的に、つまりもっと悲観的に表現し直そうと模索しているわけです。そうすれば、いまあちこちに見られる困難な試練を超えて存続できるような制度をいま一度構築できるでしょう。

ダベンポート：みなさんのご意見につけ加えることはほとんどありません。アメリカ社会の意味について一言でまとめなければならないとしたら、「個人への挑戦」がふさわしいと思います。「機会」という言葉がよく使われますが、私はあえて「挑戦」と言います。というのも、機会という言葉はきわめて狭義の意味で受け取られているからです。

個人に関して我々が取り組んできた領域が三つあります。その一つが「政治的領域」であり、アメリカの歴史のなかで最も大きな進歩を遂げた一つといえましょう。同じことが経済にもいえます。

また、政治と経済に他の要因を加えた一種の組み合わせである「社会的領域」についても、少なくとも前進しているだけでなく、目の前にある問題が強く意識されていることが本日の討論会で十分示されたと思います。それはとても望ましいことです。

しかし、最後に「文化的または精神的領域」に目をやると、この領域は同等の進歩を遂げていないと感じます。またこの領域では、いろいろな意味で、個人も自分に突きつけられた挑戦に立ち向かっていません。

我々はあまりにも安易に、きわめてプラグマティックな解決法を受け入れています。「うまくいくならば、それが正しい。心配することなどないではないか」という態度です。このような考え方が普通に受け入れられるようになったが最後、自由社会は崩壊してしまうだろうという私の意見に、実用主義者たちはきっと反対するでしょうが――。

ホフマン：一つだけ申し上げたいことがあります。アメリカは自動車や電話、あるいはバスタブが豊富にあるからといって、変に弁解する必要はないと思います。これらはこれらで大事なものですから。

しかし、諸外国がアメリカについて何か誤解しているならば、無意識のうちに物質主義を走っていることが大きな原因なのです。本日の議論から、アメリカ社会に存在する、特にアメリカ的な要素が明確になったとしたら幸いです。

集団行動を是とする気質はアメリカ独特のものであり、これほどその風潮が広がっている国はほかには知りません。

また、競争と競争に伴う個人への挑戦を重視するところもアメリカならではの特徴でしょう。我々の生き方の礎となる精神的かつ文化的な基本原則が有する普遍的重要性を一瞬たりとも軽視することなく、このように非常にアメリカ的な努力が評価されることを期待しています。

これで、この討論会における私の役割は終わりとなります。本日はご出席いただきましてありがとうございました。それからギデオンス教授、昨晩の事前の話し合いで、本日の議題は現在のアメリカをつくり上げたアメリカ的要素の探求に限定したほうがよろしかろうとなったのです。そういうわけで、あなたがご指摘になった、アメリカ人以外の人々にアメリカのことを説明するという点については取り上げませんでした。

ほかにご意見がなければ、本日の議論を総括するという大仕事をガランティエール氏にお願いしたいと思います。

討論会を総括する

ガランティエール：まず冒頭で、ドラッカー氏が今世紀前半について見事にまとめてくださいました。それに続いて、ホフマン氏がどのような基準で進歩を測定すべきなのかという問題を提起されました。ホフマン氏自身は、アメリカ社会の存在目的は、第一に精神的にも物質的にも成長できるチャンスを平等かつ確実に個人に提供すること、第二に個人がみずからの能力を発揮せざるをえない状態を促進することと表現しておられました。

その後、最初のテーマ「アメリカは政教分離した政府が統治する宗教的な社会である」ことについて議論しました。そのなかで「宗教的」と「道徳的」が区別されましたが、ホイーラー氏の「アメリカ合衆国における自由とは、基本的に高い倫理基準に基づいており、我々が道徳心を失ってしまえば、自由と自由から生じているあらゆるものを失ってしまうことになる」というご指摘が、いちばん端的にこの議論をまとめていたのではないでしょうか。

二番目の「アメリカ社会の特徴は、コミュニティへの責任感を持ち合わせた市民の存在である」というテーマについては、キャナム氏が大多数の意見を一つのパラドックスとして簡潔にまとめられました。個人主義を誇る人々で構成されているアメリカ社会にかかわらず、集団行動が顕著であるというのです。この集団行動がアメリカ合衆国におけるあらゆる種類の成果、つまり司会を務められたホフマン氏が指摘されたように、社会と経済の二つの分野における成果を現実社会で実現させたということで、パネリストの意見は一致しました。

三番目のテーマは、アメリカ社会にとっては政治の分権化が不可欠になっているということです。タンネンバウム教授は、アメリカ合衆国における真の政治権力は大統領にあるのでも、政党の党本部にあるのでもなく、地方自治体にある点を強調されました。またアメリカでは、権力が分散化されることで、政治生活と経済生活に与える被害が最小限に抑えられると考えられているというホフマン氏の指摘についても、意見の一致を見ました。

四番目のテーマは、アメリカ人は変化をこだわりなく受け入れているというものでした。ホイーラー氏は、歴史の古い他国に比べて、アメリカ人は変化にあまり抵抗がないという見解を示されました。バーナード氏は、アメリカ人は家族の社会的地位や物質的な生活水準は固定的ではなく、変化するものと期待していると指摘されました。

またギデオンス教授とダベンポート氏は、アメリカ人の宗教や文化、つまり人文科学分野を代表する人々は、変化という点で政治や経済の指導者に後れを取っており、そこにはある種の時間のずれが見られると述べられました。ここで私からは、アメリカ人には変化を受け入れる態勢が整っているおかげで、変化を避けたがる他国民ならば反乱へと発展しかねない状況でも、改革を推し進められると申し上げました。またホフマン氏は、変化を受け入れるという考え方に迫られて、初めて人間は自分の問題に立ち向かい、解決するために腰を上げると指摘されています。

五番目のテーマは、アメリカにおけるリーダーシップは道徳的であるというものでした。この点についてギデオンス氏は、支配力の分離、すなわち抑制と均衡がアメリカの基本となっており、この分離は一人の人間の手に権力を集中させることに対する、カルバン主義的な根深い不信感に基づいていると発言されました。それは全体主義の理論や全体主義的な社会に見られる、一人のリーダーに完全な支配を委ねてもよいという考えとは対照的です。

ここで私が、ヨーロッパのリーダーシップとアメリカのそれを比較して、ヨーロッパではアメリカと異なり、実業家が社会的リーダーに据えられることはないこと、一方アメリカでは、実業家がコミュニティ内のあらゆる類の社会的責任を引き受けているがゆえに、リーダーになっていることを指摘しました。

なおホフマン氏は、「アメリカのリーダーシップは道徳的である」と断言することは誤解を招きかねないと発言されました。またホフマン氏がおっしゃるには、アメリカのリーダーシップは、階級のない特定の集団から引き出されたものではないということです。リーダーシップは、ドラッカー氏がおっしゃったように、責任という観点から吟味されており、責任を引き受けることが暗に道徳性を意味する限りにおいて、我々は道徳的なリーダーシップを実践しているといえるかもしれません。しかし、アメリカのリーダーシップはすべての点において道徳的であるとは言い切れません。

六番目のテーマ「ねたみが見られないことがアメリカ社会の特徴である」と、七番目のテーマ「アメリカ社会は階級のない社会に向かっている」は、合わせて検討されました。ドラッカー氏は、個人的な嫉妬はともかく、我々のコミュニティにおいて社会的な嫉妬は何らかの行動をかき立てる要因たりえないと発言されました。またバーナード氏は、自分がほしいものを所有している人を引きずり降ろそうという嫉妬と、人生に幸福をもたらすものを見てそれを手に入れたいと感じる嫉妬の二種類に区別されました。同氏は、アメリカ人全般に見られるのは、後者のタイプであると考えておられます。

司会のホフマン氏は、この議題の表現方法は好ましくないとされ、「ほぼすべてのアメリカ人がなかば無意識的に、他人の成功を手助けすれば自分自身の成功も近づくと心の深いところで信じている」という考えを示されました。このような考え方そのものが、階級のない社会という問題につながっています。これについてタンネンバウム教授は、社会階層間において垂直的に移動できるがゆえに実現していると説明され、またキャナム氏は、物質的欲求が広く満たされて階級への敵意の源が消滅している結果と考えられました。

八番目のテーマは、アメリカ社会の基礎をなしているのは私有財産制であるというものでした。このテーマは、私有対国有という点から議論されたわけではなく、富に乏しい労働者が株式の保有を通じて企業の成果を所有する権利が承認されたという観点から論じられたことを強調しておくことが肝要かと思います。

ここでは、私有財産権のさまざまな側面が取り上げられたほか、仕事にまつわる権利は一種の財産権であるという考えについて活発に議論されました。この議論をいちばん端的にまとめられたのは、ギデオンス氏の「所有権が広範に分散されている現在、財産は人格の延長である場合のみ正当化されるというキリスト教的な解釈が主流化しつつある」というご意見ではないでしょうか。またホフマン氏は、アメリカ社会の基礎となっているのは私有財産権という考え方であり、その権利は拡大されつつあると同時に、たえず検討されていると表現されました。

九番目のテーマは、企業間競争はアメリカ社会に不可欠な支柱になっているというものです。ホイーラー氏は競争を自分の可能性を実現しようという個人の期待の表れと定義され、その定義には一同が賛成しました。またホフマン氏は、競争と競争を強要する反トラスト法は、挑戦という考えを推し進めるものであると同時に、仕事と思考を迫る要因にもなっており、そこから創造性が生まれるという考えを示されました。なお、企業間競争が生み出す雰囲気に影響されて、独占事業体も否応なしに効率的になっているという指摘もありました。

そして、経済力と政治力の分離がアメリカ社会の基本であるという一〇番目のテーマの重要性については、一同が賛成しました。

（この時点で、ホフマン氏は私用により退席し、その代わりに広告代理店のＪ・ウォルター・トンプソンのシニア・コンサルタント、ジェームズ・ウェブ・ヤング氏が司会を務める）

ジェームズ・ウェブ・ヤング：ここで、会場のみなさんに発言の場をご用意したいと思います。何かご意見のある方は、この機会にぜひご発言ください。その前に、フランスからお越しいただいた来賓の方々に、何かご意見がないかうかがいたいと思います。

［会場からの質問①］社会の「神経症」に対する処方箋

アンリ・スマジャ（通訳を介して発言）：アンリ・スマジャと申します。パリ報道協会（Paris Press Association）副会長、ならびに『コンバット』紙の編集者をしております。

最初に、アメリカ人の生き方の意外な一面を知る機会を与えてくださったことに、心から感謝の意を表したいと思います。アメリカではセミナーが日常的に開催されていると聞き及んでいました。また、そのようなセミナーでは、アメリカ人の生き方に関する重要な側面や理念が議論されていることも知っていました。

しかし、実際にどのような議論が交わされているのか、またアメリカ人のみなさんがそのような議論をどれくらい重視しているのかについてはわかっていませんでした。また、このような議論が一七世紀および一八世紀のフランスで日常的に行われていた哲学談義に似ていることも、ここで初めて知りました。

この討論会は、母国フランスの哲学者たち、また彼らの事実への科学的な研究法をほうふつとさせるものでした。今日この場で見たのは、フランスのクロード・ベルナールが試みたような事実の実験的な探究でした。本日の成果は、みなさんにとっても我々にとっても非常に実り多いものでした。

さて、フランスの一ジャーナリストとして個人的な意見を述べさせてください。私が非常に興味を抱いたのは、午前の部で議論されたアメリカ社会における神経症、つまりアメリカ社会に表れている個人の神経症、そして個人に表れている社会の神経症という問題でした。

この神経症を改善するうえで地方分権が役立つとお考えなのかどうか、とても興味のあるところです。私がこの問題に特に関心を抱いているのは、ヨーロッパでもこのような神経症に苦しんでいるように思うからです。また、第二次世界大戦、そしてつかの間の平和の後に近づきつつある新たな戦争への脅威も人々の心に影響を及ぼしており、ヨーロッパ、特にフランスで神経症と恐怖心を引き起こしています。この神経症と恐怖心をこのまま放置しておくと、ヨーロッパ凋落の前触れとなりかねません。

そこで一つ、質問したいと思います。分権化された生活、そして権力の分散によって、ヨーロッパでこの神経症を緩和することは可能だとお考えでしょうか。

タンネンバウム：今朝も申し上げたように、私は自分のことを地方第一主義者であると考えています。地方分権が広まることはよいことだと確信していますし、安定した社会というものはさまざまな地方に権力を広く分散している時、最も安定するだろうと考えています。いまある危機、つまり現代の危機は少なからず、政治やその他の分野における過剰な中央集権化の副産物であると私は思います。

ダベンポート：非常に興味深いご質問だと思います。またもちろん、ヨーロッパがどのように構成されているかを考えれば、権力の問題はとても難しい問題です。地方分権については、たとえば合衆国憲法や連邦制度における有機的な結合力と絡めて論じる必要があります。

ヨーロッパでは、大陸全体に適用しうる結合力を育むことができずにいます。そのため、コミュニティのレベルで地方分権に関与するだけではなく、実際の地方分権を実現するには、立憲主義のような何らかの概念を中心とした有機的な統一性も育てていかなければなりません。

ドラッカー：私は、フランスからおいでになられた方が言及された、かの偉大な生理学者、クロード・ベルナール(注7)について触れたいと思います。ベルナールは「有機的効率性」(organic efficiency)——たしかこのように呼んでいたと思います——という概念を構築しました。

有機体は、個々の器官がその機能だけを果たせばよい状態にある時、最も調和が図られています。これは効率的運用の原則です。ただし、自身の機能を果たすには、すべきことをしなければならないため、相互依存的ではありません。言うなれば、それがアメリカにおける地方分権なのです。権力の細分化、つまり絶対的な権力をどんどん小さな単位に分割していくという意味ではなく、むしろ逆です。つまり、アメリカの組織はその土地その土地でさまざまなのです。組織の種類と数が多ければ多いほど、その結果生まれる社会構造はより強く、より強靱で、我々の精神面も健全なものとなるでしょう。

さて、神経症といえば、患者にとって一定の能力を発揮できる領域を見つけ出すことが治療法であるとわかっています。つまり外界でどんなことが起ころうとも、たとえ世界が粉々に砕け散ったとしても、やり遂げなければならないことをやり遂げられる小さな領域をつくり出すのです。精神的健全さと能力を保てる領域をつくることが、考えていらっしゃる分権化、つまり機能的かつ有機的な分権化であれば、そのような領域が多いほどよいのではないでしょうか。

ガランティエール：私は、神経症は政治の中央集権化とも政治の分権化とも無関係に見えると思っています。

ドイツ人は長年の間、ヨーロッパ諸国の間で最も神経症的であると思われていましたし、まさにそのとおりだったわけですが、ドイツ人の神経症の原因は中央集権化ではなく、その逆でした。他国が強力な君主政治や帝国の下にまとまっていた何世紀もの間、ドイツ人はあまりにも長きにわたって一つの国になれなかった国民なのです。したがって、ドイツ人に他国へのコンプレックスを抱かせていたのは地方分権だったのです。

彼らは一八七〇年に一度、中央集権化を試みました。一九一九年にも一度、そして三度目は第三帝国を通じてです。ドイツ人の場合に限って申し上げれば、つい最近まで彼らを苦しめていた神経症の政治的原因はむしろ分権化だったように思えます。

今日、ヨーロッパで見られる神経症に何か一つ政治的原因があるとすれば、それはアメリカ合衆国やソ連、イギリスなどの力に比肩する力を持ったヨーロッパ連邦を確立したいという、満たされぬ熱望にあるのではないでしょうか。その背景には、ヨーロッパ連邦を確立することこそ、一国の力では解決できないかもしれない問題を解決する唯一の方法であるという考えがあるのです。

ヤング：そのほか、この問題についてご意見のある方はいらっしゃいませんか。来賓の方々でもけっこうです。ご批判でもかまいません。

エドモンド・L・テイラー（外交問題評議会、海外民主主義リーダーシップ強化プロジェクト研究責任者）：私の理解が間違っていなければ、スマジャ氏はアメリカに関する、いささか形容しがたい特質に驚かれたのではないでしょうか。その特質とは「客観性」と形容するのがいちばん適しているように思います。

客観性は、実にさまざまなかたちで表れています。特に顕著なのが新聞です。欠点もあまたあるとはいえ、アメリカの新聞は多くの美点を備えています。たとえば、報道内容がどれほどプロパガンダに彩られているように見えても、情報という要素が紙面から消え去ることはありません。アメリカ人は、私に言わせれば「情報重視」の国民なのです。また、アメリカ各地のグループ会議での発言者の意見に耳を傾けていると、自分の力ではどうしようもない何かに感化されて、間違った意見を述べているかもしれないという自覚を忘れないように見受けられる場合が多いです。これにはいつも感心します。

したがってアメリカ人は、誤りの客観的原因だけではなく、主観的原因にも対処できる自己分析の資質を備えているのではないでしょうか。これは、アメリカ社会のきわめて明快な特徴であり、あえて指摘するに値する特徴でもあります。

また、その始まりは真実を重視する態度にあったという意味において、道徳的基盤に支えられています。今日ではきわめて大切な特質でありながら、おそらくアメリカ社会の他のどの特質よりも脅かされつつあります。もちろんこの特質は、スマジャ氏がフランスをほうふつとさせたとおっしゃっていたように、アメリカに限られたものではありません。

［会場からの質問②］アメリカの学校教育のユニークネス

ロイ・E・ラーセン（タイム社長）：少し疑問に思ったものですから、お聞きしたいのですが、パネリストの方々はアメリカの発展に寄与してきた要素の一つにアメリカ独特の学校教育があるとはお考えではありませんか。ホフマン氏は、進歩を測る基準の一つとして学校教育に言及しておられました。私が思うに、アメリカの学校教育はその普及度において、また本日の討論会で議論されたような国にアメリカをつくり上げる過程で果たした役割において特別な存在ではないかと。

ヤング：ありがとうございます。このテーマについてご意見のある方はいらっしゃいませんか。

ダベンポート：アメリカの学校には一つの特徴があります。それは、アメリカの学校制度は州が管轄しています。我々もその方針を積極的に推し進めてきたわけです。その一方、州による管理を制限し、ちょうど今日の討論会で話題に上ったことと同じく、学校の運営をコミュニティに委譲する取り組みも盛んです。

タンネンバウム：アメリカの学校制度はとりわけ多様化が進み、広く分権化されている点を補足したいと思います。アメリカには、連邦教育省といった機関は存在しません。(注8) したがって、ご存じのとおり、連邦教育制度といったものもありません。

同じ州のなかでさえ統一されていません。というのも、正確な数は不明ですが、郡や郡区の管轄下にある学校がきわめて多いからです。つまり、中央集権的なコントロールが存在しないということです。中央政府のみならず州でさえ、教師の教育についてすら一般的なルールを課すことが難しいといえます。

ドラッカー：アメリカの学校制度が独特なシステムであるとは思いませんが、ユニークな特徴ならあります。アメリカの学校教育は、意識的であるか否かにかかわらず、「市民」の創出をその最終目標に置いているところが、他国のそれと違っています。市民の創出という考え方は、教養人という人文主義的な概念というよりも、教育上の目標という道徳的概念なのです。

次に、アメリカ人のライフスタイルに見られる特徴と同じく、非常に多様化されています。この三年間、外国から私を訪ねて来られる方が多いのですが、アメリカについて彼らに説明できることはたくさんあります。しかし、アメリカの学校教育について説明できた例しがありません。というのも、だれもが学校教育のパターンについて知りたがるのですが、そのようなものは何一つないからです。

最後に、タンネンバウム氏が指摘されたように、我々の学校は地域密着的です。私はある学校の理事を務めていますが、もしニュージャージー州政府が、だれを雇い、だれを解雇すべきか、また何を教えるべきか、あるいはいつ教えるべきかなどと、ちょっとでも口を挟もうものなら、いちいち口出しするなと言い返されるでしょう。ある最低限の基準に従って行動する限り、このようなことはすべて我々の仕事であって、州の仕事ではないのです。

ヤング：学校に特別な興味をお持ちのラーセンさんのご指摘で、学校教育がアメリカの基本原則の一つであることが示されました。次に、そのほかのテーマについてご意見のある方はいらっしゃいませんか。

［会場からの質問③］アメリカ的システムは世界に適用可能なのか

シガード・S・ラーモン（ヤング・アンド・ルビカム社長）：本日の討論会のテーマとなった問題は、そのまま引用しますと「アメリカの経験をひも解くと、自由でダイナミックな社会の基本要素とは何か」、言い換えれば「どこの国にも応用できる、そのような社会をつくり出す基本要素とは何か」ということだったと思います。

ここで、お二人のパネリストの方のコメントを引用させてください。まず、タンネンバウム教授は「社会があえて信条を掲げることは、弱さの表れである」と、このようにおっしゃいました。教授、これで正しいでしょうか。次に、ダベンポート氏が「我々も、また他の国民も、アメリカのシステムがどのようなものかを理解していない」とご指摘されました。

そこでパネリストの方々に質問があります。アメリカのシステムを他の社会にも取り入れてもらうには、このシステムについて理解してもらわない限り、あるいは我々が説明できない限り、無理ではないでしょうか。

タンネンバウム：ご質問のような場合、みずからを知ること自体が役に立つのか、私には確信が持てません。しかし、一つ確信していることがあります。それは、他国の人々にアメリカの行動指針となっている精神的な信条を理解してもらうことで、我々のモチベーションに関する理解も促され、アメリカの対外的行動に起因する偏見や曲解も減るのではないかということです。一方、我々の信条を他国が吸収し、利用できると考えて、これを伝えても、その実現ははるかに難しいのではないでしょうか。

ヤング：ほかにご意見のある方はいらっしゃいますか。

ダベンポート：私の発言が引用されましたので、私からも一言述べておくべきでしょう。

私の感想はこうです。今日の議論を通じて明らかになったのは、基本的にアメリカ社会は特定のイデオロギーに固執してはいないということです。慎重に慎重を重ねて作成された、論理的に一貫した文書があるわけではないのです。アメリカ社会は多種多様な人々が集まった社会であり、さまざまな部分が少しずつ、きわめてプラグマティックに寄り集まった社会です。これらすべてを一つの主義や信条でまとめることはとうてい不可能であるばかりか、およそ適切とはいえないという考え方を支持します。組織原理の話ではないのです。ただし、この巨大な組織体についての理解を深めるために、さらなる努力が必要だろうとは思います。つまるところ、この討論会はそのための取り組みの一つです。

アメリカ社会に関する解釈は、今日のような集まりからだけでなく、大学からも発信されるべきです。ヨーロッパの大学ほどには、学術的な責任を負うこともないでしょう。

今日この場には、比較的単純なことだったとはいえ、アメリカ人自身もきちんと理解していないことがたくさん提起されましたが、最終的には、文化的指導者としての役割を果たしている個人そして機関にフィードバックされなければなりません。なぜなら、我々がアメリカについて学べるのはそこしかないからです。

ドラッカー：アメリカ国内のみならず国外に向けて、私は実のところ、アメリカがどのような国なのかということよりも、いまアメリカがしていることや、過去に経験してきたことについて紹介したいと思います。どのような国なのかという話は本質的に、ヘーゲル的であり、形而上学的なことです。そして思想を輸出することはできないというのが私の持論でもあります。

ギデオンス：そのご意見には、一点を除いて賛成します。私は、アメリカがヨーロッパや極東に輸出しているもののなかに、思想も含まれていると考えています。間違った思想なのかもしれません。しかし、人間の本質と人間の目指すものに関する思想なのです。

我々はこれまで、自由と変化がアメリカの主たる特徴であると常々考えてきました。そしていま、好むと好まざるにかかわらず、実用的な問題において、また実質的に世界政治においてアメリカが保守的な勢力になっているという事実を認めなければなりません。

その半面で、我々はそうはなりたくないと思っています。そこで、アメリカの保守主義は独特であり、革命的なダイナミズムの源泉なのだと定義する方法を見出そうとしています。しかしそう主張しても、他国の人たちはそのように理解しません。アメリカの保守主義は実は革命的なダイナミズムであるという事実を世界に信じてもらうには、まずその矛盾を明らかにしなければなりません。そうすれば、我々が一生懸命説明せずとも自然にわかってもらえるでしょう。

このような矛盾が生じた理由は、我々が自分たちのシステムについて組織的に考えたことがないからにほかなりません。実際我々は、理論を通じて、また行動様式の知的概念化を通じて考えることに背を向けてきました。しかし、ひとたび矛盾を明らかにすれば、つまり我々自身の手で新たな『ザ・フェデラリスト』(注9)を記し、現代のアメリカをある程度単純化しながらも体系化し、知的かつ合理的に理解できるようになれば、「アメリカを世界に理解してもらう」という問題はおのずと解決されるように思います。

ヤング：公共広告機構は本討論会を企画するに当たって、当初大きな懸念と不安を抱いておりました。このようにプライベートなかたちで開催したのは、はたして何事もなく議論が進行するのか、さまざまな疑問があったからです。ですから、ご参加いただいたみなさんには、私と同じように、本日の討論会が成功裏に終わったと感じていただければ幸いです。

本日の討論会のきっかけとなったのは、公共広告機構がアメリカにおけるメディア機関として活動するなかで、今日ここで議論されたような問題にぶつかったことでした。「自由企業体制」や「アメリカ流のライフスタイル」といったスローガンを検討するに当たって、アメリカ社会について自問自答しているなかで遭遇したのですが、このようなスローガンではアメリカ的なやり方をうまく説明できないことは明らかでした。

また、他国にアメリカを説明する取り組みに参加を求められた際にも、同じ問題に突き当たりました。しかし実際には、このような取り組みへの関心は低く、我々公共広告機構が実験的に試みてみた次第です。今後も継続的に取り組むかどうかについては、これから検討したいと思います。ただし、今日をもって解決できる課題でないのは明らかです。

お忙しいなか、わざわざ時間を割いてくださったパネリストの方々には大変感謝しております。これをもちまして、本日は閉会とさせていただきます。

【注】

（1）
Morris R. Cohenは、ロシア生まれの一九世紀アメリカを代表する哲学者。ニューヨーク市立大学ならびにハーバード大学に学び、その後、シティ・カレッジ、シカゴ大学で教鞭を執る。ナショナリズムとナチュラリズムを提唱し、世界は不条理であるものの、そこにはいかなる人間の意図にも左右されない「論理的秩序」が存在していることを信念とした。

（2）
Alexis de Tocquevilleは一九世紀のフランスを代表する政治学者。一九世紀初頭に当時新興の民主主義国家であったアメリカを旅して著した『アメリカの民主政治』（*Democracy in America*）のなかで指摘された「多数者の専制」（the tyranny of the majority）、すなわち民主主義において多数者が少数者を抑圧する現象の論考は、その後の政治思想に大きな影響を及ぼした。

（3）
William Jamesは、アメリカを代表する哲学者ならびに心理学者。ジョン・デューイらと並んでプラグマティズムの代表として知られている。日本の哲学者、西田幾多郎の「純粋経験論」に示唆を与えるなど、日本の近代哲学の発展にも少なからぬ影響を及ぼした。

（4）
John Deweyは、アメリカの二〇世紀前半を代表する教育学者ならびに哲学者、社会思想家。

（5）
Alfred North Whiteheadは、イギリス人の数学者ならびに哲学者。論理学、科学哲学、数学、高等教育論、宗教哲学などに功績を残す。ケンブリッジ大学、ロンドン大学、ハーバード大学で教鞭を執る。

（6）
Reinhold Niebuhrはアメリカの神学者。大恐慌の頃、『道徳的人間と非道徳的社会』を出版し、当時の宗教的および非宗教的なリベラリズムに怒りと疑問を投げかけた。デューイに批判的な立場を取る。

（7）
Claude Bernardは一九世紀フランスの生理学者。「内部環境の固定性」という考え方を提唱し、この考え方は後にアメリカのウォルター・B・キャノンによって「ホメオスタシス」という概念に発展する。

（8）
本討論会が開催された一九五一年当時には存在しなかったが、八〇年にDepartment of Educationが設立されている。

（9）
The Federalist Papers. アメリカ政治思想史の古典。連邦憲法案を擁護し、世論に訴えて憲法案の批准を確保すべく執筆された論文集。

❖ドラッカーの主な業績

1909（0歳）	11月19日、オーストリアのウィーンに生まれる。 （父アドルフはオーストリア政府の高官、のちノースカロライナ大学教授、母キャロラインは医学を専攻したオーストリア初の女性）。
1919（10歳）	ウィーンのギムナジウム入学。
1927（18歳）	ギムナジウムを卒業。ドイツのハンブルク大学法学部に入学。 そのかたわら、毛織物商社の書記見習いとして1年3カ月勤務。 ハンブルクでベルディのオペラ『ファルスタッフ』を観て感動。
1929（20歳）	フランクフルト大学に移籍。 アメリカ系金融会社で働きつつ『フランクフルター・ゲネラル・アンツアイガー』紙に執筆。
1931（22歳）	フランクフルト大学の法学博士号取得。
1933（24歳）	処女作『フリードリッヒ・ユリウス・シュタール、保守政治理論と歴史的展開』を上梓。 4月、ロンドンで保険会社に勤務、次いで銀行に勤める。
1934（25歳）	6月、バーリントン・アーケードの日本絵画展を鑑賞。
1937（28歳）	1月、ドリス・シュミットと結婚。のち1男3女をもうける。 イギリスの新聞社特派員、ヨーロッパの投資信託会社の顧問として、アメリカに移住。
1939（30歳）	サラ・ローレンス大学（ニューヨーク州）の経済学ならびに統計学の非常勤講師に就任。 *The End of Economic Man*（邦訳『「経済人」の終わり』63年）。
1942（33歳）	ベニントン大学（バーモント州）の哲学・政治学の教授に就任（49年まで）。 ジョージ・マーシャルの下で政府のスペシャル・アドバイザーとして従事。 *The Future of Industrial Man*（邦訳『産業にたずさわる人の未来』64年、『産業人の未来』65年）。
1943（34歳）	ゼネラルモーターズのコンサルティングを行う。 アメリカ国籍を取得。
1946（37歳）	*Concept of the Corporation*（邦訳『会社という概念』66年、『現代大企業論』66年）。
1947（38歳）	マーシャル・プランの実施とその指導のため、フランス、イギリス、イタリア、ベルギー、西ドイツを視察。
1950（41歳）	ニューヨーク大学経営学部教授に就任（71年まで）。 *The New Society*（邦訳『新しい社会と新しい経営』57年）。
1951（42歳）	この頃からゼネラル・エレクトリック（ＧＥ）のコンサルティングを行う。
1954（45歳）	*The Practice of Management*（邦訳『現代の経営』56年）。
1955（46歳）	*America's Next Twenty Years*（邦訳『オートメーションと新しい社会』56年）。

1957（48歳）	*Landmarks of Tomorrow*（邦訳『変貌する産業社会』60年）。
1959（50歳）	7月、初めて訪日し「経営の水平線」を東京、大阪などで講演。東洋レーヨン（現東レ）、立石電機（現オムロン）、興亜石油などを訪問。水彩画と着彩画各1点を購入（山荘コレクションの始まり）。
1960（51歳）	*Gedanken fuer die Zukunft*（邦訳『明日のための思想』60年）。 7月、訪日して講演。
1962（53歳）	6月、訪日して講演。 東京の書画展で禅画と出会う。
1963（54歳）	アメリカ・マネジメント・ソサエティーズよりウォレス・クラーク賞を受賞。
1964（55歳）	*Managing for Results*（邦訳『創造する経営者』64年）。 6月、訪日して講演。
1966（57歳）	*The Effective Executive*（邦訳『経営者の条件』66年）。 6月、日本政府より「産業経営の近代化および日米親善への寄与」の功で勲三等瑞宝章を受章、訪日して講演。
1967（58歳）	6月、アメリカ経営学会（AMA）よりテーラー・キーを受賞。
1969（60歳）	*The Age of Discontinuity*（邦訳『断絶の時代』69年）。 *Preparing Tomorrow's Business Leaders Today*（邦訳『今日なにをなすべきか』69年）。 11月、訪日して「新しい経営を探求する」をテーマに東京で講演。
1970（61歳）	還暦記念論文集『ピーター・ドラッカー論』を出版。 *Technology, Management & Society*（未訳）。 *Men, Idea & Politics*（未訳）。
1971（62歳）	5月、カリフォルニア州クレアモントに転居。 クレアモント大学院大学社会科学部教授に就任。
1972（63歳）	5月、訪日して「断絶の時代の経営者」ほか東京、大阪、名古屋などで講演。
1974（65歳）	*Management:Tasks, Responsibilities, Practices*（邦訳『マネジメント』74年）。
1975（66歳）	11月、訪日して「マネジメントへの新しい挑戦」を東京にて講演。 『ウォール・ストリート・ジャーナル』に定期的に寄稿を開始。
1976（67歳）	*The Pension Fund Revolution*（邦訳『見えざる革命』76年）。
1977（68歳）	*Management Case Book*（邦訳『状況への挑戦』77年）。 *People and Performance*（未訳）。
1979（70歳）	9月、「山荘コレクション展」をニューヨーク、シアトルなど5会場で開催。 クレアモント大学ポモナ校の東洋美術講座の講師に就任（85年まで）。 *Adventures of a Bystander*（邦訳『傍観者の時代』79年）。
1980（71歳）	6月、訪日して「乱気流時代の経営」ほかを東京、大阪などで講演。 *Managing in Turbulent Times*（邦訳『乱気流時代の経営』80年）。
1981（72歳）	*Toward the Next Economics and Other Essays*（邦訳『日本成功の代償』81年）。

1982（73歳）	6月、訪日して「変貌する経営者の世界」ほかを東京、大阪、名古屋の7会場で講演。 *The Changing World of the Executive*（邦訳『変貌する経営者の世界』82年）。 *The Last of All Possible Words*（邦訳『最後の四重奏』83年）。
1984（75歳）	*The Temptation to Do Good*（邦訳『善への誘惑』88年）。
1985（76歳）	6月、訪日して「イノベーションと企業家精神」ほかを東京、大阪の9会場で講演。 *Innovation and Entrepreneurship*（邦訳『イノベーションと企業家精神』85年）。
1986（77歳）	9月、「ドラッカー・コレクション・水墨画名作展」を東京、大阪、名古屋の4会場で開催。 11月、訪日して「変貌する世界経済と日本へのインパクト」ほかを東京、大阪、仙台の5会場で講演。 「喜寿を祝うパーティ」に出席。 *The Frontiers of Management*（邦訳『マネジメント・フロンティア』86年）。
1989（80歳）	10月、訪日して「新しい現実――来るべき知識社会にどう対応すべきか」を東京・大阪の5会場で講演。「80歳の誕生を祝うパーティ」に出席。 *The New Realities*（邦訳『新しい現実』89年）。 *Managing the Nonprofit Organization*（邦訳『非営利組織の経営』90年）。
1990（81歳）	10月、訪日して「いま激動の時代――21世紀への飛躍」ほかを東京、名古屋で講演。
1992（83歳）	*Managing for the Future*（邦訳『未来企業』92年）。
1993（84歳）	*Post-Capitalist Society*（邦訳『ポスト資本主義社会』93年）。 15回目の訪日をし「ポスト資本主義社会への挑戦」を東京、京都で講演。 *The Ecological Vision*（邦訳『すでに起こった未来』94年）。
1995（86歳）	*Management in a Time of Great Change*（邦訳『未来への決断』95年）。 16回目の訪日をし「企業の再創造」を東京で講演。
1996（87歳）	17回目の訪日をし「新乱気流の時代」を東京、神戸で講演。
1997（88歳）	『ドラッカー・中内往復書簡――挑戦の時／創生の時』（英訳*Drucker on Asia*）を出版。
1998（89歳）	*Peter Drucker on Profession of Management*（邦訳『P.F.ドラッカー経営論集』99年）。
1999（90歳）	*Management Challenges for the 21st Century*（邦訳『明日を支配するもの』99年）。 「90歳を祝う会」をロサンゼルスで開催。
2000（91歳）	*The Essential Drucker*（邦訳『プロフェッショナルの条件』『チェンジ・リーダーの条件』『イノベーターの条件』2000年）。
2002（93歳）	*Managing in the Next Society*（邦訳『ネクスト・ソサエティ』2002年）。
2003（94歳）	「ドラッカー名言集」4部作『仕事の哲学』『経営の哲学』『変革の哲学』『歴史の哲学』を日本オリジナルで刊行。
2004（95歳）	*Advice for Entrepreneurs*（邦訳『実践する経営者』2004年）。
2005	*The Essential Drucker on Technologist*（邦訳『テクノロジストの条件』2005年）。 11月11日、96歳の誕生日を目前にして永眠。

Harvard Business Reviewとは

ハーバード・ビジネススクールは1908年、当時のハーバード大学の理事長であるチャールズ・エリオットの提唱によって創設されました。企業のトップ・マネジメント候補者を養成するという目的の下、実学に力点を置き、「ケース・メソッド」という企業事例をテキストにした演習をすべてのカリキュラムに取り入れています。このようなハーバード・ビジネススクールの教育理念に基づいて、1922年、Harvard Business Reviewは、同校の機関誌として創刊されました。アメリカ国内では29万人のエグゼクティブに購読され、日本、ドイツ、ロシア、中国などで翻訳出版されている、ワールドワイドなマネジメント誌です。

DIAMONDハーバード・ビジネス・レビューとは

ハーバード・ビジネススクールと提携したダイヤモンド社は、同校の機関誌Harvard Business Reviewの日本語版として1976年にDIAMOND ハーバード・ビジネス・レビュー誌（隔月刊）を創刊しました。2000年10月からは月刊誌となり、今後も経営戦略をはじめ、マーケティング、財務・会計、金融工学、IT（情報技術）、ゲーム理論、組織戦略、経営学など、時代の先端を行くテーマを取り上げています。

ピーターF.ドラッカー(Peter F. Drucker)

1909年、ウィーンに生まれる。フランクフルト大学卒業後、経済記者、論説委員として働きながら、国際公法の博士号を取得。33年に発表した論文がナチス・ドイツの不興を買い、ロンドンへ移住。保険会社のエコノミスト、投資銀行のパートナー補佐などを経験した後に渡米。39年、ファシズムの起源を分析した『「経済人」の終わり』を刊行。43年、ゼネラルモーターズより同社のマネジメントに関する研究を依頼され、これは46年に上梓された『会社という概念』に結実している。50年ニューヨーク大学教授に就任。54年『現代の経営』を発表。71年にクレアモント大学院大学教授に就任した。

産業界に最も影響力の大きい経営思想家として知られ、「分権化」「目標管理」「知識労働者」など、数々のコンセプトと手法を発案してきた。邦訳されたものだけでも『断絶の時代』『ポスト資本主義社会』『ネクスト・ソサエティ』(いずれもダイヤモンド社)など、優に30冊を超える著書を発表した。またHarvard Business Reviewには1950年発表の“Management Must Manage”以来、34本の論文を寄稿した。この数はだれにも破られておらず、おそらくこれからも破られることはないだろう。

2005年11月11日、96歳の誕生日を目前にして永眠。

翻訳に当たられた方々(50音順)

石川博友
上田惇生
沢崎冬日
スコフィールド素子
野口みどり
林宏子
松本直子

P.F.ドラッカー経営論

2006年9月7日　第1刷発行
2023年6月23日　第9刷発行

編訳者——DIAMONDハーバード・ビジネス・レビュー編集部
発行所——ダイヤモンド社
〒150-8409　東京都渋谷区神宮前6-12-17
https://www.dhbr.net
電話／03·5778·7228(編集)　03·5778·7240(販売)
装丁————デザイン・ワークショップ・ジン
製作進行——ダイヤモンド・グラフィック社
印刷————堀内印刷所(本文)・加藤文明社(カバー)
製本————ブックアート
編集協力——東方雅美、渡部典子
編集担当——小暮晶子

ISBN 4-478-30702-4